"十二五"普通高等教育本科国家级规划教材
高等学校交通运输与工程类专业教材建设委员会规划教材
首届范立础优秀桥梁图书奖

**Bridge Engineering**

# 桥梁工程（上册）

（第三版）

范立础　主编
顾安邦　主审

人民交通出版社股份有限公司
北　京

## 内 容 提 要

本书为"十二五"普通高等教育本科国家级规划教材,荣获"同济桥梁教育和研究发展基金"首届"范立础优秀桥梁图书奖",分上、下两册。上册共有三篇:第一篇为总论,第二篇为混凝土梁桥,第三篇为混凝土刚架桥。本教材根据现行有关桥梁规范和最新桥梁技术发展编写,具有时代性和实践性。

本书为高等学校土木工程专业道路、桥梁方向和道路桥梁与渡河工程专业用教材,也可供从事桥梁工程建设的工程技术人员参考使用。

**图书在版编目(CIP)数据**

桥梁工程. 上册 / 范立础主编. —3版. — 北京:
人民交通出版社股份有限公司,2017.5(2025.7重印)
高等学校交通运输与工程类专业规划教材"十二五"
普通高等教育本科国家级规划教材
ISBN 978-7-114-13807-2

Ⅰ. ①桥… Ⅱ. ①范… Ⅲ. ①桥梁工程—高等学校—教材 Ⅳ. ①U44

中国版本图书馆CIP数据核字(2017)第100147号

"十二五"普通高等教育本科国家级规划教材
高等学校交通运输与工程类专业教材建设委员会规划教材
首届范立础优秀桥梁图书奖

| | |
|---|---|
| 书　　名: | 桥梁工程(上册)(第三版) |
| 著 作 者: | 范立础 |
| 责任编辑: | 李　喆 |
| 出版发行: | 人民交通出版社股份有限公司 |
| 地　　址: | (100011)北京市朝阳区安定门外外馆斜街3号 |
| 网　　址: | http://www.ccpcl.com.cn |
| 销售电话: | (010)85285911 |
| 总 经 销: | 人民交通出版社股份有限公司发行部 |
| 经　　销: | 各地新华书店 |
| 印　　刷: | 北京印匠彩色印刷有限公司 |
| 开　　本: | 787×1092　1/16 |
| 印　　张: | 30 |
| 插　　页: | 3 |
| 字　　数: | 703千 |
| 版　　次: | 2001年11月　第1版　2012年8月　第2版　2017年5月　第3版 |
| 印　　次: | 2025年7月　第3版　第7次印刷　总第24次印刷 |
| 书　　号: | ISBN 978-7-114-13807-2 |
| 定　　价: | 54.00元 |

(有印刷、装订质量问题的图书由本公司负责调换)

# 高等学校交通运输与工程（道路、桥梁、隧道与交通工程）教材建设委员会

主 任 委 员：沙爱民　（长安大学）

副主任委员：梁乃兴　（重庆交通大学）

　　　　　　陈艾荣　（同济大学）

　　　　　　徐　岳　（长安大学）

　　　　　　黄晓明　（东南大学）

　　　　　　韩　敏　（人民交通出版社股份有限公司）

委　　　员：（按姓氏笔画排序）

| | | | |
|---|---|---|---|
| 马松林 | （哈尔滨工业大学） | 王云鹏 | （北京航空航天大学） |
| 石　京 | （清华大学） | 申爱琴 | （长安大学） |
| 朱合华 | （同济大学） | 任伟新 | （合肥工业大学） |
| 向中富 | （重庆交通大学） | 刘　扬 | （长沙理工大学） |
| 刘朝晖 | （长沙理工大学） | 刘寒冰 | （吉林大学） |
| 关宏志 | （北京工业大学） | 李亚东 | （西南交通大学） |
| 杨晓光 | （同济大学） | 吴瑞麟 | （华中科技大学） |
| 何　民 | （昆明理工大学） | 何东坡 | （东北林业大学） |
| 张顶立 | （北京交通大学） | 张金喜 | （北京工业大学） |
| 陈　红 | （长安大学） | 陈　峻 | （东南大学） |
| 陈宝春 | （福州大学） | 陈静云 | （大连理工大学） |
| 邵旭东 | （湖南大学） | 项贻强 | （浙江大学） |
| 胡志坚 | （武汉理工大学） | 郭忠印 | （同济大学） |
| 黄　侨 | （东南大学） | 黄立葵 | （湖南大学） |
| 黄亚新 | （解放军理工大学） | 符锌砂 | （华南理工大学） |
| 葛耀君 | （同济大学） | 裴玉龙 | （东北林业大学） |
| 戴公连 | （中南大学） | | |

秘 书 长：孙　玺　（人民交通出版社股份有限公司）

# 第三版前言

《桥梁工程》原是桥梁工程专业的一门必修专业课，最早根据交通部路、桥专业教材编审委员会审定的《桥梁工程》教学大纲进行编写，分上、中、下册于1980年6月出版，肖振群、范立础主编。此后，由范立础主编，将《桥梁工程》编写成上、下册，成为本教材的基本内容，于1987年6月出版第二版。2001年，《桥梁工程》作为土木工程专业的一门专业课，由范立础和顾安邦分别对上、下册进行修编，出版了新一版。2012年，在2001版基础上结合2004版《公路桥涵设计通用规范》及桥梁工程技术进展进行了修订，出版了第二版，上册由范立础主编，顾安邦主审，下册由顾安邦主编，姚玲森主审。本次再版，结合2015版《公路桥涵设计通用规范》的变化进行了修订。在修订过程中，范立础教授已身患重病，于2016年5月病故，本教材成为他留给广大读者的回忆。

按照教学大纲的要求，学生在学习《结构力学》《结构设计原理》等必修课程的基础上，通过对本课程的学习，掌握我国常用的大、中型混凝土桥梁的设计和构造原理，计算理论和分析方法，并熟悉有关桥梁施工方面的知识，初步具备解决大跨、较复杂桥梁问题的能力。

本教材分上、下册，上册共有三篇。在第一篇总论中，主要介绍国内外桥梁建筑的发展概况；桥梁的组成与分类；桥梁各种结构体系以及桥梁设计作用；桥梁的规划与设计基本原则，并简要阐述了桥梁的造型与美学，使学生在深入学习各章内容前对桥梁设计工作的全貌有一概括的了解。而属于混凝土桥梁共有的桥面布置与构造等内容也列入总论中介绍。

第二篇为混凝土梁桥，包括钢筋混凝土与预应力混凝土梁桥。第一章中，从静力体系和设计与施工特点等方面着手，介绍了梁桥各种体系的受力特点以及桥梁的适用条件，立面、横截面的布置原理与方法，并简要阐述了梁桥的配筋与构造特点，其中包括支座与下部结构——墩台。第二章简要介绍了梁桥的施工，其着重点放在预应力混凝土梁桥的各种先进的施工方法上。第三章阐述梁桥的计算内容，主要讨论主梁恒、活载内力计算和桥面板计算。第四章介绍桥梁空间分析的实用理论，并对荷载横向分布的概念作了较详细的讨论，列举了常用的计算方法，并附有算例。第五章专门讨论超静定预应力混凝土梁桥的各项次内力的计算原理与方法。这是大、中跨径或较复杂的超静定预应力混凝土梁桥中的共性问题，讨论的对象是梁桥，而其计算原理亦适用于其他超静定体系桥梁的同类问题。第六章针对大跨径预应力混凝土梁桥箱形截面的受力特点作了较详细的分析。第四、五、六章内容涉及面较广，讲授上应抓住重点与原理，部分内容可让学生自学讨论，再由教师总结。第七章简要介绍了支座与墩台的计算方法。第八章对混凝土斜、弯桥的计算原理与方法作了极扼要的阐述，只要求学生了解初步的概念。第九章列举了国内外若干混凝土桥梁的真实桥例，以便了解其设计、构造特点，使学生开阔眼界，不要仅局限于一些典型设计的知识，讲授时尽可能应用先进的教学手段。

第三篇简要介绍了混凝土刚架桥的构造、设计计算与施工要点。

2015年起,《公路桥涵设计通用规范》(JTG D60—2015)等一批新设计规范相继发布使用,为紧跟桥梁工程日新月异的发展形势,方便广大读者学习与应用,本次再版主要结合新规范对本书中相关作用和计算方法的介绍、算例等进行了相应的调整、修改。

本教材上册全书由范立础主编,参加编写工作的主要有魏红一、陈忠延、王君杰、石雪飞、王志强、胡世德、肖汝诚、郭文复、李国平等同济大学老师,并由重庆交通大学顾安邦主审。

由于编写水平有限,教材中不可避免有谬误之处,敬请读者批评指正,并将意见寄上海市四平路1239号同济大学桥梁工程系。

编 者

2017年4月

# 第二版前言

《桥梁工程》原是桥梁工程专业的一门必修专业课,最早根据交通部路、桥专业教材编审委员会审定的《桥梁工程》教学大纲进行编写。第一版上、中、下册于1980年6月出版,肖振群、范立础主编;第二版上、下册于1987年6月出版,范立础主编。2001年,《桥梁工程》作为土木工程专业的一门专业课,由范立础和顾安邦分别对上、下册进行修订再版,出版了新一版《桥梁工程》。本次再版是在2001年版的基础上,结合现行有关规范以及当前桥梁工程最新进展进行的,上册由范立础主编,顾安邦主审;下册由顾安邦主编,姚玲森主审。

按照教学大纲的要求,学生在学习《结构力学》、《结构设计原理》等必修课程的基础上,通过对本课程的学习,掌握我国常用的大、中型混凝土桥梁的设计和构造原理,计算理论和分析方法,并熟悉有关桥梁施工方面的知识,初步具备解决大跨、较复杂桥梁问题的能力。

本教材分上、下册。上册共有三篇。在第一篇总论中,主要介绍国内外桥梁建筑的发展概况;桥梁的组成与分类;桥梁各种结构体系以及桥梁设计作用;桥梁的规划与设计基本原则,并简要阐述了桥梁的造型与美学,使学生在深入学习各章内容前对桥梁设计工作的全貌有一概括的了解。而属于混凝土桥梁共有的桥面布置与构造等内容也列入总论中介绍。

第二篇为混凝土梁桥,包括钢筋混凝土与预应力混凝土梁桥。第一章中,从静力体系和设计与施工特点等方面着手,介绍了梁桥各种体系的受力特点以及桥梁的适用条件,立面、横截面的布置原理与方法,并简要阐述了梁桥的配筋与构造特点,其中包括支座与下部结构——墩台。第二章简要介绍了梁桥的施工,其着重点放在预应力混凝土梁桥的各种先进的施工方法上。第三章阐述梁桥的计算内容,主要讨论主梁恒、活载内力计算和桥面板计算。第四章介绍桥梁空间分析的实用理论,并对荷载横向分布的概念作了较详细的讨论,列举了常用的计算方法,并附有算例。第五章专门讨论超静定预应力混凝土梁桥的各项次内力的计算原理与方法。这是大、中跨径或较复杂的超静定预应力混凝土桥梁中的共性问题,讨论的对象是梁桥,而其计算原理亦适用于其他超静定体系桥梁的同类问题。第六章针对大跨径预应力混凝土梁桥箱形截面的受力特点作了较详细的分析。第四、五、六章内容涉及面较广,讲授上应抓住重点与原理,部分内容可让学生自学讨论,再由教师总结。第七章简要介绍了支座与墩台的计算方法。第八章对混凝土斜、弯桥的计算原理与方法作了极扼要的阐述,只要求学生了解初步的概念。第九章列举了国内外若干混凝土梁桥的真实桥例,以便了解其设计、构造特点,使学生开阔眼界,不要仅局限于一些典型设计的知识。讲授时尽可能应用先进的教学手段。

第三篇简要介绍了混凝土刚架桥的构造、设计计算与施工要点。

2004年起,《公路桥涵设计通用规范》(JTG D60—2004)、《公路钢筋混凝土及预应力混凝土桥涵设计规范》(JTG D62—2004)等一批设计规范相继发布使用。为紧跟桥梁工程日新月异的发展形势,方便广大读者的学习与应用,本次再版主要结合这些新发布规范,对本书中相关作用和计算方法的介绍、算例等进行了相应调整、修改和补充。

  本教材上册全书由范立础主编,参加工作的主要有魏红一、陈忠延、王君杰、石雪飞、王志强、胡世德、肖汝诚、郭文复、李国平等同事,并由重庆交通大学顾安邦主审。

  由于编写水平有限,教材中不可避免有谬误之处,敬请读者批评指正,并将意见寄上海四平路同济大学桥梁工程系。

编　者

2012 年 6 月

# 第一版前言

《桥梁工程》原是桥梁工程专业的一门必修专业课,根据交通部路、桥专业教材编审委员会审定的《桥梁工程》教学大纲编写。第一版上、中、下册于1980年6月出版,肖振群、范立础主编;第二版上、下册于1987年6月出版,范立础主编。现《桥梁工程》作为土木工程专业的一门专业课,根据交通部路、桥及交通工程专业教学指导委员会1996年11月审定的《桥梁工程》编写大纲编写。上册由范立础主编,徐光辉主审;下册由顾安邦主编,范立础主审。

按照教学大纲的要求,学生在学习《结构力学》、《结构设计原理》等必修课程的基础上,通过对本课程的学习,掌握我国常用的大、中型混凝土桥梁的设计和构造原理,计算理论和分析方法,并熟悉有关桥梁施工方面的知识,初步具备解决大跨、较复杂桥梁问题的能力。

本教材分上、下册。上册共有三篇。在第一篇总论中,主要介绍国内外桥梁建筑在20世纪的发展概况;桥梁的组成与分类;桥梁各种结构体系以及桥梁设计荷载;桥梁的设计程序和设计基本原则,并简要阐述了桥梁的造型与美学,使学生在深入学习各章内容前对桥梁设计工作的全貌有一概括的了解。而属于混凝土桥梁共有的桥面布置与构造等内容也列入总论中介绍。

第二篇为混凝土梁桥,包括钢筋混凝土与预应力混凝土梁桥。第一章中,从静力体系和设计与施工特点等方面着手,介绍了梁桥各种体系的受力特点以及桥梁的适用条件,立面、横截面的布置原理与方法,并简要阐述了梁桥的配筋与构造特点,其中包括支座与下部结构——墩台。第二章简要介绍了梁桥的制造与施工,其着重点放在预应力混凝土梁桥的各种先进的施工方法上。第三章阐述梁桥的计算内容,主要讨论主梁恒、活载内力计算和桥面板计算。第四章介绍桥梁空间分析的实用理论,并对荷载横向分布的概念作了较详细的讨论,列举了常用的计算方法,并附有算例。第五章专门讨论超静定预应力混凝土梁桥的各项次内力的计算原理与方法。这是大、中跨径或较复杂的超静定预应力混凝土桥梁中的共性问题,讨论的对象是梁桥,而其计算原理亦适用于其他超静定体系桥梁的同类问题。第六章针对大跨径预应力混凝土梁桥箱形截面的受力特点作了较详细的分析。第四、五、六章内容涉及面较广,讲授上应抓住重点与原理,部分内容可让学生自学讨论,再由教师总结。第七章简要介绍了支座与墩台的计算方法。第八章对混凝土斜、弯桥的计算原理与方法作了极扼要的阐述,只要求学生了解初步的概念。第九章列举了国内外若干混凝土梁桥的真实桥例,以便了解其设计、构造特点,使学生开阔眼界,不要仅局限于一些典型设计的知识。讲授时尽可能应用先进的教学手段。

第三篇简要介绍了混凝土刚架桥的构造、设计计算与施工要点。

本教材在第二版的基础上做了修改补充,反映了在党的改革开放政策的指引下,我国交通与桥梁事业获得迅速发展,桥梁工程学科成就已达到发达国家的先进水平。

本教材上册全书由范立础主编,参加工作的主要有魏红一、陈忠延、王君杰、石雪飞、王志强、胡世德、肖汝诚、郭文复、李国平等同事,并由长安大学徐光辉主审。

由于编写水平有限,教材中不可避免有谬误之处,敬请读者批评指正,并将意见寄上海四平路同济大学桥梁工程系。

编 者

2001 年 1 月

# 目 录

## 第一篇 总 论

### 第一章 概述 ... 1
第一节 桥梁在交通事业中的地位和国内外桥梁的发展概况 ... 1
第二节 桥梁的组成与分类 ... 15

### 第二章 桥梁的规划与设计基本原则 ... 18
第一节 桥梁设计程序 ... 18
第二节 桥梁设计的一般原则 ... 24
第三节 桥梁体系、造型与美学 ... 31

### 第三章 桥梁设计作用 ... 34
第一节 永久作用 ... 35
第二节 可变作用 ... 36
第三节 偶然作用 ... 41
第四节 地震作用 ... 41
第五节 作用组合 ... 42

### 第四章 桥面布置与构造 ... 47
第一节 桥面组成与布置 ... 47
第二节 桥面铺装及排水防水系统 ... 49
第三节 桥梁伸缩缝 ... 54
第四节 人行道、栏杆、护栏与灯柱 ... 57

## 第二篇 混凝土梁桥

### 第一章 混凝土梁桥设计与构造 ... 62
第一节 概述 ... 62
第二节 梁桥立面布置 ... 71
第三节 横截面设计 ... 84
第四节 配筋设计原则与构造特点 ... 98
第五节 其他构造 ... 112
第六节 梁桥支座 ... 118
第七节 梁桥墩台 ... 125

### 第二章 梁桥施工 ... 144
第一节 概述 ... 144
第二节 梁桥的预制工艺 ... 145

| 第三节 | 简支梁桥预制梁的运输、安装施工 | 162 |
| 第四节 | 梁桥的主要施工方法 | 166 |

## 第三章 梁桥计算 194
- 第一节 概述 194
- 第二节 主梁结构内力计算 194
- 第三节 预应力束计算 203
- 第四节 桥面板计算 206
- 第五节 结构挠度及预拱度计算 216
- 第六节 牛腿计算 224

## 第四章 梁桥实用空间理论分析 229
- 第一节 实用空间理论的基本原理 231
- 第二节 刚性横梁法 243
- 第三节 铰接板(梁)法 249
- 第四节 剪力荷载横向分布系数计算 256
- 第五节 边梁和内梁刚度不等的荷载横向分布计算 259
- 第六节 各种体系变截面梁桥的荷载横向分布计算 262
- 第七节 横梁计算 268

## 第五章 超静定预应力混凝土梁桥次内力计算 275
- 第一节 预加力引起的次内力计算 275
- 第二节 预应力混凝土连续梁由徐变、收缩引起的次内力计算 284
- 第三节 预应力混凝土连续梁因基础沉降引起的次内力计算 297
- 第四节 温度应力计算 298

## 第六章 箱梁分析 304
- 第一节 箱梁截面受力特性 304
- 第二节 箱梁对称挠曲时的弯曲应力 306
- 第三节 箱梁的剪力滞效应 307
- 第四节 箱梁自由扭转应力 313
- 第五节 箱梁约束扭转应力 314
- 第六节 箱梁的畸变应力 317

## 第七章 支座与墩台计算 323
- 第一节 支座的设计计算 323
- 第二节 桥梁墩台的计算 333

## 第八章 斜弯桥计算简介 349
- 第一节 整体斜板桥的受力特点和构造 349
- 第二节 整体式斜板桥的设计计算 353
- 第三节 斜梁桥的受力特点与实用计算方法 355
- 第四节 平面弯桥的受力特点和构造 364
- 第五节 平面弯桥的设计计算 373

| 第六节 | 预应力连续弯桥构造示例 | 388 |
| 第七节 | 异形桥梁的构造特点和设计原则 | 389 |

## 第九章 混凝土梁式桥实例简介 391
| 第一节 | 预应力混凝土简支梁桥 | 391 |
| 第二节 | 预应力混凝土 T 形刚构和连续刚构桥 | 396 |
| 第三节 | 预应力混凝土连续梁 | 415 |

# 第三篇 混凝土刚架桥

## 第一章 刚架桥的主要类型及构造特点 426
| 第一节 | 结构类型 | 426 |
| 第二节 | 构造特点 | 428 |

## 第二章 刚架桥计算简介 430
| 第一节 | 刚架桥的计算原则 | 430 |
| 第二节 | 刚架桥各项次内力计算 | 430 |

## 第三章 构造示例及施工 434
| 第一节 | 法国博诺姆桥 | 434 |
| 第二节 | 广州琶洲珠江大桥 | 436 |

## 附录 439
| 附录 Ⅰ | 桥梁初步设计及方案比较 | 439 |
| 附录 Ⅱ | 比拟正交异性板法 | 443 |
| 附录 Ⅲ | G-M 修正法计算斜梁桥 | 460 |

## 参考文献 462

# 第一篇 总 论

# 第一章 概 述

## 第一节 桥梁在交通事业中的地位和国内外桥梁的发展概况

### 一、桥梁在交通事业中的地位

建立四通八达的现代化交通网,大力发展交通运输事业,对于发展国民经济,加强全国各族人民的团结,促进文化交流和巩固国防等方面,都具有非常重要的作用。在公路、铁路、城市和农村道路以及水利建设中,为了跨越各种障碍(如江河、沟谷或其他线路等),必须修建各种类型的桥梁与涵洞,因此桥涵是交通线路中的重要组成部分,而且往往是保证全线早日通车的关键。在经济上,桥梁和涵洞的造价一般说来平均占公路总造价的10%～20%。在国防上,桥梁是交通运输的咽喉,在需要高度快速、机动的现代战争中,它具有非常重要的地位。此外,为了保证已有公路的正常运营,桥梁的养护与维修工作也十分重要。

20世纪50年代以来,由于科学技术的进步,工业水平的提高,社会生产力的高速发展,人们对桥梁建筑提出了更高的要求。现代高速公路上迂回交叉的立交桥、高架桥和城市的高架道路,几十公里长的海湾、海峡大桥,新发展的城郊高速铁路桥与轻轨运输高架桥(transit guideway)等,这些新型桥梁不但是规模巨大的工程实体,而且犹如一长长的地上"彩虹"。纵观世界各国的大城市,常以工程雄伟的大桥作为城市的标志与骄傲。因而,桥梁建筑已不单纯作为交通线路上重要的工程实体,而且常作为一种空间艺术结构物存在于社会之中。

我国幅员辽阔,大小山脉和江河湖泊纵横全国,东面临海,海湾、岛屿众多。自20世纪80年代我国实行改革开放政策以来,国民经济飞速发展。社会主义工业、农业、商业、国防和科学技术现代化正在逐步实现。全国高速公路、高速铁路、城市交通网络的建设方兴未艾。作为枢纽工程的桥梁建设的发展则突飞猛进。目前,我国已建成的各类现代化桥梁在世界跨径排名上都取得了较好名次,甚至是名列前茅(表1-1-1～表1-1-5)。它从一个侧面反映了我国生产、经济与科学技术的发展高度。回顾过去,展望未来,我国广大桥梁工程技术与科学工作者将不断面临着设计和建造各类桥梁的光荣而艰巨的任务。

**目前世界主要已建的悬索桥** 表1-1-1

| 排序 | 桥 名 | 主跨(m) | 桥 址 | 年份(年) |
|---|---|---|---|---|
| 1 | 明石海峡大桥(Akashi-Kaikyo) | 1 991 | 日本本州四国联络线(神户—鸣门) | 1998 |
| 2 | 西堠门大桥 | 1 650 | 中国 | 2008 |
| 3 | 大贝尔特东桥(Great Belt East) | 1 624 | 丹麦 | 1997 |
| 4 | 李舜臣大桥(Yi Sun-sin) | 1 545 | 韩国 | 2012 |
| 5 | 润扬长江大桥 | 1 490 | 中国 | 2005 |

续上表

| 排序 | 桥 名 | 主跨(m) | 桥 址 | 年份(年) |
|---|---|---|---|---|
| 6 | 南京长江四桥 | 1 418 | 中国 | 2012 |
| 7 | 汉伯桥(Humber) | 1 410 | 英国 | 1981 |
| 8 | 江阴长江公路大桥 | 1 385 | 中国 | 1999 |
| 9 | 青马大桥(Tsing Ma) | 1 377 | 香港,中国 | 1998 |
| 10 | 哈当厄尔大桥(Hardanger) | 1 310 | 挪威 | 2013 |
| 11 | 费拉赞诺桥(Verrazano-Narrows) | 1 298 | 纽约,美国 | 1964 |
| 12 | 金门大桥(Golden Gate) | 1 280 | 旧金山,美国 | 1937 |
| 13 | 武汉阳逻长江大桥 | 1 280 | 中国 | 2007 |
| 14 | 霍加大桥(Höga Kusten) | 1 210 | 瑞典 | 1997 |
| 15 | 矮寨大桥 | 1 176 | 中国 | 2012 |
| 16 | 麦金内克桥(Mackinac) | 1 158 | 美国 | 1957 |
| 17 | 蔚山大桥(Ulsan) | 1 150 | 韩国 | 2015 |
| 18 | 珠江黄埔大桥 | 1 108 | 中国 | 2008 |
| 19 | 南备赞濑户大桥(Minami Bisan-seto) | 1 100 | 日本本州四国联络线(兜岛—板出) | 1988 |
| 20 | 塔蒂苏丹穆罕默德桥(Fatih Sultan Mehmet) | 1 090 | 伊斯坦布尔,土耳其 | 1988 |
| 21 | 坝陵河特大桥 | 1 088 | 中国 | 2007 |
| 22 | 泰州长江大桥 | 1 080 | 中国 | 2012 |
| | 马鞍山长江大桥 | 1 080 | 中国 | 2013 |
| 24 | 博斯普鲁斯桥(Bosporus) | 1 074 | 伊斯坦布尔,土耳其 | 1973 |
| 25 | 乔治·华盛顿桥(George Washington) | 1 067 | 纽约,美国 | 1931 |
| 26 | 来岛3号桥(Kurshima-3) | 1 030 | 日本本州四国联络线(尾道—今治) | 1999 |
| 27 | 来岛2号桥(Kurshima-2) | 1 020 | 日本本州四国联络线(尾道—今治) | 1999 |
| 28 | 塔盖司桥(Tagus) | 1 013 | 里斯本,葡萄牙 | 1966 |
| 29 | 福斯道路桥(Forth Road) | 1 006 | 英国 | 1964 |
| 30 | 北备赞濑户大桥(Kita Bisan-seto) | 990 | 日本本州四国联络线(兜岛—板出) | 1988 |
| 31 | 塞文桥(Severn) | 988 | 英国 | 1966 |
| 32 | 宜昌长江大桥 | 960 | 中国 | 2001 |
| 33 | 下津井濑户大桥(Shimotsui-seto) | 940 | 日本本州四国联络线(兜岛—板出) | 1988 |
| 34 | 西陵长江公路大桥 | 900 | 中国 | 1996 |
| | 四渡河大桥 | 900 | 中国 | 2009 |
| 36 | 虎门大桥 | 888 | 中国 | 1997 |
| 37 | 大鸣门大桥(Ohnaruto) | 876 | 日本 | 1985 |

**目前世界主要已建的斜拉桥** 表1-1-2

| 排序 | 桥 名 | 主跨(m) | 桥 址 | 年份(年) | 形式 |
|---|---|---|---|---|---|
| 1 | 俄罗斯岛大桥(Russky) | 1 104 | 俄罗斯 | 2012 | S |
| 2 | 苏通长江大桥 | 1 088 | 中国 | 2008 | S |
| 3 | 昂船洲大桥 | 1 018 | 香港,中国 | 2009 | H |
| 4 | 鄂东大桥 | 926 | 中国 | 2010 | H |
| 5 | 多多罗桥(Tatara) | 890 | 日本本州四国联络线(尾道—今治) | 1998 | H |
| 6 | 诺曼底桥(Pont de Normandie) | 856 | 法国 | 1995 | H |

续上表

| 排序 | 桥 名 | 主跨(m) | 桥 址 | 年份(年) | 形式 |
|---|---|---|---|---|---|
| 7 | 九江长江大桥 | 818 | 中国 | 2013 | H |
| 8 | 荆岳长江公路大桥 | 816 | 中国 | 2010 | H |
| 9 | 仁川大桥(Incheon) | 800 | 韩国 | 2009 | S |
| 10 | 厦漳跨海大桥 | 780 | 中国 | 2013 | S |
| 11 | 金角湾大桥(Zolotoy) | 737 | 俄罗斯 | 2011 | S |
| 12 | 上海长江大桥 | 730 | 中国 | 2009 | H |
| 13 | 闵浦大桥 | 708 | 中国 | 2010 | H&C |
| 14 | 江顺大桥 | 700 | 中国 | 2015 | H |
| 15 | 象山港大桥 | 688 | 中国 | 2015 | S |
| 16 | 琅岐闽江大桥 | 680 | 中国 | 2013 | S |
| 17 | 南京三桥 | 648 | 中国 | 2005 | S |
| 18 | 新鸭绿江大桥 | 636 | 中国—朝鲜 | 2015 | S |
| 19 | 铜陵长江公铁大桥 | 630 | 中国 | 2015 | S |
| 20 | 南京二桥 | 628 | 中国 | 2001 | H |
| 21 | 金塘大桥 | 620 | 中国 | 2009 | S |
| 22 | 白沙洲大桥(武汉三桥) | 618 | 中国 | 2000 | H |
| 23 | 武汉二七长江大桥 | 616 | 中国 | 2011 | C |
| 24 | 永川长江大桥 | 608 | 中国 | 2014 | H |
| 25 | 青州闽江大桥 | 605 | 中国 | 2001 | C |
| 26 | 上海杨浦大桥 | 602 | 中国 | 1993 | C |
| 27 | 上海徐浦大桥 | 590 | 中国 | 1997 | H |
| 28 | 中央名港大桥(Meiko-Chuo) | 590 | 日本 | 1998 | S |
| 29 | 桃夭门大桥 | 580 | 中国 | 2003 | H |
| 30 | 安庆长江铁路大桥 | 580 | 中国 | 2014 | S |
| 31 | 黄冈长江大桥 | 567 | 中国 | 2013 | S |
| 32 | 里翁—安提里翁大桥(Rio-Antirio) | 560 | 希腊 | 2004 | C |
| 33 | 芹苴桥(Can Tho) | 550 | 越南 | 2010 | P.C. |

注:H;混合(Hybrid);C;复合(Composite);P.C.;预应力混凝土(Prestressed Concrete);S;钢(Steel)。

**目前世界主要已建的混凝土拱桥** 表1-1-3

| 排序 | 桥 名 | 主跨(m) | 桥 址 | 年份(年) |
|---|---|---|---|---|
| 1 | 万县长江大桥 | 420 | 万州,中国 | 1997 |
| 2 | 克尔克1号桥(Krk-1) | 390 | 克尔克岛(Krk Island),南斯拉夫 | 1980 |
| 3 | 昭化嘉陵江大桥 | 364 | 四川,中国 | 2012 |
| 4 | 江界河大桥 | 330 | 贵州,中国 | 1995 |
| 5 | 胡佛大桥 | 323 | 内华达—亚利桑那,美国 | 2010 |
| 6 | 邕江大桥 | 312 | 广西,中国 | 1997 |
| 7 | 格莱兹维尔桥(Gladesville) | 300 | 悉尼(Sydney),澳大利亚 | 1964 |
| 8 | 艾米赞德桥(Ponte da Amizade) | 290 | 巴拉那河(Parana River),巴西—巴拉圭 | 1964 |
| 9 | 亨里克桥(Infante D. Henrique) | 280 | 奥波托(Oporto),葡萄牙 | 2002 |

3

续上表

| 排序 | 桥名 | 主跨(m) | 桥址 | 年份(年) |
|---|---|---|---|---|
| 10 | 布洛克兰斯桥(Bloukrans) | 272 | 自然谷(Nature's Valley),南非 | 1984 |
| 11 | 阿拉比达桥(Arrabida) | 270 | 奥波托(Oporto),葡萄牙 | 1963 |
| | (Forschgrundsee Viaduct) | 270 | (Bavaria),德国 | 2010 |
| | (Grümpen Viaduct) | 270 | (Thuringia),德国 | 2011 |
| 14 | 富士川町桥(Fujikawa Bridge) | 265 | 静冈县(Shizuoka),日本 | 2005 |
| 15 | 山多桥(Sando) | 264 | 克拉姆福斯(Kramfors),瑞典 | 1943 |

**目前世界主要已建的钢拱桥**　　　　　　　　　　　　　　　　　　　　　　　表 1-1-4

| 排序 | 桥名 | 主跨(m) | 桥址 | 年份(年) |
|---|---|---|---|---|
| 1 | 朝天门大桥 | 552 | 重庆,中国 | 2009 |
| 2 | 卢浦大桥 | 550 | 上海,中国 | 2003 |
| 3 | 新河谷大桥(New River Gorge Bridge) | 518 | 美国 | 1977 |
| 4 | 波司登大桥 | 512 | 四川,中国 | 2012 |
| 5 | 贝云桥(Bayonne Bridge) | 504 | 美国 | 1931 |
| 6 | 悉尼海港湾大桥(Sydney Harbour Bridge) | 503 | 澳大利亚 | 1932 |
| 7 | 巫山大桥 | 460 | 重庆,中国 | 2005 |
| 8 | 肇庆西江大桥 | 450 | 广东,中国 | 2014 |
| 9 | 明州大桥 | 450 | 浙江,中国 | 2011 |
| 10 | 支井河特大桥 | 460 | 湖北,中国 | 2009 |
| 11 | 新光大桥 | 428 | 广东,中国 | 2008 |
| 12 | 菜园坝大桥 | 420 | 重庆,中国 | 2007 |
| 13 | 大宁河大桥 | 400 | 重庆,中国 | 2010 |
| | 莲城大桥 | 400 | 湖南,中国 | 2007 |
| 15 | 佛利蒙大桥(Fremont Bridge) | 382 | 美国 | 1973 |

**目前世界主要已建的预应力混凝土梁桥**　　　　　　　　　　　　　　　　　　表 1-1-5

| 排序 | 桥名 | 主跨(m) | 桥址 | 年份(年) |
|---|---|---|---|---|
| 1 | 斯托尔马桥(Stolma) | 301 | 挪威 | 1998 |
| 2 | 拉脱圣德桥(Raftsundet) | 298 | 洛福坦(Lofoten),挪威 | 1998 |
| | 桑德桥(Sundφy) | 298 | 诺德兰(Nordland),挪威 | 2003 |
| 4 | 虎门辅航道桥 | 270 | 广东,中国 | 1997 |
| 5 | 苏通大桥辅航道桥 | 268 | 江苏,中国 | 2007 |
| 6 | 瓦罗德 2 号桥(Varodd-2) | 260 | 克里斯蒂安桑德(Kristiamsand),挪威 | 1994 |
| | 门道桥(Gateway) | 260 | 布里斯班(Brisbane),澳大利亚 | 1986 |
| 8 | 奥波托桥(Oporto) | 250 | 道罗河(Douo Eiver),葡萄牙 | 1991 |
| | 诺日姆伯兰海峡桥(Northum Berland Strait Crossing) | 250 (43 孔) | 新布鲁斯维克(New Brunswick),加拿大 | 1998 |
| | 斯克夏桥(Skye) | 250 | 斯克夏岛(Skye Island),英国 | 1995 |
| | 黄花园嘉陵江大桥 | 250 | 重庆,中国 | 1999 |
| 12 | 滨名大桥(Hamana) | 240 | 静冈县(Shizuoka),日本 | 1976 |
| 13 | 彦岛大桥(Hikoshima) | 236 | 山口县(Yamaguchi),日本 | 1975 |
| 14 | 诺达尔斯弗乔德桥(Norddalsfjord) | 230 | 索恩—弗乔丹(Sogn-Fjordane),挪威 | 1987 |

## 二、我国桥梁建筑的成就

我国文化悠久,是世界上文明起源最早的国家之一。我国有许多科学技术"往往远远超过同时代的欧洲,特别是15世纪以前,更是如此"(英国人李约瑟在他所著《中国科学技术史》序言中语)。其中就桥梁来说,我们的祖先也在世界桥梁建筑史上写下了不少光辉灿烂的篇章。我国山河众多,自然条件错综复杂,古代所建桥梁不但数量惊人,而且类型也丰富多彩,几乎包含了所有近代桥梁中的最主要形式。

根据史料记载,在距今约3 000年的周文王时,我国就已在宽阔的渭河上架设过大型浮桥。鉴于浮桥的架设具有简便快速的特点,常被用于军事。汉唐以后,浮桥的运用日益普遍。现代桥梁中广为修建的多孔桩柱式桥梁,据历史考证,我国在春秋战国时期(公元前332年)已普遍运用于黄河流域和其他地区,不同的只是古桥多以木桩为墩柱,上置木梁、石梁,而今则都用钢筋混凝土代之。

近代的大跨径吊桥和斜拉桥也是由古代的藤、竹吊桥发展而来的。几乎在大部分有关桥梁的历史书籍上,都承认我国是最早有吊桥的国家,迄今至少有约3 000年的历史。据记载,在唐朝中期,我国就从藤索、竹索发展到用铁链建造吊桥,而西方到16世纪才开始建造铁链吊桥,比我国晚了近千年。至今尚保留下来的古代吊桥有四川省泸定县的大渡河铁索桥(1706年),以及灌县的安澜竹索桥(1803年)等。泸定铁索桥跨长约100m,宽约2.8m,由13条锚固于两岸的铁链组成,1935年中国工农红军长征途中曾强渡此桥,由此更加闻名。安澜桥是世界上最著名的竹索桥,全长340m,分8孔,最大跨径约61m,全桥由细竹篾编成粗0.167m的24根竹索组成,其中桥面索和扶栏索各半。

天然石料是大自然赋予人类的最早的、取之不尽、用之不竭的建筑材料。一旦人们创造了强有力的加工工具,石梁、石柱、石拱等结构无疑就普遍发展起来;又鉴于石料的耐久性,因此几千年来修建较多的古代桥梁要推石桥居首。我国古代桥工巨匠的辛勤劳动曾对桥梁建筑做出了卓越贡献。

秦汉时期,我国已广泛修建石梁桥。世界上现在尚保存着的最长、工程最艰巨的石梁桥,就是我国于1053~1059年在福建泉州建造的万安桥,也称洛阳桥。此桥长达800m之多,共47孔,位于"波涛汹涌,水深不可址"的入海口江面上。此桥以磐石铺遍桥位江底,是近代筏形基础的开端,并且独具匠心地用养殖海生牡蛎的方法胶固桥基使成整体,此亦是世界上绝无仅有的造桥方法。近千年前就能在这种艰难复杂的水文条件下建成如此长桥,实为中外桥梁史上一次勇敢的突破。

1240年建造的福建漳州虎渡桥,也是最令人惊奇的一座梁式石桥。此桥总长约335m,某些石梁长达23.7m,沿宽度用三根石梁组成,每根宽1.7m,高1.9m,自重达2 000kN,该桥一直保存至今。历史记载,这些巨大石梁是利用潮水涨落浮运架设的,足见我国古代加工和安装桥梁的技术何等高超。

富有民族风格的古代石拱桥技术,由于结构的精心巧思,以及艺术造型的丰富多姿,长期以来一直驰名中外。举世闻名的河北省赵县的赵州桥(又称安济桥),就是我国古代石拱桥的杰出代表(图1-1-1)。该桥在隋大业初年(约公元605年)为李春所创建,是一座空腹式的圆弧形石拱桥,净跨径37.02m,宽9m,拱矢高度7.23m。在拱圈两肩各设有两个跨径不等的腹拱,这样既能减轻桥身自重、节省材料,又便于排洪、增加美观。赵州桥的设计构思和工艺的精巧,不仅在我国古代桥中首屈一指,据对世界桥梁的考证,像这样的敞肩拱桥,欧洲到19世纪中叶才出现,比我国晚了1 200多年。赵州桥的雕刻艺术优美,包括栏板、望柱和锁口石等,其上狮象龙兽形态逼真,琢工精致秀丽,不愧为文物宝库中的艺术珍品。

图 1-1-1 赵州桥

除赵州桥外,还有其他著名的石拱桥,如北京永定河上的卢沟桥、颐和园内的玉带桥和十七孔桥、苏州的枫桥等。我国石拱桥的建造技术在明朝时曾流传到日本等国,促进了世界各国人民的文化交流,并增进了友谊。

在我国古桥建筑中,尚值得一提的是广东潮安县横跨韩江的湘子桥(又名广济桥)。此桥始建于公元1169年,全桥长517.85m,总共20墩台19孔,上部结构有石拱、木梁、石梁等多种形式,还有用18条浮船组成的长达97.30m的开合式浮桥。设置浮桥的目的,既能适应大型商船和上游木排的通过,也避免了过多的桥墩阻塞河道,以致加剧桥基冲刷而造成水害。这座世界上最早的开合式桥,论石桥之长、石墩之大、桥型之多以及施工条件之困难、工程历时之久,都是古代建桥史上罕见的。此桥自清代修复后,至今一二百年,历经天灾人祸,始终安如磐石,屹立于惊涛骇浪之中。新中国成立后又对其进行了改建和扩建,使历史上屡圮屡修的这座古桥焕发了青春。

然而,封建制度的长期统治大大束缚了生产力的发展。1840年鸦片战争后帝国主义列强的侵入和腐朽的社会制度,使广大劳动人民处于水深火热之中,人民群众的无穷智慧被压抑和摧残。在桥梁建筑方面,大部分是外国投资、设计,外商承包。中华人民共和国成立以前,我国交通事业发展落后,可供通车的里程很少,质量低劣。公路桥梁绝大多数为木桥,年久失修,破烂不堪。纵然当时我国自己也修建过一些公路钢桁梁桥、吊桥和钢筋混凝土拱桥等,但与当时世界桥梁建筑技术水平相比,是处于很落后的状态。

中华人民共和国成立后,我国人民以大无畏的英雄气概,迅速地医治了战争的创伤,恢复了经济。新中国成立初期修复并加固了大量旧桥,随后在第一、二个五年计划期间,在新建的铁路干线、公路网线和渡口,修建了不少重要的桥梁,并取得了迅速的发展。20世纪50~60年代,修订了桥梁设计规程,编制了桥梁标准设计和桥梁设计计算手册,培养并形成了一支强大的桥梁工程设计与施工技术队伍。随着社会主义建设向前发展,桥梁建设同其他各条战线一样,也出现了突飞猛进的局面。

1. 钢桥

1957年,第一座长江大桥——武汉长江大桥的胜利建成,既结束了我国万里长江无桥的状况,又标志我国修建大跨径钢桥的现代化桥梁技术水平提高到新的起点。大桥的正桥为两联3×128m连续钢桁梁,双线铁路,上层公路桥面宽18m,两侧各设2.25m人行道,包括引桥在内全桥总长1 670.4m。1969年又胜利建成了举世瞩目的南京长江大桥(图1-1-2),这是我国自行设计、制造、施工,并使用国产高强钢材的现代化大型桥梁。正桥除北岸第一孔为128m简支钢桁梁外,其余3联9孔为每联3×160m的连续钢桁梁。上层为公路桥,下层为双线铁路。包括引桥在内,铁路桥梁全长6 772m,公路桥梁为4 589m。桥址处水深流急,河床地质极为复杂,大桥桥墩基础的施工非常困难。南京长江大桥的建成,显示出我国的钢桥建设已接近世界先进水平,也是我国桥梁史上又一个重要标志。

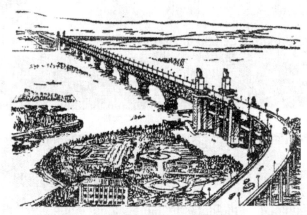

图1-1-2 南京长江大桥

20世纪60年代,在地势险要、山多谷深的成昆铁路线上,修建了各种体系的大跨径钢桥。桥梁钢材已普遍采用低合金钢(16锰钢),结构连接已从早期的铆接逐步过渡到栓、焊连接。同时,在公路上也修建了一些大跨径钢桥,如1966~1969年在四川省建成的钢箱拱桥和钢桁拱桥,主孔跨径达180m,并且采用高强螺栓连接。1972年建成的山东北镇黄河大桥,主桥采用4×112m的栓焊连续钢桁梁桥。迄今,作为第二京广要隘的九江长江大桥,为长度更长(铁路部分7 657.4m,公路部分4 215.9m)、跨径更大(最大跨径为216m)、施工更为先进的公铁两用特大钢桥,1993年已雄姿勃勃地横跨九江和黄梅两岸。

进入20世纪80年代,我国又发展了钢箱梁结构,1982年在陕西安康建成了箱形截面、栓焊结构的铁路斜腿刚架桥,跨径176m,保持着铁路桥这种桥型的世界纪录。1984年在广东省建成了采用正交异性板桥面、栓焊结构的钢箱梁桥。

我国钢桥建设从铆接结构发展到栓焊结构,从钢桁架梁发展到正交异性板桥面的钢箱梁,研制了板厚效应小(厚56mm)、焊接性能和韧性好的15MnVNq-C桥梁钢,为我国建造大跨径钢桁架桥、钢斜拉桥和钢悬索桥创造了条件。进入20世纪90年代后,我国经济发展飞跃到新台阶,建设了更大跨径的钢桥。现代化悬索桥的发展,国外走过百余年的历程,我国从第一座现代化悬索桥建设始仅用了10年左右的时间,到20世纪末,就已经建成4座大跨径悬索桥。目前,我国钢桥中有代表性的新型桥梁有:

(1)东营黄河公路钢斜拉桥,主跨288m,1987年。

(2)九江长江公路铁路两用大桥,主跨216m,1993年(图1-1-3)。

(3)上海黄浦江杨浦大桥(斜拉桥,主梁为钢—混凝土结合梁),主跨602m,1993年(图1-1-4)。

(4)西陵长江公路大桥(悬索桥,全焊钢箱梁结构),主跨900m,1996年。

(5)珠江口虎门大桥(悬索桥,全焊钢箱梁结构),主跨888m,1997年。

(6)香港青马大桥(悬索桥,全焊钢箱梁结构),主跨1 377m,1998年(图1-1-5)。

(7)江阴长江公路大桥(悬索桥,全焊钢箱梁结构),主跨1 385m,1999年。

(8)舟山连岛工程西堠门大桥(悬索桥,全焊钢箱梁结构),主跨1 650m,2008年。
(9)苏通长江大桥(斜拉桥,主梁全焊钢箱梁结构),主跨1 088m,2008年(图1-1-6)。

图1-1-3　九江长江大桥

图1-1-4　上海杨浦大桥

图1-1-5　香港青马大桥

2.预应力混凝土桥

20世纪50年代,我国在修建大量小跨径钢筋混凝土梁桥的同时,开始对预应力混凝土桥梁进行研究与试验,于1956年在公路上建成了第一座跨径20m的预应力混凝土简支梁桥。随后,预应力混凝土简支梁在公路上广泛采用,并提出了装配式预应力混凝土简支梁桥的系列标准设计,最大跨径达40m。1970年,河南省建成了跨径达52m的鱼腹形预应力混凝土简支梁桥。1976年建成的洛阳黄河公路大桥，跨径为50m，全长达3 000m。1985年在浙江省建成了跨径60m的预应力混凝土简支梁桥。

图1-1-6　苏通长江大桥

20世纪60年代中期，我国首次采用先进的悬臂施工方法，建成了第一座T形刚构桥，为我国修建大跨径预应力桥梁提供了成功的经验，开拓了发展前景。迄今已修建了几十座大中跨径的预应力混凝土T形刚构桥，如1971年建成的福建省乌龙江公路大桥，主孔跨径为3×144m；1980年建成的重庆长江公路大桥，该桥共8孔，总长1 000m，最大跨径达174m。

20世纪70年代后，在桥梁建设上，各种体系的预应力混凝土桥获得了迅猛的发展。各国应用最广泛的预应力混凝土连续梁桥在国内开始兴建，至今已修建大量的连续梁桥，掌握了各种先进的施工方法与技术，如顶推法、移动模架法、逐跨架设法等，并在国外承包修建了伊拉克的摩索尔4号桥——全长648m、主跨为56m的一联12孔箱形连续梁，和科威特的巴比延桥——全长2 400m、主跨54m，为新型的空间桁式腹系的箱形连续梁桥，施工速度和质量已获得了国际声誉。

20世纪80年代后，用悬臂法施工的大跨径连续梁桥也获得了迅速发展，其中如1984年建成的广州珠海三桥，主跨为80m+110m+80m；1991年建成的杭州钱塘江二桥，为公铁两用桥，主桥为18孔一联预应力混凝土箱梁连续梁，分跨为45m+65m+14×80m+65m+45m，连续长度达1 340m；南京的北汊桥为五跨预应力混凝土连续梁，主跨165m。

20世纪80年代末～90年代初，预应力索的锚具与张拉工艺、施工与设备日益完善，促进了预应力混凝土桥向更大的跨径冲击，发展了双薄壁墩的连续—刚构体系。如1989年建成的主跨180m的广东洛溪桥，1999年建成的主跨250m的黄花园嘉陵江长江大桥，1997年建成的主跨270m的广东虎门辅航道桥（图1-1-7），在20世纪90年代代表了我国预应力桥的设计和施工水平。此后，随着工程经验的丰富，对这种桥型的设计和施工技术进行了不断的改进，如于2008年建成通车主跨268m的苏通大桥辅航道桥，就采用了一些措施，降低中跨下挠的影响。

在世界桥梁建筑中，20世纪50年代出现了第一座现代钢斜拉桥，由于其结构合理，跨越能力大，用材指标低和外形美观，这种桥型如异军突起，发展迅速。我国20世纪60年代开始修建预应力混凝土斜拉桥。虽起步较晚，但勇于实践和攀登新的技术高峰，从1975年开始修建四川云阳汤溪河桥（主跨76m）和上海松江区新五桥（主跨54m）两座试验桥以来，至今已修建了各种类型的现代预应力混凝土斜拉桥，成为目前世界上建造这种桥梁座数最多的国家，其中包括主跨达到500m的荆州长江公路大桥（图1-1-8）。

此外，结合我国情况，在钢筋混凝土桁架拱桥修建经验的基础上，还发展了预应力混凝土桁架拱桥与桁架T构桥，1985年建成的贵州江界河大桥，为预应力混凝土组合悬臂桁架拱—

梁体系,主跨已达330m。

3. 混凝土、石拱桥

我国拱桥有悠久的历史。在新中国成立初期,广大建桥职工继承和发扬了我国建造石拱桥的优良传统,因地制宜、就地取材,修建了大量经济美观的石拱桥,其中跨径最大的是云南省的南盘江长虹桥($L=112.5$m)。到1972年,石拱桥的跨径纪录又被四川省丰都县的九溪沟大桥($L=116$m)所超越。目前我国已建跨径在百米以上的石拱桥共有8座,跨径世界纪录是建于2000年的146m的山西晋城丹河大桥(图1-1-9)。

图1-1-7 广东虎门大桥辅航道桥

图1-1-8 荆州长江公路大桥

除石拱桥外,我国还创造和推广了不少新颖的拱桥结构,如1964年建造的双曲拱桥,具有材料省、造价低、施工简便和外形美观等优点,在公路上得到应用和推广,对当时加快我国公路桥梁的建设速度,曾起了很大的作用。此外,全国各地还因地制宜地建造了各具特色的拱式桥型。其中推广较快的有江、浙一带修建的钢筋混凝土桁架拱桥和刚架拱桥,其特点是上部结构自重小,适合于软土地基上建造。山东的两铰平板拱、河南的双曲扁拱、山西和甘肃的扁壳拱、广东的悬砌拱、广西的薄壳石拱、湖南的圬工箱形拱和石肋板拱等,这些桥型在结构上或施工上各具特色,对探索经济合理的中小跨径拱桥建筑做出了贡献。

在拱桥的施工技术方面,除了有支架施工外,对于大跨径拱桥,目前已广泛采用无支架施工,而且在四川、贵州和湖南等省采用转体法分别建成了跨径为70m的肋拱桥、200m的箱拱桥等。近年来,随着缆索吊装技术的发展,起重能力的增大,为了提高拱桥在无支架吊装中构件的稳定性和增强主拱的整体性,较大跨径的拱桥大都采用薄壁箱形拱肋。目前,我国已建成跨径在百米以上的箱形拱桥有数十座,跨径最大达420m(重庆万州长江大桥,图1-1-10),于1997年建成,它是用钢管混凝土劲性骨架作为拱架施工的箱形拱桥。

图1-1-9 山西晋城丹河大桥

图1-1-10 重庆万州长江大桥

据不完全统计,我国迄今已建百米以上跨径的公路圬工拱桥和钢筋混凝土拱桥近50座,占世界同类拱桥的1/3以上。

4. 桥梁基础工程

我国在深水急流中修建了不少桥梁,已积累了极为可贵的深水基础工程的设计和施工经验。20世纪50年代,我国修建武汉长江大桥时,在世界上首次采用了大型管柱基础。随后,这种先进的深水基础形式得到了推广和发展,大型管柱的直径从1.55m发展到5.8m,最大埋置深度达47.5m。在沉井施工方面,由于成功地采用了先进的触变泥浆套下沉技术,大幅度地减小了基础圬工数量(据某大桥的实践,圬工减小达一半),加快了下沉速度。在中小跨径公路桥建设中,我国还广泛采用和推广了就地成孔的钻孔灌注桩基础。北镇黄河公路桥成功地采用这种基础施工,钻孔深度达104m,苏通长江大桥主桥基础的钻孔深度更是达到130m。

为了排除钻孔坍孔的危险,又发展了套管法施工桩基础。在大跨径桥梁中,除了采用大型管柱钻孔桩基础外,还有管柱桩与沉井组合基础,常用于深水桥墩。在大型基础施工中,还开创使用双壁钢围堰与钻孔灌注桩的基础。

随着桥梁向大跨、轻型、高强、整体方向发展,桥梁下部结构形式出现日新月异的变化。我国深水桥墩设计与施工水平,虽已处于世界前列,但我国江河纵横、海岸线很长,沿海有开发价值的岛屿众多,规划中的大桥甚至要修建70～100m水深的基础工程。这将是桥梁工程与近海工程结合的发展时代。

5. 桥梁设计与科研

新中国成立以来,我国公路、铁路、城市建设等部门及高等院校已形成一支人数众多、力量雄厚的设计、科研队伍。自1956年就开始制定了我国公路、铁路桥梁设计规范,并根据建桥经验不断进行修改,目前桥梁设计理论已从极限状态设计方法向可靠度理论方向发展。对中小跨径常用桥型广泛编制了标准设计图纸,为加速我国桥梁建设做出了巨大贡献。在桥梁设计中,对空间分析、结构复杂的次内力计算、稳定、振动与地震响应等方面进行了大量研究,并取得了有实际价值的成果。桥梁静、动力模型试验,野外测试,风洞试验的研究,又为我国发展长大桥梁提供了科学依据。在引进并应用国外各种结构分析软件的同时,我国已编制了计算公路桥梁的大型综合程序以及大量专用程序。现代计算技术的推广应用,为加快桥梁设计速度和提高设计质量,起到了极为重要的作用。我国提出了科教兴国的政策,壮大了科学研究的队伍,增添了先进的试验设备。20世纪90年代,为适应我国大跨径桥梁建设的需要,在上海同济大学建立了土木工程防灾国家重点实验室,包括大、中、小三个风洞实验室,最大的边界层风洞为15m宽、2m高、15m长,风速0.5～32m/s(图1-1-11),以及一座地震模拟振动台(图1-1-12),台面尺寸为4m×4m×0.8m,最大试件重量可达20kN,控制自由度为6,最大输入地震波加速度为1.2g。随着国民经济事业向前发展,交通建设任务将会更加繁重,我们必须继续努力,进一步发扬我国建桥工艺的优良传统,不断吸取国外桥梁建筑的先进技术和有益经验,艰苦奋斗,勇于创新,加速发展桥梁事业以做出更大的贡献。

### 三、20世纪桥梁工程的伟大成就

20世纪是人类经济发展、科技突破、文明灿烂、成就辉煌的一个世纪,但同时,它也经历了两次世界大战,是人类历经残酷的侵略与反侵略、战争与和平反复较量的一个世纪。虽然在第二次世界大战胜利后,全球的局部战争一直不断,但人类终于在经过不懈斗争后取得了一个相对和平的建设时期。20世纪50年代后,现代科学的不断突破性创造与发展,高新科技的军事技术不断转向民用,21世纪又迎来了"石油革命"与"电子革命"。随着材料工业的发展,科学理论与计算方法的创新,施工技术机械化、电子化、自动化(控制技术)的革新,桥梁的形式、跨径不断突破,获得了巨大进展。

图 1-1-11　土木工程防灾国家重点实验室,TJ-3 风洞

图 1-1-12　土木工程防灾国家重点实验室,地震模拟振动台

简言之,在 17 世纪以前,桥梁建筑材料主要是石与木料,虽然中国在 11 世纪就出现了瓦,公元前 5～公元前 3 世纪就出现了砖,人类第一次创造人工材料推动了房屋等工程的发展,但桥梁应用甚少。18 世纪末,炼铁技术发展,开始应用于桥梁,1779 年首次建成了铸铁拱桥(Coal Brookdalc 桥,主跨 30m)。留存于世的是 1899 年建成的著名法国巴黎塞纳河上的亚历山大三世铸铁拱桥(主跨 107.5m)。

19 世纪有了锻铁,19 世纪中叶出现了现代建筑钢材和钢丝,这是人工建筑材料的又一次突破。桥梁应用优质钢材使桁架结构形式有了发展,主跨从 100m 左右突破到 500m 左右。标志性建筑为 1883 年建成的美国纽约布鲁克林桥(主跨 486m 悬索桥)和 1890 年建成的苏格兰福思湾铁路桥(主跨 520m 的悬臂钢桁桥)。进入 20 世纪,钢拱桥的第一世界纪录为 518m 的美国新河桥,钢桁桥的第一世界纪录为 549m 的加拿大魁北克桥,因从跨径排名表上只突破了几十米,故本书未将钢拱桥、钢桁桥的世界排名表列出。20 世纪,建筑钢材从普通钢发展到高强合金钢材、全气候钢,结构的连接从铆接、栓接,发展到焊接。结构高强轻型化、钢管、钢箱梁断面形式的应用,制造工艺自动化、工厂化,施工技术机械化,从而创造出千姿百态的现代钢桥。20 世纪钢桥的发展主要反映在悬索桥与斜拉桥的建设。悬索桥从 20 世纪初的 1 000m(纽约华盛顿,主跨 1 067m,1931 年建成)至 20 世纪末突破至 1 991m。其标志性建筑为 1937 年建成的美国金门大桥(主跨 1 280m,悬索桥,世界第一次采用扁箱流线型的加劲梁,改善了结构空气动力稳定性),1997 年建成的中国香港特区青马大桥〔主跨 1 377m,世界上跨径最大的现代化公铁两用桥(图 1-1-5)〕以及 1998 年建成的日本明石海峡大桥〔主跨 1 991m,并在施工期间经受了 1995 年日本阪神大地震(图 1-1-13)〕。

20 世纪中叶,第二次世界大战结束,迎来各国经济恢复发展时期,大量被破坏的交通设施需要修复。在电子计算机出现后,结构计算理论与方法的飞跃使工程师们爆发巨大的创造力,使一些早期构思的,但属于复杂的高度超静定的结构形式获得了新的生命力,异军突起的是斜拉桥体系。德国于 1952 年便在达塞道夫(Dusscldorf)先后建成 3 座钢斜拉桥,主跨从 260～320m,形成独塔、双塔、双索面、单索面相匹配的典型斜拉桥体系,至今被誉为"斜拉桥家庭"。经过 60 年的进展,斜拉桥跨径已跃升至 1 088m。

20 世纪大跨径桥梁的标志性建筑是:

(1)主跨 1 991m 的日本明石海峡大桥,钢悬索桥(先进的深水基础技术,先进的架设技术,超强主缆设计,结构控制技术)。

(2)主跨 1 624m 的丹麦大贝尔特桥,钢悬索桥(先进的深水基础技术和先进的设计施工技术)。

(3)主跨 890m 的日本多多罗桥,钢斜拉桥(边跨为混凝土结构)。

(4)主跨 856m 的法国诺曼底桥,钢斜拉桥(边跨混凝土结构,混合式斜拉桥,先进的塔形构造,塔身与梁体同时建设的范例,采用了结构控制技术,全焊箱式断面)。

图 1-1-13　日本明石海峡大桥

20 世纪建桥历史中最突出的成就是预应力混凝土技术的广泛应用,粗略估计,当今世界上 70% 以上的现代化桥梁都采用预应力混凝土新技术。由于高强钢丝或钢绞线的防护技术越来越成熟可靠,预应力拉索技术不但应用于桥梁结构,而且渗透到各类结构中去,创造出各种索结构与索膜结构。从 19 世纪 20 年代制成波特兰水泥,经过一个世纪,出现了预应力混凝土。混凝土抗裂性能的提高使混凝土梁桥跨越能力大大提高。特别在 20 世纪 50 年代后,创造了混凝土桥梁的悬臂施工方法,由此发展了梁式桥、拱式桥的新结构形式。在 20 世纪 60 年代,预应力混凝土首次被应用于斜拉桥,即委内瑞拉的马拉开波桥。从此,预应力混凝土桥梁从跨越 30m 左右跃进到跨越 500m 左右[斯卡圣德脱(Skarnsumdet)桥]。此外,钢筋混凝土和预应力混凝土还大量应用于其他土木工程中。因而,20 世纪是钢筋混凝土与预应力混凝土桥梁占主导地位的发展时期,对此法国、德国工程师们做出了卓越的贡献。

20 世纪由于电子计算机出现,有了高速数值运算方法,为结构和力学理论计算注入新的生命力,使各类力学问题都可迎刃而解。不但在结构线性、非线性的空间分析,稳定分析,动力分析,风与地震响应分析上有了深入的发展,而且随着其他工业发展,科学试验手段更趋先进,特别是结构防灾(大风、大地震)和科学试验方法的发展(风洞、地震模拟振动台),使人类能够建造更高的塔楼和更大跨的桥梁。

建设海峡工程沟通全球交通,20 世纪初就是桥梁界的梦想。早在 20 世纪初,第一个海峡工程是美国的旧金山奥克莱海湾(San Francisco Oakland Bay)大桥(长 6.8km,建成于 1936 年),发展到 20 世纪末的 20 年中,连接日本的本州四国的 3 条联络线(海峡工程)已陆续建成,如 1988 年建成的兜岛—板出线,长 9.9km,1998 年建成的明石海峡大桥,3.91km,1999 年建成的今治—尾道线,长 60km。连接丹麦岛间的大贝尔特(Great Belt Strait)桥,长 17.5km,建成于 1997 年。

20世纪中后叶,因新型建筑材料的应用,如纤维混凝土、碳纤维索,不同材料的复合应用,预应力拉索技术的进展,不但推动与促进了大跨径桥梁的发展,而且造就了千姿百态的新型中小跨径现代化桥梁。

### 四、展望21世纪的桥梁工程

在20世纪末已经开拓了几项大的海峡工程,但桥梁最大跨径没有超过2 000m,深水基础深度也仅在50m左右。21世纪将会实现桥梁界沟通全球交通的梦想,人们已经在规划的几项大的海峡工程,其设想方案,桥梁最大跨径要超过2 000m,到达3 000～5 000m,深水基础深度可能在百米以上,如:

(1)白令海峡工程,17世纪就曾有建议,20世纪提出过桥梁的方案,总长75km。
(2)联系欧非的直布罗陀海峡工程,总长约15km,最大水深900m。
(3)联系德国与丹麦的费曼带海峡工程,总长25km,最大水深110m。
(4)联系意大利本土与西西里岛的墨西拿海峡工程,总长3.7km,最大水深300m。

日本是一个岛国,一直梦想采用跨海工程将各主要岛屿交通连成一个大网络。20世纪末完成了本州四国联络3条线的海峡工程,计划在21世纪兴建五大海峡工程,即

(1)东京湾口工程,总长15km,最大水深80m。
(2)伊势湾口工程,总长20km,最大水深100m。
(3)纪淡海峡工程(连接本州四国),总长约11km,最大水深120m。
(4)丰予海峡工程(连接九州四国),总长14km,最大水深200m。
(5)轻津海峡工程(连接本州北海道),总长约19km,最大水深270m。

21世纪面临伟大的海峡工程的建设,从先进国家国内的交通运输网络发展到组成各洲际、各国间主要联络线网络,去适应21世纪信息革命而形成智能化与高效率的工农业生产社会。海峡桥梁工程必然要面向高速运输、重载运输、海上高通航要求,建成全天候服务、高抗自然灾害力的能力和舒畅安全的交通通道。另一方面,无论在海峡或在洲际建设现代化桥梁还必须注意环境保护。人类在发展经济、扩大建设的同时,也破坏了自然环境资源。在20世纪的最后25年中,全球自然资源的25%已遭到破坏,饮水资源也损失了20%,这将是21世纪中一个大课题,不单是桥梁工程师要注意,也应引起各行各业建设者们的重视。

为迎接21世纪桥梁建设光辉宏图,摆在科学家和工程师们面前探讨的课题将是关键因素:探索超大跨径桥梁(主跨3 000～5 000m)的新型建筑材料、合理结构形式、抗风抗震抗海浪的科学措施;要结合海洋工程的经验,探索100～500m的深水基础形式与施工方法;探索结构材料防腐的方法与措施;探索智能化结构的设计理论。21世纪在面临新建大工程外,还担负着对20世纪上半世纪建造的桥梁的加固、改建与修复的重任,约占20世纪总建筑桥梁数的50%。由此不但引发科学家与工程师们研究有效的维修、加固措施,而且提出安全耐久性和可靠性的研究新课题,这包括结构的施工控制与质量保证体系,桥梁生命期的监测系统,桥梁损伤判断与评估,桥梁生命保护的管理系统等。人们要控制结构,而且期望赋予结构智能。

在进入21世纪后,中国现代化桥梁建设,犹如龙驹奔驰在祖国大地上,遍地开花结果。我国桥梁工程无论在规模和发展速度上已取得全世界瞩目的伟大成就。如:

(1)石拱桥:山西晋城丹河大桥,主跨146m,建于2000年,为世界第一纪录。
(2)钢筋混凝土拱桥:重庆万州长江大桥,主跨420m,建于1997年,为世界第一纪录。
(3)预应力混凝土梁桥:重庆石板坡大桥复线桥,主跨330m,建于2006年,为世界第一纪录。

(4)斜拉桥:苏通大桥,主跨1 088m,2008年建成时为世界第一纪录。
(5)悬索桥:润扬长江公路大桥南汊悬索桥,主跨1 490m,2005年建成时为世界第三纪录。
(悬索桥:舟山西堠门大桥,主跨1 650m,建于2009年,为世界第二纪录。)

由此可见,中国在建筑材料、结构设计理论与软件工程(包括CAD技术)、研究分析与科学试验、预应力混凝土、钢桥制造拼装技术、深水基础工程、施工技术与方法、施工机具与管理等方面基本上都已经接近或达到国际先进水平。

跨入21世纪,我们已经建成的有杭州湾跨海大桥(36km)、东海大桥(32.5km)、胶州湾跨海大桥(28km)等工程,已在规划的有琼州海峡工程(约29.5km,最大水深160m)、渤海海峡工程(约75km,最大水深60m)等。中国工程师将面临建设特大跨径桥梁的挑战。我国桥梁工程建设虽然迅速起飞,但也要接受国外同行的竞争,找寻差距,继续努力奋斗,中国工程师将以自己的智慧为21世纪桥梁工程再创辉煌贡献自己的创造力。

## 第二节 桥梁的组成与分类

桥梁由五个"大部件"与五个"小部件"所组成。所谓五大部件是指桥梁承受汽车或其他运载车辆荷载的桥跨上部结构与下部结构。它们要通过承受荷载的计算与分析,是桥梁结构安全性的保证。这五大部件如下。

(1)桥跨结构(或称桥孔结构、上部结构,图1-1-14)。它是线路遇到障碍(如江河、山谷或其他线路等)中断时,跨越这类障碍的结构物。

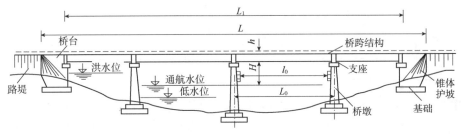

图1-1-14 桥梁的基本组成

(2)支座系统。它支承上部结构并传递荷载于桥梁墩台上,保证上部结构在荷载、温度变化或其他因素作用下所预计的位移功能。

(3)桥墩。它是在河中或岸上支承两侧桥跨上部结构的建筑物。

(4)桥台。设在桥的两端,一端与路堤相接,并防止路堤滑塌,为保护桥台和路堤填土,桥台两侧常做一些防护工程;另一侧则支承桥跨上部结构的端部。

(5)墩台基础。保证桥梁墩台安全并将荷载传至地基的结构部分。基础工程在整个桥梁工程施工中是比较困难的部分,而且常常需要在水中施工,因而遇到的问题也很复杂。

前两个部件是桥跨上部结构,后三个部件即桥跨下部结构。

所谓五小部件都是直接与桥梁服务功能有关的部件,过去总称为桥面构造,在桥梁设计中往往不被重视,因而使桥梁服务质量低下,外观粗糙。在现代化工业发展水平的基础上,人类的文明水平也极大提高。人们对桥梁行车的舒适性和结构物的观赏水平要求越来越高,因而在国际上,桥梁设计中很重视五小部件,这不但是"外观包装",而且是服务功能的大问题。目前,国内桥梁设计工程师也越来越感受到五小部件的重要性:

(1)桥面铺装(或称行车道铺装)。铺装的平整、耐磨性、不翘壳、不渗水是保证行车舒适的关键。特别在钢箱梁上铺设沥青路面的技术要求甚严。

(2)排水防水系统。应迅速排除桥面上积水,并使渗水可能降低至最小限度。此外,城市桥梁排水系统应保证桥下无滴水和无结构上的漏水现象。

(3)栏杆(或防撞栏杆)。它既是保证安全的构造措施,又是有利于观赏的最佳装饰件。

(4)伸缩缝。桥跨上部结构之间或在桥跨上部结构与桥台端墙之间,设有缝隙保证结构在各种因素作用下的变位。为使桥面上行驶顺直,无任何颠动,此间要设置伸缩缝构造。特别是大桥或城市桥的伸缩缝,不但要结构牢固,外观光洁,而且需要经常扫除深入伸缩缝中的垃圾泥土,以保证它的功能作用。

(5)灯光照明。现代城市中标志式的大跨桥梁都装置了多变幻的灯光照明,增添了城市中光彩夺目的晚景。

桥梁的基本组成见图 1-1-14。

桥梁结构两支点间的距离 $L_0$ 称为计算跨径。桥梁结构的力学计算是以计算跨径为准的。

对于梁式桥而言,桥梁两个桥台侧墙或八字墙尾端的距离 $L$,称为桥梁全长(无桥台的桥梁为桥面系行车道长度)。而通常又把两桥台台背前缘间距离 $L_1$ 称为桥梁总长。

我国《公路工程技术标准》(JTG B01—2014)规定特大、大、中、小桥的跨径划分见表 1-1-6。

**桥梁按跨径分类** 表 1-1-6

| 桥梁分类 | 多孔跨径总长 $L$(m) | 单孔跨径 $L_k$(m) |
|---|---|---|
| 特大桥 | $L \geqslant 1\,000$ | $L_k \geqslant 150$ |
| 大桥 | $100 \leqslant L < 1\,000$ | $40 \leqslant L_k < 150$ |
| 中桥 | $30 < L < 100$ | $20 \leqslant L_k < 40$ |
| 小桥 | $8 \leqslant L \leqslant 30$ | $5 \leqslant L_k < 20$ |
| 涵洞 | — | $L_k < 5$ |

这种分类只能理解为一种行业管理的分类,不反映桥梁工程设计、施工的复杂性,国际上一般认为单跨跨径小于 150m 属于中小桥梁,大于 150m 即称为大桥,而能称之为特大桥,只与桥型有关,见表 1-1-7。

**特大桥的分类** 表 1-1-7

| 桥型 | 跨径 $L_0$(m) | 桥型 | 跨径 $L_0$(m) |
|---|---|---|---|
| 悬索桥 | >1 000 | 钢拱桥 | >500 |
| 斜拉桥 | >500 | 混凝土拱桥 | >300 |

对于梁式桥,设计洪水位线上相邻两桥墩(或桥台)的水平净距 $l_0$ 称为桥梁的净跨径,各孔净跨径的总和,称为桥梁的总跨径。桥梁总跨径反映它排泄洪水的能力。

设计洪水位或设计通航水位对桥跨结构最下缘的高差 $H$,称桥下净空高度。桥下净空高度 $H$ 不得小于因排洪所要求的,以及对该河流通航所规定的净空高度。

桥面(或轨顶)对桥跨结构最低边缘的高差 $h$,称桥梁的建筑高度。公路或铁路定线中所确定的桥面(或轨顶)高程,对桥下通航或排洪必需的净空高度之差,又称为容许的建筑高度。很明显,桥梁的建筑高度不得大于它的容许建筑高度,否则不能保证桥下的通航或排洪要求。

根据容许建筑高度的大小和实际需要,桥面可布置在桥跨结构的上面或下面。布置在桥跨结构上面的,称上承式桥;布置在桥跨结构下面的,称下承式桥;布置在桥跨结构中间的,称中承式桥。

上承式桥的主要优点是构造简单,施工方便;桥跨结构的宽度可做得小些,因而可节省桥墩台的圬工数量;桥道布置简单,而且车辆、行人在桥面上通过时,视野开阔。所以,对城市桥来说,一般可采用上承式。

上承式桥的建筑高度 $h$ 是包括主梁高度在内的,所以只是在容许的建筑高度较大时才能采用。在容许的建筑高度很小的情况下,可将桥面降低,并设在桥跨结构的下面,即采用下承式桥;对大跨拱式结构则可将桥面布置在结构高度的中间,采用中承式桥。

在有些情况下,如果造上承式桥而必须提高路面(或轨顶)的高程,势必增加桥头路堤的填土量(甚至增加引桥),反而不经济。在铁路桥中,限制纵坡很小,为了避免过高的路堤和过长的引桥,下承式桥采用较多。对于城市桥梁,在受到周围建筑的限制,不容许过分抬高桥面高程时,可采用下承式桥。

在桥梁建筑工程中,除了上述基本结构外,常常附属有路堤、护岸、导流结构物等工程,其建设费用有时占整个桥梁建筑费用的相当部分。

桥梁有各种分类方式。按其用途来划分,有公路桥、铁路桥、公路铁路两用桥、农桥、人行桥、运水桥(渡槽)及其他专用桥梁(如通过管路、电缆等)。

按主要承重结构所用的材料来划分,有木桥、钢桥、圬工桥(包括砖、石、混凝土桥)、钢筋混凝土桥和预应力钢筋混凝土桥。木材易腐而且资源有限,因此,除了少数临时性桥梁外,一般不采用。在工程建设中,采用最广泛的是混凝土桥(包括钢筋混凝土桥、预应力混凝土桥和圬工拱桥),这是本教材所学的主要内容。

按结构体系划分,有梁式桥、拱桥、刚架桥、缆索承重(悬索桥、斜拉桥)四种基本体系。其他还有几种由基本体系组合而成的组合体系等。关于这些桥型,在以后各篇章中,将详细介绍。

桥梁除了跨越河流之外,还有跨越其他障碍的如跨线桥和跨越深谷桥梁等。除了固定式的桥梁以外,还有开启桥、浮桥、漫水桥等。本教材只介绍固定式桥梁。

在混凝土桥中,按施工的方法可分为整体式的和节段式的混凝土桥。前者是在桥位上搭脚手架、立模板,然后现浇成为整体式的结构;后者是在工厂(或工场、桥头)预制成各种构件,然后运输、吊装就位、拼装成整体结构,或在桥位上采用现代先进施工方法逐段现浇而成整体结构。

预制装配节段式混凝土桥可以省模板、支架,缩短工期,因制作条件较好,质量可以保证,所以它的优点是主要的,但是它需要一定的运输条件和吊装机具。逐段现浇节段式混凝土桥主要应用于预应力混凝土结构,如采用悬臂浇筑法施工、逐跨施工法、移动模架法等的预应力混凝土节段式桥梁(悬臂梁、T形刚构、连续梁、连续—刚构等各种体系)。因这种施工是逐段推进,模板、机具设备可反复利用,结构整体性好,但需现场浇筑混凝土,然而对现代混凝土施工技术来说这已不是一个显著的缺点。

# 第二章 桥梁的规划与设计基本原则

## 第一节 桥梁设计程序*

各国根据大桥建设长期积累的经验,都形成了一套适应本国管理体制的严密而有序的工作程序。在我国,根据国家基本建设程序的要求也逐步形成了科学的,包括技术、经济及组织工作在内的大桥的设计程序。它分为前期工作及设计阶段。前期工作包括编制预可行性研究报告和可行性研究报告。设计阶段按"三阶段设计"进行,即初步设计、技术设计与施工图设计。各阶段设计文件完成后的上报和审批都由国家指定的行政部门办理。批准后的文件就是各建设程序进行的依据,也是下一阶段设计文件编制的依据。

我国改革开放以来,有些建设单位采用设计招标的方式,但设计阶段的划分及建设程序的要求是不变的。设计招标应该在初步设计阶段进行,也可在技术设计文件审批后进行,前期工作是不宜招标的。

各设计阶段与建设程序的关系如图 1-2-1 所示,并就预可行性研究报告、可行性研究报告、初步设计、技术设计与施工图设计分别说明如下。

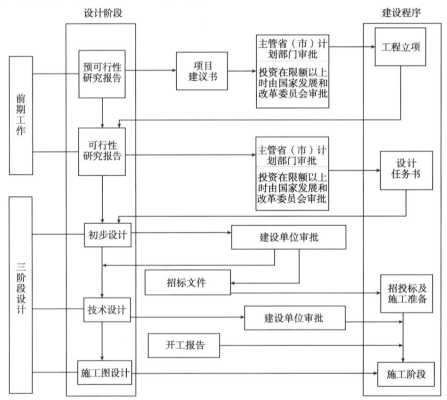

图 1-2-1 设计阶段与建设程序关系图

---

* 摘自《桥梁漫笔》书中陈新(中国工程院院士)所写的"大型桥梁的设计程序"一文。

## 一、前期工作——预可行性研究报告与可行性研究报告的编制

预可行性研究报告与可行性研究报告均属建设的前期工作。两者内容及目的基本是一致的,只是研究的深度不同。预可行性研究报告是在工程可行的基础上,着重研究建设上的必要性和经济上的合理性;可行性研究报告则是在预可行性研究报告审批后,在必要性和合理性得到确认的基础上,着重研究工程上的和投资上的可行性。这两个阶段的研究都是为科学地进行项目决策提供依据,避免盲目性及其带来的严重后果。前期工作的重点在于论证建桥的必要性、可行性,并确定建桥的地点、规模、标准、投资控制等一些宏观问题和重大问题。显而易见,这个阶段的工作是十分重要的。

这两个阶段的文件应包括的内容主要如下。

1. 工程必要性论证

必要性论证是评估桥梁建设在国民经济中的作用。桥梁是交通工程中的一部分,交通工程有铁路、公路、城市交通之分,评估方法也有所不同。

铁路桥梁一般从属于路网规划。路网规划是以沿线工农业生产在近期、远期可能需要的运量为研究对象。铁路桥梁本身一般不作单独的研究。

公路桥梁有的从属于国家规划干线,该不该修建,则是时机问题,有的是属于区域内的桥梁,两者都是以车辆流量为研究对象。为此,要对距准备建桥地点最近及附近的渡口车辆流量,包括通过的车数、车型、流向进行调查。在此基础上,从发展的观点以及桥梁修通以后可能引入的车流,进行科学的分析,得出每日车流量,作为立论的依据。超过一定的日流量修建桥梁才是必要的。根据车辆流向研究,桥梁应该修在流量最大的地区。

城市桥梁则从属于城市规划,也必须确定通过桥梁的可能日流量。

无论是铁路运量指标或是公路的车辆流量指标,都是确定桥梁建设标准的重要指标。

2. 工程可行性论证

本阶段工作重点首先是选择好桥位,其次是确定桥梁的建设规模,同时还要解决好桥梁与河道、航运、城市规划以及已有设施(通称"外部条件")的关系。

下面将工程可行性研究中的一些主要问题加以说明。

(1)制订桥梁标准问题

根据前面调查的运量或流量先要确定线路等级,如铁路是否干线,公路是否高速或一、二级等,并确定车道数、桥面宽度及荷载标准。铁路只有一种标准,即中—活载。公路有多种等级,并要确定是否有特殊荷载(等级以外的荷载)。其次要确定允许车速、桥梁坡度和曲线半径。还要委托地震研究机构,进行本地区的地震危险性分析,从而确定桥梁抗震标准。此外还要确定航运标准、航运水位、航道净空、船舶吨位以及要求的航道数量及位置等。航运标准影响桥梁的高度和跨径,直接影响桥梁建设规模以及设计时如何满足航运的需要。因此设计部门必须与航运部门充分协商,慎重对待。

(2)自然条件及周围环境问题

为调查自然条件及周围环境而进行的勘测工作称为草测。为此要收集万分之一地形图,进行纸上定线,在实地桥位两岸设点,用测距仪测得跨河距加以校正,并进行现场核查。

本阶段的地质工作以收集资料为主,辅以在两岸适当布置钻孔进行验证。要探明覆盖层的性质、岩面高低、岩性及构造,有无大的构造、断层,并从地质角度对各桥位作出初步评价。

要对各桥位周围环境进行调查,包括桥头引线附近有无要交叉的公路、铁路、高压线、通信

光缆；附近有无厂房、民房要拆迁，有无不能拆迁的建筑物，有无文物、古迹；桥梁高度是否在机场航空净空范围以内；附近有无码头、过江电缆、航运锚地等。以上均属要调查清楚的外部条件。对涉及的问题都必须妥善加以处理。

本阶段的水文工作十分重要。如发现地质有问题，直到初步设计阶段，桥位尚可作适当调整，但水文方面如存在问题，则不是适当调整桥位可以解决得了的。

水文工作一般要求提供设计流量，历史最高、最低水位，百年一遇洪水位，常水位情况及流速资料。在分析这些资料时，要考虑上游是否有水库及拟建水库的影响。要通过资料或试验，论证河道是否稳定，主槽的摆动范围，以及桥梁建成后对本河段上、下游是否会产生不利影响。譬如建桥后形成的壅水是否影响上游防汛水位；上下游流速减小所形成的淤积对下游沙洲进退有何影响，对下游分汊河道（有沙州的河道分为左、右两支，称为分汊河道）的分流比有何影响，对河道形状可能产生的改变。还需对船舶在桥梁中轴线上、下游的走行轨迹进行测定。这些问题在预可行性研究报告阶段可以只提供分析成果，而在可行性研究报告阶段则必须通过水工模型试验加以论证。

此外还要对一些特殊水文条件进行研究，例如涌潮河段的问题（如杭州钱塘江第二桥）、沿海地区的潮汐问题等。

(3) 桥式方案问题

进行桥式方案比较的目的在于评估方案的可行性，特别是基础工程的可行性。为此应该采取比较成熟的方案以提高评估的可信性。在编制桥式方案时，根据水文、地质及航运条件，研究正桥、引桥的长度及跨径，并以各种结构形式及不同材料的上部结构进行同等深度的比较，研究它们的可行性，并要求提供各个方案的工程量。以工程量中偏高、技术先进并且可行的方案作为一个桥位的桥式参选方案。作为桥位比选时重要的因素之一，提供"估算"用的桥式工程量不宜偏紧。"估算"得过小，国家列入的计划投资不足，会对国家计划的执行造成不利影响。

有些桥梁设计文件在可行性研究阶段，甚至在预可行性研究阶段就提出推荐桥式方案，这样做并不科学，也无必要。因为本阶段的工作重点不在这里，况且在本阶段内对桥式方案也不可能进行深入的比选。

(4) 桥位问题

至少应该选择两个以上的桥位进行比选。遇某些特殊情况时，还需要在大范围内提出多个桥位进行比选。例如钱塘江第二大桥（公路与铁路两用）就曾提出四个桥位互相比较。上下游四个桥位中最远相距达23km（图1-2-2）。桥位比较应考虑下面一些因素。

首先是桥位对路网布置是否有利。过去大型桥梁选择桥位时，总是以桥梁为主体，线路走向服从桥梁，这样线路往往要绕行，甚至导致布置上的不合理。现在由于建桥技术的发展进步，要树立任何地方都能建桥的观念，应该把桥位置于路网内一起考虑，尽量满足选线的需要。

比较造价时，要把各桥位桥梁本身的造价与联络线的造价加在一起进行比较。

桥梁建在城市范围内时，要重视桥梁建设满足城市规划的要求。

还要比较各桥位的航运条件，即航道是否顺直，尤其是桥位上游有无足够长的直线段航道。

在进行自然条件的比较时，要考虑到地质条件对基础工程的设计、施工难度以及工程规模有直接的影响。要考虑是否存在难于处理的自然条件，譬如水特别深、覆盖层软弱层特别厚、基岩软、构造发育、基岩破碎、风化严重、熔岩、岩面高差特别大等不利地层存在。

另一比较因素是外部条件的处理能否落实,不同桥位桥梁对周围设施影响程度如何,以及不能拆迁的设施对桥梁的影响程度如何等。

对环境保护的评估也是必不可少的。

经综合比较,根据每个桥位的不同着眼点,选定一个桥位作为推荐桥位。例如,钱塘江第二大桥四个桥位,从上游依次往下为:潭头桥址方案,珊瑚沙桥址方案,钱塘江桥(老桥)旁方案,四堡桥址方案。四个桥位最远相距23km,最后选定四堡桥位。此桥位位于涌潮河段,施工困难,但对路线走向和城市规划都有利。

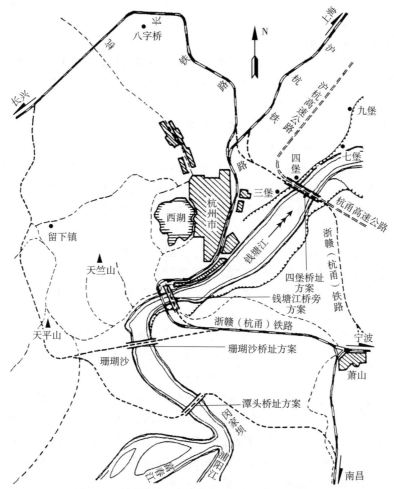

图 1-2-2 杭州钱塘江公路铁路两用第二大桥桥位比较

3. 经济可行性论证

(1)造价及回报问题

公路桥梁一般通过收取车辆过桥费取得回报,实际上回报率一般偏低,尤其是特大桥,由于投资大,取得全部回报的时间往往拖得很长。不过考虑回报一般也不能就桥论桥,要看到桥梁建设对全社会经济发展和社会效益的作用是巨大的。铁路干线上特大桥的经济和社会效益则更是全国性的,其回报很难由直接投资者收回。这也是一些大桥、特大桥的投资只能是国家或地方政府的行为,个人和社会集团较少感兴趣的原因。

(2)资金来源及偿还问题

对资金来源,预可行研究报告阶段要有所设想,可行性研究报告阶段则必须予以落实。通过国外贷款、发行债券、民间集资等渠道筹措资金,则必须得到有关部门的批准。

## 二、初步设计

由计划部门下达的"设计任务书"是进行初步设计的依据。"设计任务书"要就桥位、建桥标准、建桥规模等控制性要求作出规定。在进行进一步勘测工作时如发现选定的桥位确系地质不良,并将造成设计、施工困难时,可以在选定桥位的上、下游附近不影响桥梁总体布置的范围内通过地质条件的比较,推荐一个新的桥位。下面介绍初步设计阶段的主要工作内容。

1. 进一步开展水文、勘测工作

在初步设计阶段还要通过进一步的水文工作提供基础设计和施工所需要的水文资料,施工期间各月可能的高、低水位和相应的流速(各个墩位处同一时期流速有所不同),以及河床可能的最大冲刷和施工时可能的冲刷等。

本阶段的勘测工作称为"初勘"。在初勘中要求建立以桥位中心线为轴线的控制三角网,提供桥址范围内两千分之一地形图。

勘探工作一般在桥轴线上的陆地及水上布置必要的钻孔。必要时还要在桥轴线的上、下游也适当布置一些钻孔,以便能掌握岩层构造情况及其变化。根据钻探取得的资料确定岩性、强度及基岩风化程度,覆盖层的物理、力学指标以及地下水位情况等。

2. 桥式方案比选

桥式方案比选是初步设计阶段的工作重点,一般均要进行多个方案比较。各方案均要求提供桥式布置图。图上必须标明桥跨布置,高程布置,上、下部结构形式及工程数量。对推荐方案,还要提供上、下部结构的结构布置图,以及一些主要的及特殊部位的细节处理图。各类结构都需经过检算并提出可行的施工方案。

推荐方案必须是经过比选后得出的,要经得起反复推敲。采用什么桥式和跨径必须建立在科学的基础上,切忌先入为主,搞一窝蜂,赶时髦,或在某种主观意志的支配下,一定要搞某种桥式或一定要搞多大跨径。所谓科学性,具体体现在方案比选时要贯彻"实用、经济、美观"的原则。这条原则已在桥梁界贯彻了很多年,直到现在还是正确的。要时刻防止那种反科学的,缺乏全面观点,脱离中国实际,不算经济账,好大喜功,奢侈浪费,盲目追求规模与速度上的全国第一、世界第一的浮夸作风。努力修建一座造价低,又能处理好各方面的关系,既实用又美观的桥梁,把尽可能节省下来的资金,用于修造更多的桥梁,造福人民,应该是建设主管部门和桥梁设计人员共同追求的目标,前者肩负更大的责任。

在桥式布置中首先要慎重确定桥梁跨径,特别是主跨的跨径。采用大跨径对通航有利,也可减少费力费时的基础工程量。但是大跨径相对小跨径而言造价要高,工期要长(较小的跨径可以采用多点施工,平行作业的措施),故要加以综合比较。

桥跨布置必须在掌握充分资料的基础上进行,要研究在高、中、低水位时的航道轨迹。通航桥跨要与航道相适应,要能覆盖各种水位时航道可能出现的变化。一般情况下,桥梁跨径应比航道要求的标准宽度稍大,留有一定富余即可,过大则没有必要。

桥梁跨径的大小也受到自然条件及施工条件的限制。如果基础的设计、施工困难,施工时航运繁忙,则要减少桥墩而加大跨径。例如上海南浦、杨浦大桥水上施工受黄浦江上航运繁忙的影响,会互相干扰;长江西陵大桥位于三峡大坝前沿,在大坝施工期间,要历经三次河道改造

(图1-2-3),这三座桥梁均采用了一跨过江的方案是完全正确的。

近年来,我国桥梁上部结构,特别是大、中跨径的桥型发展很快,并且基本趋于成熟,所以在编制桥式方案时,可供选择的余地比较大。从使用角度看,预应力混凝土结构与连续体系的桥型应该优先考虑。

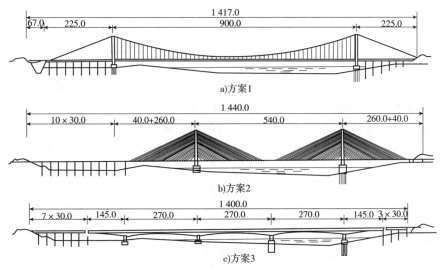

图1-2-3 西陵长江大桥桥式比选方案图(尺寸单位:m)

基础工程在我国发展相对较为迟缓。钻孔桩在设计、施工、检验技术方面已趋成熟,施工简便,质量可靠,陆地或浅水地段使用比较有利。水中基础采用钻孔形式也是可靠的,但在如何选择施工方案方面,还有进一步提高的必要和可能。沉井基础也常常是值得比较的基础类型。

桥梁设计应尽量采用新技术、新材料、新工艺。在设计工作中发现问题,提出问题,解决问题,研究要透,解决要细,这样才能把我国的桥梁科学技术不断推向前进。

3. 科研项目

在初步设计阶段要提出设计、施工中需要进一步通过试验寻求解决方法的技术难题的科研项目及经费计划,待主管部门审批初步设计文件时一起审批,批准后才能实施。

4. 施工组织设计

对推荐桥式方案要编制施工组织设计,包括主要结构的施工方案,施工设备清单,砂、石料来源,施工安排及工期等。

5. 概算

根据工程量、施工组织设计以及标准定额编列概算。各个桥式方案都要编列相应的概算,以便进行不同方案工程费用的比较。

按照规定,初步设计概算不能大于前期工作已批准的估算的10%,否则方案应重新编制。

根据具体情况,对概算适当调整,可以作为招标时的"标底"。

在主管部门审批初步设计文件时,如对推荐方案提出必须修改的意见时,则需根据审批意见,另外编制"修改初步设计"报送上级审批。

### 三、技术设计

技术设计阶段要进行补充勘探(简称"技勘")。在进行补充勘探时,水中基础必须每墩布置必要的钻孔,岸上基础的钻孔也要有一定的密度,基础下到岩层的钻孔应加密,还要通过勘探充分判断土层的变化。

技术设计阶段的主要内容是对选定的桥式方案中的各个结构总体的、细部的技术问题作进一步研究解决。在初步设计中批准的科研项目也要在这一阶段中予以实施,得出结果。

技术设计阶段要对结构各部分的设计提出详尽的设计图纸,包括结构断面、配筋、细节处理,材料清单及工程量等。

技术设计的最后工作是调整概算(修正概算)。

### 四、施工图设计

在施工图设计阶段还要进一步根据施工需要进行补充钻探(称"施工钻探"),特别是对于重要的基础。支承在岩层内的基础要探明岩面高程的变化(一般不再布置深钻孔)。

根据批准的技术设计文件,绘制让施工人员能按图施工的施工详图提供给施工用。绘制施工详图过程中对断面不宜做大的变动,但对细节处理及配筋,特别是钢筋布置则允许作适当改进性的变动。

根据施工图设计资料,施工单位编制工程预算。

施工图设计可以由原编制技术设计的单位继续进行,也可由中标的施工单位进行。施工单位在编制施工图设计时,如对技术设计有所变更,则要对变更部分负责,并要得到监理的认可。顾名思义,施工图设计文件是为施工需要而编制的,不管是由设计单位还是由施工单位编制施工图设计文件,均必须符合施工实际,满足既有施工条件及施工环境,必须是能够直接按图施工的文件。

以上介绍的是大型桥梁工程项目的设计程序及其内容。国内一般的公路大桥常把技术设计和施工图设计合并为一个阶段进行,而中、小桥梁的设计程序一般没有大型桥梁复杂,视各部门的具体情况而定,但一些精神和原则是一致的。我国实行社会主义市场经济,建设必须考虑它的必要性与可行性,必须严格按建设程序办事,才能避免和减少盲目性。

## 第二节 桥梁设计的一般原则

上节所介绍的是大型桥梁的设计程序,大型桥梁工程是单列项目申报国家发展和改革委员会审批的。对一般公、铁路上的大、中、小桥不作为单独立项时,在桥梁设计中应遵循的一般原则要求在本节介绍,其中有些内容对大型桥梁各阶段设计亦同样适用。

一座桥的设计涉及的因素很多,必须经过充分的调查研究,从客观实际出发,分析该桥的具体情况,才能得出合理的设计建议,提出正确的计划任务书。因此,桥梁的规划设计必须进行系列的野外勘测和资料收集工作。

### 一、野外勘测与调查研究工作

对于跨越河流的桥梁一般包括下列几方面的内容:

(1)调查研究桥梁的具体任务:桥上的交通种类和它的要求,如车辆的荷载等级、实际交通量和增长率、需要的车道数目或行车道的宽度以及人行道的要求等。

(2)选择桥位:一般地说,大、中桥桥位的选择,原则上应服从路线的总方向,路桥综合考虑。一方面从整个路线或路线网的观点上来看,既要力求降低桥梁的建筑和养护费用,又要避免或减少因车辆绕道而增加的运输费用。另一方面从桥梁本身的经济性和稳定性出发,应尽量选择在河道顺直、水流稳定、河面较窄、地质良好、冲刷较少的河段上,以降低造价和养护费用,并防止因冲刷过大而发生桥梁倒塌的危险。此外,一般应尽量避免桥梁与河流斜交,以免增加桥梁长度而提高造价。

对于小桥涵的位置,则应服从路线走向,当遇到不利的地形、地质和水文条件时,应采取适当技术措施,不应因此而改变线路。

大、中桥一般选择2~5个桥位,进行各方面的综合比较,然后选择出最合理的桥位。

(3)测量桥位附近的地形,并绘制地形图,供设计和施工应用。

(4)通过钻探调查桥位的地质情况,并将钻探资料制成地质剖面图,作为基础设计的重要依据。为使地质资料更接近实际,可以根据初步拟定的桥梁分孔方案将钻孔布置在墩台附近。

(5)调查和测量河流的水文情况,为确定桥梁的桥面高程、跨径和基础埋置深度提供依据,其内容包括:

①河道性质:了解河道是静水河还是流水河,有无潮水,河床及两岸的冲刷和淤积,以及河道的自然变迁和人工规划的情况。北方地区还要了解季节河的具体性质。

②测量桥位处河床断面。

③调查了解洪水位的多年历史资料,通过分析推算设计洪水位。

④测量河床比降,调查河槽各部分的形态高程和粗糙率等,计算流速、流量等有关的资料,通过计算确定设计水位下的平均流速和流量,结合河道性质可以确定桥梁所需要的最小总跨径,选择通航孔的位置、墩台基础形式及埋置深度。

⑤向航运部门了解和协商确定设计通航水位和通航净空,根据通航要求与设计洪水位,确定桥梁的分孔跨径与桥跨底缘设计高程。

(6)对大桥工程,应调查桥址附近风向、风速以及桥址附近有关地震的资料。

(7)调查了解其他与建桥有关的情况,如当地建筑材料(砂、石料等)的来源,水泥、钢材的供应情况。

调查附近旧桥的使用情况,有关部门和当地群众对新桥有无特殊要求,如桥上是否需要铺设电缆或输水、输气管道等。

施工场地的情况,是否需要占用农田,桥头有无须拆除或迁移的建筑物。这些都要尽可能注意避免或减少损失至最低限度。

当地及附近的运输条件,这些情况对施工起着重要的作用。

桥梁施工机械、动力设备与电力供应情况,这些还影响设计与施工方案的确定。

上述各项野外勘测与调查研究工作,有的可同时进行,有的则需相互交错。如,为进行桥位地形测量、地质钻探和水文调查需要先有桥位或比较桥位;为选择桥位又必需一定的地形、地质和水文资料等。因此各项工作必须互相渗透、交错进行。

根据调查、勘测所得的资料,可以拟出几个不同的桥梁比较方案。方案比较可以包括不同的桥位、不同的材料、不同的结构体系和构造、不同的跨径和分孔、不同的墩台和基础形式等,从中选出最合理的方案。

## 二、桥梁纵、横断面设计和平面布置

1. 桥梁纵断面设计

桥梁纵断面设计包括桥梁总跨径的确定,桥梁的分孔、桥面高程与桥下净空,桥上及桥头的纵坡布置等。

桥梁的总跨径一般根据水文计算确定。由于桥梁墩台和桥头路堤压缩了河床,使桥下过水断面减少,流速加大,引起河床冲刷。因此,桥梁总跨径必须保证桥下有足够的排洪面积,使河床不产生过大的冲刷,平面宽滩河流(流速较小)虽然可允许压缩,但必须注意壅水对河滩路堤以及附近农田和建筑物可能发生的危害。

桥梁总跨径确定后,还需进一步进行分孔布置,对于一座较大的桥梁,应当分成几孔,各孔的跨径应当多大,有几个河中桥墩,哪些是通航孔,哪些不是,这些问题要根据通航要求、地形和地质情况、水文情况以及技术经济和美观的条件来加以确定。

桥梁的分孔关系到桥梁的造价。跨径和孔数不同时,上部结构和墩台的总造价是不同的。跨径越大,孔数越少,上部结构的造价就越大,而墩台的造价就越小。最经济的跨径就是要使上部结构和墩台的总造价最低。因此,当桥墩较高或地质不良,基础工程较复杂而造价较高时,桥梁跨径就选得大一些;反之,当桥墩较矮或地基较好时,跨径就可选得小一些。在实际工作中,可对不同的跨径布置进行粗略的方案比较,来选择最经济的跨径和孔数。

对通航河流,当通航净宽大于按经济造价所确定的跨径时,一般将通航桥孔的跨径按通航净宽来确定,其余的桥孔跨径则选用经济跨径,但对于变迁性河流,考虑航道可能发生变化,则需多设几个通航孔。

但是,桥梁分孔是个非常复杂的问题,各种各样的条件和要求往往互相发生矛盾。如跨径在100m以下的公路桥梁,为了尽可能符合标准跨径,不得不放弃采用按经济要求确定的孔径;从备战要求出发,需要将全桥各孔的跨径做成一样,并且跨径不要太大,以便于抢修和互换;有时因工期很紧,为减少水下工程,需要减少桥墩而加大跨径。

在有些体系中,为了结构受力合理和用材经济,分跨布置时要考虑合理的跨径比例,如边跨与中跨的比例。

在有些情况下,为了避免在河中搭脚手架和临时墩,可以特别加大跨径,采用悬臂施工法,在山区建桥时,往往采用大跨径桥梁跨越深谷,以免建造中间桥墩。

跨径选择还与施工能力有关,有时选用较大的跨径虽然在技术上和经济上是合理的,但由于缺乏足够的施工技术能力和机械设备,也不得不放弃而改用较小跨径。

总之,对于大、中型桥梁来说,分孔问题是设计中最基本、最复杂的问题,必须进行深入全面的分析,才能选定比较完美的方案。

桥面高程或在路线纵断面设计中已经规定,或根据设计洪水位、桥下通航需要的净空来确定。

对于非通航河流,梁底一般应高出设计洪水位(包括壅水和浪高)不小于0.5m,高出最高流冰水位0.75m,支座底面高出设计洪水位不小于0.25m,高出最高流冰水位不小于0.5m(图1-2-4)。对于无铰拱桥,拱脚允许被设计洪水位淹没,但一般不超过拱圈矢高的2/3,拱顶底面至设计洪水位的净高不小于1.0m。对于有漂流物和流冰阻塞以及易淤积的河床,桥下净空应分不同情况适当加高。

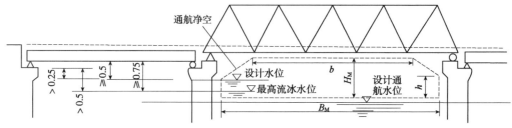

图1-2-4 桥梁纵断面(尺寸单位:m)

在通航及通行木筏的河流上,桥跨结构之下,自设计通航水位算起,应能满足通航净空的要求(表 1-2-1)。表中 $B_M$、$H_M$ 是对梁式桥的要求,至于拱桥或下缘带斜撑的桥梁,还应满足上底宽及侧高的要求,使结构不致侵入通航净空范围内。

表 1-2-1 天然和渠化河流水上过河建筑物通航净空尺度

| 航道等级 | 代表船舶、船队 | 净高 $H_M$(m) | 单向通航孔(m) | | | 双向通航孔(m) | | |
|---|---|---|---|---|---|---|---|---|
| | | | 净宽 $B_M$ | 上底宽 $b$ | 侧高 $h$ | 净宽 $B_M$ | 上底宽 $b$ | 侧高 $h$ |
| Ⅰ | (1)4排4列 | 24.0 | 200 | 150 | 7.0 | 400 | 350 | 7.0 |
| | (2)3排3列 | 18.0 | 160 | 120 | 7.0 | 320 | 280 | 7.0 |
| | (3)2排2列 | | 110 | 82 | 8.0 | 220 | 192 | 8.0 |
| Ⅱ | (1)3排3列 | 18.0 | 145 | 108 | 6.0 | 290 | 253 | 6.0 |
| | (2)2排2列 | | 105 | 78 | 8.0 | 210 | 183 | 8.0 |
| | (3)2排1列 | 10.0 | 75 | 56 | 6.0 | 150 | 131 | 6.0 |
| Ⅲ | (1)3排2列 | 18.0☆ / 10.0 | 100 | 75 | 6.0 | 200 | 175 | 6.0 |
| | (2)2排2列 | 10.0 | 75 | 56 | 6.0 | 150 | 131 | 6.0 |
| | (3)2排1列 | | 55 | 41 | 6.0 | 110 | 96 | 6.0 |
| Ⅳ | (1)3排2列 | 8.0 | 75 | 61 | 4.0 | 150 | 136 | 4.0 |
| | (2)2排2列 | | 60 | 49 | 4.0 | 120 | 109 | 4.0 |
| | (3)2排1列 | | 45 | 36 | 5.0 | 90 | 81 | 5.0 |
| | (4)货船 | | | | | | | |
| Ⅴ | (1)2排2列 | 8.0 | 55 | 44 | 4.5 | 110 | 99 | 4.5 |
| | (2)2排1列 | 8.0 或 5.0▲ | 40 | 32 | 5.5 或 3.5▲ | 80 | 72 | 5.5 或 3.5▲ |
| | (3)货船 | | | | | | | |
| Ⅵ | (1)1拖5 | 4.5 | 25 | 18 | 3.4 | 40 | 33 | 3.4 |
| | (2)货船 | 6.0 | | | 4.0 | | | 4.0 |
| Ⅶ | (1)1拖5 | 3.5 | 20 | 15 | 2.8 | 32 | 27 | 2.8 |
| | (2)货船 | 4.5 | | | | | | |

注:1.脚注☆的尺度仅适用于长江。
  2.脚注▲的尺度仅适用于通航拖带船队的河流。

此外,在中华人民共和国国标《内河通航标准》(GB 50139—2014)中,对水上过河建筑物的布置还有以下规定:

(1)水上过河建筑物的布置不得影响和限制航道的通过能力。通航孔的布置应满足过河建筑物所在河段双向通航的要求。在水运繁忙的宽阔河流上,通航孔的布置应满足多线通航的要求;在限制性航道上,应采取一孔跨过通航水域。

(2)水上过河建筑物的墩柱不应过于缩小河道的过水面积,墩柱纵轴线宜与水流流向平行,墩柱承台不得影响通航,不得造成危害船舶航行的不良水流。

(3)水上过河建筑物轴线的法线方向与水流流向的交角不宜超过5°。

实际上,《内河通航标准》(GB 50139—2014)的编写基于《内河通航标准》(GBJ 139—

1990),对水上过河建筑物通航净高值和其他数值的选取,都是经过广泛调查,慎重研究、综合考虑各个有关方面的意见和要求制定的。在原标准的基础上,新标准调整了天然及渠化河流航道和限制性航道的部分通航尺度,纳入了特殊宽浅河流、水势汹乱的山区性河流和湖泊、水库航道的技术内容,增加了船闸的规模、工程布置和通航水流条件的有关规定,补充了过河建筑物的选址和布置,以及通航水位的有关规定,体现了近年来的建设经验,适应了新的发展要求,因此是较为合理和可行的。

2.桥梁横断面设计

桥梁的宽度决定于桥上交通需要,中华人民共和国行业标准《公路桥涵设计通用规范》(JTG D60—2014)规定了各级公路桥设计速度(表1-2-2)和车道宽度标准(表1-2-3)。

**各级公路设计速度**　　表 1-2-2

| 公路等级 | 高速公路 | | | 一级公路 | | | 二级公路 | | 三级公路 | | 四级公路 |
|---|---|---|---|---|---|---|---|---|---|---|---|
| 设计速度(km/h) | 120 | 100 | 80 | 100 | 80 | 60 | 80 | 60 | 40 | 30 | 20 |

**车 道 宽 度**　　表 1-2-3

| 设计速度(km/h) | 120 | 100 | 80 | 60 | 40 | 30 | 20 |
|---|---|---|---|---|---|---|---|
| 车道宽度(m) | 3.75 | 3.75 | 3.75 | 3.50 | 3.50 | 3.25 | 3.00(单车道时为3.50m) |

注:高速公路上的八车道桥梁,当设置左侧路肩时,内侧车道宽度可采用3.50m。

(1)高速公路和一级公路整体式断面必须设置中间带。中间带由中央分隔带和两条左侧路缘带组成。

①高速公路和作为干线的一级公路,中央分隔带宽度应根据公路项目中央分隔带功能确定。

②作为集散的一级公路,中央分隔带宽度应根据中间隔离设施的宽度确定。

③左侧路缘带宽度不应小于表1-2-4的规定。设计速度为120km/h、100km/h,受地形、地物限制的路段或多车道公路内侧车道仅限小型车辆通过的路段,左侧路缘带可论证采用0.50m。

**左侧路缘带宽度**　　表 1-2-4

| 设计速度(km/h) | 120 | 100 | 80 | 60 |
|---|---|---|---|---|
| 左侧路缘带宽度(m) | 0.75 | 0.75 | 0.50 | 0.50 |

(2)路肩宽度应符合表1-2-5的规定,并应符合下列规定。

**路 肩 宽 度**　　表 1-2-5

| 公路等级(功能) | | 高速公路 | | | 一级公路(干线功能) | |
|---|---|---|---|---|---|---|
| 设计速度(km/h) | | 120 | 100 | 80 | 100 | 80 |
| 右侧硬路肩宽度(m) | 一般值 | 3.00(2.50) | 3.00(2.50) | 3.00(2.50) | 3.00(2.50) | 3.00(2.50) |
| | 最小值 | 1.50 | 1.50 | 1.50 | 1.50 | 1.50 |
| 土路肩宽度(m) | 一般值 | 0.75 | 0.75 | 0.75 | 0.75 | 0.75 |
| | 最小值 | 0.75 | 0.75 | 0.75 | 0.75 | 0.75 |

续上表

| 公路等级（功能） | | 一级公路(集散功能)和二级公路 | | 三级公路、四级公路 | | |
|---|---|---|---|---|---|---|
| 设计速度(km/h) | | 80 | 60 | 40 | 30 | 20 |
| 右侧硬路肩宽度(m) | 一般值 | 1.50 | 0.75 | — | — | — |
| | 最小值 | 0.75 | 0.25 | — | — | — |
| 土路肩宽度(m) | 一般值 | 0.75 | 0.75 | 0.75 | 0.50 | 0.20(双车道) |
| | 最小值 | 0.50 | 0.50 | | | 0.50(单车道) |

注：1. 正常情况下，应采用"一般值"；在设爬坡车道、变速车道及超车道路段，受地形、地物等条件限制路段及多车道公路特大桥，可论证采用"最小值"。
2. 高速公路和作为干线的一级公路以通行小客车为主时，右侧硬路肩宽度可采用括号内数值。

①高速公路和一级公路应在右侧硬路肩宽度内设右侧路缘带，其宽度为 0.50m。
②高速公路和一级公路采用分离式断面时，应设置左侧硬路肩，其宽度不应小于表 1-2-6 的规定值。左侧硬路肩宽度包含左侧路缘带宽度。

分离式断面高速公路和一级公路左侧路肩宽度　　　　表 1-2-6

| 设计速度(km/h) | 120 | 100 | 80 | 60 |
|---|---|---|---|---|
| 左侧硬路肩宽度(m) | 1.25 | 1.00 | 0.75 | 0.75 |
| 左侧土路肩宽度(m) | 0.75 | 0.75 | 0.75 | 0.50 |

③八车道及以上高速公路宜设置左侧硬路肩，其宽度应不小于 2.5m。左侧硬路肩宽度包含左侧路缘带宽度。

公路桥涵净空应符合图 1-2-5 所示公路建筑限界规定。

在可能条件下，在高速公路、一级公路上，一般以建上、下行两座独立桥梁为宜。各级公路上的涵洞和二、三、四级公路上跨径小于 8m 的单孔小桥的桥面宽度，应与路基同宽。临时性桥梁的桥面行车道宽度不受上表的限制，但如下部结构为永久性时，其墩台的宽度应符合上表的规定。城市桥梁或城市交通的公路桥的桥面宽度，应考虑到城市交通工程的规划要求予以适当加宽。桥上如通行电车和汽车时，一般将电车道布置于桥道中央，汽车道在它的两旁。

在弯道上的桥梁，应按路线要求予以加宽和设置超高。

桥上人行道和自行车道的设置，应根据需要而定，并与前后路线布置相配合。自行车道与行车道之间，必要时应设适当的分隔设施。人行道宽度取 0.75m 或 1.0m，大于 1.0m 的可按 0.5m 的倍数增加。不设人行道的桥梁，可设置栏杆与安全带。与路基同宽的小桥涵可仅设缘石或栏杆。

3. 平面布置

桥梁的线形及桥头的引道要保持平顺，使车辆能平稳地通过。

小桥涵的线形及其与公路的衔接，可按路线的要求布置。

大、中桥梁的线形，一般为直线，当桥面受到两岸地形限制时，允许修建曲线桥，曲线的各项指标应符合路线的要求。也允许修建斜桥，其斜度一般不大于 45°，通航河流上不宜大于 5°（桥墩沿水流方向的轴线与通航水位的主流方向交角）。

### 三、桥梁设计基本原则

当前，我国的桥梁设计必须遵照适用、安全、经济和美观的基本原则。

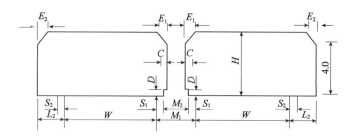

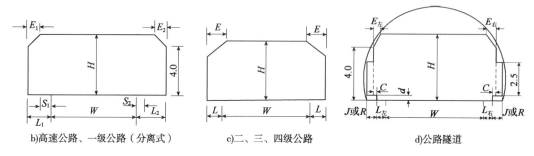

a) 高速公路、一级公路（整体式）

b) 高速公路、一级公路（分离式）　　c) 二、三、四级公路　　d) 公路隧道

图 1-2-5　建筑限界（尺寸单位：m）

图中：$W$——行车道宽度；

$L_1$——左侧硬路肩宽度；

$L_2$——右侧硬路肩宽度；

$S_1$——左侧路缘带宽度；

$S_2$——右侧路缘带宽度；

$L$——侧向宽度，二级公路的侧向宽度为硬路肩宽度，三、四级公路的侧向宽度为路肩宽度减去0.25m，设置护栏时，应根据护栏需要的宽度加宽路基；

$L_左$——隧道内左侧侧向宽度；

$L_右$——隧道内右侧侧向宽度；

$C$——当设计速度大于100km/h时为0.5m，小于或等于100km/h时为0.25m；

$D$——路缘石高度，小于或等于0.25m。一般情况下，高速公路可不设路缘石；

$M_1$——中间带宽度；

$M_2$——中央分隔带宽度；

$E$——建筑限界顶角宽度；当$L≤1$m时，$E=L$；当$L>1$m时，$E=1$m；

$E_1$——建筑限界顶角宽度，当$L_1<1$m，$E_1=L_1$，或$S_1+C<1$m，$E_1=S_1+C$；当$L_1≥1$m或$S_1+C≥1$m时，$E_1=1$m；

$E_2$——建筑限界顶角宽度，$E_2=1$m；

$E_左$——建筑限界左顶角宽度，当$L_左≤1$m时，$E_左=L_左$；当$L_左>1$m时，$E_左=1$m；

$E_右$——建筑限界右顶角宽度，当$L_右≤1$m时，$E_右=L_右$；当$L_右>1$m时，$E_右=1$m；

$H$——净空高度。

　　桥梁必须适用，要有足够的承载能力，能保证行车的畅通、舒适和安全；既满足当前的需要，又考虑今后的发展；既满足交通运输本身的需要，也要考虑到支援农业，满足农田排灌的需要；通航河流上的桥梁，应满足航运的要求；靠近城市、村镇、铁路及水利设施的桥梁还应结合各有关方面的要求，考虑综合利用。桥梁还应考虑在战时适应国防的要求。在特定地区，桥梁还应满足特定条件下的特殊要求（如地震等）。

　　只有在满足了适用、安全条件后，才能谈得上对桥梁结构的其他要求，既做到总造价经济，又保证工程质量和运用安全可靠。

在适用、安全和经济的前提下，尽可能使桥梁具有优美的外形，并与周围的环境相协调，这就是美观的要求。合理的轮廓是美观的主要因素。在城市和游览地区，要注意环保问题，较多地考虑桥梁的建筑艺术，但是不要把美观片面地理解为豪华的细部装饰，在这方面增加很多费用是不妥当的。

桥梁设计必须积极采用新结构、新设备、新材料、新工艺，认真学习国外的先进技术，充分利用国际最新科学技术成就，为我所用，把学习外国和自己独创结合起来。只有这样才能更好地贯彻适用、经济、安全和美观的原则，提高我国的桥梁建设水平，赶上和超过世界先进水平。

## 第三节 桥梁体系、造型与美学

当代混凝土桥梁主要是预应力混凝土结构，只在拱桥或中小跨径梁桥中才采用钢筋混凝土结构。因此，本节主要介绍预应力混凝土桥梁的各种体系。

### 一、桥梁体系

桥梁结构的体系，包括梁、拱、刚架、吊与组合体系。预应力混凝土吊桥（或称悬索桥）在世界上建有几座，但总因无突出优点而失去光辉。预应力混凝土桥梁结构主要采用梁、刚架、拱和组合体系。

1. 梁式体系

梁式体系是古老的结构体系。梁作为承重结构是以它的抗弯能力来承受荷载的。梁分简支梁、悬臂梁、固端梁和连续梁等。悬臂梁、固端梁和连续梁都是利用支座上的卸载弯矩去减少跨中弯矩，使梁跨内的内力分配更合理。若采用同等抗弯能力的构件断面，就可建成更大跨径的桥梁。预应力混凝土梁式体系的桥梁应用甚广，简支梁的最大跨径已达 76m，连续梁的最大跨径已达 260m。

2. 拱式体系

拱式体系的主要承重结构是拱肋（或拱箱），以承压为主，可采用抗压能力强的圬工材料（石、混凝土与钢筋混凝土）来修建，拱分单铰拱、双铰拱、三铰拱和无铰拱。拱是有推力的结构，对地基要求较高，一般常建于地基良好的地区。混凝土拱桥因铰的构造、不易制作，故一般采用无铰拱体系。无铰拱结构的外部增加超静定次数，将引起更大的附加内力，为了获得结构合理的受力状态，在拱桥设计中，必须寻求合理的拱轴线形式。20 世纪 50 年代后，预应力混凝土桥梁的发展使拱桥常因施工费工费料费时而失去竞争能力。20 世纪 60 年代后，拱桥采用了悬臂施工法，遂又获得了新的发展，最大跨径已达 420m。

3. 刚架桥

刚架桥是介于梁与拱之间的一种结构体系，它是由受弯的上部梁（或板）结构与承压的下部柱（或墩）整体结合在一起的结构。由于梁与柱的刚性连接，梁因柱的抗弯刚度而得到卸载作用，整个体系是压弯结构，也是有推力的结构。刚架分直腿刚架与斜腿刚架。刚架桥的桥下净空比拱桥大，在同样净空要求下刚架桥可修建较小的跨径。刚架桥施工较复杂，一般用于跨径不大的城市或公路的高架桥和立交桥。近年来，采用预应力混凝土结构和悬臂施工法，使得刚架桥在城市跨河桥上也成为一个竞争方案，最大跨径超过 300m。

4. 组合体系

(1) T 形刚架，连续刚构，都是由梁和刚架相结合的体系。它们是预应力混凝土结构采用悬臂施工法而发展起来的一种新体系。结构的上部梁在墩上向两边采用平衡悬臂施工,首先形成一个 T 形的悬臂结构,相邻的两个 T 形悬臂在跨中可用剪力铰或跨径较小的挂梁连成一体,即称为带铰或带挂梁的 T 形刚构。如结构在跨中采用预应力筋和现浇混凝土区段连成整体,即为连续刚构。它们又可派生出不同的组合形式,如采用双薄壁墩或边墩上采用连续梁组合等。不管体系如何组合,它们的上部梁主要是承弯构件。由于采用悬臂施工法,施工机具简便,施工快速,又因结构在悬臂施工时的受力状态与使用状态下的受力状态基本一致,所以省料、省工、省时,这就使结构的应用范围得到了迅猛发展。据统计,在预应力混凝土桥梁中,这类结构体系(包括连续梁)占 50% 以上。本书将这两种体系列入梁式体系中讲授。

(2)梁、拱组合体系,这类体系中有系杆拱、桁架拱、多跨拱梁结构等。它们利用梁的受弯与拱的承压特点组成联合结构。在预应力混凝土结构中,因梁体内可储备巨大的压力来承受拱的水平推力,使这类结构既具有拱的特点,又非推力结构,对地基要求不高。这种结构施工比较复杂,一般用于城市跨河桥上。

(3)斜拉桥,它是由承压的塔、受拉的索与承弯的梁体组合起来的一种结构体系。20 世纪 50 年代初,原联邦德国首先修建了钢斜拉桥,梁体用拉索多点拉住,好似多跨弹性支承连续梁,使梁体内弯矩减小、降低了建筑高度;又因栓焊连接与正交异性板箱形断面构造的应用,使结构充分利用材料的受力特性,从而减轻了结构、节省了材料。这种体系因而发展很快,各国竞相采用,最大跨径已达 1 088m。预应力混凝土斜拉桥是在近几十年中发展起来的,至今其最大跨径的结构体系已达 530m。

### 二、桥梁造型与美学

一座桥梁,从满足功能要求而言,是工程结构物;从观赏要求而言,应是一件建筑艺术品。尤其是大桥,常常以它的雄伟壮观、千姿百态中显示出一个国家的先进技术与生产工艺水平,更反映出时代精神与当代人的创造力,往往成为一个国家、一个地区、一个城市的标志。近年来,我国桥梁建设发展异常迅猛,我们已取得了建造现代的、各种不同桥梁结构体系的设计、施工经验,并且已形成了一种强大的设计与施工力量。随着我国两个文明建设的深入,已有能力从桥型选择、合理布局、材料和色彩的运用,体、面、线的配合和环境协调、文化传统等方面来考虑桥梁的美学要求。

桥梁美学属于美学专门学科的范畴,它带有一定的哲理性,本书不予专述。

世界著名的桥梁专家、学者、德国的莱翁哈特(F. Leonhardt)教授曾在他的《桥——美学和设计》专著中提出了下列美学思想,可供借鉴与进一步探索。

(1)在满足功能要求的前提下,要选用最佳的结构形式——纯正、清爽、稳定。质量统一于美,美从属质量。

(2)美,主要表现在结构选型和谐与良好的比例,并具有秩序感和韵律感。过多的重复会导致单调。

(3)重视与环境协调。材料的选择,表面的质感,特别色彩的运用起着重要作用。模型检试有助于实感判断,审视阴影效果。

(4)美丽的桥梁应以其个性对人们产生积极的影响。美和伦理本是相通的,美的环境将直接陶冶人们的情操,大自然的美,人为环境的美,对人们身心健康是必需的。工程师应该学点工程美学知识。实际上,美学构思在整个桥梁工程设计中只占很少的时间,而对于设计的最终结果却是决定性的。我们需要的是造型美,不是奢华装饰的堆积,因而不应该也不必要增加很多投资。古代劳动人民所创造的精巧千姿的石拱桥,至今尚为我们观赏、赞叹不已,还常常激发我们热爱祖国的深切感情。今天的桥梁工作者,应从单纯的结构观点中解脱出来,设计与建造更多主客体和谐与造型雅致的桥梁,为我们壮丽的山川和城镇锦上添花。

# 第三章 桥梁设计作用

长期以来,所有引起结构反应的原因都被习惯地称为"荷载",这种叫法其实并不科学,也不确切。引起结构反应的原因可以按其作用的性质分为截然不同的两类:一类是施加于结构上的外力,如车辆、人群、结构自重等,它们是直接施加于结构上的,可用"荷载"这一术语来概括;另一类不是以外力的形式施加于结构,它们产生的效应与结构本身的特性、结构所处的环境等有关,如地震、基础变位、混凝土收缩和徐变、温度变化等,它们是间接作用于结构的,如果也称为"荷载",容易引起人们的误解。因此,国际上普遍地将所有引起结构反应的原因统称为"作用",而"荷载"仅限于施加于结构上的直接作用。在2004年我国《公路桥涵设计通用规范》(JTG D60—2004)修订时,统一采用"作用"。

确定结构计算模式、选定作用和结构分析计算是桥梁计算工作中的三个主要部分。其中作用的种类、形式和大小选择是否恰当,关系到桥梁结构在它的有限寿命期限内的安全性,也关系到桥梁建设费用的合理投资。实际上,对于作用的分析是比结构分析更为重要。随着科学技术的进步和桥梁工程的发展,实际与可能作用在桥梁结构上的作用越来越复杂。由于作用种类、形式复杂化,在桥梁设计中,考虑哪些作用可能同时出现的组合也就复杂化了。

作用根据不同的观点分类,可以分为主要作用、次要作用及特殊作用。前者为结构设计中必须考虑的经常起作用的作用;次要作用为设计结构主要部分时虽非经常起作用,但是在作用组合时必须考虑的作用;特殊作用则根据桥梁结构特性、建桥地点具体情况和施工方法等,要特别加以考虑的作用。我国现行的《公路桥涵设计通用规范》(JTG D60—2015)将作用分为永久作用、可变作用、偶然作用和地震作用。永久作用是指结构在设计使用期内其值不随时间变化,或其变化与平均值相比可忽略不计的作用;可变作用是指结构在设计使用期内其值随时间变化,且其变化与平均值相比不可忽略的作用;偶然作用是指结构在设计使用期内不一定出现,但一旦出现,其值很大,且持续时间很短的作用;另外,考虑到地震作用是一种特殊的偶然作用,将其单独列为一种类型。

各类作用见表1-3-1。

作 用 分 类 表　　　　　　　　　　　　表1-3-1

| 编　号 | 作用分类 | 作 用 名 称 |
|---|---|---|
| 1 | 永久作用 | 结构重力(包括结构附加重力) |
| 2 | | 预加力 |
| 3 | | 土的重力 |
| 4 | | 土侧压力 |
| 5 | | 混凝土收缩、徐变作用 |
| 6 | | 水浮力 |
| 7 | | 基础变位作用 |
| 8 | 可变作用 | 汽车荷载 |
| 9 | | 汽车冲击力 |
| 10 | | 汽车离心力 |

续上表

| 编号 | 作用分类 | 作用名称 |
|---|---|---|
| 11 | 可变作用 | 汽车引起的土侧压力 |
| 12 | | 汽车制动力 |
| 13 | | 人群荷载 |
| 14 | | 疲劳荷载 |
| 15 | | 风荷载 |
| 16 | | 流水压力 |
| 17 | | 冰压力 |
| 18 | | 波浪力 |
| 19 | | 温度(均匀温度和梯度温度)作用 |
| 20 | | 支座摩阻力 |
| 21 | 偶然作用 | 船舶的撞击作用 |
| 22 | | 漂流物的撞击作用 |
| 23 | | 汽车撞击作用 |
| 24 | 地震作用 | 地震作用 |

作用具有变异性,结构设计时,不可能直接引用作用随机变量或随机过程的各类统计参数通过复杂的计算进行设计,作用代表值就是为结构设计而给定的量值。设计要求不同,采用的作用代表值也可不同,这样可以更确切、合理地反映作用对结构在不同设计要求下的特点。《公路桥涵设计通用规范》(JTG D60—2015)中作用代表值分为标准值、组合值、频遇值和准永久值。作用的标准值是作用的基本代表值,组合值、频遇值和准永久值一般可以在标准值的基础上计入不同的系数后得到。作用的标准值反映了作用在设计基准期内随时间的变异,并按其在设计基准期内的最大概率分布的某一分位值确定。公路桥涵结构的设计基准期为100年。

永久作用应采用标准值作为代表值。可变作用可根据不同的极限状态分别采用标准值、频遇值或准永久值作为其代表值。承载能力极限状态及按弹性阶段计算结构强度时应采用标准值作为可变作用的代表值。正常使用极限状态按短期效应(频遇)组合设计时,应采用频遇值作为可变作用的代表值;按长期效应(准永久)组合设计时,应采用准永久值作为可变作用的代表值。偶然作用取其设计值作为代表值。

## 第一节 永久作用

恒载是指作用位置和大小、方向固定不变的荷载。作用在桥梁上部结构的恒载,主要是结构物自身的重力及附属设备等外加重力;作用在墩台的恒载,主要是上部结构的恒载、支座作用力、墩台本身重力、土压力及其引起的土侧压力或水浮力(水中墩台)。

结构物的重力可按照结构物的实际体积或设计时所假设的体积及其材料的重度来计算。常用各种材料的重度可按《公路桥涵设计通用规范》(JTG D60—2015)表4.2.1的数值采用。

作用于墩台上的土压力、土侧压力可参照《公路桥涵设计通用规范》(JTG D60—2015),按不同的情况取用计算方法。

对于预应力混凝土桥梁结构,预加应力在结构使用极限状态设计时,应作为永久荷载计算其效应,计算时应考虑相应阶段的预应力损失,但不计由于偏心距增大所引起的附加内力;在结构承载能力极限状态设计时,预加应力不作为荷载,而将预应力钢筋作为结构抗力的一部分。混凝土的收缩、徐变影响力在外部超静定的混凝土结构及复合梁桥等结构中是必然产生的,而且是长期作用的;水浮力对水中结构部分也是长期作用的;基础变位影响力一旦出现,也是长期作用在结构上的。因此,根据设计实际需要和工程实际情况,这些力都列入永久作用荷载。

混凝土收缩和徐变影响的计算方法可参照《公路钢筋混凝土及预应力混凝土桥涵设计规范》(JTG D62—2004)中相关规定。

## 第二节 可变作用

根据桥梁所处的环境不同,其设计阶段可变荷载的选取也需依据不同的标准。对于处在非城镇地区的桥梁,其设计过程需遵循《公路桥涵设计通用规范》(JTG D60—2015)和《公路钢筋混凝土及预应力混凝土桥涵设计规范》(JTG D62—2004)。不同的设计标准,对桥梁设计中可变作用的规定存在一定的差异。

### 一、汽车荷载

桥梁上行驶的车辆荷载种类繁多,有汽车、平板挂车、履带车、压路机等;同一类车辆,例如汽车,也有许多不同的型号和载重等级,而且随着交通运输和高速公路的发展,出现了集装箱运输车等载重量越来越大的车辆。因此,对于桥梁设计,载重标准的确定是关系到贯彻适用、经济、安全原则的一个重要问题。

通过对实际车辆轮轴数目、前后轴间距、轴重力等情况的分析、综合和概括,我国交通运输部在《公路工程技术标准》(JTG B01—2014)中规定了桥涵设计的标准化荷载。汽车荷载分为公路—Ⅰ级和公路—Ⅱ级两个等级,分为车道荷载和车辆荷载两种类型,分别用于桥梁结构的整体计算和局部加载计算。对于城市桥梁的设计,《城市桥梁设计通用规范》的正式稿还未确定,现行设计中对汽车荷载采用《公路桥涵设计通用规范》(JTG D60—2015)的规定,人群荷载仍沿用《城市桥梁设计荷载标准》(CJJ 77—1998)的规定。

1. 车道荷载

车道荷载由均布荷载和集中荷载组成,车道荷载的计算图式如图1-3-1所示。

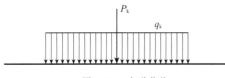

图1-3-1 车道荷载

公路—Ⅰ级车道荷载均布荷载标准值为$q_k=10.5$kN/m;集中荷载标准值取用的规定是:桥梁计算跨径小于或等于5m时,$P_k=270$kN;桥梁计算跨径等于或大于50m时,$P_k=360$kN;桥梁计算跨径在5~50m时,$P_k$值采用直线内插求得。计算剪力效应时,上述集中荷载标准值$P_k$应乘以系数1.2。公路—Ⅱ级车道荷载的均布荷载标准值$q_k$和集中荷载标准值$P_k$按公路—Ⅰ级车道荷载的0.75倍采用。车道荷载的均布荷载标准值应满布于使结构产生最不利效应的同号影响线上;集中荷载标准值只作用于相应影响线中一个最大影响线的峰值处。

2. 车辆荷载

桥梁结构的局部加载、涵洞、桥台和挡土墙压力等的计算采用车辆荷载。车辆荷载与车道荷载的作用不得叠加。车辆荷载的立面、平面尺寸如图1-3-2所示,主要技术指标规定见表1-3-2。

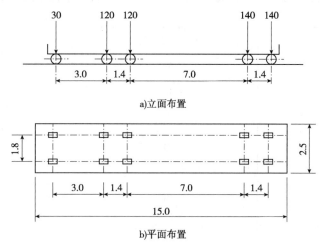

a)立面布置

b)平面布置

图 1-3-2 车辆荷载的立面、平面尺寸(尺寸单位:m)

**车辆荷载的主要技术指标**　　　　　　　　　　　　表 1-3-2

| 项 目 | 单 位 | 技术指标 |
|---|---|---|
| 车辆重力标准值 | kN | 550 |
| 前轴重力标准值 | kN | 30 |
| 中轴重力标准值 | kN | 2×120 |
| 后轴重力标准值 | kN | 2×140 |
| 轴距 | m | 3+1.4+7+1.4 |
| 轮距 | m | 1.8 |
| 前轮着地宽度及长度 | m | 0.3×0.2 |
| 中、后轮着地宽度及长度 | m | 0.6×0.2 |
| 车辆外形尺寸(长×宽) | m | 15×2.5 |

3.荷载等级的选用及横向布载规定

设计桥涵或受车辆影响的构造物所用的汽车荷载等级,应根据公路的使用任务、功能和将来的发展等具体情况,按表1-3-3确定。二级公路作为集散公路且交通量小、重型车辆少时,其桥涵的设计可采用公路—Ⅱ级汽车荷载;对交通组成中重载交通比重较大的公路桥涵,宜采用与该公路交通组成相适应的汽车荷载模式进行结构整体和局部验算。

**各级公路桥涵的汽车荷载等级**　　　　　　　　　　　　表 1-3-3

| 公路等级 | 高速公路 | 一级公路 | 二级公路 | 三级公路 | 四级公路 |
|---|---|---|---|---|---|
| 汽车荷载等级 | 公路—Ⅰ级 | 公路—Ⅰ级 | 公路—Ⅰ级 | 公路—Ⅱ级 | 公路—Ⅱ级 |

桥涵设计应按上述规定的荷载图式布载。车道荷载横向分布系数应按设计车道数,如图1-3-3所示布置车辆进行计算。

桥涵设计车道数应符合表1-3-4的规定。横桥向布置多车道汽车荷载时,应考虑汽车荷载的折减;布置一条车道汽车荷载时,应考虑汽车荷载的提高。横向车道布载系数应符合表1-3-5的规定。多车道布载的荷载效应不得小于两条车道布载的荷载效应。

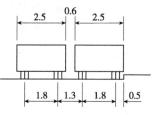

图 1-3-3 车辆荷载横向布置
(尺寸单位:m)

桥涵设计车道数  表1-3-4

| 桥面净宽 W(m) | | 横向布置车道数 |
|---|---|---|
| 车辆单向行驶时 | 车辆双向行驶时 | |
| W<7.0 | | 1 |
| 7.0≤W<10.5 | 6.0≤W<14.0 | 2 |
| 10.5≤W<14.0 | | 3 |
| 14.0≤W<17.5 | 14.0≤W<21.0 | 4 |
| 17.5≤W<21.0 | | 5 |
| 21.0≤W<24.5 | 21.0≤W<28.0 | 6 |
| 24.5≤W<28.0 | | 7 |
| 28.0≤W<31.5 | 28.0≤W<35.0 | 8 |

横向车道布载系数  表1-3-5

| 横向布置车道数(条) | 1 | 2 | 3 | 4 | 5 | 6 | 7 | 8 |
|---|---|---|---|---|---|---|---|---|
| 横向车道布载系数 | 1.20 | 1.00 | 0.78 | 0.67 | 0.60 | 0.55 | 0.52 | 0.50 |

当桥梁计算跨径大于150m时,应考虑计算荷载效应的纵向折减。当为多跨连续结构时,整个结构均应按最大的计算跨径考虑计算荷载效应的纵向折减。纵向折减系数规定见表1-3-6。

纵向折减系数  表1-3-6

| 计算跨径 $L_0$(m) | 纵向折减系数 | 计算跨径 $L_0$(m) | 纵向折减系数 |
|---|---|---|---|
| 150<$L_0$<400 | 0.97 | 800≤$L_0$<1 000 | 0.94 |
| 400≤$L_0$<600 | 0.96 | $L_0$≥1 000 | 0.93 |
| 600≤$L_0$<800 | 0.95 | | |

## 二、汽车冲击力

汽车以一定的速度在桥上行驶,桥梁产生的应力与变形比大小相等的静载引起的要大一些,这是因为汽车荷载不是慢慢地增加,而是以较快速度突然加载于桥上,因而使桥梁发生振动。同时由于车辆驶过时路面不平、车轮不圆和发动机的抖动等原因也会使桥梁发生振动。这种由于荷载的动力作用使桥梁发生振动而造成内力加大的现象称为冲击作用。也就是说,桥梁不仅承受车辆各轴的重力作用,还受到一种冲击力,但是目前对于冲击作用还不能做出完全符合实际情况的理论分析和实际计算,只能采用粗糙的近似方法,即以系数 $\mu$ 来考虑冲击作用的影响。在设计计算中汽车荷载的冲击力为汽车荷载乘以冲击系数 $\mu$。《公路桥涵设计通用规范》(JTG D60—2015)中给出的冲击系数 $\mu$ 的计算方法为:

当 $f<1.5\text{Hz}$ 时,$\mu=0.05$;  (1-3-1a)

当 $1.5\text{Hz}\leqslant f\leqslant 14\text{Hz}$ 时,$\mu=0.1767\ln f-0.0157$;  (1-3-1b)

当 $f>14\text{Hz}$ 时，$\mu=0.45$。

式中：$f$——结构基频。

钢桥、钢筋混凝土及预应力混凝土桥、圬工拱桥等上部构造和钢支座、板式橡胶支座、盆式橡胶支座及钢筋混凝土柱式墩台，应计算汽车的冲击作用。填料厚度（包括路面厚度）等于或大于 0.5m 的拱桥、涵洞以及重力式墩台不计冲击力。支座的冲击力，按相应的桥梁取用。汽车荷载的局部加载及在 T 梁、箱梁悬臂板上的冲击系数采用 0.3。

### 三、离心力

《公路桥涵设计通用规范》(JTG D60—2015)中规定曲线桥应计算汽车荷载引起的离心力。离心力为车辆荷载（不计冲击力）乘以离心力系数 $c$，其计算公式如下：

$$c = \frac{v^2}{127R} \tag{1-3-2}$$

式中：$v$——计算行车速度，应按桥梁所在路线等级的规定采用(km/h)；

$R$——曲线半径(m)。

在计算多车道桥梁的汽车荷载离心力时，应按规定折减汽车荷载。离心力的着力点在桥面以上 1.2m（为计算简便，也可移至桥面上，不计由此引起的力矩）。

### 四、汽车荷载引起的土压力

采用车辆荷载加载，可按《公路桥涵设计通用规范》(JTG D60—2015)中第 4.3.4 条规定计算。

### 五、人群荷载

桥梁计算跨径小于或等于 50m 时，人群荷载标准值为 $3\text{kN/m}^2$；当桥梁计算跨径等于或大于 150m 时，人群荷载标准值为 $2.5\text{kN/m}^2$；当桥梁计算跨径在 50~150m 时，可线性内插得到人群荷载标准值。非机动车、行人密集的公路桥梁，人群荷载标准值按上述取值的 1.15 倍考虑，专用人行桥梁人群荷载标准值为 $3.5\text{kN/m}^2$。在有人行道的桥梁上，人群荷载与汽车荷载同时考虑，而用验算荷载时则不计入人群荷载。

人群荷载在横向应布置在人行道的净宽度内，在纵向施加于使结构产生最不利荷载效应的区段内。人行道板（局部构件）可以以一块板为单元，按标准值 $4.0\text{kN/m}^2$ 的均布荷载进行验算。计算栏杆时，人群作用于栏杆上的水平推力规定为 $0.75\text{kN/m}$，施力点在栏杆柱顶，人群作用于扶手的竖向力规定为 $1\text{kN/m}$，施力点在上部扶手。

### 六、汽车制动力

桥上汽车制动力，是车辆在制动时为克服车辆的惯性力而在路面与车辆之间发生的滑动摩擦力。车辆与路面间的摩擦系数可以达 0.5 以上，但是制动常常只限于车队的一部分车辆，所以制动力并不等于摩擦系数乘全部车辆荷载。规范中规定，汽车荷载制动力按同向行驶的汽车荷载（不计冲击力）计算，并按有关车辆荷载标准值的规定，以使桥梁墩台产生最不利纵向力的加载长度进行纵向折减。一个车道上由汽车荷载产生的制动力标准值按车道荷载标准值在加载长度上计算的总重力的 10% 计算，但公路—Ⅰ级汽车荷载的制动力标准值不得小于 165kN；公路—Ⅱ级汽车荷载的制动力标准值不得小于 90kN；同向行驶双车道的汽车荷载制动力标准值为一个设计车道制动力标准值的2倍;同向行驶三车道为一个设计车道的2.34倍;同向行驶四车道为一个设计车道的2.68倍。

制动力的着力点在桥面以上1.2m处。在计算墩台时,可移至支座中心(铰或滚轴中心),或滑动支座、橡胶支座、摆动支座的底座面上;计算刚构桥、拱桥时,可移至桥面上,但不计因移动而产生的竖向力和力矩。

设有板式橡胶支座的简支梁、连续桥面简支梁或连续梁排架式柔性墩台,应根据支座与墩台的抗推刚度集成情况分配和传递制动力。设有板式橡胶支座的简支梁刚性墩台,按单跨两端的板式橡胶支座的抗推刚度分配制动力。刚性墩台因不同支座传递制动力的计算在规范中都有具体规定,可参照执行。

### 七、风力(风荷载)

对于大跨径桥梁,特别是斜拉桥和吊桥,风荷载是极为重要的设计荷载,有时甚至起着决定性的作用,即对结构的强度、刚度和稳定性起控制作用。

当风以一定的速度向前运动遇到结构物阻碍时,结构承受了风压,在顺风向,风压常分成平均风压和脉动风压。在横风向,风流经过结构而产生旋涡,因旋涡的特性,横风向还会产生周期性风压(有时也可能是随机的)。因而,一般说,风对结构作用的计算有三个不同的方面:对于顺风的平均风压,采用静力计算方法[按《公路桥涵设计通用规范》(JTG D60—2015)等规定的风力计算方法];对于顺风的脉动风或横风向的脉动风,则应按随机振动理论计算;对于横风向的周期性风力,产生了横风向振动,偏心时还产生扭转振动,通常作为确定荷载对结构进行动力计算。后两种计算理论是属于研究结构风压和风振理论的一门新学科。

《公路桥涵设计通用规范》(JTG D60—2015)第4.3.8条规定对风荷载的标准值的计算应按现行《公路桥梁抗风设计规范》(JTG/T D60-01—2004)的规定。

### 八、支座摩阻力、流水压力、冰压力及波浪力

支座上的摩阻力是上部构造因温度变化而产生的,摩阻力可按下式计算:

$$F = \mu V \tag{1-3-3}$$

式中:$V$——作用于活动支座的竖向反力;

$\mu$——支座的摩擦系数,见《公路桥涵设计通用规范》(JTG D60—2015)表4.3.13。

在设计墩台时,尚需考虑流水压力或冰压力,可分别参见《公路桥涵设计通用规范》(JTG D60—2015)第4.3.9条和第4.3.11条。海峡的桥梁结构,下部结构设计必要时应考虑波浪力的作用影响,宜开展专题研究确定波浪力的大小。

### 九、温度影响力

对于超静定结构,必须考虑温度变化影响产生的变形和由此引起的影响力,它的大小应根据当地具体情况、结构物使用材料和施工条件等因素计算确定。

温度变化范围,应根据桥梁所在地区的气温条件而定。气温变化值,应自结构物合龙时的温度算起。规范中要求,应根据结构及其所在环境的特点,分别考虑均匀温度作用和梯度温度作用,相关的计算方法、材料线膨胀系数、有效温度标准值等可参见《公路桥涵设计通用规范》(JTG D60—2015)第4.3.12条。

## 第三节 偶然作用

偶然作用主要是指船只或漂流物的撞击力,以及汽车撞击作用。

### 一、船只或漂流物的撞击力

在通行较大载重量的船只或有漂流物的河流中,修建桥梁的河中桥墩必须考虑船只或漂流物的撞击力。这个撞击力有时是十分巨大的,可以达到 1 000kN 以上,因而在可能的条件下,应采用实测资料进行计算。如缺乏实测资料,可分别参照《公路桥涵设计通用规范》(JTG D60—2015)中表 4.4.2-1 和表 4.4.2-2 取用内河船舶和海轮撞击作用的设计值。

可能遭受大型船舶撞击作用的桥墩,应根据桥墩的自身抗撞击能力、桥墩的位置和外形、水流流速、水位变化、通航船舶类型和碰撞速度等因素作桥墩防撞设施的设计。当设有与墩台分开的防撞击的防护结构时,桥墩可不计船舶的撞击作用。

根据河流中实际情况,还可考虑漂流物横桥向撞击问题,具体计算方法可见《公路桥涵设计通用规范》(JTG D60—2015)中第 4.4.2 条。

内河船舶、海轮和漂流物的撞击点及撞击力的作用位置根据具体情况将有所差异,《公路桥涵设计通用规范》(JTG D60—2015)第 4.4.2 条也建议了相关的计算位置。

### 二、汽车撞击作用

桥梁结构必要时可考虑汽车的撞击作用。《公路桥涵设计通用规范》(JTG D60—2015)中规定汽车撞击力设计值在车辆行驶方向取 1 000kN,在车辆行驶垂直方向取 500kN,两个方向的撞击力不同时考虑,撞击力作用于行车道以上 1.2m 处,直接分布于撞击涉及的构件上。

对于设有防撞设施的结构构件,可视防撞设施的防撞能力,对汽车撞击力设计值予以折减,但折减后的汽车撞击力设计值不应低于上述规定值的 1/6。

除了上述规范中规定的三种荷载以外,在桥梁设计中,还必须注意到结构物在预制、运输、架设安装及各施工阶段可能遇到的各种临时荷载,如起重机具的重力等,可总称其为施工荷载。桥梁设计中因为对施工荷载的取值不当或验算上的疏忽,造成毁桥事故还是并不少见的。

## 第四节 地震作用

在地震区建造桥梁,必须考虑地震力。它虽然不一定出现,而一旦出现,时间极为短促(经常是十几秒),且对结构安全会产生非常巨大的影响。所谓地震力主要是指地震时强烈的地面运动引起的结构惯性力,因而它不是静力作用,而是动力作用;不是固定值,而是随机变量;不完全决定于地震时地面运动的强烈程度,而还决定于结构的动力特性(频率与振型)。公路桥梁的抗震设防起点,一般为设计地震烈度 7 度。地震力的计算和结构抗震设计应符合《公路桥梁抗震设计细则》(JTG/T B02-01—2008)的规定。

我国抗震规范规定的地震力是考虑了结构动态反应的影响,即采用了反应谱理论而确定的。如单自由度体系的地震力的计算式可表达为:

$$P = c\alpha W = ck\beta W$$

$$= c \cdot \frac{\ddot{\delta}_g}{g} \cdot \frac{S_a}{\ddot{\delta}_g} \cdot m \cdot g \tag{1-3-4}$$

式中：$c$——结构的综合影响系数,主要考虑结构塑性变形、阻尼以及地基变形等影响的一个简便的综合折减系数；

$k$——地震系数,为地面运动最大加速度 $\delta_g$ 和重力加速度的比值,其值随地震烈度加大而增大；

$\beta$——动力放大系数,为结构反应的最大绝对加速度 $S_a$ 与地面运动最大加速度的比值,它可以从单自由度体系的动力反应谱中查得,与场地土的种类有关。

上式实质可以简化为：

$$P = cmS_a \tag{1-3-5}$$

这就是乘了折减系数后的结构在地震时的最大惯性力,它以静力荷载的形式表达。因而,根据规范算得结构的地震力后,可采用一般的静力学方法计算结构的内力与变形。对于重大的桥梁工程,必须进行场地地震安全性评价,确定抗震设防要求进行抗震设计。一般应对结构建立动力计算图式,直接输入地震波,进行动态时程分析,研究结构的抗震安全度。

## 第五节 作 用 组 合

荷载是桥梁结构设计中最基本的技术条件。为使结构符合适用、安全和经济的设计要求,必须要制订符合客观实际需要的荷载形式、标准值大小及其在不同时间不同条件下的可能组合方式。一般说,应考虑到以下因素。

(1)要确定桥梁设计基准使用期,这对以概率论为基础来研究桥梁设计荷载是必要的前提,也是考虑远景发展来制订荷载标准的前提。桥梁结构设计基准使用期的概念与桥梁结构的寿命有一定的联系,但不能将两者简单地等同起来,因为使用年限期满并不意味桥梁立即报废,而只是它的可靠度将逐渐降低。图1-3-4比较了几个国家的车辆设计荷载标准。图中采用一些国家的标准汽车荷载,并考虑了每个国家各自采用的冲击系数和容许应力,用简支梁的设计弯矩做比较。车辆荷载近似地换算成分布在10m上的均布荷载来代表,这一比较只表明结构相对极限承载力,而不是该跨径的实际容许值。从图中可以看到,AASHTO(美国各州公路和运输工作者协会制定的规范)荷载最低,而欧洲设计荷载较高。这是因为欧洲倾向于更长远的设计基准使用期,如英国定为120年。因而,设计基准使用期的取值,将直接影响荷载标准的大小。

(2)结构正常使用时的最大荷载与荷载组合,要顾及在结构有限寿命的期限内荷载增大时的结构负载能力,此时结构构件可能有局部达到屈服强度,而整体结构并不产生过大的永久变形,不会造成正常行车的障碍。

(3)车辆荷载的形式应考虑到对主要承重结构与局部受力构件强度储备的合理性,对小跨径结构和大跨径结构的超载能力的合理性。这种合理性应该顾及经济投资的原则,因而,随着汽车工业和交通运输业的发展,真实的车辆荷载越来越复杂,设计荷载已逐步脱离初期

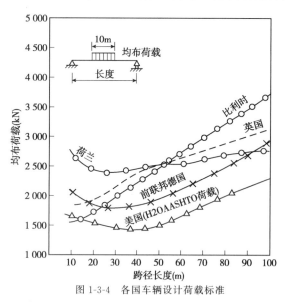

图1-3-4 各国车辆设计荷载标准

的实际代表性车辆荷载形式,而是采用为达到结构设计目的,经过统计分析的等效标准模式荷载。

(4)要注意到设计荷载的标准形式对长、短桥跨的不同影响,它对结构受载时的效应是有差异的,主要反映在:①加载长度的影响(影响线异号的区域与加载理想化的问题);②结构重力与车辆荷载比值产生的影响;③加载循环次数与疲劳强度问题(应力变幅的影响),短小桥,应力变幅大。

(5)随着结构的跨径不断增大,结构的发展越来越趋向轻质高强而纤细,结构主要设计荷载不再局限于结构重力和车辆荷载,而必须注意结构实际工作状态中可能遇到的一些复杂而巨大的荷载,如风力、地震力、撞击力等。事实证明,它们常常是导致桥梁破坏的原因。而这些荷载却并非经常,而是偶然作用的荷载。因而,在设计荷载大小的估计与组合上就必须处理结构"安全"和"经济"的矛盾。这些估计与偶然的因素,只能在研究它发生的概率的基础上,处理荷载组合安全系数的取值问题。这一复杂问题绝非目前规范的简单规定所能合理概括的,在长大和特殊的桥梁结构设计中,要对实际情况进行研究。

在实际桥梁的设计过程中,《公路桥涵设计通用规范》(JTG D60—2015)以表1-3-1中对作用的分类为基础,对作用效应组合的形式和计算方法进行了详细的说明。

在桥梁实际运营过程中,各类作用并非同时施加于桥梁上,它们发生的概率也各不相同。因此,设计桥涵时,《公路桥涵设计通用规范》(JTG D60—2015)根据结构物的特性,考虑了它们同时作用的可能性并进行了适当的组合,基本的原则是只有在结构上可能同时出现的作用,才进行其效应的组合。当结构或结构构件需做不同受力方向的验算时,则应以不同方向的最不利作用效应进行组合。当可变作用的出现对结构或结构构件产生有利影响时,该作用不应参与组合。实际不可能同时出现的作用或同时参与组合概率很小的作用,可按表1-3-7规定不考虑其作用效应的组合,表中荷载编号参考表1-3-1中规定。

**可变作用不同时组合表** 表1-3-7

| 编 号 | 荷 载 名 称 | 不与该荷载同时参与组合的荷载号 |
|---|---|---|
| 12 | 汽车制动力 | 16,17,18,20 |
| 16 | 流水压力 | 12,17,18 |
| 17 | 冰压力 | 12,16,18 |
| 18 | 波浪力 | 12,16,17 |
| 20 | 支座摩阻力 | 12 |

施工阶段作用效应的组合,应按计算需要及结构所处条件而定,结构上的施工人员和施工机具设备均应作为临时荷载加以考虑。组合式桥梁,当把底梁作为施工支撑时,作用效应宜分两个阶段组合,底梁受荷为第一阶段,组合梁受荷为第二阶段。多个偶然作用不同时参与组合。

在公路桥涵设计过程中,对不同的作用需采用不同的代表值:

(1)永久作用应采用标准值作为代表值,其标准值对结构自重(包括结构附加重力),可按结构构件的设计尺寸与材料的重度计算确定。

(2)可变作用应根据不同的极限状态分别采用标准值、组合值、频遇值或准永久值作为其代表值。组合值、频遇值或准永久值可通过可变作用的标准值分别乘以组合值系数$\psi_c$、频遇

值系数 $\psi_f$ 和准永久系数 $\psi_q$ 来确定。

(3)偶然作用取其设计值作为代表值,可根据历史记载、现场观测和试验,结合工程经验综合分析确定,也可根据有关标准的专门规定确定。

(4)地震作用的代表值为其标准值,其应根据现行《公路工程抗震规范》(JTG B02—2013)的规定确定。

根据上述基本规定,《公路桥涵设计通用规范》(JTG D60—2015)分别给出了承载能力极限状态设计和正常使用极限状态设计的作用组合计算方法。

### 一、承载能力极限状态设计

公路桥涵结构按承载能力极限状态设计时,对持久设计状况和短暂设计状况应采用作用的基本组合,对偶然设计状况应采用作用的偶然组合,对地震设计状况应采用作用的地震组合,并符合下列规定:

(1)基本组合。永久作用的设计值与可变作用设计值相组合,其效应设计值可按下式计算:

$$S_{ud} = \gamma_0 S\Big(\sum_{i=1}^{m}\gamma_{Gi}G_{ik}, \gamma_{L1}\gamma_{Q1}Q_{1k}, \psi_c \sum_{j=2}^{n}\gamma_{Lj}\gamma_{Qj}Q_{jk}\Big)$$

或

$$S_{ud} = \gamma_0 S\Big(\sum_{i=1}^{m}G_{id}, Q_{1d}, \sum_{j=2}^{n}Q_{jd}\Big) \tag{1-3-6}$$

式中:$S_{ud}$ ——承载能力极限状态下作用基本组合的效应设计值;

$\gamma_0$ ——结构重要性系数,对应于设计安全等级一级、二级和三级分别取 1.1、1.0 和 0.9;

$\gamma_{Gi}$ ——第 $i$ 个永久作用的分项系数,应按表 1-3-8 选取;

$G_{ik}$、$G_{id}$ ——第 $i$ 个永久作用的标准值和设计值;

$\gamma_{Q1}$ ——汽车荷载(含汽车冲击力、离心力)的分项系数,采用车道荷载计算时,取 $\gamma_{Q1}=1.4$;采用车辆荷载计算时,取 $\gamma_{Q1}=1.8$。当某个可变作用在组合中其效应值超过汽车荷载效应时,则该作用取代汽车荷载,其分项系数 $\gamma_{Q1}=1.4$;对专为承受某作用而设置的结构或装置,设计时该作用的分项系数取 $\gamma_{Q1}=1.4$;计算人行道板和人行道栏杆的局部荷载,其分项系数也取 $\gamma_{Q1}=1.4$;

$Q_{1k}$、$Q_{1d}$ ——汽车荷载(含汽车冲击力、离心力)的标准值和设计值;

$\gamma_{Qj}$ ——在作用组合中除汽车荷载(含汽车冲击力、离心力)、风荷载外的其他第 $j$ 个可变作用的分项系数,取 $\gamma_{Qj}=1.4$,但风荷载的分项系数取 $\gamma_{Qj}=1.1$;

$Q_{jk}$、$Q_{jd}$ ——在作用组合中除汽车荷载(含汽车冲击力、离心力)外的其他第 $j$ 个可变作用的标准值和设计值;

$\psi_c$ ——在作用组合中除汽车荷载(含汽车冲击力、离心力)外的其他可变作用的组合值系数,取 $\psi_c=0.75$;

$\psi_c Q_{jk}$ ——在作用组合中除汽车荷载(含汽车冲击力、离心力)外的其他第 $j$ 个可变作用的组合值;

$\gamma_{Lj}$ ——第 $j$ 个可变作用的结构设计使用年限荷载调整系数。公路桥涵结构的设计使用年限按现行《公路工程技术标准》(JTG B01—2014)取值时,可变作用的设计使用年限荷载调整系数取 $\gamma_{Lj}=1.0$,否则 $\gamma_{Lj}$ 取值应按专题研究确定。

永久作用的分项系数　　　　　　　　　　表 1-3-8

| 编号 | 作用类别 | | 永久作用的分项系数 | |
|---|---|---|---|---|
| | | | 对结构的承载能力不利时 | 对结构的承载能力有利时 |
| 1 | 混凝土和圬工结构重力（包括结构附加重力） | | 1.2 | 1.0 |
| | 钢结构重力（包括结构附加重力） | | 1.1 或 1.2 | 1.0 |
| 2 | 预加力 | | 1.2 | 1.0 |
| 3 | 土的重力 | | 1.2 | 1.0 |
| 4 | 混凝土的收缩及徐变作用 | | 1.0 | 1.0 |
| 5 | 土侧压力 | | 1.4 | 1.0 |
| 6 | 水的浮力 | | 1.0 | 1.0 |
| 7 | 基础变位作用 | 混凝土和圬工结构 | 0.5 | 0.5 |
| | | 钢结构 | 1.0 | 1.0 |

(2)偶然组合。永久作用标准值与可变作用某种代表值、一种偶然作用设计值相组合。与偶然作用同时出现的可变作用，可根据观测资料和工程经验取用频遇值或准永久值，其效应设计值可按下式计算：

$$S_{ad} = S\Big(\sum_{i=1}^{m} G_{ik}, A_d, (\psi_{f1} \text{ 或 } \psi_{q1})Q_{1k}, \sum_{j=2}^{n} \psi_{qj}Q_{jk}\Big) \tag{1-3-7}$$

式中：　$S_{ad}$——承载能力极限状态下作用偶然组合的效应设计值；

　　　　$A_d$——偶然作用的设计值；

　　　　$\psi_{f1}$——汽车荷载（含汽车冲击力、离心力）的频遇值系数，取 $\psi_{f1}=0.7$；当某个可变作用在组合中其效应值超过汽车荷载效应时，则该作用取代汽车荷载，人群荷载 $\psi_f=1.0$，风荷载 $\psi_f=0.75$，温度梯度作用 $\psi_f=0.8$，其他作用 $\psi_f=1.0$；

　　　　$\psi_{f1}Q_{1k}$——汽车荷载的频遇值；

　　　　$\psi_{q1}$、$\psi_{qj}$——第 1 个和第 $j$ 个可变作用的准永久值系数，汽车荷载（含汽车冲击力、离心力）$\psi_q=0.4$，人群荷载 $\psi_q=0.4$，风荷载 $\psi_q=0.75$，温度梯度作用 $\psi_q=0.8$，其他作用 $\psi_q=1.0$；

　　　　$\psi_{q1}Q_{1k}$、$\psi_{qj}Q_{jk}$——第 1 个和第 $j$ 个可变作用的准永久值。

(3)地震作用的效应设计值应按现行《公路工程抗震规范》（JTG B02—2013）的有关规定计算。

## 二、正常使用极限状态设计

公路桥涵结构按正常使用极限状态设计时，应根据不同的设计要求，采用作用的频遇组合或准永久组合，并应符合下列规定：

(1)频遇组合。永久作用标准值与汽车荷载频遇值、其他可变作用准永久值相组合，其效应设计值可按下式计算：

$$S_{fd} = S\Big(\sum_{i=1}^{m} G_{ik}, \psi_{f1}Q_{1k}, \sum_{j=2}^{n} \psi_{qj}Q_{jk}\Big) \tag{1-3-8}$$

式中：$S_{fd}$——作用频遇组合的效应设计值；

$\psi_{f1}$——汽车荷载(不计汽车冲击力)的频遇值系数,取 $\psi_{f1}=0.7$;当某个可变作用在组合中其效应值超过汽车荷载效应时,则该作用取代汽车荷载,人群荷载 $\psi_f=1.0$,风荷载 $\psi_f=0.75$,温度梯度作用 $\psi_f=0.8$,其他作用 $\psi_f=1.0$。

(2)准永久组合。永久作用标准值与可变作用准永久值相组合,其效应设计值可按下式计算:

$$S_{qd} = S\Big(\sum_{i=1}^{m} G_{ik}, \sum_{j=1}^{n} \psi_{qj} Q_{jk}\Big) \tag{1-3-9}$$

式中:$S_{qd}$——作用准永久组合的效应设计值;

$\psi_{qj}$——第 $j$ 个可变作用的准永久值系数,汽车荷载(不计汽车冲击力)$\psi_q=0.4$,人群荷载 $\psi_q=0.4$,风荷载 $\psi_q=0.75$,温度梯度作用 $\psi_q=0.8$,其他作用 $\psi_q=1.0$。

# 第四章 桥面布置与构造

## 第一节 桥面组成与布置

桥面构造包括行车道铺装、排水防水系统、人行道(或安全带)、缘石、栏杆、护栏、照明灯具和伸缩缝等。桥面的一般构造如图 1-4-1 所示。

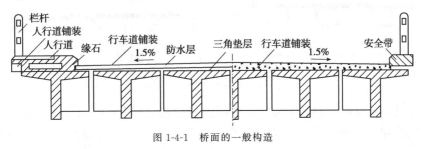

图 1-4-1 桥面的一般构造

桥面构造直接与车辆、行人接触,它对桥梁的主要结构起保护作用,使桥梁能正常使用。同时,桥面构造多属外露部位,其选择是否合理、布置是否恰当直接影响桥梁的使用功能、布局和美观。由于桥面构造工程量小、项目繁杂,在施工中又多在主体工程结束之后进行,往往在设计和施工中得不到应有的重视,从而造成桥梁使用中的弊病或过早地进行维修、养护,甚至会中断交通。因此,必须要了解桥面构造各部件的工作性能,合理选择、认真设计、精心施工。

桥面的布置应在桥梁的总体设计中考虑,它根据道路的等级、桥梁的宽度、行车的要求等条件确定。对混凝土梁式桥的桥面布置有双向车道布置、分车道布置和双桥面布置等。

### 一、双向车道布置

双向车道布置是指行车道的上下行交通布置在同一桥面上,如图 1-4-1 所示。在桥面上,上下行交通画线分隔,因此,没有明显的界线。桥梁上也可允许机动车与非机动车同时通过,同样采用画线分隔。由于在桥梁上同时存在上下行车辆和机动车与非机动车,因此,车辆在桥梁上行驶的速度只能是中速或低速,对交通量较大的道路,桥梁往往会形成交通滞流状态。

### 二、分车道布置

行车道的上下行交通,在桥梁上按分隔设置式进行桥面布置。因而上下行交通互不干扰,可提高行车速度,便于交通管理,但是在桥面布置上要增加一些附属设施,桥面的宽度相应地要加宽些。

分车道布置可在桥面上设置分隔带,用以分隔上下行车辆,如图 1-4-2a)所示。也可以采用分离式主梁布置,在主梁间设置分隔带,如图 1-4-2b)所示。有的桥梁采用分离式主梁,在两个主梁间的桥面上不加联系,各自通行单向交通,如图 1-4-2c)所示。分车道布置除对上下行交通分隔外,也可将机动车道与非机动车道分隔、行车道与人行道分隔布置。

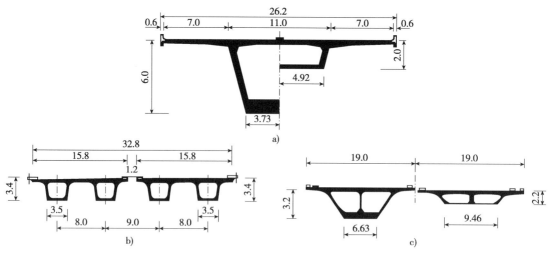

图 1-4-2 分车道的桥面布置(尺寸单位:m)

分隔带可以采用混凝土制作的护栏,可用盖板分隔,也可采用钢杆或钢索(链)分隔。图 1-4-3表示采用高路缘石将行车道与人行道分隔的构造。高路缘石与人行道板共同预制,每一块件长 2.7m,宽 3.2m。高路缘石部分宽 0.52m,高 0.6m,它能可靠地防止车辆冲越人行道。

对于高速公路,分隔设施除起到分道行驶的作用外,还要有效地保护高速车辆在意外事故中不致损坏桥梁,避免车辆和人员发生安全事故。美国新泽西州公路局推广一种用混凝土制作的"新泽西式护栏",其形状如图 1-4-4a)所示。在一般情况下,当受到车辆碰撞时,只让轮胎和护栏接触,而车身不会接触到护栏,可以减少车辆的损坏。护栏可采用预制或现浇制作,预制的护栏由钢链相连,放在桥面上,并不需要特殊的基础或锚固。

钢制护栏的构造如图 1-4-4b)所示,护栏的立柱用盘状锚筋和垫板、螺栓锚固在梁的翼缘板上,以防止上拔。立柱的下方具有预定的断裂部位,这样,桥梁和翼缘板不会在意外事故中损坏。钢制护栏可设置在人行道上或分隔带上,采用间隔布置,从而起到保护作用。

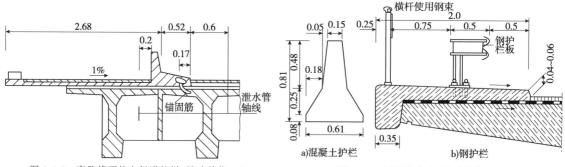

图 1-4-3 高路缘石的人行道护栏(尺寸单位:m)

图 1-4-4 护栏的构造(尺寸单位:m)

### 三、双层桥面布置

双层桥面布置是桥梁结构在空间上可以提供两个不在同一平面上的桥面构造。钢桥采用双层桥面布置已被普遍使用,因为钢桥受力明确,构造上也较易处理。混凝土梁桥采用双层桥面布置始于 20 世纪 60 年代,1965 年建造的委内瑞拉卡罗尼河桥是一座 4×96m+2×48m 预应力混凝土连续梁桥,它的上层为 10.3m 宽的公路行车道,下层人行道宽 3m,设在箱梁底板挑出的悬臂板上,如图 1-4-5a)所示。1980 年建成的奥地利维也纳帝国桥是一座多功能的预应力混凝土双层梁桥,如图1-4-5b)所示,该桥全长864.5m,为10孔连续梁桥,梁高5.5～8m。它的上层桥面为公路六车道,箱梁内通行地下铁路,箱梁外悬臂板设有2×3.5m人行道。并在位于新运河上的三孔设有地铁车站,在箱梁的腹板上开有5个椭圆空洞,人行道悬臂拓宽到8m多。帝国桥的建成为混凝土箱梁桥的桥面布置开拓了新的前景。

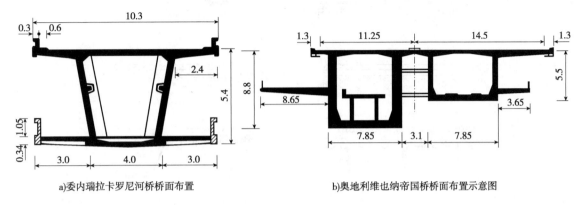

a)委内瑞拉卡罗尼河桥桥面布置　　　　　　b)奥地利维也纳帝国桥桥面布置示意图

图1-4-5　双层桥面布置实例(尺寸单位:m)

双层桥面布置,可以使不同的交通严格分道行驶,提高了车辆和行人的通行能力,并便于交通管理。同时,可以充分利用桥梁净空,在满足同样交通要求之下,减小桥梁宽度,缩短引桥长度,达到较好的经济效益。

## 第二节　桥面铺装及排水防水系统

### 一、桥面铺装

桥面铺装即行车道铺装,亦称桥面保护层,它是车轮直接作用的部分。桥面铺装的作用在于防止车辆轮胎或履带直接磨耗行车道板,保护主梁免受雨水侵蚀,并对车辆轮重的集中荷载起分布作用。因此,行车道铺装要求可抗车辙、行车舒适、抗滑、不透水(和桥面板一起作用时)、刚度好等。行车道铺装可采用水泥混凝土、沥青混凝土、沥青表面处治和泥结碎石等各种类型。水泥混凝土和沥青混凝土桥面铺装用得较广,能满足各项要求。水泥混凝土铺装的耐磨性能好,适合重载交通,但养生期长,以后修补较麻烦。沥青混凝土桥面铺装维修养护方便,但易老化和变形。沥青表面处治和泥结碎石桥面铺装,耐久性较差,仅在中级或低级公路桥梁上使用。

桥面铺装一般不作受力计算,如在施工中能确保铺装层与行车道板紧密结合成整体,则铺装层的混凝土(除去作为车轮磨耗部分可0.01～0.02m厚外)还可以计算在行车道的厚度内和行车道板共同受力。为使铺装层具有足够的强度和良好的整体性(能起联系各主梁共同受力的作用),一般宜在混凝土中铺设直径为4～6mm的钢筋网。

各种类型的桥面铺装如图1-4-6所示。

### 二、桥面纵横坡

桥面设置纵横坡,以利雨水迅速排除,防止或减少雨水对铺装层的渗透,从而保护行车道板,延长桥梁使用寿命。

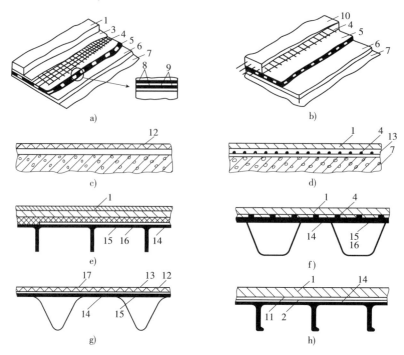

图 1-4-6 桥面铺装类型

1-沥青混凝土厚 5～8cm；2-氯丁橡胶防水层；3-混凝土保护层厚 3～5cm；4-钢筋网；5-防水层厚 1～2cm；6-混凝土整平层厚 2～3cm；7-钢筋混凝土桥面板；8-油毛毡或玻璃布层层厚 2mm；9-沥青胶泥层层厚 2mm；10-水泥混凝土桥面（不含垫平层）厚度不小于 8cm，强度不低于 C40；11-氯丁橡胶涂料；12-聚合物铺装厚 2cm；13-自应力水泥混凝土层；14-正交各向异性桥面板的顶板；15-防腐层；16-黏结层；17-碎石磨耗层

桥面上设置纵坡，首先有利于排水，同时，在平原地区，还可以在满足桥下通航净空要求的前提下，降低墩台高程，减少桥头引道土方量，从而节省工程费用。桥面的纵坡，一般都做成双向纵坡，在桥中心设置曲线，纵坡一般以不超过 3%～4% 为宜。

桥面的横坡，一般采用 1.5%～3%。通常有三种设置形式：

（1）对于板桥（矩形板或空心板）或就地浇筑的肋板式梁桥，为节省铺装材料并减轻恒载重量，可以将横坡直接设在墩台顶部，而使桥梁上部构造做成双向倾斜，此时，铺装层在整个桥宽上做成等厚，如图 1-4-7a) 所示。

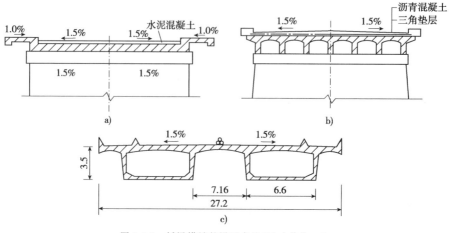

图 1-4-7 桥梁横坡的设置方法（尺寸单位：m）

(2)在装配式肋板式梁桥中,为使主梁构造简单、架设与拼装方便,通常横坡不再设在墩台顶部,而直接设在行车道板上。先铺设一层厚度变化的混凝土三角形垫层,形成双向倾斜,再铺设等厚的混凝土铺装层,如图1-4-7b)所示。

(3)在比较宽的桥梁(或城市桥梁)中,用三角垫层设置横坡将使混凝土用量或恒载重量增加太多。为此,可将行车道板做成倾斜面而形成横坡,如图1-4-7c)所示。它的缺点是主梁构造复杂,制作烦琐。

### 三、防水层

桥面的防水层,设置在行车道铺装层下边,它将透过铺装层渗下的雨水汇集到排水设备(泄水管)排出。

钢筋混凝土桥面板与铺装层之间是否要设防水层,应视当地的气温、雨量、桥梁结构和桥面铺装的形式等具体情况而定。桥面伸缩缝处应连续铺设,不可切断;桥面纵向应铺过桥台背;截面横向两侧,则应伸过缘石底面从人行道与缘石砌缝里向上叠起0.10m。如无须设防水层,但考虑桥面铺装长期磨损,如桥面排水不良等,仍可能漏水,故桥面在主梁受弯作用处应设置防水层。

按我国现交通运输部行业规范《公路沥青路面设计规范》(JTG D50—2006)的有关条文,沥青铺装由黏结层、防水层及沥青面层组成,为提高桥面使用年限,减少维修养护,应在黏结层上设置防水层。

防水层有三种类型:①洒布薄层沥青或改性沥青,其上撒布一层砂,经碾压形成沥青涂胶下封层;②涂刷聚氨酯胶泥、环氧树脂、阳离子乳化沥青、氯丁胶乳等高分子聚合物涂胶;③铺装沥青或改性沥青防水卷材,以及浸渍沥青的无纺土工布等。

高分子聚合物沥青防水涂料是以石油沥青为主要原料,并配以各种表面活性剂及多种化学助剂为辅助原料,再掺加大剂量的高分子聚合物进行改性而成的复合防水涂料。该涂料不但具有高分子聚合物的优异弹塑性、耐热性和黏结性,还具有与石油沥青制品良好的亲和性,以适应在沥青混凝土高稳条件下施工,施工操作方便安全,无环境污染,成为各类大型桥梁及高架桥桥面防水施工的专用涂料。

沥青防水卷材为结构材料的防水层,造价高,施工麻烦、费时。它虽有防水作用,但因把行车道与铺装层分开,施工处理不当,将使行车道铺装层似有一弹性垫层,在车轮荷载作用下,铺装层容易起壳开裂。

无防水层时,水泥混凝土铺装应采用防水混凝土,对于沥青混凝土铺装则应加强排水和养护。图1-4-6c)为厚0.02m的聚合物铺装,它同时兼作磨耗层与防水层。图1-4-6d)是由自应力水泥混凝土作为基础的桥面铺装,自应力水泥混凝土厚0.1m,内配制钢筋网,浇筑在桥面板上,它同时起到整平、防水和保护的作用。

### 四、桥面排水系统

为了迅速排除桥面积水,防止雨水积滞于桥面并渗入梁体而影响桥梁的耐久性,在桥梁设计时要有一个完整的排水系统。在桥面上除设置纵横坡排水外,常常需要设置一定数量的泄水管。

通常当桥面纵坡大于2%,而桥长小于50m时,一般能保证从桥头引道上排水,桥上就可以不设泄水管。此时,可在引道两侧设置流水槽,以免雨水冲刷引道路基。

当桥面纵坡大于2%,而桥长大于50m时,为防止雨水积滞桥面就需要设置泄水管,每隔12~15m长设置一个。

当桥面纵坡小于2%时,泄水管就需要设置得更密一些,一般每隔6~8m设置一个。

泄水管的过水面积通常每平方米桥面上不少于$2\times10^{-4}\sim3\times10^{-4}\,m^2$,泄水管可沿行车道两侧左右对称排列,也可交错排列。泄水管离缘石的距离为0.10~0.50m。

泄水管也可布置在人行道下方,如图1-4-8所示。桥面水通过设在缘石或人行道构件侧面的进水孔流入泄水孔,并在泄水孔的三个周边设置相应的聚水槽,起到聚水、导流和拦截作用。为防止大块垃圾进入堵塞泄水道,在进水的入口处设置金属栅门。

混凝土梁式桥上的泄水管有下列几种形式。

1. 金属泄水管

图1-4-9a)所示为一种构造比较完备的铸铁泄水管,适用于具有防水层的铺装结构。泄水管的内径一般为0.10~0.15m,管子下端应伸出行车道板底面以下至少0.15~0.20m,以防渗湿主梁肋表面。安设泄水管,与防水层的结合处要做得特别仔细,防水层的边缘要紧夹在管子顶缘与泄水漏斗之间,以便防水层的渗水能通过漏斗上的过水孔流入管内。这种铸铁泄水管,使用效果好,但结构较为复杂。根据具体情况,可以作简化改进,如采用钢管和钢板的焊接构造等。

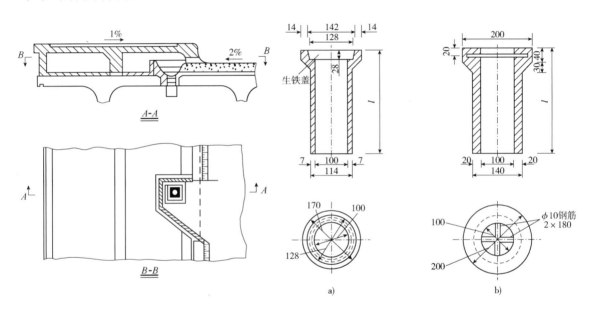

图1-4-8 在人行道下设置泄水管　　图1-4-9 金属与钢筋混凝土泄水管(尺寸单位:mm)

2. 钢筋混凝土泄水管

图1-4-9b)所示为钢筋混凝土的泄水管构造,它适用于不设防水层而采用防水混凝土的铺装构造上,布置细节可参见图1-4-8。在制作时,可将金属栅板直接作为钢筋混凝土管的端模板,并在栅板焊上短钢筋锚固于混凝土中。这种预制的泄水管构造比较简单,可以节省钢材。

3. 横向排水孔道

对于一些跨径不大,不设人行道的小桥,有时为了简化构造和节省材料,可以直接在行车道两侧的安全带或缘石上预留横向孔道,用铁管或竹管等将水排出桥外,管口要伸出构件0.02~0.03m,以便滴水。这种做法虽简便,但因孔道坡度平缓,易淤塞。

4. 封闭式排水系统

对于城市桥梁、立交桥及高速公路上的桥梁,应该避免泄水管挂在板下,这样既影响桥的外观，又有碍公共卫生。完整的排水系统应将排水管道直接引向地面，如图1-4-10所示。

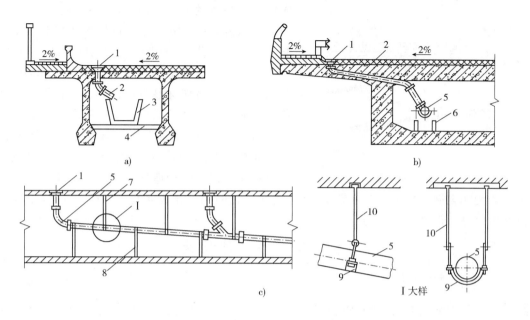

图 1-4-10　城市桥梁桥面排水设施

1-泄水漏斗；2-泄水管；3-钢筋混凝土的斜槽；4-横梁；5-纵向排水管；6-支撑结构；7-悬吊结构；8-支柱；9-弧形箍；10-吊杆

小跨径桥，纵向排水管中的水在箱梁中或在主梁腹板内侧通往桥台，并用管道引向地面（图1-4-11）。在活动支座处，竖向管道的连接应使桥梁的纵向活动不受影响。在长桥中，纵向排水管可通向一个设在台帽上的大漏斗中排水。

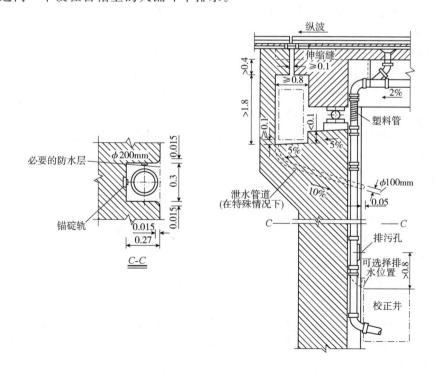

图 1-4-11　设在桥台处的排水管道（尺寸单位：m）

如果需要在桥墩上布置排水管道,尽可能布置在墩壁的槽中或者最好布置在桥墩内部的箱室中。当桥墩很高时,排水管道应每隔 20～30m 设置伸缩缝,并且管道要有良好的固定装置,在墩脚处要有一个盆,作为消除下落的能量装置。

排水管道原则上不许现浇在混凝土内,因为在冬天水管堵塞可能冻裂混凝土,而应在混凝土中预留孔道或埋入直径较大的套管,然后再设置排水管道,一旦有损可以及时更换。当管道通过行车道悬臂板而截面高度较小时,管道可以做成扁平形状。管道在泄水口处的构造如图 1-4-12 所示。

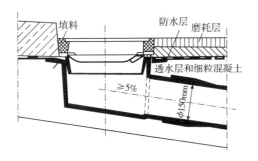

图 1-4-12　梁体内的管道与泄水口的构造

在箱梁或箱墩中设置的排水管道系统,要在箱孔的深处预先考虑 2～3 个排水线路,以免一路受阻或爆裂而影响排水功能。

## 第三节　桥梁伸缩缝

### 一、对伸缩缝的要求

桥梁在气温变化时,桥面有膨胀或收缩的纵向变形,车辆荷载也将引起梁端的转动和纵向位移。为使车辆平稳通过桥面并满足桥梁变形,需要设置一定的伸缩装置。这种装置称为桥面伸缩缝装置。

对桥面伸缩缝的设计与施工,应全面考虑下述要求。

(1)能够适应桥梁温度变化所引起的伸缩。

除了考虑年最高温差变化所引起的伸缩外,还必须考虑施工时的温度所需调整的量,以便在全部的预期温度范围内都能可靠地工作。

(2)桥面平坦,行驶性良好的构造。

伸缩缝装置与前后桥面必须平坦,包括伸缩缝装置在内的前后桥面平整度,在 3m 长范围内,必须保证误差在±3mm 内。在桥墩、桥台与桥头引道沉降结束后,上述误差应在±8mm 以内。所谓行驶性,不仅对汽车而言,而且包括自行车在内。

(3)施工安装方便,且与桥梁结构连为整体。

如果在主梁上只需预留钢筋头,预埋件均敷设在铺装层内,且无复杂工艺,那么,这种装置无疑是比较受欢迎的。

(4)具有能够安全排水和防水的构造。

钢制伸缩缝装置本身大部分缺乏排水功能,这就产生支座生锈与雨水下漏等弊病,因此,各种桥面伸缩缝装置均应采取有效措施,保证具有良好的防水性能。

(5)承担各种车辆荷载的作用。

伸缩缝装置之所以易于破损和不耐久,一般认为不全是由于交通量引起的,而往往是由重型车辆引起的。因此重型车交通量大的道路,应选择耐久性好的伸缩缝装置。

(6)养护、修理与更换方便。

修理与更换的难易首先取决于损坏的部位是橡胶件还是桥面混凝土或钢件。前者容易更换,后者取决于桥面破坏程度。伸缩装置大修的周期最好至少与面层的大修周期一样长。

(7)经济价廉。

经济性问题,不仅只就各种伸缩缝建筑投资来比较,还要尽量使伸缩缝装置的寿命与桥面寿命相等。

**二、伸缩缝的类型**

到目前为止,在我国公路桥梁和城市桥梁工程上使用的伸缩缝种类很多。着重于伸缩缝的传力方式和构造特点,伸缩缝可分成五大类,即:对接式伸缩缝、钢制支承式伸缩缝、组合剪切式橡胶伸缩缝、模数支承式伸缩缝和无缝式伸缩缝。

1. 对接式伸缩装置

对接式伸缩装置,根据其构造形式和受力特点的不同,可分为填塞对接型和嵌固对接型两种。填塞对接型伸缩装置是用沥青、木板、麻絮、橡胶等材料填塞缝隙,伸缩体在任何情况下都处于受压状态。该类伸缩装置一般用于伸缩量在 40mm 以下的常规桥梁工程上,但目前已不多见。嵌固对接型伸缩装置利用不同形状的钢构件将不同形状的橡胶条(带)嵌牢固定,并以橡胶条(带)的拉压变形来吸收梁体的变形,其伸缩体可以处于受压状态,也可以处于受拉状态。该类伸缩装置被广泛应用于伸缩量在 80mm 及其以下的桥梁工程上。图 1-4-13 为 W 形伸缩装置。

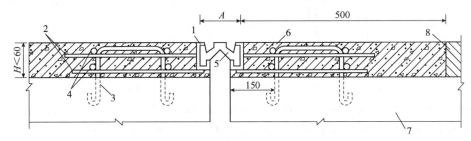

图 1-4-13　W 形伸缩装置横断面图(尺寸单位:mm)

1-用钢板弯制 L 钢;2-锚固钢筋;3-预埋钢筋;4-水平加强钢筋;5-W 形橡胶条;6-现浇 C30 混凝土;7-行车道上部构件;8-桥面铺装

2. 钢制支承式伸缩缝

钢制形式伸缩缝是用钢材装配制成,能直接承受车轮荷载的一种构造。以前这种伸缩装置多用于钢桥,现也用于混凝土桥梁。钢制支承式伸缩装置的形状、尺寸和种类繁多。其中,面层板呈齿形,从左右伸出桥面板间隙处相互啮合的悬臂式构造,或者面层板成悬架的支承式的构造,统称为钢梳形板伸缩装置。国内常见的为梳齿形板形和折板形。面层板呈矩形的叠合悬架式的构造,叫作钢板叠合式伸缩装置,如图 1-4-14 所示。

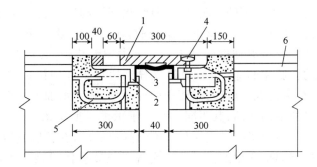

图 1-4-14　钢板叠合式伸缩装置构造示意图(尺寸单位:mm)

1-钢板;2-角钢;3-排水导槽;4-沉头螺钉;5-锚固钢筋;6-桥面铺装

3. 组合剪切式(板式)橡胶伸缩装置

板式橡胶伸缩装置是利用橡胶材料剪切模量低的原理设计制造而成。剪切式橡胶伸缩体

55

设有上下凹槽,橡胶体内埋设承重钢板和锚固钢板,并设有预留螺栓孔,通过螺栓与梁端连成整体。它是依靠上下凹槽之间的橡胶体剪切变形来满足梁体结构的相对位移,橡胶伸缩体内预埋钢板,跨越梁端间隙,承受车辆荷载,且在橡胶伸缩体内两侧预埋两块锚固钢板,通过螺栓与梁端连接的受力原理形成的结构构造。通常一般橡胶板构造如图1-4-15所示。

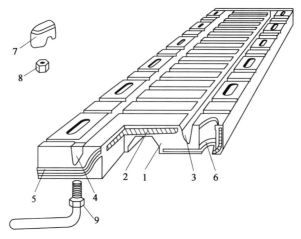

图1-4-15 板式橡胶伸缩装置一般构造
1-橡胶;2-加强钢板;3-伸缩用槽;4-止水块;5-嵌合部;6-螺母垫板;7-腰形盖帽;8-螺母;9-螺栓

这类伸缩装置是一种刚柔结合的装置。它承受荷载之后,有一定的竖向刚度,所以具有跨径间隙能力大(即伸缩量大)、行车平稳的优点,国外产品最大伸缩量已做到330mm,因此国内外均广泛采用。但由于其结构特点所致,其一般伸缩摩阻力比较大,故加工和施工安装稍不注意,往往会产生早期破坏。国内曾对部分厂家生产的板式橡胶伸缩装置进行产品检验测试,其每延米的最大摩阻力高达26kN/m。鉴于存在这方面的问题,桥梁工程师和生产厂家经过不断研究,给以完善与改进,结合各地情况、不同条件,产出各种形式的板式橡胶伸缩装置,投放到国内桥梁工程中应用。

4. 模数支承式伸缩装置

随着我国高等级公路和城市高架桥建设事业的迅速发展,桥梁的长大化得到突破性进展,这就要求有结构合理、大位移量的桥梁伸缩装置来适应这一发展的需要。然而板式橡胶制品这一类伸缩装置,很难满足大位移量的要求;钢制型的伸缩装置,又很难做到密封不透水,而且容易造成对车辆的冲击,影响车辆的行驶性。因此,出现了利用吸震缓冲性能好又容易做到密封的橡胶材料,与强度高、刚性好的异型钢材组合的,在大位移量情况下能承受车辆荷载的各种类型模数支承式(模数式)桥梁伸缩装置系列。这类伸缩装置,其构造相同点是,均由V形截面或其他截面形状的橡胶密封条(带),嵌接于异型边梁钢和中梁钢内、组成可伸缩的密封体,异型钢梁直接承受车辆荷载,且根据要求的伸缩量,随意增加中梁钢和密封橡胶条(带),加工组装成各种伸缩量的系列产品;其不同点仅在于承重异型钢梁和传递伸缩力的传动机构形式及原理上的差异。异型钢梁有采用钢板或型钢焊接而成,有挤压成型,也有轧钢坯经车轧成型或局部分段(层)轧制焊接成型的。目前已实现了热轧整体成型专用异型钢材的国产化。图1-4-16、图1-4-17为SG型伸缩装置构造图和横断面图,其最大位移量可达640mm。目前,在国内应用较为普遍的模数式橡胶伸缩装置,其伸缩范围可达80～1 040mm。

5. 无缝式(暗缝型)伸缩装置

无缝式伸缩装置,是接缝构造不伸出桥面时,在桥梁端部的伸缩间隙中填入弹性材料并铺上防水材料,然后在桥面铺装层铺筑黏弹性复合材料,使伸缩接缝处的桥面铺装与其他铺装部分形成一个连续体,以连接缝的沥青混凝土等材料的变形承受伸缩的一种构造,如我国常用的桥面连续型(图1-4-18)、TST弹塑体等。这类伸缩装置的主要特点为:①能适应桥梁上部构造的伸缩变形和小量转动变形;②将使桥面铺装形成连续体,行车时不致产生冲击、振动等,舒适性较好;③形成多重防水构造,防水性也较好;④在寒冷地区,易于机械化除雪养护,不至破坏接缝;⑤施工简单,一般易于维修和更换。鉴于这类形式的结构特点,是在路面铺装完成后再用切割器切割路面,并在其槽口内注入嵌缝材料而成的构造,这种接缝仅适用于较小的接缝部位,适用范围有所限制。

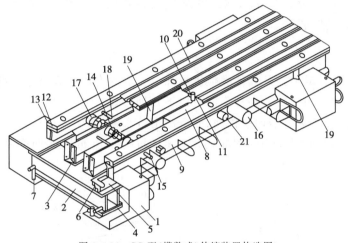

图1-4-16 SG型(模数式)伸缩装置构造图

1-横梁支承箱;2-活动横梁;3-滑板;4-四氟板橡胶支承垫;5-橡胶滚轴;6-滚轴支架;7-限位栓;8-工字形中间梁;9-工字形边梁;10-弹簧;11-下盖板;12-边上盖板;13-边下盖板;14-弹簧;15-钢穿心杆;16-套筒;17-弹簧插座;18-限位栓;19-腹板加劲;20-橡胶伸缩带;21-限位栓

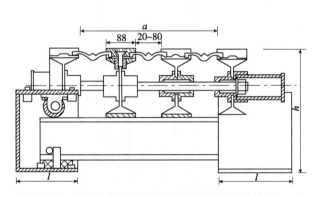

图1-4-17 SG型(模数式)伸缩装置横断面图(尺寸单位:mm)

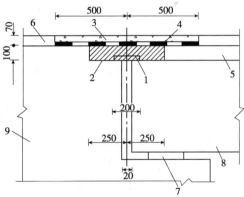

图1-4-18 GP型(桥面连续构造)之一(尺寸单位:mm)

1-钢板($A_3$ 200mm×500mm×12mm);2-Ⅰ型改性沥青混凝土;3-Ⅱ型改性沥青混凝土;4-编织布;5-桥面现浇混凝土层;6-沥青混凝土铺装;7-板式橡胶支座;8-预制板;9-背墙

## 第四节 人行道、栏杆、护栏与灯柱

桥梁上的人行道由人行交通量决定,其宽度可选用0.75m、1m,大于1m时,按0.5m倍数递增,行人稀少地区可不设人行道。为保障交通安全,在行车道边缘设置高出行车道的带状构造物——安全带。

近年来高速公路、汽车专用公路的桥梁则采用将栏杆和安全带完美结合的构造物——防撞护栏。

## 一、安全带

不设人行道的桥上,两边应设宽度不少于0.25m,高为0.25～0.35m的护栏安全带。为了保证行车安全,安全带的高度已经用到不小于0.4m。

安全带可以做成预制块件或与桥面铺装层一起现浇。预制的安全带有矩形截面和肋板式截面两种,如图1-4-19所示。以矩形截面最为常用,现浇的安全带宜每隔2.5～3m做一断缝,以免参与主梁受力而被损坏。

## 二、人行道

人行道是用路缘石或护栏及其他类似设施加以分隔的专门供人行走的部分。

按人行道在桥梁结构中所处高程不同有以下几种形式:

(1)人行道设在桥道承重结构的顶面,而且高出行车道(图1-4-20)。

(2)双层桥面布置,即人行道(含非机动车道)与行车道布置在两个高程不同的桥面系(图1-4-21)。

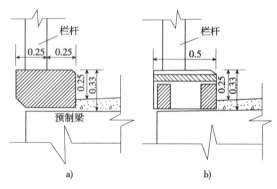

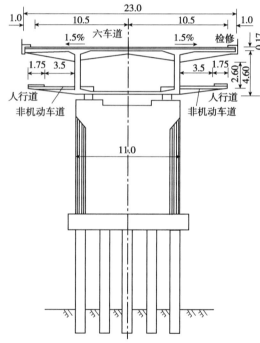

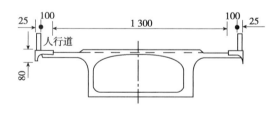

图1-4-19 矩形和肋板式安全带(尺寸单位:m)

图1-4-20 人行道设在桥道结构顶面(尺寸单位:cm)

图1-4-21 南昌大桥双层桥面实例(尺寸单位:m)

按人行道的施工方法分又有就地浇筑式(图1-4-22)、预制装配式(图1-4-23)、部分装配和部分现浇的混合式(图1-4-24)。

就地浇筑式的人行道用于跨径较小的桥梁中,有时人行道与行车道板及梁整体地连接在一起。由于人行道的恒载及活载很轻,故将其设在桥梁行车道的悬臂挑出部分上,但目前此种做法已很少采用。

预制装配式的人行道,是将人行道做成预制块件安装,按预制块件分有整体式和分块式两种。按安装在桥上的形式分,有悬臂式和搁置式两种。

图 1-4-23 为武汉江汉二桥整体预制装配式人行道。

图 1-4-24 是公路桥涵标准图中的一种分段预制、悬臂安装的人行道构件。人行道由人行道板、人行道梁、支撑梁及缘石组成。人行道梁搁在行车道的主梁上,一端是悬臂挑出,另一端则通过预埋的钢板与主梁预留的锚固钢筋焊接。人行道梁分 A、B 两种形式。A 式要安装栏杆柱,所以要做得宽一些。支撑梁用以固定人行道梁的位置,人行道板则铺装在人行道梁上。这种人行道的构造,预制块件小而轻,但施工较麻烦。在起重条件较好的地方,整体分段预制的人行道,施工快而方便。

人行道顶面一般铺设 20mm 厚的水泥砂浆或沥青砂作为面层,并以此形成人行道顶面的排水横坡。

桥面铺装中若设贴式防水层,就要在人行道内侧设置缘石,以便把防水层伸过缘石底面,从人行道与缘石之间的砌缝里向上叠起。

人行道在桥面断缝处也必须做伸缩缝。现代桥梁人行道伸缩缝与行车道伸缩缝是连在一起的。

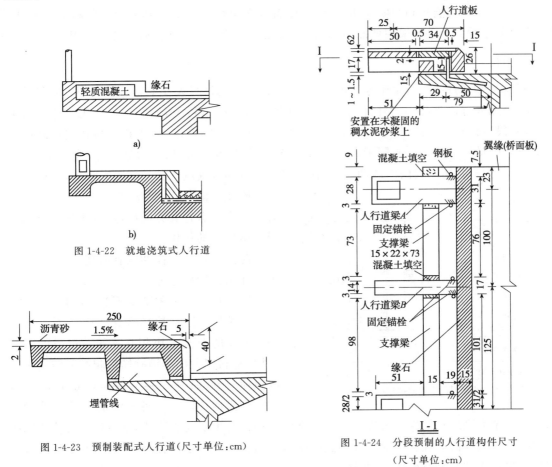

图 1-4-22 就地浇筑式人行道

图 1-4-23 预制装配式人行道(尺寸单位:cm)

图 1-4-24 分段预制的人行道构件尺寸
(尺寸单位:cm)

## 三、栏杆、灯柱

栏杆是桥上的安全设施,要求坚固;栏杆又是桥梁的表面建筑,也要有一个美好的艺术造型。栏杆的高度一般为 0.8~1.2m,标准设计为 1.0m,栏杆的间距一般为 1.6~2.7m,标准设计为 2.5m。

公路与城市道路的栏杆常用混凝土、钢筋混凝土、钢、铸铁或钢与混凝土混合材料制作。从形式上可分为节间式与连续式。节间式由立柱、扶手及横档(或栏杆板)组成,扶手支承于立柱上。连续式具有连续的扶手,一般由扶手、栏杆板(柱)及底座组成。节间式栏杆便于预制安装,能配合灯柱设计,但对于不等跨分孔的桥梁,在划分上感到困难。连续式栏杆有规则的栏杆板,富有节奏感,简洁、明快,但一般自重比较大。

栏杆的设计,首先要考虑结构安全可靠,选材合理,栏杆柱或栏杆底座要直接与浇在混凝土中的预埋件焊牢,以增强抗冲能力。同时栏杆要经济适用,工序简单,互换方便。对于艺术处理则根据桥梁的类别而要求不同,公路桥的栏杆要求简单明快,栏杆的材料和尺度与整体工程配合,常采用简单的上扶手、下扶手和栏杆柱组成,给行驶的车辆有一个广阔的视野。对城市桥梁的栏杆艺术造型应当予以重视,以使栏杆与周围环境和桥梁本身相协调,这主要是指栏杆在形式、色调、图案和轮廓层次上应富有美感,而不是过分追求华丽的装饰。

在城市及城郊行人和车辆较多的桥梁上,要有照明设备,一般采用灯柱在桥面上照明。灯柱可以利用栏杆柱,也可单独设在人行道内侧。照明灯一般高出车道 5m 左右,灯柱的设计要经济合理,要确实能起到照明作用,同时也要符合在全桥的立面上具有统一的格调和形式。近年来在公路桥梁上也有采用低照明和用发光建筑材料涂层标记的,亦可考虑选用。

### 四、护栏

一般桥梁上的栏杆,当设于人行道上时,主要作用是提供行人安全感,遮拦行人,防止其跌落桥下;当无人行道时,桥上的栏杆虽也有时可防止行人跌落桥下,但其主要作用与高填路堤或危险路段所设护栏相仿,用于视线诱导,起到一些轮廓标的作用,使车辆尽量在路幅之内行驶,并给驾驶员安全感。主要用于高速公路、一级汽车专用公路、城市快速道路、主干道路、立交工程等的护栏是用以封闭沿线两侧,不使人畜和非机动车辆闯入公路的隔离设施,它同时具有吸收碰撞能量、迫使失控车辆改变方向,并有恢复到原有行驶方向趋势,防止其越出路外或跌落桥下的作用。

防撞护栏按防撞性能有刚性护栏、半刚性护栏和柔性护栏之分。

刚性护栏是一种基本不变形的护栏结构。混凝土护栏是刚性护栏的主要形式,是一种以一定形状的混凝土块相互连接而组成的墙式结构,它利用失控车辆碰撞后爬高并转向来吸收碰撞能量,如图 1-4-25、图 1-4-26 所示。

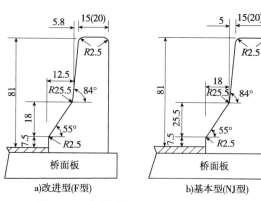

图 1-4-25 钢筋混凝土墙式护栏(尺寸单位:cm)
a)改进型(F型) b)基本型(NJ型)

半刚性护栏是一种连续的梁柱式护栏结构,具有一定的刚度和柔性。波形梁护栏是半刚性护栏的主要代表形式,是一种以波纹状钢护栏板相互拼接,并由立柱支撑而组成的连续结构,它利用土基、立柱、波形梁的变形来吸收碰撞能量,并迫使失控车辆改变方向,如图 1-4-27 所示。

柔性护栏是一种具有较大缓冲能力的韧性护栏结构。缆索护栏是柔性护栏的主要代表形式,是一种以数根施加初张力的缆索固定于立柱上而组成的结构,主要依靠缆索的拉应力来抵抗车辆的碰撞,吸收碰撞能量(图 1-4-28)。

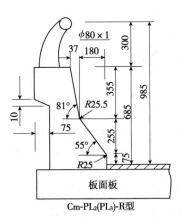

图 1-4-26 组合式桥梁护栏(尺寸单位:mm)

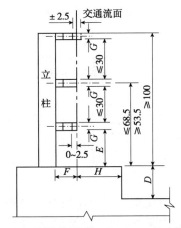

图 1-4-27 金属制桥梁护栏($D \geqslant 25 \text{cm}$)(尺寸单位:cm)

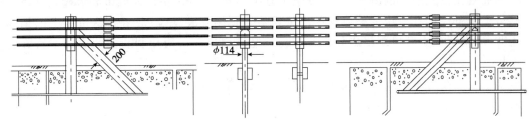

图 1-4-28 缆索护栏

# 第二篇 混凝土梁桥

凡是采用混凝土和钢筋结合在一起所建成的梁式体系桥统称为钢筋混凝土梁桥,简称混凝土梁桥。根据预应力度 λ 不同,它包括普通钢筋混凝土梁桥(简称钢筋混凝土梁桥)、部分预应力混凝土梁桥和全预应力混凝土梁桥。以下提及的预应力混凝土梁桥包括上述两类预应力混凝土梁桥。

梁桥是指结构在垂直荷载作用下,支座只产生垂直反力而无推力的梁式体系桥的总称,按静力特性可分为简支梁桥、悬臂梁桥、连续梁桥、T 形刚构桥及连续—刚构桥五种体系。

钢筋混凝土及预应力混凝土梁桥,按施工方法不同,可分为整体式梁桥和节段式梁桥。前者是将桥梁上部结构在桥位上整体现场浇筑或整体预制安装就位;后者是将桥梁上部结构分成若干节段,在桥位上分段现浇或分段预制装配连接而成。采用预制装配而成的梁桥又称装配式梁桥。

本篇主要介绍各种混凝土梁式体系桥梁的构造、施工和设计计算方法。

# 第一章 混凝土梁桥设计与构造

## 第一节 概 述

### 一、钢筋混凝土与预应力混凝土梁式桥的一般特点

钢筋混凝土梁桥已经具有一百多年的历史,经过长期的实践和理论研究,对钢筋混凝土结构设计理论的认识已经日渐成熟,对钢筋混凝土结构施工技术的发展也已日趋完善。

钢筋混凝土梁桥是钢筋混凝土结构的一种结构类型,它具有钢筋混凝土结构的所有特点,即混凝土集料可以就地取材,因而成本低;耐久性好,维修费用少;材料可塑性强,可以按照设计意图做成各种形状的结构,例如适应道路线形的曲线桥;可以采用装配式结构,工业化程度高,既提高工程质量,又加快施工速度;整体性好,结构刚度大,变形小,噪声小等。

钢筋混凝土梁桥,也有一些明显的不足之处。在钢筋混凝土梁桥中,在梁的受拉区布置有受力的钢筋,以承担外荷载产生的拉应力,钢筋和混凝土黏结在一起共同变形,由于受到混凝土裂缝宽度的限制,所以钢筋的拉应变或应力也将受到相应的制约。因为这一制约关系,钢筋混凝土结构无法利用高强度材料来减轻结构自重,增大跨越能力。任何一种建筑材料用于结构中,它的材料强度与材料重度是影响结构极限跨越能力的两大因素。钢筋混凝土梁桥,由于材料强度不高而重度较大,当结构跨径增大时,其自重也相应增大,所以承载能力大部分消耗于结构自重,从而限制了它的跨越能力。由于线路上,城市立交或高架桥中,中、小跨桥梁数量多、工程量大,因此钢筋混凝土梁桥在桥梁工程中仍具有一定的地位。

就地浇筑的整体式钢筋混凝土梁桥,由于施工工期长,占用支架和模板多,而且施工受季节的影响很大,使施工费用增加,因此,就地浇筑整体式钢筋混凝土桥一般只在运输困难的地

区以及某些特殊情况(如修建斜桥、弯桥及异形变宽桥)时才被采用。

装配式钢筋混凝土简支梁桥,其经济合理的最常用跨径在 20m 以下。悬臂梁与连续梁桥合宜的常用跨径为 60~70m。

鉴于钢筋混凝土梁桥存在着上述的一些缺点,因此常采用预加应力来改善结构的使用性能。通过张拉高强度钢筋——预应力筋或称力筋,使受拉区预先储备一定的压应力,在外荷载作用时,混凝土可不出现拉应力或不出现超过某一限值的拉应力。预应力筋既是加力工具又是抵抗构件内力的受力钢筋。随着混凝土、钢材强度不断提高,预应力混凝土设计理论研究不断深入,预应力工艺不断改进,预应力混凝土桥梁获得了飞速的发展。尤其是 20 世纪 50 年代后,预应力混凝土梁桥的跨越能力,以每 10 年 100m 的速度递增,目前已挤入大跨径桥梁的范围。

预应力混凝土梁桥,除了具有上述钢筋混凝土梁桥的所有优点外,它的主要特点是:

(1)预应力混凝土结构,由于能够充分利用高强度材料(高强度混凝土、高强度钢筋),所以构件截面小,自重弯矩占总弯矩的比例大大下降,桥梁的跨越能力得到提高。

(2)与钢筋混凝土梁桥相比,一般可以节省钢材 30%~40%,跨径越大,节省越多。

(3)全预应力混凝土梁在使用荷载下不出现裂缝,即使部分预应力混凝土梁在常遇荷载下也无裂缝,由于全截面参加工作,梁的刚度就比通常开裂的钢筋混凝土梁要大。因此,预应力梁可显著减少建筑高度,使大跨径桥梁做得轻柔美观。由于能消除裂缝,这就扩大了对多种桥型的适应性,并提高了结构的耐久性。

(4)预应力技术的采用,不但使钢桥采用的一些施工方法,如悬臂拼装、顶推法(由钢桥的纵向拖拉施工方法演化而成)和旋转施工法在预应力混凝土梁桥中得到新的发展与应用,而且为现代预制装配式结构提供了最有效的结合和拼装手段。根据需要可在结构纵、横和竖向任意分段,施加预应力,即可集成理想的整体。此外,还发展了逐段或逐孔现浇施工方法。这种分段现浇或分段预制拼装的施工方法,国外统称为节段施工法,用这种施工方法建成的预应力混凝土桥梁统称为预应力混凝土节段式桥梁(P.C. segmental bridges)。

显然,要建造好一座预应力混凝土桥梁,首先要有作为预应力筋的优质高强钢材和保证高强度混凝土的施工质量,同时需要有一整套专门的预应力张拉设备和材料素质好、制作精度要求高的锚具,并且要掌握较复杂的施工工艺。

目前,预应力混凝土简支梁的跨径已达 50~70m,最大跨径的连续刚构已达 330m。

## 二、体系与受力特点

在钢筋混凝土与预应力混凝土梁式桥体系中,简支梁、悬臂梁和连续梁是三种古老的梁式结构体系,早为人们所采用。20 世纪 50 年代后,由于应用了传统的钢桥悬臂拼装方法,并加以改进与发展,使预应力混凝土梁式桥中的悬臂体系得到了新的发展,形成了 T 形刚构桥。这种新体系发挥了预应力混凝土结构的受力特点,并使悬臂施工技术得到了新的推广与创新。连续梁体系也因采用了悬臂施工方法获得了新的竞争力。随后,又出现了将 T 形刚构粗厚桥墩减薄,形成柔性桥墩,使墩梁连固而成连续刚构桥,它是 T 形刚构与连续梁结合的一种新体系。它与一般的连续刚架(continuous frame)的区别在于柔性桥墩的作用,使结构在垂直荷载作用下基本上属于无推力体系,而上部梁结构主要具有连续梁的特点。因此本书将梁式桥体系基本归纳成五种类型,即简支、悬臂、连续、T 构与连续刚构。各种体系的基本图式如图 2-1-1 所示。

1. 简支梁桥

简支梁桥是梁式桥中应用最早、使用最广泛的一种桥型,如图 2-1-1a)所示。它受力简单,梁中只有正弯矩,适用 T 形截面梁这种构造简单的截面形式;体系温度变化、混凝土收缩徐变、张拉预应力等均不会在梁中产生附加内力,设计计算方便,最易设计成各种标准跨径的装配式结构。由于简支梁是静定结构,结构内力不受地基变形的影响,对基础要求较低,能适用于在地基较差的桥址上建桥。在多孔简支梁桥中,相邻桥孔各自单独受力,便于预制、架设,简化施工管理,施工费用低,因此在城市高架、跨河大桥的引桥上被广泛采用。为减少伸缩缝装置,使行车平整舒适,国内目前常采用桥面连续的预应力混凝土简支梁桥。

简支梁的设计主要受跨中正弯矩的控制;当跨径增大时,跨中恒载和活载弯矩将急剧增加,当恒载弯矩所占的比例相当大时,结构能承受活载的能力就减小。在钢筋混凝土简支梁桥中,经济合理的常用跨径在 20m 以下。为了提高简支梁的跨越能力,采用了预应力混凝土结构。由于预加应力使梁全截面参加工作,减轻了结构恒载,增大了抵抗活载的能力。目前,世界上预应力混凝土简支梁最大跨径已达 76m,但在一般情况下,它的跨径超过 50m 后,桥型显得过于笨重,安装重量较大,相对地给装配式施工带来困难,实际上并不经济。我国预应力混凝土简支梁的标准跨径在 40m 以下。

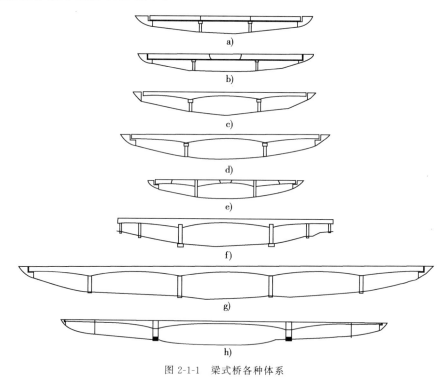

图 2-1-1 梁式桥各种体系

2. 悬臂梁桥

将简支梁梁体加长,并越过支点就成为悬臂梁桥。仅梁的一端悬出的称为单悬臂梁,如图 2-1-1b)所示;两端均悬出的称为双悬臂梁,如图 2-1-1c)所示。可见,使用悬臂梁的桥型至少有三孔,或是采用一双悬臂梁结构的跨线桥,或是采用单悬臂梁,中孔采用简支挂梁组合成悬臂梁桥。在较长桥中,则可由单悬臂梁、双悬臂梁与简支挂梁联合组成多孔悬臂梁桥。习惯称悬臂梁主跨为锚跨。

悬臂梁利用悬出支点以外的伸臂,使支点产生负弯矩对锚跨跨中正弯矩产生有利的卸载作用。图 2-1-2 所示为各种梁式体系在恒载作用下的弯矩图。图中各种梁式体系的跨径布置相同,假定其恒载集度也相同,比较图 2-1-2a)、b)、d),显然,简支梁的各跨跨中恒载弯矩最大,无论单悬臂梁或双悬臂梁在锚跨跨中弯矩因支点负弯矩的卸载作用而显著减小,而悬臂跨中因简支挂梁的跨径缩短而跨中正弯矩也同样显著减小。从标志材料用量的弯矩图面积大小(绝对值之和)来看,悬臂梁也比简支梁小。如以图 2-1-2d)的中跨弯矩图为例,当悬臂长度等于中孔跨径的 1/4 时,正负弯矩图面积的总和仅为同跨径简支梁的 1/3.2。再从活载的作用来看,如果在图 2-1-2b)所示的悬臂梁的锚跨中布满活载,则其跨中最大正弯矩自然与简支梁布满活载时的结果一样,并不因为有悬臂的存在而有所减小,如图 2-1-2c)所示。而在具有挂梁的悬臂跨中,活载引起的跨中最大正弯矩只按支承跨径较小(通常只有桥孔跨径的 0.4~0.6)的简支挂梁产生的正弯矩计算,因此其设计弯矩也比简支梁小得多。由此可见,与简支梁相比较,悬臂梁可以减小跨内主梁高度和降低材料用量,是比较经济的。

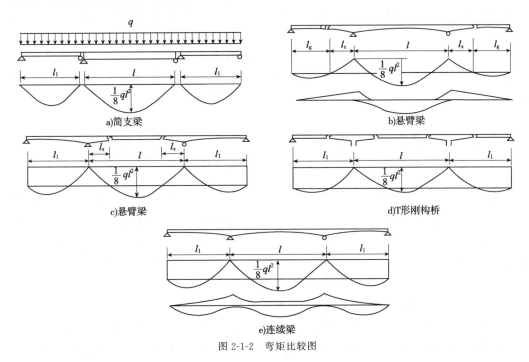

图 2-1-2 弯矩比较图

悬臂梁桥一般为静定结构,可在地基较差的条件下使用。在多孔桥中,墩上均只需设置一个支座,减小了桥墩尺寸,也节省了基础工程的材料用量。悬臂梁将结构的伸缩缝移至跨内,其变形挠曲线的转折角比简支梁变形挠曲线在支点上的转折角小,对行车的平顺较有利。

但是,无论是钢筋混凝土或预应力混凝土悬臂梁桥,在实际桥梁工程中均较少采用。主要原因是桥梁结构体系的应用与施工方法有着较密切的关联,而判断体系优劣的同时还需顾及结构的使用性能。悬臂梁虽然在力学性能上优于简支梁,可适用于更大跨径的桥型方案,但在悬臂梁中,同时存在正、负弯矩区段,通常采用箱形截面梁,其构造较复杂;跨径较大时,梁体自重过大不易装配化施工,而往往要在工费昂贵的支架上现浇。钢筋混凝土悬臂梁,还因支点负弯矩区段存在,不可避免地将在梁顶产生裂缝,桥面虽有防护措施,但仍常因雨水侵蚀而降低使用年限。预应力混凝土悬臂梁桥虽无此患,并可采用节段悬臂施工,可它同连续梁一样,支点因是简单支承,施工时必须采用临时固定措施。但与连续梁相比,跨中要增加悬臂与挂梁间的牛腿、伸缩缝的构造;在使用时,行车又不及连续梁平顺,除了是静定结构这个特点外,别的优点不多,因而也较少采用。

国内箱形薄壁钢筋混凝土悬臂梁桥最大跨径为55m,国外一般在80m以下。预应力混凝土悬臂梁桥世界上最大跨径为240m,一般亦在100m以下。三孔预应力混凝土悬臂梁桥,在采用平衡悬臂装配施工时,中孔亦有不用中间挂梁而在跨中用剪力铰相连的,这种带剪力铰的悬臂梁体系为一次超静定结构,中孔最大跨径为128m的苏联莫斯科克拉斯诺普列斯涅斯基桥即是此种体系。

3. 连续梁桥

将简支梁梁体在支点上连续而成连续梁,连续梁可以做成两跨或三跨一联的,也可以做成多跨一联的。每联跨数太多,联长就要加大,受温度变化及混凝土收缩等影响产生的纵向位移也就较大,使伸缩缝及活动支座的构造复杂化;每联长度太短,则使伸缩缝的数目加多,不利于高速行车。为充分发挥连续梁对高速行车平顺的优点,现代的伸缩缝及支座构造不断改进,最大伸缩缝长度已达1m,梁体的连续长度已达1 000m以上,如杭州钱塘江二桥公路桥为18孔一联预应力混凝土连续梁桥,跨径布置为45m+65m+14×80m+65m+45m,连续长度为1 340m,如图2-1-3所示。一般情况下,连续梁中间墩上只需设置一个支座,而在相邻两联连续梁的桥墩仍需设置两个支座。在跨越山谷的连续梁中,中间高墩也可采用双柱(壁)式墩,每柱(壁)上都设有支座,并可削低连续梁支点的负弯矩尖峰。

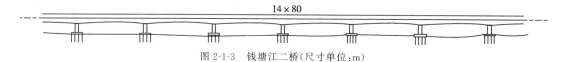

图2-1-3 钱塘江二桥(尺寸单位:m)

从图2-1-2e)中可以看出,连续梁在恒载作用下,由于支点负弯矩的卸载作用,跨中正弯矩显著减小,其弯矩图形与同跨悬臂梁相差不大,如悬臂梁的悬臂长度恰好与连续梁的弯矩零点位置相对应,则图2-1-2b)与e)的弯矩图就完全一样。然而,从图2-1-2e)可以看出,连续梁在活载作用下,因主梁连续产生支点负弯矩对跨中正弯矩仍有卸载作用,其弯矩分布要比悬臂梁合理。

钢筋混凝土连续梁桥同悬臂梁桥一样,因在施工上和使用上有前述缺点,仅在城市高架、小半径弯桥中有少量应用,而预应力混凝土连续梁的应用却非常广泛。尤其是悬臂施工法、顶推法、逐跨施工法在连续梁桥中的应用,这种充分应用预应力技术的优点使施工设备机械化、生产工厂化,从而提高了施工质量,降低了施工费用。连续梁的突出优点是:结构刚度大、变形小、动力性能好、主梁变形挠曲线平缓,有利于高速行车。

然而应指出的是,预应力混凝土连续梁设计中的一个特点是:必须以各个截面的最大正、负弯矩的绝对值之和,也即按弯矩变化幅值布置预应力束筋。例如一个三孔等跨连续梁,其中孔跨中活载正弯矩与活载负弯矩的绝对值之和(弯矩变化幅值)为$0.125ql^2$,与同跨简支梁弯矩相同,支点上弯矩变化幅值为$0.133ql^2$。在公路桥梁上,因恒载弯矩占总弯矩的比例较大,实际上支点控制设计的是负弯矩,跨中控制设计的是正弯矩(因支点上的活载正弯矩与恒载负弯矩之和为负弯矩;跨中活载负弯矩与恒载正弯矩之和为正弯矩)。在梁体中,弯矩有正、负变号的区段仅在支点到跨中的某一区段。这样,布置预应力束筋并不增加太大的用量,就能满足设计要求。反之,在活载较大的铁路桥上及恒载弯矩占总弯矩比例不大的小跨连续梁桥上,因预应力筋节省有限,施工较简支梁复杂,经济效益差,而较少采用。

为克服钢筋混凝土连续梁因支点负弯矩,在梁顶面产生裂缝,影响使用年限,在支点负弯矩区段布置预应力索,以承担荷载产生的负弯矩,在梁的正弯矩区段仍布置普通钢筋,构成局部预应力混凝土连续梁。这种结构具有良好的经济及使用效果,施工较预应力混凝土连续梁方便,目前在城市高架中已基本取代钢筋混凝土连续梁。

连续梁是超静定结构,基础不均匀沉降将在结构中产生附加内力,因此,对桥梁基础要求较高,通常宜用于地基较好的场合。此外,箱梁截面局部温差,混凝土收缩、徐变及预加应力均会在结构中产生附加内力,增加了设计计算的复杂程度。

钢筋混凝土连续梁跨径一般不超过25~30m,预应力连续梁常用跨径为40~160m,其最大跨径受支座最大吨位限制,南京长江二桥北汊桥,其跨径布置为90m+3×165m+90m,其主跨跨径达到165m。如果采用墩上双支座,消去结构在支座区的弯矩高峰,它的跨径可以达到200m以上。图2-1-4所示为上海奉浦大桥主桥(预应力混凝土连续梁)的立面布置形式。

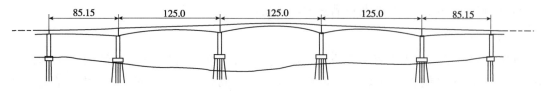

图2-1-4 奉浦大桥(尺寸单位:m)

**4. T形刚构**

T形刚构是一种墩梁固接,具有悬臂受力特点的梁式桥。因墩上两侧伸出悬臂,形同"T"字,由此得名。

由于悬臂梁承受负弯矩,T形刚构桥几乎都是预应力混凝土结构。20世纪50至70年代,采用悬臂施工方法,预应力混凝土T形刚构发展较快,目前最大跨径已达174m(重庆长江大桥,其跨径布置为86.5m+4×138m+156m+174m+104.5m)。

预应力混凝土T形刚构分为跨中带剪力铰和跨中设挂梁的两种基本类型,图2-1-1e)所示是跨中设挂梁的类型。

带铰的T形刚构桥,是国外20世纪50年代初开始采用的一种桥型,它的上部结构全部是悬臂部分,相邻两悬臂通过剪力铰相连接。所谓剪力铰是一种只能传递竖向剪力,但不能传递水平推力和弯矩的连接构造。当在一个T形结构单元上作用有竖向力时,相邻的T形单元将因剪力铰的存在而同时受到作用,从而减轻了直接受荷的T形单元的结构内力。从结构受力与牵制悬臂变形来看,剪力铰起了有利作用。带铰的、对称的T形刚构桥在恒载作用下是静定结构;在活载作用下是超静定结构。带铰的T形刚构桥由于日照、混凝土收缩徐变和基础不均匀沉陷等因素的影响,剪力铰两侧悬臂的挠度不会相同,必然产生附加内力。这些挠度和附加内力,事先难以准确估计,又不易采取适当措施加以清除或调整。其次,中间铰结构复杂,用钢量和费用也将增加。此外,在运营中发现,在铰处往往因下挠形成折角,导致车辆跳动,且剪力铰也易损坏。

带挂孔的T形刚构是静定结构,与带铰的T形刚构相比,虽由于各个T构单元单独作用而在受力和变形方面略差一些,但它受力明确,不受各种内外因素的影响。此外,带挂孔T形刚构在跨内因有正、负弯矩分布,其总弯矩图面积要比带铰的T形刚构要小一些,虽增加了牛腿构造,但免去了结构复杂的剪力铰;其主要缺点是桥面上伸缩缝增多,对于高速行车不利;其次在施工中除了悬臂施工这道工序和机具设备外,还增加挂梁预制、安装工序及机具设备;此外,T构悬臂部分横截面布置还受到挂梁的限制。目前国内主要是采用带挂孔的T形刚构桥。但需要指出,带铰的T形刚构仍不失为预应力混凝土桥中的一个比选桥型。这主要是与连续梁相比,同样采用悬臂施工方法,而后者要增加两道施工工序:一是在墩上临时固接以利于悬臂施工;二是在跨中要合龙。T形刚构桥虽桥墩粗大,但在大跨径桥中省去了价格昂贵的大型支座和避免今后更换支座的困难。它在跨中有一伸缩缝,行车平顺条件虽不如连续梁,但由于上述各种因素,其综合的材料用量和施工费用却比连续梁经济。当然,在结构刚度、变形、动力性能方面T形刚构都不如连续梁。

钢筋混凝土T形刚构常用跨径为40~50m,预应力T形刚构的常用跨径可为60~200m。

必须指出,预应力混凝土T形刚构的受力特点是长悬臂体系,全跨以承受负弯矩为主,预应力束筋布置于桥的顶面。它与节段悬臂施工方法的协调相结合,是它的主要特点,并为这种桥型的施工悬空作业机械化、装配化提供了有利条件,尤其对跨越深水、深谷、大河、急流的大跨径桥梁,施工十分有利,并能获得满意的经济指标。

5. 连续刚构桥

连续刚构桥是预应力混凝土大跨梁式桥的主要桥型之一,它综合了连续梁和T形刚构桥的受力特点,将主梁做成连续梁体与薄壁桥墩固接而成。它同连续梁一样,可以做成一联多孔,在长桥中,可以在若干中间孔以剪力铰相连或简支挂梁相连。20世纪60年代,德国首先采用悬臂浇筑施工法在莱茵河上建成主跨分别为114.2m及208.0m的沃尔姆斯和本道夫桥。它采用薄壁桥墩来代替T形刚构的粗大桥墩,中孔采用剪力铰,边孔做成连续体系,如图2-1-5a)所示。这种桥型是连续刚构的雏形,它的主要受力特性已接近连续梁。类似的桥梁在城市中,用一跨跨越河道,两侧与短跨引桥连续的这种桥型,20世纪70年代后,日本曾先后修建了滨名大

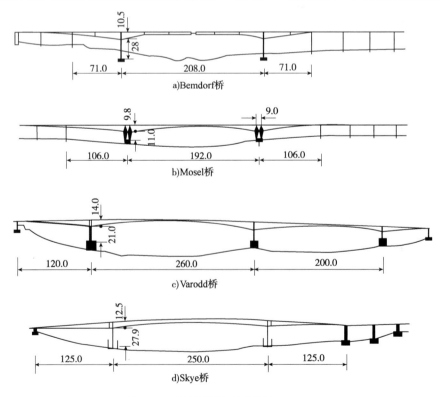

图 2-1-5 连续刚构桥(尺寸单位:m)

桥、浦户大桥等。典型的连续刚构体系，对称布置并采用平衡悬臂施工方法修建。随着墩高的增加，薄壁桥墩对上部梁体的嵌固作用越来越小，逐步蜕化为柔性墩的作用。如图 2-1-6 所示的三跨 80m+120m+80m 的连续刚构体系，当薄壁墩高度 $H>10m$ 时，跨中恒载正弯矩 $M_{g1}$，支点恒、活载负弯矩 $M_{g2}$、$M_{p2}$，与连续梁的相应弯矩值 $\tilde{M}_{g1}$、$\tilde{M}_{g2}$、$\tilde{M}_{p2}$ 相差无几，而跨中活载最大正弯矩 $M_{p1}$，在 $H>20m$ 时亦接近连续梁的相应弯矩值。由此可见，连续刚构体系的梁部结构的受力性能如同连续梁一样。而薄壁墩底部所承受的弯矩，梁体内的轴力随着墩高的增大而急剧减小。在跨径大而墩高度小的连续刚构桥中，由于体系温度的变化，混凝土收缩等将在墩顶产生较大的水平位移，为减少水平位移在墩中产生的弯矩，连续刚构桥常采用水平抗推刚度较小的双薄壁墩，如图 2-1-1h)所示。

由于连续刚构体系除保持了连续梁的各个优点外，墩梁固接节省了大型支座的昂贵费用，减少了墩及基础的工程量，并改善了结构在水平荷载（例如地震荷载）作用下的受力性能，即各柔性墩按刚度比分配水平力。唯对柔性墩的设计必须考虑上部梁体变形（转动与纵向位移）对它的影响。目前，在大跨径的预应力混凝土梁式桥中，已成为主要考虑的桥型方案，最大跨径已达 330m（重庆石板坡大桥复线桥，跨径布置为 87.75m+4×138m+330m+133.75m）。

以上综述了钢筋混凝土和预应力混凝土梁式桥的基本体系与受力特性。在桥梁设计中，工程师可应用各种基本体系的受力特点，通过不同的方案布置去达到更合理、经济的要求。如在静定的悬臂梁体系中，可以采用变更各个跨径长度比例，调整结构弯矩零点的方法求得结构最小的总弯矩面积。调整结构各截面的刚度比也可提高梁式体系的承载能力。如悬臂梁桥和 T 形刚构桥往往都采用变高度的形状，支点截面的弯矩值最大，而梁高虽然也是最大，但此时结构自重对于整个体系的弯矩影响却是最小的。

对于超静定体系的梁式桥，同样也可通过调整各跨的刚度来满足设计要求。如对于连续梁，可以变化相邻跨长的不同比值，以调整各控制截面的弯矩变化幅值。图 2-1-7 所示为三跨等截面连续梁的弯矩变化幅值图。支点处弯矩变化幅值

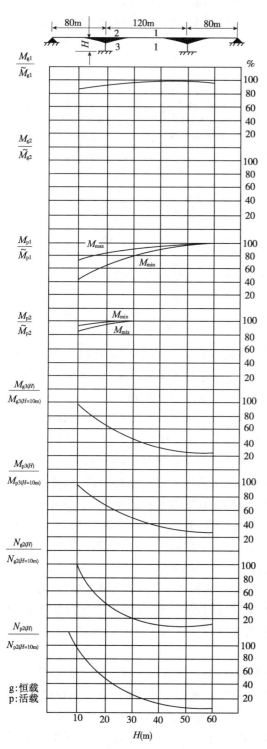

图 2-1-6 连续刚构体系的受力特点

与跨中正弯矩变化幅值随着 λ 的变化而变化。如当 λ=0.3 时,前者为 $0.074ql_2^2$,后者为 $0.058ql_2^2$。它们比三等跨连续梁的弯矩变化幅值减少 50% 左右。图 2-1-8 所示为在均布荷载 $q=10\text{kN/m}$ 作用下,三跨连续梁在不同支点梁高(1.5m、2.5m、3.5m)时相应的支点负弯矩与跨中正弯矩的变化。不同方法调整内力都必须由设计与施工方法相关联的要求去抉择。此外,必须强调,调整内力只是使结构的内力进行重分配,某一截面内力的减小必然是以另一截面的内力增加为代价。

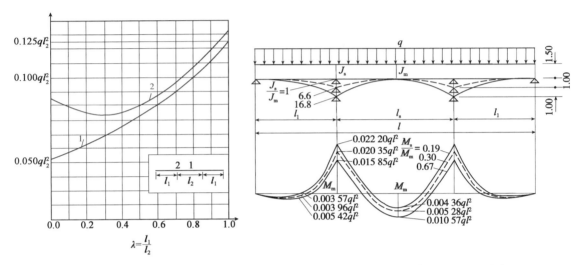

图 2-1-7 三跨连续梁弯矩变化幅值　　　　图 2-1-8 三跨连续梁弯矩变化的影响举例

其次,超静定梁式体系在各种内、外因素作用下,结构变形受到赘余约束的制约而产生附加内力,即次内力。其原因包括:预加力影响、温度变化、混凝土徐变与收缩、墩台与基础的不均匀沉陷等。次内力有时对结构的设计有不可忽略的影响,必须给予重视。

上述介绍的是梁式体系中五种基本体系,在实际桥梁工程中还有不同的创新,例如 V 形墩连续梁、X 形墩刚构、桁架式悬臂梁、T 构与连续梁、空间桁式连续梁等,它们的发展与设计理论的发展、计算机的应用、预应力工艺的改进、现代施工技术的发展是分不开的。

总之,钢筋混凝土与预应力混凝土梁式体系桥在桥梁工程中占有较大的地位,至今国内绝大多数中、小跨径桥梁仍大量采用预应力混凝土梁式结构。在大跨径梁式桥中,主要采用预应力混凝土 T 构、连续梁、连续刚构桥梁。20 世纪 50 年代初期,开创了悬臂施工方法,T 构就迅猛发展。但构造上增多了伸缩缝,行车不平顺。特别是进入 20 世纪 90 年代,国内高速公路的迅猛发展,要求行车平顺舒适,T 构已不适用,连续梁与连续刚构就获得广泛应用。

结合我国建设情况,简支体系仍在中、小跨径桥上是首选桥型,主要是经济指标低、施工方便、机具先进性要求不高。随着对工程质量日益重视,对结构安全性和耐久性认识的不断深入,以及箱形结构的应用逐步推广,简支箱梁或简支变连续的预应力混凝土箱梁将在高速公路和大跨径桥梁的引桥上得到更广泛的应用。

连续梁与连续刚构的特点是主梁连续无缝,行车平顺,又可最大限度地应用平衡悬臂施工法。两者同是连续体系,在活载作用下,连续刚构的正弯矩比连续梁小,两者负弯矩较接近,在恒载下,两者弯矩也比较接近。但在支座发生沉降变化产生附加力,连续刚构比连续梁稍大。连续刚构受力变化与墩的刚度有关,因而必须根据地形条件,选取合适的墩刚度,调整上下部的结构受力,高墩中常采用双薄壁柔性墩,可进一步削减支点负弯矩高峰。

连续体系今后在更大跨径范围内（30～200m）得到更广泛的应用,特别是采用逐孔(span by span)施工法,引进先进的设备,经济指标将会逐步降低。连续刚构体系从20世纪50年代初开始发展,其早期最典型的是德国莱茵河上的本道夫高速公路桥,应用于城市较宽的河流中,通航要求不高,柔性薄壁桥墩,造型非常美观,如图2-1-5所示,它发展到英国在1995年建成斯嘎埃(Skye)桥,主跨已达260m。连续刚构体系更适应于跨越海湾、山沟、河谷,有柔性单薄壁墩和双薄壁墩体系。虽然高强度等级混凝土(C60～C80)的应用,以及大吨位群锚与高强低松弛预应力钢绞线的研制发展,不断增加了这类结构的跨越能力,但是如果当结构恒载引起弯矩超过总荷载85%～90%以上时,跨径的发展将受到经济效益的制约。连续刚构桥在我国发展很快,已成为大跨桥梁的主选桥型之一,重庆长江大桥复线桥主跨已达到330m(跨中采用108m的钢箱梁)。随着修建数量的增多和跨径的增大,连续刚构桥也出现了主梁腹板开裂和跨中持续下挠等病害,需要在设计和施工方面作出优化,以促进这种桥型的进一步发展。

但是,评价一种桥型体系的优劣是相对的,它与各种因素有关,归根结底,应以桥梁的实用、安全、经济、美观为原则,它也是随着建筑材料、施工工艺、桥梁美学及设计理论的发展而不断变化的。

## 第二节　梁桥立面布置

梁桥的立面布置,在初步设计中占有十分重要的地位。布置得是否合理,将直接影响桥梁的实用、经济和美观。立面布置通常指的是选定了桥梁体系后,确定桥长及分跨,梁高及梁底曲线,桥梁下部结构和基础形式,桥梁各控制点如桥面、梁底、基础底面等的高程。

为了叙述问题的方便,我们将梁桥的立面布置按照结构受力特点分成简支、悬臂和连续三个基本类型进行阐述。把T形刚构桥列在悬臂类型的范围里,把连续刚构列在连续类型的范围里。

在此着重叙述梁高、跨径及其关系的选用。

### 一、简支体系

简支体系的桥梁包括简支板桥和简支梁桥。

#### 1. 简支板桥

板桥是小跨径桥梁最常用的桥型之一。由于它在建成后外形上像一块薄板,故习惯称之为板桥。板桥一般具有以下的优点：

(1)建筑高度小,适用于桥下净空受限制的桥梁。与其他类型的桥梁相比,可以降低桥头引道路堤高度和缩短引道长度。

(2)外形简单、制作方便,既便于现场整体浇筑,又便于进行工厂化成批生产。

(3)做成装配式板桥的预制构件时,重量不大,架设方便。

板桥的主要缺点是跨径不宜过大。跨径超过一定限制时,截面显著加高,从而导致自重过大,截面材料使用上不经济；此外,装配式板桥是通过铰缝传递横向荷载,整体性差,因而在通过特殊重载车时无超载挖潜能力。

板桥分为整体式板桥和装配式板桥。装配式板桥按截面形式来分又有实心板和空心板两种。

板桥一般都设计成等厚度的。整体式板桥板厚度与跨径之比一般为1/16～1/12,采用低预应力钢筋或钢绞线的装配式板桥,板厚可取$(1/22～1/16)l$。装配式板桥的立面布置尺寸可参见表2-1-1。

装配式板桥梁高与跨径比值  表 2-1-1

| 结构类型 | 截面形式 | $l$(m) | $h$(m) |
|---|---|---|---|
| 钢筋混凝土 | 实心 | <8 | 0.16～0.36 |
|  | 空心 | 6～13 | 0.4～0.8 |
| 预应力混凝土 | 实心 | — | — |
|  | 空心 | 8～20 | 0.4～0.85 |

有关斜板桥的内容见本篇第八章。

2.简支梁桥

对于中、小跨径的桥梁，钢筋混凝土和预应力混凝土简支梁是应用最广泛的桥型。目前国内外所采用的钢筋混凝土和预应力混凝土简支梁，绝大部分均采用装配式结构。采用装配式的施工方法，可以节约大量模板支架，缩短施工期限，加快建桥速度，所以广为采用。整体浇筑的简支梁，由于费工、费时、费料，只在少数如异形变宽截面等场合采用。

装配式钢筋混凝土简支梁的常用跨径为 8.0～20m。我国标准设计为 10m、13m、16m、20m 四种，其梁高分别为 0.8～0.9m、0.9～1.0m、1.0～1.1m、1.1～1.3m。经分析比较，表明高跨比（梁高与跨径之比）的经济范围在 1/18～1/11，跨径大取用偏小的值。

当跨径超过 20m 时，一般采用预应力混凝土梁。我国后张法装配式预应力混凝土简支梁的标准设计有 25m、30m、35m、40m 四种，其梁高分别为 1.25～1.45m、1.65～1.75m、2.00m、2.30m。标准设计中高跨比值为 1/20～1/17，其主梁高度主要取决于活载标准，主梁间距可在较大范围内变化，通常其高跨比为 1/25～1/15。

主梁高度如不受建筑高度限制，高跨比宜取偏大值。增大梁高，只增加腹板高度，混凝土数量增加不多，但可以节省钢筋用量，往往比较经济。

简支梁一般做成等截面，以便于预制。个别大跨径预应力混凝土简支梁为减少梁的自重，也有做成鱼腹式变截面梁的。

## 二、悬臂体系

1.悬臂梁桥

悬臂梁桥常用的几种立面布置如图 2-1-9 所示。其中：图 a)为双悬臂梁桥；图 b)为三跨布置的带挂梁的单悬臂梁桥；图 c)为多孔悬臂梁桥，由单、双悬臂梁与挂梁组合而成；图 d)为带挂孔的 T 形悬臂梁桥(亦即带挂孔的 T 形刚构)。

单孔双悬臂梁桥的中孔为锚固孔，如图 2-1-9a)所示，两侧伸出悬臂直接与路堤衔接，可以省去桥台，但需要在悬臂端部设置桥头搭板，以利行车。单孔双悬臂梁桥较多用于跨线桥，中孔长度由跨线行车的净空要求确定；其两侧悬臂长度一般取中孔的 0.3～0.4。悬臂过长时，活载作用下悬臂端的挠度太大，悬臂端与路堤连接处的结构易遭破坏，行车也不平稳；悬臂过短时，取决于悬臂长度的支点恒载负弯矩减小，从而削弱了它对跨中弯矩的卸载作用，其内力状况接近简支梁桥。活载作用在这种桥型的中孔时，其内力情况与简支梁没什么区别，只是跨中恒载弯矩因悬臂孔的存在较简支梁小，因此只在中孔跨径较大，恒载占的比例较大时才显得比简支梁桥经济。单孔双悬臂梁桥跨径与梁高关系见表 2-1-2。

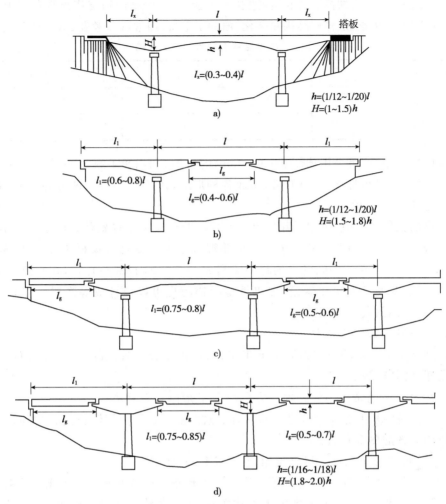

图 2-1-9 悬臂梁桥各种立面布置

**单孔双悬臂梁桥跨径与梁高比值**　　　　　表 2-1-2

| 桥 型 | 跨 径 | 梁 高 关 系 | |
|---|---|---|---|
| 双悬臂梁 | $l_x = (0.3 \sim 0.4)l$ | T形截面 | $h = (1/12 \sim 1/20)l$ |
| | | | $H = (1.0 \sim 1.5)h$ |
| | | 箱形截面 | $h = (1/20 \sim 1/35)l$ |
| | | | $H = (2.0 \sim 2.5)h$ |

三跨带挂梁的单悬臂梁桥如图 2-1-9b)所示。中孔为悬臂孔,它的跨径 $l$ 由通航净空决定,其中挂梁长度 $l_g$ 一般为 $(0.4 \sim 0.6)l$,最大长度由挂梁(简支梁)最大跨径及施工安装能力决定,梁高 $h$ 见表 2-1-3,钢筋混凝土梁取大值,预应力混凝土梁取低值。

对钢筋混凝土悬臂梁桥的悬臂长度,因承受负弯矩,在悬臂根部梁顶面受拉,故悬臂不宜做得过长,一般采用 $(0.15 \sim 0.3)l$。预应力混凝土悬臂梁的悬臂长度可根据中孔跨径的要求更长一些,一般可达 $(0.3 \sim 0.5)l$。当悬臂长度达 $0.5l$ 时,跨中即用剪力铰连接。边孔是锚固孔,它的孔跨径不宜太大,以免增加桥的总长度;边孔也不能太小,否则因边支座出现负反力而必须设置拉力支座或加设平衡重,这样使结构复杂化,增加了造价,通常可参考表 2-1-3 所列的值选用。

带挂梁的单悬臂梁桥跨径与梁高的比值　　　　表 2-1-3

| 桥　　型 | 跨径关系 | 梁高关系 |
| --- | --- | --- |
| 悬臂梁 | $l_g=(0.4\sim 0.6)l$ | $h=(1/12\sim 1/20)l_g$ |
|  | $l_1=(0.6\sim 0.8)l$ | $H=(1.5\sim 2.5)h$ |

在城市桥梁中,亦可采用如图 2-1-9d)所示的桥型,利用墩上挑出短悬臂与简支挂梁组成悬臂梁桥;墩上挑出短悬臂的结构可以做成各种形式,如 T 形、V 形、H 形和 X 形等,其中做成 T 形的即为 T 形刚构桥。

当桥梁的长度较大时,可以采用图 2-1-9c)、d)两种方案布置悬臂梁体系。一般情况下,中孔都按等跨布置,两侧边孔跨径稍小。当钢筋混凝土多孔双悬臂梁桥为 T 形截面时,其挂梁长度为 $l_g=(0.5\sim 0.6)l$,中间各孔的跨中梁高 $h$ 为跨径的 1/20～1/12,在支点处梁高增大至 $(1.5\sim 2.5)h$。为便于预制和运输,带双悬臂的锚跨也可以设计成等高梁。体系的有关尺寸可参考表 2-1-2、表 2-1-3 选用。

2. 预应力混凝土 T 形刚构

采用悬臂施工方法的预应力混凝土 T 形刚构,由于施工阶段的受力与结构使用状态下受力的一致性,常是经济的方案。

图 2-1-10 所示为常用的多跨预应力混凝土 T 形刚构布置形式。

T 形刚构桥的桥型分跨的选择和布置,除应注意一般桥型设计所遵循的共同原则外,对 T 形刚构桥尚应考虑以下几点:

(1)全桥的 T 形单元尺寸尽可能相同,以简化设计与施工。

(2)T 形刚构的布置应尽可能对称,以避免 T 形刚构的桥墩承受不平衡的恒载弯矩。

为达到上述要求,可采用等跨 T 形刚构布置,为此边跨上必须由桥台挑出长悬臂,而使桥台受力不利。如图 2-1-10d)、g)所示,若中间采用等跨布置,边跨采用较小跨径,与路堤的连接可以采用图 2-1-10a)、b)、f)方式布置。图 a)中悬臂直接支承在墩台的单向活动支座上,虽可减少活载挠度,但当活载通过支座时,将产生拍击作用,故一般不用。为减少桥长,压缩边孔,可将边孔做成带平衡重的悬臂孔,如图 2-1-10c)所示。

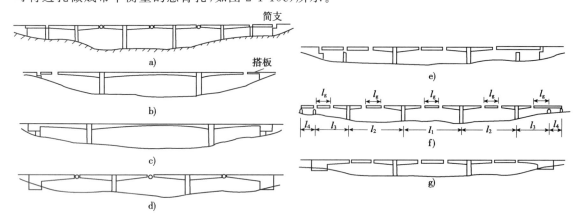

图 2-1-10　预应力混凝土 T 形刚构布置形式

带挂梁的 T 形刚构桥中,适当增大挂梁长度可使悬臂长度相应地减小,从而减小悬臂施工工作量;反之增大悬臂长度可减小挂梁长度,从而减小跨中建筑高度,减少挂梁重量便于运输安装。根据一些资料分析,挂梁长度与主孔跨度之比在 0.25~0.5,相当于弯矩图面积最小,其工程量较为经济。当主孔跨径大时,比值宜取小值。挂梁最大跨径由同类简支梁的最大跨径及施工运输安装能力决定,一般预应力混凝土挂梁跨径不超过 35~40m。

T 形刚构的支点、跨中梁高与跨径的关系见表 2-1-4。

**T 形刚构支点、跨中梁高与跨径比值** 表 2-1-4

| 桥 型 | 挂梁跨径 | 支点梁高 | 跨中梁高 |
|---|---|---|---|
| 带铰 T 形刚构 |  | $L<100m$ 时,$H=(1/22~1/14)l$ | $h=(0.2~0.4)H \geq 2.0m$ |
| 带挂梁 T 形刚构 | $l_g=(0.25~0.5)l \leq 35~40m$ | $L>100m$ 时,$H=(1/21~1/17)l$ | $h=(0.2~0.4)H \geq 1.5m$ |

图 2-1-11 是国内外已建成的几座 T 形刚构桥梁高与跨径的关系曲线,设计时也可参考选用。T 形刚构的墩宽取 $(0.7~1.0)H$。

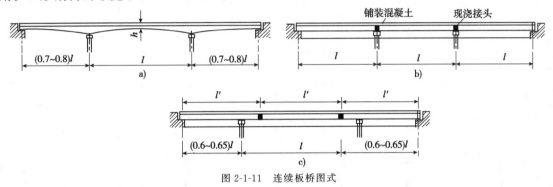

图 2-1-11 连续板桥图式

梁高沿桥纵向的变化曲线可以是抛物线、半立方抛物线、正弦曲线、三次曲线、圆弧线以及折线等,这些线形在国内已建成的桥梁中都曾用过。跨中设铰时采用正弦曲线的较多,带挂梁的 T 形刚构,跨径小于 100m 时,多数采用二次抛物线及半立方抛物线,跨径超过 100m 时,以三次曲线连接较多。梁高变化采用哪一种曲线对其内力影响都不大,但对各截面的应力验算影响较大。从桥梁外形的美观来看,以半立方抛物线或正弦曲线为好,从施工方便来看,则以折线或圆弧为好。折线形底板,如果在折线夹角的角平分线方向上,布置一斜向横隔板通至梁顶,以平衡折线底板的向空推力,则可节省曲线底板作为曲杆受压而增设的钢筋。表 2-1-5 所示为我国已建成的大跨径预应力混凝土 T 形刚构桥。

### 三、连续体系

1. 连续板桥

连续板桥的特点是板不间断地跨越几个桥孔而形成的一个超静定结构体系。桥梁全长较大时,可以几孔一联,做成多联式的连续板桥。

连续板桥在支点处产生负弯矩,对跨中弯矩起到卸载作用,故可以比简支板桥的跨径做得大一些,或者其厚度比同跨径的简支板做得更薄一些。

我国目前已经建成的钢筋混凝土连续板桥,跨径大多在 16m 以内;在国外采用预应力混凝土板,跨径已达 33.5m。连续板的立面布置图式如图 2-1-11 所示。

我国已建成的部分大跨预应力混凝土 T 形刚构桥

表 2-1-5

| 序号 | 桥名 | 跨径 (m) | | | 悬臂截面尺寸 (m) | | 底缘曲线 | 截面形式 | 悬臂横截面尺寸 (m) | | | | | 钢束组成 | 施工方法 | 备注 |
|---|---|---|---|---|---|---|---|---|---|---|---|---|---|---|---|---|
| | | $L$ | $L_b$ | $L_g$ | $H_1$ | $H_2$ | | | $B_1$ | $B_2$ | $B_3$ | $\delta_{\pm}$ | $\delta_{\mp}$ | | | |
| 1 | 重庆长江大桥 | 174 | 69.5 | 35 | 11.0 | 3.2 | 三次曲线 | 双箱单室 | 19.0 | 2~5.48 | 1.6 | | 0.94~0.18 | 高强钢丝,板束242(232×2,肋束88×24φ5 | 悬浇,阶段单元最重100t(根部段重148.4t) | 板束包括备用束,括号内为实用数 |
| 2 | 泸州长江大桥 | 170 | 65 | 40 | 10.0 | 2.5 | | 单箱双室 | 14.6 | 10.48 | 2.06 | 0.34 | 0.9~0.15 | 高强钢丝 510束24φ5 | 悬浇,最大单元重210t | 上承托0.3m×0.9m,下承托0.2m×0.4m |
| 3 | 葛洲坝三江桥 | 158 | | | | | | | | | | | | | | |
| 4 | 台北圆山桥 | 150 | 75 | 142.5 | | | | 单箱三室 | | | | | | | 悬浇,阶段长度约为4m | 截面上下行线分离 |
| 5 | 乌龙江桥 | 144 | 55.5 | 33 | 8.5 | 2.0 | 圆弧线 | 单箱双室 | 10.5 | 8.0 | 1.25 | 0.36~0.26 | 0.85~0.15 | 高强钢丝,板束210,肋束102×24φ5 | 悬浇单元重119.3t,悬拼单元重70t | 上承托0.8m×0.27m,下承托0.2m×0.2m,牛腿高0.98m,宽0.9m |
| 6 | 柳州桥 | 124 | 47.5 | 25 | 7.5 | 2.0 | 圆弧线 | 双箱双室 | 19.6 | 2~6.68 | 1.66 | 0.18 | 0.65~0.14 | 高强钢丝,610束18φ5 | 悬浇最大单元重84t(根部段重132t) | 上承托0.75m×0.25m,下承托0.2m×0.2m,牛腿高0.98m,宽0.65m |
| 7 | 佳木斯松花江桥 | 120 | 45 | 30 | | | | | | | | 0.23 | | | | |
| 8 | 闽江新洪山桥 | 110 | 42.25 | 25 | 10.1 | 9.2 | | | | | | | | 高强钢丝,24φ5 | 悬拼桁架和悬浇箱梁 | 桁架 T 构 |
| 9 | 青铜峡黄河公路大桥 | 90 | | | | | | | | | | | | | | |
| 10 | 石嘴山黄河公路大桥 | 90 | | | | | | | | | | | | | | |
| 11 | 安徽五河淮河桥 | 90 | 30.4 | 29.2 | 5.0 | 1.9 | 半立方抛物线 | 单箱双室 | 10.8 | 8.36 | 1.22 | 0.25 | 0.5~0.15 | 高强钢丝86,肋束86,×24φ5 | 悬浇,最大单元重54t | |

图 2-1-11a)是整体式连续板桥。当采用就地浇筑混凝土时,连续板桥可以做成变厚度的。连续板跨中厚度一般 $h=(1/28\sim1/22)l$,比简支板显著为小。支点截面的厚度较大,为跨中截面板厚 $h$ 的 1.2～1.5 倍,这不但是为了使它能承受较大的负弯矩,而且也可进一步减小跨中的板厚。

图 2-1-11b)是装配式的连续板桥,现浇接头设在桥墩上。这种结构的预制板一般是预应力空心板,在板的端部设置负弯矩钢筋,与相邻块件同类钢筋焊接,以承担二期恒载、活载、基础不均匀沉降产生的负弯矩。为了减少墩顶梁中的负弯矩,多数在桥墩处设置双排支座。这种结构既保持了装配式简支板施工简便,节省支架和模板,在相同条件下增大了跨径,又改善了行车条件。

另一种合理的设计是将板的接缝设在弯矩接近于零点或数值较小的位置,这样既简化接头构造,又可利用长度较短的块件来建造中孔较大的跨径,如图 2-1-11c)所示。这种结构在自重作用下边孔是悬臂板。这种布置不足之处是需要设置悬空的接头模板,或者需要为安装中段块件和浇灌接头混凝土而搭设临时支架。

2.连续梁桥

混凝土连续梁桥在立面布置上常见的形式如图 2-1-12 所示。

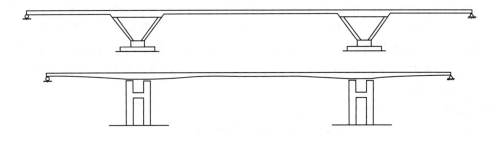

图 2-1-12 混凝土连续梁桥的立面布置

按照桥梁跨径相互关系来分,有等跨连续梁和不等跨连续梁。

按照桥梁的梁高来分,有等高度的连续梁和变高度连续梁。

按照主梁与下部结构的关系来分,有墩梁分离的连续梁和墩梁固接的连续刚构桥。

按照下部结构的支承形式来分,有普通的单式桥墩、V 形桥墩和双薄壁柱式桥墩。

按照主梁梁身的构造来分,有实腹式主梁和空腹式的桁架结构。

按照受力钢筋来分有预应力混凝土连续梁及钢筋混凝土连续梁。钢筋混凝土连续梁因需要有支架施工,且受支点负弯矩引起梁顶面拉应力的限制,跨径不大,一般不超过 25m,因此除了城市高架、立交桥外,在线路上很少采用。为了克服钢筋混凝土连续梁桥的上述缺点,目前采用在支点局部施加预应力,构成局部预应力混凝土连续梁。

连续梁跨径的布置一般采用不等跨的形式。如果采用等跨布置,则边跨内力(包括边支墩处梁中的负弯矩)将控制全桥设计,这样是不经济的。此外,边跨过长,削弱了边跨的刚度,将增大活载在中跨跨中截面处的弯矩变化幅值,增加预应力束筋数量。故一般边跨长度取中跨的 0.5～0.8,对钢筋混凝土连续梁取偏大值,使边跨与中跨控制截面内力基本相同;对预应力连续梁宜取偏小值,以增加边跨刚度,减少活载弯矩的变化幅度,减少预应力筋的数量。边跨长度过短,边跨桥台支座将会产生负反力,支座与桥台必须采用相应抗拔措施或边梁压重来解决。应该注意到,边跨的长度与连续梁的施工方法有关,如采用悬臂法施工,除考虑到一部分边跨是采用悬臂施工外,剩余的一部分边跨须在脚手架上施工。为减少支架及现浇段长度,边跨长度取以不超过中跨长度的 0.65 为宜。

从结构受力性能看,等跨连续梁要比不等跨的连续梁差一些。但在某些条件下,如当桥梁总长度很大,设计者采用顶推或者先简支后连续的施工方法时,则等跨结构受力性能较差所带来的欠缺完全可以从施工经济效益的提高而得到补偿,所以跨湖过海湾的长桥多采用中、小跨径的等跨连续梁的布置。

从预应力混凝土连续梁桥的受力特点来分析,连续梁的立面采取变高度的布置为宜。连续梁在恒、活载作用下,支点截面将出现较大的负弯矩,从绝对值来看,支点截面的负弯矩往往大于跨中截面的正弯矩,因此采用变高度梁能较好地符合梁的内力分布规律。同时,采用悬臂法施工的连续梁,变高度梁又与施工的内力状态相吻合。另外,变高度梁使梁体外形和谐,节省材料并增大桥下净空。所以从已建桥梁统计资料分析,跨径大于 100m 的预应力混凝土连续梁有 90% 以上是选用变高度梁。

变高度梁的截面变化规律可采用圆弧线、二次抛物线和折线等,通常以二次抛物线最为常用,因为二次抛物线的变化规律与连续梁的弯矩变化规律基本相近。采用折线形截面变化布置可使桥梁的构造简单、施工方便,常用于中小跨径。

采用顶推法、移动模架法、整孔架设法施工的桥梁,其跨径在 40~60m 的预应力混凝土连续梁,一般都采用等高梁。等高连续梁的缺点,是梁在支点上不能利用增加梁高而只能增加预应力束筋用量来抵抗较大的负弯矩,材料用量较大,但是其优点是结构构造简单。国外在一些跨径超过 100m 的多跨连续梁中,在采用悬臂施工方法时,仍采用等高度连续梁,以求得桥梁构造简单、线形简洁美观。

根据已建成桥梁的资料分析,梁高可按表 2-1-6 采用。

**连续梁在支点和跨中梁高估算值** 表 2-1-6

| 桥 型 | 支点梁高 | 跨中梁高 |
| --- | --- | --- |
| 等高度连续梁 | $H=\left(\frac{1}{15}\sim\frac{1}{30}\right)l$,常用$\left(\frac{1}{18}\sim\frac{1}{20}\right)l$ | |
| 变高度(折线形)连续梁 | $H=\left(\frac{1}{16}\sim\frac{1}{20}\right)l$ | $h=\left(\frac{1}{22}\sim\frac{1}{28}\right)l$ |
| 变高度(曲线形)连续梁 | $H=\left(\frac{1}{16}\sim\frac{1}{20}\right)l$ | $h=\left(\frac{1}{30}\sim\frac{1}{50}\right)l$ |

图 2-1-13 是一座 V 形桥墩的连续梁桥。这种桥型与相同跨径的连续梁桥相比,缩短了计算跨径,降低了梁高,削掉了墩顶处梁的负弯矩尖峰,节省工程材料,外观上显得轻巧美观。缺点是,支座位于 V 形墩下部,如图 2-1-13 所示,压低了设计洪水位高度,不宜在水位变化较大的河流中建造这类型桥梁。

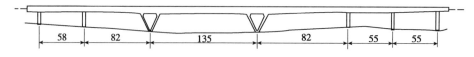

图 2-1-13 V 形墩连续梁(尺寸单位:m)

表 2-1-7 所示为我国已建成的大跨径预应力混凝土连续梁桥详表,表中各项参数可供设计参考。

我国已建成的部分大跨径预应力混凝土连续梁桥　　　表 2-1-7

| 序号 | 桥名 | 主桥跨径（m） | 桥址 | 建成年份 | 截面形式 | 梁高 $H$(m)、$H/L$ | | | | 混凝土（$m^3/m^2$） | 预应力钢筋（$kg/m^2$） | 普通钢筋（$kg/m^2$） | 施工方法 |
| --- | --- | --- | --- | --- | --- | --- | --- | --- | --- | --- | --- | --- | --- |
| | | | | | | $H_支$ | $H_支/L$ | $H_中$ | $H_中/L$ | | | | |
| 1 | 南京长江二桥北汊桥 | 90＋3×165＋90 | 江苏 | 2000 | 双幅单箱单室 | 8.8 | 1/18.7 | 3 | 1/55 | 0.96 | 75.54 | 124 | 悬臂浇筑 |
| 2 | 宿淮高速公路京杭运河大桥 | 93＋165＋93 | 江苏 | 2004 | 双幅单箱单室 | 8.8 | 1/18.7 | 3 | 1/55 | | | | 悬臂浇筑 |
| 3 | 广湛高速公路九江大桥 | 50＋100＋2×160＋100＋50 | 广东 | 1996 | 双幅单箱单室 | 9 | 1/17.8 | 3 | 1/53.3 | | | | 悬臂浇筑 |
| 4 | 六库怒江大桥 | 85＋154＋85 | 云南 | 1995 | 单箱单室 | 8.53 | 1/18.1 | 2.83 | 1/54.4 | 1.73 | 67 | 109 | 悬臂浇筑 |
| 5 | 荆州长江大桥三八洲桥 | 100＋6×150＋100 | 湖北 | 2002 | 双幅单箱单室 | 8 | 1/18.8 | 3 | 1/50 | | | | 悬臂浇筑 |
| 6 | 荆州长江大桥跨荆州大堤桥 | 93＋150＋93 | 湖北 | 2002 | 双幅单箱单室 | 8 | 1/18.8 | 3 | 1/50 | | | | 悬臂浇筑 |
| 7 | 衡阳东阳渡湘江大桥 | 98＋2×150＋98 | 湖南 | | 双幅单箱单室 | 9 | 1/16.7 | 3.8 | 1/39.5 | | | | 悬臂浇筑 |
| 8 | 舟山响礁门大桥 | 80＋150＋80 | 浙江 | 2003 | 双幅单箱单室 | 9 | 1/16.7 | | 1/50 | | | | 悬臂浇筑 |
| 9 | 益阳白沙大桥 | 90＋150＋90 | 湖南 | 2001 | | | | | | | | | |
| 10 | 仙人渡汉江大桥 | 100＋3×150＋100 | 湖北 | 2003 | 双幅单箱单室 | 7.75 | 1/19.4 | 3.05 | 1/49.2 | | | | |
| 11 | 汉川汉江公路大桥 | 89＋142＋89 | 湖北 | 1997 | 单箱单室 | | | | | | | | |
| 12 | 肇庆西江大桥 | 87＋4×136＋87 | 广东 | 1987 | 单箱单室 | 8 | 1/17.0 | 3 | 1/45.3 | | | | 悬臂浇筑 |

续上表

| 序号 | 桥名 | 主桥跨径(m) | 桥址 | 建成年份 | 截面形式 | 梁高 $H$(m)、$H/L$ | | | | 混凝土 ($m^3/m^2$) | 预应力钢筋 ($kg/m^2$) | 普通钢筋 ($kg/m^2$) | 施工方法 |
|---|---|---|---|---|---|---|---|---|---|---|---|---|---|
| | | | | | | $H_支$ | $H_支/L$ | $H_中$ | $H_中/L$ | | | | |
| 13 | 安徽淮河涂山大桥 | 45+90+130+90+45 | 安徽 | 2002 | 双幅单箱单室 | 7 | 1/18.6 | 2.5 | 1/52 | | | | 悬臂浇筑 |

3. 连续刚构桥

连续刚构桥是墩梁固接的连续梁桥,如图 2-1-14 所示。因为这种体系利用主墩的柔性来适应桥梁的纵向变形,所以在大跨高墩连续梁桥中比较适合。连续刚构桥也分跨中无铰和跨中带铰两种类型,两者一般均采用变高度梁。梁墩固接点多设置在大跨、高墩的桥墩上,因为利用高墩的柔度可以适应结构由预加力、混凝土收缩徐变和温度变化所引起的纵向位移。边跨较矮的桥墩,相对刚度较大,可将铰设在桥墩的顶部或底部。带铰的连续刚构桥,由于跨中的铰可以满足一部分纵向位移,所以桥墩的刚度可以比不设铰的连续刚构大一些。桥梁的伸缩缝通常设在连续梁两端的桥台处,设铰的长桥也可将伸缩缝设在铰处。为保证结构的水平稳定性,桥台处需设置控制水平位移的挡块。

当跨径较大,而墩的高度不高时,为增加墩的柔性,常采用图 2-1-14b)所示的双薄壁墩这种形式的连续刚构桥,此外,双薄壁墩还具有墩顶负弯矩的削峰作用。因此,目前国内多数连续刚构桥,如跨径 270m 的连续体系梁桥中国广东虎门辅航道桥就采用这种桥型。

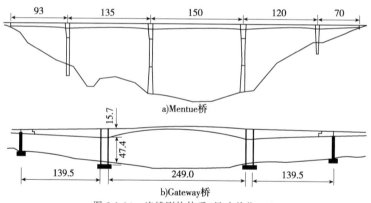

图 2-1-14 连续刚构体系(尺寸单位:m)

这种桥型都采用平衡悬臂施工法,跨径布置、梁高选用与变高度连续梁相似。表 2-1-8 为我国已建成的部分大跨径公路预应力混凝土连续刚构桥详表,梁高(高跨比)、板厚(顶、底板及腹板)和最大底板厚跨比的数值可供设计参考。总之,公路多跨连续刚构桥,箱梁根部可取用 $(1/20\sim1/17)L_1$,跨中可取 $(1/60\sim1/50)L_1$,对铁路桥,因活载较大,箱梁根部可取 $(1/16\sim1/15)L_1$,跨中可取 $(1/50\sim1/30)L_1$。

加大箱梁根部梁高,通常可使正弯矩减小,正弯矩区缩短,使主梁大部分承受负弯矩,这样可使大多数预应力钢束布置在梁的顶部,构造与施工均较简单。

多跨连续刚构,由于结构上墩梁固接,为减小次内力的敏感性,必须选择抗压刚度较大、抗推刚度较小的单壁或双壁的薄壁墩,使墩可适应梁结构的变形。一般情况下,在初步设计选择墩的尺寸时,其长细比可为 16~20。双薄壁墩的中距与主跨比值为 1/25~1/20。在通航繁忙的大河上建墩,应充分注意薄壁墩抗船撞的安全度,及早研究防撞措施。

表 2-1-8 我国已建成的部分大跨预应力混凝土连续刚构桥

| 序号 | 桥 名 | 主桥跨径(m) | 建成年份 | 边跨/主跨 | 截面形式 | 梁高(m) 根部 | 梁高(m) 跨中 | 高跨比 根部 | 高跨比 跨中 | 梁宽(m) 顶 | 梁宽(m) 底 | 板厚(cm) 顶板 | 板厚(cm) 底板 | 板厚(cm) 腹板 | 最大底板厚跨比 | 边跨合龙方法 | 备 注 |
|---|---|---|---|---|---|---|---|---|---|---|---|---|---|---|---|---|---|
| 1 | 重庆石板坡长江大桥复线桥 | 87.75+4×138+330+133.75 | 2006 | 0.418 | 单室箱 | 16.0 | 4.5 | 1/20.6 | 1/73.3 | 19 | 9 | 28 | 40～150 | 50～100 | 1/220 | 挂篮悬浇施工 | 主跨中部采用了103m的钢箱梁 |
| 2 | 虎门大桥辅航道桥 | 150+270+150 | 1997 | 0.556 | 单室箱 | 14.8 | 5 | 1/18.2 | 1/54 | 15 | 7 | 25 | 32～130 | 40～60 | 1/207.7 | 支架上合龙 | 双腹,桥在R=7000m平曲线上 |
| 3 | 云南红河大桥 | 58+182+265+194+70 | 2003 | 0.732 | 单室箱 | 14.5 | 5 | 1/18.3 | 1/53 | 22.5 | 11.5 | 28 | 32～150 | 40～80 | 1/176.7 | 先合龙边跨,再合龙次边跨,最后合龙中跨 | 梁底采用了2次和1.5次抛物线 |
| 4 | 福建下白石大桥 | 145+2×260+145 | 2003 | 0.558 | 单室箱 | 14.0 | 4.2 | 1/18.6 | 1/61.9 | 12 | 6 | 28 | 30～140 | 30～70 | 1/185.7 | 落地支架 | 梁底用1.6次抛物线 |
| 5 | 重庆鱼洞长江大桥 | 145+2×260+145 | 2008 | 0.558 | 单室箱 | 15.1 | 4.6 | 1/17.2 | 1/56.5 | 20.3 | 12.9 | 38 | | | | 挂篮悬浇施工 | 梁底用1.8次抛物线 |
| 6 | 重庆嘉华嘉陵江大桥 | 138+252+138 | 2007 | 0.548 | 单室箱 | 15.5 | 5 | 1/16.3 | 1/50.4 | 17.8 | 9.8 | 30 | 32～110 | 45～100 | 1/229.1 | 挂篮悬浇施工 | 梁底用1.5次抛物线 |
| 7 | 泸州长江二桥 | 145+252+54.75 | 2000 | 0.575 | 单室箱 | 14 | 4 | 1/18 | 1/63 | 25 | 13 | | | | | 落地支架 | 边跨重力式锚碇兼桥台 |
| 8 | 重庆黄花园大桥 | 137+3×250+137 | 1999 | 0.548 | 单室箱 | 13.8 | 4.3 | 1/18.1 | 1/58.1 | 15 | 7 | 25 | 28～150 | 40～70 | 1/166.7 | 落地支架 | 双腹,连续长度1 024m |
| 9 | 马鞍石嘉陵江大桥 | 146+3×250+146 | — | 0.584 | 单室箱 | 13.7 | 4.2 | 1/18.2 | 1/59.5 | 11.5 | 5.5 | 25 | 32～150 | 40～60 | 1/166.7 | 落地支架 | 双腹,连续长度1 042m |
| 10 | 江津长江大桥 | 140+240+140 | 1997 | 0.583 | 单室箱 | 13.5 | 4 | 1/17.8 | 1/60 | 22 | 11.5 | 25 | 32～120 | 50～80 | 1/200 | | |

续上表

| 序号 | 桥名 | 主桥跨径(m) | 建成年份 | 边跨/主跨 | 截面形式 | 梁高(m)根部 | 梁高(m)跨中 | 高跨比根部 | 高跨比跨中 | 梁宽(m)顶 | 梁宽(m)底 | 板厚(cm)顶板 | 板厚(cm)底板 | 板厚(cm)腹板 | 最大底板厚跨比 | 边跨合龙方法 | 备注 |
|---|---|---|---|---|---|---|---|---|---|---|---|---|---|---|---|---|---|
| 11 | 重庆高家花园嘉陵江大桥 | 140+240+140 | 1997 | 0.583 | 单室箱 | | 3.6 | | 1/66.7 | 15.4 | 8 | | 32~120 | 40~60 | 1/200 | 落地支架 | 双腹 |
| 12 | 六广河大桥 | 145.1+240+145.1 | 1993 | 0.604 | 单室箱 | 13.4 | 4.1 | 1/17.9 | 1/58.5 | 13 | 7 | 28 | 28~150 | 40~70 | 1/160 | | |
| 13 | 钱塘江下大桥 | 127+3×232+127 | 2002 | 0.547 | 单室箱 | 12.5 | 4.0 | 1/18.6 | 1/58 | 16.6 | 8 | | 30~125 | 45~75 | 1/185.6 | | |
| 14 | 南溪跨海大桥 | 122+221+122 | — | 0.552 | 单室箱 | 11 | 3 | 1/18.6 | 1/73.7 | 17.1 | 8 | 25 | 32~110 | 40~60 | 1/209 | 设计建议用导梁浇筑混凝土,合龙边跨 | 梁底用1.65次方抛物线 |
| 15 | 金厂岭澜沧江大桥 | 130+200+85 | 2002 | 0.65 | 单室箱 | | 3 | | 1/60 | | | | | | | | |
| 16 | 华南大桥 | 110+190+110 | 1998 | 0.579 | 单室箱 | 9.5 | 3.2 | 1/20 | 1/63.3 | 17.8 | 9.5 | 28 | 32~100 | 35~55 | 1/190 | 支架合龙 | 梁底用1.5次方抛物线 |
| 17 | 镇海湾大桥 | 105+190+105 | 2000 | 0.553 | 单室箱 | 10.5 | 3 | 1/18.1 | 1/59.4 | 15.1 | 8 | | 32~120 | 50~70 | 1/150 | 落地支架 | |
| 18 | 洛溪大桥 | 65+125+180+110 | 1988 | 0.694 | 双室箱 | 10 | 4.8 | 1/15.8 | 1/35.8 | 28.2 | 12~16 | 28 | | | | | |
| 19 | 大厮大桥 | 123.6+170+123.6 | 1999 | 0.727 | 单室箱 | 10.8 | 4.5 | 1/16 | 1/37.3 | 12.6 | 7 | | 75~120 | 70~90 | 1/140 | 落地支架 | |
| 20 | 攀钢专用线金沙江大桥 | 100+168+100 | 1996 | 0.595 | 单室箱 | 10.5 | | 1/16 | | | | | | | | 落地支架 | 铁路单线 |
| 21 | 三门黄河大桥 | 105+4×160+105 | 1993 | 0.656 | 单室箱 | 8 | 3 | 1/20 | 1/53.3 | 17.5 | 9 | 25 | 25~100 | 40~65 | 1/160 | 落地支架 | |

续表

| 序号 | 桥名 | 主桥跨径(m) | 建成年份 | 边跨/主跨 | 截面形式 | 梁高根部(m) | 梁高跨中(m) | 高跨比根部 | 高跨比跨中 | 梁宽顶(m) | 梁宽底(m) | 板厚顶板 | 板厚底板 | 板厚腹板 | 最大底板厚跨比 | 边跨合龙方法 | 备注 |
|---|---|---|---|---|---|---|---|---|---|---|---|---|---|---|---|---|---|
| 22 | 福建平潭大桥 | 90+3×160+90 | — | 0.563 | 单室箱 | 8 | 3 | 1/20 | 1/53.3 | 17 | 9 | | | | | | 悬拼 |
| 23 | 冷水滩湘江大桥 | 89.1+155+89.1 | 1994 | 0.575 | 单室箱 | 9 | 3.2 | 1/17.2 | 1/48.4 | 18.5 | 9 | | | | | | |
| 24 | 沅陵沅水大桥 | 85+140+85+42 | 1991 | 0.607 | 单室箱 | 8 | 2.8 | 1/17.5 | 1/50 | 14 | 8 | 26 | 30~80 | 40~60 | 1/175 | 一侧支架,一侧与引桥顶推悬出13.5m合龙 | |
| 25 | 厦门海沧大桥西航道桥 | 78+140+78+42+42 | 1999 | 0.557 | 单室箱 | 7.5 | 2.5 | 1/18.7 | 1/56 | 15.2 | 7 | 28 | 32~85 | 50~65 | 1/164.7 | | 双腹,桥在R=900m平曲线及缓和曲线上 |
| 26 | 津市澧水大桥 | 88+135+88 | 1989 | 0.652 | 单室箱 | 8 | 3.5 | 1/16.9 | 1/38.6 | 16.5 | 8 | | | | | | |
| 27 | 广东石南大桥 | 75+135+75 | 1991 | 0.556 | 单室箱 | 7.5 | 2.5 | 1/18 | 1/54 | 16.5 | | | | | | | |
| 28 | 福建刺桐大桥 | 90+130+90 | 1997 | 0.692 | 单室箱 | 7 | 2.5 | 1/18.6 | 1/52 | 13.2 | 6.6 | 25 | 25~100 | 40~60 | 1/130 | | 双腹 |
| 29 | 南昆铁路清水河桥 | 72.8+128+72.8 | 1998 | 0.569 | 单室箱 | 8.8 | 4.4 | 1/14.5 | 1/29.1 | 8.1 | 6.1 | 50 | 40~90 | 40~70 | 1/142.2 | 先合龙中跨,后合边跨,搭架 | 铁路单线 |
| 30 | 珠海大桥 | 70+2×125+70 | 1993 | 0.560 | 单室箱 | 6.8 | 2.5 | 1/18.4 | 1/50 | 13.3 | 7 | 28 | 32~70 | 40~54 | 1/178.6 | 落地支架 | 双腹,梁底用1.8次方抛物线 |

## 第三节 横截面设计

### 一、横截面设计原则

梁式桥横截面的设计主要是确定横截面布置形式,包括主梁截面形式、主梁间距、截面各部尺寸等;它与梁式桥体系在立面上布置、建筑高度、施工方法、美观要求以及经济用料等因素都有关系,原则上应作如下的考虑。

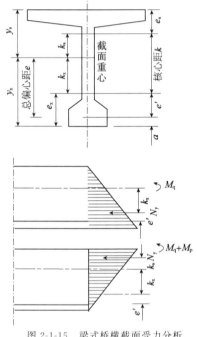

图 2-1-15 梁式桥横截面受力分析

(1)梁式桥的主梁是以它的抗弯能力承受荷载的,同时还要保证它的抗剪(或抗主拉应力)能力。对钢筋混凝土主梁,因为受拉部分混凝土开裂后退出工作,对只承受正弯矩的简支梁桥,采用 T 形截面梁显然是合理的。对预应力混凝土梁,在张拉阶段及使用阶段,截面承受双向弯矩,通常在预张拉阶段,合力 $N_y$ 作用在下核心(使梁截面上缘应力为零),使用阶段施加了弯矩 $M_p$ 后,合力 $N_y$ 作用在上核心(使梁截面下缘应力为零),如图 2-1-15 所示,则有:

$$N_y \cdot e' = M_q \quad (2\text{-}1\text{-}1)$$

$$N_y \cdot (k_s + k_x) = M_p \quad (2\text{-}1\text{-}2)$$

式中:$e'$——预应力筋距截面下核心的偏心距;
$k_s$、$k_x$——截面上、下核心距。

显然,截面形式不同将影响到截面形心位置和核心距大小,在相同受力条件下,要使预应力筋少,在截面设计时应满足:

①截面上下核心距 $(k_x + k_s)$ 要大,排除截面梁高 $h$ 的影响,用截面效率指标 $\rho = (k_x + k_s)/h$ 表示,使 $\rho$ 尽可能大;

②使截面的形心 $y_x$ 大及预应力束的合力靠近梁的下缘,使偏心距 $e'$ 更大一些。

(2)截面细部尺寸的布置要在满足结构构造要求的前提下,尽可能减小截面尺寸,以减小梁的自重。

(3)桥面宽度、桥梁建筑高度将影响截面布置形式、主梁的片数与间距或者箱梁的形式。

(4)必须考虑施工的影响,横截面形式要有利于选定的施工方法,模板简单且制作方便,节约材料;对预制构件还须考虑运输及安装条件。

(5)要考虑各主梁之间的横向联系,保证各主梁共同参与工作,还要满足美观上的要求。

一般来说,目前钢筋混凝土与预应力混凝土梁式桥的横截面形式有板式、肋梁式和箱形三大类型。从制造工艺来说,主梁横截面又可分整体式(现浇或预制)与组合式(截面各部预制装配,现浇接头或将面板组合而成)两类。

### 二、板式截面

板式截面包括整体式矩形实心板(图 2-1-16)、装配式实心板、空心板及异形板。

整体式矩形实心板具有形状简单、施工方便、建筑高度小、结构整体刚度大等优点,但施工时需现浇混凝土,受季节气候影响,又需模板与支架。从受力要求看,截面材料不经济、自重大,所以只在小跨板桥使用。有时为了减轻自重,也可将截面受拉区稍加挖空做成矮肋式的板截面[图 2-1-16b)]。

为了避免现场浇筑混凝土的缺点,我国交通部(现为交通运输部)制定的跨径为 1.5~8.0m 的八种跨径的钢筋混凝土板桥标准图中,采用装配式实心板截面[图 2-1-16c)],每块预制板的宽度为 1m,板厚为 0.16~0.36m。为减轻自重,在跨径 6~13m 三种钢筋混凝土板桥标准图中,采用空心板截面,相应板厚为 0.4~0.8m。在跨径 8~16m 四种预应力混凝土板桥(先张法)标准图中,也采用空心板截面,相应板厚为 0.4~0.7m。

装配式预制空心板截面中间挖空形式很多,如图 2-1-17 所示为几种常用的空心板截面形式。挖成单个较宽的孔洞,其挖空体积最大,块件重量也最轻,但在顶板内要布置一定数量的横向受力钢筋。图 2-1-17a)的顶板略呈微弯形,可以节省一些钢筋,但模板较图 2-1-17b)复杂些。图 2-1-17c)挖成两个正圆孔,当用无缝钢管作芯模时施工方便,但其挖空体积较小。图 2-1-17d)的芯模由两个半圆及两块侧模板组成,对不同厚度的板只要更换两块侧模板就能形成空形,该形式挖空体积较大,适用性也较好。目前采用高压充气胶囊代替金属或木芯模,尽管形成的内腔因胶囊变形不如模板好,但是它具有制作及脱模方便、预制台座有效利用率高等优点,故用得较为广泛。

图 2-1-16e)是一种装配组合式板截面,它利用一些小型预制构件(倒 T 形)安装就位后作为底模,在其上再现浇桥面混凝土结合成整体。该形式具有施工简易的优点,特别在缺乏起重设备的场合更为适用。

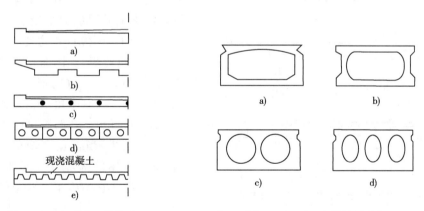

图 2-1-16　矩形实心板截面　　　　图 2-1-17　空心板的挖洞形式

图 2-1-18 为各种异形板截面形式,既希望它在外形上保持板截面的轻巧形式,又要求用于跨径较大的城市高架桥上(20~30m 的预应力混凝土连续板桥),尽可能减轻板的自重。它与柱形桥墩相配合,桥下净空较大,造型也美观,但现场浇筑施工较复杂。

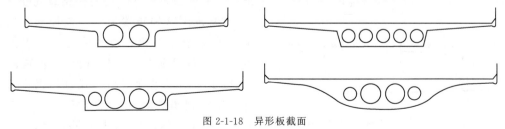

图 2-1-18　异形板截面

### 三、肋梁式截面

肋梁式截面有三种基本类型：Ⅱ形、Ⅰ形、Ｔ形（图 2-1-19）。在桥横截面上，一般采用多片主梁布置形式，因而当采Ⅱ形、Ⅰ形主梁截面组合成桥横截面时，基本形式也与多Ｔ形截面类同。

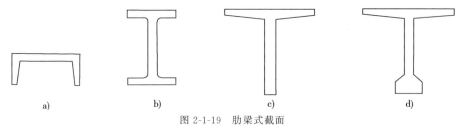

图 2-1-19 肋梁式截面

众所周知，当梁桥跨径增大时，在梁截面不改变的情况下，弯矩随跨径平方增加。在横截面设计中，要求在增大主梁截面抵抗矩的同时减少梁的自重，必然形成两种截面形式：一是闭合薄壁箱形截面，二是多主梁式 T 形截面。从受力来看，对钢筋混凝土结构而言，T 形截面顶板宽翼缘受压，下部开裂后不参与工作，只要能有布置钢筋的足够面积即可，有利于承受正弯矩。在承受负弯矩时，顶上翼缘处于受拉区，而肋部处于受压区，要提高抗负弯矩的能力，必须加大底部成马蹄形。显然，T 形截面在钢筋混凝土结构中，T 形截面重心位置偏上，如图 2-1-15 所示，核心距 $k_s+k_x$ 虽较大，但因上核心离顶面距离 $e_s$ 远远小于下核心离底面的距离 $e_x$。它标志承受正弯矩能力的力臂距 $k_s+k_x+e_x$ 远远大于承受负弯矩的力臂距 $k_s+k_x+e_x$。

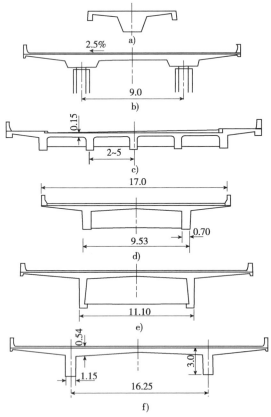

图 2-1-20 整体式 T 形截面（尺寸单位：m）

所以，它也是有利于承受正弯矩。总之，无论是钢筋混凝土或预应力混凝土结构，T 形截面有利于承受单向弯矩（正弯矩），不利于承受双向弯矩（正、负弯矩）。因而在简支梁式桥中，跨径为 13～50m，大多数的横截面形式布置成多 T 梁截面形式（也有采用多箱梁截面形式，将在下一小节中讨论）。在跨径 25～60m 之间的悬臂梁、连续梁桥，当正负弯矩的绝对值相差不大时，也有采用肋部加宽或底部加宽的 I 形截面的，主要考虑它的施工及模板较箱形截面简易，构造钢筋用量也少一些。

**1. 整体式横截面形式**

图 2-1-20 所示为采用现浇整体式 T 形截面布置的横截面形式。图中，采用的多是双 T 形主梁截面布置形式。在悬臂梁或连续梁结构中，常常采用这种布置形式。该种形式的梁肋宽度较大，在承受负弯矩区段上，肋宽及底部还可加大。对现场设立支架、模板现浇混凝土施工，较少采用多主梁截面形式，以求施工简便，降低模板制作费用。一般肋宽在 0.6～1.2m。T 形截面的翼缘厚度，即桥面板厚度，与主梁间

距有关,一般在中央的厚度为250～350mm,在根部的厚度为400～550mm。在城市高架桥中,一般为求得桥下较大净空,要求做较小的柱式墩。此外,建筑高度限值较小,因而做成低高度的宽肋式的双T形截面,或单T形截面(国外又称为翼结构。除整体式外,更多的做成预制装配式)。这种截面的肋宽可以做到2～4m,桥宽不宜过大,一般在10～15m,如图2-1-20a)、b)所示。我国深圳市布台立交桥即采用连续板梁设计,全长311.18m,两联连续板梁,一联跨径组合为12m+3×16m+12m,其横截面如图2-1-20b)所示。图2-1-20c)所示为多主梁T形截面的整体式横截面布置,一般在建筑高度较小的简支梁桥中采用。在美国,目前仍为世界长桥纪录(总长38.4km)的Pontchartrain湖桥,采用先张法预应力混凝土简支梁结构。横截面为T梁截面形式,整体预制,通孔架设,跨径17m,桥宽10m,梁高1.2m,主梁间距为1.42m,肋宽150mm。配合双柱式桥墩,用于较大跨径的双T形截面,如图2-1-20d)、e)、f)所示。

2. 装配式横截面形式

目前,国内外在小跨径简支梁桥、悬臂桥中依然采用多片装配式预制主梁的肋梁式横截面。它具有下列优点:

(1)将主梁划分成多片标准化预制构件,构件标准化,尺寸模数化,简化了模板,可工厂化成批生产,降低了制作费用。

(2)主梁采用工厂或现场预制,可提高质量,减薄主梁尺寸,从而减轻整个桥梁自重。

(3)桥梁上部预制构件与下部墩台基础可平行作业,缩短了桥梁施工工期,节省了大量支架,降低桥的造价。

对一定的跨径或桥宽的桥梁而言,采用何种预制主梁截面,主梁间距多大,应从经济的材料用量考虑,尽可能减少预制工作量,并考虑单片主梁的吊装重量等各方面去优选。

显然,主梁间距小,主梁片数就多,预制工作量亦增多,而主梁吊装重量轻;反之主梁间距大,主梁片数就少,预制工作量也少,而主梁吊装重量要增大。为求得更经济的材料用量,又要解决上述矛盾,除了采用装配式预制主梁的肋梁式横截面外,也有采用较小尺寸的预制主梁,然后借现浇桥面混凝土组合而成肋梁式横截面。

图2-1-21所示为装配肋梁式横截面的几种基本类型。图2-1-21a)的预制主梁为Π形截面,横向为密排式多主梁横截面。预制主梁之间用穿过腹板的螺栓连接,其装配简易。Π形主梁的特点是截面形状稳定,横向抗弯刚度大,块件堆放、装卸都方便。设计经验表明,跨径较大时Π形梁桥的混凝土和用钢量都比T形梁桥大,而且构件重,横向联系较差,制造也较复杂,现已很少使用。

目前,我国主梁用得最多的装配肋梁式横截面形式是T形截面,如图2-1-21b)～e)所示。T形梁的翼板构成桥梁的行车道,又是主梁的受压翼缘,在预应力混凝土梁中,受拉翼缘部分做成加宽的马蹄形,以满足承受压应力和布置预应力钢筋的需要。它的特点是外形简单、制造方便,横向借横隔梁联结,整体性也较好。为了减少预制构件占用预制场

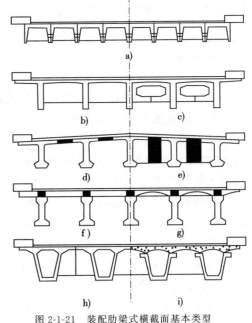

图2-1-21 装配肋梁式横截面基本类型

地,并减轻构件的重量和外形尺寸,便于运输、安装,主梁可采用短翼板的T形截面或I形截面借现浇桥面板混凝土连成整体,或在预制主梁上现浇整体桥面板,组合成梁肋式横截面,如图2-1-22所示。

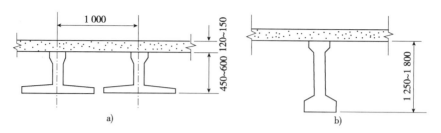

图2-1-22 装配梁肋横截面(尺寸单位:mm)

但这种组合肋梁式截面在受力性能方面存在不足。以图2-1-22b)为例,其主要缺点是将桥梁主要承重构件"拦腰"划为两部分,使一个整体梁的受弯构件装配成一个组合梁的受弯构件,这种构造布置在设计中必须注意下面两个问题:

(1)在结合面处于截面弯曲剪应力较大的部位,为保证组合梁上下部分结合成一整体受弯构件,必须加强结合面的强度。应适当加大I形梁上缘宽度并伸出足够的连接钢筋来增强结合。

(2)组合梁的装配顺序决定了它将是分阶段受力。在第一阶段,桥面板和横隔梁重量与梁肋自重均由预制I字形梁肋承受;第二阶段是车辆荷载的作用,由组合梁全截面来承受。在整体预制的T梁中,所有恒载由整个T形截面来负担,在组合梁中,却要梁肋部分来单独承受,这就必然增加了梁肋的负担,不但要适当放大截面,而且要增加一些配筋。图2-1-23所示为钢筋混凝土组合梁的跨中截面两阶段受力的应力图形(与装配式T梁比较)。所以,组合梁的全截面一般要比装配式的整体T梁为大,混凝土和钢筋用量就随之增加。预应力混凝土组合梁还应注意在预应力张拉阶段不带翼板的梁肋中性轴较低,自重及惯性矩较小,受力是极为不利的,往往要在梁肋上缘布置临时预应力束,给施工带来麻烦。

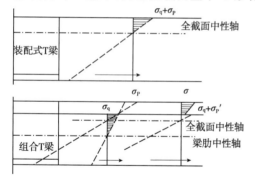

图2-1-23 组合梁的跨中截面两阶段受力的应力图

此外,组合梁增加了现浇混凝土数量,增加了施工工序及模板支架,延长了施工工期。国内常采用的装配组合梁肋式横截面,如图2-1-21f)～i)所示。这种形式的预制主梁,采用钢筋混凝土或预应力混凝土(先张法)的I形与开口槽形构件。它的特点是:在I形梁或开口槽形梁上,搁置轻巧的预制微弯板或空心板构件,以作为现浇桥面混凝土的模板之用,简化了现浇混凝土的施工工序。实际上,后者属于装配组合箱形横截面形式。

我国过去在进行钢筋混凝土梁桥的标准设计时,曾对同一净空要求(净-7.2×1.00m人行道),在主梁高度相同的条件下,对选用四片主梁(翼板宽2.0m)与五片主梁(翼板宽1.6m)进行比较设计,其结果表明:两者材料用量相差不大,四片稍优。鉴于五梁式的翼板刚度较大和当时的施工设备条件,并考虑到统一标准设计尺寸模数化的要求,对钢筋混凝土装配式T梁间距(翼缘宽度)给出统一的规定。

实际上,对跨径较大的预应力混凝土简支梁,适当加大翼缘宽度,增加梁的间距,可以提高

截面效率指标 $\rho$,如国内某些预应力混凝土 T 梁桥采用了主梁间距为 2.4m 的宽翼缘布置,中间现浇段长度为 0.6m,如图 2-1-21d)及 e)所示,其材料指标比较好。

3. 主梁细部尺寸

(1)肋厚(腹板厚度)

在满足主拉应力强度和抗剪强度需要的前提下,主梁梁肋的厚度,一般都做得较薄,以减轻构件的重量,但还要注意满足梁肋的屈曲稳定性和不致使浇筑混凝土发生困难。以往常用的装配式钢筋混凝土简支梁梁肋厚度为 150～180mm,其上、下限的取法,取决于主钢筋的直径和钢筋骨架的片数。目前,焊接钢筋骨架已较少采用,其次,为了提高结构的耐久性,适当增加保护层的厚度,梁肋厚度已增至 160～240mm。

由于预应力和弯起束筋的作用,预应力混凝土肋中的主拉应力较小,肋板厚度一般都由构造决定。原则上应满足束筋保护层的要求,并力求模板简单,便于浇筑,国外对现浇梁的腹板没有预应力管道时最小厚度为 200mm,仅有纵向或竖向管道的腹板需要 300mm,既有纵向又有竖向管道的腹板需要 380mm。对于高度超过 2 400mm 的梁,这些尺寸尚应增加,以减少混凝土浇筑困难,装配式梁的腹板厚度可适当减少,但不能小于 165mm。如为先张法结构,最低值可达 125mm。我国目前所采用的值偏低,一般采用 160mm,标准设计中为 140～160mm,在接近梁两端的区段内,为满足抗剪强度和预应力束筋布置锚具的需要,将肋厚逐渐扩展加厚。

(2)上翼缘厚度

T 梁翼板的厚度,在中小跨径的预应力简支梁和钢筋混凝土梁中,主要满足于桥面板承受的车辆局部荷载要求。根据受力特点,翼缘板一般都做成变厚度的,即端部较薄,至根部(与梁肋衔接处)加厚,并不小于主梁高度的 1/12。翼缘板厚度的具体尺寸,有两种处理方法:一种是考虑翼缘板承担全部桥面上的恒载与活载,板的受力钢筋设在翼缘板内,在铺装层内只有局部的加强钢筋网,这时翼缘板做得较厚一些,端部一般取 80mm;另一种是翼缘板只承担桥面铺装层的荷载、施工临时荷载以及自重,活载则由翼缘板和布置有受力钢筋的钢筋混凝土铺装层共同承担(如在小跨径无中横隔板的桥上),在此情况下,端部厚度采用 60mm 即可。目前高速公路上的桥梁及城市高架桥梁均设置防撞栏杆,根据防冲撞的要求,翼缘板端部厚度不小于 200mm。为使翼缘板和梁肋连接平顺,在截面转角处一般均应设置钝角式承托或圆角,以减小局部应力和便于脱模。

(3)下翼缘尺寸

钢筋混凝土简支梁 T 形截面,下翼缘一般与肋板等宽。在预应力混凝土 T 梁的下缘,为了满足布置预应力束筋及承受张拉阶段压应力的要求,应扩大做成马蹄形,马蹄的尺寸大小应满足预施应力各个阶段的强度要求。个别桥由于马蹄尺寸过小,往往在施工和使用中形成水平纵向裂缝,特别是在马蹄斜坡部分,因此马蹄面积不宜过小,一般应占截面总面积的 10%～20%,具体尺寸建议如下:

①马蹄总宽度为肋宽的 2～4 倍,并注意马蹄部分(特别是斜坡区),管道保护层不宜小于 60mm。

②下翼缘高度加 1/2 斜坡区,高度为梁高的 0.15～0.20,斜坡宜陡于 45°。

应注意的是:下翼缘也不宜过大、过高,这就要求将预应力束筋尽可能按两层或单层布置,将其余的束筋布置在肋板内,因为下马蹄过大,会降低截面形心,减小预应力筋的偏心距。

在装配组合式横截面中,采用先张法预应力,其混凝土开口槽形构件的底板只布置一排预应力粗钢筋或钢绞线,板厚只选用 90mm。

#### 四、箱形截面

1. 箱形截面基本形式

箱形截面是一种闭口薄壁截面，其抗扭刚度大，并具有较 T 形截面高的截面效率指标 $\rho$，同时，它的顶板和底板面积均比较大，能有效地承担正负弯矩，并满足配筋的需要，因此在已建成的大跨径预应力混凝土梁桥中，当跨度超过 40m 后，其横截面大多为箱形截面。此外，当桥梁承受偏心荷载时，箱形截面梁抗扭刚度大，内力分布比较均匀；在桥梁处于悬臂状态时，具有良好的静力和动力稳定性，对悬臂施工的大跨度梁桥尤为有利。由于箱形截面整体性能好，因而在限制车道数通过车辆时，可以超载通行，而装配式桥梁由于整体性能差，超载行驶车辆的能力就很有限。

一般地讲，箱形截面形式主要取决于桥面宽度，此外，与墩台构造形式、施工要求等也有关。常见的箱形截面有单箱单室、单箱多室、多箱单室、多箱多室等（图 2-1-24）。

单箱截面整体性好、施工方便、材料用量较经济，当桥面宽度不大时，以采用单箱截面为好。此外，单箱截面抗扭刚度大，对于弯桥和城市高架桥、立交桥采用独柱桥墩尤为适宜。当桥面较宽时，可采用多箱截面[图 2-1-24c)]，较单箱多室截面[图 2-1-24d)]要经济，且自重要轻一些。在悬臂施工时，前者可采用分箱施工，减轻了施工荷载，降低了施工费用。当桥面宽度超过 18m 时，高速公路桥梁上须设置中央分隔带，此时采用分离式箱形截面[图 2-1-24g)、h)]，更有利于分期施工，减小了活载偏心，箱的高宽比也不致差距过大，使箱的受力更为有利。

箱形截面梁的外形可以是矩形、梯形或曲线形。梯形截面[图 2-1-24g)、h)]造型美观，且可以减少底板宽度，既减少了梁正弯矩区段混凝土用量，又可以减少墩台尺寸，常用于高墩桥梁。为方便斜腹板中预应力束的布置，除特殊情况（图 2-1-25）外，斜率一般不超过 $\tan 30°$，对变截面箱梁斜率控制在 $1:5 \sim 1:4$，不至于支点处底板宽度过于狭窄。梯形截面也有许多不足之处，对变截面箱梁，为保证斜

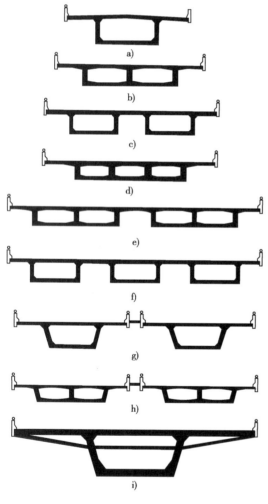

图 2-1-24 箱形截面形式

腹板是一个平面，随梁高增大，底板宽度减小，布置在底板中的预应力束的锚固和弯起较为复杂；支点截面因底板过窄，为满足受压面积的需要而增厚过多。此外，截面形心较之矩形截面偏高，减少了顶板预应力筋的力臂，这些情况对承受负弯矩都是不利的。故对承受负弯矩为主的 T 形刚构桥和连续刚构桥很少采用斜腹板箱形截面。我国修建的悬臂体系预应力混凝

土桥,多数是带挂梁的,为预制安装方便挂梁基本上采用 T 形截面,为使侧面外观上衔接平顺,悬臂部分都做成矩形箱梁。鉴于上述原因,梯形截面箱梁较多用于等高度连续梁桥,曲线形的箱形截面则用于对桥梁外观、桥墩宽度要求较高的城市高架桥上,如图 2-1-26e)所示。

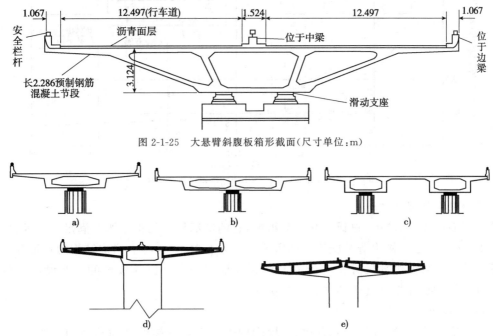

图 2-1-25　大悬臂斜腹板箱形截面(尺寸单位:m)

图 2-1-26　城市高架桥的箱形截面形式

实际上,在城市高架桥中,工程师在设计结构的横截面时,还要考虑到其他各种因素。如①采用现浇单箱梁与装配式翼板的脊骨梁式或称翼结构;②由于建筑高度受到严格限制,外形又要求美观,因而在选择截面形式时,必须顾及这些因素。图 2-1-26a)是常见的一种扁平形的低高度箱形截面布置形式。通常,在桥面较宽的情况下,图 2-1-26a)这种形式的箱形截面连续梁的梁截面高度往往使端横梁受力需要控制,设计时应对此给予注意。图 2-1-27 是国外 200 余座预应力混凝土连续梁桥的统计资料,表明了各种箱形截面的使用范围。图 2-1-28 是国内预应力混凝土连续梁桥的统计资料分析情况。

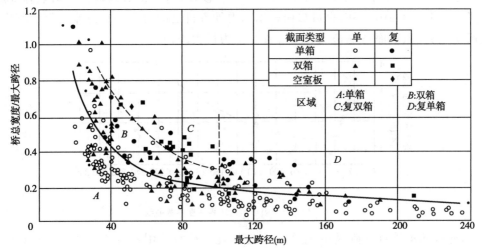

图 2-1-27　国外预应力混凝土连续梁箱形截面统计资料

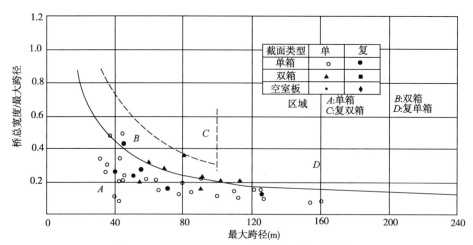

图 2-1-28 国内预应力混凝土连续梁箱形截面统计资料

**2. 箱形截面细部尺寸**

箱形截面由顶板、底板、腹板等几部分组成,它的细部尺寸的拟定既要满足箱梁纵、横向的受力要求,又要满足结构构造及施工上的需要。如果布置不当,将会增加结构的自重及材料用量。下面给出横截面细部尺寸拟定的一些原则及根据国内外已建成桥的一些设计参数的统计,供设计时参照,并根据具体条件进一步优化。

(1) 底板厚度

对于箱形梁跨中底板厚度,悬臂梁、T 形刚构因接近悬臂端的截面承受的负弯矩较小,因此底板厚度主要由构造要求决定,对 T 构悬臂端箱梁底板厚度一般为 160~180mm;连续梁跨中区段,截面主要承受的是正弯矩,对预应力混凝土连续梁,底板中需配一定数量的预应力束筋与普通辅助钢筋,底板厚度一般在 200~250mm。

无预应力束筋的箱梁底板厚度尽可能满足 $l_1/30$($l_1$ 为箱梁底部内壁净距),但不小于 120mm。如箱梁底板上有预应力束筋管孔,其最小厚度应为 $3.3D$($D$ 为管孔直径),并要加强辅助钢筋,如管孔过密,在管孔间应设吊筋。

在 T 形刚构和连续梁墩顶处截面,随着负弯矩的增大,底板厚度也逐步增大,以适应受压的要求。此外,在破坏阶段,还应使中和轴保持在底板以内,并留有余地。一般墩顶处底板厚度为梁高的 $1/12$~$1/10$,此外,也可参照根据国内外资料绘成的图 2-1-29 来核算。其中,$A_\mathrm{f}$ 为底板面积,$h_\mathrm{p}$ 为墩顶截面高度,$b$ 为截面宽度,$l_{\max}$ 为最大跨径。

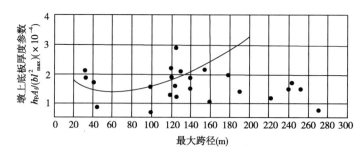

图 2-1-29 墩上箱形截面底板厚度参数曲线

此外,底板除承受自身荷载外,还承受一定的施工荷载。用悬臂施工法施工箱梁时,底板还承受挂篮底模梁后吊点的反力。因此,设计时应对这些因素给予考虑。

### (2) 顶板厚度

确定箱形截面顶板厚度通常主要考虑两个因素：桥面板横向弯矩的受力要求和布置纵向预应力束、横向受力钢筋（或横向预应力束）的构造要求，前者与箱梁腹板的间距及集中活载大小有关。对普通钢筋混凝土桥面板，其顶板厚度可参照表 2-1-9。

顶板参考尺寸 表 2-1-9

| 腹板间距(m) | 3.5 | 5.0 | 7.0 |
|---|---|---|---|
| 顶板厚度(mm) | 180 | 200 | 280 |

箱形截面顶板两侧悬臂板的长度也是调节顶板内弯矩的重要因素。当悬臂自由长度增加时，集中活载的荷载纵向分布长度也随着增加，所以对弯矩数值影响不大，这就使选择悬臂长度时具有更大的自由度。但恒载及人群荷载弯矩随悬臂长度几乎成平方关系增加，故在大悬臂状态时，宜设置横向预应力束以减薄悬臂根部的厚度。悬臂长度一般采用 2～5m，当长度超过 3m 后，一般需布置横向预应力束筋。在布筋时可利用桥面板的横向坡度和板截面的变高度，以发挥预应力筋的偏心效应。

国内已建成的悬臂体系箱形截面梁桥，为配合挂梁（一般是 T 形截面梁）的翼缘尺寸，翼缘板的悬臂长度多数在 2m 以下，翼缘板根部厚度与悬臂长度有关，一般为 0.2～0.6m。翼缘板端部厚度视构造需要可减薄到 0.08～0.1m，如果设置防撞墙或需锚固横向预应力束筋，则端部厚度不小于 0.2m。如 1997 年建成的浙江宾王大桥，箱梁翼缘板悬臂长度达 4.8m，翼缘板根部及端部厚度分别为 0.6m 和 0.2m，采用高强低松弛钢绞线作为横向预应力束筋。

### (3) 腹板厚度

箱形截面梁一般由两块以上腹板组成，每一块腹板的最小厚度必须满足结构构造及施工中浇筑混凝土的要求，一般经验为：

① 腹板内无预应力束筋管道布置时为 200mm；
② 腹板内有预应力束筋管道布置时为 300mm；
③ 腹板内有预应力束筋锚固头时为 380mm。

腹板高度大于 2.4m 时，以上尺寸应予增加，以降低混凝土浇筑的难度。

腹板的功用是承受截面的剪应力和主拉应力，腹板的最小厚度应满足剪切极限强度的要求。对侧腹板要满足弯扭剪切极限强度的要求，一般侧腹板比中腹板厚一些。在预应力箱梁中，弯束提供的预剪力可以抵消一部分弯曲剪切力，剪应力和主拉应力较普通钢筋混凝土梁要小，故同样荷载条件下，如不考虑构造需要，其腹板比普通钢筋混凝土梁更薄一些。

大跨径预应力混凝土箱梁中，由跨中到支点剪力逐步增加，故腹板厚度一般也是变化的。图 2-1-30 是根据国外已建成桥的资料绘成的曲线，图中圆点是根据国内已建成桥的实际资料绘制的，图中 $t_{wp}$、$t_{wm}$ 分别为墩顶及跨中腹板总厚度，$h_p$、$b$、$l_{max}$ 意义同前。可以看出，对 $h_p:h_m=2$ 的变高度梁，跨径小于 70m 时，腹板厚度基本上不变，但跨径超过 200m 时，厚度有时要相差 3 倍以上。

### 3. 梗腋（承托）

在顶板与腹板接头处设置梗腋很有必要。

梗腋提高了截面的抗扭刚度和抗弯刚度，减少了扭转剪应力和畸变应力。桥面板支点刚度加大后，可以吸收负弯矩，从而减少了桥面板的跨中正弯矩。此外，梗腋使力线过渡比较平缓，减小了次应力。从构造上考虑，利用梗腋所提供的空间布置纵向预应力筋和横向预应力筋。这也为减薄底板和顶板的厚度提供了构造上的保证。

加腋有竖向加腋和水平加腋两种。在顶板和腹板交接处如设置竖向加腋,则可加大腹板的刚度,对腹板受力有利,使腹板剪应力控制截面下移,错开了横向弯曲应力高峰,减小了主拉应力,并有利于竖弯束的布置。缺点是使预应力束合力位置降低,对桥面板跨中受力不利。水平加腋增加了桥面顶板与腹板之间的连接宽度,可保证箱梁的整体性。一般箱梁上梗腋多采用如图 2-1-31a)的形式,腋的竖向高度不小于顶板厚度,当箱梁截面较小时,也采用图 2-1-31b)或 c)这种形式。图 2-1-31d)、e)常用于斜腹板与顶板之间的梗腋。施工时为便于拆除箱梁内模,常采用二次浇筑法,先浇筑底板和腹板,后浇顶板。对底板与腹板之间的下梗腋,常采用图 2-1-31f)、g)两种形式,便于底板混凝土的浇筑。

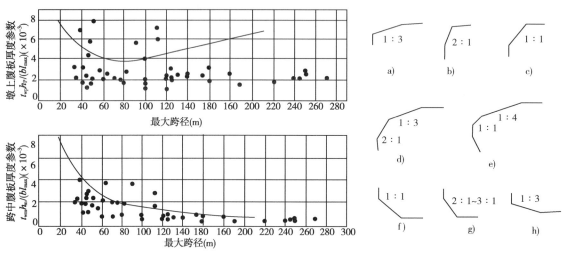

图 2-1-30　箱形截面腹板厚度参数曲线　　　　图 2-1-31　梗腋形式

### 五、大跨度预应力连续刚构构造示例

#### 1. 重庆石板坡长江大桥复线桥

重庆石板坡长江大桥复线桥位于重庆市渝中区石板坡与南岸区梨子园之间,北接石板坡立交及石黄隧道,南接川黔公路,其修建目的为缓解原有重庆长江大桥上的交通压力。新修建的石板坡长江大桥桥型为七跨连续刚构连续梁混合梁桥,跨径组合为 87.75m+4×138m+330m+133.75m,于 2006 年 8 月建成通车,如图 2-1-32 所示。

图 2-1-32　重庆石板坡长江大桥复线桥

传统的预应力混凝土连续刚构桥型的恒载应力过高,其跨越能力存在相当大的限制。复线桥主跨跨径达到330m,建成时为世界上跨径最大的梁桥。为解决恒载应力问题,在330m的主跨中间采用了108m的钢箱梁,有效地减少了自重,并在相当程度上减少了施工的风险,加快了施工进度。

重庆石板坡长江大桥复线桥主梁采用竖直腹板箱形截面,底板宽9.0m,顶板宽19.0m,两侧翼缘宽5.0m,主跨梁高在桥墩处为16m(高跨比为1/20.6),在跨中为4.5m(高跨比为1/73.3)。

主跨混凝土主梁顶板厚度为28cm,底板厚度为40~150cm,腹板厚度为50~100cm。混凝土主梁为三向预应力结构,预应力束采用直径为15.24mm的7丝钢绞线,抗拉强度标准值为1 860MPa。所有顶板束均锚固在节段端面的腹板上部,顶板纵向索采用15-21至15-31钢束,顶板横向预应力索采用15-3钢束;竖向预应力除了在主跨桥墩附近12.5m范围内采用了15-12钢束外,在其余部分均采用15-3钢束。

钢箱梁段桥面采用正交异性板,板厚为18mm,并设8mm厚的加劲肋,间距640mm。为有效连接混凝土主梁和钢箱梁,在钢箱梁两端采用了长为2.5m的钢—混结合段,采用填充混凝土后板式。钢箱梁端部的顶板、底板和腹板为双臂板,填充的混凝土与紧邻的混凝土箱梁段的顶板、底板和腹板通过PBL剪力板、预应力钢筋和普通钢筋等连接,并稍往前延伸将其与混凝土横隔板连接。预应力短束锚固在混凝土横隔板和钢箱梁横隔板上,预应力长束锚固在混凝土横隔板后梁段的顶板和底板的齿块上。

复线桥在主跨设置了体外索,其线形设计以后期下挠曲线为基本参照准绳,具有以下布置特点:尽量简化线形,减少转向设置,利于简化结构构造、方便施工和提高体外索使用效率;体外索每一处转折角度较小,并尽量靠近箱梁加腋处布置,以简化转向器的受力和构造。

复线桥边跨桥墩墩身横截面尺寸为4.6m(纵)×9.0m(横),截面形式为空心桥墩,壁厚1m,在墩顶设置活动支座;主跨桥墩为双壁实体钢筋混凝土墩,每个墩壁宽度为2.8m,双壁间净距为5.4m,横桥向墩身总宽10.2m,由两个0.6m的分水尖和9m的墩身构成,桥墩与主梁固结,墩身高度为49.7m。

复线桥在桥梁两侧采用的基础形式不同,石板坡侧墩基桩直径为2.5m,共3×4根,承台尺寸为19m×16m×5.0m,南坪侧采用桥台形式;其余边跨桥墩基桩直径为2.0m,共3×4根,承台尺寸为19m×16m×5.0m;主跨桥墩基桩直径为2.5m,共4×4根,承台尺寸为19m×19m×6m。

复线桥主梁施工大部分采用挂篮悬浇法,南坪侧21.55m和石板坡侧17.55m长梁段和某138m跨跨中45m长梁段采用临时支架施工,主梁使用了C50和C60混凝土。钢箱梁采用吊装施工,在武汉加工完成并两端封口后,采用钢箱梁整体自浮方式,经船运拖至桥址处,采用柔性支撑上的动态吊装设备定位施工。

2.三门峡黄河公路大桥

三门峡黄河公路大桥位于河南省三门峡市北郊,距三门峡水库大坝上游约19km处,是国道209线上的一座特大型桥梁。

大桥主桥为预应力混凝土连续刚构,桥孔布置由北向南为105m+4×160m+105m,桥面设0.3%纵坡,如图2-1-33所示。主桥两端各通过两个9 000kN盆式橡胶支座支承在南桥台和连接墩上,主桥与引桥之间及主桥与南桥台之间分别设置560mm、400mm毛勒伸缩缝。

主梁采用单箱单室箱梁,跨中截面梁高3m,为主跨的1/53.3,墩顶梁高8m,为主跨的

1/20,梁高沿跨径方向按二次抛物线变化。箱底宽9.0m,顶板悬臂4.25m,全宽17.5m,其横截面如图2-1-34所示。

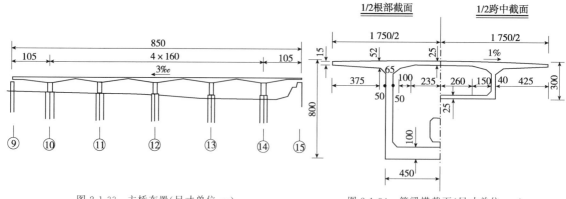

图2-1-33 主桥布置(尺寸单位:m)　　　　图2-1-34 箱梁横截面(尺寸单位:cm)

纵向全桥顶板尺寸基本保持一致(0号块除外),腹板厚度呈台阶式变化[距墩顶30m范围内取65cm(0号块除外),其余部分采用40cm],从而简化了内模板构造,便于施工。

位于墩顶的0号块是悬臂浇筑施工的中心块件,受力较为复杂,顶板厚50cm,腹板厚80cm,底板厚120cm。

闭口箱形截面抗弯和抗扭刚度大,故只在根部墩身上设置厚160cm的横隔板两道,与墩身连成整体,在边跨端部,将顶、底板及腹板加厚,形成加劲框架,起到柔性横隔板作用,同时也为不平衡段底板预应力束提供锚固位置;由于其他部位无横隔板,可减轻梁的自重并简化施工工艺。

单箱单室箱形连续刚构采用三向预应力设计。其纵向顶板预应力束采用27φ15.24mm按美国ASTMA416-87a生产的250级钢绞线,XYM和OVM型锚具,每束张拉控制力为4 864kN,纵向底板预应力束采用19根与顶板相同的钢绞线和同类锚具,每束张拉控制力为3 423kN。

纵向顶底板钢束均采用平竖弯相结合的空间曲线,集中锚固在腹板顶部的承托中,底板钢束尽可能靠近腹板的加厚板(齿块)并在其上锚固。

横向预应力也采用低松弛预应力钢绞线,BM15-4预应力体系,单端交替张拉,张拉控制力720kN,钢束间中心距65cm。夹片式扁锚是一种新型的预应力锚固体系,其垫板是长方形的,长边边长是短边边长的3倍。其管道是扁的,采用两个半圆形和矩形组成的形状,长边边长是短边边长的3.5倍左右,喇叭管为扁形放射状。采用扁锚后,减少了顶板厚度,实现了按内力需要来布设预应力。

腹板内竖向预应力采用φ32mm的预应力高强精轧螺纹粗钢筋、YGM型锚具,张拉控制力为540kN,以中心间距65cm的单根或双根作竖向张拉。

箱梁施工时,主桥共有五个单T构,每个单T构以墩对称每边分成19段,墩顶上部8m为0号梁段。1~4号段长3m,5~9号段长3.5m,10~19号段长4.5m。最重梁段1 877kN,6个合龙段(20号)长均为3m。

梁段划分主要受以下因素的影响:

(1)目前的技术水平。挂篮的最大承载力为2 000kN,最大抗倾覆力矩为4 500kN·m,承载力与自重之比为2。

(2)由于顶、底板钢束采用大吨位群锚,并集中锚固在腹板的承托上,因此,每个梁段的锚固位置最多只有 4 束。根据受力平衡需要尽量对称锚固,即每个截面锚固的钢束只能是 2 束或 4 束。梁段划分确定后,顶板钢束的数量在构造的制约下基本确定。

(3)梁段划分要满足预应力管道弯曲半径及最小直线段长度的要求。

(4)梁段规格应尽量减少,以利于挂篮悬浇施工。

0 号段和 1 号段在用万能杆件拼装的托架上浇筑,2~19 号段用挂篮悬浇,两端跨内的 23.5m 立支架现浇。施工合龙顺序经比较研究,根据施工进度和结构受力,采用先合龙边跨,然后次边跨,最后中跨的方案。

各合龙段在合龙前,为保证两边已浇梁段位置的相对固定,设置了临时刚性支撑,张拉上下各 2 根临时预应力钢束,形成顶压抗拉近于刚性的接头,同时在浇筑合龙梁段混凝土前,在合龙段两边已浇梁段前端利用水箱加水的办法进行压重(其重量相当于合龙段的重量),然后边浇筑混凝土边放水以撤去基本等于浇筑混凝土重量的压重,以保证合龙段两边已浇梁段相对高程基本不变。

本桥主桥上部箱梁采用悬臂浇筑法施工,最大悬臂施工长度为 78.5m。设计时从可能出现的最不利受力图式出发,对最大悬臂状态的施工荷载作如下考虑:

(1)考虑梁重不均匀,一个悬臂自重增大 4%,另一个悬臂自重减少 4%。

(2)挂篮、现浇块件及施工机具的动力系数,一端采用 1.2,另一端采用 0.8。

(3)最后一个悬臂浇筑梁段不同步施工,一端施工,而另一端空载。

(4)由于梁体上堆存有工具材料,计算时取一悬臂作用有 8.5kN/m 均布荷载,并在其端头有 200kN 集中力,另一悬臂空载。

(5)一端挂篮、浇筑段突然坠落,冲击系数取 2.0。

(6)风力:从保守的风载组合出发,当主墩施工到最大悬臂长度时,取一端悬臂承受 100%的风载,而另一端空载(图 2-1-35),其基本风压 $W_0 = 500$Pa。

(7)地震力:根据有关资料,施工阶段按 7 度地震验算。

计算过程中,根据实际情况考虑了下面几种荷载组合:

组合(1):荷载①+荷载②+荷载③。

组合(2):荷载①+荷载②+荷载③+荷载④+风载。

组合(3):荷载①+荷载②+荷载③+荷载④+地震荷载。

组合(4):荷载①+荷载②+荷载⑤。

各种组合状态下墩身截面应力见表 2-1-10。

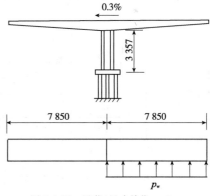

图 2-1-35 风载(尺寸单位:cm)

由此表明:

(1)在挂篮坠落荷载作用下,主梁、柱、桩验算不通过,因此施工过程中要采取压重和后锚等多种安全措施来确保挂篮不会坠落。

(2)除挂篮坠落荷载外,在各种不对称荷载的不利组合下,主梁、柱、桩的应力均小于容许值。主梁、柱、桩均很安全,说明本桥具有较强的抗风能力,也没有必要采取临时加固措施抵抗地震荷载。

(3)在不对称荷载作用下,桩、柱混凝土出现开裂,因此在施工过程中,应尽量对称施工,严格控制箱梁自重,大风天气应停止施工。

各种荷载组合状态下墩身截面应力(单位:MPa)　　表 2-1-10

| 荷载组合及截面 | | | 混凝土最大主压应力 | 混凝土最大主拉应力 | 钢筋最大压应力 | 钢筋最大拉应力 |
|---|---|---|---|---|---|---|
| (1) | 左壁 | 壁顶 | 5.2 | 0.0 | 31.1 | — |
| | | 壁底 | 5.8 | 0.0 | 34.9 | — |
| | 右壁 | 壁顶 | 1.0 | 0.0 | 4.9 | 27.2 |
| | | 壁底 | 1.4 | 0.0 | 8.3 | |
| (2) | 左壁 | 壁顶 | 7.0 | 0.1 | 42.0 | — |
| | | 壁底 | 7.2 | 0.1 | 42.9 | — |
| | 右壁 | 壁顶 | — | 0.8 | — | 68.0 |
| | | 壁底 | 2.9 | 0.4 | 16.9 | 12.3 |
| (3) | 左壁 | 壁顶 | 6.9 | 0.0 | 41.0 | — |
| | | 壁底 | 9.2 | 0.0 | 54.3 | — |
| | 右壁 | 壁顶 | 1.4 | 0.7 | 1.2 | 159.4 |
| | | 壁底 | 6.1 | 0.1 | 29.8 | 134.6 |
| (4) | 左壁 | 壁顶 | 9.7 | 0.0 | 57.9 | — |
| | | 壁底 | 10.6 | 0.0 | 63.3 | — |
| | 右壁 | 壁顶 | — | 4.1 | 385.3 | 517.8 |
| | | 壁底 | — | 3.3 | 300.4 | 424.5 |

本桥设计由于采用了大吨位预应力锚具和高强度混凝土,改善了断面尺寸,减少了上下部的工程数量。全桥主要用材量见表 2-1-11。

全桥主要用材量　　表 2-1-11

| 项　目 | | 数　　量 | | | 折合每 m² 桥面 | | |
|---|---|---|---|---|---|---|---|
| | | 混凝土(m³) | 预应力钢材(t) | 其他钢材(t) | 混凝土(m³) | 预应力钢材(t) | 其他钢材(t) |
| 主桥 | 上部 | 15245 | 977.6 | 1810 | 0.97 | 0.06 | 0.12 |
| | 下部 | 15670 | | 1458 | 1.00 | | 0.09 |
| | 全主桥 | 30915 | 977.6 | 3268 | 1.97 | 0.06 | 0.21 |

# 第四节　配筋设计原则与构造特点

钢筋混凝土梁桥的配筋原则及计算方法在《结构设计原理》课程中已做详细的介绍,这里不再赘述。在此仅根据钢筋混凝土不同梁桥配筋构造特点,做进一步介绍。重点介绍各种预应力混凝土梁桥的配索原则及其构造特点。具体设计及施工时,应满足《公路钢筋混凝土及预应力混凝土桥涵设计规范》(JTG D62—2004)及《公路桥梁抗震设计细则》(JTG/T B02-01—2008)在配筋构造上的规定。

## 一、钢筋混凝土梁桥配筋构造

1. 整体式钢筋混凝土简支板

钢筋混凝土整体式板桥的配筋如图 2-1-36 所示。

在整体式钢筋混凝土板桥中,靠两侧边缘约1/6板宽的范围内的主钢筋,通常要比中间板带部分密一些,一般增加15%。这是因为当车辆荷载偏近板边时,参与受力的板宽(荷载有效分布宽度)要小一些,板边受力要比中间板带受力不利一些。对于承受重荷的宽桥,当荷载作用在板的两侧边缘时,板中部将产生负弯矩,因此还必须在板的顶部配置适量的横向钢筋。根据《公路钢筋混凝土及预应力混凝土桥涵设计规范》(JTG D62—2004)规定,钢筋混凝土板的主筋直径不应小于10mm,主筋间距不大于20cm。在垂直于主筋方向,还布置有一定数量的分布钢筋。这是因为板在车辆荷载作用下垂直主跨方向将产生弯曲(双向受力)。主筋与分布钢筋构成的纵横钢筋网尚可防止由于混凝土收缩、温度变化等引起的裂纹。对于分布钢筋,其直径应不小于6mm,且间距不大于25cm,同时分布钢筋在单位长度板内的截面积应不少于主筋截面积的15%。此外,板内主筋一部分可以弯起外,通过支点的主筋每米板宽内不少于3根,截面积不少于主筋截面积的1/4。板的混凝土净保护层不少于20mm。整体式板内主拉应力较小,按计算不需设置弯起的斜钢筋,但习惯上还是将一部分主筋按30°或45°方向,在跨径1/6~1/4处弯起。整体式板桥较多用于变宽异形板桥上,其主筋和分布钢筋的构造布置要求可参照上述原则。

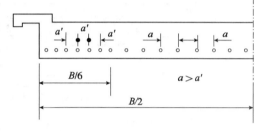

图 2-1-36　整体式钢筋混凝土简支板桥配筋

2.装配式钢筋混凝土简支板桥

装配式板桥的布筋原则,基本上同整体式板桥一样。

图2-1-37所示为公路装配式钢筋混凝土空心板标准图。跨径13m,斜角10°,对应桥宽:2×净-7、2×净-7.5、净-7、净-9,设计荷载:汽—超20、挂—120,板高0.55m,标准板宽1.24m,块件间隙1cm。每块空心板挖有2个φ39cm圆孔,孔壁厚10cm。每块板内配置20根φ22螺纹钢筋作为主筋;近1/4跨至支点范围布置有按45°弯起的斜筋,以承受区段内较大的主拉应力;开口型的箍筋形式有利于心模的安装。以中板为例,板整个钢筋骨架是由架立钢筋(7号)、主筋(1号、2号)、斜筋(3号~6号)组成钢筋骨架片,再连同9号、10号箍筋形成整体。

预制板安装就位后,现场浇筑铰缝混凝土和桥面铺装,使各预制板形成整体受力的一座简支板桥。

3.装配式钢筋混凝土简支梁桥

装配式钢筋混凝土简支T梁的配筋特点,已在《结构设计原理》有关章节中叙及,下面举一跨径20m的装配式T梁标准图的钢筋构造实例进行说明(图2-1-38)。

T梁的设计荷载为汽车—超20级,验算荷载为挂车—120。梁长19.96m,梁高1.5m,设置5道横隔板并以钢板连接,支座中心(理论支承线)至梁端的距离为0.23m(由支座构造布置确定),当多跨布置时,在墩上相邻的梁端之间留有4cm的伸缩缝。主梁间桥面板采用现浇混凝土。

每根梁内总共配置14根φ32的纵向受力钢筋,均为Ⅱ级钢,它们的编号为1~6,其中处于梁底的4根1号钢筋(占主筋截面积的20%以上)通过梁端支承中心;沿跨长,按梁的弯矩图形和抗剪强度的要求,部分主筋在一定位置弯起,并加设斜筋。

设于梁顶部的7号为架立钢筋,采用φ22,它在梁端向下弯折并与伸出支承中心的主筋1号相焊接。

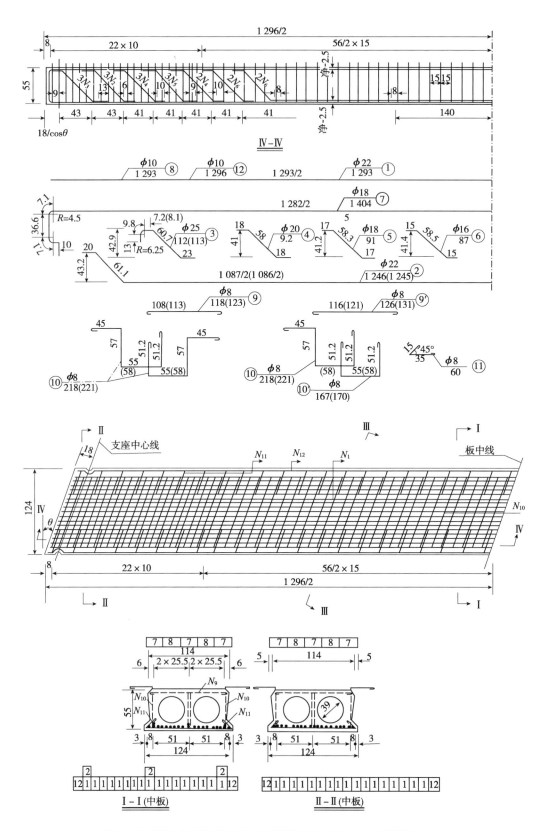

图 2-1-37 装配式钢筋混凝土简支板桥配筋(尺寸单位:cm;钢筋直径:mm)

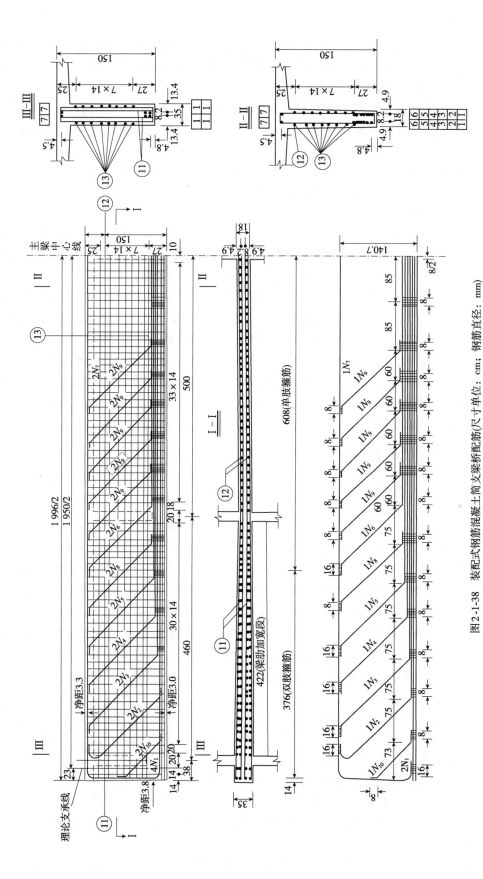

图 2-1-38 装配式钢筋混凝土简支梁桥配筋(尺寸单位：cm；钢筋直径：mm)

箍筋 11 号、12 号采用 φ8 的Ⅰ级钢筋,其间距为 14cm,近支点处的剪力较大,为满足剪切强度需要,通常采用缩小箍筋间距或箍筋改用强度更高的 φ10 Ⅱ级钢筋,本例在支点部分采用四肢式箍筋,在跨中部分则用双肢箍筋。

为了防止混凝土收缩及桥面局部温差引起腹板开裂,设置 13 号(φ8)防裂分布钢筋,间距 14cm。对简支 T 梁,在恒载作用下,腹板下部受拉,上部受压,故防裂钢筋可采用下密上疏方法布置。

每片平面钢筋骨架的重量为 9.1kN,一片主梁的焊缝(焊缝厚度 δ=4mm)总长度为 58.24m。每根中间主梁的安装重量为 322.0kN。

4. 其他钢筋混凝土梁桥

除了整体式板桥、装配式板梁和 T 梁,钢筋混凝土结构还可应用于悬臂梁和连续梁等。目前,装配式钢筋混凝土的悬臂梁和连续梁运用较少,在城市跨线桥上仍较多使用的是现场整体浇筑的悬臂梁和连续梁,主要是由于钢筋混凝土桥梁的施工简易。

无论是悬臂梁或连续梁,梁内主钢筋须根据结构弯矩包络图进行布置,以满足正、负弯矩的要求;斜钢筋则可根据抵抗主拉应力的需要设置,既可由上下部主钢筋弯折而成,也可另外配置。对整体式钢筋混凝土连续板梁桥有公路部门的标准图可查。

在城市立交桥、高速公路的互通立交匝道出入口,构造形式往往为"异形结构",对此较难布置成规则的结构形式,通常可选取的构造布置形式有:设置钢筋混凝土或预应力混凝土 T 梁,并通过调整 T 梁间现浇翼缘板宽度形成"异形结构";采用非规则的整体现浇的钢筋混凝土板或箱形结构。结构的钢筋配置必须按空间结构的受力特性进行设计。

## 二、预应力混凝土梁桥的配筋原则

1. 预应力束筋配束原则

预应力混凝土梁桥结构的配束原则为:

(1)应选择适当的预应力束筋的形式与锚具形式。对不同跨径的梁桥结构,要选用预加力大小恰当的预应力束筋,以达到合理的布置形式。避免造成因预应力束筋与锚具形式选择不当,而使结构构造尺寸加大。因为当预应力束筋选择过小,每束的预加力不大,在大跨结构中造成布束过多,因构造尺寸限制布置不下时,则要求增大截面。反之,在跨径不大的结构中,如选择尺寸与预加力很大的单束筋,也可能使结构受力过于集中而不利。

(2)预应力束筋的布置要考虑施工的方便,也不能如钢筋混凝土结构中任意切断钢筋那样去切断预应力束筋,而导致在结构中布置过多的锚具。由于每根束筋都是一巨大的集中力,这样锚下应力区受力较复杂,因而必须在构造上加以保证,为此常导致结构构造复杂,而使施工不便。

(3)预应力束筋的布置要符合结构受力的要求,既要满足施工阶段受力要求,又要满足成桥后使用阶段各种荷载组合下的受力要求;既要满足抗弯的需要,又要满足抗剪的需要。要注意在超静定结构体系中避免引起过大的结构次内力。

(4)预应力束筋配置,应考虑材料经济指标的先进性,这往往与桥梁体系、构造尺寸、施工方法的选择都有密切关系。预应力束在结构横截面上布置要考虑剪力滞效应(见第六章)。

(5)预应力束筋应避免使用多次反向曲率的连续束,因为这会引起很大摩阻损失,降低预应力束筋的效益。

(6)预应力束筋的布置,不但要考虑结构在使用阶段的弹性受力状态的需要,而且也要考虑到结构在破坏阶段时的需要。

2. 预应力束筋布置形式

预应力束筋的布置形式与桥梁结构体系、受力情况、构造形式、施工方法都有密切关系。

如果其他条件已选择确定，那么，预应力束筋的布置形式应根据结构受力要求确定。在预应力混凝土梁桥的静定结构体系中（如简支梁、悬臂梁），通常以最大设计内力图（弯矩包络图）的全部纵坐标除以一个常数，即可得沿跨径的预应力束筋的偏心距。这些偏心距的连线即是预应力束筋的重心线，也是预应力束筋的压力线。而对预应力混凝土梁桥的超静定结构，根据第五章的等效荷载与吻合束原理，也可同样获得预应力束筋的布置形式。

图 2-1-39 和图 2-1-40 表示在单悬臂梁或双悬臂梁中布置连续预应力束筋的形式。这通常应用在有支架的现浇预应力混凝土结构上。无论在短跨或长跨、短悬臂或长悬臂的结构中，它显示如何利用结构变截面的特点，使预应力束筋的布置既符合受力的要求，又尽可能使预应力束筋的曲率减缓，而降低预应力的摩阻损失，充分利用有效预加力。

图 2-1-41 表示就地现浇连续梁的预应力束筋布置形式。在短跨的等截面的连续梁中，可以选用连续曲束布置[图 2-1-41a)]，而在较长的连续梁中，为了减小连续束预应力的摩阻损失，在梁顶上或梁底部设置锚固端[图 2-1-41c)]，在梁的构造上要设置凹槽，可放置锚具并便于安装千斤顶张拉，凹槽在张拉后用混凝土填封。当采用这种预应力束筋时，为防止在中间锚固处因集中较大的锚固力（偏心距较大）而导致结构另一缘的拉裂，通常需要布置较多的非预应力钢筋。在跨径不大的变截面连续梁中，可在支点截面上布置帽束（cap cable），如图 2-1-41d)所示。在较大跨径的变截面连续梁中，应利用梁的形心轴线变化而使束筋曲率不大的布置形式，从而获得较大的偏心距，如图 2-1-41b)所示。预应力束筋的有效偏心距是从束筋重心处至梁截面形心轴的距离。

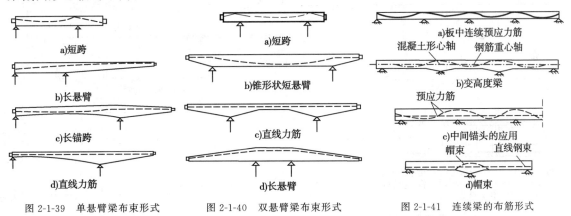

图 2-1-39 单悬臂梁布束形式　　图 2-1-40 双悬臂梁布束形式　　图 2-1-41 连续梁的布筋形式

图 2-1-42 所示为在预制的预应力混凝土简支梁架设后，再应用预加力手段使结构在支点上连续，即简支转换成连续梁的施工方法。从图中可看到，可以采用不同的预加力手段达到结构连续的目的，如全跨的后张的连续束、支点上短束、帽束等，或用连接器把简支梁的束筋予以连续。在小跨结构中，亦可采用布置非预应力钢筋或横向预应力筋的连接方法，如图 2-1-42f)、d)所示。

在逐跨架设法的连续梁中，常采用以连接器接长的预应力束筋来布置，如图 2-1-43 所示。结构是一孔接着一孔架设施工和张拉的，为达到施工方便和结构受力有利（减小结构次内力），一般设计时，把接头选在靠近支点的 $0.2l$ 处（此处接近梁的弯矩零点处），使预应力束筋散开，以便于连续和施工,只要求预应力束筋的预加力的合力仍保持在它的设计要求的高度上。

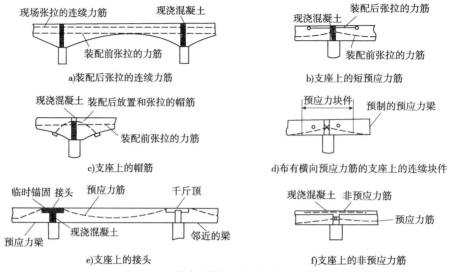

图 2-1-42 简支梁转换为连续梁的布束形式

图 2-1-44 所示为采用悬臂施工法的连续梁布束形式。这是一座三跨连续梁桥,首先从中墩开始平衡悬臂施工,所有布置在梁顶的束筋主要承受结构的重量与施工荷载,连续弯束是根据连续梁承受活载的需要而布置的,而在中跨的合龙梁段附近的下缘束和边跨用支架施工端部梁段的下缘束除了承受活载需要外,常因结构次内力在这些部位产生正弯矩而需要布置。在实际设计中,大跨连续梁布束形式更为复杂,但其主要的布束原则与形式还是类同的。

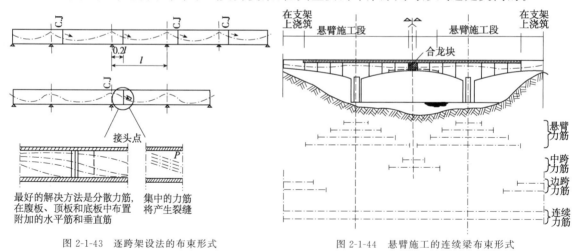

图 2-1-43 逐跨架设法的布束形式　　　　图 2-1-44 悬臂施工的连续梁布束形式

在不等跨径的连续梁中,我们可以布置不同束数的预应力束筋以获得所需要的预加力值,如图 2-1-45 所示。

应该指出,预应力混凝土梁桥结构体系,在施工阶段所需布置的预应力束筋与结构使用状态下所需的预应力束筋,如布置形式与受力要求的束数控制都无矛盾,而取得了一致,这就是最经济的设计。而顶推法施工的连续梁,它因施工阶段受力的包络图与连续梁的设计内力包络图很不一致。因而导致在连续梁顶推施工中要布置施工临时束,然后在最后形成连续梁后予以拆除。这将使施工中张拉顺序复杂化,并多用一些预应力束筋,这是不经济的。然而在施工的其他方面,如机具简单,固定台座生产预制梁段逐步顶推等优点又节省了劳力与费用。所以,顶推法施工在布束条件上是不利于节约材料的,只有在某些特定条件下采用才可能达到综合经济效益。而预应力混凝土T形刚构的悬臂施工法,使结构在施工时的布束原则和形式与结构使用状态下的要求完全取得一致,因而预应力束筋用材最小,根据统计资料分析,T形刚构的预应力束筋用料比连续梁要节省10%～15%。因为连续梁的结构次内力,以及体系转换往往需要布置正弯矩束。

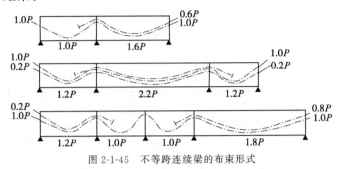

图 2-1-45 不等跨连续梁的布束形式

随着桥梁结构的发展,主要承重构件的截面不断趋于减小,构件自重趋于减轻,大吨位预应力体系和高强混凝土的应用正迎合了这一需要。20世纪80年代中期前,经常采用的预应力体系为高强钢丝和弗氏锚,在同等受力条件下,构件的截面尺寸往往由预应力布索控制;现代高强度低松弛钢绞线和群锚体系以及高强混凝土的普遍采用,使截面尺寸由布索控制转为构件受力控制而得以大幅度减小,同时也减轻了对下部结构和基础的承载要求,减小了对施工设备的要求。

以下介绍几种采用高强度低松弛钢绞线和群锚作预应力体系的预应力混凝土梁桥配筋构造。

### 三、预应力混凝土梁桥配筋构造

1. 装配式预应力混凝土简支空心板桥

一般装配式预应力混凝土简支空心板有先张法和后张法之分。

图 2-1-46 所示为跨径13m的先张法预应力混凝土空心板桥,采用Ⅳ级冷拉预应力钢筋作为主筋,预应力钢筋端部配置螺旋筋加强自锚作用;板端顶面加倍配置非预应力筋,以承受因预应力钢筋的张拉而在板上缘产生的拉应力。对更大跨径的先张法预应力混凝土空心板,为避免预应力在板端部出现过大负弯矩,对板端部的部分纵向束筋用套管包裹,不使其与混凝土黏着,达到预应力在此区段失效,预应力的失效长度须根据弯矩图确定。支点附近剪力较大,箍筋须加密加粗。

在跨径20m的公路后张法预应力混凝土空心斜板标准图中,采用大扣孔的截面形式,并利用波纹管形成预应力索孔道,每块板共布置了4束$\phi^s15.2$的高强度低松弛钢绞线,其中两束预应力钢束上弯以满足抵抗主拉应力的需要。大扣孔的截面能减少混凝土用量。一块板的钢绞线材料用量为650kg。

2. 装配式预应力混凝土简支梁桥(T梁)

预应力混凝土简支T梁中,除了预应力束筋的布置外,还有其他非预应力筋,如箍筋、水平分布钢筋、锚固端加强钢筋网的布置问题。

(1)预应力束筋的布置

在后张法装配式预应力混凝土简支梁中,束筋在离开跨中后逐渐弯起,以满足受力和锚固的要求。束筋一般锚固在梁端,如图 2-1-47a)所示。

当预应力混凝土梁跨径较大或梁高受限制,梁端不能锚固所有束筋时,可将部分力筋弯出梁顶,如图 2-1-47b)所示,这样的束筋布置使预应力的张拉操作比较烦琐。弯出梁顶的束筋因弯角增大,预应力的摩阻损失也随之增大。此外,这种锚头布置将干扰桥面板的钢筋布置,其弊病较多。然而,束筋提前弯出梁顶,可减少束筋长度,对抗剪也有好处,但最大的优点是,对于跨径较大的 T 梁,为减少吊装重量,它的预制部分梁的自重比成桥后恒载小得多,预张拉阶段如果张拉全部预应力束筋,将会使梁上缘开裂而破坏,因此必须将一部分束筋锚固在梁顶上,当梁拼装完成后,再在桥面上进行二次预应力张拉。

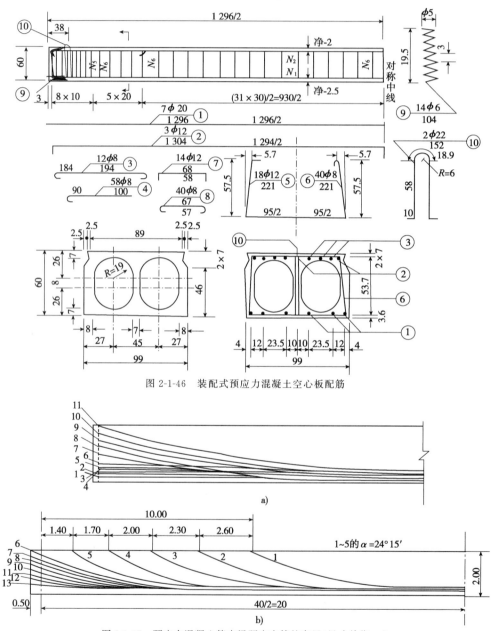

图 2-1-46 装配式预应力混凝土空心板配筋

图 2-1-47 预应力混凝土简支梁预应力筋的布置(尺寸单位:m)

预应力束筋在梁内的位置可以利用束界的概念来确定。当束筋布置后的重心位置在束界界限内,即能保证梁的任何截面在弹性阶段时,梁的上、下缘应力不超过规定值。根据设计经验,一般简支梁跨中最大弯矩区段变化甚小,束筋大致在梁的三分点左右才开始弯起,先按构造要求布置,然后再予以验算。

从束筋起弯提供预剪力来看,根据经验,梁在跨中部分肋宽已能足够承受荷载剪力,一般在三分点到四分点之间开始才需要将束筋弯起,以帮助抵消部分荷载剪力。

此外,束筋起弯后,截面亦还须满足承载能力极限状态、正常使用极限状态时截面强度和应力的要求。

从减少摩阻损失的角度出发,束筋的弯起角度 $\alpha$ 不宜大于 $20°$,一般弯至梁端的束筋都能满足这一要求,而弯出梁顶束筋的弯起角通常都在 $20°\sim30°$。对弯出梁顶的束筋应采取适当措施来减小摩阻损失。

具体束筋的起弯点及弯起角要考虑束在横截面位置及锚固位置,如图 2-1-48 所示。位于梁中心线的⑤⑥⑦束可以沿着梁肋弯起,在满足受力要求情况下,起弯点不受构造上的限制;位于两侧的③④束,它的弯起将受到下马蹄构造的限制,为减少梁的自重,一般下马蹄在离梁端第一道横隔板处才开始逐步加高,则③④束的起弯点将在第一道横隔板附近,位于梁端的一侧。①②束弯起仅考虑梁端锚固的需要。

束筋的曲线形状可采用圆弧线、抛物线或悬链线。在矢跨比较小的情况下,这三种曲线各点坐标相差不大,可以任选一种。采用悬链线使施工放样比较方便,当曲线在梁端与跨中的位置确定后,束筋(或制孔器)按其自重下垂即可形成悬链线,定位比较方便。但悬链线两端起弯不急,而圆弧线的弯起角度较快,为在支点附近获得较大的预剪力,故多数梁在中部保持一段水平直线后便按圆弧弯起。这虽要增设定位筋,但圆弧线在施工时计算和放样都较简单。

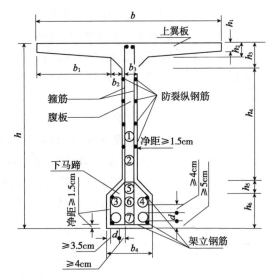

图 2-1-48 横截面内的力筋和普通钢筋

力筋弯起的曲率半径,可按《公路钢筋混凝土及预应力混凝土桥涵设计规范》(JTG D62—2004)的有关规定采用:

钢丝束、钢绞线的钢丝直径等于或小于 5mm 时,不宜小于 4m;钢丝直径大于 5mm 时,不宜小于 6m;

精轧螺纹钢筋的直径等于或小于 25mm 时,不宜小于 12m;直径大于 25mm 时,不宜小于 15m。

预应力束筋在横截面上布置:当按跨中截面的设计弯矩计算出跨中截面所需的预应力束筋的根数后,便可进行束筋的排列布置。排列的原则是预应力束筋在满足构造要求的同时,尽量相互紧密靠拢,以减少下马蹄的尺寸,减轻自重;并在保证梁底保护层的前提下,尽量使预应力束筋的重心靠下,以便获得较大的预应力弯矩,节省高强钢材。横截面束筋布置的规则可参见图 2-1-48。

预应力筋在梁端上锚具的原则为:

①锚具在梁端的布置应尽量减小局部应力。一般地说,采用集中的、过大的锚具对锚固区受力是不利的。

②锚具在梁端布置,应满足安放张拉设备所需要的锚具间最小净距的要求。

③锚具应在梁端对称于纵轴布置。

梁端应至少超出支座轴线 $h/3$ 或 0.6m,使预加力能参与支座反力的作用。

装配式预应力混凝土简支梁桥配筋实例见第九章。

(2)非预应力钢筋的布置

预应力混凝土梁如同钢筋混凝土梁一样,按《公路钢筋混凝土及预应力混凝土桥涵设计规范》(JTG D62—2004)规定,应布置箍筋、水平分布钢筋(防裂纵钢筋)、架立钢筋等。所不同之处是因束筋在近梁端处弯起,提供预剪力以抵消部分荷载剪力,故箍筋数量比钢筋混凝土梁要少一些;此外束筋提供全梁腹板截面有较大的纵向预压应力,故预应力梁的抗裂性较普通钢筋混凝土梁要好得多,预应力混凝土梁的纵向水平筋的用量要少一些。

除了上述普通钢筋外,预应力混凝土梁还要设置以下一些非预应力钢筋。

①非预应力纵向受力钢筋

在预应力混凝土简支梁中,有时为了补充局部梁段内强度的不足,有时为了满足极限强度的要求,有时为了更好地分布裂缝和提高梁的韧性,可以将非预应力钢筋与预应力钢筋协同配置,这样往往能达到经济合理的效果。

图 2-1-49a)表示当梁中预应力筋在两端不便弯起时,为了防止张拉阶段在梁端顶部可能开裂而布置的受拉钢筋。

对于自重比恒载小得多的梁,在预加力阶段,跨中部分上翼缘可能会因开裂而破坏,因而也可在跨中部分的顶部加设非预应力的纵向受力钢筋[图 2-1-49b)]。这种钢筋在运营阶段还能加强混凝土的抗压能力,在破坏阶段则可能提高梁的安全度。

图 2-1-49c)所示在跨中部分下翼缘内设置的钢筋,在全预应力梁中用于补足极限强度的需要,并且,这种钢筋对于配置不黏结预应力筋的梁能起分布裂缝的作用。

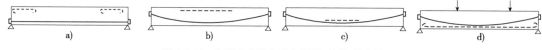

图 2-1-49 非预应力纵向受力钢筋(虚线)的布置

此外,非预应力的钢筋还能增加梁在反复荷载作用下的抗疲劳强度。

②马蹄中的闭合箍筋

纵向束筋集中在马蹄部分,它的混凝土承受很大的压应力,故马蹄中需设置闭合箍筋,箍筋间距不大于 15cm(肋内箍筋一般不大于 25cm);而在梁端附近(自锚固端算起,约为 1 倍梁高长度内)间距应为 6~8cm,用来加强梁端承受局部应力。当马蹄宽度大于 50cm 时,箍筋应不少于 4 肢。

③锚固区的加强钢筋

在梁端锚固区应力非常集中,在锚具附近不仅有很大的压应力,还有很大的拉应力。因此,为防止锚具附近混凝土裂缝,必须配置足够的钢筋予以加强。

图 2-1-50 所示为梁端锚固区的配筋构造。加强钢筋网的网格约为 10cm×10cm。锚下设置厚度不小于 16mm 的钢垫板与 $\phi 8$ 的螺旋筋,以提高混凝土的抗裂性能。配置加密钢筋网的范围一般是 1 倍于梁高的区域。

也可采用带有预埋锚具的预制钢筋混凝土端板来锚固预应力筋,如图 2-1-51 所示。此时除了加强钢筋骨架外,锚具下设置两层叉形钢筋网,施工起来也较方便。

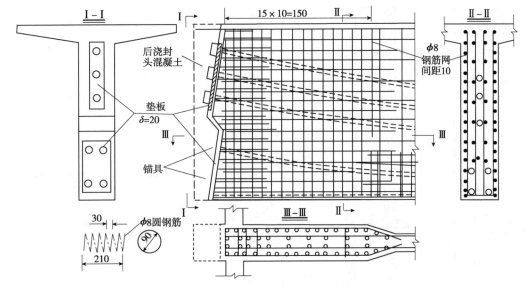

图 2-1-50　梁端的垫板和加强钢筋网(尺寸单位:cm)

目前用于预应力钢绞线的锚具(如 OVM 锚)已包括了钢垫板、螺旋筋在内的整套抵抗锚固区局部承压所需要的加强措施,故不需要再配置上述加强钢筋。

3. 装配式部分预应力混凝土单悬臂梁桥

图 2-1-52 为一座三孔装配式单悬臂梁桥,全桥分孔布置为 25m+35m+25m。跨径 35m 的中孔是由 5m 的悬臂与 25m 跨径的预应力混凝土挂梁所组成。按图中的预应力配束,在挂车荷载组合下,墩顶截面上缘应力将超过 $0.9R_L^b$ 接近 3MPa,属于 B 类部分预应力混凝土构件。如果增加墩顶束筋,则在未安装挂梁时,墩顶下缘拉应力过大,反之按部分预应力混凝土结构设计,可以节省昂贵的预应力钢绞线及锚具。在经常荷载作用下,墩顶上缘混凝土裂缝是闭合的,其使用性能要优于普通钢筋混凝土构件。

4. 预应力混凝土连续梁桥

预应力混凝土连续梁预应力束筋布置方式与所采用的施工方法及预应力筋的类型有密切关系,这已在配束原则中讨论过。图 2-1-53 所示为采用悬臂浇筑法施工的我国上海市跨越黄浦江的奉浦大桥纵向预应力筋布置示意图。布置在箱梁顶板从支点向悬臂两侧伸展的直束与弯束是承受负弯矩的预应力束筋。跨中部分布置在箱梁底板中的直束与部分弯起束,以及顶板上少量直束为连续束,主要承受跨中区段内的正、负弯矩,这部分连续束是在跨中合龙段浇筑后再张拉锚固的。主跨支点截面布置 $7\phi^j15.24$ 高强低松弛钢绞线 218 束,中孔跨中箱梁底部布置 68 束正弯矩束,边孔各布置 70 束正弯矩束。为了减少弯束的预应力平弯损失,以及满足箱形截面正应力分布的需要,纵向预应力束在箱梁横截面布置上,弯束集中在腹板两侧。箱梁在支点到 1/4 跨区段内剪力引起的主拉应力较大,除布置纵向弯束抗剪外,对跨径较大、腹板高度高的连续梁还需设置竖向预应力筋。本桥采用三向预应力,预应力钢筋用量为 $69.2kg/m^2$,非预应力钢筋为 $95.5kg/m^2$,混凝土为 $0.91m^3/m^2$。

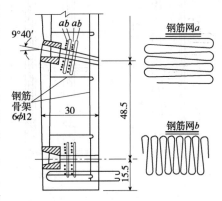

图 2-1-51　预制钢筋混凝土端板和叉形钢筋网(尺寸单位:cm)

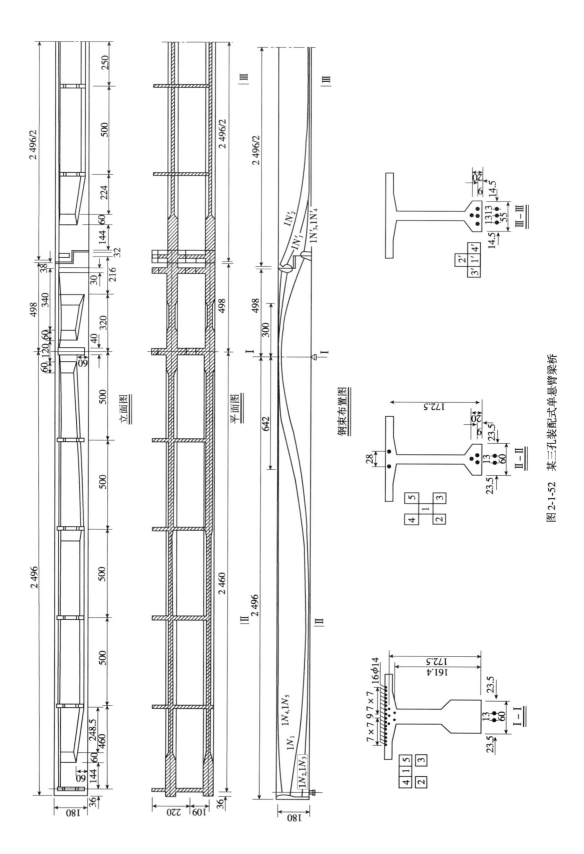

图 2-1-52 某三孔装配式单悬臂梁桥

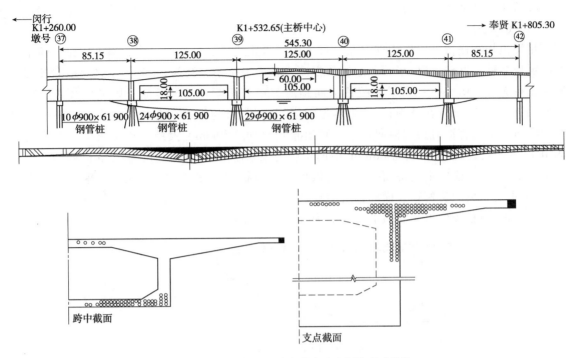

图 2-1-53 奉浦大桥纵向预应力筋布置示意图(尺寸单位:m)

对纵向预应力钢束,另外一种可取的布置方式是全部采用在顶、底板锚固的直束,以竖向预应力解决主拉应力问题。在顶推法施工的等高度连续梁中,往往采用这种布束形式。

5. 体外配筋的预应力混凝土桥

体外预应力钢束形式可以是直束和折线束,直束直接锚固在两端锚固块上,而折线束则通过梁体上设置的转向块保证线形走向。图 2-1-54 所示为一体外配筋的预应力混凝土桥示意图。

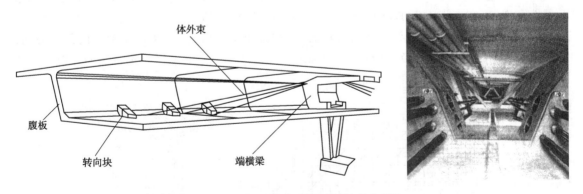

图 2-1-54 体外配筋的预应力混凝土桥示意图

体外筋的防护十分重要,常用的防护方法是在束筋外包聚乙烯管,目前国内已有专门产品供应。在横隔梁和转向块处需预埋镀锌钢套管,钢套管与聚乙烯套管间常采用氯丁橡胶管连接。

体外配筋的优点是预应力束不需设置预留孔道,不削弱主梁截面,减薄梁顶板、底板和腹板尺寸,施工中也不会出现因为漏浆堵塞管道而带来的麻烦。但体外配筋对结构及管道防护设施要求较高,体外预应力束的疲劳强度及结构的极限承载能力有所降低。尽管如此,国内外在近期相继修建了一批体外配筋的预应力桥梁。

6. 箱梁的其他预应力筋

(1) 横向预应力筋

箱梁顶板在横桥方向作为支撑在腹板上的多跨连续桥面板参加工作。当箱梁腹板间距较大或翼板悬臂长度较大时,采用普通钢筋混凝土桥面板是不经济的,此时考虑采用横向预应力混凝土桥面板。图 2-1-55 所示为配置横向预应力束的箱梁顶板。桥面板中横向预应力束一般采用直线布置,设置在桥面板上、下两层钢筋网之间,可与纵向束叠置。桥面板中间最小厚度为纵向预应力管道直径加横向预应力管道直径再加 2×5cm。大跨径连续梁中一般纵向束选用 15-9 钢绞线,管道直径为 88mm,横向预应力束采用扁束,管道高度为 22mm,则桥面板厚度不小于 21cm。横向束在桥面板中部受顶板厚度限制,偏心距较小,可在承托附近缓缓向上弯曲,以承受较大的负弯矩。横向预应力束的间距一般采用 0.5~1.0m,一般张拉端和内锚固端交替布置,每根预应力筋的预加力一般为 300~600kN。

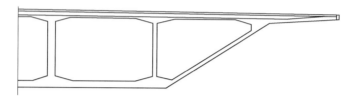

图 2-1-55 桥面板内的横向预应力筋布置图

此处要强调一点,对布置有预应力钢束的顶、底板,预应力管道占去了相当一部分板厚,在外力作用下,预应力管道上下缘的板很可能发生局部屈曲,为此,必须在板内布设一定数量的连接上下构造钢筋网的箍筋,以保证构件的安全。

(2) 竖向预应力筋

箱梁腹板中因有桥面板下弯的纵向预应力束,故主拉应力较小,一般跨径不大的连续梁仅需配制普通的剪力箍筋,箍筋宜选用间距为 10~20cm,直径 $\phi 12 \sim \phi 18$ HRB335 级钢筋。如施工条件容许,可在支点附近加设倾角为 50°~60° 的斜箍筋,如图 2-1-56 所示。对大跨径连续梁,在距支点 1/4 跨区间,箱梁腹板高度较高,为增强箱梁抗剪能力,通常设置竖向预应力筋。竖向预应力筋常用 $\phi^L 25$ 冷拉Ⅳ级钢,轧丝锚或采用 $24\phi 5$ 碳素钢丝,镦头锚。竖向预应力筋的间距为 30~60cm。

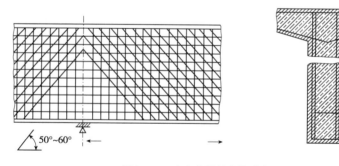

图 2-1-56 支点处腹板配筋形式

## 第五节 其他构造

本节阐述梁桥中有关横隔梁、横向连接、纵向连接、牛腿和剪力铰的构造问题。

## 一、横隔梁

横隔梁在装配式T形梁中起着保证各根主梁相互连成整体的作用,它的刚度越大,桥梁的整体性越好,在荷载作用下各主梁就能更好地协同工作。然而,设置横隔梁使主梁模板工作稍趋复杂,横隔梁的焊接接头又往往要在设于桥下专门的工作架上进行,施工比较麻烦。实践证明,对于简支梁桥,一般在跨中、四分点、支点处各设一道横隔梁就可满足要求。

横隔梁的高度可取为主梁高度的3/4左右。在支点处可与主梁同高,以利于梁体在运输和安装中的稳定性,但如果端横隔梁高度比主梁略小一些,则对安装和维修支座是有利的。

横隔梁的肋宽常用12～20cm。预制时做成上宽下窄和内宽外窄的楔形,以便脱模。

箱梁横隔梁的基本作用是增加截面的横向刚度,限制畸变应力。在支承处的横隔板还担负着承受和分布较大支承反力的作用。箱形截面由于具有很大的抗扭刚度,所以横隔板的布置可以比一般肋形的桥梁少一些。目前许多国家认为可以减少或不设置中间横隔板。从受力角度来分析,中间横隔板对纵向应力和横向弯矩的分布影响很小,活载横向弯矩的增加很少超过8%,而恒载应力又不受横隔板的影响,因此,单从结构上来考虑,中间横隔板的作用可以用局部加强腹板或采取特殊的横向框架的办法来代替。重庆长江大桥主跨跨径174m,悬臂长69.5m,在悬臂中间仅设置一道横隔梁,边跨悬臂长51.5m,中间则不设横隔梁。日本的浦户大桥主跨230m,设5道横隔梁,其间距38m。滨名、彦岛大桥横隔梁间距各为29.30m;德国的本道夫桥横隔梁间距为35m。

箱梁中横隔梁的配筋形式与箱梁的支承方式有关。当支承位于主梁腹板下时,在横梁中只要配置一定数量的水平方向的普通钢筋便可,如图2-1-57所示。当支承并不通过主梁腹板轴线,而是通过箱梁轴线支承在底板上时,横隔梁受力类似弹性支承的悬臂梁,在横隔梁中应设置曲线形的预应力钢筋(图2-1-58)。预应力筋也可作为直筋设在主梁或横隔梁腹板内,但40%～60%的支承反力是由曲线形的预应力筋来承担的。

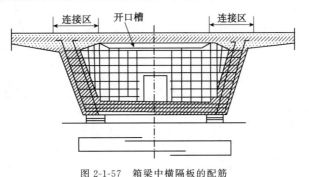

图2-1-57 箱梁中横隔板的配筋

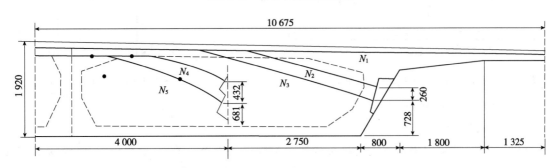

图2-1-58 箱梁中横隔板预应力筋的布置示意图(尺寸单位:mm)

## 二、桥梁的横向连接

装配式简支板桥和装配式简支T梁桥,通常都是由纵向板块和T梁通过横向连接而形成整体。

1. 装配式板桥的横向连接

为了使装配式板共同承受车辆荷载,必须设置强度足够的横向连接。在板式截面的横向连接中,常用的连接方法有企口混凝土铰连接和钢板焊接连接。

(1) 企口混凝土铰连接

图2-1-59所示为常用的两种铰的形式:圆形和菱形。铰缝的构造处理有两种:①装配式板梁安装就位后,用C30以上的细集料混凝土填入铰内,捣实后即形成混凝土铰;②在板梁跨中左右各一定长度内,设置铰缝内钢筋骨架,并与预制板内的伸出钢筋绑扎在一起,再经混凝土浇筑捣实后成铰。采用何种形式的铰,主要取决于所受荷载的大小,实践证明,一般混凝土铰已能保证传递横向剪力,使各块共同参与受力。

对于桥面铺装也参加受力的装配式板桥,可以将预制板中的钢筋伸出与相邻板的同样钢筋绑扎,即可作为纵向铰缝的加强钢筋,也可作为与铺装层的连接钢筋。

(2) 钢板连接

由于企口混凝土铰需要现场浇筑混凝土,并需待混凝土达到设计强度后才能通车,为了加快工程进度,亦可采用钢板连接(图2-1-60)。它的构造是,用一块钢盖板$N_1$焊在相邻两块板的预埋钢板$N_2$上。连接构造的纵向中距通常为0.80~1.50m,跨中部分布置较密,向两端支点处逐渐减疏。

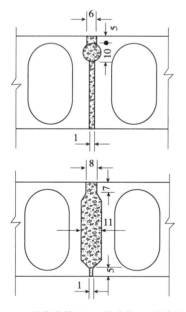

图2-1-59 现浇混凝土企口铰连接(尺寸单位:cm)

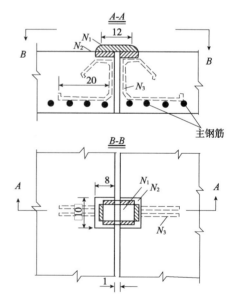

图2-1-60 焊接钢板连接(尺寸单位:cm)

2. 装配式T梁的横向连接

(1) 钢板式接头

图2-1-61a)是采用钢板连接的接头构造。上缘接头钢板设在T梁翼板上,下缘接头钢板设在横梁梁肋的两侧。预埋钢板预先与横隔梁的受力钢筋焊接在一起做成安装骨架。当T

梁安装就位后,即可在横隔梁的预埋钢板上再加焊接钢盖板使之连成整体。端横隔梁的焊接钢板接头构造与中横隔梁相同,但由于其外侧(近墩台一侧)不好施焊,故焊接接头只设于内侧。相邻横隔梁之间的缝隙最好用水泥沙浆填满,所有外露钢板也应用水泥灰浆封盖。这种接头强度可靠,焊接后立即就能承受荷载,但现场要有焊接设备,而且有时需要在桥下进行仰焊、施工较困难。

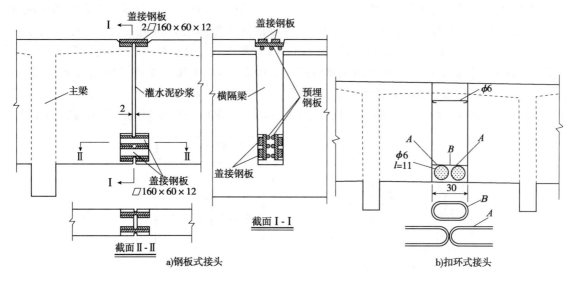

图 2-1-61　横隔梁接合物构造(尺寸单位:cm;钢件规格:mm)

(2)扣环式接头

在缺乏焊接设备时,横隔梁亦可采用现浇混凝土连接,即扣环式接头。将横隔梁中伸出的环状钢筋相互搭接,并用叉状短筋销住,在相距 0.45~0.60m 的接头部位,就地浇筑混凝土连成整体[图 2-1-61b]。这种做法也可用于主梁间距较大的场合,为减小翼板挑出长度,翼板与横隔梁一起用扣环式筋连接,然后现浇混凝土连成整体。这种形式构造与钢板式接头比较,施工复杂一些,但整体性及耐久性好,目前正逐步取代前种连接形式。

(3)桥面板的企口铰连接

采用上面两种连接构造的装配式 T 梁的翼板均当作悬臂板来处理,为了改善挑出翼板的受力状态,往往将悬臂板也连接起来,通常采用桥面板的企口铰连接。

图 2-1-62 为装配式 T 梁设计中所采用的连接方式。主梁翼板内伸出连接钢筋,交叉弯制后在接缝处再放局部的 $\phi6$ 钢筋网,并将它们浇筑在桥面混凝土铺装层内。或者可将翼板的顶层钢筋伸出,并弯转套在一根长的钢筋上,以形成纵向铰,如图 2-1-62b)所示。显然,此种接头构造由于连接钢筋甚多,使施工增添了一些困难。

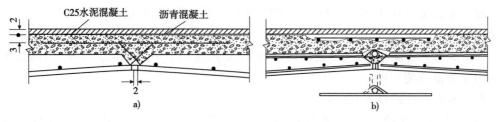

图 2-1-62　主梁翼缘板的连接构造(尺寸单位:cm)

115

### 三、梁桥的纵向接缝

采用悬臂施工的节段梁,要通过纵向接缝使构件连成整体。块件的接缝分成三种方式:干接缝、湿接缝和胶接缝。

**1. 干接缝**

干接缝是相邻块件拼装时,将接头断面不作其他处理,两个节段主要靠预应力钢筋连成整体。以预应力筋的正压应力抵抗弯曲应力,以接触面间的摩阻力抵抗剪切力。干接缝由于接触面不平整,容易产生应力集中,且因接缝不密合,易受水气侵袭。如果接缝间再用一套牛皮纸隔开,效果将会有所改善。在干接头悬臂拼装法施工中,为了增强梁段之间的抗剪力,保证块件在拼装时定位准确,在箱梁顶板上及腹板上设置定位企口,在底板上有时还设置定位角钢。顶板上的企口一般仅起导向和定位作用,而腹板上的企口还可起到抗剪作用(图 2-1-63)。

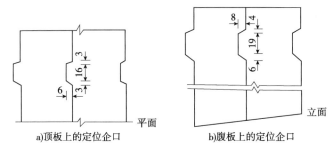

图 2-1-63 顶板和腹板上的定位企口(尺寸单位:cm)

**2. 湿接缝**

湿接缝是在相邻块件间现浇接头混凝土,接头宽度必须能容许进行管道接头,钢筋焊接和混凝土充分振捣等作业,一般为腹板厚度的 2 倍,可取 0.10~0.20m。接头混凝土一般采用早强水泥,集料尺寸的选择应能保证捣固密实。湿接缝由于工序复杂,现浇混凝土需要养生而使工期延长,因此通常只在悬臂的个别地点(例如墩柱顶现浇的 0 号块件与预制的 1 号悬臂块件之间)设置,以保证接缝的密合,并用以调整拼装误差。

**3. 胶接缝**

胶接缝是在接缝端面涂一薄层环氧树脂等胶结材料,将相邻块件黏结成整体,通过胶层来传递内力,它既具有湿接缝的优点而又不影响工期,因此国内较多采用。但胶接缝的施工对挠度影响较大,所以应尽量减薄其厚度,并给胶接缝施加均匀压力。胶接缝通常在接缝面上也要做定位企口和设置定位角钢。

### 四、牛腿

牛腿是悬臂梁桥和 T 形刚构桥上部构造的一个重要部分,它衔接悬臂梁与挂孔,传递来自挂梁的荷载。

牛腿处梁高突变减小,截面凹折转角多,而又要传递的集中力数值又非常大,所以牛腿是一个受力非常复杂的部位。

牛腿的构造应注意以下几点:

(1)挂梁和悬臂梁的反力,应该通过加强的牛腿横梁来保证传力效果。为了保证受力明确,最好能使悬臂梁和挂梁的腹板一一对应,缩短传力路线。对于梁数少,荷载大的桥梁更应注意。接近牛腿部位的腹板应予加厚,加厚部分的长度不应小于梁的高度。

(2)端横梁的宽度一般应将牛腿包含在内,形成整体。端横梁的长度最好比主梁横向总宽度(如箱梁底宽)大一些,横向挑出的牛腿横梁对架梁及设置抗震挡块提供了方便,同时,还可以避免横梁横向钢束的锚头对边梁支座下受压部位混凝土截面的削弱。

(3)牛腿的凹角线形应该和缓,避免尖锐转角,这样可减缓主拉应力的过分集中。

(4)牛腿处的支座高度应尽量减小(如采用橡胶支座),并且还宜采取摩阻力较小的支座(如滑板支座),以改善牛腿的受力状态。

(5)牛腿的构造尚应满足某些特殊要求,如承受更换支座的顶升荷载;端横梁因通过管线开洞后加固钢筋网的设置。

根据国内外对牛腿的试验资料分析得知,牛腿的主拉应力方向是沿着凹角方向向两边延伸的,并且在凹角处应力比较集中。主应力迹线如图 2-1-64a)、b)所示。根据受力的需要,牛腿的配筋分为预应力筋和普通钢筋。

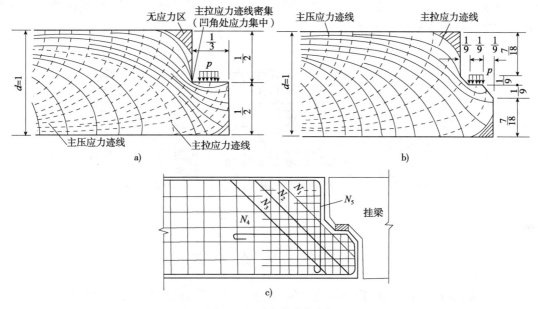

图 2-1-64 牛腿的应力迹线

图 2-1-65 中,由凹角下弯的纵向预应力筋用以抵抗剪力。竖向预应力筋对抵抗剪力也很有效,特别在某些截面中,纵向预应力与竖向反力产生同方向的剪力,须用竖向预加力来抵消,此处必须设置竖向预应力筋。横向预应力筋是根据横梁的受力需要而配置的。

牛腿普通钢筋的配置,主筋布置和预应力筋相同。水平筋还承担牛腿短悬臂上的负弯矩引起的拉应力,其长度不宜小于梁高,钢筋的弯钩宜向上锚固,如图 2-1-64c)所示。牛腿处的箍筋和水平钢筋应适当加密。

## 五、剪力铰

带铰的 T 形刚构桥,其相邻的两悬臂是通过剪力铰

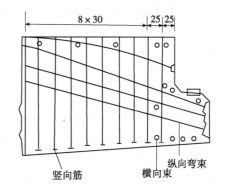

图 2-1-65 牛腿中预应力筋布置示意图
(尺寸单位:cm)

互相联系的。要求剪力铰只传递竖向剪力而不传递弯矩和纵向水平力。在竖向荷载作用下，各个T形单元可以共同受力，相邻悬臂的端点挠度一致；剪力铰还需保证相邻悬臂能够自由伸缩和转动，使各个T形单元能保持相对的独立性。

为了满足上述要求，剪力铰在构造上通常做成下列一些形式。

1. 链杆式铰

由链杆、销钉及预埋在相邻悬臂端面，且相互伸出的钢板等部分组成[图 2-1-66a)]，但它受力小，纵向行程短，只用于跨径较小的桥上。

2. 拉杆及辊轴组成的铰

在相邻悬臂的牛腿间放置辊轴以承受竖向压力，并在上下牛腿间加竖向拉杆以承受竖向拉力[图 2-1-66b)]。

3. 唧筒式铰

由一侧悬臂端面伸出一钢铰嵌入与另一侧悬臂固结的钢板内。钢铰可以是圆球形铰，以承受竖向及侧向剪力；也可以是平面形铰[图 2-1-66c)]，只承受竖向剪力，而侧向剪力可通过相邻悬臂的底板做成榫接面传递。

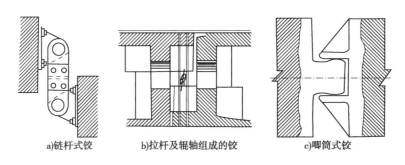

图 2-1-66 剪力铰构造

## 第六节 梁桥支座

支座设置在桥梁的上部结构与墩台之间，其作用是将桥跨结构上的各种荷载反力传递到墩台上，同时保证桥跨结构所要求的位移和转动，使上、下部结构的实际受力情况与计算的理论图式相符合。

梁式桥的支座一般分为固定支座和活动支座。固定支座允许梁截面自由转动而不能移动；活动支座允许梁在挠曲和伸缩时转动与移动，活动支座又可分为单向活动和多向活动支座。

### 一、支座的类型

由于桥梁跨径、支座反力、支座允许转动与位移不同，支座选用的材料不同，支座是否满足防震、减震要求不同，桥梁支座有许多类型。

随着桥梁结构体系的发展，支座类型也相应得以更新换代，过去一般针对小跨径桥梁的或加工较烦琐的支座形式已不常使用，如垫层支座、弧形钢板支座、钢筋混凝土摆柱式支座等，代之以板式橡胶支座、盆式橡胶支座、球型钢支座、减隔震支座等。下面，我们将主要介绍现在常用的梁桥支座形式。

1. 板式橡胶支座

板式橡胶支座由数层薄橡胶片与薄钢板镶嵌、黏合、压制而成(图 2-1-67)。它具有足够的竖向刚度以承受垂直荷载,能将上部结构的反力可靠地传递给墩台;有良好的弹性,以适应梁端的转动;有较大的剪切变形以满足上部结构的水平位移。

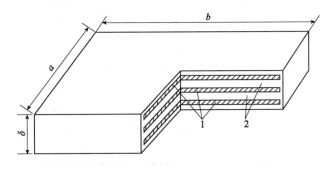

图 2-1-67 板式橡胶支座结构示意图
1-薄钢板;2-橡胶片

板式橡胶支座有矩形和圆形。支座的橡胶材料以氯丁橡胶为主,也可采用天然橡胶。氯丁橡胶一般用于最低气温不超过 $-25℃$ 的地区,天然橡胶用于 $-30 \sim -40℃$ 的地区。根据试验分析,橡胶压缩弹性模量 $E$、容许压应力 $[\sigma]$ 和容许剪切角 $[\tan\gamma]$ 的数值,均与支座的形状系数 $S$ 有关。形状系数为橡胶支座的承压面积与自由表面积之比,矩形支座为:

$$S = \frac{a \cdot b}{2(a+b)t} \tag{2-1-3}$$

式中:$a$——顺桥方向橡胶支座的长度;

$b$——横桥方向橡胶支座的宽度;

$t$——中间橡胶层的厚度。

圆形支座形状系数:

$$S = \frac{d}{4t} \tag{2-1-4}$$

式中:$d$——支座直径;

$t$——中间橡胶层的厚度。

为满足橡胶的容许压应力和使支座能适应梁端转动的要求,支座的长度 $a$ 与宽度 $b$ 之比取决于主梁下的有效宽度及所需的剪切角 $\gamma$。一般应充分利用有效宽度 $b$,而尽可能减小 $a$ 的尺寸,以降低转动阻抗力矩(它与 $a^5$ 成正比)。根据支座稳定的要求,支座的总厚度不得大于平面最小尺寸的 30%。

聚四氟乙烯滑板式橡胶支座是在普通板式橡胶支座上按照支座尺寸大小粘贴一层厚 $2 \sim 4mm$ 的聚四氟乙烯板,除具有普通板式橡胶支座的竖向刚度与压缩变形,且能承受垂直荷载及适应梁端转动外,还能利用聚四氟乙烯板与梁底不锈钢板间的低摩擦系数,使桥梁上部结构水平位移不受限制。此外,这种支座还可在顶推、横移等施工中作滑板使用。

国产板式橡胶支座的支座承载能力为 $150 \sim 7~000kN$,表 2-1-12、表 2-1-13 列出部分矩形橡胶支座的规格。

**国产矩形板式橡胶支座规格示例** 表 2-1-12

| 支座平面尺寸 $a \times b$(mm) | 支座承载力 $N$(kN) | 支座形状系数 $S$ | 支座总厚度 $\delta$(mm) | 不计汽车制动力时的最大位移量 $\Delta L$(mm) | 计入汽车制动力时的最大位移量 $\Delta L$(mm) | 支座允许转角正切值 $\tan\theta$ | 支座抗滑最小承载力 $N_{\min}$(kN) |
|---|---|---|---|---|---|---|---|
| 180×200 | 360 | 9.47 | 28 | 9.0 | 12.6 | 0.0048 | 94 |
|  |  |  | 35 | 11.5 | 16.1 | 0.0060 |  |
|  |  |  | 42 | 14.0 | 19.6 | 0.0072 |  |
|  |  |  | 49 | 16.5 | 23.1 | 0.0084 |  |
| 180×250 | 450 | 10.47 | 28 | 9.0 | 12.6 | 0.0042 | 117 |
|  |  |  | 35 | 11.5 | 16.1 | 0.0053 |  |
|  |  |  | 42 | 14.0 | 19.6 | 0.0063 |  |
|  |  |  | 49 | 16.5 | 23.1 | 0.0074 |  |
|  |  | 6.54 | 27 | 9.5 | 13.3 | 0.0086 |  |
|  |  |  | 37 | 13.5 | 18.9 | 0.0119 |  |

**国产矩形聚四氟乙烯滑板式橡胶支座规格示例** 表 2-1-13

| 支座平面尺寸 $a \times b$(mm) | 支座承载力 $N$(kN) | 支座形状系数 $S$ | 支座总厚度 $\delta$(mm) | 支座允许转角正切值 $\tan\theta$ | 计入汽车制动力时的最大位移量 $\Delta L$(mm) | 支座抗滑最小承载力 $N_{\min}$(kN) |
|---|---|---|---|---|---|---|
| 180×200 | 360 | 9.47 | 30 | 0.0048 | 50 | 94 |
|  |  |  | 37 | 0.0060 |  |  |
|  |  |  | 44 | 0.0072 |  |  |
|  |  |  | 51 | 0.0084 |  |  |
| 180×250 | 450 | 10.47 | 30 | 0.0042 | 50 | 117 |
|  |  |  | 37 | 0.0053 |  |  |
|  |  |  | 44 | 0.0063 |  |  |
|  |  |  | 51 | 0.0074 |  |  |
|  |  | 6.54 | 29 | 0.0086 |  |  |
|  |  |  | 39 | 0.0119 |  |  |

当要求板式橡胶支座各向固定,仅能转动时,可在上下钢板的短边上采取固定措施,即在下底板上焊上强大的钢撑,其顶部的销钉伸入顶板的孔中起锚固作用,如图 2-1-68 所示。如需纵向移动而横向可转动的支座时,可在顶板上留有纵向槽,允许销钉在其中纵向移动。当支座厚度较小时,可只设销钉而不再设钢撑。

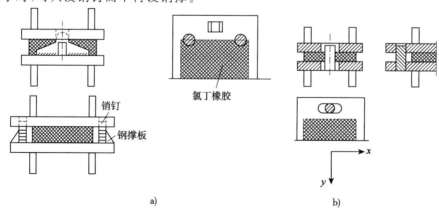

图 2-1-68 具有锚固装置的板式橡胶支座

板式橡胶支座在安装时，应尽量选择在年平均气温时进行，必须使支座安装就位，并保证支座与上、下部结构之间密贴，不出现空隙，以免支座脱空。同时，支座应尽量水平安装，当必须倾斜安装时，最大纵坡不能超过2%，且在选择支座时，要考虑因倾斜安装而需要增加的剪切变形影响，当纵坡超过2%时，要采取措施使支座平置，例如在梁底加设楔形垫块。

考虑到板式橡胶支座的使用受到梁底纵坡的影响，工程人员在实践中开发运用了球冠圆板式橡胶支座和坡形板式橡胶支座，如图2-1-69所示。

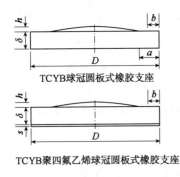
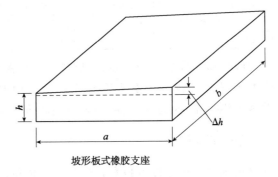

图 2-1-69

球冠圆板式橡胶支座的特点是在平面上各向同性，以球冠调节受力状况，它不但适用于一般桥梁，也适用于各种布置复杂、纵坡较大的立交桥和高架桥。在坡度3‰～5‰的范围内，梁可直接搁置在支座上，而无须附加额外的构造措施，对不同的坡度要求，可通过球冠半径加以调整。

2.盆式橡胶支座

盆式橡胶支座是钢构件与橡胶组合而成的新型桥梁支座，具有承载能力大、水平位移量大、转动灵活等特点，适用于支座承载力为1 000kN以上的大跨径桥梁。

盆式橡胶支座分固定支座与活动支座（图2-1-70）。活动盆式橡胶支座由上支座板、聚四氟乙烯板、承压橡胶块、橡胶密封圈、中间支座板、钢紧箍圈、下支座板（底盆）以及上下支座连接板组成。组合上、中支座板构造或利用上下支座连接板即可形成固定支座。

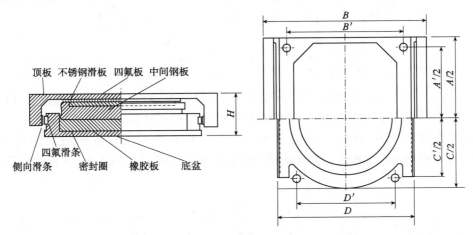

图 2-1-70　GPZ(Ⅱ)单向活动支座(DX)组装图

使用中，上部结构的竖向荷载通过固定在桥跨结构的上支座板转递给支座，由聚四氟乙烯板与钢板间的滑动提供水平位移量。由承压橡胶块承受荷载，并依靠其变形保证桥跨结构在支点处的转角。下支座板固定在桥墩、台上，中支座板分别与上下支座板形成对聚四氟乙烯板、承压橡胶块的三向受压状态，从而提高支座的承载能力。

国内常用的盆式橡胶支座有 GPZ 型、TPZ 型、QPZ 型等系列。表 2-1-14 中列出部分国产盆式橡胶支座的规格尺寸。

国产部分盆式橡胶支座规格尺寸　　　　　　表 2-1-14

| 支座型号 | 承载能力 (kN) | 顶板尺寸 $a \times b$(mm) | 底板尺寸 $c \times d$(mm) | 支座高度 $H$ (mm) | 位移方式 | 质量 (kg) |
|---|---|---|---|---|---|---|
| GPZ20000sx | 20 000 | 1 550×1 425 | 1 305×1 305 | 250 | 双向活动 | 2 695 |
| GPZ20000dx |  | 1 550×1 305 | 1 305×1 305 | 250 | 单向活动 | 2 129 |
| GPZ20000gd |  | 1 305×1 305 | 1 305×1 305 | 245 | 固定 | 2 091 |

盆式橡胶支座在安装中应注意，支座垫石顶面高程应符合设计要求，表面平整、清洁，制作四角点高差不得大于2mm。安装活动支座时，可用地脚螺栓或焊接予以锚固。

有关球形钢支座、拉力支座、减隔震支座和抗震支座将在特殊设计的支座中做介绍。

## 二、支座布置和要求

根据梁桥的结构体系以及桥宽，支座在纵、横桥向的布置方式主要如下。

简支梁桥，对于装配式空心板梁和 T 梁，现通常选用板式橡胶支座形成"浮动结构"体系，如图 2-1-71a)所示；如采用严格区分活动、固定的支座体系，一般把固定支座设置在桥台上，每个桥墩上布置一个(组)活动支座与一个(组)固定支座，以便使所有墩台均匀承受纵向水平力。若个别墩较高，在上面可布置两个(组)活动支座，以减少它所受到的水平力。对于坡桥，宜将固定支座布置在高程低的墩台上；对于整体简支板桥或箱梁桥，一般可采用图 2-1-71b)的支座布置方式以满足结构纵横向的变位。

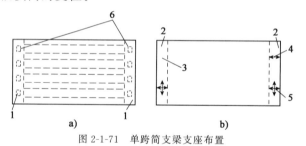

图 2-1-71　单跨简支梁支座布置

1、2-桥台；3-固定支座；4-单向活动支座；5-多向活动支座；6-橡胶支座

连续梁桥，一般在每一联的一个墩或台上设置一个固定支座，其他墩台均设置活动支座。在某些情况下，支座不仅须传递压力还要传递拉力，设置能承受拉力的支座是必需的。如果在梁体下布置有两个支座，则要根据需要布置固定支座和单向活动支座或多向活动支座，图 2-1-72 是一种支座布置形式。采取墩梁固接的结构体系可以不用支座，结构的位移由柔性桥墩的变形予以调节。

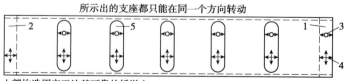

图 2-1-72　多跨连续结构支座布置

1-桥台；2-固定支座；3-单向活动支座；4-多向活动支座；5-活动墩

悬臂梁桥的锚固孔,一侧设置固定支座,一侧设置活动支座。在锚固孔与挂孔结合的牛腿处设置支座,其设置方式一般与简支梁桥相同,有时,也可在挂孔上均设置固定支座。

在斜桥的支座布置中需注意使支座位移的方向平行于行车道中心线(图2-1-73)。在弯桥上,可根据结构朝一固定点沿径向位移的概念或结构沿曲线半径的切线方向定向位移的概念确定(图2-1-74)。

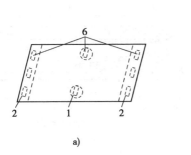 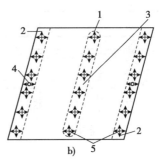

图2-1-73 双跨连续斜桥支座布置
1-柱式墩;2-桥台;3-固定支座;4-单向活动支座;5-多向活动支座;6-橡胶支座

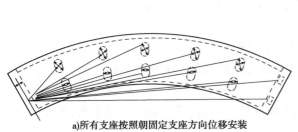 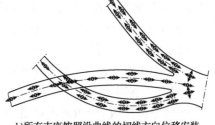

a)所有支座按照朝固定支座方向位移安装　　b)所有支座按照沿曲线的切线方向位移安装

图2-1-74 连续弯桥的支座布置示意

桥梁的使用效果,与支座能否准确地发挥其功能有着密切的关系,因此在安放支座时,使上部结构的支点位置与下部结构的支座中线对中,但绝对的对中是很难做到的,因此要注意使可能的偏心在允许的范围内,不致影响支座的正常工作。

正确地确定支座所承受的荷载和活动支座的位移量关系到支座的使用寿命。一般而言,固定支座除承受竖向压力外,还必须能承受水平力,其中包括可能产生的制动力、风力、活动支座的摩阻力、主梁弹性挠曲对支座的拉力、伸缩缝和行车道板及引道板的阻力,以及地震时的惯性力等。这些水平力总是应当偏大地取用,且要求支座应伸至上下部结构中进行锚固或销接。对于弯、斜和宽桥,支座的受力比较复杂,需要从三个主要方向去研究,即使是在同一支座位置,不同的部位在受力上可能会有很大的差别。

位移量的计算要考虑各种假定,要对温差有足够的估计。桥梁的挠曲、基础的不均匀沉降都会产生纵向位移。对于高桥墩,墩顶位移通过活动支座上的挡块加以限制,它能使基底反力变化,并阻止不均匀沉降。由于一些不可估计的因素,通常计算的位移量宜乘以1.3左右的安全系数。

梁桥支座的支承面一般必须是水平的,使荷载作用不产生水平力。

### 三、特殊设计的支座

1. 大吨位的球形钢支座

随着大跨径桥梁结构的发展,要求桥梁支座的承载能力大,同时具备适应大位移和转角的要求。

球形钢支座(图 2-1-75)传力可靠,转动灵活,它不但具备盆式橡胶支座承载能力大,允许支座位移大等特点,而且能更好地适应支座大转角的需要,与盆式橡胶支座相比具有如下优点:

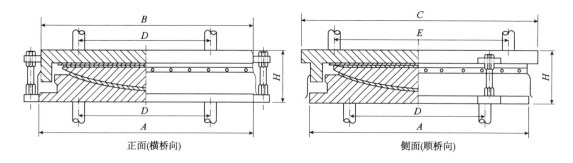

图 2-1-75 球形钢支座

(1)球形钢支座通过球面传力,不出现力的缩颈现象,作用在混凝土上的反力比较均匀。

(2)球形钢支座通过球面聚四氟乙烯板的滑动实现支座的转动过程,转动力矩小,而且转动力矩只与支座球面半径及聚四氟乙烯板的摩擦系数有关,与支座转角大小无关,因此特别适用于大转角要求,设计转角可达 0.05rad 以上。

(3)支座各向转动性能一致,适用于宽桥、曲线桥。

(4)支座不用橡胶承压,不存在橡胶老化对支座转动性能的影响,特别适用于低温地区。

球形钢支座有固定支座、单向活动支座和多向活动支座之分。活动支座的主要组成是上支座板、不锈钢位移板、聚四氟乙烯滑板、中间球形钢芯板、聚四氟乙烯球形板、橡胶密封圈、下支座板和上下固定连接螺栓等。

2.拉力支座

在连续梁桥、悬臂梁桥、斜桥、宽悬臂翼缘箱梁桥以及小半径曲线桥上,因荷载的作用,在某些支点上会产生拉力,在这种情况下,必须设置能抗拉,并且能承受相应的转动和水平位移的支座。

球形钢支座、盆式和板式橡胶支座都能变更功能作为拉力支座,这种变更既可用于固定支座,还可用于活动支座。板式橡胶拉压支座能够用于拉力较小的桥梁(图 2-1-76),对反力较大的桥梁,则用球形抗拉钢支座或盆式拉力支座更适合。但是,支座拉力超过 1 000kN 时,上述结构则不经济。

3.抗震支座

地震地区的桥梁支座不仅应满足支承要求,同时应具有减震、防震等多种功能。

按抗震要求设计的支座必须具有抵抗地震力的能力,而减、隔震支座的作用是尽可能地将结构或部件与可能引起破坏的地震地面运动分离开来,以大大减少传递到上部结构的地震力和能量。

目前国内主要的减、隔震支座和抗震支座的类型有抗震型球形钢支座、铅芯橡胶支座和高阻尼橡胶支座。

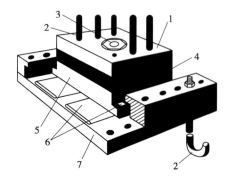

图 2-1-76 板式橡胶拉压支座
1-上支座板;2-锚筋;3-受拉螺栓;4-承压橡胶块;5-滑板;6-奥氏体钢;7-下支座板

抗震型球形钢支座(图 2-1-77)是通过变更上下支座板的构造形式,除保证满足常规支座要求外,还能承受地震时的反复荷载及防落梁要求。

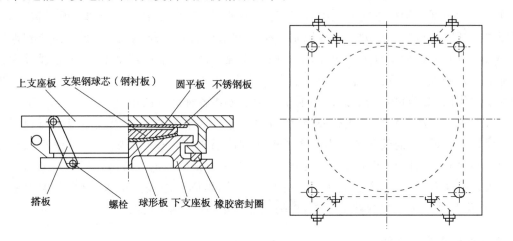

图 2-1-77　KQGZ 抗震型球形钢支座结构示意图

铅芯橡胶支座(图 2-1-78)是在多层橡胶支座中插入铅芯,当多层橡胶产生剪切变形时,利用铅芯的塑性变形吸收能量。

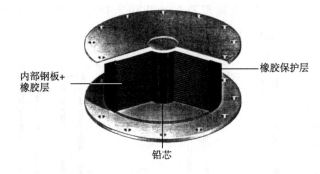

图 2-1-78　铅芯橡胶支座

高阻尼橡胶支座是用特殊配制的具有较高耗能能力的橡胶材料代替普通橡胶支座中的氯丁橡胶、天然橡胶等常用材料制作而成的。该支座的特点是滞回环面积较大,吸收地震能量的能力较大。

## 第七节　梁桥墩台

### 一、概述

桥梁墩台是桥梁结构的重要组成部分,它主要由墩(台)帽、墩(台)身和基础三部分组成。

桥梁墩台承担着桥梁上部结构所产生的荷载,并将荷载有效地传递给地基基础,起着"承上启下"的作用。

桥墩一般系指多跨桥梁中的中间支承结构物。它除承受上部结构产生的竖向力、水平力和弯矩外,还承受风力、流水压力及可能发生的地震力、冰压力、船只和漂流物的撞击力。桥台设置在桥梁两端,除了支承桥跨结构外,它又是衔接两岸接线路堤的构筑物,既要能挡土护岸,又能承受台背填土及填土上车辆荷载所产生的附加侧压力。因此,桥梁墩台不仅自身应有足够的强度、刚度和稳定性,而且对地基的承载能力、沉降量、地基与基础之间的摩阻力等也都提出一定的要求,避免在上述荷载作用下产生危害桥梁整体结构的水平、竖向位移和转角位移。

确定桥梁下部结构应遵循安全耐久、满足交通要求、造价低、维修养护少、预制施工方便、工期短、与周围环境协调、造型美观等原则。桥梁的墩台设计与结构受力,土质构造和地质条件,水文、流速及河床性质有关。因此,桥梁墩台要置于稳定可靠的地基上,要通过设计和计算确定基础形式和埋置深度。从桥梁破坏的实例分析,桥梁下部结构要经受洪水、地震、桥梁活载等的动力作用,要确保安全、耐久,必须充分考虑上述各种因素的组合。

墩台的施工方法与结构形式有关,桥梁墩台的施工主要有在桥位处就地施工与预制装配两种。就桥墩来说,目前较多的采用滑动模板连续浇筑施工,它对于高桥墩、薄壁直墩和无横隔板的空心墩有较高的经济效益。而装配式墩常在带有横隔板的空心墩、V形墩、Y形墩等形式中采用。在墩台施工中,今后应从实际情况出发,因地制宜地提高机械化程度,大力采用工业化、自动化和施加预应力的施工工艺,提高工程质量,加快施工速度。

### 二、桥墩的类型与构造

桥墩按其构造可分为实体墩、空心墩、柱式墩、框架墩等(图2-1-79);按其受力特点可分为刚性墩和柔性墩;按施工工艺可分为就地砌筑或浇筑桥墩、预制安装桥墩(图2-1-80);按其截面形状可分为矩形、圆形、圆端形、尖端形及各种截面组合而成的空心桥墩(图2-1-81)。墩身侧面可垂直,也可以是斜坡式或台阶式(图2-1-82)。

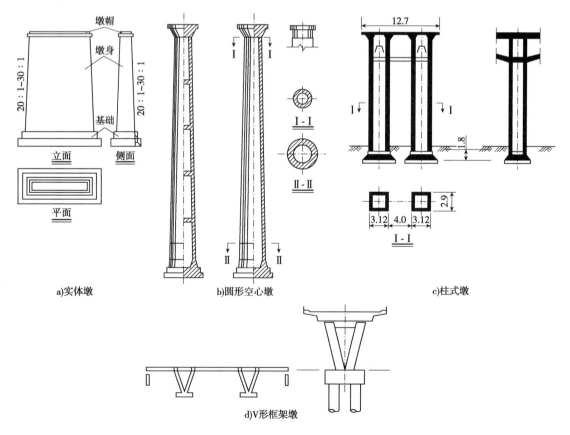

图2-1-79 桥墩分类(尺寸单位:m)

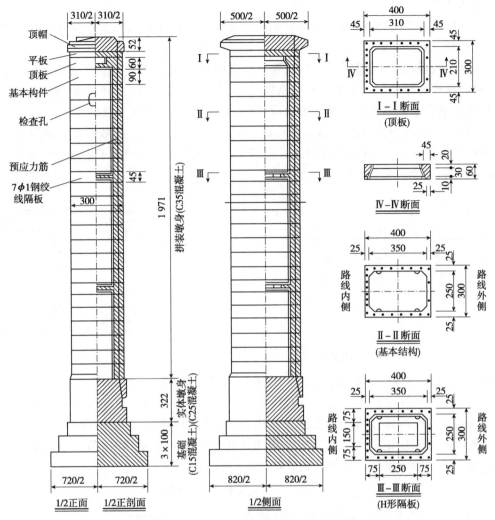

图 2-1-80 装配式预应力混凝土桥墩构造图(尺寸单位:cm)

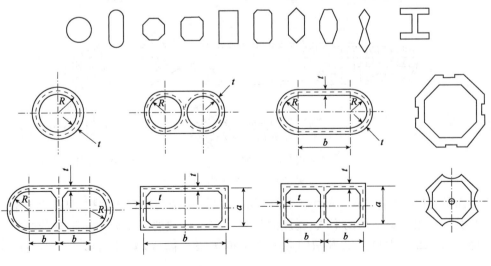

图 2-1-81 桥墩截面形式

1. 实体桥墩

实体桥墩由一个实体结构组成,按其截面尺寸及重量的不同又可分为实体重力式桥墩和实体轻型桥墩(图 2-1-83)。

实体重力式桥墩是一实体圬工墩,主要靠自身的重量(包括桥跨结构重力)平衡外力,从而保证桥墩的强度和稳定。此种桥墩自身刚度大,具有较强的防撞能力,但同时存在阻水面积大的缺陷,比较适合于修建在地基承载力较高、覆盖层较薄、基岩埋深较浅的地基上。

实体轻型桥墩可用混凝土、浆砌块石或钢筋混凝土材料做成,此结构显著减少了圬工体积,但其抗冲击力较差,不宜用在流速大并夹有大量泥沙的河流或可能有船舶、冰、漂流物撞击的河流中,一般用于中小跨径桥梁上。

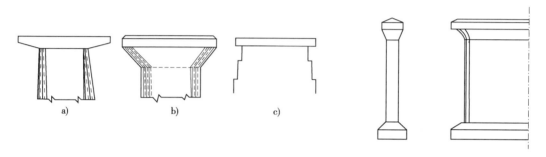

图 2-1-82 桥墩侧面的变化　　　　　　图 2-1-83 实体薄壁桥墩(墙式桥墩)

墩帽直接支承桥跨结构,应力较集中,因此特大、大跨径桥梁的墩帽厚度一般不小于 0.5m,中、小跨径梁桥也不应小于 0.4m,并设有 5~10cm 的檐口。墩帽采用 C20 以上的混凝土,加配构造钢筋。小跨径桥的墩帽除严寒地区外,可不设构造钢筋。在墩帽放置支座的部位,应布置一层或多层钢筋网。当桥墩上相邻两孔的支座高度不同时,须加设混凝土垫石调整,并在垫石内设置钢筋网。墩帽的钢筋布置见图 2-1-84。

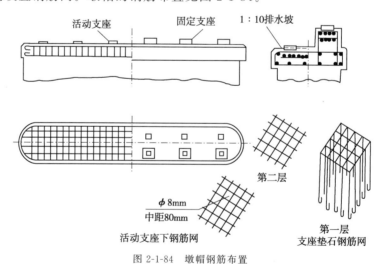

图 2-1-84 墩帽钢筋布置

当桥面较宽时,为了节省桥墩圬工,减轻结构自重,可选用挑臂式墩帽,见图 2-1-85。挑臂的长度和宽度根据上部结构的形式、支座的位置及施工荷载的要求确定。挑臂的受力钢筋需经计算确定。一般要求挑臂式墩帽的混凝土强度等级要高些,悬臂端部的最小高度不小于 0.3~0.4m。

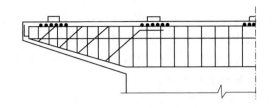

图 2-1-85 挑臂式墩帽

梁式桥墩帽的平面尺寸,必须满足桥跨结构支座布置的需要。为了避免支座过于靠近墩身侧面的边缘,造成应力集中,同时为了提高混凝土的局部承压能力,并考虑施工误差及预留锚栓孔的要求,支座边缘到墩(台)身边缘的最小距离应满足表 2-1-15 的要求。

支座边缘至墩、台身边缘最小距离(m) 表 2-1-15

| 跨径 $l$ | 顺桥向 | 横桥向 | |
|---|---|---|---|
| | | 圆弧形端头(自支座边角量起) | 矩形端头 |
| $l \geqslant 150$ | 0.30 | 0.30 | 0.50 |
| $50 \leqslant l < 150$ | 0.25 | 0.25 | 0.40 |
| $20 \leqslant l < 50$ | 0.20 | 0.20 | 0.30 |
| $5 \leqslant l < 20$ | 0.15 | 0.15 | 0.20 |

注:当采用钢筋混凝土或预应力混凝土悬壁墩帽时,可不受本表限制,应以便于施工、养护和更换支座而定。

当桥面的横向排水坡不用三角形垫层调整时,可在墩帽顶面从中心向两端倾斜地加筑三角垫层。

重力式桥墩的墩身用不低于 C20 混凝土浇筑,也可使用浆砌块石。墩身的主要尺寸包括墩高,墩顶面、底面的平面尺寸及墩身侧坡。用于梁式桥的墩身宽度小跨径不宜小于 0.8m,中等跨径不宜小于 1m,大跨径桥的墩身宽度视上部结构类型而定。墩身的侧坡可采用 30:1～20:1(竖:横),对小跨径且桥墩不高时,可以不设侧坡。

实体轻型桥墩较多采用圆端形(图 2-1-83)。

轻型桥墩墩帽采用不低于 C20 的混凝土,加 $\phi 8mm$ 的构造钢筋。墩帽在平面上的尺寸,随墩身顶部尺寸而定,同时也应满足布置支座的需要。墩帽四周挑檐宽度为 5cm,周边做成 5cm 倒角。

墩身用不低于 C20 混凝土浇筑,也可使用浆砌块石。石料强度等级不得低于 MU30,砂浆强度等级不得低于 M5。

墩身的宽度应满足上部构造的支承需要,一般不小于 60cm。墩身的长度应符合上部构造宽度的要求。

桥墩基础一般采用 C20 混凝土,其平面尺寸较墩身底面尺寸略大(四周各放大 20cm)。基础多做成单层的,其高度一般为 50cm 左右。

下部支撑梁一般采用 C20 混凝土,常用截面尺寸为 20cm(横)×30cm(竖),并配有四根 $\phi 12mm$ 钢筋和 $\phi 6mm$ 箍筋。

2. 空心桥墩

空心桥墩有两种形式:一种为部分镂空实体桥墩,另一种为薄壁空心桥墩。

部分镂空实体桥墩仍保持实体桥墩的基本特点,如较大的轮廓体形,较大的圬工结构,少量的钢筋等。镂空的主要目的是在截面强度和刚度足以承担和平衡外力的前提条件下,减少圬工数量,使结构更经济。具体镂空部位受到一定条件的限制,如在墩帽下一定高度范围内,为保证上部结构荷载安全有效地传递给墩身壁,应设置一定的实体过渡段;在空心部分与实体部分连接处应设倒角或配置构造钢筋,从而避免墩身传力过程中产生的局部应力集中问题;对于受船只漂流物撞击或易磨损、需防冰害的墩身部分,一般不宜镂空。

薄壁空心墩[图 2-1-79b)]基本结构形式与部分镂空实体桥墩相似,但一般采用强度高、墩身壁较薄的钢筋混凝土构件,混凝土强度等级一般为 C20～C30。根据受力情况、桥墩高度的影响以及自身构造要求,壁厚一般为 30～50cm。这种构件较大幅度地削减了墩身自重,减轻了软弱地基的负荷,减少了自身的截面尺寸,使结构在外观上变得更加轻盈。其构造除应满足部分镂空实体桥墩规定的要求外,为了降低薄壁墩身内外温差及水浮力或避免冻胀,应在薄壁空心墩上设通风孔及排水孔;为保证薄壁空心桥墩的墩壁自身稳定和施工方便,应在适当间距设置水平隔板,通常的做法是对 40m 以上的高墩,不论壁厚如何,均按 6～10m 的间距设置横隔板。薄壁空心墩按计算配筋,一般配筋率在 0.5% 左右。

### 3. 桩(柱)式桥墩和柔性墩

柱式桥墩是目前公路桥梁中广泛采用的桥墩形式。它具有线条简捷、明快、美观,既节省材料数量又施工方便的特点,特别适用于桥梁宽度较大的城市桥梁和立交桥。

柱式桥墩(图 2-1-86)一般可分为独柱、双柱和多柱等形式,它可以根据桥宽的需要以及地物地貌条件任意组合。柱式桥墩由承台、柱式墩身和盖梁组成,上部结构为大悬臂箱形截面时,墩身可以直接与梁相接。柱式墩一般用 C20～C30 的钢筋混凝土构件组成。

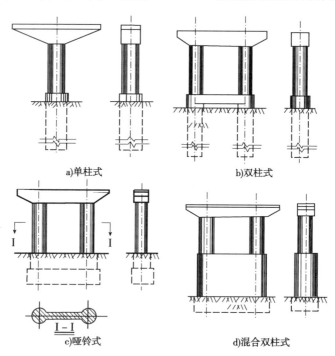

图 2-1-86 柱式桥墩

柔性排架桩墩是由单排或双排的钢筋混凝土桩与钢筋混凝土盖梁连接而成。其主要特点是,可以通过一些构造措施,将上部结构传来的水平力(制动力、温度影响力等)传递到全桥的各个柔性墩台,或相邻的刚性墩台上,以减少单个柔性墩所受到的水平力,从而达到减小桩墩截面的目的。

柔性墩一般布设在两端具有刚性较大桥台的多跨桥中,同时,在全桥除一个中墩上设置活动支座外,其余墩台均采用固定支座,如图 2-1-87 所示。

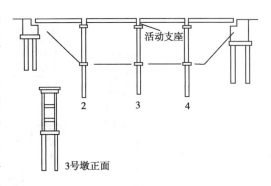

图 2-1-87 柔性墩的布置

由于柔性墩在布置上只设一个活动支座,当桥梁孔较多且桥较长时,柔性墩固定支座的墩顶位移量过大而处于不利状态,活动支座的活动量要求也要大,刚性桥台的支座所受的水平力也大。因此,多跨长桥采用柔性墩时宜分成若干联,两个活动支座之间或刚性台与第一个活动支座间称为一联,见图 2-1-88。每联设置一个刚性墩(台),刚性墩宜布置在地基较好和地形较高的地方。一联长度的划分视地形、构造和受力情况确定,目前在我国铁路桥梁上,最大的联长 195m,系 6 孔 31.7m 一联,墩高 43m,支座是特别设计的。

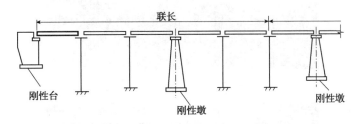

图 2-1-88 多跨柔性墩的布置

薄壁柔性桥墩和上部结构预应力混凝土连续梁在支点处固结组成连续—刚构桥,它既能支承上部结构重量,保持桥墩稳定,避免连续梁桥施工中的体系转化,又有一定柔性,适应上部结构位移的需要。图 2-1-89 所示的福建宁德下白石大桥,跨径组合为 145m＋2×260m＋145m。该桥主墩采用了双柱式空心双薄壁墩,墩身尺寸为 2.5m×6.0m,墩壁中心距在顺桥向为 9.0m,自墩底至主梁中心点总高度为 25m。钢筋混凝土双壁墩的采用既可减少桥墩的抗推刚度,又可减小主梁支点负弯矩,增加桥梁美观。

图 2-1-89 福建宁德下白石大桥主桥构造

4. 框架式桥墩

框架式桥墩采用钢筋混凝土或预应力混凝土等压挠和挠曲构件组成平面框架代替墩身,支承上部结构,必要时可做成双层或多层的框架。构造形式见图 2-1-90。V 形(图 2-1-91)、Y 形、X 形墩(图 2-1-92)等也是框架墩的一种。此种桥墩结构的出现,给桥梁建筑增添了新的艺术造型,改变了桥墩原先笨拙的形象,使桥梁整体结构造型更加轻巧美观,同时使桥梁的跨越能力提高,缩短了主梁的跨径,降低了梁高。

图 2-1-90 框架墩的布置

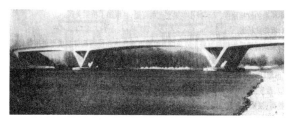

图 2-1-91 V形墩（V形支撑）

图 2-1-92 X形墩

钢筋混凝土和预应力混凝土 V 形墩、X 形墩及 Y 形墩，可在混凝土梁桥中使用。采用 V 形墩、X 形墩等，结构构造比较复杂，施工比较麻烦。

V 形斜撑与水平面的夹角，依桥下净空要求和总体布置确定，通常采用大于 45°角。斜撑的截面形式可采用矩形、I 形和箱形等。

V 形墩的支座可布置在 V 形斜撑的顶部或底部。支座布置在斜撑的顶部，斜撑是桥墩的一个组成部分；支座布置在斜撑的底部，或采取斜撑与承台刚接而不设支座时，斜撑与主梁固结，斜撑成为上部结构的一个组成部分，斜撑的受力大小依结构的图式和主梁与斜撑的刚度比确定。如图 2-1-93 所示的桥梁就是斜撑与主梁固结的连续梁桥，可称为 V 形墩连续梁桥或 V 形支撑连续梁桥。

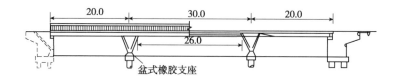

图 2-1-93 V形支撑连续梁桥（尺寸单位：m）

X形、Y形墩的特点与V形墩类同,当斜撑受力较大时,可在斜撑构件内布置预应力索筋。

5. 高桥墩

在跨越深谷和具有较高通航净空要求的河道的桥梁结构上,桥墩多为高桥墩,一般高度30~40m不等,有的甚至超过100m。另外,在连续一刚构桥上,也往往采用高桥墩,以增加桥墩的柔性。

高桥墩结构可为实体墩或薄壁墩,立面布置形式有独柱墩、双柱墩或框架式墩等。独柱式桥墩占地面空间小,节省工程数量;双柱式桥墩通过墩顶横系梁或盖梁加强横桥向的结构稳定,为增加美观,可由改变桥墩截面尺寸、柱间距、加设装饰线条而构筑成具有一定线形变化的桥墩。

图2-1-94为独柱式薄壁桥墩(墩梁固结),图2-1-95中则以Y形墩分别支承两分离的箱梁。

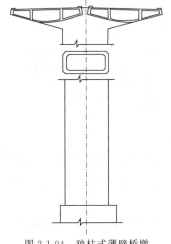
图 2-1-94 独柱式薄壁桥墩

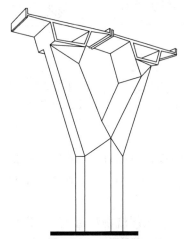
图 2-1-95 Y形墩

图2-1-96为一斜拉桥设计方案中主桥至引桥过渡段的结构布置形式,上部结构形式由主桥的单箱五室箱形截面变至引桥分离的单箱结构;引桥桥墩为由顶至底内收式的双柱式薄壁桥墩,墩高约60m;为使主桥流畅、连续地过渡到引桥,基于引桥桥墩的设计方案,过渡墩采用引桥桥墩类似的截面形式和横系梁构造,立面布置由内收变为外放式的双柱墩,以协调引桥的桥墩构造布置。桥墩截面尺寸为:引桥桥墩由墩底5.0m×5.0m变至墩顶5.0m×4.0m,过渡墩则由墩底5.0m×7.0m变至墩顶6.0m×7.0m,墩壁厚为0.4~0.5m,混凝土采用C45。

为抵抗荷载对支座产生的上拔力,引桥桥墩和过渡墩上设置了压紧装置(图2-1-97)。

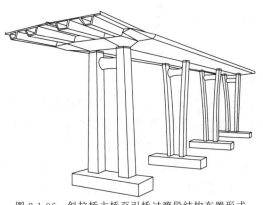
图 2-1-96 斜拉桥主桥至引桥过渡段结构布置形式

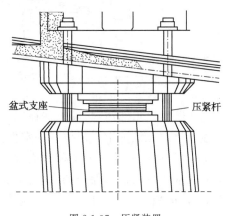
图 2-1-97 压紧装置

### 三、桥墩防撞

流冰对桥墩的危害主要表现在大面积流冰对桥墩的撞击力和大面积流冰堆积现象以及流冰对桥墩的磨损。对此,在中等以上流冰河道(冰厚大于 0.5m,流水速度 1m/s 左右)及有大量漂流物的河道,应在迎水方向设置破冰棱体,见图 2-1-98。

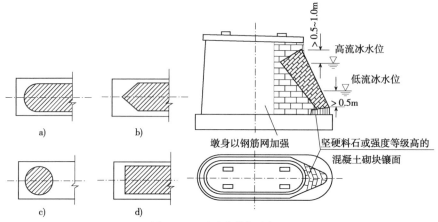

图 2-1-98 破冰棱结构示意图

破冰棱的设置范围,应从最低流冰水位以下 0.5m 到最高流冰水位以上 1m 处;破冰棱的倾斜度一般取 3∶1～10∶1。破冰棱应以坚硬料石镶砌,也可用高强度等级混凝土并配钢筋予以加固。

在中等流冰或漂流物河道上,如果采用空心、薄壁、柔性桥墩时,应在水流前方 2～10m 处设破冰体,使流冰或漂流物在未达桥墩前撞碎或引避。

加拿大爱德华王子岛桥为带铰的预应力混凝土连续梁桥,主桥跨径组合 165m＋43×250m＋165m,桥梁上下部结构全部采用预制构件拼装而成,如图 2-1-99 所示。其中,桥墩由基础、破冰罩、墩身三个大型预制件组成,破冰罩上口直径 8.0m,下口直径 20.0m,位于水位上下 11m 范围,其作用即为抵御流冰对桥梁结构的影响,见图 2-1-100。

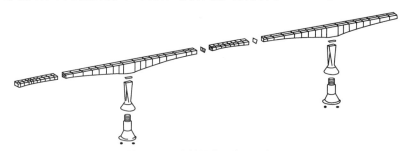

图 2-1-99 主桥的装配单元示意图

在航运繁忙的河道,船只往往因突发原因引起航行失控,或是因能见度低造成船舶与桥墩相撞。桥墩在设计中不但要有一定抵抗船舶冲击荷载的能力,还要考虑采用缓冲装置和保护系统,预防或改变船只冲击荷载的方向或减少对桥墩的冲击荷载,不使其破坏。

通常使用的桥墩保护结构有:桩支撑系统、人工岛保护系统、漂浮式保护系统、系缆桩保护系统、防护板系统等。图 2-1-101 为附有消能护圈的大直径钢桩。上海奉浦大桥江中主墩采用了钢飘护舷防护装置和橡胶护舷防护装置。

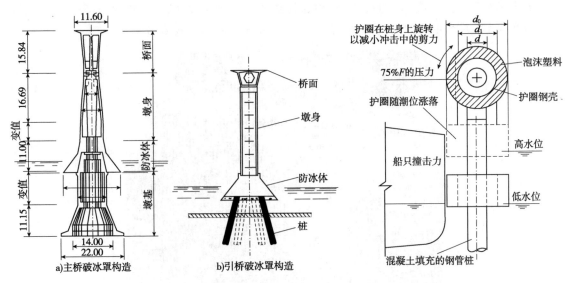

图 2-1-100 破冰罩(尺寸单位:m)　　　　图 2-1-101 附有消能护圈的大直径钢桩

### 四、桥墩造型

桥梁造型是研究以交通功能为使用目的,结构、材料、施工技术等为基本条件,并结合环境,通过形态构成的规律,对于桥跨结构和墩台进行优化组合所形成的具有艺术感染力的立体形象,创造出融合环境的尽可能完美的桥梁形体。为此,桥梁设计不但要确保安全、耐久,同时还要求桥梁下部结构的造型与周围的地形、地貌条件密切相关,使桥梁与环境和谐、匀称。

苏州太湖大桥坐落于太湖风景区,为体现形式精炼、比例协调、风格一致,具有良好序列的美学准则,使桥梁建筑与太湖水和群岛配合呼应,桥梁总体设计为具有起伏变换、大小跨径交融的变高度连续梁和预应力简支板梁体系。其中,为突出主体,桥墩均采用带弧线的T形造型(图 2-1-102),1.5m 宽的竖向划分及顶端半圆弧收头,既与T形两翼的弧线协调,又克服了单调感。

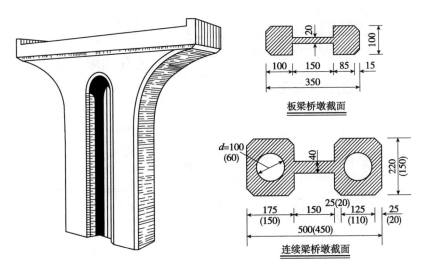

图 2-1-102 桥墩不同的细部处理(尺寸单位:cm)

在与桥轴线成 30°或 45°的视线处,相邻带弧线 T 形桥墩构成了完整的半圆弧,丰富了桥下空间的形状,并产生强烈的韵律感,给人们以各种视点的不同视觉效果(图 2-1-103)。

图　2-1-103

城市立交桥和高架桥均为跨线桥梁结构,常常受地形、地物的限制,因此斜桥、弯桥较多。同时,由于交通立交,要求桥墩的位置和形状要尽量多透空,保证行车有较好的视线。为了能从上面承托较宽的桥面,在下面能减小墩身和基础尺寸,在地面以上给人以艺术的享受和美化城市,常常将桥墩在桥横向做成独柱式或排柱式、倾斜式、双叉式、四叉式、T 形、V 形和 X 形等多种多样的桥墩形式(图 2-1-104)。

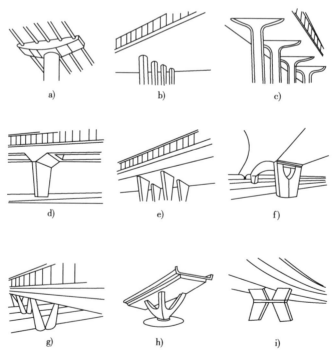

图 2-1-104　桥墩形式

图 2-1-105 所示为立交桥常用的主梁横截面形式和桥墩的横向布置形式。

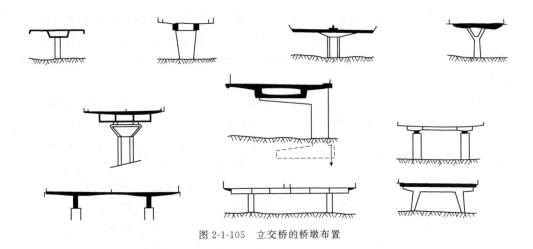

图 2-1-105 立交桥的桥墩布置

**五、桥台的类型与构造**

桥台按其形式可划分为重力式、轻型、框架式、组合式和承拉桥台。

1. 重力式桥台

重力式桥台也称实体式桥台，它主要靠自重来平衡台后的土压力。桥台台身多数由石砌、片石混凝土或混凝土等圬工材料建造，并采用就地建造施工方法。

1）重力式桥台的类型

重力式桥台依据桥梁跨径、桥台高度及地形条件的不同，有多种形式，常用的类型有 U 形桥台、埋置式桥台、八字式和一字式桥台等。

(1) U 形桥台

U 形桥台由台身（前墙）台帽、基础与两侧的翼墙组成，在平面上呈 U 字形。台身支承桥跨结构，并承受台后土压力；翼墙连接路堤，在满足一定条件时，和前墙共同承受土压力，侧墙外侧设锥形护坡。U 形桥台的一般构造如图 2-1-106 所示。

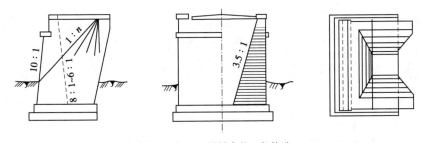

图 2-1-106 U 形桥台的一般构造

U 形桥台构造简单，基础底承压面大，应力较小，但圬工体积大，桥台内的填土容易积水，结冰后冻胀，使桥台结构产生裂缝。U 形桥台适用于填土 8～10m 高度的中等以上跨径的桥梁，要求桥台中间填料宜用渗水性较好的土夯填，并做好台背排水。

(2) 埋置式桥台

桥台台身埋置于台前溜坡内，不需另设翼墙，仅由台帽两端的耳墙与路堤衔接。图 2-1-107a）为直立式埋置桥台；图 2-1-107b）为后倾式桥台，它使台身重心向后，用以平衡台后填土的倾覆力矩，但倾斜度应适当。

埋置式桥台，台身为圬工实体，台帽及耳墙采用钢筋混凝土，当台前溜坡有适当保护不被冲毁时,可考虑溜坡填土的主动土压力。因此,埋置式桥台圬工数量较省,但由于溜坡伸入桥孔,压缩了河道,有时需要增加桥长。它适用于桥头为浅滩,溜坡受冲刷较小,填土高度在 10m 以下的中等跨径的多跨桥中使用。当地质情况较好时,可将台身挖空成拱形,以节省圬工,减轻自重。

(3)八字式和一字式桥台

台身两侧为独立的翼墙,一般将台身与翼墙分开,其间设变形缝。当台身与翼墙斜交时则为八字式桥台;台身与翼墙在同一平面则为一字式桥台。它适用于河岸稳定,桥台不高,河床压缩小的中小跨桥,对于跨越人工河道及立交桥亦可采用。八字式和一字式桥台的翼墙除挡住路堤填土外,并起引导河流的作用。翼墙的构造与地形、填土高度和接线有关,图 2-1-108 列出了 U 形桥台、八字式和一字式桥台翼墙的构造示例,设计时可参考选用。

重力式桥台在铁路桥上还有 T 形桥台、十字形桥台等其他形式。

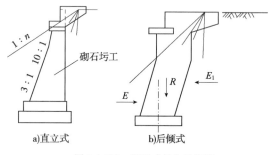

图 2-1-107 埋置式桥台的构造

2)结构构造与主要尺寸

(1)台帽与背墙

桥台顶帽由台帽和背墙两部分组成,见图 2-1-109。台帽采用 C20 混凝土或钢筋混凝土,其中,钢筋的布置和支座边缘到台身的最小距离与桥墩相同。实体式桥台背墙一般可不设钢筋,悬臂式桥台顶帽采用钢筋混凝土,并按计算布置受力钢筋。

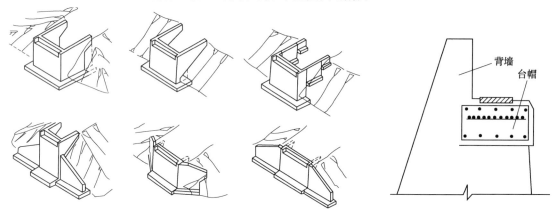

图 2-1-108 重力式桥台的翼墙构造示例　　　　图 2-1-109 重力式桥台的台帽和背墙

(2)台身

实体式桥台台身前后设置斜坡,呈梯形截面,外表面斜坡可取用 10∶1,内侧斜坡取 8∶1～6∶1。台身顶的长度与宽度应配合台帽,当台身为圬工结构时,要求台身任一水平截面的纵向宽度不小于该截面到台顶高度的 0.4 倍。

埋置式桥台,由于作用在桥台上的水平力较 U 形桥台小些,在拟定尺寸上,台身底部可略大于顶部尺寸,最后由应力验算确定。

(3)翼墙及耳墙

U 形桥台的翼墙,外侧呈直立,内侧为 3∶1～5∶1 的斜坡。圬工翼墙的顶宽不小于 0.4～0.5m,对任一水平面的宽度,片石圬工不宜小于该截面至墙顶高度的 0.4 倍,块石及混凝土不宜小于 0.35 倍,当台内填土为渗水性良好的土类时,则上述要求可分别减为 0.35 倍和 0.3

倍。在侧墙的尾端,除最上段 1.0m 采用竖直外,以下部分可采用 4∶1～8∶1 的倒坡。

八字式和一字式的翼墙,根据近年的设计经验,墙顶宽取 0.4m,外侧用 10∶1 斜坡,内侧可用 8∶1～10∶1,翼墙的长度根据实地地形确定,尾端应保持一个相当高度。

埋置式桥台的挡土采用耳墙,它承受土压力的计算图式为悬臂板,如需要支承人行道上的荷载,则受到两个方向的弯矩和剪力,需要配置受力钢筋,见图 2-1-110。耳墙长度不宜太长,一般不超过 3～4m,厚度为 0.15～0.3m,高度为 0.5～2.5m,耳墙应将主筋伸入台帽或背墙借以锚固。

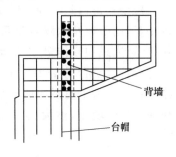

图 2-1-110 耳墙钢筋布置

(4)锥形护坡,溜坡及台后排水

U 形桥台的翼墙尾端墙上部应伸入路堤不小于 0.75m,锥形护坡的坡脚不能超过桥台前沿。锥形护坡在纵桥向的坡度,路堤下方 0～6m 处取用 1∶1,大于 6m 的部分可取用 1∶1.5,在横向与路堤边坡相同。当纵桥向与横桥向的坡度相同时,锥形护坡在平面上为 1/4 圆形;当两向坡度不等时,为 1/4 椭圆形。护坡在高出设计洪水位 0.5m 以下部分,应根据设计流速不同采用块、片石砌筑,不砌部分植草皮保护。

埋置式桥台的溜坡坡度一般取用 1∶1.5。溜坡坡面采用砌石保护,并应根据河岸冲刷深度确定其基础的埋置深度。溜坡面距台帽后缘应不小于 0.3m,耳墙伸入溜坡至少 0.75m。溜坡坡面和台身前沿相交处应比设计洪水位高出 0.25m,以避免水流渗入。

实体式桥台背后,从台帽或背墙底面应设砂砾滤水层及胶泥隔水层,在隔水层上设置一碎石层伸向台后,并有 2%～3% 向台后的纵坡,在碎石层的末端设置横向盲沟,排出台内渗水。

### 2. 轻型桥台

钢筋混凝土轻型桥台,其构造特点是利用钢筋混凝土结构的抗弯能力来减少圬工体积而使桥台轻型化。

1)薄壁轻型桥台

薄壁轻型桥台常用的形式有悬臂式、扶壁式、撑墙式及箱式等,见图 2-1-111。在一般情况下,悬臂式桥台的混凝土数量和用钢量较大,撑墙式与箱式的模板用量较大。薄壁桥台的优点与薄壁墩类同,可依据桥台高度、地基强度和土质等因素选定。

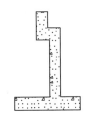 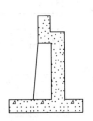 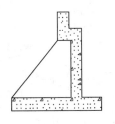 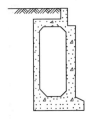

图 2-1-111 薄壁轻型桥台

2)支撑梁轻型桥台

单跨或少跨的小跨径桥,在条件许可的情况下,可在轻型桥台之间或台与墩间设置 3～5 根支撑梁。支撑梁设在冲刷线或河床铺砌线以下。梁与桥台设置锚固栓钉,使上部结构与支撑梁共同支撑桥台,承受台后土压力。此时,桥台与支撑梁及上部结构形成四铰框架共同受力。

轻型桥台可采用八字式和一字式翼墙挡土,如地形许可,也可做成耳墙,形成埋置式轻型桥台并设置溜坡。

3.框架式桥台

框架式桥台是一种在横桥向呈框架式结构的桩基础轻型桥台,它埋置土中,所受的土压力较小,适用于地基承载力较低、台身较高、跨径较大的梁桥。其构造形式有双柱式、多柱式、墙式、半重力式和双排架式、板凳式等。

双柱式桥台见图2-1-112,当桥较宽时,为减少台帽跨度,可采用多柱式,或直接在桩上面建造台帽。为了使桥台填土密实,减少填土沉降,也为了减少桥台填土对桥台产生水平推力,往往采用先填土,然后再沉桩、浇筑台帽。当填土高度大于5m时,可采用墙式桥台,见图2-1-113。

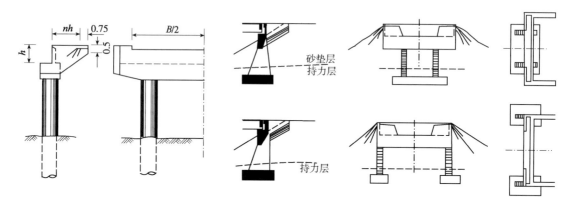

图 2-1-112　双柱式桥台构造(尺寸单位:m)　　　　图 2-1-113　墙式桥台构造

墙厚一般为0.4~0.8m,设少量钢筋。台帽可做成悬臂式或简支式,需要配置受力钢筋。半重力式构造与墙式相同,墙较厚,不设钢筋。当柱式桥台采用钻孔桩基础并延伸做台身时,可不设承台。对于柱式和墙式台一般在基础之上设置承台。

当水平力较大时,桥台可采用双排架式或板凳式,由台帽、背墙、台柱和承台组成。图2-1-114所示为我国铁路部门使用的排架式装配桥台。

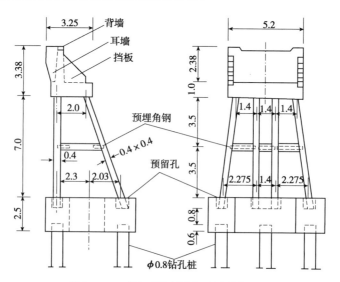

图 2-1-114　排架式装配桥台(尺寸单位:m)

框架式桥台均采用埋置式,台前设置溜坡。为满足桥台与路堤的连接,在台帽上部设置耳墙,必要时在台帽前方两侧设置挡板。

4. 组合桥台

为使桥台轻型化,桥台本身主要承受桥跨结构传来的竖向和水平力,而台后的土压力由其他结构来承受,形成组合式的桥台。

1)锚定板式桥台(锚拉式)

锚定板式桥台有分离式和结合式两种形式。分离式是台身与锚定板、挡土结构分开,台身主要承受上部结构传来的竖向力和水平力,锚定板设施承受土压力。锚定板结构由锚定板、立柱、拉杆和挡土板组成,见图2-1-115a)。桥台与锚定板结构预留空隙,上端做伸缩缝,桥台与锚定板结构的基础分离,互不影响,使受力明确,但结构复杂,施工不方便。结合式锚定板式桥台的构造见图2-1-115b),它的锚定板结构与台身结合在一起,台身兼做立柱和挡土板。作用在台身的所有水平力假定均由锚定板的抗拔力来平衡,台身仅承受竖向荷载。结合式结构简单,施工方便,工程量较省,但受力不很明确,若台顶位移量计算不准,可能会影响施工和运营。

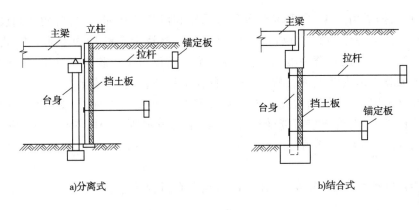

a)分离式　　　　　　b)结合式

图2-1-115　锚定板式桥台构造

锚定板可用混凝土或钢筋混凝土制作,根据试验采用矩形为佳,为便于机械化填土作业,锚定板的层数一般不宜多于两层。立柱和挡土板通常采用钢筋混凝土,锚定板的设置位置以及拉杆等结构均要通过计算确定。

2)过梁式、框架式组合桥台

与挡土墙用梁结合在一起的桥台为过梁式组合桥台,桥台与桥墩的受力相同。当梁与桥台、挡土墙刚结,则形成框架式组合桥台,如图2-1-116所示。框架的长度及过梁的跨径由地形及土方工程比较确定,组合式桥台越长,梁的材料数量需要就越多,而桥台及挡土墙的材料数量相应地有所减小。

3)桥台与挡土墙组合桥台

由轻型桥台支承上部结构,台后设挡土墙承受土压力的组合式桥台,台身与挡土墙分离,上端做伸缩缝,受力明确。当地基比较好时,也可将桥台与挡土墙放在同一个基础之上,见图2-1-117。这种组合式桥台可采用轻型桥台,而且可不压缩河床,但构造较复杂,是否经济需通过比较确定。

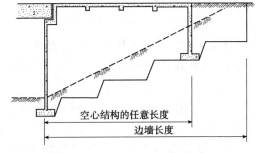

图2-1-116　框架式组合桥台

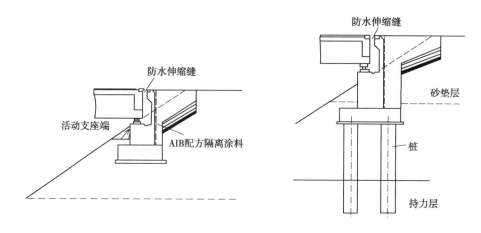

图 2-1-117　桥台、挡土墙组合桥台

5. 承拉桥台

在桥梁中,根据受力的需要,要求桥台具有承压和承拉的功能,在桥台构造和设计中,必须满足受力要求。图 2-1-118 所示为承拉桥台的构造。该桥上部结构为单箱单室截面,箱梁的两个腹板延伸至桥台形成悬臂腹板,它与桥台顶梁之间设氯丁橡胶支座受拉,悬臂腹板与台帽之间设置氯丁橡胶支座支承上部结构,并可设置扁千斤顶,以备调整。

预应力混凝土连续梁桥,当边孔与中孔的跨径之比小于 0.3 时,其受力特性近似固端梁,在恒载和活载作用下,桥台支座可能受拉,因此除在结构构造上予以考虑以外,桥台应做成承拉桥台,图 2-1-119 所示为一座中孔 142.5m、边孔 25.25m、总长 203m 的预应力混凝土连续梁桥的桥台构造。

在某些桥台结构中,因特殊要求,在构造措施上有所变化。

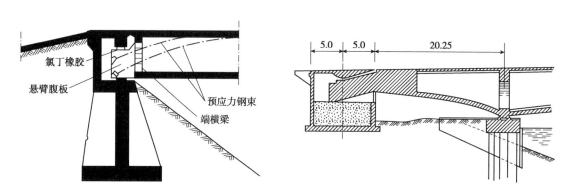

图 2-1-118　承拉桥台的构造　　　　图 2-1-119　连续梁桥的承拉桥台(尺寸单位:m)

图 2-1-120 所示为桂林某桥的桥台形式,为配合主梁体外预应力束的换束工艺,分离了台帽与背墙,以利在其之间设置预应力束转向导轮。为加强背墙的强度和刚度,在背墙处增设了间距 1.4m、厚 20cm 的肋板。

在强震地区,为保证桥台整体结构不受损坏,在台背处可设置撞落构造(图 2-1-121),其作用是在地震力作用下,当梁与桥台间的相对位移超过伸缩缝的容许位移值时,撞落构造首先损坏而保证梁体能自由变形。撞落构造必须保证在永久恒载、活载作用下有足够的强度和刚度,并能在地震后及时修复。

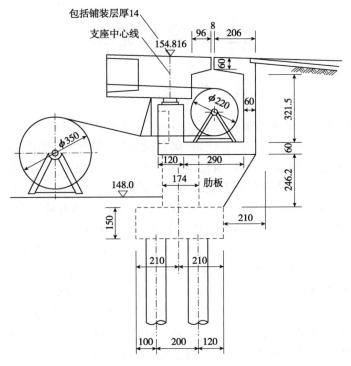

图 2-1-120　桂林某桥的桥台形式(尺寸单位:cm;高程单位:m)

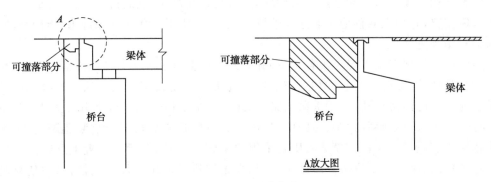

图 2-1-121　撞落构造

# 第二章 梁桥施工

## 第一节 概 述

在桥梁工程中,施工是非常重要的一环,它决定着工程的质量和整个工程的造价等问题。因此,在桥梁施工中,合理地选择施工方法,正确地组织施工和科学管理具有十分重要的意义。

回顾混凝土梁桥的发展历史,可以清楚地看到施工工艺的革新对桥梁类型、体系的发展,对提高桥梁跨越能力和丰富结构构造形式起着重要的作用。早期的混凝土梁桥一般是支架就地浇筑施工的中、小跨径的钢筋混凝土简支梁桥和悬臂梁桥。随着桥梁施工的工厂化,出现了装配式钢筋混凝土简支梁桥。自从预应力技术在桥梁工程中应用之后,并随着起重能力的提高,中小跨径的装配式预应力混凝土简支梁桥得到了普遍推广。这些装配式混凝土简支梁桥,大多数采用分片式整体预制,安装后横向整体化,即采用整体施工的方法。20 世纪 50 年代中期,悬臂施工法从钢桥引入了混凝土梁桥,混凝土梁桥可以从桥墩对称进行分段悬臂浇筑施工或悬臂拼装施工。这种施工方法不用或很少用支架,不影响河道的通航,建造大跨径桥梁不需要大型起吊设备,从而使预应力混凝土悬臂梁桥、预应力混凝土 T 形刚构桥、连续梁桥和连续刚构得到了发展,桥梁的跨径从 100m 突破到 200m,现已达到 301m。桥梁不仅有实腹式,也出现了空腹桁架式,主梁截面形式也从 T 形、I 形发展成箱形。继悬臂施工法之后,1959 年顶推施工法首次用于预应力混凝土连续梁桥的施工,它是在沿桥纵轴方向的桥后开辟预制场地,分节段预制主梁,并用纵向预应力筋连成整体,然后通过水平液压千斤顶施力,借助滑动装置,将梁段向对岸顶进就位。

桥梁结构的发展对施工提出了各种不同的要求,也促进了施工方法的发展,多跨长桥和高架桥梁的大量建造,出现了与它们相适应的逐孔施工和移动模架施工方法。多跨长桥及高架桥的跨径通常考虑经济分孔,采用等截面梁,因此要求施工快速、简便,使用一套机具设备连续作业。逐跨施工法可以整跨预制、逐跨施工,可以分节段预制后再进行拼装逐跨施工,也可在支架上逐跨现浇施工。而移动模架法则是采用大型施工设备,在梁的位置上逐跨完成梁的一系列制造工作后,纵移施工设备连续施工,其相当于把桥梁的预制场移到桥位,并依靠动力逐跨完成,它对于大型桥梁工程施工向工厂化、机械化、自动化和标准化方向迈进是一种有益的尝试。

桥梁转体施工是 20 世纪 40 年代以后发展起来的一种架桥工艺。它是在河流的两岸或适当的位置,利用地形或使用简便的支架先将半桥预制完成,之后以桥梁结构本身为转动体,使用一些机具设备,分别将两个半桥转体到桥位轴线位置合龙成桥。

转体施工将复杂的、技术性强的高空及水上作业变为岸边的陆上作业,它既能保证施工的质量安全,也减少了施工费用和机具设备,同时在施工期间不影响桥位通航。

转体施工法较多地见于拱桥的施工,目前在梁桥、斜拉桥、刚架桥等不同桥型上部结构施工中也都得到应用。

科学技术的发展将不断对施工提出新的要求,今后也将会出现更多的、适应各种不同条件的施工方法。

混凝土梁桥的施工方法很多,即使在同一种方法中也有不同的情况,所需的机具、人力、施工步骤和施工期限也不一样。因此,在确定桥梁施工方法时,应根据桥梁的设计要求、施工现场、环境、设备、经验等各种因素综合分析考虑,合理选择最佳的施工方法。

桥梁的施工应包括施工技术和施工组织管理。其中,施工技术是选择施工方法,确定各施工阶段所需机具、设备、材料和人力等的依据。施工的组织管理需要制订施工计划表,合理地组织施工,保证各阶段施工所需的机具设备、材料和人力,安排好场地布置,进行施工经济管理、经济分析和全面质量管理,组织好生产与生活等。

本章主要阐述混凝土梁桥的施工方法,并对各主要方法的优缺点和适用场合做概括说明。桥梁施工方法需要在实践中不断深入研究,大胆实践,才能有深刻的认识,才能在工作中取得新的成就。

## 第二节 梁桥的预制工艺

钢筋混凝土和预应力混凝土构件的预制工程包括:模板支架工程、钢筋工程、混凝土工程和预应力工程等。

### 一、模板工程

1. 模板的要求

预制梁的模板是施工过程中的临时结构,这不仅关系到预制梁尺寸的精度,而且对工程质量、施工进度和工程造价有直接的影响。根据《公路桥涵施工技术规范》(JTG/T F50—2011)对模板、支架的要求,模板、支架应满足下列要求:

(1)具有足够的强度、刚度和稳定性,能可靠地承受施工过程中可能产生的各项荷载,保证结构物各部分形状、尺寸准确;

(2)尽可能采用组合钢模板或大模板,以节约木材,提高模板的适应性和周转率;

(3)模板板面平整,接缝严密不漏浆;模板与混凝土的接触面应涂刷隔离剂,但不得采用废机油等油料,且不得污染钢筋及混凝土的施工缝;

(4)装拆容易,结构受力应明确,施工操作方便,保证安全;

(5)支架应稳定、坚固,应能抵抗在施工过程中可能发生的振动和偶然撞击。

模板的种类很多,若按施工方法分类,可以分为固定式、整体式、拼装式等;按使用材料分类,可分为钢模板(图2-2-1)、木模板、钢木组合模(图2-2-2)、土模、土木组合模、充气橡胶胎模等数种。对于在预制工厂生产用的模板和数量较多的预制梁,常采用钢模板和钢木组合模板及充气橡胶胎模。木模板常在没有定型设计的构件或小跨预制梁上使用,这种模板制作容易,但木材消耗量大,成本高。在木模靠混凝土的一面钉上0.3~0.5mm厚的铁皮,使用时表面涂油,可以提高周转使用次数,脱模方便,并获得光滑的混凝土表面。

2. 模板的构造

模板有底模、侧模、端模和内模。底模支承在底座上或设置在流水台车上,可用12~16mm钢板制成。在预制梁时,底模不必拆除,仅在第二次周转使用前进行整平和校准。底模在构造上应注意设置底模与侧模、底模与端模以及底模接长的联系构件,底模还应具有在其下布置振捣器的构造措施。底模两端在构造上应予以加强,因为在预应力混凝土预制梁张拉时,整个梁体重量集中支承在底模两端。此外,还应在底模与台座间设置减振橡皮垫。图2-2-3为底模振捣器的布置方式。

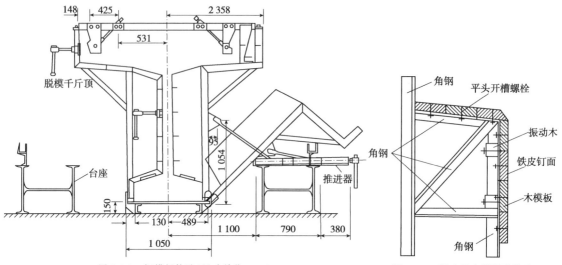

图 2-2-1 钢模板构造(尺寸单位:mm)　　　　图 2-2-2 钢木组合模板的构造

侧模沿梁长置于预制构件的两侧。小跨径梁可用整体侧模,通常考虑起吊重量和简化构造,模板单元长度取用4～5m,可在横隔梁处分隔,当横梁间距较大时,可在中间再划分。侧模由侧板、水平加劲肋、竖向加劲肋、斜撑等构件组成。钢侧板一般选用4～8mm厚钢板,加劲角钢常取用50～100mm。木模板厚30～50mm,加劲方木取用80～100mm。侧模板在构造上应考虑可悬挂侧模振捣器;要加强侧模间的连接构造并设拆卸模板的装置。

端模设置在梁的两端,安装时连接在侧模上,用于形成梁端形状,控制预应力束的孔道位置,一般用4～8mm厚钢板加工而成。

空心截面梁预制的关键,是对内模既考虑立模和拆模方便,又不易损坏,可以重复使用。在空心板梁中,目前常用四合式活动模板,每根梁使用两节内模,以便搬运装拆,沿纵向又分成两部分,其构造见图2-2-4。内模可采用30mm厚的木板,侧面装置铁铰链,使壳板可以转动。内模的骨架和活动撑板,每隔0.7m设置一道,撑板下端的半边朝梁端一侧用铁链与壳板连接,另半边及上端均做成榫头,顶紧壳板纵面上、下斜接缝,并在撑板上方设置直径为20mm的圆钢拉杆,撑板将内壳板撑实后,在模壳外用铅丝捆扎,即成定型的整体内模。脱模时抽动拉杆和扁铁拉杆,即可拆除内模板。

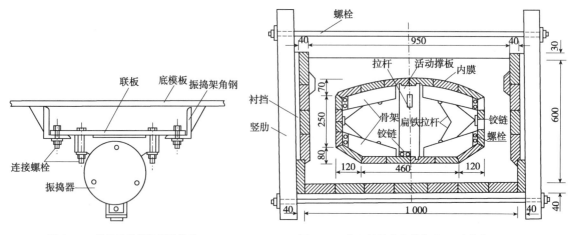

图 2-2-3 采用底模振捣器的构造　　　　图 2-2-4 空心板梁木内模构造(尺寸单位:mm)

采用充气橡胶胎模制作的内模,施工方便、容易拆除,所充气压的大小与胎模的直径、新灌筑混凝土的压力、气温等因素有关。当板的空心直径为 0.3m 时,一般采用 39.2～49kPa 气压。浇筑混凝土时,为防止胎模上浮和偏位,应用定位箍筋、压块等加以固定,并应对称平衡地进行。胎模放气的时间与气温有关,应通过试验确定。当气温为 5～15℃时,可在混凝土施工完毕后 8～10h 进行。图 2-2-5 为由充气胶囊构成的空心板梁内模。

此外,内模还可采用不抽拔的心模,如用混凝土管、纸管、钢丝网管等。箱梁的内模可采用钢模、木模或滑动模板等。

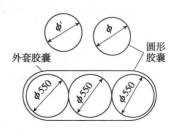

图 2-2-5 空心板梁充气胶囊内模构造
(尺寸单位:mm)

### 3. 模板的制作

模板在放样之后制作各部件,钢模截面尺寸与长度要准确,要考虑焊缝收缩对长度的影响。模板表面应平整,转角要光滑,连接孔要配合准确。在组装模板单元时,相对位置准确,焊缝要平顺。模板的组装可在工作平台上或胎具上进行。底模制作时需考虑预制梁的预拱度。

木模板的木材,湿度不应大于 25%,无严重病损,木模的接缝可做成平缝、搭缝和企口缝,采用平缝要在构造上采取措施以防漏浆。木模的拉杆常使用螺栓,当拉杆需抽出时,可用混凝土管或竹管等加套,拆除后用水泥砂浆堵孔。

### 4. 模板的安装与拆除

模板的安装应与钢筋工作配合进行,在底模整平及钢筋骨架安装后,安装侧模板和端模板,也可先安装端模,后装侧模板。模板安装的精度要高于预制梁的精度要求。每次模板安装完成后需通过合格验收,方可进入下一工序。模板的精度要求,可参考施工规范的有关规定。

拆模好坏涉及预制梁的质量和模板的周转使用率。不承重的侧模,可在混凝土强度能保证其表面与棱角不致损坏或混凝土强度达到 2.45MPa 时拆除。承重模板应在混凝土强度能承受自重和其他可能的外荷载时方能拆除。侧模可用千斤顶协助脱模。为使模板单元安全脱模,常用旋转法拆除侧模,其转动中心可设在侧模的下端或上端。一般在梁体顶部施力,模板单元绕下轴点旋转脱模较省力。为便于脱模,除在外形构造上有一定要求外,也可在模板表面涂隔离剂,以减小模板表面与混凝土的黏结力。

### 5. 模板设计计算要点

在初拟各构件模板尺寸后,可根据荷载组合进行模板的强度、刚度和脱模计算。作用在模板上的力有竖向荷载和水平荷载,主要考虑模板自重、湿混凝土对模板产生的竖向力和水平力、振捣混凝土产生的竖向和水平向振动力、施工荷载及混凝土与模板间的黏结力等。计算工作可运用力学和构件设计原理进行。

## 二、钢筋工程

钢筋制作包括普通钢筋的加工、拼装骨架、预应力钢筋的加工、预应力钢丝编束等。

### 1. 普通钢筋骨架的制作

钢筋形成骨架,需经过钢筋整直、切断、除锈、弯折、焊接、绑扎等工序。但钢筋的规格、型号和加工工序比较多,各工序的质量在混凝土浇筑后又无法检查。所以,各道工序都必须严格控制质量。

1) 钢筋的加工

进场的钢筋应通过抽样试验、质量鉴定,合格后再进行钢筋的整直、除污锈与弯折等加工。

钢筋调直有机械和人工两种,机械调直法可使冷拉、除锈、调直和切断四道工序联合进行。采用冷拉方法调直钢筋时,HPB235 钢筋的冷拉率不宜大于 4%,HRB335、HRB400 钢筋的冷拉率不宜大于 1%。

直径为 6~8mm 钢筋的整直,宜采用冷拉的方法,其伸长率不大于 1%;直径在 10mm 以上的钢筋一般用锤打整直。钢筋经过整直与除去污锈后,应达到钢筋表面洁净。无论成盘的钢筋或弯曲的钢筋均要平直,无局部曲折和被擦伤的表面,并不使钢筋的截面减小超过 5%。

钢筋整直、除锈后,即可根据需要的长度进行下料。考虑钢筋采用圆弧弯折在弯曲后会有所伸长,一般可根据钢筋直径 $d$ 采用下列数值计算伸长量:

弯成 45°角时,伸长 $(1/2~2/3)d$;

弯成 90°角时,伸长 $d$;

弯成 180°角时,伸长 $2d/3$。

钢筋的弯钩,根据其用途及加工方法的不同可弯成各种钩形。HPB235 级钢筋末端应做 180°弯钩,内径不得小于 $2.5d$,弯钩的弯后平直部分长度不应小于 $3d$;当设计要求钢筋末端做 135°弯钩时,HRB335 级、HRB400 级钢筋的内径不应小于 $4d$,弯钩的弯后平直部分长度应符合设计要求;钢筋作不大于 90°的弯折时,弯折处的内径不应小于 $5d$。钢筋的弯起半径,如设计无规定时,宜为钢筋直径的 15 倍。

2) 钢筋的接头

钢筋的接头应采用电焊,并以闪光(连接闪光与预热闪光)接触对焊(碰焊)为宜。在不能进行闪光接触对焊时,可采用电弧焊(搭接焊、绑条焊、坡口焊、熔槽焊等)。直径为 25mm 及小于 25mm 的螺纹钢筋和光圆钢筋,在没有条件焊接时,可采用绑扎接头。

焊接接头在构件中的位置应该符合:当采用闪光接触对焊时,配置在同一截面内的受力钢筋,其焊接接头的截面积占受力钢筋总截面面积的百分率在受拉区不得超过 50%,在受压区中可不受限制。如分不清在什么区,则按受拉区规定办理。采用电弧焊时,接头也应尽量错开,在同一截面的焊接接头数量不应超过对闪光对接焊的要求。不管采用何种焊接,在同一根钢筋上不得集中配置焊接接头。

绑扎接头的数量,在同一截面内,对受拉钢筋不宜超过受力钢筋的 1/4,对受压钢筋不宜超过受力钢筋的 1/2,非同一截面的接头间距不得小于搭接长度。其搭接长度,可参考有关规定。

3) 钢筋骨架的组成与安装

制成的钢筋骨架,须具有足够的刚度而不易变形,并应在灌筑混凝土时不致松散、移位。装配式 T 形梁单片平面骨架的焊接拼装需在牢固的工作台上进行。焊接时,由于温度变化,会使骨架产生显著的变形,以致造成骨架尺寸不能符合设计要求,或者在焊缝内产生很大的收缩应力,使焊缝开裂。

焊缝的填充金属及焊件金属,在电弧的高温下(1500℃以上)溶化成液体,并发生急剧地膨胀,由于呈液体状态,所以膨胀可以自由地沿着焊缝而伸展。但当焊条离开焊件时,温度立即下降,填充金属凝固,因此因温度下降产生的收缩就会使钢筋产生很大的应力和变形,这就是骨架变形的原因。

为消除焊接变形,可在施焊前预留拱度和采用分段跳焊、分层跳焊的办法。钢筋骨架预留拱度的数值参照表 2-2-1。

T 梁钢筋骨架的预留拱度  表 2-2-1

| T 梁跨径(m) | 工作台上预拱(mm) | T 梁跨径(m) | 工作台上预拱(mm) |
| --- | --- | --- | --- |
| <10 | 3 | 16 | 4~6 |
| 10 | 3~5 | 20 | 5~7 |

施焊顺序宜由中到边对称地向两端进行,先焊骨架下部,后焊骨架上部,每一条焊缝应一次焊接而成。相邻的焊缝采用分区对称跳焊,不得顺一个方向一次焊成,骨架焊成后敲除药皮。图 2-2-6 为某钢筋骨架的焊接次序。

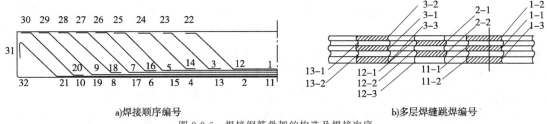

a) 焊接顺序编号　　　　　　　　　　　　b) 多层焊缝跳焊编号

图 2-2-6　焊接钢筋骨架的构造及焊接次序

当每一焊位有多层焊缝时,则先焊两直径相同钢筋之间的焊缝,再焊不同直径钢筋间的焊缝。如果相同直径钢筋在同一焊位有好几根,则分层跳焊。

焊接成型的钢筋骨架,安装比较简单,用一般起重设备吊入模板内即可。

对于绑扎钢筋的安装方法,应事先研究好安装顺序。一般的梁肋钢筋,先安装箍筋,再安装下排主筋,后安装上排钢筋。在钢筋安装工作中为了保证达到设计及构造要求,需注意下列几点:

(1)钢筋接头按规定要求错开布置。

(2)钢筋的交叉点应用铁丝绑扎结实,必要时亦可用电焊焊接。

(3)除设计有特殊规定外,梁中箍筋应与主筋垂直。箍筋弯钩的叠合处,应置于沿梁的上面并沿纵向交错布置。

(4)为了保证混凝土保护层的厚度,应在钢筋与模板间设置水泥垫块、混凝土垫块或钢筋头垫块。垫块应错开布置,不应贯通截面全长。

(5)为保证及固定钢筋间的横向净距,两排钢筋之间可使用混凝土垫块隔开,或用短钢筋扎结固定。

(6)为保证钢筋骨架有足够的刚度,必要时可以增加装配钢筋。

2.预应力钢筋的制备

预应力梁的预应力钢筋常采用冷拉Ⅳ级高强低合金钢筋、高强钢丝及钢绞线等。

1)粗钢筋的加工

粗钢筋用于先张法生产的预应力混凝土预制梁、后张法预应力桁架梁等及其他体系预应力桥梁,作为竖向和横向预应力筋等。钢筋直径为 12~32mm。钢筋的加工要经过下料、对焊、冷拉、时效及端头镦粗或轧丝加工等工序。

钢筋下料时,按照钢筋的计算长度、工作长度和原料的试验数据确定下料长度,应合理配料,尽量减小接头数目。

钢筋的下料长度可按下式计算:

$$L = \frac{l}{1+\delta_1-\delta_2} + nb + L_0 \tag{2-2-1}$$

式中:$L$——下料长度;

$l$——计算长度;

$\delta_1$——冷拉伸长率,一般为2%~4%;

$\delta_2$——弹性回缩率,一般为0.45%;

$n$——接头数目;

$b$——焊接损耗预留量,每个接头的预留量与钢筋直径有关,可取25~35mm;

$L_0$——工作长度,先张梁的工作长度视台座情况确定,采用轧丝锚时取0.15m,两端张拉取0.2m。

由于受冶金生产和运输上的限制,目前生产的粗钢筋长度最长为12m,因此,需经对焊接长后才可使用。为保证接头处的各项力学性能指标不低于原材料,焊接质量应严格控制。目前多采用二次闪光对头焊接,其轴线偏差不得大于2mm或钢筋直径的1/10。

钢筋的冷拉使钢材屈服产生塑性变形,并使钢材内部因晶格排列位置的变动,而使晶格平面凸凹不平,从而提高钢材的屈服强度。焊接好的钢筋冷却至正常温度后即可进行冷拉,在冷拉时最好采用同时控制钢筋应力和延伸率,即所谓"双控",并以应力控制为主,延伸率控制为辅。在没有测力设备的情况下,可用延伸率控制。冷拉钢筋的应力一般取用大于屈服强度,小于抗拉强度,Ⅳ级钢筋的冷拉延伸率取用不大于2.5%~4%。钢筋冷拉应按施工操作程序要求进行。

钢筋经过冷拉,屈服强度提高,但增加了脆性,为此钢筋冷拉之后应经时效过程。时效的作用是将冷拉后的钢筋置于一定的温度下经历一段时间,使因冷拉引起的钢材晶格的歪曲得到一定程度的恢复,消除钢筋的内应力,使钢筋的屈服强度、抗拉强度比冷拉完成时有所提高,钢筋的弹性模量得到恢复,此过程谓之冷拉时效。钢筋时效的时间与温度有关,有条件时可采用人工时效,即将冷拉后的钢筋在1 000℃的恒温下保持2h左右;否则,可采用自然时效。当自然气温在25~30℃时,至少应放置24h。无论如何,都应保证预应力的实际强度不低于设计取用的相应强度。

钢筋的端头镦粗及轧丝可在冷拉之前进行,也可在冷拉以后加工。先张法预制梁的粗钢筋,在冷拉或张拉时,通过连接器和锚具进行,采用镦头钢筋和开孔的垫板,可代替锚具或夹具。

粗钢筋采用成束张拉时,应将裁好的钢筋梳理顺直,按适当间隔用铅丝绑扎牢固,防止扭花、弯曲,并在钢筋束两端适当距离内放置空心衬心(弹簧芯或钢管)并绑扎牢固,使钢筋束端截面和锚具孔对应,以便装锚。

2)高强钢丝与钢绞线的成束

国产高强钢丝的单根直径常采用$\phi$5mm;钢绞线公称直径则应依所确定的技术标准不同而异,表2-2-2为预应力混凝土用钢绞线的技术性能。

预应力混凝土用钢绞线　　　　　　　　　　　　　　　　表 2-2-2

| 标准 | 公称抗拉强度(MPa) | 公称直径(mm) | 直径偏差(mm) | 公称面积(mm²) | 公称质量(kg/km) | 最小破断载荷(kN) | 1%伸长时最小载荷(kN) | 延伸率(%) | 松弛率(%) |
|---|---|---|---|---|---|---|---|---|---|
| ASTM A 416—98 | 1 860 | 9.53<br>11.11<br>12.70<br>15.24<br>17.78 | +0.66<br>-0.15 | 54.84<br>74.19<br>98.7<br>140.0<br>190.0 | 432<br>582<br>775<br>1 102<br>1 492 | 102.3<br>137.9<br>183.7<br>260.7<br>353.0 | 92.1<br>124.1<br>165.3<br>243.6<br>317.7 | ≥3.5 | ≤2.5 |
| | 2 000 | 12.70<br>15.24 | +0.66<br>-0.15 | 98.7<br>140.0 | 775<br>1102 | 197.4<br>280.0 | 177.7<br>252.0 | ≥3.5 | ≤2.5 |
| GB/T 5224—2003 | 1 470 | 15.20 | +0.40<br>-0.20 | 140 | 1 101 | 206 | 185 | ≥3.5 | ≤2.5 |
| | 1 570 | | | | | 220 | 198 | | |
| | 1 670 | | | | | 234 | 211 | | |
| | 1 720 | 9.50 | +0.30<br>-0.15 | 54.8 | 430 | 94.3 | 84.9 | | |
| | | 11.10 | | 74.2 | 582 | 128 | 115 | | |
| | | 12.70 | | 98.7 | 775 | 170 | 153 | | |
| | | 15.20 | +0.40<br>-0.20 | 140 | 1 101 | 241 | 217 | | |
| | | 17.80 | | 191 | 1 500 | 327 | 294 | | |
| | 1 770 | 15.70 | +0.40<br>-0.20 | 150 | 1 178 | 266 | 239 | | |
| | | 21.60 | | 285 | 2 237 | 504 | 454 | | |
| | 1 860 | 9.50 | +0.30<br>-0.15 | 54.8 | 430 | 102 | 93.8 | | |
| | | 11.10 | | 74.2 | 582 | 138 | 124 | | |
| | | 12.70 | | 98.7 | 775 | 184 | 166 | | |
| | | 15.20 | +0.40<br>-0.20 | 140 | 1 101 | 260 | 234 | | |
| | | 15.70 | | 150 | 1 178 | 279 | 251 | | |
| | | 17.80 | | 197 | 1 500 | 353 | 318 | | |
| | | 21.60 | | 285 | 2 237 | 530 | 447 | | |
| | 1 960 | 9.50 | +0.30<br>-0.15 | 54.8 | 430 | 107 | 96.3 | | |
| | | 11.10 | | 74.2 | 582 | 145 | 131 | | |
| | | 12.70 | +0.40<br>-0.20 | 98.7 | 775 | 193 | 174 | | |
| | | 15.20 | | 140 | 1 101 | 274 | 247 | | |
| BS 5896—1980 | 1 860 | 9.6<br>11.3<br>12.9 | +0.30<br>-0.15<br>+0.40<br>-0.20 | 55<br>75<br>100 | 432<br>590<br>785 | 102<br>139<br>186 | 90<br>122<br>163 | ≥3.5 | ≤2.5 |
| | 1 770 | 15.7 | +0.40<br>-0.20 | 150 | 1 180 | 265 | 233 | ≥3.5 | ≤2.5 |

用于后张预应力梁的纵向预应力束筋,经过下料、编束后,每束的张拉力可为 588~4 913kN。

高强钢丝的来料为直径 1.7m 的盘圆,由于在钢厂已将它矫正回火处理过,打开后基本呈直线状,无须整直即可下料。如在自由放置的情况下,任意 1m 长范围内弯曲矢高大于 5mm时,需要在调直后使用。钢丝的下料长度,取用预制梁的预留孔道长度加上张拉工作长度;若采用锥形锚具,双作用千斤顶张拉钢丝时,每个张拉端的工作长度可取 0.7m。

钢丝成束时,先用梳丝板(图 2-2-7)将其理顺,然后每隔 1~1.5m 绑扎一道;铅丝扣应弯入钢丝束内,以免影响穿束。场地较大的预制场或固定生产的桥梁构件厂,可根据每束钢丝根数,同时按序放平、下料,之后按规定用铅丝绑扎成束,从而简化施工,提高效率。成束时要保持钢丝一端平齐再向另一端延伸。绑束完成后按设计编号堆放,并挂牌标示,防止错乱。搬运钢束时,支点间跨度不大于 3m,两端悬出不大于 1.5m。

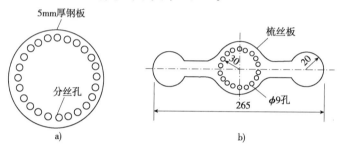

图 2-2-7 梳丝板的构造(尺寸单位:mm)

钢绞线下料采用氧气—乙炔切割时,应将切口两侧各 30~50mm 处用铅丝绑扎,切断后将切口焊牢,以免松散。采用电弧切割时,地线应搭在离切口 40~60mm 处,严禁其他部分通电及避免被火灼伤。

预应力混凝土梁在设计时,需要配置构造钢筋,有的也可能要设置普通受力钢筋,这些钢筋的加工与普通钢筋相同。对于高、窄、长的钢筋骨架,常采用分段、分片预制成骨架或钢筋网,在施工现场再装配成整体。

## 三、混凝土工程

混凝土工程包括拌制、运输、浇筑、振捣、养护及拆模等工序。

### 1.混凝土拌制

混凝土配合比是决定混凝土强度的关键因素。实际拌制用配合比需根据设计配合比的数据和资料,综合施工现场的实际情况加以决定。配制的混凝土拌和物应满足和易性、凝结速度等施工技术要求,制成的混凝土应符合强度、耐久性(抗冻、抗渗、抗侵蚀)等质量要求。

为节约水泥和改善混凝土的技术性能,在混凝土中可适量掺入外加剂和混合材料。主要的外加剂类型有普通和高效减水剂、早强减水剂、缓凝减水剂、引气减水剂、抗冻剂、膨胀剂、阻锈剂和防水剂等,混合材料包括粉煤灰、火山灰质材料、粒化高炉矿渣等。混合材料的技术条件可参考《公路桥涵施工技术规范》(JTG/T F50—2011)附录 B1,但应注意,在预应力混凝土结构中不得使用加气剂和各种氯盐。

在混凝土拌制过程中,要始终注意稠度的大小,倘若不符合规定,应立即查明原因,予以纠正。

随着混凝土制拌的工厂化,商品混凝土及泵送混凝土运用得越来越广泛,但同时也带来了

许多问题,如:

(1)商品混凝土强度离散程度大,坍落度波动大,造成卸料、泵送困难(坍落度很小时),振捣时间难以掌握(坍落度过大时)。

(2)因商品混凝土搅拌站机械设备发生故障及交通堵车,造成混凝土不能完全保障连续浇筑。

(3)商品混凝土浇筑的结构表面可能出现收缩裂纹。

(4)泵送混凝土气泡多,产生混凝土麻面、气孔。

这些问题将直接影响混凝土的正常浇筑作业,影响混凝土的强度和其外观质量。

究其原因主要如下:

(1)混凝土强度控制水平较差。坍落度波动大,造成混凝土浇筑分层困难,易出现离析、"过振"现象。

(2)商品混凝土供应搅拌站设备能力小时,就不能保障在机械发生故障时仍能连续供料。

(3)商品混凝土一般水泥用量大,易使混凝土硬化中出现较大干缩而形成裂纹。

(4)因掺用引气型减水剂等原因,造成泵送混凝土产生较多气泡且不易消散。

为此,必须严格控制混凝土配合比和坍落度,随时测定混凝土的坍落度,并根据实际情况加入商品混凝土塑化剂等改善坍落度,使其混凝土生产质量水平维持在优良。

控制商品混凝土最大单方水泥用量,一般不宜超过 $500kg/m^3$,大体积混凝土不宜超过 $300kg/m^3$。优先采用高强度等级水泥,加强配合比设计,加强振捣和养护,以防裂纹发生。

对泵送混凝土采用二次振捣,消散气泡,防止混凝土形成麻面、气孔等缺陷。

2. 混凝土运输

混凝土的运输,根据运输量的大小和运距采用不同的运输设备,总的要求是运输能力应适应混凝土凝结速度和浇筑速度的需要,使浇筑工作不间断,并使混凝土运到浇筑地点时仍保持均匀性和规定的坍落度等。

运输的延续时间一般不宜超过表 2-2-3 的规定值。

混凝土拌和物运输时间限制                                表 2-2-3

| 气温(℃) | 无搅拌设施运输(min) | 有搅拌设施运输(min) |
| --- | --- | --- |
| 20~30 | 30 | 60 |
| 10~19 | 45 | 75 |
| 5~9 | 60 | 90 |

若混凝土需自高处下落时,为防止离析,其自由下落高度不宜超过 2m;超过 2m 时,应用串筒溜管、溜槽或振动溜管等设施运送,当下落高度大于 10m 时,串筒内应附设减速设备。使用混凝土泵运送混凝土,既可简便竖直运送的工作,提高工效,又可保证混凝土的拌制质量。

3. 混凝土浇筑

混凝土浇筑方法直接影响混凝土的密实度,而密实度与混凝土强度和耐久性有关。

混凝土浇筑主要从两方面来控制:一是浇筑层的厚度与浇筑程序,二是良好的振捣,这两个方面互为影响。分层浇筑时,每层厚度不宜超过 0.3m。

混凝土浇筑进行中不得任意中断,并应在前层混凝土凝结之前,将次层混凝土拌和物浇筑振捣完毕。因故必须间歇时,间歇最长时间应按所用水泥凝结时间、混凝土的水灰比及混凝土硬化条件确定。无试验资料时,间歇时间一般控制在 1.5~3.0h 之间。

如混凝土浇筑的间歇时间超过规定时间,或前层混凝土已凝结,除按施工缝处理外,一般须待前层混凝土达到1.2MPa后方可浇筑次层混凝土。当结构物为钢筋混凝土时,须待前层混凝土强度达到2.5MPa时方可浇筑次层混凝土。

中断后再浇筑次层混凝土时,必须做到以下几点:

(1)浇筑前,先凿除老混凝土表层的水泥浆和较弱层。

(2)经凿毛处理的混凝土表面,应用水冲洗干净,不得留有积水,在浇筑新混凝土前,垂直缝应刷一层水泥浆,水平缝应在全部接触面上铺一层与混凝土相同而水灰比略小、厚为10～20mm的水泥砂浆。

(3)接缝处于重要部位或结构物在地震区,在灌筑时应加锚固钢筋,以防受力时开裂。

(4)斜面接缝应将斜面混凝土凿成台阶。

(5)具有抗裂、抗渗要求的结构和部位,一般不得设置施工缝。

T梁的浇筑顺序,一般均采用水平层浇筑[图2-2-8a)],其横隔梁的混凝土与梁肋同时灌注。当梁高跨长,或混凝土拌制跟不上浇筑进度时,可采用斜层浇筑法,由梁一端向另一端浇筑[图2-2-8b)]。

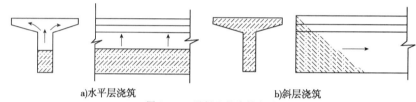

a)水平层浇筑　　　　　　　　b)斜层浇筑

图2-2-8　混凝土的浇筑方法

灌筑空心板梁,一般先灌筑底板,再立心模,扎焊顶面钢筋,然后灌筑肋板与面板混凝土,待混凝土初凝后,即可抽卸心模。

预应力混凝土梁的马蹄部分钢筋较密,为保证质量,可先浇马蹄部分,后浇腹板。腹板浇筑时应分段分层,平行作业,如图2-2-9所示。

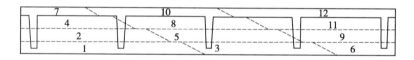

图2-2-9　分段、分层浇筑顺序

1～12-浇筑顺序号

4.混凝土振捣

混凝土受振后拌和物中的粗集料因重力作用而向下沉落,并相互滑动挤紧,充满模壳,同时将混凝土内的气泡排出,达到密实的要求。混凝土浇筑与混凝土振捣要密切配合,分层浇筑,分层振捣。

常用的振捣器有平板式振捣器、附着式振捣器和插入式振捣器等。平板式振捣器用于大面积混凝土,如桥面、基础等;附着式振捣器可设在底模下面和侧模板上,它是预制梁的主要振捣工具;插入式振捣器安装和操作简单、灵活,可作为一般使用。

在预制梁时,组织强力振捣是提高施工质量的关键。由于预制梁截面形状复杂,梁高、壁薄,钢筋密集,在浇筑梁的下层或下马蹄处混凝土时,可使用底模和侧模下排的振捣器联合振捣,并依照浇筑位置调整振捣部位。当浇筑梁的上层或梁肋混凝土时,主要使用侧模振捣,辅以插入式振捣,待浇筑桥面混凝土时,可使用侧模上排振捣器、插入式振捣器和平板式振捣器联合振捣。

安装在底模和侧模上的振捣器,必须频率一致,排列位置交错、均匀,振捣器布置的间距依其作用半径确定,常采用1~2m。采用强力振捣,对模板和连接件要求要高,同时,采用钢模比木模的振动效果好,这些均应在模板设计中考虑。插入式振捣器当采用直线行列插捣时,插入间距不得超过振捣器作用半径的1.5倍;交错插捣时,不得超过振捣器作用半径的1.75倍。插入时应尽量避免碰撞钢筋和模板,插入和拔出操作不可速度过快,在振捣新混凝土层时,应将振捣器机头稍插入到下层,使两层结合成一体。

混凝土的振捣时间要严格掌握。振捣时间过短,不能达到一定的密实度,振捣时间过长,反而会引起混凝土离析现象。一般当混凝土气泡不发生,混凝土不再下沉,砂浆开始上浮,混凝土表面平整,即混凝土已捣实。

5.混凝土养护与模板拆除

混凝土的强度增长主要靠水泥的水化作用,而水泥的水化作用需要有适当的温度和湿度才能实现。混凝土在低温时强度增长很慢,当气温下降至$-1\sim-2℃$时,硬化基本停止;如果空气干燥,混凝土中水分迅速蒸发,影响水化作用,甚至还会导致因混凝土产生不均匀变形,造成表面开裂。因此,混凝土浇筑后需进行养护,以保持混凝土硬化时所需的温度与湿度。

混凝土养护方法主要有洒水养护法、塑料薄膜养护法和蒸气养护法。

在常温下混凝土的养护方法,主要用潮湿的草袋、麻袋、稻草等覆盖,并常洒水,以防止日光直射及水分的蒸发,保持一定的温度。洒水的日期,随水泥品种的不同和是否掺用塑化剂而异;用硅塑酸盐水泥或在施工中掺用塑化剂时,不少于14昼夜。干燥、炎热天气应适当延长养护时间。

经过养护,当混凝土强度达到设计强度的25%~50%时,即可拆除梁的侧模;达到设计吊装强度并不低于设计强度的70%时,就可起吊主梁,进行下一根梁的预制工作。

为了加速模板周转和施工进度,可采用蒸气法养护混凝土。

6.混凝土冬季施工要点

当昼夜平均气温低于$+5℃$,或最低气温低于$-3℃$时(前面已述,气温在$-1\sim-2℃$时,混凝土硬化基本停止),就需按照混凝土冬季施工方法进行。

常用的措施如下:

(1)在保证混凝土必要的和易性的同时,应尽量采用较小的水灰比。

(2)增加拌和时间,使水泥的水化作用加快,并使水泥的发热量增加,以加速混凝土凝固;冬季施工混凝土的拌和时间比正常情况下增加50%~100%。

(3)适当采用活性较大、发热量较高的快硬水泥和高强度水泥。

(4)掺入快凝剂,加快混凝土强度的发展,降低混凝土内水溶液的冰点,防止混凝土早期冻结。过去常用氯化钠作快凝剂,因它腐蚀钢筋,现已不用,现常用三乙醇胺和亚硝酸钠复合早强剂等,效果较好。

(5)用蒸汽养护。

### 四、预应力工程

桥梁上使用的预制梁施加预应力的方法一般采用机械张拉预应力钢筋。机械设备有千斤顶、油泵、高压油管、油压表等。各种机具设备均应由专人妥善使用,定期维护、校验。千斤顶的张拉力$N$,在理论上可以将油泵表读数$c$乘以活塞面积$A$得到,即$N=cA$,但实际上油缸与活塞间有摩擦阻力存在,因此千斤顶和油压表在使用前必须通过标准压力计进行校验,求得

千斤顶的校正系数 $k_1$ 和油压表校正系数 $k_2$。千斤顶的实际拉力值 $N'$ 为：

$$N' = \frac{cA}{k_1 k_2} \tag{2-2-2}$$

式中：$k_1$——理论计算吨位与实际吨位的比值，可用测力环顶压检测，其值随压力值的不同而变化，一般为 $1.02\sim1.05$，在千斤顶正常工作状态下不应大于 1.05，如大于 1.05 则应检修活塞与垫圈；

$k_2$——待校正的油压表读数与标准油压表读数的比值，其不应有 $\pm0.5\%$ 以上的偏差，或在正常工作状态，与标准读数的差值应控制在 0.098MPa 内，若施工时读数相差超过 0.49MPa，则应另换新表。

安装张拉设备时，对于直线预应力筋，应使张拉力的作用线与钢筋或孔道中心一致，对曲线预应力筋，张拉力的作用线应与曲线末端中心线的切线相重合。张拉时应采用应力与伸长值双控制，如发现伸长值异常，应停止张拉，查明原因。此外，在张拉施工过程中应十分重视安全。在张拉前要对张拉设备、锚具作认真检查；使用千斤顶时不准超载；在两端张拉千斤顶的后方不准站人或通过行人；张拉时应有统一指挥，按操作程序施工。

预应力混凝土预制梁有先张法与后张法之分，在这两种方法中预应力施加的工艺是不同的。

1. 先张法梁的预应力施加

1) 准备工作

先张法梁是在底模整理后，在台座上张拉已加工好的预应力筋。对于长线台座，预应力筋须要先用连接器串联后才能张拉。先张法梁通常采用一端张拉，另一端在张拉前要设置好固定装置或安放好预应力筋的放松装置，但也有采用两端张拉的方法。

预应力筋张拉前，应先安装定位板，检查定位板的钻孔位置和孔径大小是否符合设计要求，然后将定位板固定在横梁上。在检查钢筋数量、位置和张拉设备后，方可进行张拉。先张法的张拉设施布置如图 2-2-10 所示。

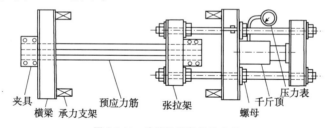

图 2-2-10 先张法张拉设施布置

2) 张拉工艺

先张法张拉钢筋，可以单根张拉或多根张拉。单根张拉设备比较简单，吨位低，但张拉速度慢，张拉的顺序应满足不致使台座承受过大的偏心力。多根张拉一般需有两个大吨位拉伸机，张拉速度快。数根钢筋张拉时，必须使它们的初始长度一致，张拉后每根钢筋的应力均匀。因此可在钢筋的一端选用螺纹端杆锚具，另一端选用镦粗夹具与拉伸机连接，这样可以利用螺纹端杆的螺母调整各根钢筋的初始长度。如果钢筋直径较小，在保证每根钢筋下料长度精确的情况下，两端都可采用镦粗夹具。此外，还必须使两个千斤顶与钢筋对称布置，两个千斤顶油路串通，同步顶进。

(1) 钢筋张拉程序依钢筋的类型而异。张拉钢筋的程序为：

$0 \to$ 初应力(取张拉力 10%) $\to 105\%\sigma_k$(持续 2min) $\to 90\%\sigma_k \to \sigma_k$(锚固)。

(2)采用钢丝时需要预拉,以减小预应力损失,张拉程序为:

$0 \rightarrow 105\%\sigma_k$(持续 2min)$\rightarrow \sigma_k$(锚固)。

(3)采用钢绞线时,其张拉程序为:

$0 \rightarrow 103\%\sigma_k$(锚固)。

为了减少预应力筋的应力松弛损失,通常采用超张拉方法,以上张拉程序中应力由 $105\%\sigma_k$ 退至 $90\%\sigma_k$,主要是为了设置预埋件、绑扎钢筋等。

3)放松预应力筋

当混凝土强度达到设计要求后,可在台座上放松受拉预应力筋(称为"放张"),对预制梁施加预应力。当设计无规定时,一般应在大于混凝土设计强度的 70% 时进行。放松之后,切割梁外钢筋,即可移位准备再生产。

放松预应力钢筋的方法有:用千斤顶先拉后松、砂箱放松、滑楔放松和螺杆放松等。采用千斤顶放松时,先用千斤顶重新张拉钢筋,施加的应力不应超过原有的张拉控制应力,之后将固定在横梁定位板前的双螺母慢慢旋动后,再将千斤顶回油,让钢筋慢慢放松,使构件均匀、对称受力。如果采用单根放松,应自构件两侧对称向中心分阶段进行。

采用砂箱放松时(图 2-2-11),放松装置在钢筋张拉前放置在非张拉端。张拉前砂箱的活塞要全部拉出,箱内装满干砂,张拉时箱内砂被压实,承担横梁的反力。放松钢筋时,打开出砂口,活塞缩回,钢筋逐渐放松。利用砂箱放松,易于控制放松的速度和时间,能较好地保证预制梁的质量。使用滑楔及螺杆放松,宜用于单根或小直径的钢筋。

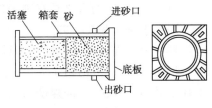

图 2-2-11 砂箱放松法

2. 后张法梁的预应力施加

1)张拉前的工作

后张法生产预制梁,施加预应力时,构件的混凝土须达到设计规定的强度,一般不低于设计强度的 70%。张拉前需要完成梁内预留孔道、制束、制锚、穿束和张拉机具设备的准备工作。

梁内孔道的形成,是在预制梁浇筑混凝土前预先安放制孔器。制孔器可采用铁皮管、波纹管或橡胶管。前两种制孔器按束筋的设计位置和形状固定在钢筋骨架中,待混凝土灌注后,形成预应力筋的孔道。橡胶管制孔器按设计位置固定在钢筋骨架中,待混凝土抗压强度达到 $0.4 \sim 0.8$MPa 时,将制孔器抽拔出形成孔道。抽拔制孔器的时间与预制时所处环境的气温有关,必须严格掌握;否则,将会出现塌孔或拔不出的情况。抽拔时间可按 100 除以预制场地环境温度值来估计。为了增加胶管的刚度和控制位置的准确,需要在橡胶管内插入一根比胶管内径小 $8 \sim 10$mm 的钢筋(芯棒)。当达到抽拔时间时,先抽芯棒再拔橡胶管。

波纹管是后张法梁使用越来越广的制孔器,它具有局部抗压刚度大、内壁摩阻小、与混凝土黏结性能好、易弯曲造型等优点。但是,波纹管需要比铁皮管更密的定位钢筋,以及应尽量避免电焊花溅及;否则,易发生管道线形走样和管壁漏浆现象。

后张预应力梁中的预应力筋,以往通常采用 $24\phi5$mm 的高强钢丝束,张拉力为 490kN,配以锥形锚具或镦头锚具,配套使用 TD-60、$GJ_2$Y-60A、YC-60 等千斤顶。随着高强度、低松弛预应力钢绞线和相配的大吨位群锚在我国成功应用并推广,后张预应力梁已大部分采用这一预应力体系。其中,配以这种预应力束的锚具有 OVM、XM、YM 等系列,配套千斤顶有 YCW、YDC、YCT、YCQ 等系列,以分别适用不同的锚具、张拉力。

2)张拉工艺

后张法梁,当跨径大于或等于 25m 时,宜两端同时张拉。后张法梁预应力钢束的张拉程序依锚具类型与钢束种类不同而异。

(1)采用锥形锚具时,张拉的程序为:

0→初应力(画线做记号)→105%$\sigma_k$(持续 5min)→$\sigma_k$→顶销→大小油缸回零(测伸长量和回缩量)→给油退楔。

(2)采用具有放张自锚性能的锚具(如 OVM 等系列),其张拉程序为:

0→初应力(画线做记号)→$\sigma_k$(持续 5min)→测伸长→放张→测回缩量。

(3)采用其他无放张自锚性能的锚具,张拉程序如下。

张拉钢绞线和钢筋时:

0→初应力(画记号)→105%$\sigma_k$(持续 5min)→$\sigma_k$(量伸长、锚固)。

张拉钢丝束时:

0→初应力→105%$\sigma_k$→0→$\sigma_k$。

以上张拉程序中,对于具有放松自锚性能的锚具,不能采用传统超张 5%,然后退回至 $\sigma_k$ 的过程,故有时为了减小锚口局部摩阻及其他预应力损失的影响,可能取大于理论 $\sigma_k$ 值的张拉力,但这种做法的含义是有别于传统超张拉的。

3)关于分次张拉工艺

预应力梁在混凝土强度达到设计强度之前,如达到设计强度 60%以上,先张拉一部分束筋,对梁体施加较低的预压应力,使梁体能承受自重荷载,提前将梁移出生产梁位。由于混凝土强度早期发展快,后期强度增长慢,故采取早期部分预施应力,可大大缩短生产台座周期,加快施工进度。预制梁移出生产台座后,继续进行养护,待达到混凝土设计强度后,进行其他束筋的张拉工作。

预应力梁进行早期张拉束筋的根数、位置和锚头局部压应力均需通过验算确定。

后张法预应力梁在束筋张拉之后,需要进行管道压浆和封锚,最后完成梁的预制工作。桥梁厂的预制梁生产可以组织最有效的生产流程。根据当前国内外的施工进程,25~40m 的预应力梁其标准作业周期约 10d 到两周。

### 五、梁的预制方法

混凝土梁的预制工作可在专业桥梁预制厂内进行,也可在桥位处的预制场内进行。桥梁预制厂一般可生产钢筋混凝土梁、先张法或后张法工艺的预应力混凝土梁、混凝土桥梁的节段构件及其他预制构件。由于运输长度和重量的限制,通常在桥梁预制厂内以生产中、小跨径预制构件为主,跨径大于 25m 的后张法预应力混凝土梁以及大跨径混凝土桥的节段构件主要在桥位预制场内生产。

#### (一)梁的整体预制

1.固定台位预制

在预制厂或施工现场,可用固定式底座生产钢筋混凝土和预应力混凝土梁。预制构件在固定台位上完成各工序,直到构件完全可以移动后再进行下一个构件的制作。在正常的情况下,固定台位上预制一片 30m 跨径的后张法预应力 T 梁需要 50h 的工作时间。

固定台位需要有一个强度高、不变形的底座,在构造上有整体式底座和底座垫块两类。整体式底座是在坚实的地基上铺设混凝土底板。预制时,在底板上设置垫木和底模板。底座垫块是在预制梁的长度范围内,每隔一定距离(0.5~1.0m)设置一组混凝土垫块(横向可 2~3

块),在横向的底座垫块之间设置钢横梁,在其上铺设底模板。采用底座垫块的固定台位,可使底模下有足够的空间以便放置底模振捣器。为减小对垫块的振动,可在底板垫块与横梁之间放置1~2层橡胶垫板。同时可在横梁下方加焊限位块,或在底座垫块上预留限位缺口或预埋限位钢筋,以便控制横梁的位置,见图2-2-12。

先张法制造的预应力混凝土梁,也是一种在固定台位上生产的预制梁。在这种预制梁的制造过程中,台座是主要设备,用于承受张拉预应力钢筋的反力。构造上一般可分为压柱式台座和墩式台座,如图2-2-13所示。固定生产的桥梁预制厂多采用长线压柱式台座,在一条生产线上可以同时预制若干构件,提高生产效率。

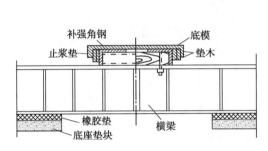

图2-2-12 横梁与底座垫块的连接

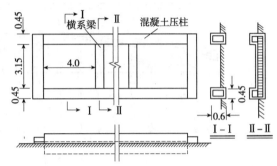

图2-2-13 先张法施工台座构造(尺寸单位:m)

台座主要由底板、承力架(支承梁)、横梁、定位板和固端装置几部分组成。台座的底板有整体式混凝土台面装配式台面两种,作为预制构件的底模。先张台座的底板应平整、排水畅通,地基不产生非均匀沉陷。承力架或支承梁要求承受全部张拉力,在制造时,要保证承力架变形小、经济、安全、便于操作等。压柱式台座的支承梁是细长的压杆,要求有足够的压曲稳定性和抗压强度。横梁是将预应力钢筋的张拉力传给承力架的横向构件,常用型钢制成。设计时,要根据横梁的跨径、张拉力的大小确定截面,并保证其刚度和稳定要求。定位板用来固定预应力钢筋的位置,用钢板制成,其厚度应保证承受张拉力后具有足够的刚度。孔的位置按照梁体预应力钢筋的位置设置,孔径比钢筋直径大2~5mm,以便于穿筋。固定端装置设在非张拉端,用于固定钢筋位置并在梁预制完成后放松钢筋,它仅在一端张拉的后座上使用。

2.流水台车预制

流水台车预制是在预制厂内设置运输轨道,预制梁的底模设置在活动台车上的预制方法。流水台车由轨道轮、底板、加劲肋、底模和底模振捣装置组成。流水台车均为钢制,流水台车和生产线的数量根据预制厂的生产能力确定。

流水台车生产时,预制梁在台车上生产,而安装模板、绑扎钢筋、预应力筋组束、浇筑混凝土以及张拉等工序安排在固定车间内,通过台车流动组织生产。它的主要优点在于,可组织工业化、专业化生产,改善工作条件,可使用固定式的机具设备,提高生产效率。我国某桥梁预制厂采用流水台车生产后张拉法预应力混凝土简支梁,可在台车上生产多种规格的梁,一条流水线每天可生产一片预制梁。但它需要较大的生产车间和堆放场地,可在生产量大的大型桥梁预制厂采用。

### (二)梁的节段预制

根据施工方法的要求,需要将梁沿桥纵向根据起吊能力分成适当长度的若干节段,在工厂或桥位附近进行节段预制工作。箱形梁节段的预制质量将直接影响桥梁工程的质量,通常采用长线浇筑或短线浇筑的预制方法。桁架梁段常采用卧式预制方法。

1. 长线预制

长线预制是在工厂或施工现场按桥梁底缘曲线制作固定的底座,在底座上安装底模进行节段预制工作。形成梁底缘的底座有多种方法。它可以利用预制场的地形堆筑土胎,经加固夯实后,铺砂石层并在其上做混凝土底板;盛产石料的地区可用石砌成所需的梁底缘形状;地质情况较差的预制场,常采用打短桩基础,之后搭设木材或型钢排架形成梁底曲线。图 2-2-14 为预应力混凝土 T 形刚构桥一侧箱梁的预制台座。

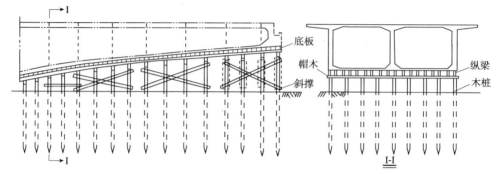

图 2-2-14 长线法预制箱梁节断的台座

箱梁节段的预制是在底座上分段进行的。模板常采用钢模,每段一块,以便装拆使用。为加快施工速度,保证节段之间密贴,常采用先浇筑奇数节段,然后将奇数节段的端面为端模浇筑偶数节段;也可以采用分阶段的预制方法。为便于节段拼装定位,常在节段顶板和侧板的接触面上设置齿槽和剪力键。当节段混凝土强度达到设计强度的 70% 以上后,可吊出预制场地。

长线预制需要较大的施工现场,底模的长度最小需有桥梁跨径的一半,并要求操作设备可在预制场移动。因此,长线法宜在具有固定梁底缘形状的多跨桥上采用,以提高设备的使用效率。图 2-2-15 为法国在 1964 年修建的总长 3km 的奥列龙(Oléron)桥使用的长线预制施工方法。

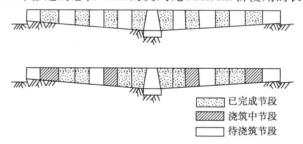

图 2-2-15 长线预制施工方法

2. 短线预制

短线预制箱梁节段的施工,是由可调整外部及内部模板的台车与端模架来完成的,如图 2-2-16 所示。第一节段混凝土浇筑完成后,在其相对位置上安装下一段模板,并利用第一节段的端面作为第二节段的端模完成混凝土浇筑工作。短线预制适合在工厂内进行节段预制,设备可周转使用,一般每条生产线平均 5d 约可以生产 4 块,但节段尺寸和相对位置的调整要复杂一些。

3. 卧式预制

桁架梁的预制节段,分段较长,并具有较大的桁高,而其桁杆截面尺寸不大,因此,为预制方便,常采用卧式预制的方法。

卧式预制,要有一个较大的地坪,常用混凝土浇制而成。地坪的高程应经过测量,并有足够的强度,不致产生不均匀沉陷,预制节段可直接在地坪上预制,对相同的节段还可以在已预制完成的节段上安装模板进行重叠施工,两层构件间常用塑料布或涂机油等方法分隔。桁架梁预制节段的起吊、翻身工作要求细致,并注意选择吊点和吊装机具。

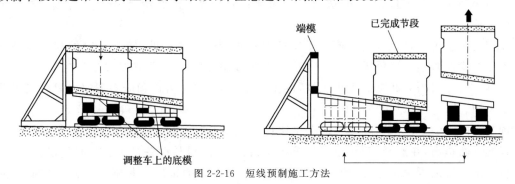

图 2-2-16　短线预制施工方法

### 六、预应力简支板梁与 T 梁的预制流程

作为梁桥预制工艺的小结,下面将先张法预应力简支板梁(图 2-2-17)与后张法 T 形简支梁(图 2-2-18)的预制流程以框图的形式给出,以便从这两个简单的预制流程中加深对梁桥预制工艺的全面认识。

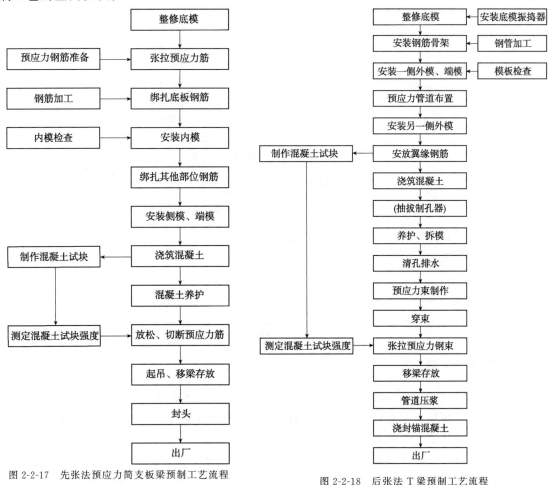

图 2-2-17　先张法预应力简支板梁预制工艺流程

图 2-2-18　后张法 T 梁预制工艺流程

## 第三节  简支梁桥预制梁的运输、安装施工

在前一节中已对先张法、后张法简支梁的预制工艺做了介绍，本节将着重介绍几种主要的简支梁运输、安装施工方法。

预制装配施工是将在预制厂或桥梁现场预制的梁运至桥位处，使用一定的起重设备进行安装和完成横向联结组成桥梁的施工方法。由于预制装配施工可节省大量施工器材，改善生产条件，施工速度快，因此是简支板、梁桥的主要施工方法，也可在预应力混凝土悬臂梁桥等的施工中采用。

预制梁的安装是预制装配施工的关键工序，随着我国交通运输事业的发展，桥梁施工机械化的程度不断提高，在选择安装方法时，可根据桥位条件、机具设备情况、工期、经济性、操作工人的技术水平等因素综合考虑，图 2-2-19 列出了预制梁桥的常用安装施工方法。预制梁的安装需要有较大起吊能力的机具，施工中高空作业多，在安装前要进行周密的计划，要对机具的设备进行检查和必要的验算，在安装中严格遵守操作规程，加强安全措施，以保证安全施工。

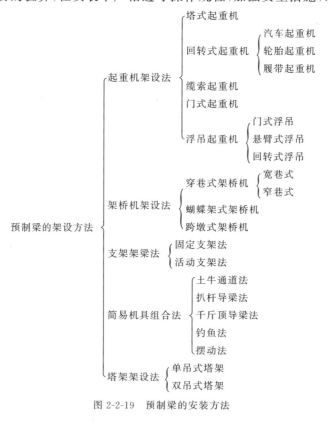

图 2-2-19  预制梁的安装方法

### 一、预制梁的运输

预制梁从预制厂运至施工现场称为场外运输，常用大型平板车、驳船或火车运至桥位现场；预制梁在施工现场内的运输称为场内运输，可以采用平车或滚筒拖曳法，也可采用运输轨道平板车运输，或轨道龙门架运输等方法。

拖曳法常采用绞车牵引，滚筒拖曳可用厚木板或枕木铺一条宽 1.5m 左右的便道，在预制梁的两端底部设木垫板，垫板与便道间各放若干根钢管，随梁向前拖曳而不断在前方垫进钢

管,使梁在便道上保持前进状态。使用滚筒间距不得小于 2.5D（D 为滚筒直径）,且不宜小于 0.1m。采用平车运输时,平车上装有专门的转向装置,以适应平车在弯道上行驶的需要。

由于梁的自重大,又有较复杂的高空作业,因此,在梁起吊、移动过程中要选择合适的方法,认真进行施工组织,确定合理的路线。采用两台吊机同时吊运一根梁时,必须运行平稳、同步。对预应力混凝土梁的吊点选择必须保证梁的自重起作用。在牵引运输时,钢丝绳应与梁的行走方向一致,滚筒放置的方向与梁长方向垂直。运输转向时,梁的走向应由牵引的钢丝绳通过导向轮借滚筒的偏斜来改变。梁在牵引向前时,它的后面应设有制动索,以控制速度。运输平车要装有制动装置。长距离运输梁,车辆转弯时应保证梁在车上自由转动,梁上应设置整体式斜撑,并用绳索将梁、斜撑和车架三者组成整体,使梁在运输过程中有足够的稳定性,以防倾覆、发生意外。

## 二、预制梁的安装

1. 联合架桥机法（图 2-2-20）

本法系以联合架桥机并配备若干滑车、千斤顶、绞车等辅助设备架设安装预制梁。

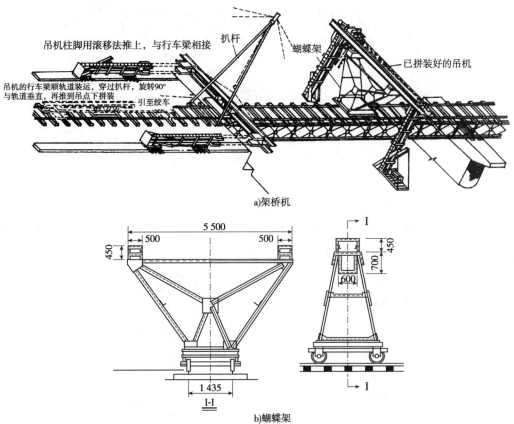

图 2-2-20 联合架桥机的架梁示意图（尺寸单位：cm）

联合架桥机主要由龙门吊机、导梁和蝴蝶架组成。龙门吊机用工字形钢梁架设,在架上安放两台吊车,架的接头处和上、下缘用钢板加固,主柱为拐脚式,横梁的高程由两根预制梁的叠高加上平板车的高度和起吊设备的高度决定。蝴蝶架是专供托运龙门吊机在轨道上移走的支架,它形如蝴蝶,用角钢拼成,上设有供升降用的千斤顶。导梁用钢桁梁拼成,以横向框架连接,其上铺钢轨供运梁行走。

架梁时,先设导梁和轨道,用绞车将导梁拖移就位后,把蝴蝶架用平板小车推上轨道,将龙门吊机托运至墩上,再用千斤顶将吊机降落在墩顶,并用螺栓固定在墩的支承垫块上,用平车将梁运到两墩之间,由吊机起吊、横移、下落就位。待全跨梁就位后,向前铺设轨道,用蝴蝶架把吊机移至下一跨架梁。

其优点是可完全不设桥下支架,不受洪水威胁,架设过程中不影响桥下通车、通航。预制梁的纵移、起吊、横移、就位都比较便利。缺点是架设设备用钢材较多(可周转使用),较适用于多孔 30m 以下孔径的装配式桥。

2. 用双导梁安装法(穿巷式架桥机)

用贝雷梁或万能构件组装的钢桁架导梁,其梁长大于 2 倍桥梁跨径,前方为引导部分,由前端钢支架与前方墩上的预埋螺栓连接,中段是承重部分,后段为平衡部分。横向由两组导梁构成,导梁顶面铺设小平车轨道,预制梁由平车在导梁上运至桥孔,由设在两根横梁上的卷扬机吊起,下落在两个桥墩上,之后在滑道垫板上进行横移就位,见图 2-2-21。

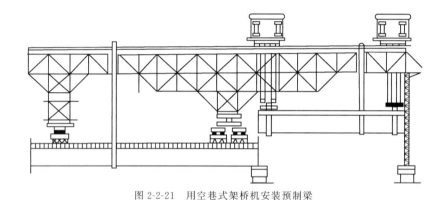

图 2-2-21 用空巷式架桥机安装预制梁

3. 扒杆吊装法

在桥跨两墩上各设置一套扒杆,预制梁的两端系在扒杆的起吊钢索上,后端设制动索以控制速度,使预制梁平稳地进入安装桥孔就位,其施工程序如图 2-2-22 所示,此法宜用于起吊高度不大和水平移动范围较小的中、小跨径的桥梁。

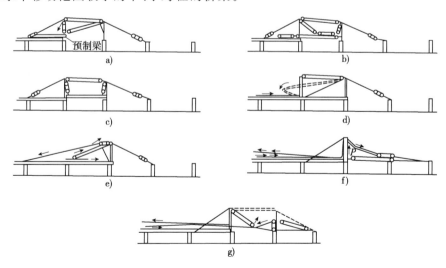

图 2-2-22 扒杆吊装法安装预制梁

### 4.用跨墩龙门吊机安装(图 2-2-23)

跨墩龙门吊机安装适用于岸上和浅水滩以及不通航浅水区域安装预制梁。

两台跨墩龙门吊机分别设于待安装孔的前、后墩位置,预制梁由平车顺桥向运至安装孔的一侧,移动跨墩龙门吊机上的吊梁平车,对准梁的吊点放下吊架,将梁吊起。当梁底超过桥墩顶面后,停止提升,用卷扬机牵引吊梁平车慢慢横移,使梁对准桥墩上的支座,然后落梁就位,接着准备架设下一根梁。

在水深不超过 5m、水流平缓、不通航的中小河流上的小桥孔,也可采用跨墩龙门吊机架梁。这时必须在水上桥墩的两侧架设龙门吊机轨道便桥,便桥基础可用木桩或钢筋混凝土桩。

在水浅流缓而无冲刷的河上,也可用木笼或草袋筑岛来作便桥的基础。便桥的梁可用贝雷组拼。

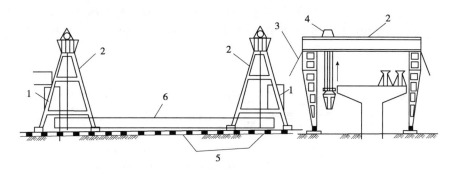

图 2-2-23 跨墩龙门架架设
1-桥墩;2-龙门架吊机(自行式);3-风缆;4-横移行车;5-轨道;6-预制梁

### 5.自行式吊车安装

陆地桥梁、城市高架桥预制梁安装常采用自行吊车安装。一般先将梁运到桥位处,采用一台或两台自行式汽车吊机或履带吊机直接将梁片吊起就位,方法便捷,履带吊机的最大起吊能力达 3MN。

### 6.浮吊架设法

在通航河道或水深河道上架桥,可采用浮吊安装预制梁。当预制梁分片预制安装时,浮船宜逆流而上,先远后近安装,如图 2-2-24 所示。

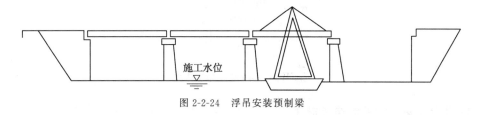

图 2-2-24 浮吊安装预制梁

用浮吊安装预制梁,施工速度快,高空作业较少,吊装能力强,是大跨多孔河道桥梁的有效施工方法。采用浮吊架设要配置运输驳船,岸边设置临时码头,同时在浮吊架设时应有牢固锚锭,要注意施工安全。

综上所述,预制装配施工的特点为:

(1)桥梁构件的形式和尺寸可向标准化发展,有利于大规模工业化生产。

(2)在预制厂(场)集中生产,可充分利用先进设备,提高施工机械化和自动化的程度,因此可提高工程质量、降低劳动强度、降低工程造价、提高生产效率。

(3)能节省大量支架和模板材料,多跨桥梁施工只需一套施工设备,能多次周转使用。

(4)构件预制不受季节的限制,上、下部构造可同时施工,预制梁安装速度快。

(5)需要有一定起吊能力的吊装设备,施工时高空作业多。

(6)预制梁安装后需进行横向连接,增加施工工序。

## 第四节 梁桥的主要施工方法

桥梁结构的施工与设计有着十分密切的关系。对不同结构形式的桥梁结构,施工方法可不同;对同种结构形式的桥梁结构,也可采用不同的施工方法。桥梁结构的受力状况将取决于所选用的施工方法。

施工方法的选用可视工程结构的跨径、孔数、桥梁总长、截面形式和尺寸、地形、设备能力、气候、运输条件、设备的周转使用等综合条件来选择。图2-2-25列出了常用的施工方法。

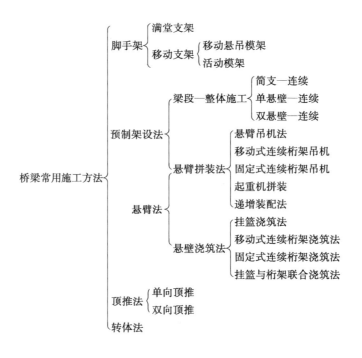

图 2-2-25 桥梁常用施工方法

### 一、在固定支架上的就地浇筑施工

就地浇筑施工是一种古老的施工方法,它是在支架上安装模板、绑扎及安装钢筋骨架、预留孔道,并在现场浇筑混凝土与施加预应力的施工方法。由于施工需用大量的模板支架,一般仅在小跨径桥或交通不便的边远地区采用。随着桥梁结构形式的发展,出现了一些变宽的异型桥跨、弯桥等复杂的混凝土结构,又由于近年来临时钢构件和万能杆件系统的大量应用,在其他施工方法都比较困难或经过比较,施工方便、费用较低时,也有在中、大桥梁中采用就地浇筑的施工方法。

1. 支架

1) 支架的形式

支架按构造可分为支柱式、梁式和梁柱式,见图 2-2-26。

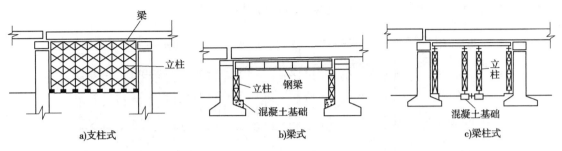

图 2-2-26 支架构造

支柱式构造简单,常用于陆地或不通航的河道,或桥墩不高的小跨径桥梁。梁式支架依其跨径可采用工字钢、钢板梁或钢桁梁作为承重梁,当跨径小于 10m 时可采用工字梁,跨径大于 20m 时可采用钢桁架。梁可以支承在墩边支架上,也可支承在桥墩上预留的托架或在桥墩处临时设置的横梁上。梁柱式支架可在大跨径桥上使用,梁支承在支架或临时墩上形成多跨连续支架。

2) 对支架的要求

(1) 支架虽为临时结构,但它要承受桥梁的大部分恒重,因此必须有足够的强度、刚度,同时支架的基础应可靠,构件结合要紧密,并要有足够的纵、横、斜向连接杆件,使支架成为整体。

(2) 对河道中的支架要充分考虑洪水和漂流物的影响。

(3) 支架在受荷后将有变形和挠度,在安装前要进行计算,设置预拱度,使结构的外形尺寸和高程符合设计要求。

(4) 支架上要设置落架设备,落架时要对称、均匀,不应使主梁发生局部受力状态。

3) 支架的计算要点

(1) 作用在支架上的荷载有:桥跨结构的重量,浇筑设备的重量(包括振动荷载),风力及施工人员的重量,模板和支架自重。

(2) 支架的各构件应按其计算图式进行强度计算,容许应力可按临时结构予以提高。

(3) 支架的挠度需要验算,并小于其容许值。

(4) 支架的预拱度计算包括梁自重所产生的挠度、支架受载后产生的弹性变形和非弹性变形、支架基础的沉降量等。

(5) 支架卸架设备的选用及受力计算。

上海南浦大桥浦东引桥预应力曲线连续箱梁,梁长分别为 121m(4 跨)、95m(3 跨)共四联,中心轴曲率半径为 90m,因施工现场的地基、地形、地貌情况比较复杂,有基坑部位的回填土、老宅地基、小沟浜和泥浆坑等,为防止混凝土施工时地基产生不均匀沉降,采用了重锤夯实加固地基。随后在整平的地基上铺道砟、浇 15cm 厚的 C15 素混凝土。

排架式支架全部采用工程脚手 $\phi 48mm \times 3.5mm$ 钢管和扣件连接(图 2-2-27)。排架的整体稳定通过设置纵横向水平连杆等构造措施处理,并且距一定范围设置纵、横向垂直剪刀撑和水平剪刀撑,以此提高排架的整体刚度和整体稳定性。

2. 施工方法

由于就地浇筑施工在简支梁中较少使用,因此这里主要介绍预应力混凝土连续梁桥采用有支架就地浇筑施工的方法。预应力混凝土连续梁桥需要按一定的施工程序完成混凝土的就地浇筑,待混凝土达到所要求的强度后,拆除模板,进行预应力筋的张拉、管道压浆工作。至于何时可以落架,则应与施工程序和预应力筋的张拉工序相配合。当在张拉后恒载自重已能由梁本身承受时,可以落架。多联桥梁,支架拆除后可周转使用。

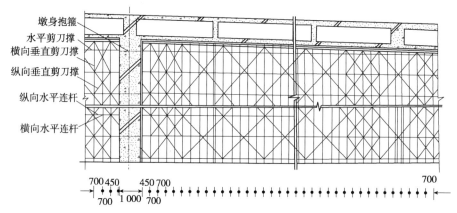

图 2-2-27 曲梁排架支撑搭设(尺寸单位:mm)

有时为了减轻支架的负担,节省临时工程材料用量,主梁截面的某些非主要受力部分可在落架后利用主梁自身的支承,继续浇筑第二期结构的混凝土,但由此要增加梁的受力,并使浇筑和张拉的工序有所反复。

小跨径预应力混凝土连续梁桥,一般采用从一端向另一端分层、分段的施工程序,图 2-2-28 示出一座五孔一联连续空心板桥的施工顺序。施工时,板分两层浇筑,并在墩顶部分留合龙段。当两跨梁的混凝土浇筑完成后,再浇筑中间墩顶的合龙段。照此程序依次完成一联板的混凝土浇筑工作。

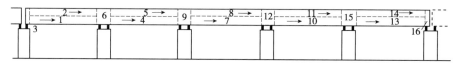

图 2-2-28 五跨一联连续空心板桥的施工程序
1~16-施工顺序

大跨径预应力混凝土连续梁桥常采用箱形截面,施工时要分层或分段进行。一种是水平分层方法,先浇筑底板,待达到一定强度后进行腹板施工,或直接先浇筑成槽形梁,然后浇筑顶板。当工程量较大时,各部位可分数次完成浇筑。另一种施工方法是分段施工法,根据施工能力,每隔 20~45m 设置连接缝,该连接缝一般设在梁受弯矩较小的区域,连接缝宽约 1m,待各段混凝土浇筑完成后,最后在接缝处施工合龙。为使接缝处结合紧密,通常在梁的腹板上做齿槽或留企口缝。分段施工法,大部分混凝土重量在梁合龙之前已作用,这样可减少支架早期变形和由此而引起梁的开裂。

上海南浦大桥浦东引桥预应力曲线连续箱梁采用分段分块浇筑混凝土的方法,分段浇筑顺序示意见图 2-2-29。每条施工缝有 2~3d 的间隔时间,混凝土的早期收缩裂缝和不均匀沉降裂缝通过分段施工得到了克服。

就地浇筑施工方法的优缺点如下:

(1)桥梁的整体性好,施工平稳、可靠,不需大型起重设备。

(2)施工中无体系转换。

(3)预应力混凝土连续梁桥,可以采用强大的预应力体系,使结构构造简化,方便施工。

(4)需要使用大量施工支架,跨河桥梁搭设支架影响河道的通航与排洪,施工期间支架可能受到洪水和漂流物的威胁。

(5)施工工期长、费用高,需要有较大的施工场地,施工管理复杂。

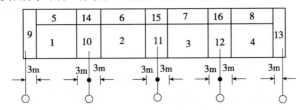

图 2-2-29　四跨连续梁分段浇筑顺序
1~16-浇筑顺序

## 二、悬臂施工法

悬臂施工法是在已建成的桥墩上,沿桥梁跨径方向对称逐段施工的方法。它不仅在施工期间不影响桥下通航或行车,同时密切配合设计和施工的要求,充分利用了预应力混凝土承受负弯矩能力强的特点,将跨中正弯矩转移为支点负弯矩,提高了桥梁的跨越能力。

采用悬臂施工法的常用结构体系见图 2-2-30。

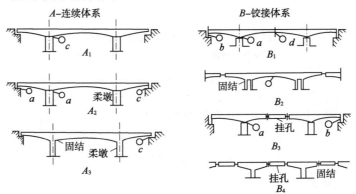

图 2-2-30　常用悬臂施工的结构体系

$A_1$-刚墩铰支连续梁;$A_2$-柔墩铰支连续梁;$A_3$-柔墩固结连续刚架;$B_1$-铰接悬臂梁;$B_2$-连续框式悬臂梁;$B_3$-挂孔悬臂梁;$B_4$-带挂孔的 T 形刚构;$a$-混凝土铰;$b$-钢筋混凝土摆座;$c$-橡胶支座;$d$-剪力铰

采用悬臂法进行桥梁结构施工,总的施工顺序是:墩顶 0 号块的浇筑,悬臂节段的预制安装或挂篮现浇,各桥跨间的合龙段施工及相应的施工结构体系转换,桥面系施工。

要实现悬臂施工,在施工过程中必须保证墩与梁固结,尤其在连续梁桥和悬臂梁桥施工中要采取临时墩梁固结措施。另外,采用悬臂施工法,很有可能出现施工期的体系转换问题。如对于三跨预应力混凝土连续梁桥,采用悬臂施工时,结构的受力状态呈 T 形刚构,边跨合龙就位、更换支座后呈单悬臂梁,跨中合龙后呈连续梁的受力状态。结构上的预应力配置必须与施工受力相一致。

悬臂施工法通常分为悬臂浇筑和悬臂拼装两类。悬臂浇筑是在桥墩两侧对称逐段就地浇筑混凝土,待混凝土达到一定强度后张拉预应力束,移动机具模板(挂篮)继续悬臂施工。悬臂拼装是用吊机将预制块件在桥墩两侧对称起吊、安装就位后,张拉预应力束,使悬臂不断接长,直至合龙。

1.0号块的施工

在悬臂法施工中,0号块(墩顶梁段)均在墩顶托架上立模现场浇筑,并在施工过程中设置临时梁墩锚固,使0号块梁段能承受两侧悬臂施工时产生的不平衡力矩。

临时固结、临时支承措施有:

(1)将0号块梁段与桥墩钢筋或预应力筋临时固结,待需要解除固结时切断,如图2-2-31所示。

(2)在桥墩一侧或两侧加临时支承或支墩,如图2-2-32所示。

(3)将0号块梁段临时支承在扇形或门式托架的两侧。

临时梁墩固结要考虑两侧对称施工时有一个梁段超前的不平衡力矩,应验算其稳定性,稳定性系数不小于1.5。

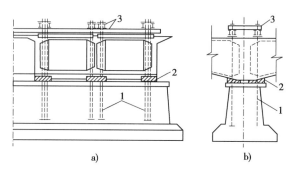

图2-2-31 0号块件与桥墩的临时固结构造
1-预埋临时锚固用预应力筋;2-支座;3-工字钢

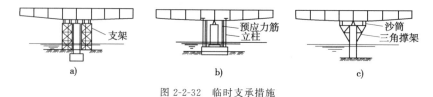

图2-2-32 临时支承措施

2.节段悬臂浇筑施工

1)挂篮悬臂浇筑施工

挂篮悬臂浇筑施工,是由联邦德国迪维达克公司于1959年首先创造和使用的,因此悬臂施工又称迪维达克施工法,它将梁体每2~5m分为一个节段,以挂篮为施工机具进行对称悬臂浇筑施工。挂篮的构造形式很多,通常由承重梁、悬吊模板、锚固装置、行走系统和工作平台几部分组成(图2-2-33)。承重梁是挂篮的主要受力构件,可以采用钢板梁,工字钢梁或万能杆件组拼的钢桁梁和贝雷钢梁等,可设置在桥面之上,也可设在桥面以下,它承受施工设备和新浇节段混凝土的全部重量,并通过支点和锚固装置将荷载传到已施工完成的梁体上。

当后支点的锚固能力不够时,可采用尾端压重或利用梁内的竖向预应力钢筋等措施。挂篮的工作平台用于架设模板、安装钢筋和张拉预应力束筋等工作,当该节段全部施工完成后,由行走系统将挂篮向前移动,动力可由电动卷扬机牵引产生,包括向前牵引装置和尾索保护装置,行走系统可用轨道轮或聚四氟乙烯滑板装置。

挂篮的功能是:支承梁段模板、调整位置、吊运材料及机具、浇筑混凝土、拆模和在挂篮上进行张拉工作。挂篮除强度应保证安全可靠外,还要求造价低,节省材料,操作使用方便,变形小,稳定性好,装、拆、移动灵活和施工速度快等。

对于箱形截面,如果所浇混凝土数量不大,可采用全截面一次浇筑,其施工工艺流程见图 2-2-34。如果混凝土数量较大,每一梁段的混凝土通常分两次浇筑,即先浇底板混凝土,后浇腹板及顶板混凝土。当所浇箱梁腹板较高时,也可将腹板内模板改用滑动顶升模板,这时可将腹板混凝土与底板混凝土同时浇筑,待腹板浇筑到设计高度后,再安装顶板钢筋及预应力管道并浇筑顶板混凝土。有时还可先将腹板预制之后进行安装,再现浇底板与顶板,减少现场浇筑工作量,并减轻挂篮承受的一部分施工荷载,但需注意由混凝土龄期差而产生的收缩、徐变内力。

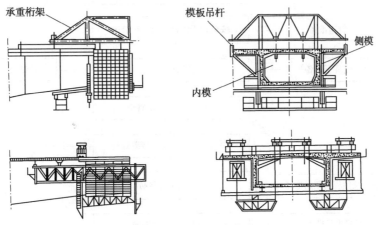

图 2-2-33 挂篮的一般构造

悬臂浇筑施工的周期一般为 6～10d,依节段混凝土的数量和结构的复杂程度而不同,在悬浇施工中,如何提高混凝土的早期强度,对有效缩短施工周期关系较大,这也是现场浇筑施工法的共性问题。

悬臂浇筑施工可使用少量机具设备,免去设置支架,方便地跨越深谷、大河和交通量大的道路,施工不受跨径限制,但因施工受力特点,悬臂施工宜在变截面梁中使用。据统计,1972年以后建造的、跨径在 100m 以上预应力混凝土连续梁桥中,采用悬臂浇筑施工的占 80%以上。由于施工的主要作业都是在挂篮中进行,挂篮可设顶棚和外罩,以减少外界气候影响,便于养护、重复操作,有利于提高效率和保证质量;同时在悬浇过程中还可以不断调整节段的误差,提高施工精度。但悬臂浇筑施工与其他施工方法比较,施工期要长一些。

2)桁式吊悬臂浇筑施工

利用由钢结构组拼的桁架(导梁)悬吊移动式模板和施工设备进行悬臂浇筑施工。用桁式吊悬臂浇筑施工的主要特点在于,悬臂施工的节段重量和施工设备均由桁梁承担,通过桁架的支架和中间支架将荷重传到已浇筑完成的梁段和桥墩上;此外,由于桁梁将已完成的梁段和正在悬臂浇筑施工的梁段连通,材料和设备均可由桥面运至施工桥孔。

桁式吊有移动式和固定式两种。移动的桁式导梁设置在主梁的上方,随施工进程逐跨前移;而固定式桁梁在悬臂施工时不移动,需要在桥梁全长布置桁梁。因此,固定式的桁式吊仅在桥梁不太长的情况下使用。

移动式桁式吊由桁梁、支架、吊框、中间支架和辅助支架构成(图 2-2-35),桁梁是主要承重构件,长度大于桥梁跨径。支架是桁架的支点,施工时支承在上部结构,吊框吊在桁梁上,用于悬挂模板和浇筑混凝土。中间支架支承浇筑的湿混凝土和悬吊模板的重量,辅助支架设在桁梁的前端,当桁梁移动到下一个桥墩时支承在桥墩上。

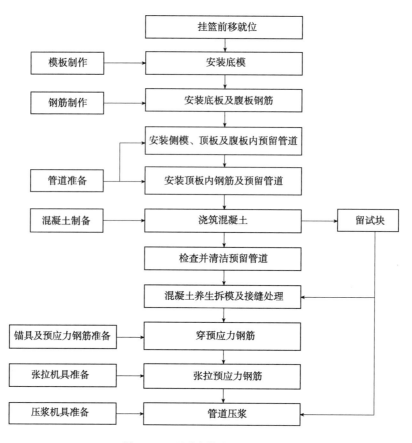

图 2-2-34 悬臂浇筑施工工艺流程

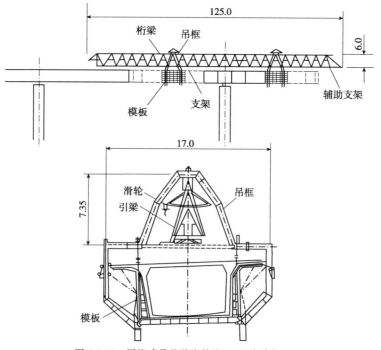

图 2-2-35 用桁式吊悬臂浇筑施工(尺寸单位:m)

用桁式吊悬臂浇筑连续梁的施工顺序见图2-2-36。悬臂浇筑施工合龙后，先将前后悬吊模板移向墩顶，移动桁梁至前方墩，浇筑前方墩上的节段，待墩上段张拉预应力束完成后，梁墩临时固结，再将桁架前移呈单悬臂梁，并在墩顶主梁上设置支架支承桁梁，进行对称悬浇施工，逐段建立预应力，直至与后方悬浇梁端合龙，再循环原施工程序。

依据桁梁的作用位置，用桁式吊进行悬臂浇筑施工有两种类型。第一种是桁架的前支承位于前方墩上，后支承放在已浇好的梁段上，则悬浇施工的重量部分要由已完成的悬臂梁承担，这也称为P-Z施工法。第二种是桁梁的后支点支承在后方墩顶上，在施工过程中已完成的梁段不承受施工荷载。

移动桁式吊悬臂浇筑施工，适用跨径在40～150m范围内，经济跨径为70～90m，对于多跨长桥，可一套设备多次周转使用，以提高效率。同时，采用桁式吊悬浇施工的支架要比挂篮的强度高，稳定性好，因此，浇筑节段可加长至10m左右，可以加快施工速度。移动桁式吊也和采用挂篮施工一样，适用于变截面梁，也可用于变跨度桥和弯桥。移动桁式吊需要有长度大于最大桥跨的桁架，施工设备比挂篮多些，但在边跨施工和墩顶节段施工时都可由桁式吊完成，可以省掉一些其他施工支架设备。

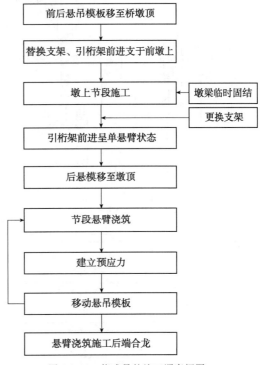

图 2-2-36　桁式吊的施工顺序框图

日本日夜野大桥，全长431.9m，主跨为四孔一联的预应力混凝土连续梁桥，分跨为68.4m+2×84.5m+68.4m，桥宽9.75m，该桥采用移动桁式吊悬臂浇筑施工，节段长10m，桁梁长选取105m，比最大跨径长20m左右，节段施工周期开始10d，操作熟练后7d即可完成，84.5m一跨的施工期为40d左右。

3.节段悬臂拼装施工

悬臂拼装是从桥墩顶开始，将预制梁段对称吊装，就位后施加预应力，并逐渐接长的一种施工方法。悬臂拼装的基本施工工序是：梁段预制、移位、堆放和运输，梁段起吊拼装和施加预应力。

在悬臂拼装施工中，沿梁纵轴按起重能力划分适当长度的梁段，在工厂或桥位附近的预制场进行预制。预制的方法见本章有关内容。

用于悬臂拼装的机具种类很多，有移动式吊车、桁式吊、缆索起重机、汽车吊、浮吊等。移动式吊车外形似挂篮，由承重梁、横梁、锚固装置、起吊装置、行走系统和张拉平台等几个部分组成，见图2-2-37。和用挂篮悬臂浇筑施工一样，在墩顶开始吊装第一（或第一、二）段时，可以使用一根承重梁对称同时吊装，在允许布置两台移动式吊车后，开始独立对称吊装。移动式吊车的起重能力目前国内约1 000kN。节段的运输可从桥下或水上运至桥位，由移动式吊车吊装就位。

移动桁式吊在悬臂拼装施工中使用较多，依桁梁的长度分两类。第一类桁梁长度大于最大跨径，桁梁支承在已拼装完成的梁段上和待悬臂拼装的墩顶上，由吊车在桁梁上移运节段进行悬臂拼装;第二类桁式吊梁的长度大于 2 倍桥梁跨径,桁梁的支点均支承在桥墩上,而不增加梁段的施工荷重,同时前方墩 0 号块的施工可与悬臂拼装同时进行;图 2-2-38 为采用桁式吊进行悬拼施工。采用移动桁式吊悬拼施工,其节段重量一般可取 1 000～1 300kN。

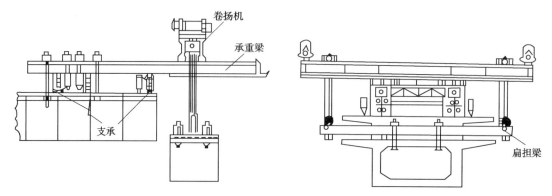

图 2-2-37　移动式吊车悬臂拼装施工

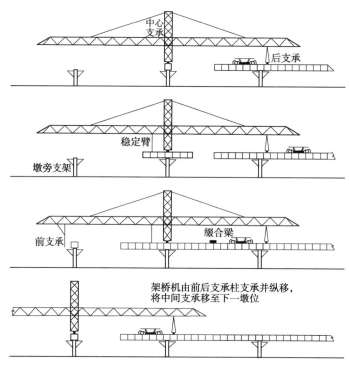

图 2-2-38　用桁式吊车悬臂拼装施工

固定式桁式吊用得不多,某桥正桥为 25m＋46m＋25m,三跨一联预应力混凝土连续梁桥,采用固定式桁式吊悬拼施工,钢桁梁的长度为 108m,中间支点放在现浇完成的墩顶 0 号块上,边支点在边墩后的临时墩上。

悬臂拼装施工将大跨桥梁化整为零,预制和拼装方便,可以上、下部结构平行施工,拼装周期短,施工速度快。同时,预制节段施工质量易控制,减小了结构附加内力。但预制节段需要较大的场地,要求有一定的起重能力,拼装精度对大跨桥梁要求很高。因此,悬臂拼装施工一般用于跨径小于 100m 的桥梁,如荷兰的东希尔德桥,跨径 95m,总长 5m,节段间采用湿接缝,三周拼装两跨桥梁。

4.合龙段施工

结构的合龙施工顺序取决于设计方所拟订的施工方案。通常采用的合龙顺序有:边跨至中跨的顺序合龙、中跨至边跨的顺序合龙、先形成双悬臂刚构再顺序合龙、全桥一次性合龙。

上海奉浦大桥主桥为五跨预应力混凝土连续梁,采用悬臂施工,其施工顺序为:悬臂施工中间墩上梁段形成单 T 结构,在支架上现浇边跨梁段并合龙,按边跨至中跨顺序依此合龙完成整个结构体系(图 2-2-39)。

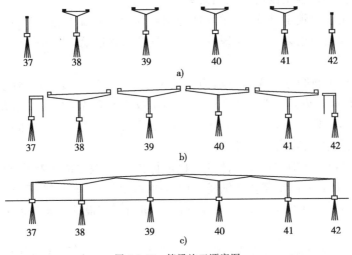

图 2-2-39 箱梁施工顺序图

山东省东明黄河公路大桥为预应力混凝土刚构—连续组合梁桥,九跨一联,总长 990m,悬臂施工,所确定的施工方案(图 2-2-40)为:在完成下部结构的施工后,首先进行两边跨的合龙形成单悬臂体系,将施工挂篮移至 4 个中墩进行悬臂施工,全桥一次性合龙并进行结构体系转换。

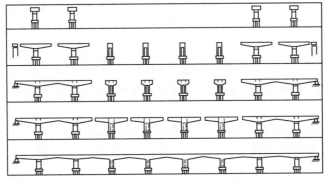

图 2-2-40 东明黄河公路大桥施工方案示意图

杭州市钱塘江二桥为预应力混凝土连续梁桥,全桥的施工顺序为:进行单 T 结构的悬臂施工,河中相邻两单 T 结构合龙形成双悬臂体系,边跨合龙,全桥依次双悬臂体系间的合龙,并转换体系,桥面铺装。

合龙段的施工常取用现浇和拼装两种方法。

采用拼装合龙,对预制和拼装精度的要求较高,但工序简单,施工速度快。

采用现浇合龙,因在施工过程中,受昼夜温差影响,现浇混凝土的早期收缩、水化热影响,已完成梁段混凝土的收缩、徐变影响,结构体系的转换及施工荷载等因素影响,需采取必要措施以保证合龙段的质量。

(1)合龙段长度选择。合龙段长度在满足施工操作要求的前提下,应尽量缩短,一般采用1.5~2.0m。

(2)合龙温度选择。一般宜在低温合龙,遇夏季应在晚上合龙,并用草袋等覆盖,以加强接头混凝土养护,使混凝土早期结硬过程中处于升温受压状态。

(3)合龙段混凝土选择。混凝土中宜加入减水剂、早强剂,以便及早达到设计要求强度,及时张拉预应力束筋,防止合龙段混凝土出现裂缝。

(4)合龙段采用临时锁定措施,采用劲性型钢或预制的混凝土柱安装在合龙段上下部作支撑,然后张拉部分预应力钢束,待合龙段混凝土达到要求强度后,张拉其余预应力束筋,最后再拆除临时锁定装置。

为方便施工,也可将劲性骨架作预应力束筋的预留管道打入合龙混凝土内。将劲性钢管安装在截面顶板和底板管道位置,钢管长度可用螺纹套管调节,两端支承在梁段混凝土端面上,并在部分管道内张拉预应力筋,待合龙段混凝土达到强度要求后,再张拉其余预应力束筋;也可在合龙段配置加强钢筋或劲性骨架。

(5)为保证合龙段施工时混凝土始终处于稳定状态,在浇筑之前各悬臂端应附加与混凝土质量相等的配重(或称压重),配重需依桥轴线对称施加,按浇筑重量分级卸载。如采用多跨一次合龙的施工方案,也应先在边跨合龙,同时需通过计算,进行工艺设计和设备系统的优化组合。

5. 结构体系转换

结构体系转换是指在施工过程中,当某一施工程序完成后,桥梁结构的受力体系发生了变化,如简支体系变化为悬臂体系或连续体系等,这种变化过程简称为"体系转换"。

对采用悬臂法施工的悬臂梁桥和连续梁桥,为保证施工阶段的稳定,在结构体系转换的施工中应注意以下几点:

(1)结构由双悬臂状态转换成单悬臂受力状态时,梁体某些部位的弯矩方向发生转换。所以在拆除梁墩锚固前,应按设计要求,张拉部分或全部布置在梁体下缘的正弯矩预应力束,对活动支座还需保证解除临时固结后的结构稳定,如控制和采取措施限制单悬臂梁发生过大纵向水平位移。

(2)梁墩临时锚固的放松,应均衡对称进行,确保逐渐均匀地释放。在放松前应测量各梁段高程,在放松过程中,注意各梁段的高程变化,如有异常情况,应立即停止作业,找出原因,以确保施工安全。

(3)对转换为超静定的结构,需考虑钢束张拉、支座变形、温度变化等因素引起结构的次内力。若按设计要求需进行内力调整时,应以高程、反力等多因素控制,相互校核。如出入较大时,应分析原因。

(4)在结构体系转换中,临时固结解除后,将梁落于正式支座上,并按高程调整支座高度及反力。支座反力的调整,应以高程控制为主,反力作为校核。

综上所述,采用悬臂施工的主要特点为:

(1)从桥墩处开始向两侧对称分节段悬臂施工,桥梁在施工过程中承受负弯矩,桥墩也要承担不平衡弯矩。

(2)非墩梁固结的预应力混凝土梁桥,采用悬臂施工时应采取措施,使墩、梁临时固结,因而在施工过程中应进行结构体系转换。对于带挂梁的T形刚构桥,主梁在施工中的受力状态与在运营荷载作用下的受力状态基本一致,结构的体系没有改变。

(3)采用悬臂施工法的机具设备较多,就挂篮而言,也有桁架式、斜拉式等多种形式,可根据实际情况合理选用。

(4)悬臂浇筑法施工简便、结构整体性好,施工中可不断调整高程,常用于跨径大于100m的桥梁。悬臂拼装法施工速度快,桥梁上、下部结构可平行作业,但施工精度要求较高,可在跨径100m以下的大桥中选用。

(5)悬臂施工法可不用或少用支架,施工不影响通航或桥下交通,适合于跨越深水、山谷、海洋等处,并适用于变截面预应力混凝土梁桥。

### 三、逐孔施工法

随着城市高架道路、轻轨交通的建设,中等跨径的长桥越来越多地得到利用,由此应运而生发展了逐孔施工法。

逐孔施工法从桥梁一端开始,采用一套施工设备或一、两孔施工支架逐孔施工,周期循环,直到全部完成。它使施工单一标准化、工作周期化,并最大限度地减少了工费比例,降低了工程造价,自20世纪50年代末期以来,在连续梁桥的施工中得到了广泛应用和发展。

逐孔施工法从施工技术方面可分为三种类型:

(1)采用整孔吊装或分段吊装逐孔施工。这种施工方法是早期连续梁桥采用逐孔施工的唯一方法,近年来,由于起重能力增强,使桥梁的预制构件向大型化方向发展,从而更能体现逐孔施工速度快的特点。

(2)用临时支承组拼预制节段逐孔施工。它是将每一桥跨分成若干节段,节段预制完成后,在临时支承上逐孔组拼施工。

(3)使用移动支架逐孔现浇施工。此法亦称移动模架法,它是在可移动的支架、模板上完成一孔桥梁的全部工序,即从模板工程、钢筋工程、浇筑混凝土和张拉预应力筋等工序,待混凝土有足够强度后,张拉预应力筋,移动支架、模板,进行下一孔梁的施工。由于此法是在桥位上现浇施工,可免去大型运输和吊装设备,使桥梁整体性好;同时,它又具有在桥梁预制厂的生产特点,可提高机械设备的利用率和生产效率。

由于采用逐孔施工,随着施工的进程,桥梁结构的受力体系在不断变化,由此,结构内力也随之起着变更。

逐孔施工的体系转换有三种:由简支梁状态转换为连续状态,由悬臂梁转换为连续梁以及由少跨连续梁逐孔延伸转换为所要求的体系。在体系转换中,不同的转换途径将得到不同的内力叠加过程,而最终的恒载内力(包括混凝土的收缩、徐变内力重分布)将向着连续梁桥按照全联一次完成的恒载内力靠近。

1. 整孔吊装或分段吊装逐孔施工

整孔吊装和分段吊装的施工过程一般为:在工厂或现场预制整孔梁或分段梁,预制梁段的起吊、运输,采用吊装设备逐孔架设施工,根据需要进行结构体系转换。

预制梁段采用后张法预应力混凝土梁。由于施工过程中结构受力的变化,布设在梁体内的预应力钢束往往采用分阶段张拉方式,即在预制时先张拉部分预应力索,拼装就位后进行二次张拉。当然,在有些桥梁结构中,梁段预制时即将全部预应力钢束一次张拉到位。采用何种张拉顺序,取决于根据施工方法确定的设计要求。

在施工中可选用的吊装机具有多种,可根据起吊重量、桥梁所在的位置以及现有设备和掌握机具的熟练程度等因素决定。梁段的预制、安装类同于装配式简支梁桥。

广东容奇大桥为大型预制构件拼装连续梁桥,跨径组合为 73.5m＋3×90m＋73.5m,桥面宽 14.5m。主梁为双箱单室的斜腹板箱形断面,预应力体系为 24$\phi$5 高强钢丝及 $\phi$25mm 精轧螺纹钢筋。

主梁沿纵向分成三大块,即边部梁、根部梁和中部梁;两箱间现浇行车道板和箱外横隔板连成整体。

预制梁的安装顺序为从两边跨向桥中央依次安装根部梁、边部梁、合龙边跨;安装中部梁及次边跨合龙;安装中部梁及中跨合龙,拆除临时墩,形成五跨连续梁;横向整体化;桥面系施工。整个施工顺序见图 2-2-41。

采用逐孔吊装施工应注意以下几个问题:

(1)采用分段组装逐孔施工的接头位置可以设在桥墩处,也可设在梁的 $L/5$ 附近。前者多为由逐孔施工的简支梁连成连续梁桥;后者多为悬臂梁转换为连续梁。在接头位置处可设有 0.5～0.6m 现浇混凝土接缝,当混凝土达到设计强度后张拉连接预应力筋,完成连续。

(2)桥的横向是否分隔主要根据起重能力和截面形式而定。在桥梁较宽、起重能力有限的情况下,可以采用 T 梁或工字梁截面,分片架设之后再进行横向及纵向的整体化、连续化。横向连接采用类似简支梁的构造形式,也可在主梁的翼缘板间设 0.5m 宽的现浇接头以增加横向刚度。

(3)对于先简支后连续的施工方法,通常在简支梁架设时使用临时支座,待连接和张拉后期钢束完成连续后拆除临时支座,转由永久支座支承整体结构。为使临时支座便于卸落,可在橡胶支座与混凝土垫块之间设置一层硫黄砂浆。

(4)在梁的反弯点附近设置接头,在可能的情况下,在临时支架上进行接头。

2.用临时支承组拼预制节段逐孔施工

对于多跨长桥,当缺乏较大能力的起重设备时,可将每跨梁分成若干段,在预制场生产;架设时采用一套支承梁临时承担组拼节段的自重,并在支承梁上张拉预应力筋,将安装跨的梁与施工完成的桥梁结构按照设计要求连接,完成安装跨的架梁工作;随后,移动临时支承梁至下一桥跨,或者采用递增拼装法,从梁的一端开始安装到另一端结束。

1)节段的类型

按节段组拼进行逐孔施工,一般的组拼长度为桥梁的跨径;主梁节段长度根据起重能力划分,一般取 4～6m;已成梁体与待连接的梁节段的接头设在桥墩处;结合连续梁桥结构的受力特点,并满足预应力钢束的连接、张拉及简化施工,每跨内的节段通常分为桥墩顶节段和标准节段。

节段的腹板设有齿键,顶板和底板设有企口缝,使接缝剪应力传递均匀,并便于拼装就位。前一跨墩顶节段与安装跨第一节段间可以设置就地浇筑混凝土封闭接缝,用以调整安装跨第一节段的准确程度,但也可不设。封闭接缝宽 15～20cm,拼装时由混凝土垫块调整。在施加初预应力后用混凝土封填,这样可调整节段拼装和节段预制的误差,但施工周期要长些。采用节段拼合可加快拼装速度,但对预制和组拼施工精度要求较高。

2)拼装架设

(1)钢桁架导梁法架设施工

按桥墩间跨长选用的钢桁架导梁支承在设置在桥墩上的横梁或横撑上,钢桁架导梁的支承处设有液压千斤顶用于调整高程,导梁上可设置不锈钢轨,配合置于节段下的聚四氟乙烯板,便于节段在导梁上移动。对钢导梁,要求便于装拆和移运,以适应多次转移逐孔拼装;同时,钢梁需设预拱度以满足桥梁纵面高程要求。

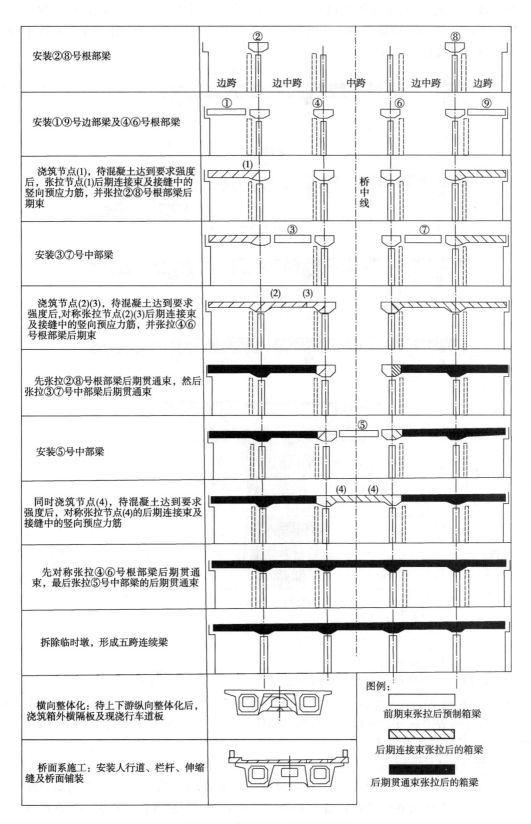

图 2-2-41 广东容奇大桥施工顺序图

当节段组拼就位,封闭接缝混凝土达到一定强度后,张拉预应力筋与前一跨桥组拼成整体。图 2-2-42 为韩国江边都市高速公路上一桥梁结构,标准跨径 50m,体外预应力体系,采用履带吊配合导梁进行吊装组拼。

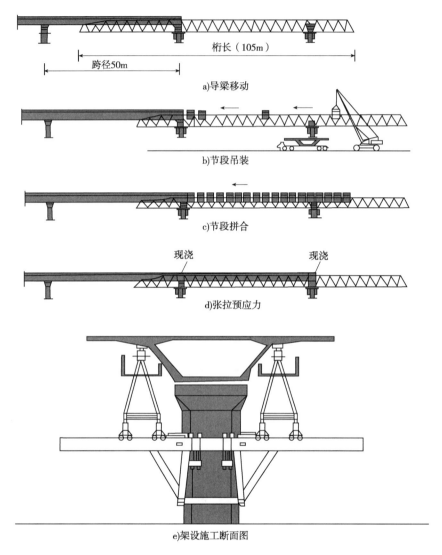

图 2-2-42 吊装组拼施工顺序图

2)下挂式高架钢桁架

图 2-2-43 为用下挂高架钢桁梁逐孔组拼施工。

施工时,预制节段可由平板车沿已安装的桥孔运至桥位后,借助架桥机上吊装设备起吊,并将第一跨梁的各节段分别悬吊在架桥机的吊杆上,当各节段位置调整准确后,完成该跨预应力张拉工艺,并使梁体落在支座上。

3)递增装配法(图 2-2-44)

递增装配法的施工程序大致为:块件经过桥面完成部分运到正在拼装的悬臂跨前端,靠旋转吊车逐一将块件安放在设计位置,1/3 跨长部分可依靠自由悬臂长从桥墩一侧悬伸挑出,块件靠外部拉杆和预应力钢束张紧就位。为了平衡桥跨,每段箱梁可由 2 根拉杆从一个可移动塔架上伸出的拉索在适当的位置定位拉紧。塔架一般位于前方桥墩上,使两根缆索连续通过塔并锚固在已完成的桥面上,拉索锚固在梁体节段顶缘,靠轻型千斤顶调整其中的预应力钢束。

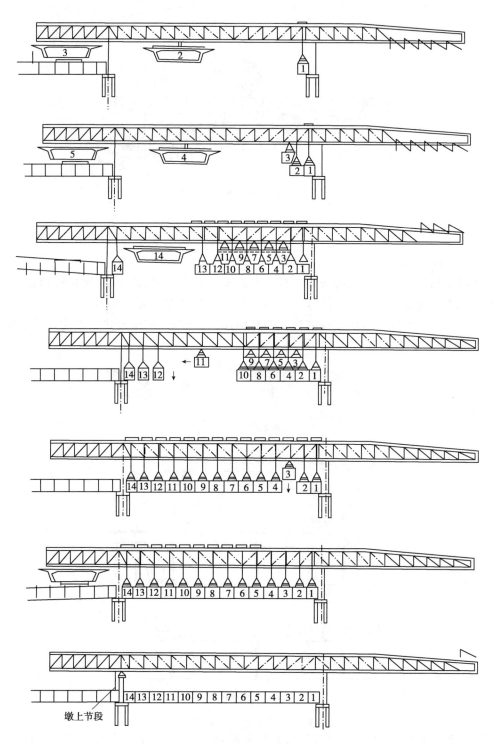

图 2-2-43　用下挂式高架钢桁梁架桥机逐孔组拼施工顺序

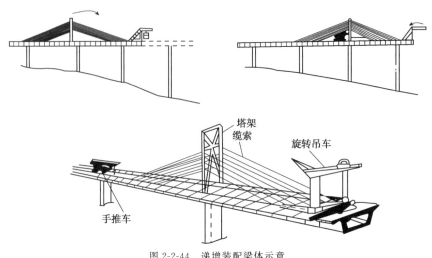

图 2-2-44 递增装配梁体示意

### 3. 使用移动支架逐孔现浇施工（移动模架法）

可使用移动模架法进行现浇施工的桥梁结构形式有简支梁、连续梁、刚构桥和悬臂梁桥等钢筋混凝土或预应力混凝土桥。所采用的截面形式可为 T 形或箱形截面等。

对中小跨径连续梁桥或建造在陆地上的桥跨结构，可以使用落地式或梁式移动支架，如图 2-2-45 所示。

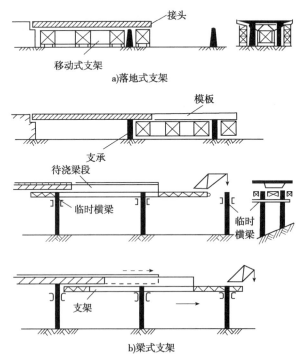

图 2-2-45 使用移动支架逐孔现浇施工

当桥墩较高、桥跨较长或桥下净空受到约束时，可以采用非落地支承的移动模架逐孔现浇施工。常用的移动模架可分为移动悬吊模架与支承式活动模架两种类型。

1)移动悬吊模架施工

移动悬吊模架的形式很多,构造各异,就其基本构造包括三个部分:承重梁、肋骨状横梁和移动支承,如图2-2-46所示。承重梁通常采用钢箱梁,长度大于2倍桥梁跨径,是承担施工设备自重、模板系统重量和现浇湿混凝土重量的主要承重构件。承重梁的后端通过移动式支架落在已完成的梁段上,承重梁的前方支承在桥墩上,工作状态呈单悬臂梁。承重梁除起承重作用外,在一跨梁施工完成后,作为导梁将悬吊模架纵移到前方施工跨。承重梁的移位及内部运输由数组千斤顶或起重机完成,并通过控制室操作。

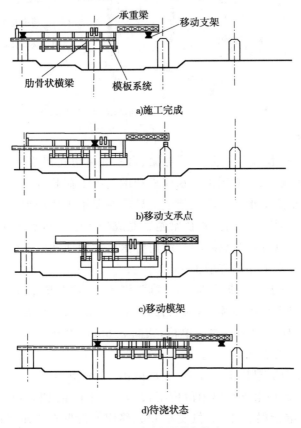

图 2-2-46 移动悬吊模架构造

在承重梁的两侧悬臂出许多横梁覆盖全桥宽,并由承重梁向两侧各用2~3组钢索拉住横梁,以增加其刚度。横梁的两端各用竖杆和水平杆形成下端开口的框架并将主梁包在其中。当模板支架处于浇筑混凝土状态时,模板依靠下端的悬臂梁和锚固在横梁上的吊杆定位,并用千斤顶固定模板;当模架需要纵向移位时,放松千斤顶及吊杆,模板安放在下端悬臂梁上,并转动该梁的前端有一段可转动部分,使模架在纵移状态时顺利通过桥墩,见图2-2-47。

日本四叶町562~563工区高架桥,全长930m,基本结构为三跨一联的预应力混凝土空心板梁,跨径24.5~29m,梁高1.1m,桥宽18~19m,该桥平面为$R=240m$(最小半径)的曲线桥,采用移动悬吊模架逐跨连续施工。施工时,材料、机具和设备均通过已完成的桥面利用轨道龙门吊车运送到"桥梁工厂"内,浇筑混凝土利用导管输送到需要的位置,由于具有较高的机械化、自动化和良好的施工环境,不仅保证了施工质量,还可减少30%的劳动力。每完成一跨桥的施工周期约为11d。

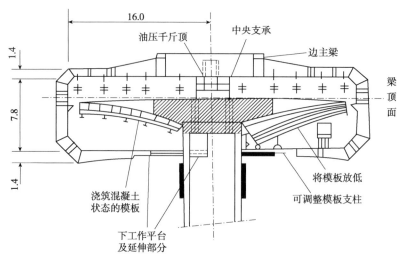

图 2-2-47 移动悬吊模架横截面构造(尺寸单位:m)

2)支承式活动模架施工

支承式活动模架的基本结构由承重梁、导梁、台车和桥墩托架等组成,它采用两根承重梁,分别设置在箱形梁的两侧,承重梁用来支承模板和承受施工荷载,承重梁的长度要大于桥梁的跨径,浇筑混凝土时承重梁支承在桥墩托架上。导梁主要用于移动承重梁和活动模架,因此需要有大于 2 倍桥梁跨径的长度。当一跨桥梁施工完成进行脱模卸架后,由前方台车(在导梁上移动)和后方台车(在已完成的梁上移动)沿纵向将承重梁的活动模架运送到下一跨,承重梁就位后,导梁再向前移动并支承在前方墩上。

厦门高集海峡大桥位于厦门岛北端,跨越高集海峡,主桥全长 2 070m,上部结构为 45m 等跨径、等截面预应力混凝土箱形连续梁,共分五联(8×45m+8×45m+12×45m+10×45m+8×45m=46×45m);横向为两个独立的单箱,梁高 2.68m,桥全宽 23.5m,采用支承式活动模架施工,施工缝设置在离支点 0.2L 处。

本桥施工所用的移动模架长 132.5m。支承梁由 10 节桁架、12 节箱梁、4 节转向节组成,设置在箱梁两腹板外侧。每根支承梁前段桁架长 25m,用于导向和纵移,中段箱梁长 62.5m,用于支承施工荷载,尾端桁梁长 45m,供支承和纵移用。设置在支承梁间的模板系统包括底模、外侧模、内模及模板支承框架、立柱等附属部件。此外,还有模板移动装置及模架的支承及移动系统等。整个模架操作由机械装置、液压装置和机械手完成,由控制室操作。图 2-2-48 为活动模架施工布置图。

根据国外几十座使用移动模架法施工的桥梁统计,从构造上看,大多数桥为等截面梁桥,箱梁截面的尺寸按一定规则变化,支点位置处可设置横隔板。从使用的范围分析,大多数桥长均超过 200m,常用于 400～600m 的桥,也有超过 1 000m 的桥,当桥很长时,则要考虑材料、设备的合理运输问题。使用桥梁跨径大多数为 23.5～45m,也就是说,对于中等跨径的桥梁采用移动模架法施工较为适宜。此外,对于弯桥和坡桥都有成功的桥例。但移动模架法施工需要一整套设备、动力装置和自动控制装置,一次投资是相当可观的。为了提高使用效率,必须解决机具设备的装配化及科学管理的问题。

综上所述,移动模架法的施工特点为:

(1)移动模架法不需要设置地面支架,不影响通航或桥下交通,施工安全、可靠。

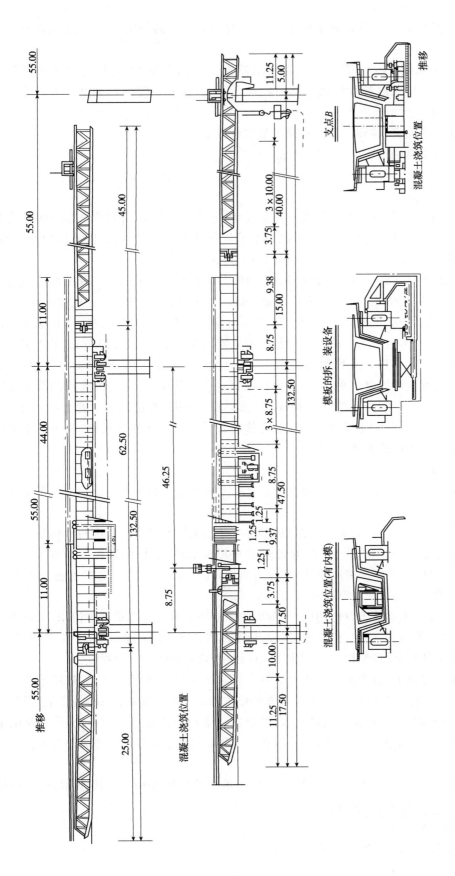

图2-2-48 活动模架施工布置图（尺寸单位：m）

(2)有良好的施工环境,可保证施工质量,一套模架可多次周转使用,具有在类似预制场生产的优点。

(3)机械化、自动化程度高,节省劳力,降低劳动强度,上下部结构可平行作业,可缩短工期。

(4)通常每一施工梁段的长度取用一跨的跨长,接头的位置一般选在桥梁受力较小的地方,即离支点 $L/5$ 附近。

(5)移动模架设备投资大,施工准备和操作都比较复杂。

(6)此法宜在桥梁跨径小于 50m 的桥上使用。

### 四、顶推施工法

顶推施工是在沿桥纵轴方向的台后设置预制场地,分节段预制梁,并用纵向预应力筋将预制节段与施工完成的梁体联成整体,然后通过水平千斤顶施力,将梁体向前顶推出预制场地,然后继续在预制场进行下一节段梁的预制,直至施工完成。

顶推法于1959年首次在奥地利的阿格尔桥上使用,该桥全长280m,为四跨一联预应力混凝土连续梁桥,最大跨径85m。该桥分节段预制,每段8.5m,段间采用0.5m现浇混凝土段,待全桥节段组拼完成后一次顶推施工。1962年在委内瑞拉建成的卡罗尼河桥,对顶推施工作了改进。该桥全长550m,主桥为六跨一联的预应力混凝土连续梁桥,最大跨96m,采用了分节段预制、逐段顶推的工艺。该方法预制场地固定,节约了大量施工现场,减少了施工程序;同时,该桥在顶推梁的前端设置钢导梁,减小了梁在施工过程中的受力,并在最大跨的跨中设置临时墩,使桥梁顶推施工时的跨径减小到48m。从那以后,采用顶推法修建了近200座预应力混凝土连续梁桥,我国从1977年开始应用顶推法修建预应力混凝土连续梁桥,获得了不少成功的经验,至今已有几十座桥梁施工完成。

1.顶推施工要点

(1)采用顶推法施工,要在沿桥的纵向台后设置一个固定的预制场地。顶推由水平千斤顶完成。

(2)要想用有限的顶推力将庞大的梁体顶推就位,必须采用摩擦系数很小的滑移装置。目前,顶推施工常采用不锈钢板滑道与聚四氟乙烯滑块形成滑移,它们的摩擦系数在0.015~0.065之间,常用0.04~0.06。根据顶推施工法的测定:在顶推过程中,滑道的摩擦系数始终在不断变化,静摩擦系数要大于动摩擦系数。

(3)分段预制、逐段顶推施工方法,宜在等截面的预应力混凝土连续梁桥中使用,也可在结合梁斜拉桥的主梁上使用。采用顶推法施工,设备简单,施工平稳,无噪声,施工质量好,适用于深谷、宽深河道上的桥梁、高架桥以及等曲率的曲线桥、带竖曲线桥和坡桥。

(4)在顶推施工过程中,每个截面都要经历最大正弯矩和最大负弯矩,为了兼顾运营与施工阶段的受力要求,采用顶推法比其他施工方法在配筋上要多些。如果要减小施工期弯矩,可在施工中采用一些辅助措施,如使用临时支墩,可以减小梁在顶推过程中的跨径,若在梁的前端设置钢导梁,可以减小梁的悬臂长度,或采用斜拉梁体系避免悬臂端产生过大的弯矩。

2.顶推施工程序

预应力混凝土连续梁桥上部结构,采用顶推施工的程序框图如图2-2-49所示,这一框图主要反映我国采用顶推施工的主要过程。

3.顶推施工方法的分类

1)按水平力的施加位置和施加方法分类

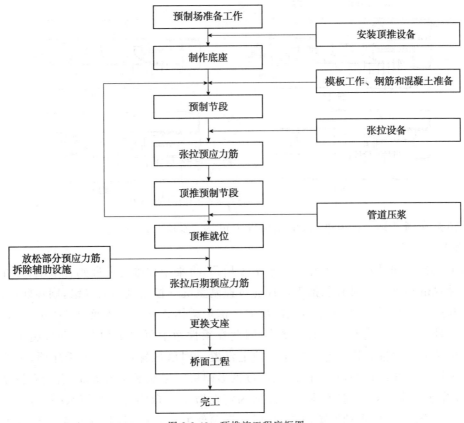

图 2-2-49 顶推施工程序框图

(1) 单点顶推法

全桥纵向只设一个或一组顶推装置的施工方法。顶推装置通常集中设置在梁段预制场附近的桥台或桥墩上,而在前方各墩上设置滑移支承。顶推装置的构造又可分为两种:一种是水平—竖向千斤顶法,另一种则是拉杆千斤顶法。

水平—竖向千斤顶法的施工程序为顶梁、推移、落下竖直千斤顶和收回水平千斤顶的活塞杆,如图 2-2-50 所示。顶推时,升起竖直千斤顶活塞,使临时支承卸载,开动水平千斤顶去顶推竖直千斤顶。由于竖直千斤顶下面设有滑道,千斤顶的上端装有一块橡胶板,即竖直千斤顶在前进过程中带动梁体向前移动。当水平千斤顶达到最大行程时,降下竖直千斤顶活塞,使梁体落在临时支承上,收回水平顶千斤活塞,带动竖直千斤顶后移,回到原来位置,如此反复不断地将梁顶推到设计位置。

拉杆千斤顶法是将水平液压千斤顶布置在桥台前端,底座紧靠桥台,由楔形夹具固定在梁底板或将侧壁锚固设备的拉杆与千斤顶连接,通过千斤顶的牵引作用,带动梁体向前运动。千斤顶回程时,固定在油缸上的刚性拉杆便从楔形夹具上松开,在锚头中滑动,随后重复下一循环。

滑移支承设在桥墩顶的混凝土垫块上,垫块上放置光滑的不锈钢板或镀铬钢板形成滑道,组合的聚四氟乙烯滑块由氟板表层和带有钢板夹层的橡胶块组成,外形尺寸有 420mm×420mm、200mm×400mm、500mm×200mm 等数种,厚度也有 21mm、31mm、40mm 等多种。顶推施工时,滑块在前方滑出,通过在滑道后方不断喂入滑块,使梁身前移时始终支承在滑块上。

为了防止梁体在顶推时偏移,通常在梁体两旁隔一定距离设置导向装置。也可在导向装置上设水平千斤顶,在梁体顶推的过程中进行纠偏。

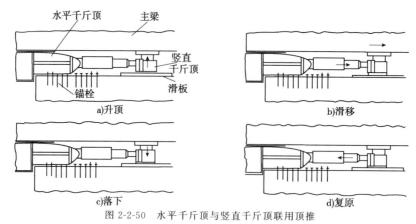

图 2-2-50 水平千斤顶与竖直千斤顶联用顶推

单点顶推在国外称 TL 顶推法,单点顶推力可达 3 000~4 000kN。

(2)多点顶推法

在每个墩台上均设置一对小吨位的水平千斤顶,将集中顶推力分散到各墩上,并在各墩及临时墩上设置滑移支承。所有顶推千斤顶通过控制室统一控制其出力等级,同步前进。

由于利用了水平千斤顶,传给墩顶的反力平衡了梁体滑移时在桥墩上产生的摩阻力,从而使桥墩在顶推过程中承受着很小的水平力,因此在柔性墩上可以采用多点顶推施工。多点顶推通常采用拉杆式顶推装置。它在每个墩位上设置一对液压穿心式水平千斤顶,千斤顶中穿过的拉杆采用高强螺纹钢筋,拉杆的前端通过锥形楔块固定在活塞插头部,后端有特制的拉锚器、锚定板等连接器与箱梁连接,水平千斤顶固定在墩顶的台座上。当用水平千斤顶施顶时,将拉杆拉出一个顶程,即带动箱梁前进,收回千斤顶活塞后,锥形楔块又在新的位置上将拉杆固定在活塞杆的头部,如图 2-2-51 所示。

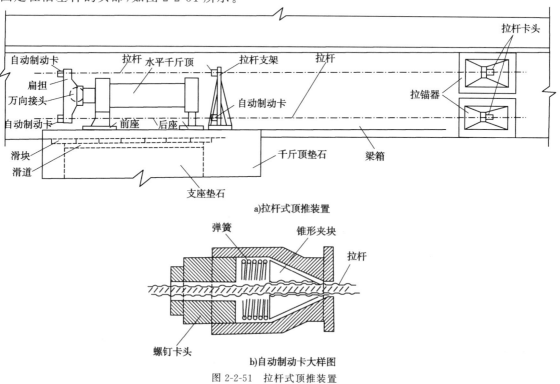

图 2-2-51 拉杆式顶推装置

多点顶推法也称SSY顶推法,除采用拉杆式顶推系统之外,也可用水平千斤顶与竖向千斤顶联合作业。对于柔性墩,为尽量减小对其作用的水平推力,千斤顶的出力按摩阻力的变化幅度分为几个级别,通过计算机确定各千斤顶的施力等级,在控制室随时调整顶力的级数,控制千斤顶的出力大小。

多点顶推与单点顶推比较,可以免用大规模的顶推设备,并能有效地控制顶推梁的偏移,顶推时对桥墩的水平推力可以减小,便于结构采用柔性墩。在顶推弯桥时,由于各墩均匀施加顶力,能顺利施工。在顶推时如遇桥墩发生不均匀沉陷,只要局部调整滑板高度即可正常施工。采用拉杆式顶推系统,免去在每一循环顶推中用竖向千斤顶将梁顶起和使水平千斤顶的复位操作,简化了工艺流程,加快了顶梁速度。但多点顶推所需顶推设备较多,操作要求比较高。

2)按支承系统分类

(1)设置临时滑动支承顶推

顶推施工的滑道是在墩上临时设置的,由光滑的不锈钢板与组合的聚四氟乙烯滑块组成,用于滑移梁体和起支承作用,待主梁顶推就位后,更换正式支座。我国采用顶推施工的几座预应力混凝土连续梁桥一般采用这种施工方法。在主梁就位后,拆除顶推设备,同时进行张拉后期预应力束和管道压浆工作,待管道水泥浆达到设计强度后,用数只大吨位竖向千斤顶同步将一联主梁顶起,拆除滑道及滑道底座混凝土垫块,安放正式支座。

(2)使用与永久支座合一的滑动支承顶推

它是采用施工临时滑动支承与竣工后永久支座组合兼用的支承构造进行顶推的方法。它将竣工后的永久支座安置在墩顶的设计位置上,施工时通过改造作为顶推滑道,主梁就位后,恢复为永久支座状态,它不需拆除临时滑动支承,也不需要采用大吨位千斤顶进行顶梁作业。

上述兼用支承的顶推方法在国外称RS施工法,它的滑动装置由RS支承、滑动带卷绕装置等组成,见图2-2-52。RS支承的下支座安放在桥墩上的支座设计位置上,其上设滚动板起铰的作用,滚动板上装有上支座板,形成一个在运营状态下的支座雏形。施工时,在上支座上临时安装支承板,支承板的表面是聚四氟乙烯材料的滑动板,它与衬有橡胶板的不锈钢板形成滑动装置,调换连接板,并与主梁的上支座板连接则形成正式支座,顶推完成时的调换施工程序见图2-2-52b)。

RS施工法的顶推装置,可采用水平千斤顶与竖直千斤顶联用,可以用单点顶推或多点顶推。它的施工特点是操作工艺简单、省工、省时,但支承本身构造复杂。

为减小顶推过程中梁的受力大小,一般可采取的方法有:顶推前端使用导梁,在架设孔跨中设置临时墩,导梁和临时墩并用,两端同时顶推至跨中合龙,在梁上设拉索加劲体系。

包头黄河公路大桥全长810m,主孔为三联4×65m的预应力混凝土等高度连续梁,桥面宽12m,主梁为单箱单室梯形箱梁,混凝土强度等级为C50和C40两种,预应力体系为24ϕ5高强钢丝辅以弗氏锚和镦头锚。主梁施工采用多点拉杆式顶推装置进行逐段预制、逐段顶推的方法。为减少顶推过程中主梁的受力,在梁体前端设有导梁,跨中设有临时墩。

综上所述,顶推法的施工特点为:

①顶推法可以使用简单的设备建造长大桥梁,施工费用较低,施工平稳、无噪声,可在深水、山谷和高桥墩上采用,也可在曲率相同的弯桥和坡桥上使用。

②主梁分段预制,连续作业,结构整体性好;由于不需大型起重设备,所以施工节段的长度可根据预制场条件及分段的合理位置选用,一般可取用10~20m。

③梁段固定在同一个场地预制,便于施工管理,改善施工条件,避免高空作业。同时,模板

与设备可多次周转使用,在正常情况下,梁段预制的周期为 7~10d。

④顶推施工时梁的受力状态变化较大,施工应力状态与运营应力状态相差也较多,因此在截面设计和预应力束布置时要同时满足施工与运营荷载的要求;在施工时也可采取加设临时墩、设置导梁和其他措施,减少施工应力。

⑤顶推法宜在等截面梁上使用。当桥梁跨径过大时,选用等截面梁将造成材料的不经济,也增加了施工难度,因此以中等跨径的连续梁为宜,推荐的顶推跨径为 40~45m,桥梁的总长也以 500~600m 为宜。

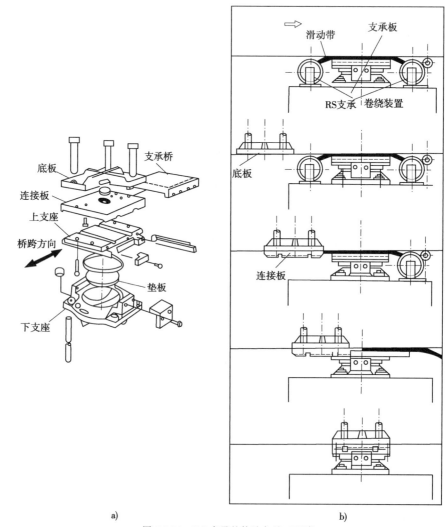

图 2-2-52 RS 支承的构造与施工程序

### 五、转体施工法

桥梁转体施工是 20 世纪 40 年代以后发展起来的一种架桥工艺。它是在河流的两岸或适当的位置,利用地形或使用简便的支架先将半桥预制完成,之后以桥梁结构本身为转动体,使用一些机具设备,分别将两个半桥转体到桥位轴线位置合龙成桥。

转体施工将复杂的、技术性强的高空及水上作业变为岸边的陆上作业,它既能保证施工的质量安全,也减少了施工费用和机具设备,同时在施工期间不影响桥位通航。

早期的转体施工法主要应用于拱桥的施工,目前在梁桥等结构体系中都得到应用。

转体的方法可分成平面转体、竖向转体或平竖结合转体,在梁桥中一般采用平面转体施工。

转体施工的关键是转体的实现,即要求有正确的转体设计,制作灵活可靠的转体装置,并布设牵引驱动系统。

目前,国内使用的转体装置有两种,都是通过转体实践考验行之有效的构造措施。第一种是以四氟乙烯滑板构成的环道平面承重转体,其转体装置由设在底盘和上转盘间的轴心和环形滑道组成,具体构造见图 2-2-53a);第二种是以球面转轴支承辅以滚轮的轴心承重转体,其特点是整个转动体系的重心必须落在轴心铰上,球面铰既起定位作用,又承受全部转体重力,钢滚轮只起稳定保险作用,见图 2-2-53b)。

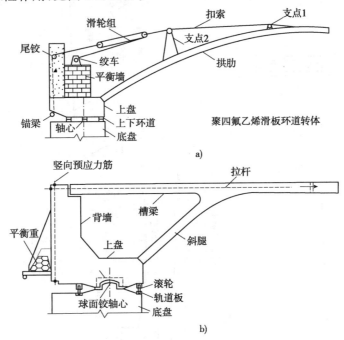

图 2-2-53 转动体系的一般构造

梁桥的转动中心可设在桥墩底或墩顶,这与所采用的转动驱动系统有关。

转动的驱动系统一般都由卷扬机、倒链、滑轮组、普通千斤顶等机具组成(图 2-2-54),即通过闭合的牵引主索由滑轮组牵引,在上转盘产生一对牵引力偶克服阻力偶而使桥体转动;另外,也可利用液压系统设计转动的驱动系统,对此国内外均有施工范例。

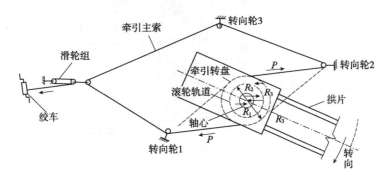

图 2-2-54 牵引系统布置示意图

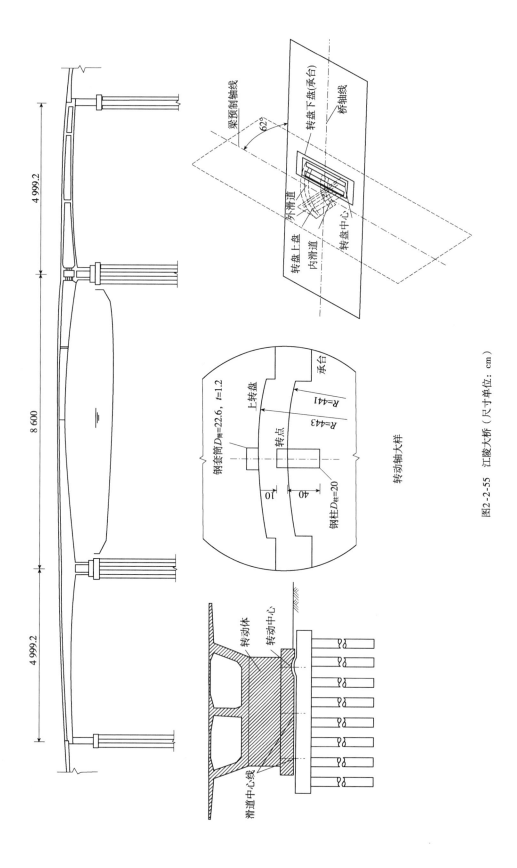

图2-2-55 江陵大桥（尺寸单位：cm）

江陵大桥位于江苏省吴江市内,主桥为三跨连续刚构,跨径组合为 50m+86m+50m。为保证施工过程中不妨碍苏南运河通航及苏嘉公路的畅通,并尽量减少主桥长度,减轻转体时重量,减小工程造价,结合桥位地形,主桥采用偏心转体新工艺。

转动装置(图 2-2-55)为钢筋混凝土铰支承,分为上盘和下盘。上盘为上承台的一部分,下盘为下承台的一部分。上下盘中间放钢柱用以定位。下盘设在下承台顶面,其直径为 2.0m,磨心曲面顶距承台顶面为 30cm,上下盘曲面曲率半径略有不同。顶推时设两个顶推点,顶推点处上承台与下承台及环道通过聚四氟乙烯板和不锈钢板摩擦进行滑动。为顶推需要,在上承台左右两侧布置预应力束。

施工顺序为:桥墩的钻孔桩施工;修筑下承台及下磨盘,并同时修筑内外环道;上下盘干磨磨合至摩擦系数 $\mu=0.08$,合上上转盘;上承台混凝土浇筑,同时要放好在内外环道上的滑板构造;桥墩及上部结构箱梁体混凝土浇筑;测定各控制点高程,顶推上承台;转体到位后,进行合龙施工;上下承台间用 C40 混凝土填塞封盘。

综上所述,转体施工的主要特点为:

(1)可利用施工现场的地形安排预制构件的场地。
(2)施工期间不断航,不影响桥下交通。
(3)施工设备少,装置简单,容易制作、掌握。
(4)减少高空作业,施工工序简单,施工迅速。
(5)转体施工适合于单跨和三跨桥梁,可在深水、峡谷中建桥采用,同时也适应在平原区以及用于城市跨线桥。

# 第三章 梁桥计算

## 第一节 概 述

前面几章已介绍了钢筋混凝土和预应力混凝土梁桥的结构体系、构造设计和布置(包括主梁的纵、横截面布置)、各部分构造的主要尺寸和细节处理以及桥梁施工的基本方法。这些都是设计构思一座桥梁必备的知识。接下来的问题就是对所拟定的结构进行强度和刚度验算,以检验其是否符合安全、适用、经济的要求;如不符合,则还应反过来修改设计。因此,设计和计算的过程是一个把结构调整和修改得更为经济合理的过程。具体设计计算是按一定顺序进行的。为减少上述过程的反复次数,一般采取先上部结构,后下部结构;先设计计算主要承重构件(如主梁),后设计计算次要受力构件(如桥面板、横梁)。但设计计算顺序也不是一成不变的,设计人员要根据不同的桥型和设计与施工之间的相互配合来决定。

梁桥计算包括内力、变形计算,结构强度、刚度验算和配筋计算等。后一部分内容已在《结构设计原理》教程中详细介绍,本教材梁桥计算只限于桥梁内力和变形计算两部分。按结构分,梁桥计算分为上、下部结构计算。上部结构计算包括主梁、横梁、桥面板、支座以及其他构造细部(如悬臂梁的牛腿等),同时还要考虑结构变形、施工验算或其他特殊项目的验算。下部结构计算则包括墩、台和基础的计算。本章主要介绍梁桥上部结构中主梁、板面板和结构变形(挠度)计算,横梁和墩台、支座计算,分别在第四章和第七章中作介绍。

学习本章时,要着重理解计算原理,掌握如何应用数学、力学方法求解具体答案。实际结构是复杂的,不可能在设计工作中按原结构进行分析。因而,总是把原结构抽象成简化的计算图式,这种抽象与简化必须符合结构受力特性,要抓住主要的影响因素,忽略次要因素,为此,常引入若干简化假定。这些假定是否合理是简化计算的核心问题。至于作简化假定的方法,请读者在下面几章中逐步体会。随着计算机的发展与普及,目前桥梁计算基本上均采用有关桥梁程序来实现,但程序是基于数学、力学的分析而编制的,为使初学者能了解桥梁计算的机理,本教程仍以结构力学方法为基础,阐述桥梁结构的内力计算。

## 第二节 主梁结构内力计算

主梁的内力计算,可分为设计内力和施工内力计算两部分。

设计内力是强度验算及配筋设计的依据。

施工内力是指施工过程中,各施工阶段的临时施工荷载以及运输、安装过程中的动荷载,如施工机具设备(挂篮、张拉设备等)、模板、施工人员等引起的内力,主要供施工阶段验算用。把这部分内力和该阶段的主梁自重内力叠加,检验设计的截面尺寸和配筋是否满足施工时的强度和刚度要求;如不满足要求,应增配临时束或对截面进行局部临时加固。

本章主要介绍主梁的设计内力计算(以下简称内力计算)。

主梁内力包括恒载内力、活载内力和附加内力(如风力或离心力引起的内力)。对于超静定梁,还应包括由于预加力、混凝土徐变、收缩和温度变化等引起的结构次内力。将它们按规范的规定进行组合,从中挑选最大的设计内力,依此进行配筋设计和应力验算。设计实践表明:在这几部分内力中,恒载、活载内力是主要的,一般它们占整个设计最大内力的80%～90%或更多。本章主要叙述这两部分内力的计算,至于附加内力和结构次内力的计算方法,将在下面章节中作介绍。

### 一、恒载内力计算

主梁恒载内力,包括主梁自重(前期恒载)引起的主梁自重内力 $S_{G1}$ 和后期恒载(如桥面铺装、人行道、栏杆、灯柱等)引起的主梁后期恒载内力 $S_{G2}$,总称为主梁恒载内力 $S_g$。

主梁自重是在结构逐步形成的过程中作用于桥上的,因而它的计算与施工方法有密切关系,特别在大、中跨预应力混凝土超静定梁桥的施工过程中不断有体系转换过程,在计算主梁自重内力时必须分阶段进行,有一定的复杂性。而后期恒载作用于桥上时,主梁结构已形成最终体系,这部分内力可直接应用结构内力影响线进行计算。随着预应力工艺、悬臂施工方法等的发展,预应力混凝土梁桥的施工方法得到不断创新和发展,在第二章中已介绍了许多方法,然而,书中不可能逐一介绍各种施工方法的主梁自重内力计算。主梁自重内力计算方法可归纳为两大类。

1. 在施工过程中结构不发生体系转换

如所有静定结构(简支梁、悬臂梁、带挂孔的 T 形刚构)及整体浇筑一次落架的超静定结构,主梁自重作用于桥上时,结构已是最终体系,主梁自重内力 $S_{G1}$,可根据沿跨长变化的自重集度 $g(x)$,按下式计算:

$$S_{G1} = \int_L g(x) y(x) dx \tag{2-3-1}$$

式中:$S_{G1}$——主梁自重内力(弯矩或剪力);

$g(x)$——主梁自重集度;

$y(x)$——相应的主梁内力影响线坐标。

2. 在施工过程中结构有体系转换

在施工过程中结构有体系转换,则主梁自重内力计算必须根据不同的施工方法顺序、体系转换的具体情况分阶段计算。下面列举几种常用的预应力混凝土连续梁的主梁自重内力计算方法。

1)逐跨架设法

逐跨架设法又分两种情况:一种是简支梁转换为连续梁,逐跨推进。此时,主梁自重内力即为简支梁内力($M_{g1} = \frac{1}{8} g_1 l^2$);当全部结构连成连续梁后,再施工桥面铺装等,则 $M_{g2}$ 按最终的连续梁体系计算;如在逐跨架设的同时,就在已架好的主梁上进行桥面铺装等施工,那么在计算主梁恒载内力 $M_{g2}$ 时,应按实际施工过程中的结构体系进行分析,见图 2-3-1。

另一种为单悬臂梁转换为连续梁的逐跨架设法,见图 2-3-2。每架设一孔就形成一带悬臂的连续梁体系。因而其每次架设上去的主梁自重应按实际的结构体系计算。如在第四段梁架设并与前结构连成一体后,它的自重在各支点上引起的弯矩为:

$$\left.\begin{array}{l} x_4(4) = \frac{1}{2} g_1 (\xi l)^2 \\ x_3(4) = A_3(4) f_c(\xi) g_1 l^2 \\ x_2(4) = A_2(4) f_c(\xi) g_1 l^2 \\ x_1(4) = A_1(4) f_c(\xi) g_1 l^2 \end{array}\right\} \tag{2-3-2}$$

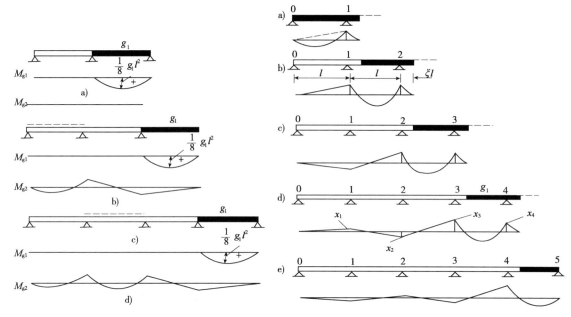

图 2-3-1 简支梁转换为连续梁时自重内力计算图式　　图 2-3-2 单悬臂梁逐跨架设成连续梁时主梁自重内力计算图式

其一般计算式可表达为：

$$x_i(j) = A_i(j) f_c(\xi) g_i l^2 \qquad (2\text{-}3\text{-}3)$$

$$x_i(j) = A_i(j) f_{Nc}(\xi) g_i l^2 \qquad (2\text{-}3\text{-}4)$$

式中：$i$——连续梁支点编号；

$j$——逐跨架设时的梁段号，也即为连续梁跨径编号；

$f_c(\xi) = 2 - 12\xi^2 + 8\xi^3 - 2\xi^4$，梁段带悬臂时用；

$f_{Nc}(\xi) = 2 - 8\xi^2 + 8\xi^3 - 2\xi^4$，梁段无悬臂时用。

$A_i(j)$ 的系数列于表 2-3-1。表中只列了 10 跨的系数，如多于 10 跨，则用 $A_n(n) = \dfrac{1}{48} \dfrac{|D|_{n-1}^{n-2}}{|D|_{n-1}}$ 计算。

$A_i(j)$ 系 数 表　　　　表 2-3-1

| $j$ | $i$ | | | | | | | | |
|---|---|---|---|---|---|---|---|---|---|
| | 1 | 2 | 3 | 4 | 5 | 6 | 7 | 8 | 9 |
| 2(2跨) | $-\dfrac{1}{32}$ | | | | | | | | |
| 3(3跨) | $+\dfrac{1}{120}$ | $-\dfrac{4}{120}$ | | | | | | | |
| 4(4跨) | $-\dfrac{1}{448}$ | $+\dfrac{4}{448}$ | $-\dfrac{15}{448}$ | | | | | | |
| 5(5跨) | $+\dfrac{1}{1\,672}$ | $-\dfrac{4}{1\,672}$ | $+\dfrac{15}{1\,672}$ | $-\dfrac{56}{1\,672}$ | | | | | |
| 6(6跨) | $-\dfrac{1}{6\,240}$ | $+\dfrac{4}{6\,240}$ | $-\dfrac{15}{6\,240}$ | $+\dfrac{56}{6\,240}$ | $-\dfrac{209}{6\,240}$ | | | | |

续上表

| j | i | | | | | | | | |
|---|---|---|---|---|---|---|---|---|---|
| | 1 | 2 | 3 | 4 | 5 | 6 | 7 | 8 | 9 |
| 7(7跨) | $+\dfrac{1}{23\,288}$ | $-\dfrac{4}{23\,288}$ | $+\dfrac{15}{23\,288}$ | $-\dfrac{56}{23\,288}$ | $+\dfrac{209}{23\,288}$ | $-\dfrac{780}{23\,288}$ | | | |
| 8(8跨) | $-\dfrac{1}{86\,912}$ | $+\dfrac{4}{86\,912}$ | $-\dfrac{15}{86\,912}$ | $+\dfrac{56}{86\,912}$ | $-\dfrac{209}{86\,912}$ | $+\dfrac{780}{86\,912}$ | $-\dfrac{2\,911}{86\,912}$ | | |
| 9(9跨) | $+\dfrac{1}{324\,360}$ | $-\dfrac{4}{324\,360}$ | $+\dfrac{15}{324\,360}$ | $-\dfrac{56}{324\,360}$ | $+\dfrac{209}{324\,360}$ | $-\dfrac{780}{324\,360}$ | $+\dfrac{2\,911}{324\,360}$ | $-\dfrac{10\,864}{324\,360}$ | |
| 10(10跨) | $-\dfrac{1}{1\,210\,528}$ | $+\dfrac{4}{1\,210\,528}$ | $-\dfrac{15}{1\,210\,528}$ | $+\dfrac{56}{1\,210\,528}$ | $-\dfrac{209}{1\,210\,528}$ | $+\dfrac{780}{1\,210\,528}$ | $-\dfrac{2\,911}{1\,210\,528}$ | $+\dfrac{10\,864}{1\,210\,528}$ | $-\dfrac{40\,545}{1\,210\,528}$ |

$|D|_{n-1}$ 为等跨径、等刚度连续梁柔度系数矩阵在 $n-1$ 阶时的行列式值。因连续梁的柔度系数矩阵为带状矩阵，其行列式值很易推算，即 $|D|_n = a \times |D|_{n-1} - b^2 |D|_{n-2}$，其中，$a = \dfrac{2}{3}$，$b = \dfrac{1}{6}$。

主梁自重内力图应由各施工阶段时的自重内力图叠加而成。

2)平衡悬臂施工法

如图 2-3-3 所示为一座三跨连续梁。无论采用的是悬臂浇筑还是悬臂拼装施工，都是从 1 号与 2 号墩开始，对称向两边逐段悬出。此时主梁自重内力为阶段(1)。主梁自重内力如图 2-3-3b)所示。

阶段(2)，因连续梁墩上为一单支座，为保证平衡悬臂施工的安全，在墩上设临时锚固，当边孔合龙梁段架设时，主梁的自重内力如图 2-3-3c)所示。

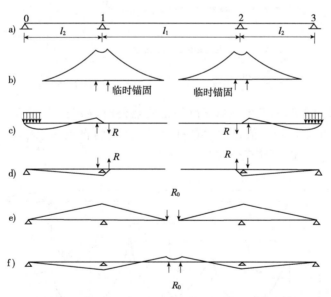

图 2-3-3 平衡悬臂法施工的连续梁其主梁自重内力计算图式

阶段(3)，当双悬臂与边孔合龙梁段连成整体后，即可撤除临时锚固。因阶段(2)边孔合龙时在临时锚固中的力就被"释放"，相当于对主梁施加一对方向相反的力 $R$。此对力将在单悬臂结构体系上引起内力，见图 2-3-3d)。

阶段(4)，当中孔梁段合龙时，现浇接合段的自重由吊杆传至单悬臂梁的悬臂端，其内力图如图 2-3-3e)所示。

阶段(5),当接合段混凝土凝固并与两边单悬臂梁相连形成连续梁后,吊杆拆除,就相当于对主梁(连续梁)施加一对方向相反的力 $R_0$($R_0$ 包括结合段自重与吊杆模板等重量),而梁段自重则作用于连续梁上,此时内力图如图 2-3-3f)所示。

主梁自重内力图应由这 5 个阶段的内力图叠加而成。

3)顶推法

顶推法施工的连续梁,当全桥结构顶推就位后,安放与调整各支点的支座位置。此时,主梁自重内力计算与主梁后期恒载内力计算方法是一样的,都是将荷载置于最终的结构体系上求解。但是,顶推法在主梁顶推过程中,梁体内力不断发生改变,梁段各截面在经过支点时要承受负弯矩,在经过跨中区段时产生正弯矩。顶推法在施工过程中不断变化的主梁自重内力比最终结构体系上(亦即结构在使用状况下)的主梁自重内力状态还不利。虽然在施工时,为了改善这种不利的施工内力状态,主梁前端接上重量较轻的鼻梁,但内力计算值还是较大,并且每个主梁截面都要承受正负弯矩。顶推法的施工优点很多,其主要的缺点(或称为致命的弱点)是施工阶段的内力状态与使用阶段的内力状态不一致,这将不利于节约材料用量。

以下介绍顶推法在顶推过程中的主梁内力状态与它们的初估方法。

可以应用电算程序计算顶推法的施工内力。一般取每顶出 5m 长度进行一次主梁自重内力分析。把整个顶推过程分成许多阶段,求出每阶段的自重内力图,把这些内力图叠置在同一基准线上,可得到最不利的内力包络图,如图 2-3-4 所示。可见,其不利值在顶推连续梁的首部,此处将存在 $M_{\min}^{-}$ 与 $M_{\max}^{+}$,而其余梁段上近似接近在自重作用下固端梁的最大正、负弯矩值。

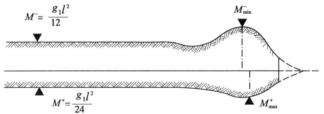

图 2-3-4 顶推法施工连续梁的自重内力包络图

顶推时,主梁最大正弯矩发生在鼻梁刚顶出支点外时,如图 2-3-5 所示。最大正弯矩的截面位置约在第一跨的 $0.4l$ 处。假设主梁自重为 $g_1$,鼻梁的自重为 $\gamma g_1$,鼻梁长度为 $\beta l$(一般 $\beta$ 在 0.6 左右),则 $M_{\max}^{+}$ 的近似计算公式为:

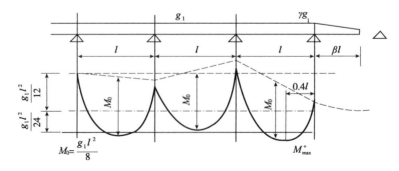

图 2-3-5 顶推法施工连续梁时,鼻梁刚过支点时的主梁自重内力图

$$M_{\max}^{+} = \frac{g_1 l^2}{12}(0.933 - 2.96\gamma\beta^2) \qquad (2-3-5)$$

当 $\gamma=0.1, \beta=0.65$ 时：

$$M_{\max}^{+} = 0.81 \frac{g_1 l^2}{12} = 1.62 M^{+}$$

产生最大负弯矩的情况可能有两种。如图 2-3-6 所示，当鼻梁刚接近前方支点时，主梁伸出悬臂最长，此时可能产生的最大负弯矩 $M_{\min}^{-}$ 的近似计算公式为：

$$M_{\min}^{-} = -\frac{g_1 l^2}{12}\left[6\alpha^2 + 6\gamma(1-\alpha^2)\right] \tag{2-3-6}$$

式中：$\alpha$——主梁伸出部分长度的比值。

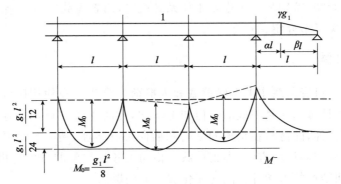

图 2-3-6　顶推法施工连续梁时，鼻梁刚接近前方支点时的主梁自重内力图

当 $\gamma=0.1, \alpha=0.35, \beta=0.65$ 时：

$$M_{\min}^{-} = -1.262 \frac{g_1 l^2}{12} = -1.262 M^{-}$$

另一种可能的情况是鼻梁越过前方支点，此时弯矩为：

$$M_{\min}^{-} = -\mu \cdot \frac{g_1 l^2}{12} \tag{2-3-7}$$

式中：$\mu$——计算系数，它是 $K$ 与 $\alpha$ 的函数，见图 2-3-7。

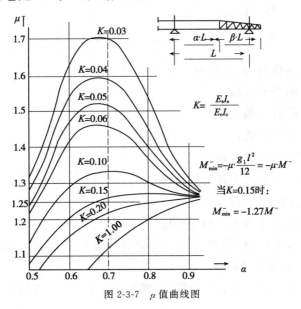

图 2-3-7　$\mu$ 值曲线图

$K$ 为鼻梁与主梁的刚度比值：

$$K = \frac{E_s I_s}{E_c I_c} \tag{2-3-8}$$

式中：$E_s$、$I_s$——钢鼻梁材料的弹性模量与截面惯性矩；

$E_c$、$I_c$——混凝土主梁的弹性模量与截面惯性矩。

后期恒载内力的计算比较简单，因为当施加这部分恒载时，结构已成为最终体系，主梁在纵、横向的联结业已完成，因此，计算这部分内力时应考虑结构的空间受力特点，其计算方法可参考下面活载内力计算。恒载内力计算过程中未考虑混凝土徐变及龄期的影响，如果在恒载内力中计入这部分影响，特别是施工中发生体系转换时，两者恒载内力相差较大。这部分的计算将在第五章的有关章节介绍。

## 二、活载内力计算

活载内力由基本可变荷载中的车辆荷载和人群荷载产生。在使用阶段，结构已成为最终体系，其纵向的力学计算图式是明确的。但如上所述，此时主梁在横向也连成了整体，因此呈现空间结构的受力特性，即荷载在结构的纵向和横向都有传递，精确计算是复杂的。为此，在第四章中将介绍实用空间计算方法，即把荷载在横向对各片主梁的分配用横向分布系数 $m$ 考虑，从而把一个空间结构的力学计算问题简化成平面问题。

主梁活载内力计算分为两步：第一步求某一主梁的最不利荷载横向分布系数 $m$；第二步应用主梁内力影响线，将荷载乘以横向分布系数 $m_i P_i$，在纵向满足桥梁规范规定的车轮距限制条件下，使 $\Sigma m_i P_i y_i$ 最大，确定车辆的最不利位置，相应求得主梁的最大活载内力。对汽车车列必须比较正向和逆向行驶两种布置情况，取其大者。对于三角形或抛物线形的内力影响线，可直接使用等代荷载表，以免除排列荷载的反复试算。对于有经验的设计工作者来说，一般情况下，将车辆荷载的最大重轮置于影响线的最大坐标上即可求得最大活载内力。根据规范要求，对汽车荷载还必须考虑冲击力的影响，因此主梁活载内力计算公式如下。

直接在内力影响线上布置荷载：

$$S_P = (1+\mu) \cdot \xi \cdot m_i \cdot (\Sigma q_k \cdot \omega_i + P_k y) \tag{2-3-9}$$

式中：$S_P$——主梁最大活载内力（弯矩或剪力）；

$1+\mu$——汽车荷载的冲击系数；

$\xi$——汽车荷载的折减系数；

$m_i$——荷载横向分布系数；

$q_k$——车道荷载中的均布荷载；

$\omega_i$——均布荷载施加处内力影响线面积；

$P_k$——车道荷载中的集中荷载；

$y$——集中荷载施加处内力影响线坐标。

上式中冲击系数、折减系数、均布荷载和集中荷载值均需根据《公路桥涵设计通用规范》（JTG D60—2015）中相关规定选取。

图 2-3-8～图 2-3-10 列举了多孔悬臂梁、等刚度的两跨、三跨连续梁的影响线形状与其面积值。

变截面连续梁内力影响线及最大活载内力一般借助有关桥梁电算程序直接得到。

## 三、内力组合

桥梁在施工和运营期间要承受多种类型的荷载作用,根据我国现行《公路桥涵设计通用规范》(JTG D60—2015)规定,公路桥涵结构设计应考虑结构上可能同时出现的作用,按承载能力极限状态和正常使用极限状态进行作用组合,取其最不利组合效应进行设计。对于具体的作用组合,根据可能出现的作用类别,承载能力极限状态设计将作用组合分为基本组合、偶然组合和地震组合,正常使用极限状态设计需考虑可变作用的频遇组合和准永久组合。

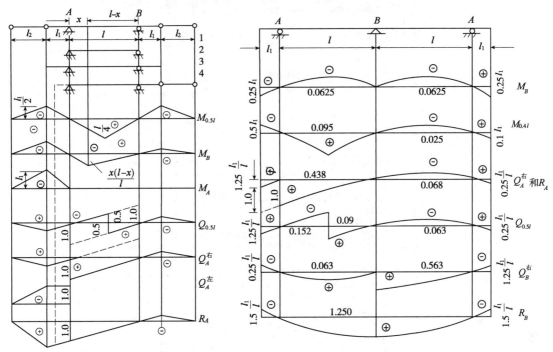

图 2-3-8 多孔悬臂梁内力影响线纵坐标
1-多孔悬臂梁;2-简支梁;3-双悬臂;4-三孔双悬臂梁

图 2-3-9 双跨连续梁内力影响线面积

在两种极限状态对应的作用组合过程中,仅考虑在结构上可能同时出现的作用,且需要考虑作用出现的变化性质,即作用出现与否及出现的方向。《公路桥涵设计通用规范》(JTG D60—2015)中规定,永久作用的代表值为其标准值,可变作用的代表值包括标准值、组合值、频遇值或准永久值,偶然作用取其设计值作为代表值,地震作用的代表值为其标准值。

对具体的效应组合,规范只指出了作用效应组合需要考虑的范围,并未完全确定具体组合的内容,需要设计者根据实际情况选取。为了使读者对作用效应组合有更清晰的了解,下面用具体作用效应组合实例进行说明,工程背景设定为一座地震区预应力混凝土连续梁桥,计算主体为预应力混凝土主梁。

根据桥梁实际情况以及计算主体,选用的永久作用包括结构重力和混凝土收缩及徐变作用,分别记其标准值为 $G_{1k}$ 和 $G_{2k}$。可变作用包括汽车荷载、汽车冲击力、人群荷载、温度梯度作用,分别记其标准值为 $Q_{1k}$、$Q_{2k}$、$Q_{3k}$ 和 $Q_{4k}$。偶然作用包括汽车撞击作用,记其标准值为 $A_{1k}$。

承载能力极限状态设计:

基本组合　　$1.2G_{1k}+G_{2k}+1.4\times(Q_{1k}+Q_{2k})+0.75\times1.4\times(Q_{3k}+Q_{4k})$

偶然组合　　$G_{1k}+G_{2k}+A_{1k}+0.7\times(Q_{1k}+Q_{2k})+0.4\times Q_{3k}+0.8\times Q_{4k}$

正常使用极限状态设计：

频遇组合　　　　$G_{1k}+G_{2k}+0.7\times Q_{1k}+Q_{3k}+0.8\times Q_{4k}$

准永久组合　　　$G_{1k}+G_{2k}+0.4\times Q_{1k}+0.4\times Q_{3k}+0.8\times Q_{4k}$

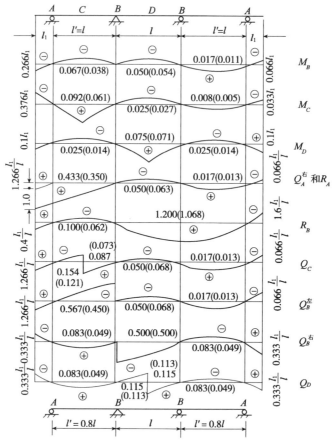

图 2-3-10　三跨连续梁内力影响线面积

对超静定预应力混凝土梁桥，在承载能力极限状态下，结构受力进入塑性阶段，结构受拉部分已开裂，结构的弹性变形所受到的约束作用有所减弱，因此结构次内力（预加应力、混凝土收缩、徐变、基础变位及温度变化影响力）也有不同程度的减小。但目前按承载能力极限状态设计，偏安全地不计入桥梁进入塑性阶段后对结构次内力的影响，有关影响力仍采用弹性阶段的计算结果。

需要注意的是，在作用效应组合过程中，当可变作用的出现对结构或结构构件产生有利影响时，该作用不参与组合。对于一部分同时出现的可能性非常小的可变作用，《公路桥涵设计通用规范》（JTG D60—2015）中表4.1.5进行了说明。

### 四、内力包络图

沿梁轴的各个截面处，将所采用的控制设计内力值按适当的比例尺绘成纵坐标，连接这些坐标点而绘成的曲线称为内力包络图。图2-3-11和图2-3-12表示的是简支梁、悬臂梁和连续梁的主梁恒、活载内力包络图。

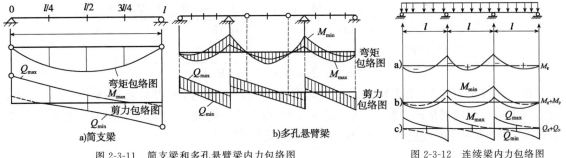

图 2-3-11 简支梁和多孔悬臂梁内力包络图　　图 2-3-12 连续梁内力包络图

内力包络图主要为在主梁中配置预应力束筋、纵向主筋、斜筋和箍筋提供设计依据，并进行各种验算。

## 第三节　预应力束计算

预应力混凝土梁桥主梁截面、单向受弯的配束计算，在《结构设计原理》教材中已有详细介绍，在此主要讨论主梁截面受双向弯矩（正、负弯矩）时的配束计算。

### 一、静定结构主梁截面双向受弯的配束计算

当主梁截面既要承受 $M_{max}$ 又要承受 $M_{min}$ 时，一般需要在梁上、下部都配置预应力束筋，其数量应根据主梁上、下缘不出现拉应力或不超过容许压应力的控制条件来确定。

当截面承受正弯矩 $M_{max}$ 时：

$$\sigma_{上} = \frac{N_{上}}{A} + \frac{N_{上}e_{上}}{W_{上}} + \frac{N_{下}}{A} - \frac{N_{下}e_{下}}{W_{上}} + \frac{M_{max}}{W_{上}} \leqslant [R_a] \tag{2-3-10}$$

$$\sigma_{下} = \frac{N_{上}}{A} - \frac{N_{上}e_{上}}{W_{下}} + \frac{N_{下}}{A} + \frac{N_{下}e_{下}}{W_{下}} - \frac{M_{max}}{W_{下}} \geqslant 0 \tag{2-3-11}$$

当截面承受负弯矩 $M_{min}$ 时：

$$\sigma_{上} = \frac{N_{上}}{A} + \frac{N_{上}e_{上}}{W_{上}} + \frac{N_{下}}{A} - \frac{N_{下}e_{下}}{W_{上}} + \frac{M_{min}}{W_{上}} \geqslant 0 \tag{2-3-12}$$

$$\sigma_{下} = \frac{N_{上}}{A} - \frac{N_{上}e_{上}}{W_{下}} + \frac{N_{下}}{A} + \frac{N_{下}e_{下}}{W_{下}} - \frac{M_{min}}{W_{下}} \leqslant [R_a] \tag{2-3-13}$$

在大量的设计工作与计算分析中，主梁就强度而言，在使用阶段主要是进行抗裂性验算，压应力一般不控制，因而根据式（2-3-11）与式（2-3-12）可求出预应力束筋最小根数 $n_{上}$、$n_{下}$：

$$\left.\begin{array}{l} n_{上} \geqslant \dfrac{-M_{min}(K_{上}+e_{下})-M_{max}(K_{下}-e_{下})}{(K_{上}+K_{下})(e_{上}+e_{下})R_y A_y} \\[2mm] n_{下} \geqslant \dfrac{M_{max}(K_{下}+e_{上})+M_{min}(K_{上}-e_{上})}{(K_{上}+K_{下})(e_{上}+e_{下})R_y A_y} \end{array}\right\} \tag{2-3-14}$$

事实上，在配置各截面的束筋数时，受客观条件影响不可能完全按计算值安排，若有时配置较多，但也不能超过一定值，由式（2-3-10）与式（2-3-13）可求出容许最大配束数：

$$\left.\begin{array}{l}n_{上} \leqslant \dfrac{-M_{\max}(K_{上}+e_{下})-M_{\min}(K_{下}-e_{下})+e_{下}(W_{上}+W_{下})[R_{a}]}{(K_{上}+K_{下})(e_{上}+e_{下})R_{y}A_{y}} \\ n_{下} \leqslant \dfrac{M_{\min}(K_{下}+e_{上})+M_{\max}(K_{上}-e_{上})+e_{上}(W_{上}+W_{下})[R_{a}]}{(K_{上}+K_{下})(e_{上}+e_{下})R_{y}A_{y}}\end{array}\right\} \quad (2\text{-}3\text{-}15)$$

在某种特定条件下，需要调整束数。当截面承受负弯矩时，如果截面下部多配$m'_{下}$根束，则上部束也要相应增配$m'_{上}$根，才能满足$\sigma_{上} \geqslant 0$的条件。同理，在承受正弯矩时，如果上部束多配$m'_{上}$根，则下部束也应相应增配$m'_{下}$根，其关系如下。

当承受$M_{\min}$时：

$$m'_{上} = \dfrac{e_{下}-K_{下}}{K_{下}+e_{上}} m'_{下} \quad (2\text{-}3\text{-}16)$$

当承受$M_{\max}$时：

$$m'_{下} = \dfrac{e_{上}-K_{上}}{K_{上}+e_{下}} m'_{上} \quad (2\text{-}3\text{-}17)$$

以上式中：$A_y$——单根预应力束筋面积；

$R_y$——束筋有效预应力；

$[R_a]$——混凝土容许承压应力；

$e_{上}、e_{下}$——束筋对截面形心轴的偏心距；

$M_{\max}、M_{\min}$——截面承受的正、负弯矩（或最大弯矩与最小弯矩）；

$W_{上}、W_{下}$——截面上、下边缘的截面模量；

$K_{上}、K_{下}$——截面上、下核心距；

$A$——主梁混凝土面积。

由内力包络图 2-3-11 和图 2-3-12 可以看到，静定结构梁桥中，除悬臂梁桥锚固孔局部区段外，一般不出现双向弯矩；相反，超静定连续体系梁桥在梁的许多区段出现双向弯矩。在推导式（2-3-16）和式（2-3-17）过程中，未计入预加应力的次内力，故理论上讲，上述公式不能用于超静定连续体系梁桥，但实践证实，对同时配有正、负弯矩索的连续梁桥，预应力的次内力占的比例比较小，因此，可用上述公式作为超静定连续体系梁桥初次估束之用。

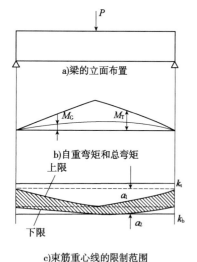

图 2-3-13 简支梁束界图

## 二、束界

根据主梁的最大设计内力包络图，可以对各截面进行配束计算。但在实际设计中，因构造或施工要求，配束往往需作调整，有时为降低结构次内力而对配束作移动。为了减少反复验算的工作量，可以利用束界布束。图 2-3-13 所示为简支梁的束界，束界是借用了截面核心距的物理概念。当预加力作用在上核心时，截面下缘就不出现拉应力；作用在下核心时，截面上缘不出现拉应力。因而在支点因无外载弯矩，束筋布置的界限可从上核心至下核心之间。但在跨中，因主梁可能承受最大弯矩$M_T$（恒、活载弯矩）或最小弯矩$M_G$（恒载弯矩），则束筋布置的上限是必须保证预加力$N$有足够的偏心距$a_1$来抵消$M_T$，下限是预加力$N$在$M_G$作用下所能具有的最大偏心距$a_2$，即：

$$a_1 = \frac{M_T}{N} \text{（与截面上核心间的偏心距）}$$
$$a_2 = \frac{M_G}{N} \text{（与截面下核心间的偏心距）}$$
(2-3-18)

上、下限之间阴影部分即是预应力束筋的束界。预应力束筋布置在这界限之内，即保证了主梁上、下缘不出现拉应力的控制条件。如果主梁上、下缘以不超过某一容许拉应力为控制，按同样原理也可得出索界的表达式。

图 2-3-14 为悬臂梁的束界图。悬臂梁主梁各截面可能承受的设计内力为：$M_G$、$M_{max}$（$M_G + M_{Pmax}$）、$M_{min}$（$M_G + M_{Pmin}$）三种情况，因此，预应力束筋的界限由这三个弯矩图按 $M/N$ 的比例缩小叠置而得中间阴影部分。必须注意，同图 2-3-13，在支点或外载弯矩零点处，束界必是从截面上核心至下核心之间。如图 2-3-14f)所示，这三条界限线为：

$$e'_1 = \frac{M_G}{N} \text{（与截面上核心间的偏心距）}$$
$$e_1 = \frac{M_{max}}{N} \text{（与截面上核心间的偏心距）}$$
$$e_2 = \frac{M_{min}}{N} \text{（与截面下核心间的偏心距）}$$
(2-3-19)

图 2-3-15 为连续梁边孔的束界，它同悬臂梁锚孔部分束界有相似之处，也由三条界限线组成 $a_G \approx e'_i, a_{max} \approx e_1, a_{min} \approx e_2$。然而，在连续梁中布束后，有预加力的结构次内力存在，束筋重心线在界限内并不等于预加力压力线在束界内。所以，在预应力混凝土梁或超静定结构体系中，先初步将束筋重心线布置在束界以内，然后再求出预加力引起的结构次内力，求出预应力束筋的压力线位置，检查其是否在束界内。如没有满足，则需要作局部调整，直至使预加力压力线在索界内。对连续束尚可作线性位移，使预应力束筋合理布置于结构中。

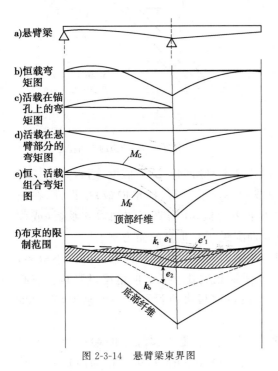

图 2-3-14 悬臂梁束界图

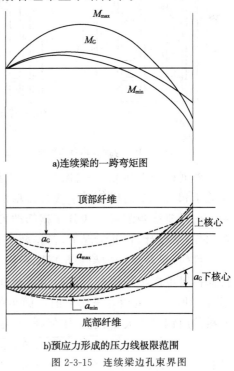

图 2-3-15 连续梁边孔束界图

## 第四节 桥面板计算

### 一、桥面板的分类

钢筋混凝土和预应力混凝土肋梁桥的桥面板(也称行车道板),是直接承受车辆轮压的承重结构,在构造上它通常与主梁的梁肋和横隔梁(或横隔板)整体相连,这样既能将车辆活载传给主梁,又是主梁截面的组成部分,并保证了主梁的整体作用。桥面板一般用钢筋混凝土制造,对于跨度较大的桥面板也可施加横向预应力,做成预应力混凝土板。

从结构形式上看,对于具有主梁和横隔梁的简单梁格系[图 2-3-16a)]以及具有主梁、横梁和内纵梁的复杂梁格系[图 2-3-16b)],桥面板实际上都是周边支承的板。

从承受荷载的特点来看,当板中央作用一竖向荷载 $P$ 时,虽然此荷载会向相互垂直的两对支承边传递,但当支承跨径 $l_a$ 和 $l_b$ 不相同时,由于板沿 $l_a$ 和 $l_b$ 跨径的相对刚度不同,将使向两个方向所传递的荷载也不相等。根据弹性薄板理论的研究,对于四边简支的板,当板的长边与短边之比($l_a/l_b$)接近 2 时,荷载值的绝大部分将沿板的短跨方向传递,沿长跨方向传递的荷载将不足 6%。$l_a/l_b$ 之比值越大,向 $l_a$ 跨径方向传递的荷载就越少。为了简明起见,读者只要应用一般的力学原理对图 2-3-17 所示在荷载 $P$ 作用下的十字形梁进行简单的受力分析,即求出 $P_a$ 和 $P_b$,就不难领会上述概念的基本道理。

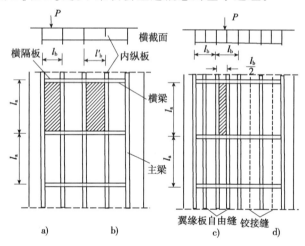

图 2-3-16 梁格系构造和桥面板的支承形式

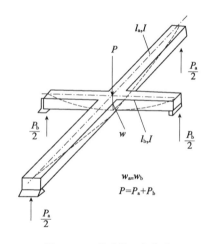

图 2-3-17 荷载的双向传递

根据板的上述受力特性,并考虑钢筋混凝土结构计算本身所固有的近似性,通常只把长宽比等于和大于 2 的周边支承板视作单由短跨承受荷载的单向受力板(即单向板)来设计,在长跨方向只要适当配置一些分布钢筋即可;对长宽比小于 2 的板,才需真正按周边支承板(或称双向板)来设计,在此情况下,需按两个方向的内力分别配置相互垂直的受力钢筋。

目前,梁桥设计的趋势是横隔板稀疏布置,因此,主梁的间距往往比横隔板的间距小得多,桥面板属单向板的居多。有时也会遇到桥面板两个支承跨径之比小于 2 的情况,例如:在空心墩 T 形刚架桥墩顶 0 号块上的桥面板等,对此就必须按双向板进行设计。一般来说,双向桥面板的用钢量较大,构造也较复杂,宜尽量少用。

对于常见 $l_a/l_b \geq 2$ 的 T 形梁桥,也可遇到两种情形。其一是当翼缘板的端边为自由边[图 2-3-16c)]时,鉴于类似于前面所分析的原因,实际是三边支承的板,可以作为沿短跨一端嵌固,而另一端为自由端的悬臂板来分析。另一种是相邻翼缘板在端部互相做成铰接接缝的构造[图 2-3-16d)],在此情况下,桥面板应按一端嵌固一端铰接的铰接悬臂板进行计算。

综上所述,在实践中可能遇到的桥面板受力图式为梁式单向板、悬臂板、铰接悬臂板和双向板等几种,下面将分别阐明它们的计算方法。

## 二、车轮荷载在板上的分布

作用在桥面上的车轮压力,通过桥面铺装层扩散分布在钢筋混凝土板面上,由于板的计算跨径相对于轮压的分布宽度来说,相差不是很大,故计算时应较精确地将轮压作为分布荷载来处理,这样做,既避免了较大的计算误差,也能节约桥面板的材料用量。

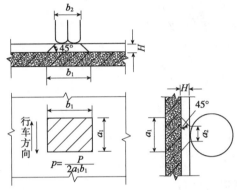

图 2-3-18 车辆荷载在板面上的分布

富于弹性的充气车轮与桥面的接触面实际上接近于椭圆,而且荷载又要通过铺装层扩散分布,可见,车轮压力在桥面板上的实际分布形状是很复杂的。然而,为了计算方便起见,通常又近似地把车轮与桥面的接触面看作是 $a_2 \times b_2$ 的矩形面积。此处,$a_2$ 是车轮(或履带)沿行车方向的着地长度,$b_2$ 为车轮(或履带)的宽度,如图 2-3-18 所示。各级荷载的 $a_2$ 和 $b_2$ 值可从《公路桥涵设计通用规范》(JTG D60—2015)中查得。至于荷载在铺装层内的扩散程度,根据试验研究,对于混凝土或沥青面层,荷载可以偏安全地假定呈 45°角扩散。

因此,桥梁规范中规定,最后作用于钢筋混凝土承重板上的矩形压力面的边长为:

$$\left.\begin{array}{ll} 沿纵向 & a_1 = a_2 + 2H \\ 沿横向 & b_1 = b_2 + 2H \end{array}\right\} \tag{2-3-20}$$

式中:$H$——铺装层的厚度。

顺便指出,国外(如德国)对于钢筋混凝土承重板采用较大的压力面边长,即:

$$\left.\begin{array}{l} a'_1 = a_2 + 2H + t \\ b'_1 = b_2 + 2H + t \end{array}\right\} \tag{2-3-21}$$

式中:$t$——钢筋混凝土板的厚度。

据此,当汽车列车中一个加重车的后轮作用于桥面板上时,其局部分布的荷载强度为:

$$p = \frac{P}{2a_1 b_1} \tag{2-3-22}$$

式中:$P$——加重车后轴的轴重。

## 三、桥面板的有效工作宽度

众所周知,板在局部分布荷载 $p$ 的作用下,不仅直接承压部分(例如宽度为 $a_1$)的板带参与工作,与其相邻的部分板带也会分担一部分荷载共同参与工作。因此,在桥面板的计算中,就需要确定所谓板的有效工作宽度,或称荷载的有效分布宽度。下面分单向板和悬臂板来阐明板的有效工作宽度的概念和计算方法。

1. 单向板

图 2-3-19 所示为一块跨径为 $l$、宽度较大的梁式桥面板,板中央作用着局部分布荷载,其

分布面积为 $a_1 \times b_1$。显然,从图中可知,板除了沿计算跨径 $x$ 方向产生挠曲变形 $w_x$ 外,在 $y$ 方向也必然发生挠曲变形 $w_y$。这说明,在荷载作用下,不仅宽度 $a_1$ 的板条受力,其邻近的板也参与工作,共同承受车轮荷载所产生的弯矩。图 2-3-19a)中还示出了沿 $y$ 方向板条所分担弯矩 $m_x$ 的分布图形,在荷载中心处板条负担的弯矩最大,达到 $m_{x\max}$,离荷载越远的板条,所承受的弯矩就越小。

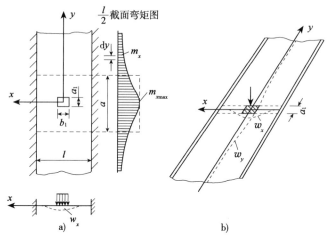

图 2-3-19 桥面板的受力状态

现设想以 $a \times m_{x\max}$ 的矩形来替代实际的曲线分布图形,也即:

$$a \times m_{x\max} = \int m_x \mathrm{d}y = M \tag{2-3-23}$$

则得弯矩图形的换算宽度为:

$$a = \frac{M}{m_{x\max}} \tag{2-3-24}$$

式中:$M$——车轮荷载产生的跨中总弯矩;

$m_{x\max}$——荷载中心处的最大单宽弯矩值,可按弹性薄板的理论求得。

上式中的 $a$ 就定义为板的有效工作宽度,以此板宽来承受车轮荷载产生的总弯矩,既满足弯矩最大值的要求,计算起来也十分方便。

图 2-3-20 所示为跨径为 $l$ 的宽板在不同支承条件、不同荷载性质以及不同荷载位置情况下,随承压面大小变化的有效工作宽度与跨径的比值 $a/l$(图中数值是按 $a_1=b_1$ 算得的)。从图中可以看出,两边固结的板的有效工作宽度要比简支的小 30%~40%,全跨满布条形荷载的有效分布宽度也比局部分布的荷载小些。另外,荷载越靠近支承边时,其有效工作宽度也越小。

考虑实际上 $a_1/l$ 之比值不会很小,而且桥面板属于弹性固结支承,因此,为了计算方便起见,桥梁规范中对于梁式单向板的荷载有效分布宽度作了如下的规定。

1)荷载位于板的中央地带

对于单独一个车轮荷载[图 2-3-21a)]:

$$a = a_1 + \frac{l}{3} = a_2 + 2H + \frac{l}{3} \geqslant \frac{2}{3}l \tag{2-3-25}$$

对于几个靠近的相同荷载,如按上式计算所得各相邻荷载的有效分布宽度发生重叠时,应按相邻靠近的几个荷载一起计算其有效分布宽度[图 2-3-21b)]:

$$a = a_1 + d + \frac{l}{3} = a_2 + 2H + d + \frac{l}{3} \geq \frac{2}{3}l + d \quad (2\text{-}3\text{-}26)$$

式中：$d$——最外两个荷载的中心距离，如果只有相邻两个荷载一起计算时，$d$ 往往就是加重车后轮的轴距。

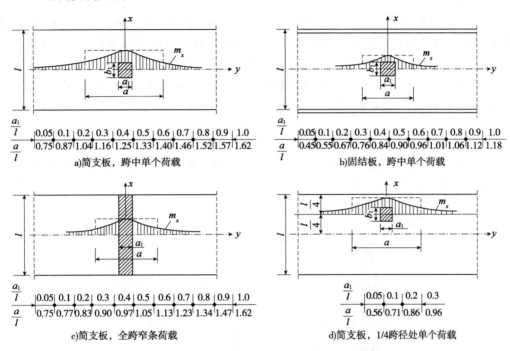

图 2-3-20　根据最大弯矩按矩形换算的有效工作宽度 $a$

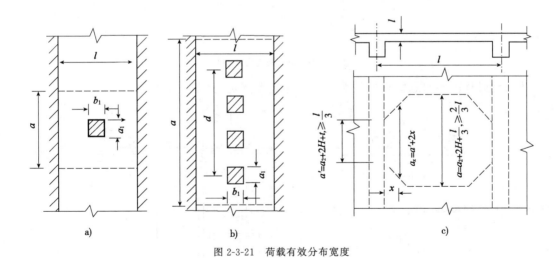

图 2-3-21　荷载有效分布宽度

2）荷载位于板的支承处

$$a' = a_1 + t = a_2 + 2H + t \geq \frac{l}{3} \quad (2\text{-}3\text{-}27)$$

式中：$t$——板的厚度。

3）荷载位于靠近板的支承处

$$a_x = a' + 2x \quad (2\text{-}3\text{-}28)$$

式中：$x$——荷载离支承边缘的距离。

这就是说，荷载从支点处向跨中移动时，相应的有效分布宽度可近似地按 45°线过渡。根据以上规定，对于任意荷载位置时梁式单向板的有效分布宽度图形如图 2-3-21c)所示。

2. 悬臂板

悬臂板在荷载作用下，除了直接承受荷载的板条(宽度为 $a_1$)外，相邻板条也发生挠曲变形[见图 2-3-22b)中的 $w_y$]而分担部分弯矩。悬臂根部沿 $y$ 方向各板条的弯矩分布如图 2-3-22a)中 $m_x$ 所示。根据弹性薄板的理论分析，当板端作用集中力为 $P$ 时，在荷载中心处的根部最大负弯矩为 $m_{x\min} \approx -0.465P$，而此时荷载所引起的总弯矩为 $M_0 = -Pl_0$。因此，按最大负弯矩值换算的有效工作宽度为：

$$a = \frac{M_0}{M_{x\min}} = \frac{-Pl_0}{-0.465P} = 2.15l_0$$

由此可见，悬臂板的有效工作宽度接近于 2 倍悬臂长度，也就是说，荷载可近似地按 45°角向悬臂板支承处分布[图 2-3-22a)]。

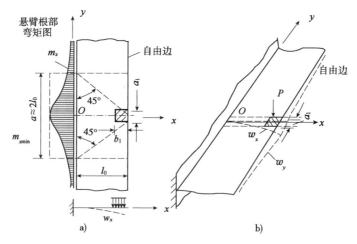

图 2-3-22　悬臂板受力状态❶

我国桥梁规范中对悬臂板的活载有效分布宽度规定为(图 2-3-23)：

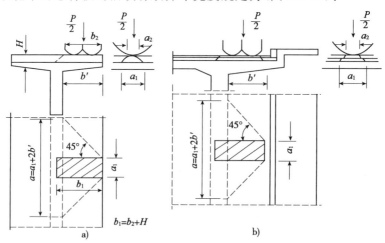

图 2-3-23　悬臂板的有效工作宽度

---

❶　箱梁截面的悬臂板跨径过大时(一般 3m)，板在荷载下的受力状态较复杂，在一些专著中有详细的论述。

$$a = a_1 + 2b' = a_2 + 2H + 2b' \tag{2-3-29}$$

式中：$b'$——承重板上荷载压力面外侧边缘至悬臂根部的距离。

对于分布荷载位于板边的最不利情况，$b'$就等于悬臂板的跨径$l_0$，于是：

$$a = a_1 + 2l_0 \tag{2-3-30}$$

对于履带荷载的情形，鉴于履带与桥面接触的长度较大，故不管是单向板还是悬臂板，通常都忽略荷载压力面以外的板条参与工作，不论荷载在跨中或支点处，均取1m宽板条按实际荷载强度$p$进行计算（图2-3-24）。

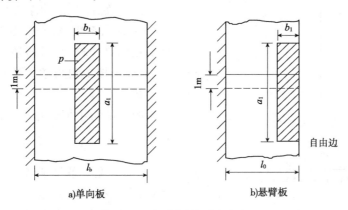

图 2-3-24 履带荷载的分布宽度

### 四、桥面板内力的计算

对于实体的矩形截面桥面板，一般均由弯矩控制设计。设计时，习惯上以每米宽的板条来进行计算比较方便。对于梁式单向板或悬臂板，只要借助板的有效工作宽度，就不难得到作用在每米宽板条上的荷载和其引起的弯矩。对于双向板，除可按弹性理论进行分析外，在工程实践中常用简化的计算方法或现成的图表来计算。

1. 多跨连续单向板的内力

常见的桥面板实质上是一个支承在一系列弹性支承上的多跨连续板。此外，板与梁肋系整体相连的。由此可见，各根主梁的不均匀弹性下沉和梁肋本身的扭转刚度必然会影响桥面板的内力，所以桥面板的实际受力情况是相当复杂的。目前，通常采用较简便的近似方法进行计算。对于弯矩，先算出一个跨度相同的简支板在恒载和活载作用下的跨中弯矩$M_0$，再乘以偏安全的经验系数加以修正，以求得支点处和跨中截面的设计弯矩。弯矩修正系数可视板厚$t$与梁肋高度$h$的比值来选用。

当$t/h < 1/4$时（即主梁抗扭能力较大）：

$$\left. \begin{array}{l} \text{跨中弯矩} \quad M_c = +0.5M_0 \\ \text{支点弯矩} \quad M_s = -0.7M_0 \end{array} \right\} \tag{2-3-31}$$

当$t/h \geqslant 1/4$时（即主梁抗扭能力较小）：

$$\left. \begin{array}{l} \text{跨中弯矩} \quad M_c = +0.7M_0 \\ \text{支点弯矩} \quad M_s = -0.7M_0 \end{array} \right\} \tag{2-3-32}$$

式中：$M_0$——按简支板计算而得的荷载组合内力。

其中，汽车荷载在1m宽简支板条中所产生的跨中弯矩$M_{0p}$[图2-3-25a)]为：

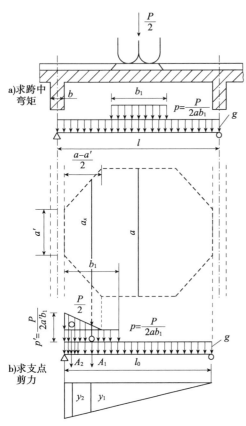

$$M_{0p} = (1+\mu)\frac{P}{8a}\left(l - \frac{b_1}{2}\right) \quad (2\text{-}3\text{-}33)$$

式中：$P$——加重车后轴的轴重；
$a$——板的有效工作宽度；
$l$——板的计算跨径，当梁肋宽度较小时（如窄肋T形梁）就取梁肋中距；当主梁肋部宽度较大时（如箱形梁肋），可取梁肋间的净距和板厚，即 $l = l_0 + t \leqslant l_0 + b$，此处 $l_0$ 为板的净跨径，$b$ 为梁肋宽度；
$1+\mu$——冲击系数，对于桥面板通常为1.3。

如遇板的跨径较大，可能还有第二个车轮进入跨径内，对此可按工程力学方法将荷载布置得使跨中弯矩为最大。

每米板宽的跨中恒载弯矩可由下式计算：

$$M_{0g} = \frac{1}{8}gl^2 \quad (2\text{-}3\text{-}34)$$

式中：$g$——1m宽板条每延米的恒载重量。

注意，在进行截面强度验算时，桥面板有效高度须根据《公路钢筋混凝土及预应力混凝土桥涵设计规范》(JTG D62)的有关条文取用。

当需要计算单向板的支点剪力时，可不考虑板

图2-3-25 单向板内力计算图式

和主梁的弹性固结作用，此时荷载必须尽量靠近梁肋边缘布置。考虑了相应的有效工作宽度后，每米板宽承受的分布荷载如图2-3-25b)所示。对于跨径内只有一个车轮荷载的情况，支点剪力 $Q_s$ 的计算公式为：

$$Q_s = \frac{gl_0}{2} + (1+\mu)(A_1 y_1 + A_2 y_2) \quad (2\text{-}3\text{-}35)$$

其中，矩形部分荷载的合力为：

$$A_1 = pb_1 = \frac{P}{2ab_1}b_1 = \frac{P}{2a} \quad (2\text{-}3\text{-}36)$$

三角形部分荷载的合力为：

$$A_2 = \frac{1}{2}(p'-p)\cdot\frac{1}{2}(a-a') = \frac{P}{8aa'b_1}(a-a')^2 \quad (2\text{-}3\text{-}37)$$

式中：$p$、$p'$——对应于有效工作宽度 $a$ 和 $a'$ 处的荷载强度；
$y_1$、$y_2$——对应于荷载合力 $A_1$ 和 $A_2$ 的支点剪力影响线竖标值；
$l_0$——板的净跨径。

如跨径内不止一个车轮进入时，尚应计及其他车轮的影响。

2. 悬臂板的内力

对于相邻翼缘板沿板互相做成铰接的桥面板，计算悬臂根部活载弯矩 $M_{sp}$ 时，最不利的荷载位置是把车轮荷载对中布置在铰接处。因此，每米宽板条的活载弯矩为[图2-3-26a)]：

$$M_{sp} = -(1+\mu)\frac{P}{4a}\left(l_0 - \frac{b_1}{4}\right) \tag{2-3-38}$$

每米板宽的恒载弯矩为：

$$M_{sg} = -\frac{1}{2}gl_0^2 \tag{2-3-39}$$

式中：$l_0$——铰接悬臂的净跨径。

最后得每米板宽的支点最大负弯矩为：

$$M_s = M_{sp} + M_{sg} \tag{2-3-40}$$

悬臂根部的剪力可以偏安全地按一般悬臂板的图式来计算，此处不再赘述。

对于沿板边纵缝不相连接的自由悬臂板，在计算根部最大弯矩时，应将车轮荷载靠板的边缘布置，此时 $b_1 = b_2 + H$，如图 2-3-26b)所示，在此情况下：

活载弯矩

$$\left.\begin{array}{l} M_{sp} = -(1+\mu)\cdot\dfrac{1}{2}pl_0^2 = -(1+\mu)\dfrac{P}{4ab_1}l_0^2 \quad (b_1 \geqslant l_0) \\[2mm] M_{sp} = -(1+\mu)\cdot pb_1\left(l_0 - \dfrac{b_1}{2}\right) = -(1+\mu)\dfrac{P}{2a}\left(l_0 - \dfrac{b_1}{2}\right) \quad (b_1 < l_0) \end{array}\right\} \tag{2-3-41}$$

恒载弯矩

$$M_{sg} = -\frac{1}{2}gl_0^2$$

最后得 1m 宽板条的最大设计弯矩为：

$$M_s = M_{sp} + M_{sg}$$

剪力计算从略。

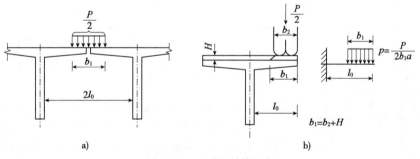

图 2-3-26 悬臂板计算图式

必须注意，以上所有活载内力的计算公式都是对于轮重为 $P/2$ 的汽车荷载推得的，对于挂车荷载可将轮重换成 $P/4$，对于履带荷载可将 $P/2a$ 置换为每条履带每延米的荷载强度，并均不计冲击影响，这样就可得到相应活载的内力计算公式。

**五、行车道板的计算举例**

**例 2-3-1** 计算图 2-3-27 所示 T 梁翼板所构成铰接悬臂板的设计内力。桥面铺装为 2cm 厚的沥青混凝土面层（重度为 23kN/m³）和平均厚 9cm 的 C25 混凝土底层（重度为 24kN/m³）。T 梁翼板钢筋混凝土的重度为 25kN/m³。

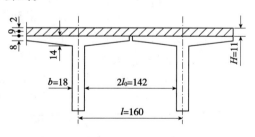

图 2-3-27 铰接悬臂行车道板(尺寸单位：cm)

1. 恒载内力(以纵向1m宽的板条进行计算)

(1)每延米板上的恒载$g$

沥青混凝土面层：
$$g_1 = 0.02 \times 1.0 \times 23 = 0.46 (kN/m)$$

C25混凝土底层：
$$g_2 = 0.09 \times 1.0 \times 24 = 2.16 (kN/m)$$

T梁翼板自重：
$$g_3 = \frac{0.08+0.14}{2} \times 1.0 \times 25 = 2.75 (kN/m)$$

合计：
$$g = \sum g_i = 5.37 (kN/m)$$

(2)每米宽板条的恒载内力

弯矩：
$$M_{sg} = -\frac{1}{2} g l_0^2 = -\frac{1}{2} \times 5.37 \times 0.71^2 = -1.35 (kN \cdot m)$$

剪力：
$$Q_{sg} = g l_0 = 5.37 \times 0.71 = 3.81 (kN)$$

2. 活载内力

(1)铰接板桥面板计算

根据《公路桥涵设计通用规范》(JTG D60—2015)规定,局部加载选用车辆荷载。规范中表4.3.1-2规定,车辆荷载前轮着地长度及宽度为0.2m×0.3m,中、后轮着地尺寸为0.2m×0.6m,则板上荷载压力面的边长为：

前轮
$$a_1 = a_2 + 2H = 0.20 + 2 \times 0.11 = 0.42 (m)$$
$$b_1 = b_2 + 2H = 0.30 + 2 \times 0.11 = 0.52 (m)$$

中、后轮
$$a_1 = a_2 + 2H = 0.20 + 2 \times 0.11 = 0.42 (m)$$
$$b_1 = b_2 + 2H = 0.60 + 2 \times 0.11 = 0.82 (m)$$

规范中给出了车辆荷载的立面和平面尺寸,纵向而言,前轮与中轮前轴距离为3.0m,中轮后轴与后轮前轴距离为7.0m,中轮和后轮的前后轴之间的距离均为1.4m;横向而言,同一车辆两个车轮之间的距离为1.8m,并行车辆两车轮间最近距离为1.3m。

根据图2-3-28,计算车辆荷载对于悬臂根部的有效分布宽度。

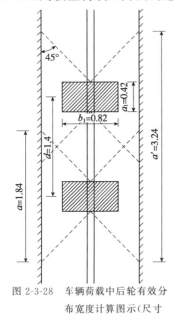

图2-3-28 车辆荷载中后轮有效分布宽度计算图示(尺寸单位:m)

前轮
$$a = a_1 + 2l_0 = 0.42 + 2 \times 0.71 = 1.84 (m) < 3.0 (m)$$

中、后轮
$$a = a_1 + 2l_0 = 0.42 + 2 \times 0.71 = 1.84 (m) > 1.4 (m)$$

由此可知,中、后轮的纵向有效分布宽度存在重叠部分,计算重叠后的有效分布宽度为：

$$a' = a_1 + d + 2l_0 = 0.42 + 1.4 + 2 \times 0.71 = 3.24 (\text{m})$$

横向而言,布置在铰接缝中央的车轮中心距最近车轮边缘的距离为:

$$b = 1.3 - 0.5b_1 = 1.3 - 0.5 \times 0.82 = 0.89(\text{m}) > l_0 = 0.71(\text{m})$$

所以,在铰接桥面板的单跨计算中,车轮作用在横向上没有产生叠加效应。

根据《公路桥涵设计通用规范》(JTG D60—2015),车辆荷载的中轮轴重为 120kN,后轮轴重为 140kN,取较为不利的后轮轴重进行加载,则由式(2-3-38)可求得每米宽板条上,车辆荷载作用于悬臂根部的弯矩标准值为:

$$M_{sp1k} = -\frac{P}{4a}\left(l_0 - \frac{b_1}{4}\right) = -\frac{140}{4 \times 3.24} \times \left(0.71 - \frac{0.82}{4}\right) = -5.45(\text{kN} \cdot \text{m})$$

车辆荷载冲击作用的弯矩标准值为:

$$M_{sp2k} = \mu M_{sp1k} = -0.3 \times 5.45 = -1.64(\text{kN} \cdot \text{m})$$

每米宽板条上车辆荷载作用的剪力标准值为:

$$Q_{sp1k} = \frac{P}{4a} = \frac{140}{4 \times 3.24} = 10.80(\text{kN})$$

每米宽板条上车辆荷载冲击作用的剪力标准值为:

$$Q_{sp2k} = \mu Q_{sp1k} = 0.3 \times 10.80 = 3.24(\text{kN})$$

(2)外挑悬臂板桥面板计算

车辆荷载对于外挑悬臂板根部的有效分布宽度与前一致,但弯矩和剪力标准值的计算不同,计算图示如图 2-3-29 所示。

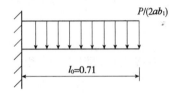

图 2-3-29 悬臂板荷载效应计算图示
(尺寸单位:m)

根据式(2-3-41),由于车辆荷载后轮对应的压力面宽度 $b_1 = b_2 + H = 0.60 + 0.11 = 0.71(\text{m}) = l_0 = 0.71(\text{m})$,所以对应每米宽板条上,车辆荷载作用于外挑悬臂根部的弯矩标准值为:

$$M_{sp1k} = -\frac{P}{4ab_1} \cdot l_0^2 = -\frac{140}{4 \times 3.24 \times 0.71} \times 0.71^2 = -7.67(\text{kN} \cdot \text{m})$$

车辆荷载冲击作用的弯矩标准值为:

$$M_{sp2k} = \mu M_{sp1k} = -0.3 \times 7.67 = -2.30(\text{kN} \cdot \text{m})$$

每米宽板条上车辆荷载作用的剪力标准值为:

$$Q_{sp1k} = \frac{P}{2ab_1}l_0 = \frac{140 \times 0.71}{2 \times 3.24 \times 0.71} = 21.60(\text{kN})$$

每米宽板条上车辆荷载冲击作用的剪力标准值为:

$$Q_{sp2k} = \mu Q_{sp1k} = 0.3 \times 21.60 = 6.48(\text{kN})$$

3. 荷载组合

根据《公路桥涵设计通用规范》(JTG D60—2015)的规定,分别对桥面板进行承载能力极限状态设计和正常使用极限状态设计,并进行不同的作用效应组合。

(1)承载能力极限状态设计

算例中未考虑偶然作用,因此不进行偶然组合,仅进行基本组合,其中结构重要度系数取 1.0,永久作用效应分项系数取 1.2,因采用车辆荷载进行计算,汽车荷载效应分项系数取 1.8,则有:

铰接板悬臂根部弯矩组合

$$M_{ud} = \gamma_{G1}M_{sg} + \gamma_{Q1}(M_{sp1k} + M_{sp2k})$$

$$=-1.2\times 1.35-1.8\times(5.45+1.64)$$
$$=-14.38(\mathrm{kN\cdot m})$$

铰接板悬臂根部剪力组合

$$Q_{ud}=\gamma_{G1}Q_{sg}+\gamma_{Q1}(Q_{sp1k}+Q_{sp2k})$$
$$=1.2\times 3.81+1.8\times(10.8+3.24)=29.84(\mathrm{kN})$$

外挑悬臂根部弯矩组合

$$M_{ud}=\gamma_{G1}M_{sg}+\gamma_{Q1}(M_{sp1k}+M_{sp2k})$$
$$=-1.2\times 1.35-1.8\times(7.67+2.30)$$
$$=-19.57(\mathrm{kN\cdot m})$$

外挑悬臂根部剪力组合

$$Q_{ud}=\gamma_{G1}Q_{sg}+\gamma_{Q1}(Q_{sp1k}+Q_{sp2k})$$
$$=1.2\times 3.81+1.8\times(21.60+6.48)=55.12(\mathrm{kN})$$

(2) 正常使用极限状态设计

在不考虑汽车荷载外的其他可变作用的前提下,频遇组合的效应设计值显然大于准永久组合,仅选用频遇组合进行计算,其中汽车荷载(不计冲击力)的频遇值系数取 0.7,则有:

铰接板悬臂根部弯矩组合:
$$M_{sd}=M_{sg}+\psi_{f1}M_{sp1k}=-1.35-0.7\times 5.45$$
$$=-5.16(\mathrm{kN\cdot m})$$

铰接板悬臂根部剪力组合:
$$Q_{sd}=Q_{sg}+\psi_{f1}Q_{sp1k}=3.81+0.7\times 10.80=11.37(\mathrm{kN})$$

外挑悬臂根部弯矩组合:
$$M_{sd}=M_{sg}+\psi_{f1}M_{sp1k}=-1.35-0.7\times 7.67=-6.72(\mathrm{kN\cdot m})$$

外挑悬臂根部剪力组合:
$$Q_{sd}=Q_{sg}+\psi_{f1}Q_{sp1k}=3.81+0.7\times 21.60=18.93(\mathrm{kN})$$

有了控制设计的计算内力,就可按钢筋混凝土或预应力混凝土结构设计原理和方法来设计板内的钢筋和进行相应的验算。

## 第五节 结构挠度及预拱度计算

设计一座钢筋混凝土或预应力混凝土梁桥,在正常使用极限状态设计过程时,除了要按作用短期效应组合进行正截面和斜截面抗裂验算外,还需按作用短期效应组合并考虑长期效应影响进行裂缝宽度验算和挠度验算。

进行挠度验算的目的在于确保结构有足够的刚度,避免因变形(挠度)过大而影响高速行车和导致桥面铺装层等结构的辅助设备破损,甚至危及桥梁的安全。广义的恒载包括结构自重、桥面铺装和附属设备的重量、预应力、混凝土徐变和收缩作用等,它们是长久存在的。恒载和作用力所产生的挠度与持续的时间相关,还可区分为短期挠度和长期挠度。活载挠度则是临时出现的,在最不利的荷载位置下,达到最大值,随着活载的移动,挠度逐渐减小,一旦活载驶离桥梁,挠度就告消失。

《公路钢筋混凝土及预应力混凝土桥涵设计规范》(JTG D62—2004)中规定,对于钢筋混凝土及预应力混凝土受弯构件,在按照作用短期效应组合及规范中第 6.5.2 条给出的刚度公式计算所得的挠度值,乘以挠度长期增长系数后,得到的长期挠度值,在消除结构自重产生的长期挠度后梁式桥主梁的最大挠度处不应超过计算跨径的 1/600；梁式桥主梁的悬臂端不应超过悬臂长度的 1/300。

恒载挠度并不表征结构的刚度特性，它不难通过施工时预设的反向挠度，俗称预拱度，来加以抵消，使竣工后的桥梁达到理想的设计线形。

《公路钢筋混凝土及预应力混凝土桥涵设计规范》(JTG D62—2004)中规定，对于钢筋混凝土受弯构件，当由荷载短期效应组合并考虑荷载长期效应影响产生的长期挠度不超过计算跨径的 1/1 600 时，可不设预拱度，当不满足这一条件时，需设预拱度，其大小取按结构自重和 1/2 可变荷载频遇值计算所得的竖向挠度值，这意味着在常遇荷载情况下桥面基本上接近直线状态；对于预应力混凝土受弯构件，当预加应力产生的长期反拱值大于按荷载短期效应组合计算的长期挠度时，可不设预拱度，当不满足这一条件时，需设预拱度，其大小按上述长期挠度值与预加应力长期反拱值之差采用。

由上述可见，无论是结构的刚度验算或是预拱度的计算，都要求计算结构的变形。用结构力学方法计算结构变形是很困难的，特别是超静定变截面结构，故一般均采用桥梁程序实现。下面对三种常遇情况，阐明其变形的计算原理。

### 一、钢筋混凝土梁桥的变形计算

钢筋混凝土受弯构件的恒载和活载挠度，可用熟知的结构力学方法计算，一般不必考虑混凝土徐变和收缩的影响。但当恒载占全部荷载的大部分(例如在 70% 以上)时，则以考虑混凝土徐变影响为宜。

以跨长为 $l$ 的简支梁为例，其跨中挠度为：

$$f = \frac{5}{48} \cdot \frac{ML^2}{B} \tag{2-3-42}$$

式中：$M$——可变荷载作用下跨中弯矩值；

$L$——计算跨径；

$B$——受弯构件的刚度，其计算方法参见《公路钢筋混凝土及预应力混凝土桥涵设计规范》(JTG D62—2004)。

跨径中点的预拱度通常取：

$$\Delta = -\left(f_g + \frac{1}{2}f\right) \tag{2-3-43}$$

对于简支梁，常常用矢高为 $\Delta$ 的二次抛物线来设置全梁的预拱度。对于一般小跨径的钢筋混凝土梁桥，当由恒载和静活载计算所得的挠度不超过 $l/1\,600$ 时，可以不设预拱度。

对钢筋混凝土悬臂梁桥和连续梁桥，因为是变截面梁或是超静定梁，用结构力学方法来计算挠度比较烦琐，设计人员已使用不多，但上面简支梁挠度计算的原理及截面刚度的取用原则仍然适用。

### 二、预应力混凝土梁桥的变形计算

预应力构件由于应用了高强度材料，一般做得比钢筋混凝土构件更为细巧，可以用于很大的跨度，对此，挠曲变形的问题需要特别注意。

与钢筋混凝土梁的情况相反，对于那些按全预应力而不是按部分预应力设计的构件，恒载(广义的)往往引起向上的挠度，或称上挠度。这种挠度甚至会由于混凝土徐变作用而与时俱增。特别是跨度较大的装配式预应力 T 梁,预张拉阶段,梁自重很小,而预应力值很大,可产生很大的上挠度,而且上挠值随张拉龄期不同有较大的差异,这里有徐变的影响,更有混凝土弹性模量 $E_n$ 随时间变化的影响。因此,设计施工中必须慎重地确定梁的反挠度和控制各片梁的初张拉龄期;否则,依靠桥面铺装层是无法调整的,由此而造成桥面纵横断面不平顺,影响到车辆高速行驶及桥面排水。因此,设计者应结合荷载产生的向下挠度和合理控制预加应力来避免产生过大的上拱度。

另外,预应力混凝土构件由于全截面(无裂缝)或接近全截面(裂缝开展受严格控制)参与工作,其成桥后的结构刚度往往比钢筋混凝土桥大得多,一般可不必验算其挠度。然而为了设置预拱度的需要,或者为了掌握梁体在各工作阶段的变形情况,也要计算其各工作阶段的挠度值。

结构自重和其他恒载以及活载所产生的挠度,可像任何其他受弯构件一样来计算。下面着重阐明预应力所引起挠度的计算原理和实用的近似计算方法。

考虑预应力混凝土构件的受力特性,可以将任意时刻 $t$ 时的挠度表示成:

$$f_{P_t} = -f_{P_i} + \Delta f_{1t} - \Delta f_{2t} \tag{2-3-44}$$

式中:$f_{P_i}$——初始预张拉力 $P_i$ 作用引起的短期挠度;

$\Delta f_{1t}$——迄至时刻 $t$ 时相应于由松弛、收缩和徐变引起的预应力损失所导致的挠度改变;

$\Delta f_{2t}$——在迄至时刻 $t$ 的持续压力作用下由于混凝土徐变产生的挠度改变。

第一项 $f_{P_i}$ 不难用共轭梁法、等效荷载法等熟知的计算方法来求得。例如,对于具有抛物线形预应力筋的预应力混凝土简支梁(图 2-3-30),在初始张拉力 $P_i$ 作用下的跨中短期挠度为:

$$f_{P_i} = -\frac{1}{2} \times \frac{2}{3} \times \frac{P_i e}{EI} \times l \times \left(\frac{l}{2} - \frac{3}{8} \times \frac{l}{2}\right) = -\frac{5}{48} \frac{P_i e l^2}{EI}$$

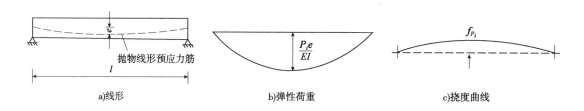

图 2-3-30 预张拉产生的挠度

图 2-3-31 中汇总了常用的配筋情况以供参考。对于其他较复杂体系的情况,还可应用等效荷载法查阅有关参考手册来确定预应力挠度。

对于非分段浇筑或分段拼装的桥梁(分段施工的情况在下小节中阐述),重要的是张拉初始阶段的短期挠度和使用中的一种或几种荷载组合作用下的长期挠度,此时预张拉力因发生损失而减小至 $P_e$,而且由于持续荷载作用下的混凝土徐变而使挠度发生变化。

考虑在正常条件下构件的自重直接与初始预张拉相叠合,故构件在预张拉作用下的实际挠度为:

$$f_s = -f_{P_i} + f_{g_1} \tag{2-3-45}$$

式中:$f_{g_1}$——张拉时参与作用的构件自重 $g_1$ 产生的挠度。

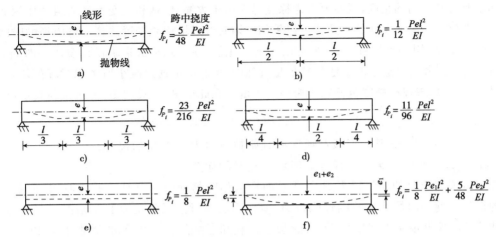

图 2-3-31 对于各种预应力筋线形的预应力挠度

对于长期挠度,在大部分情况下可以足够精确地将式(2-3-45)重新近似表示成:

$$f_{P_1} = -f_{P_i} + (f_{P_i} - f_{P_e}) - \frac{f_{P_i} + f_{P_e}}{2}\varphi(t,\tau) \tag{2-3-46}$$

式中:$f_{P_e}$——由于应力损失发生后的预张拉力 $P_e$ 所引起的挠度值;

$\varphi(t,\tau)$——加载龄期等于 $\tau$ 至龄期 $t$ 时的徐变系数,其值可按规范或试验曲线确定。

上式中主要的近似处是:徐变是在不变的预张拉力作用下发生的,该力等于初始值与最终值的平均值。

式(2-3-46)还可简化为:

$$f_{P_1} = -f_{P_e} - \frac{f_{P_i} + f_{P_e}}{2}\varphi(t,\tau) \tag{2-3-47}$$

式中第一项不难按比例求得:

$$f_{P_e} = f_{P_i}\frac{P_e}{P_i} \tag{2-3-48}$$

由于自重产生的长期挠度也会因徐变而发生变化,并且可以将瞬时值乘以徐变系数来求得。因此,在应力损失和徐变发生后,当有效预张拉力和自重作用时构件的总挠度为:

$$f'_1 = -f_{P_e} - \frac{f_{P_i} + f_{P_e}}{2}\varphi(t,\tau) + f_{g_1}[1+\varphi(t,\tau)] \tag{2-3-49}$$

如果再加上由于附加恒载 $g_2$ 产生的挠度 $f_{g_2}$(忽略加载龄期的差异)以及活载引起的瞬时挠度 $f_P$,则得全部使用荷载下的总挠度为:

$$f_1 = -f_{P_e} - \frac{f_{P_i} + f_{P_e}}{2}\varphi(t,\tau) + (f_{g_1} + f_{g_2})[1+\varphi(t,\tau)] + f_P \tag{2-3-50}$$

对于预应力混凝土受弯构件,当计算弹性挠度时,截面刚度采用 $E_h I_h$(不开裂的情况)或 $0.85 E_h I_0$(开裂的情况),视具体情况而定,$E_h$、$I_h$ 和 $I_0$ 的含义同前。

以上是仅根据初始阶段的预张拉力 $P_i$ 和全部与时间相关的损失发生后最终阶段的预张拉力 $P_e$ 来计算预应力挠度的近似方法,其中以很近似的方式处理了与时间相关的挠度变化。

如果要得到更高的精度,就需要考虑徐变是在由于收缩、松弛和徐变本身的组合作用而逐渐减小的预张拉力作用下发展的。这就可以采用所谓时段递增法来进行计算。将历经的时间划分成一系列时段$\Delta t$,实际计算各时段内发生的递增变化值,并用总和法来求得任意历经时间$t$时的预应力挠度。这种逐步逼近的方法虽然仍是近似的,但它能够通过减小所考虑时段的步长,从而增加时段的数量,来提高精度至任意所希望的程度。在此情况下,式(2-3-50)可重新表示成:

$$f_{P_t} = -f_{P_e} - \sum_0^t [\varphi(t_n,\tau) - \varphi(t_{n-1},\tau)] f_{P_{n-1}} \quad (2-3-51)$$

式中: $f_{P_{n-1}}$——某一时段起始时的预张拉应力$P_{n-1}$产生的挠度;

$\varphi(t_{n-1},\tau), \varphi(t_n,\tau)$——某一时段起始时和终止时的徐变系数。

任一时段终止时的预张拉力$P_n$等于该时段起始时的预张拉力$P_{n-1}$减去收缩、徐变和松弛产生的损失。前一时段终止时的预张拉力,就作为后一时段预张拉力的起始值。与前面式(2-3-50)相类似,求得预应力挠度后,就可叠加上恒载和活载的长期挠度和瞬时挠度,以获得所研究荷载阶段的总挠度。

尚须指出,利用式(2-3-51)计算时,必要的话还可以计及混凝土弹性模量$E_h$随时间的变化。

对预应力混凝土简支梁全梁的预拱度计算,可参照上面钢筋混凝土简支梁的方法,对预应力悬臂梁和连续梁桥预拱度的计算将放在后面阐述。

### 三、节段法施工时结构的挠度计算

施工过程中所产生的挠度,将涉及梁体自重、预应力、混凝土徐变、施工荷载等的作用。鉴于施工挠度和许多不定因素有关(例如各段混凝土间材料性能、加载龄期、温度及养护条件等方面的差异,各段的工期也很难准确估计),并由于施工中荷载随时间的变化以及梁体截面组成也随施工进程中预应力筋的增多而发生变化等,故要精确计算施工挠度是非常困难的。下面以图2-3-32a)所示变截面的悬臂梁为例,采用共轭梁(虚梁)法说明考虑混凝土徐变影响的施工挠度计算原理。

图2-3-32b)中示出了由于荷载、预应力等所产生的弯矩$M$而引起作用在虚梁上的弹性荷载图形。由此可得任意截面$x_j$处的挠度,其表达式为:

$$f_j = \sum_{i=1}^{j} \frac{M_i}{E_i I_i}(x_j - \xi_i) d_i, i \leqslant j \quad (2-3-52)$$

式中:$M_i$——第$i$段梁段的弯矩平均值,可近似地取该段始末截面弯矩之算术平均值;

$I_i$——第$i$段梁段的截面惯性矩,可近似地取该段始末截面惯性矩之算术平均值。

式(2-3-52)实际上就是每一梁段的平均挠曲角对挠度所做贡献的总和,见图2-3-33中的变形曲线。同时也不难知道,引起某梁段平均挠曲角的弯矩也是由该段本身以及其后逐段施工加载(包括预加应力)所产生弯矩的总和。例如:在施工完毕后梁段①的总弯矩$M^{①}$可表示为(图2-3-33):

$$M^{①} = M_1^{①} + M_2^{①} + M_3^{①} + \cdots + M_i^{①} + \cdots + M_n^{①} = \sum_{i=1}^{n} M_i^{①}$$

式中:$M_1^{①}$、$M_2^{①}$、$M_3^{①}\cdots$——梁段①、②、③…施工时贡献给梁段①中点截面处的弯矩。

下面就来阐明悬臂施工中计及不同加载龄期和随时间变化徐变影响的挠度计算问题。

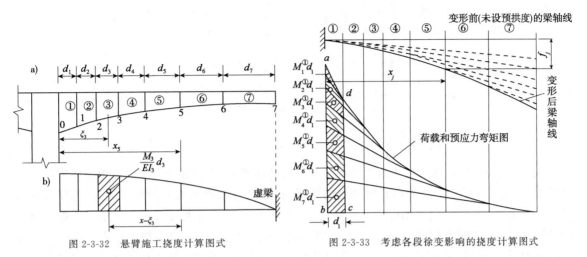

图 2-3-32 悬臂施工挠度计算图式　　图 2-3-33 考虑各段徐变影响的挠度计算图式

设梁段①加载时混凝土龄期为 $\tau$，相应的弹性模量为 $E_1$，则考虑徐变影响时，在龄期为 $t$ 时梁段①对 $x_j$ 截面处总挠度所做的贡献为：

$$\frac{M_1^①}{E_1 I_1}(x_j - \xi_1) d_1 [1 + \varphi(t, \tau)]$$

式中：$\varphi(t, \tau)$ 的意义同前。

由梁段②的荷载以及此时施加的预应力在梁段①截面 $\xi_1$ 处产生的弯矩为 $M_2^①$，相应的弹性荷载为 $M_2 d_1/(E_2 I_1)$，则龄期为 $t$ 时它对 $x_j$ 截面处总挠度所做的贡献为：

$$\frac{M_2^①}{E_2 I_1}(x_j - \xi_1) d_1 [1 + \varphi(t, 2\tau)]$$

式中，鉴于梁段②加载时其自身的混凝土龄期仍为 $\tau$，则此时梁段①的混凝土龄期应是 $2\tau$，相应的弹性模量为 $E_2$。

由此可得，第 $j$ 号梁段施工完毕后龄期为 $t$ 时，梁段①的变形对 $x_j$ 截面处挠度的总贡献为：

$$\frac{(x_j - \xi_1) d_1}{I_1} \sum_{i=1}^{j} \frac{M_i^①}{E_i}[1 + \varphi(t, i\tau)]$$

同理，梁段②的荷载以及施加的预应力在自身截面 $\xi_2$ 处产生的弯矩为 $M_2^②$，则在时刻 $t$，即梁段②的历时为 $t - \tau$ 时，单由梁段②自身的变形对 $x_j$ 截面处挠度所做的贡献为：

$$\frac{M_2^②}{E_1 I_2}(x_j - \xi_2) d_2 [1 + \varphi(t - \tau, \tau)]$$

注意，此时梁段②的混凝土弹性模量应为 $E_1$。

由于梁段③的施工引起梁段②在 $\xi_2$ 处的弯矩为 $M_3^②$，则不难推得它所引起梁段②的变形在时刻 $t$ 时对 $x_j$ 截面处挠度所做的贡献为：

$$\frac{M_3^②}{E_2 I_2}(x_j - \xi_2) d_2 [1 + \varphi(t - \tau, 2\tau)]$$

因此，第 $j$ 号梁段施工完毕后，时刻 $t$ 时，梁段②的变形对 $x_j$ 截面处挠度的总贡献为：

$$\frac{(x_j - \xi_2) d_2}{I_2} \sum_{i=1}^{j-1} \frac{M_{i+1}^②}{E_i}[1 + \varphi(t - \tau, i\tau)]$$

用同样的原理可写出梁段③、④、…、⑦的变形（平均挠曲角）分别对 $j$ 截面处挠度所做贡献的表达式。最后可得梁段①混凝土龄期为 $t$ 时，由梁段①至梁段⑦各段上的荷载以及各阶段施加的预应力作用所产生 $x_j$ 截面处的总挠度为（设每一梁段的施工周期均为 $\tau$ 天）：

$$f_j = \frac{(x_j - \xi_1)d_1}{I_1} \sum_{i=1}^{j} \frac{M_i^{①}}{E_i}[1 + \varphi(t, i\tau)] + \frac{(x_j - \xi_2)d_2}{I_2} \sum_{i=1}^{j-1} \frac{M_{i+1}^{②}}{E_i}[1 +$$

$$\varphi(t-\tau, i\tau)] + \frac{(x_j - \xi_3)d_3}{I_3} \sum_{i=1}^{j-2} \frac{M_{i+2}^{③}}{E_i}[1 + \varphi(t-2\tau, i\tau)] + \cdots +$$

$$\frac{(x_j - \xi_r)d_r}{I_r} \sum_{i=1}^{j-(r-1)} \frac{M_{i+(r-1)}^{ⓡ}}{E_i}\{1 + \varphi[t-(r-1)\tau, i\tau]\} + \cdots +$$

$$\frac{(x_j - \xi_j)d_j}{I_j E_1} \cdot M_i^{ⓙ}\{1 + \varphi[t-(j-1)\tau, \tau]\}$$

(2-3-53)

式(2-3-53)不但计入了施工过程中各个梁段的龄期差异,而且还考虑了混凝土弹性模量随时间的变化。但应注意,为了能得到较精确的结果,在计算各阶段预施应力所引起的弯矩时,也应计入所考虑时刻 $t$ 时相应的预应力损失值。上式可用来计算任意梁段 ⓙ 施工完毕时的端点挠度(此时 $t = j \times \tau$),当悬臂梁共分成 $n$ 段时,悬臂端的挠度可代入 $j = n$ 来求得。如要计算已施工梁段 ⓙ 之前任一截面 $x_r$ $(r < j)$ 处的挠度,则只要取式(2-3-53)中的前 $r$ 项之和,并应将 $x_j$ 换成 $x_r$。

对节段法施工的其他桥型,特别在施工过程中有体系转换的超静定桥梁,用共轭梁法计算挠度是极其困难的,也没有实用意义,但上述在节段法施工过程中,计入各个梁段混凝土龄期差异的徐变和混凝土弹性模量对挠度影响的基本原理是相同的。

### 四、节段法施工时结构的预拱度设置

#### 1. 预拱度的设置

不论是整跨施工还是节段法施工,设置预拱度的目的是相同的,要清除施工中由于广义恒载及临时荷载(施工设备)产生的挠曲变形,使竣工后的桥梁达到设计的线形,但在预拱度设置上又有根本区别。

下面用一个简单实例来阐明逐段施工时各段端点预拱度的设置方法。图 2-3-34 示出悬臂梁分成四个节段悬臂施工时,各施工阶段可能发生的挠度变化情况。假定节段①按水平位置施工时,由于节段本身自重和张拉预应力筋引起的端点挠度为 -5mm;当节段②与节段①对准施工(无相对转角),节段②端点会有初挠度 -11mm,待节段②施工完毕时,节段②和①的端点将相应产生的挠度为 5mm 和 1mm。依此类推,最后当节段④施工完毕时,悬臂梁各点的最终挠度如图 2-3-34 所示。为了简明起见,图中以折线代替实际的挠度曲线。

由此可见,若各节段在施工中相互之间不设一定的预拱度,则最终的挠曲线不可能恢复到设定的直线,但如按图 2-3-35 中所示的曲线设置各节段端点的预拱度进行施工,就可使施工完毕时达到理想的悬臂梁线形。实际做法是:在施工中使各节段间预设微小的相对转角 $-\alpha_1$、$-\alpha_2$、$-\alpha_3$ 和 $-\alpha_4$,或者相对预拱度 $y_{0-1}$、$y_{1-2}$、$y_{2-3}$ 和 $y_{3-4}$ 来实现(图 2-3-34 和图 2-3-35)。例如:节段①在悬臂施工时预设反向角 $-\alpha_1$,也即其端点设预拱度 -9mm;节段②施工时,使之与节段①构成相对转角 $-\alpha_2$,也即在端点设置相对预拱度 $y_{1-2} = -4$mm;以此类推。从图 2-3-35 的表内还可看出,各节段施工完毕时,相应悬臂梁的实际线形。

#### 2. 倒退分析法确定预拱度值

以上仅介绍了悬臂施工各阶段为抵消节段自重和预张拉引起挠度而设置预拱度的问题。在实际计算预拱度时,应考虑施工中和竣工后的各种挠度,如:

(1)在混凝土重量作用下,挂篮本身的结构挠度,此值可由计算并通过工地试吊的实测数据校核确定。

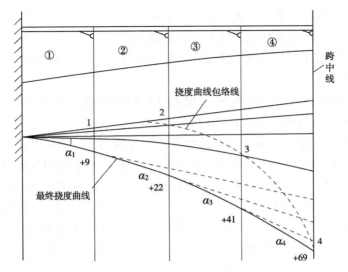

| 浇筑和张拉节段 | 竖向挠度(mm) | | | |
|---|---|---|---|---|
| 节段① | −5 | (−11) | (−17) | (−23) |
| 节段② | 1 | 5 | (9) | (13) |
| 节段③ | 5 | 10 | 20 | (30) |
| 节段④ | 8 | 18 | 29 | 49 |
| 总挠度 | +9 | +22 | +41 | +69 |

注：挠度向下为正。括号中的数字为按照切线拼装计算时，前面节段施工时引起的未施工节段的虚拟位移。

图 2-3-34　每一施工阶段由于梁重和张拉引起的挠度

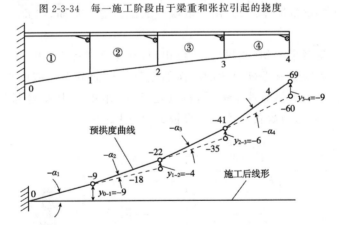

| | | | | | |
|---|---|---|---|---|---|
| 节段① | 相对预拱度 | (−9) | (−18) | (−27) | (−36) |
| | 加载和张拉 | −5 | (−11) | (−17) | (−23) |
| | 总计 | −14 | (−29) | (−44) | (−59) |
| 节段② | 相对预拱度 | 0 | (−4) | (−8) | (−12) |
| | 加载和张拉 | +1 | +5 | (+9) | (+13) |
| | 总计 | −13 | −28 | (−43) | (−58) |
| 节段③ | 相对预拱度 | 0 | 0 | (−6) | (−12) |
| | 加载和张拉 | 5 | 10 | 20 | (+30) |
| | 总计 | −8 | −18 | −29 | (−40) |
| 节段④ | 相对预拱度 | 0 | 0 | 0 | (−9) |
| | 加载和张拉 | +8 | +18 | +29 | +49 |
| | 总计 | 0 | 0 | 0 | 0 |

图 2-3-35　逐段施工时相对预拱度的设置方法

(2)逐段施工时,混凝土悬臂的挠度。

(3)各悬臂在施工后,移去挂篮和施工设备的挠度。

(4)挂梁(对于静定 T 形刚架桥)引起的挠度或相邻悬臂连接段及结构体系变化(对于连续结构)引起的挠度。

(5)其他恒载(如缘石、栏杆、路面、市政设施等)和活载引起的短期和长期挠度。

(6)桥墩压缩和基础沉陷等引起的短期和长期挠度。

对于大跨径梁桥,还要计入各节段加载龄期差异对混凝土收缩徐变的影响,因而预拱度的确定远比上例要复杂得多。目前,国内外借助电子计算机和桥梁专用程序,从理想的成桥状态(一般取竣工后 3 年)出发,按建桥施工步骤逆向操作一直到 0 号节段,计算出各节段混凝土浇筑前的施工高程,如将成桥状态各相应节段的高程设为零,则计算所得各阶段的施工高程即为相应预拱度的绝对值。仍以图 2-3-35 悬臂梁为例(不计施工设备模板重量),成桥后各节段高程设为零,第一步拆除第④节段,则第④节段端点(节点 4)处的挠度为 $-49\text{mm}$,其他 $1\sim3$ 节点挠度分别为 $-8\text{mm}$、$-18\text{mm}$、$-29\text{mm}$。

第二步拆除第③节段,则节点 $1\sim3$ 的挠度为 $-13\text{mm}$、$-28\text{mm}$ 及 $-49\text{mm}$。以此类推,直到拆除第一节段为止,相应各施工的挠度即为该阶段的预拱度值。倒退分析法不仅为复杂的桥梁施工过程给出每一施工阶段的预拱度,而且可以检查各个阶段构件的应力状态,控制整个施工过程。

## 第六节　牛 腿 计 算

对于不但具有凹角形状,而且截面高度显著减小的牛腿结构,其工作条件比正常形状构件的工作条件要不利得多。理论计算和模型试验证明,凹角形的牛腿在荷载作用下会出现很大的局部应力。对于钢筋混凝土结构,由于混凝土的抗拉能力很弱,因此必须特别仔细地设计悬臂梁的牛腿。

挂梁的肋数与悬臂梁梁肋(或腹板)片数相同,且相互对齐设置时,各根挂梁的反力可直接传给悬臂梁承受。此时悬臂端部设置的端横隔板只起横向分布荷载的作用,本身不承受局部荷载引起的弯矩。对多数悬臂体系梁桥,特别是 T 形刚构桥,其悬臂部分是由箱形截面梁组成。一般情况下,挂梁的肋数要多于箱梁腹板数,如图 2-3-36 所示。

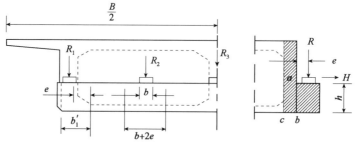

图 2-3-36　悬臂端横梁的受力图式

此时,由悬臂端部的端横梁和箱梁端横隔板组成 L 形截面的牛腿横梁来传递挂梁支点反力。牛腿横梁将承受由挂梁支点反力引起的局部弯矩。

通常所谓牛腿的计算,包括非腹板部位及腹板部位的牛腿计算和牛腿横梁计算三部分,实质上是对预先设计好的牛腿尺寸和配筋进行强度验算。

1. 非腹板部位牛腿计算

非腹板部位牛腿受力图式见图 2-3-37,可近似按悬臂板来计算,其有效工作宽度为 $b+2e$,

验算垂直截面 $a\text{-}b$，其高度为 $h$。恒载分两部分：牛腿悬臂部分宽度为 $b+2e$，高度为 $h$ 的自重荷载；挂梁及相应的桥面铺装恒载反力，作为集中荷载作用于力 $R$ 处。可变荷载包括车辆荷载、汽车制动力与支座摩阻力。车辆荷载为作用在挂梁上的车列在纵横向布置使该支座反力最大时的反力值。汽车制动力与支座摩阻力均为作用于支座顶面的水平力，根据桥规，这两种荷载不同时参加组合。

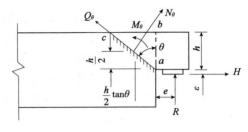

图 2-3-37　牛腿受力图式

2. 牛腿端横梁计算

（1）当悬臂梁梁肋与挂梁肋相互对齐设置时，此时端横隔板参与各梁肋间荷载横向分布，其计算方法可采用第四章有关横梁计算的方法。

（2）当悬臂梁腹板与挂梁梁肋不能相互对齐时，需要牛腿横梁传递挂梁支点反力，此时，牛腿横梁按照支承在箱梁腹板上的连续梁来计算，其梁截面采用图 2-3-36 中阴影所示的 L 形截面。作用在梁牛腿横梁上的恒载包括两部分：横梁的自重荷载，按均布荷载计算；挂梁及桥面铺装的恒载，可由挂梁恒载反力给出，按集中荷载计算。活载的内力比较复杂，作用在挂梁上的车辆纵向位置，可按挂梁支点反力最大来确定；车辆横向位置与所验算的牛腿横梁截面有关，需要根据计算截面的弯矩影响线，按桥梁规范规定的车辆横向布置的容许间距，使计算截面弯矩最大来确定车辆排列的横向位置。根据所确定的车辆纵横向位置，计算出各挂梁的活载反力值，作为集中荷载作用于牛腿横梁上，得出计算截面的活载内力。不难看出，为横梁配筋需要，应给出横梁的内力包络图。因此，计算截面必须根据绘制内力包络图的需要来确定。

L 形截面梁的配筋计算可参照 T 形截面梁，但 L 形截面是不对称的。因此，截面中伴随着扭矩存在，故在构造上需采取相应的措施。

牛腿横梁在水平方向受箱梁顶底板的限制，水平荷载在横梁中的横向弯矩很小，故无须验算。

3. 腹板部位牛腿计算

（1）牛腿的截面内力

图 2-3-37 示出挂梁牛腿的受力图式（悬臂端牛腿的受力情况也一样）。由于梁高在牛腿根部突然缩小，必然在内角点 $a$ 附近引起应力集中，因此，牛腿就可能从 $a$ 点开始沿某一截面开裂破损。从图 2-3-37 可见，虽然竖直截面 $a\text{-}b$ 高度最小，必须予以验算，但是仅这样还不能保证其他截面的强度安全。因为对于任意斜截面 $a\text{-}c$ 来说，虽然截面增大了，但作用于其上的内力也随之增大。为此，在计算中尚应寻找其最弱斜截面进行验算。

如图 2-3-37 所示，在竖向反力 $R$ 和水平力 $H$ 作用下，在任意斜截面 $a\text{-}c$ 上的内力可按静力平衡方程求得：

$$\left.\begin{aligned} N_\theta &= R\sin\theta + H\cos\theta \\ Q_\theta &= R\cos\theta - H\sin\theta \\ M_\theta &= R\left(e+\frac{h}{2}\tan\theta\right) + H\left(\frac{h}{2}+\varepsilon\right) \end{aligned}\right\} \tag{2-3-54}$$

式中：$R$——恒载和活载支点反力，悬臂梁肋与挂梁肋相互对齐时，指挂梁支点反力；腹板挂梁肋错开时，指牛腿横梁的支点反力，对于汽车活载应计入冲击力；

$H$——活载制动力或温度变化引起的支座摩阻力,取其大者;当不计其他可变荷载时(对于荷载的主要组合),$H=0$;

$\theta$——斜截面对竖直面的倾斜角;对于竖直面 $a$-$b$,则 $\theta=0$;

$\varepsilon$——支座垫板高出牛腿底面的高度。

已知截面内力后,就可对各种危险截面进行强度校核。

(2)竖截面 $a$-$b$ 的验算

作用于竖截面 $a$-$b$ 上的内力为:

$$N_{\theta=0} = H, Q_{\theta=0} = R, M_{\theta=0} = Re + H\left(\frac{h}{2}+\varepsilon\right)$$

据此,可按钢筋混凝土偏心受拉杆件验算抗弯和抗剪强度。当不计其他可变荷载时,$N_{\theta=0}=0$,就按受弯杆件验算强度。对于布置预应力筋的牛腿,则应按预应力混凝土构件验算其强度。

(3)45°斜截面的抗拉验算

在牛腿钢筋设计中,为了确保钢筋具有足够的抗拉强度,尚需补充验算假设混凝土沿45°斜截面开裂后的受力状态,此时全部斜拉力将由钢筋承受(对于预应力混凝土牛腿包括预应力筋)。从图 2-3-38 所示受力图式的分析,可得外力 $R$ 作用下斜截面上总斜拉力为:

$$Z = \frac{R}{\cos 45°}$$

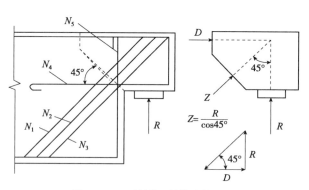

图 2-3-38　45°斜截面抗拉验算图式

近似按轴心受拉构件验算,就应满足强度条件:

$$KZ \leqslant R_g\left(\sum A_{gW} + \sum A_{gH}\cos 45° + \sum A_{gV}\cos 45°\right)$$

式中:　　$K$——钢筋混凝土轴心受拉构件强度安全系数;

$R_g$——钢筋抗拉计算强度;

$\sum A_{gW}$——裂缝截面上所有斜筋的截面积,如图 2-3-38 中 $N_1$、$N_2$ 和 $N_3$ 钢筋的总截面积;

$\sum A_{gH}\cos 45°$——裂缝截面上所有水平钢筋(如图 2-3-38 中 $N_4$)的有效截面积;

$\sum A_{gV}\cos 45°$——裂缝截面上所有竖向钢筋(如图 2-3-38 中 $N_5$)的有效截面积。

对于同时配置有预应力筋的牛腿,在强度验算中尚应根据预应力筋的实际倾角计及它们的有效截面积所发挥的抗拉作用。

尚应注意,锚固长度不够的竖向钢筋和离裂缝起点(牛腿内角点)较远的斜钢筋,这些钢筋均受力不大,故在计算时可偏安全地不计它们的抗拉作用。

总之,鉴于牛腿是整根梁的薄弱环节,受力情况复杂,各种验算也带有相当的近似性,故对于斜筋和钢筋的设计应适当富余一些,而且在牛腿部分还应布置较密的箍筋和纵向水平钢筋。

诚然,必要时还可应用有限元分析法或模型试验方法来求得较精确的内力分布情况,以保证这一薄弱部位具有足够的安全度。

(4)最弱斜截面验算

最弱斜截面是指荷载作用下近似地假设按纯混凝土截面计算时,其边缘拉应力为最大的一个截面。为了确定该斜截面的倾角 $\theta$,先写出任意斜截面边缘拉应力的表达式:

$$\sigma_\theta = \frac{N_\theta}{A_\theta} + \frac{M_\theta}{W_\theta} \tag{2-3-55}$$

式中:$N_\theta$、$M_\theta$——同式(2-3-54);

$A_\theta$、$W_\theta$——斜截面纯混凝土面积和截面模量,若牛腿截面的计算宽度为 $b_1$,则:

$$\left. \begin{array}{l} A_\theta = b_1 \dfrac{h}{\cos\theta} \\[2mm] W_\theta = \dfrac{1}{6} \cdot b_1 \left( \dfrac{h}{\cos\theta} \right)^2 \end{array} \right\} \tag{2-3-56}$$

不难看出,式(2-3-55)中各项都是与倾斜角 $\theta$ 相关的函数。因此,根据求极值的原理,只要将式(2-3-54)和式(2-3-56)中各项代入式(2-3-55),并求导使 $\dfrac{\mathrm{d}\sigma_\theta}{\mathrm{d}\theta} = 0$,就可求得 $\sigma_\theta$ 为最大时斜截面倾斜角 $\theta$ 的正切表达式,即:

$$\tan 2\theta = \frac{2Rh}{3Re + 3H\varepsilon + 2Hh} \tag{2-3-57}$$

如不计其他可变荷载 $H$,而只有 $R$ 作用时,最弱斜截面倾斜角 $\theta$ 可简化为:

$$\tan 2\theta = \frac{2h}{3e} \tag{2-3-58}$$

对于牛腿部位尚有预应力筋的情况,如图 2-3-39a)所示,在确定任意斜截面 a-c 上的内力时,尚应计入预应力筋 $N_2$、$N_3$ 和 $N_4$ 的预压力合力 $N_y$ 的作用。例如图 2-3-39b)所示,已知 $N_y$ 的大小(在使用阶段应考虑有效预压力)和方向($N_2$、$N_3$ 和 $N_4$ 的重心线方向)后,就可计算 $N_y$ 所引起的内力。由图 2-3-39c)即可求得预应力内力,即:

$$\left. \begin{array}{ll} \text{轴向力} & N_{\theta y} = -N_y \cos(\theta - \alpha) \\[2mm] \text{弯矩} & M_{\theta y} = -N_y \cos(\theta - \alpha)\left[ \dfrac{h}{2\cos\theta} - m\cos\theta - m\sin\theta \tan(\theta - \alpha) \right] \end{array} \right\} \tag{2-3-59}$$

依照上述求最大应力的方法,将式(2-3-59)与式(2-3-54)合并,并与式(2-3-56)一起代入式(2-3-55)后,经求导使 $\dfrac{\mathrm{d}\sigma_\theta}{\mathrm{d}\theta} = 0$,就得到预应力混凝土牛腿最弱斜截面的倾角 $\theta$ 为:

$$\tan 2\theta = \frac{2h(R - N_y \sin\alpha)}{3Re + H(2h + 3\varepsilon) - N_y \cos\alpha(2h - 3m)} \tag{2-3-60}$$

式中:$N_y$——牛腿部位预压力的合力;

$\alpha$——牛腿部位预压力合力 $N_y$ 对水平线的倾角;

$m$——牛腿部位预压力合力 $N_y$ 与内角竖直线 a-b[图 2-3-39b)、c)]的交点至内角点 a 的距离;

其余符号意义同前。

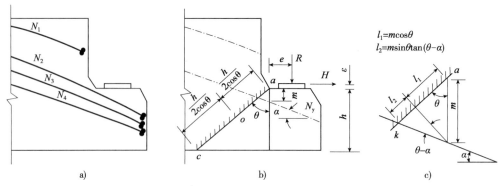

图 2-3-39 预应力混凝土牛腿的计算图式

求得最弱斜截面位置后,就可按偏心受拉构件验算此斜截面的强度。

根据国外一些牛腿计算和试验资料表明,预应力梁牛腿裂缝的方向几乎接近水平。在此情况下,设置竖向预应力筋或接近竖向的预应力斜筋更为有效。因此,当斜截面内切到这类预应力筋时,式(2-3-60)中还应进一步计入它们的影响。

# 第四章 梁桥实用空间理论分析

梁桥的桥跨结构由承重结构(主梁)及传力结构(横梁、桥面板等)两大部分组成。多片主梁(截面形式有板、Ⅰ形、T形或箱形)依靠横梁和桥面板连成空间整体结构。

由于结构的空间整体性,当桥上作用荷载 $P$ 时,各片主梁将共同参与工作,形成了各片主梁之间的内力分布。

每片主梁分布到的内力大小,随桥梁横截面的构造形式、荷载类型以及荷载在横向作用位置的不同而不同。梁桥的这种受力特性,实际上已属于空间结构的力学分析范畴。

由于计算机技术的高度发展,可以应用各种理论方法来分析计算空间结构在不同荷载作用下以及各种物理环境不同因素影响下的内力(或应力)分布状态。

早期采用的是梁格理论[图 2-4-1a)],主梁与横梁作为杆系相连,桥面板的整体作用简化分隔作为主横梁的翼板。

对于密排式主梁的结构也可采用板的理论来分析,即将主横梁刚度均摊在桥宽或桥长的方向,作为各向异性的薄板来分析结构受力状态[图 2-4-1b)]。

较精确的空间结构分析是采用有限元理论[图 2-4-1c)],将空间结构分成板、壳或其他单元连接成的整体结构。现今,可应用各种通用程序,如国外开发的 SAP2000、ANSYS、ADINA、ALGOR、LUSAS、Bridge 等,国内也开发了各种专用程序,如非线性因素、徐变、日照温差等。实际上,对梁式桥结构除一些特殊荷载或环境因素(如地震)外,一般结构内力计算也有采用近似理论的,即引入荷载横向分布系数——式(2-3-9)中的 $m_i$。因为早期有些桥梁如老式木桥、简易人行桥等,虽然在形式上是空间结构,但实际上从力学观点分析,却属于平面结构,它们的桥面板仅是简支在大梁上,或者是桥面板搁在横梁上,横梁再搁在主梁上。桥面板和横梁仅是传递荷载的局部构件,并非与主梁牢固连续共同承载。荷载通过桥面板和横梁传递给各主梁,形成了荷载的横向分布。

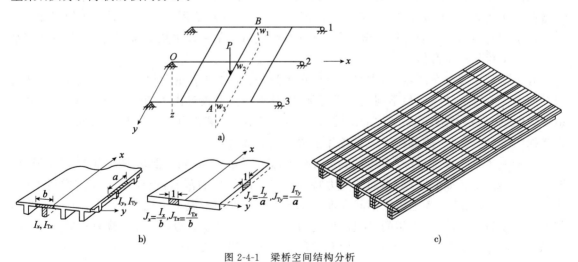

图 2-4-1 梁桥空间结构分析

图 2-4-2a)所示即为桥面板直接搁在Ⅰ字形主梁上的装配式梁桥。当桥上有车辆荷载作用时,很明显,作用在左边悬臂板上的轮重 $P_1/2$ 只传递至 1 号和 2 号梁,作用在中间简支板上

者只传给 2 号和 3 号梁,也就是板上的轮重 $P_1/2$ 各按简支梁反力的方式分配给左右两片主梁,而反力 $R_i$ 的大小只要利用简支板的静力平衡条件即可求得,这就是通常所谓的"杠杆原理"。如果主梁所支承的相邻两块板上都有荷载,则该梁所受的荷载是两个支承反力之和,如图 2-4-2b)中 2 号梁所受的荷载为 $R_2 = R'_2 + R''_2$。

为了求得主梁在横向分配到的最大荷载,首先应求得各片主梁的荷载横向影响线,此情况即为简支梁反力影响线,如图 2-4-2b)所示。

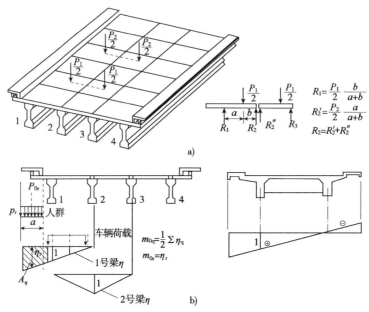

图 2-4-2 杠杆原理法的受力图式和横向分布系数

有了各片主梁的荷载横向影响线,就可根据不同活载按横向最不利位置排列,求得各片主梁分配到的横向荷载最大值为 $m_0 P$。在此,$m_0$ 表示主梁在横向分配到的最大荷载比例,称为荷载横向分布系数,脚码 0 表示用杠杆原理法计算。图 2-4-2 中表示了车辆荷载和人群荷载的横向分布系数 $m_{0q}$ 和 $m_{0r}$ 的计算表达式。图中,$P_{0r} = p_r \cdot a$,表示每延米人群荷载的强度。

由于横向传力系统的构造在全跨是相同的,因此对于某一片主梁而言,其荷载横向分布系数的值在全跨是一个常值。

有了荷载横向分布系数 $m$,主梁就可以按承受外荷载为 $mp$ 的单梁进行设计计算,即把荷载在内力影响线上按纵向最不利位置进行加载,计算最大的设计内力值。所以,实际上这种构造形式的梁桥还是属于平面结构的范畴,按杠杆原理法,计算得到的荷载横向分布系数 $m$,其含义很明确,它表示了荷载在横向对各片主梁分配的概念。

对于一座梁式板桥,或者多片主梁通过桥面板和横隔梁组成的梁桥[图 2-4-1b)]来说,情况就完全不同了。如前所述,它们的受力特性属于空间结构的范畴:当荷载 $p$ 作用在桥上时,由于结构的整体作用,各主横梁不同程度地都要产生挠曲而形成一个挠曲面,显示了结构变形与受力的空间性。因此,主梁的最大设计内力 $M(x \cdot y)$(弯矩)、$Q(x \cdot y)$(剪力)、$M_T(x \cdot y)$(扭矩)的计算属于空间理论问题,也即需求解结构内力影响面的问题。

根据梁的不同构造去选择空间结构的计算图式进行力学分析,求出各个截面位置的内力影响面,按最不利位置加载求出最大设计内力,这显然是十分烦琐的。但随着近代电子计算技术的迅猛发展,用有限元法精确地分析结构的受力,设计一座经济安全的梁桥已非难事,而且也已有了很多成熟的运算程序。然而,对于一个结构工程师,应具有定性分析和估算结构受力的能力,同时,还应具有对电子计算机给出的结果做出正确判断和分析的能力,而简化的实用近似方法就是一种十分有用的工具,受到广大桥梁工作者的欢迎。本章将着重介绍实用空间理论的基本原理及各种计算荷载横向分布系数的方法。

# 第一节 实用空间理论的基本原理

从 20 世纪 30 年代开始,国内外学者对梁桥空间结构的计算理论做了大量的试验研究,有的直接给出主、横梁内力影响面的图表供设计者查用,但其中大部分还是应用"荷载横向分布"这一概念,把空间计算问题合理地简化为平面问题来解决,也即空间理论的实用计算方法。下面通过一个示例来说明实用方法的计算原理。

## 一、示例

图 2-4-3 所示为一钢筋混凝土简支梁桥计算图式,$l=16$m,桥面宽度为净-4.6m+2×0.5m,单车道(行驶无加重车的原汽车—20 级车列),三片主梁,跨中和两端都设有横隔梁。求 1 号梁跨中截面的最大设计弯矩 $M_{max}$。

要求内力,首先要求出内力影响面,图 2-4-4 所示的是用梁格的力学模型(假定横梁的抗弯刚度相对主梁而言,可以看作无穷大)求得的 1 号梁跨中截面的弯矩影响面(影响面坐标的计算略)。

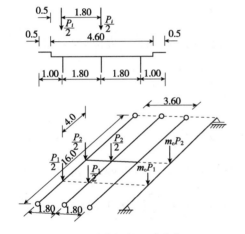

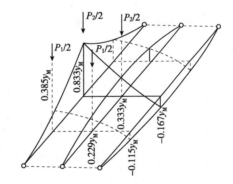

图 2-4-3 计算图式(尺寸单位:m)　　　图 2-4-4 1 号梁的跨中弯矩影响面

然后在影响面上按最不利位置进行加载,得 1 号梁跨中截面的最大弯矩为:

$$M_{max} = \frac{P_1}{2} \times 0.385 y_M + \frac{P_1}{2} \times 0.229 y_M + \frac{P_2}{2} \times 0.833 y_M + \frac{P_2}{2} \times 0.333 y_M$$

$$= \frac{70}{2} \times 0.614 \times 4 + \frac{130}{2} \times 1.166 \times 4 = 389(\text{kN} \cdot \text{m}) \qquad (2\text{-}4\text{-}1)❶$$

式中:$y_M$——单主梁跨中截面弯矩影响线的坐标。

但是影响面坐标的计算比较烦琐,尤其当主、横梁片数较多时求解更为困难,于是可以从挠度和荷载的关系出发,对不同构造形式的梁桥采用近似的简化计算方法(和杠杆法一样,先

---

❶ 此式中各计算项的影响面坐标均以 $y_M$ 的因子来表示,是为了便于分析。

求荷载横向分布影响线,然后解荷载横向分布系数)。对于本示例,鉴于前述假定,即在荷载作用下横梁的变形是一条直线,从而可推出荷载横向分布影响线坐标的计算公式(公式的详细推导见本章第二节,在本示例中仅给出计算的结果)。

1号梁的荷载向分布影响线坐标为:

$$\eta_{11} = 0.833, \eta_{12} = 0.333, \eta_{13} = -0.167$$

在影响线上加载,见图2-4-5,得1号梁荷载横向分布系数:

$$m_c = \frac{1}{2}(\eta_{11} + \eta_{12}) = \frac{1}{2} \times (0.833 + 0.333) = 0.583$$

于是1号梁的最大弯矩计算可以在作用了荷载 $m_c P_1$ 和 $m_c P_2$ 的单梁上进行,见图2-4-6。

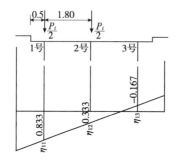
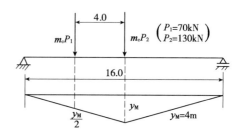

图2-4-5 1号梁的荷载横向分布影响线及其横向最不利加载位置(尺寸单位:m)

图2-4-6 在单梁上求跨中最大弯矩(尺寸单位:m)

$$M_{\max} = m_c(P_1 \times \frac{y_M}{2} + P_2 \times y_M)$$

$$= 0.583 \times (70 \times 2 + 130 \times 4) = 385(\text{kN} \cdot \text{m})$$

为了与前面的精确计算比较,也可写成:

$$\begin{aligned}M_{\max} &= \frac{1}{2}(\eta_{11} + \eta_{12})(P_1 \frac{y_M}{2} + P_2 y_M) \\ &= \frac{1}{2}\eta_{11}P_1 \cdot \frac{y_M}{2} + \frac{1}{2}\eta_{12}P_1 \cdot \frac{y_M}{2} + \frac{1}{2}\eta_{11}P_2 y_M + \frac{1}{2}\eta_{12}P_2 y_M \\ &= \frac{P_1}{2} \times 0.417 y_M + \frac{P_1}{2} \times 0.167 y_M + \frac{P_2}{2} \times 0.833 y_M + \frac{P_2}{2} \times 0.333 y_M \quad (2\text{-}4\text{-}2) \\ &= \frac{70}{2} \times 0.417 \times 4 + \frac{70}{2} \times 0.167 \times 4 + \frac{130}{2} \times 0.833 \times 4 + \frac{130}{2} \times 0.333 \times 4 \\ &= 385(\text{kN} \cdot \text{m})\end{aligned}$$

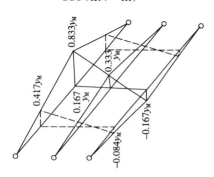

图2-4-7 1号梁近似跨中弯矩影响面

由此特例可见,其计算值和精确计算的弯矩值389kN·m十分接近。

观察式(2-4-1)和式(2-4-2),前两项在数值上有差别,而后两项是相同的。如果我们以 $0.417 y_M$ 代换 $0.385 y_M$,以 $0.167 y_M$ 代换 $0.229 y_M$,即可以给出1号梁跨中截面弯矩的近似影响面,如图2-4-7所示。式(2-4-2)的计算式也可以看作是在这个近似影响面上加载的结果。显见,计算结果的误差主要反映在内力影响面的相似性、荷载的组成特性与作用位置。如一单个荷载作用于2号梁的跨长1/4点上,两者计算误差可达37%。

## 二、计算原理

**1. 实用计算方法的原理**

在建立空间结构的实用计算方法时,实质上是在一定的误差范围内,寻求一个近似的内力影响面去代替精确的内力影响面。

从示例中可见,近似内力影响面在 $x$ 方向和单梁跨中弯矩影响线 $\eta_1(x)$ 相似,都呈三角形,而在 $y$ 方向和用刚性横梁法计算得到的荷载横向分布影响线 $\eta_2(y)$ 相似。于是用变量分离的方法,即采用两个单值函数 $\eta_1(x)$、$\eta_2(y)$ 的乘积组成的近似内力影响面 $\tilde{\eta}(x,y)$ 去代替一个由双值函数 $\eta(x,y)$ 表示的精确内力影响面,使桥梁空间结构的受力分析可以用荷载横向分布影响线 $\eta_2(y)$ 结合主梁平面内力影响线 $\eta_1(x)$ 来近似替换,即把空间结构的内力计算问题合理地转化为平面问题来解决。

现在的问题是:①不同构造的梁桥,它们的 $\eta_2(y)$ 是否相同?在空间结构中,$\eta_2(y)$ 的物理意义是什么?②在什么条件下,精确影响面可用近似影响面代替?③近似影响面的精度是否符合要求?

下面我们逐一进行讨论。

(1)关于 $\eta_2(y)$ 的物理意义。

在某截面的近似内力影响面上(图 2-4-8),当 $x$ 等于定值 $a$ 时,其坐标值为 $\tilde{\eta}(a,y)$,随着 $y$ 的变化,它们之间有一个比值关系。如果把 $\tilde{\eta}(a,y)$ 与该截面同一内力的影响线在 $x=a$ 处的坐标 $\eta_1(a)$ 相比,可得到一个比值 $\eta_2(y)$,即:

$$\eta_2(y) = \frac{\tilde{\eta}(a,y)}{\eta_1(a)}, \text{或} \tilde{\eta}(a,y) = \eta_1(a) \cdot \eta_2(y) \tag{2-4-3}$$

式中:$\tilde{\eta}(a,y)$——单位荷载 $P=1$ 作用在空间结构的 $(a,y)$ 上时,该截面内力值的分布情况;

$\eta_1(a)$——单位荷载 $P=1$ 作用在一片主梁上,并位于坐标 $x=a$ 处时,其对应截面产生的内力值。

显然,$\eta_2(y)$ 表示当 $P=1$ 在空间结构上沿 $(a,y)$ 移动时,某截面内力在 $y$ 方向的分配比例关系。所以,实质上,$\eta_2(y)$ 应该代表内力横向分布。应该指出,不同的桥面系构造其内力分布规律是不同的,即 $\eta_2(y)$ 是不同的,即使在同一桥面系结构中,不同的内力也有不同的分布规律。关于它的计算问题下面将作专门讨论。

(2)精确内力影响面 $\eta(x,y)$,能否作变量分离用近似内力影响面来代替,其前提应该是影响面 $\eta(x,y)$ 在纵横向是否有各自相似的图形;否则,导致内力计算中的过大误差。从图 2-4-5 中可见,主梁弯矩影响面尚能符合这一条件,但剪力影响面就不行。这一点亦将在后文讨论。

(3)近似内力影响面的精度是实用方法能否成立的必要检验条件。这里我们讨论的是简支梁空间计算的简化问题。简支梁的控制内力是跨中截面的弯矩和支点截面的剪力,在计算这两项内力时,车辆的重轮总是加在影响面的峰值上,即跨中和支点上。从示例的计算中也可看出,两个共计 130kN 重的轮子加在影响面的跨中峰值上得到的弯矩值为 $\frac{P_2}{2} \times 0.833 y_M =$

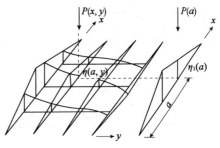

图 2-4-8 近似影响面的变量分离

$216.6\text{kN}\cdot\text{m}$,$\frac{P_2}{2}\times 0.333y_M = 86.6\text{kN}\cdot\text{m}$,总共为 $303.2\text{kN}\cdot\text{m}$,占总弯矩值的 78%。因此可见,只要能够保证在近似内力影响面峰值区域内的精度,则总的内力的精度也就有了保证。

至此,我们可以把梁桥空间计算实用方法的计算原理归纳如下。

(1)梁桥空间计算的实用近似方法,是建立在用一个近似的内力影响面去代替精确的内力影响面的基础上。近似内力影响面可用变量分离的方法得到,其坐标 $\tilde{\eta}(x,y) \approx \eta_1(x)\cdot\eta_2(y)$。

(2)在梁桥空间结构的近似计算中,"荷载横向分布"仅是借用的一个概念,其实质应该是"内力"横向分布,而并不是"荷载"横向分布,只是在变量分离后在计算式的表现形式上成了"荷载"横向分布:

$$S(x) = \sum_{x,y} P(x,y)\cdot\tilde{\eta}(x,y) = \sum_{x,y} P(x,y)\cdot\eta_1(x)\cdot\eta_2(y)$$
$$= \sum_y a(y)\cdot\eta_2(y)\sum_x P(x)\cdot\eta_1(x) = m_c\sum_x P(x)\cdot\eta_1(x) \tag{2-4-4}$$

式中:$a(y)$——横向每个轮重和一根轴重的比例数,如车辆荷载 $a(y)=\frac{1}{2}$。

因此,通常在习惯上称 $\eta_2(y)$ 为荷载横向分布影响线,$m_c$ 为荷载横向分布系数。

(3)严格地说,任意位置 $(x,y)$ 上的各个内力 $S(x,y)$ 都有各自的内力影响面,在实用计算方法中,应有各自的荷载横向分布系数 $m_c$。实际上,主梁各截面弯矩的横向分布系数 $m_c$ 均采用全跨单一的跨中截面横向分布系数,但剪力必须考虑 $m_c$ 的变化,这一点将在后面讨论。

50 多年来,国内外学者在大量试验研究的基础上,对 $\eta_2(y)$ 的计算提出了各种方法,目前常用的有:以 Leonhardt-Homberg 为代表的梁格法,此法假定梁桥结构为主梁与横梁处于弹性支承梁关系上的格构,由节点的挠度和扭角关系找出节点力,解析 $\eta_2(y)$,刚性横梁法就是这种体系的一个特例;以 Guyon-Massonnet 为代表的板系法,它将梁桥结构的主梁与横梁的刚度分别在桥的纵、横向均摊模拟为正交各向异性板,以板的挠曲微分方程式为基础求解 $\eta_2(y)$(简称 G-M 法);以 Hundry-Jarger 为代表的梁系法,它将桥面沿纵向划分成各个主梁单元,而横梁的抗弯刚度均摊在桥面上,主梁之间的连接用赘余力(弯矩和剪力)表示,可用力法求解,刚接梁法、铰接梁(板)法亦属这类体系。后面将介绍一些具有代表性的方法。

2. 模型试验分析

各种实用计算方法在求解主梁荷载横向分布影响线 $\eta_2(y)$ 时,常采用半波正弦荷载作用在主梁上,以求解各主梁挠度的分布规律来确定荷载横向分布规律。为此,在讨论具体的方法之前,先引用一组模型试验的试验结果来讨论这一问题。试验是以钢筋混凝土梁桥标准设计中的一种桥型为对象,做成缩比有机玻璃的模型,模型的尺寸见图 2-4-9。模型除桥端有横梁外,中间则分三种情况:无中横梁、仅有一片中横梁、在跨中及四分点各有一片中横梁。

在试验中用百分表量测它的挠度 $w$,通过电阻应变片量测主梁下缘在跨中及四分点的纵向应变,以及跨中横梁和有关桥面板上、下表面的应变,并且用压力传感器量测支承反力 $A_0$,详细试验情况见《公路桥梁荷载横向分布计算》(人民交通出版社,1986 年出版)。

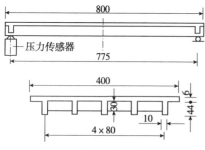

图 2-4-9 模型尺寸(尺寸单位:mm)

图 2-4-10 表示在仅有一片中横梁的模型上,当一个

荷载作用于边梁和中梁时,各梁跨中的挠度 $w$、弯矩 $M$ 和支承反力 $A$ 的百分比。

从图中看出,这三者的横向分布有差别,但当荷载作用在跨中央时差别不是很大。这些差别不是由测试技术的误差造成的。下面从理论上来说明这个问题。

设一座简支的五梁式的等截面 T 梁桥(图 2-4-11),如在横向的 2 号梁的跨中加一个 $P=10\mathrm{kN}$ 的集中荷载,整个桥发生弹性挠度 $w(x,y)$。根据梁的挠曲理论,主梁的弯矩 $M_x$ 和剪力 $Q_x$ 等于其挠度在桥孔方向($x$)的二阶和三阶微商乘以它的截面抗弯刚度 $EI$,即:

$$M_x = -EIw''$$
$$Q_x = -EIw'''$$
(2-4-5)

如果这个集中荷载($P=10\mathrm{kN}$)横向分布给 5 片主梁,如图 2-4-11 所示,从左至右分别为 2.0kN、3.0kN、2.5kN、1.7kN、0.8kN,则各片主梁的挠度 $w$、弯矩 $M$、剪力 $Q$ 之间都应当存在同其所受荷载大小一样的比例,而且不仅在桥孔中央如此,在所有的截面 $x$ 都应当如此。例如,对于 1 号梁和 2 号梁应为:

$$\frac{w_1(x)}{w_2(x)} = \frac{M_1(x)}{M_2(x)} = \frac{Q_1(x)}{Q_2(x)} = \frac{P_1}{P_2} = \frac{2}{3} = 常数$$

代入式(2-4-5)则为:

$$\frac{w_1(x)}{w_2(x)} = \frac{w''_1(x)}{w''_2(x)} = \frac{w'''_1(x)}{w'''_2(x)} = \frac{P_1}{P_2} = 常数$$
(2-4-6)

但是实际上,在所讨论的单个集中荷载 $P$ 作用的情况(对于车辆和人群荷载的一般情况亦然)下,上式是不成立的。因为很明显,1 号边梁受的荷载是从里边桥面板传递来的沿桥跨连续分布的荷载(竖向剪力),而 2 号梁受的是一个集中荷载 $P$ 和从左右桥面板传递来的沿桥跨连续分布的荷载。彼此的荷载分布不同,因而,彼此的挠度、弯矩、剪力的比例也是互不相同的,但都是沿桥跨 $x$ 变化的函数:

$$\frac{w_1(x)}{w_2(x)} = f(x), \frac{w''_1(x)}{w''_2(x)} = g(x), \frac{w'''_1(x)}{w'''_2(x)} = h(x)$$

但是,在一个特殊的、对跨中荷载具有很大代表性的荷载情况下,即沿桥跨为半波正弦曲线荷载,如图 2-4-12 所示。

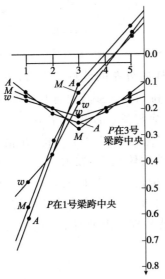

图 2-4-10 按跨中央的弯矩 $M$ 和挠度 $w$ 以及按支承反力 $A$ 的荷载横向分布

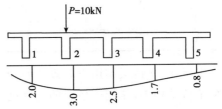

图 2-4-11 集中荷载的横向分布示意图

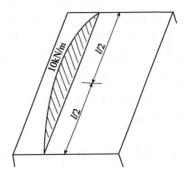

图 2-4-12 半波正弦荷载

$$P(x) = P_0 \sin\frac{\pi x}{l}$$

式中：$P_0$——极值（称为峰值），它是衡量荷载大小的标准。

当 $P_0=1$ 时，我们可以称为单位正弦荷载。在这样的荷载作用下，梁的挠曲线 $w$ 也将是半波正弦曲线，代入式（2-4-6），这时 $w_1(x)$、$w_2(x)$ 和 $w''_1(x)$、$w''_2(x)$ 都是正弦函数 $\sin\frac{\pi x}{l}$，而 $w'''_1(x)$、$w'''_2(x)$ 则都是余弦函数 $\cos\frac{\pi x}{l}$，所以在比例式中都约简了，结果得到常数式。这表示不需考虑 $w$、$M$、$Q$ 在纵向的变化，这样就把一个复杂的空间问题简化为平面问题。这就是以主梁挠度横向分布规律来确定荷载横向分布的理论根据。由此可见，严格地说，只有在等截面的简支梁桥承受按正弦曲线沿桥跨分布的荷载时，主梁挠度分布、内力分布和荷载分布才可能是一致的，才存在确切的荷载横向分布。

表 2-4-1 和表 2-4-2 列出了按 $w$、$M$、$A$ 测试结果求得的跨中汽车荷载对中梁跨中 $w$、$M$ 和桥端 $A$ 的横向分布系数 $m_{cw}$、$m_{cM}$、$m_{cA}$ 以及 $\max m_{cw}$ 和 $\max m_{cM}$ 的对比。从表中所列的三种 $m_c$ 值来看，相差很小。应当指出，当把荷载按正弦级数展开后，取其第一项半波正弦荷载所计算的主梁挠度的误差并不很大，但计算内力时误差将稍大。因为，对实际结构上的集中荷载而言，这种以半波正弦荷载求解荷载横向分布乃是近似计算方法。

**跨中汽车荷载横向分布系数比较**　　　　　　　　　　　　表 2-4-1

| 主梁 | 内横梁数 | $m_{cw}$ | $m_{cM}$ | $m_{cA}$ |
|---|---|---|---|---|
| | 0 | 0.464 | 0.473 | 0.480 |
| 中梁 | 1 | 0.410 | 0.423 | 0.430 |
| | 3 | 0.416 | 0.427 | 0.400 |

**跨中汽车荷载横向分布系数最大值比较**　　　　　　　　　　表 2-4-2

| 模　型 | 内横梁数 | $\max m_{cw}$ | $\max m_{cM}$ | 所属主梁 |
|---|---|---|---|---|
| $A$ | 0 | 0.464 | 0.473 | 中梁 |
| $B$ | 1 | 0.487 | 0.476 | 边梁 |
| $C$ | 3 | 0.476 | 0.480 | 边梁 |

综上所述，将桥梁实用空间理论的计算，归纳为荷载横向分布的计算。因为，在横向没有联系的梁桥结构中，作用于桥上的荷载确实可认为是通过桥面板直接传给各片主梁，亦即荷载在各片主梁上分配。实际上，除了一些简易、小跨梁桥外，绝大多数的梁桥，各片主梁由横梁和桥面板连成空间整体结构，桥上荷载在各片主梁间的分配是极其复杂的，实际上是借用荷载横向分布概念来计算主梁间内力的分布。尤其在其他桥梁结构体系中，如拱、刚架等，在引用荷载横向分布概念来计算结构内力的分布时，必须根据各结构内力影响面的特点去考虑简化计算方法，因为在各类结构中，要使式（2-4-6）的条件成立并非易事。即使在梁桥结构中，严格地说，也只对于半波正弦荷载作用下的等截面简支梁桥，才能从理论上证明主梁的内力分配与荷载的分配是等值关系。

### 三、任意荷载转换成正弦荷载的表达式

如前所述，在讨论荷载横向分布时，常需将荷载转换成正弦分布的荷载形式，下面列举几

种常见荷载的正弦荷载表达式。这些表达式的证明,读者可根据高等数学中已学过的傅里叶级数展开的知识进行求证,在此不再赘述。

1. 均布荷载

设有一个荷载集度为 $p$ 的均匀荷载,如用函数式表示则可写成:

$$p(x)=p \quad (0 \leqslant x \leqslant l) \tag{2-4-7}$$

如用正弦级数可表示为:

$$p(x) = \frac{4p}{\pi} \sum_{n=1,3,5\cdots}^{\infty} \frac{1}{n} \sin \frac{n\pi x}{l} \tag{2-4-8}$$

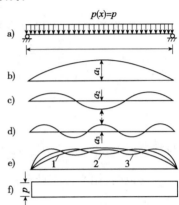

图 2-4-13 用正弦级数表示均布荷载

级数前三项的图形如图 2-4-13 中的 b)、c)、d)所示。如果把这三项叠加起来,便得到图 2-4-13e),这个图形已经很接近于 $p(x)=p$ 了,如果从级数的第 4 项继续叠加上去,直到无穷,这个级数和必将收敛于 $p(x)=p$[图 2-4-13f]。

如果用这一正弦级数来计算简支梁的挠度和弯矩,则发现与均布荷载计算的结果十分接近。

从材料力学可知,梁的弯矩 $M(x)$、剪力 $Q(x)$ 和荷载 $p(x)$ 用挠度 $w(x)$ 的表达式为:

$$\left. \begin{array}{l} M(x) = -EI\dfrac{\mathrm{d}^2 w}{\mathrm{d}x^2} \\[4pt] Q(x) = -EI\dfrac{\mathrm{d}^3 w}{\mathrm{d}x^3} \\[4pt] p(x) = EI\dfrac{\mathrm{d}^4 w}{\mathrm{d}x^4} \end{array} \right\} \quad (EI \text{ 为常数}) \tag{2-4-9}$$

我们可以假定梁的挠度为另一个正弦级数:

$$w(x) = \sum_{n=1}^{\infty} C_n \sin \frac{n\pi x}{l} \tag{2-4-10}$$

因为它完全满足简支梁的边界条件,即:当 $x=0$ 和 $x=l$ 时,$w = M = -EIw'' = 0$。

对式(2-4-10)取四阶导数得:

$$w'''' = \frac{\pi^4}{l^4} \sum_{n=1}^{\infty} C_n \cdot n^4 \sin \frac{n\pi x}{l}$$

把上式和式(2-4-8)一起代入式(2-4-9)中第三式得:

$$\frac{\pi^4}{l^4} \sum_{n=1}^{\infty} C_n \cdot n^4 \sin \frac{n\pi x}{l} = \frac{4p}{\pi EI} \sum_{n=1,3,5\cdots}^{\infty} \frac{1}{n} \sin \frac{n\pi x}{l}$$

等式两边同类项的系数应相等,得到:

$$C_n = \frac{4pl^4}{\pi^5 \cdot n^5 \cdot EI} \quad (n \text{ 为奇数})$$

因此,代入式(2-4-10)得到:

$$w(x) = \frac{4pl^4}{\pi^5 EI}\left( \sin \frac{\pi x}{l} + \frac{1}{3^5} \sin \frac{3\pi x}{l} + \cdots \right) = \frac{4pl^4}{\pi^5 EI} \sum_{n=1,3,5\cdots}^{\infty} \frac{1}{n^5} \sin \frac{n\pi x}{l} \tag{2-4-11}$$

按式(2-4-9)中的第一式:

$$M(x) = -EI \frac{\mathrm{d}^2 w}{\mathrm{d}x^2} = \frac{4pl^2}{\pi^3} \sum \frac{1}{n^3} \sin \frac{n\pi x}{l} \tag{2-4-12}$$

当 $x=l/2$ 时,得到跨中的挠度和弯矩为:

$$w_{0.5l} = \frac{4pl^4}{\pi^5 EI}\left(1-\frac{1}{3^5}+\frac{1}{5^5}-\cdots\right)$$

$$M_{0.5l} = \frac{4pl^2}{\pi^3}\left(1-\frac{1}{3^5}+\frac{1}{5^5}-\cdots\right)$$

级数收敛很快,如果仅取其首项,则:

$$w_{0.5l} = \frac{4pl^4}{\pi^5 EI} = \frac{5.019}{384}\frac{pl^4}{EI}$$

$$M_{0.5l} = \frac{4pl^2}{\pi^3} = \frac{1.032}{8}pl^2$$

与精确值 $w_{0.5l}=\frac{5}{384}\frac{pl^4}{EI}$ 和 $M_{0.5l}=\frac{1}{8}pl^2$ 相比较,两者的误差都是很小的。

这说明:用半波正弦荷载代替均布荷载计算挠度和内力,都能得到很好的近似结果。

2. 离梁左端距离为 $a$ 的集中荷载 $P$

这个荷载可以当作分布于很小区间 $\varepsilon$ 的均布荷载 $p_0$,乘积 $p_0\varepsilon=P$(图 2-4-14)。这个荷载的函数式为:

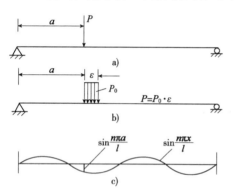

图 2-4-14 用正弦荷载表示集中荷载

$$p(x)=\begin{cases}p_0 & a\leqslant x\leqslant a+\varepsilon \\ 0 & x<a \text{ 和 } x>a+\varepsilon\end{cases} \quad (2\text{-}4\text{-}13)$$

它可以用以下的正弦级数表示:

$$p(x)=\frac{2p}{l}\sum\sin\frac{n\pi a}{l}\cdot\sin\frac{n\pi x}{l} \quad (2\text{-}4\text{-}14)$$

与前面求均布荷载作用下的挠度和弯矩的方法相同,可以同样得到在集中荷载作用下梁的挠度和弯矩为:

$$w(x)=\frac{2}{\pi^4}\cdot\frac{Pl^3}{EI}\sum\frac{1}{n^4}\sin\frac{n\pi a}{l}\cdot\sin\frac{n\pi x}{l} \quad (2\text{-}4\text{-}15)$$

$$M(x)=\frac{2}{\pi^2}P\cdot l\sum\frac{1}{n^2}\sin\frac{n\pi a}{l}\cdot\sin\frac{n\pi x}{l} \quad (2\text{-}4\text{-}16)$$

当 $P$ 作用于跨中时,$\frac{a}{l}=\frac{1}{2}$,$\sin\frac{n\pi a}{l}=\pm1$,且 $n$ 为奇数,此时梁的跨中挠度和弯矩分别为:

$$w_{0.5l}=\frac{0.985}{48}\frac{Pl^3}{EI}\left(1+\frac{1}{3^4}+\frac{1}{5^4}+\cdots\right)$$

$$M_{0.5l}=\frac{0.808}{4}Pl\left(1+\frac{1}{3^2}+\frac{1}{5^2}+\cdots\right)$$

如果取级数的首项,与精确值 $w_{0.5l}=\frac{1}{48}\frac{Pl^3}{EI}$ 和 $M_{0.5l}=\frac{Pl}{4}$ 比较,误差分别达 1.5% 和 19.2%。可见,对于挠度的计算,用半波正弦荷载已达到相当准确的程度,然而对于弯矩的计算,其误差就较大(且级数收敛较慢)。但桥上一般作用有多个集中荷载,而此时的内力计算误差将降低。

如果竖向荷载为一个半波正弦荷载 $p_1\sin\frac{\pi x}{l}$,那么,它的挠度曲线也将是一个半波正弦曲线：

$$w(x) = w_1 \sin \frac{\pi x}{l} = \frac{p_1 l^4}{\pi^4 EI} \sin \frac{\pi x}{l} \quad (2\text{-}4\text{-}17)$$

对式(2-4-17)的推导，有待读者自己去练习。

### 四、梁的扭转基本方程和扭转变形

图 2-4-15 表示一片梁，在梁边上作用一竖向分布荷载 $p(x)$。这时，梁除竖向挠曲外[图 2-4-15b)]，还要产生扭转[图 2-4-15c)]，关于梁的挠曲问题，前面已做介绍，现在专门论述它的扭转变形问题。

图 2-4-15c)表示承受一个连续分布的扭矩荷载 $m_t = p(x) \cdot \frac{b_1}{2}$。在离梁支点 $x$ 处，取出微段 $dx$ 来考察截面所受扭矩的平衡关系[图 2-4-15d)]。设 $M_T$ 为离支点 $x$ 处截面所受的扭矩，$dM_T$ 为扭矩的增量值，则：

$$\left. \begin{array}{l} (M_T + dM_T) + m_t \cdot dx - M_T = 0 \\ \dfrac{dM_T}{dx} = -m_t \end{array} \right\} \quad (2\text{-}4\text{-}18)$$

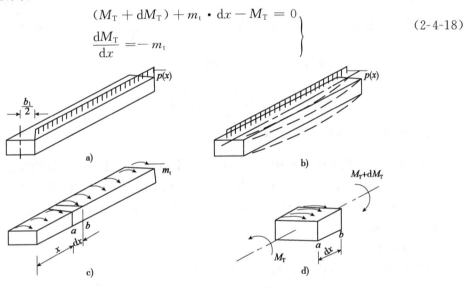

图 2-4-15 在偏心分布荷载作用下梁的变形

在图 2-4-15c)中，$\varphi(x)$ 为截面 $a$ 的扭转角，则截面 $b$ 的扭转角可用 $\varphi(x) + d\varphi$ 表示。如果 $\theta$ 表示扭转角 $\varphi(x)$ 沿 $x$ 方向的增长率，则 $a$ 和 $b$ 两截面的相对扭转角可认为是 $\theta \cdot dx$，那么：

$$\theta \cdot dx = [\varphi(x) + d\varphi] - \varphi(x) = d\varphi$$
$$\theta = \frac{d\varphi}{dx} \quad (2\text{-}4\text{-}19)$$

按材料力学，$\theta$ 与扭矩 $M_T$ 的关系是：

$$\theta = \frac{d\varphi}{dx} = \frac{M_T}{GI_T} \quad (2\text{-}4\text{-}20)$$

式中：$G$——材料的剪切模量；

$I_T$——截面的抗扭惯性矩；

$GI_T$——截面的抗扭刚度。

对于各种截面形状构件的抗扭惯性矩，将在下面做专门的介绍。

将式(2-4-20)对 $x$ 求导，并注意式(2-4-18)，便得出梁的扭转基本方程：

$$GI_T \cdot \frac{d^2\varphi}{dx^2} = -m_t \tag{2-4-21}$$

当扭矩荷载为已知时,可用上式求出梁的扭转角 $\varphi(x)$。

例如,$m_t$ 是一个半波正弦荷载 $m_1 \sin\frac{\pi x}{l}$,可以假定 $\varphi = \varphi_1 \sin\frac{\pi x}{l}$,因为它满足边界条件:当 $x=0$ 和 $x=l$ 时,$\varphi=0$。代入式(2-4-21),则:

$$-GI_T \frac{\pi^2}{l^2} \varphi_1 \sin\frac{\pi x}{l} = -m_1 \sin\frac{\pi x}{l}$$

得:

$$\varphi_1 = \frac{l^2 \cdot m_1}{\pi^2 GI_T}$$

于是,梁的扭转角:

$$\varphi(x) = \frac{l^2 m_1}{\pi^2 GI_T} \sin\frac{\pi x}{l} \tag{2-4-22}$$

从上面论述可以看出,如果如图 2-4-15 所示的外荷载 $p(x)$ 为半波正弦荷载 $p(x) = p_1 \times \sin\frac{\pi x}{l}$,则梁的挠度 $w(x)$ 为一正弦曲线 $w(x) = \frac{p_1 l^4}{\pi^4 EI} \sin\frac{\pi x}{l}$,而扭矩也为正弦荷载 $m_t = \frac{p_1 b_1}{2} \sin\frac{\pi x}{l}$,所以 $\varphi(x)$ 也将为一个正弦曲线:

$$\varphi(x) = \frac{p_1 l^2 b_1}{2\pi^2 GI_T} \sin\frac{\pi x}{l}$$

### 五、主梁抗扭惯性矩 $I_T$ 的计算

在求解主梁荷载横向分布中,需计算主、横梁的抗弯惯性矩 $I$ 和抗扭惯性矩 $I_T$,前者的计算方法众所周知,不再赘述。在此主要介绍各种截面类型主、横梁抗扭惯性矩 $I_T$ 的计算公式。以下把截面分成实体截面、薄壁闭合截面和厚壁闭合截面三大类分别叙述。

1. 实体截面

1)圆形截面

圆形截面的抗扭惯性矩 $I_T$ 就等于它的极惯性矩 $I_P$。

$$I_T = I_P \tag{2-4-23}$$

2)矩形截面

对于一般矩形,抗扭惯性矩 $I_T$ 的计算可按下式进行:

$$I_T = abt^3 \tag{2-4-24}$$

式中:$b$——矩形宽度;

$t$——矩形高度;

$a$——$a = \frac{1}{3}\left[1 - 0.63\frac{t}{b} + 0.052\left(\frac{t}{b}\right)^5\right]$,也可查表 2-4-3。

不同 $b/t$ 条件下对应的 $a$ 值　　表 2-4-3

| $b/t$ | 1.0 | 1.5 | 1.75 | 2.0 | 2.5 | 3.0 | 4.0 | 6.0 | 8.0 | 10 | ∞ |
|---|---|---|---|---|---|---|---|---|---|---|---|
| $a$ | 0.141 | 0.196 | 0.214 | 0.229 | 0.249 | 0.263 | 0.281 | 0.299 | 0.307 | 0.313 | 0.333 |

当 $t/b<0.1$ 时,令 $a=1/3$ 已经足够精确。

3)由狭长矩形截面组成的非闭合截面

T形、I形、Π形等截面都可以看成是由若干个实体矩形截面组成的组合截面,其抗扭惯

性矩等于被分割的各个矩形截面的抗扭惯性矩之和,即:

$$I_T = \sum_{i=1}^{n} a_i b_i t_i^3 \tag{2-4-25}$$

在计算这类截面的 $I_T$ 值时,特别应注意截面的分块,否则将导致较大的误差。根据普郎特(Prandtl)的薄膜比拟法,横截面的抗扭刚度与该截面相同形状的空洞所膨胀的凸形皂膜围成的体积成比例,任何点的剪应力和皂膜的等高线方向一致,其值与垂直于等高线方向的斜率成比例。若将横截面一分为二,薄膜实际上沿着分割处下降,如图 2-4-16b)所示,因而大大减少了它的体积,并阻止剪力流沿等高线从一处到另一处。从以上分析可知,截面的分割原则应使皂膜下的体积最大。为了避免在假想的分割处出现皂膜高程为零,可在单元的分割处重新连接计算,如图 2-4-16 所示。

如果我们把一片 T 梁按图 2-4-17 所示三种方法划分,则它们的 $I_T$ 值之间大约为 $I_{Ta} < I_{Tb} < I_{Tc}$ 的关系。可见按图 2-4-17c)的划分方法得到的 $I_T$ 值为最大,故图 2-4-17c)的划分方法是正确的。

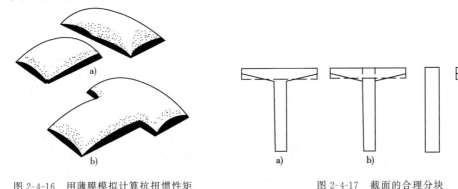

图 2-4-16 用薄膜模拟计算抗扭惯性矩　　　　图 2-4-17 截面的合理分块

**2. 薄壁闭合截面**

孔室高度大于等于截面高度的 0.6 倍的截面,可称为薄壁截面。

1) 任意形状的薄壁闭合截面

设一个不等厚的薄壁闭合截面的杆件(图 2-4-18),在纯扭矩作用下,每一横截面中将产生剪应力。由于壁不厚,可以认为剪应力均匀分布于厚度方向,但沿截面周边的剪力流 $T = \tau t$ 的分布可能是变化的。现在从杆件中取出一微段 $dx$[图 2-4-18b)],并在微段上沿纵向取出任意两个切面 1-4 和 2-3[图 2-4-18c)],纵向平面上作用的剪力(剪应力的合力)$F_1$ 和 $F_2$ 总是相等的,同时,$F_1$ 和 $F_2$ 又可根据两垂直平面上剪应力相等的原理求得:

$$F_1 = \tau_1 t_1 dx$$
$$F_2 = \tau_2 t_2 dx$$

式中:$\tau_1$、$\tau_2$——1 点和 2 点的剪应力;
　　　$t_1$、$t_2$——1 点和 2 点的壁厚。

因为 1-4 和 2-3 切面是任意的,且 $F_1 = F_2$。所以可认为沿壁作用的单位周长上的剪力 $\tau t$ 是一个常数。乘积 $\tau t$ 称为剪应力流,因此最大剪应力总发生在壁厚最小的地方。

现在取横截面的扭心为 $o$,每个截面长度 ds 范围内的剪力$(\tau t)$ds 对 $o$ 点的力矩为$(\tau t)r$ds。现沿整个周长进行积分所得到的力矩,一定和外扭矩 $M_T$ 相等,即:

$$M_T = (\tau t) \oint r ds = 2A(\tau t)$$

因为 $r \cdot ds$ 为图 2-4-19 中微小三角形面积的 2 倍,所以 $\oint r ds = 2A$,而 $A$ 为薄壁中线所

包围的面积,则得到：

$$\tau t = \frac{M_T}{2A} \tag{2-4-26}$$

而剪切变形 $\gamma=\tau/G$,所以,单位体积的应变能为 $\tau^2/(2G)$,因此,薄壁管的单位长度内的应变能为：

$$\oint \frac{\tau^2}{2G} \cdot t \cdot ds = \frac{(\tau t)^2}{2G} \oint \frac{ds}{t} = \frac{M_T^2}{8A^2 G} \oint \frac{ds}{t}$$

令单位长度的应变能等于扭矩 $M_T$ 所做的功 $M_T \cdot \theta/2$,得单位长度的扭转角 $\theta$,即：

$$\theta = \frac{M_T}{G(4A^2)} \oint \frac{ds}{t} \tag{2-4-27}$$

将式(2-4-27)与式(2-4-20)比较,可得出任意形状薄壁闭合截面的抗扭惯性矩的计算公式：

$$I_T = \frac{4A^2}{\oint \frac{ds}{t}} \tag{2-4-28}$$

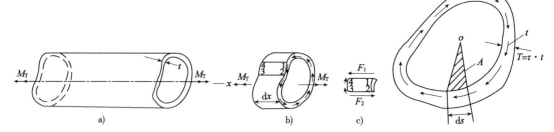

图 2-4-18 薄壁杆件受扭后微元上力的平衡　　图 2-4-19 薄壁截面上的剪力流

2)薄壁箱形截面

图 2-4-20 所示为一单箱式的薄壁箱形截面,其 $I_T$ 的计算可分为两部分:两边悬出的开口部分和闭口薄壁部分。

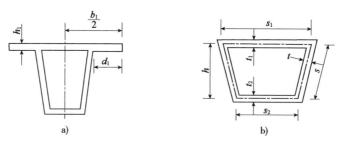

图 2-4-20 薄壁箱形截面抗扭惯性矩

悬出部分可按实体矩形截面的公式(2-4-24)计算,薄壁闭合部分可将式(2-4-28)具体写成如下形式进行计算：

$$I_T = (s_1 + s_2)^2 h^2 \frac{1}{2\frac{s}{t} + \frac{s_1}{t_1} + \frac{s_2}{t_2}} \tag{2-4-29}$$

对于由 $n$ 个箱梁拼连成的截面,其抗扭惯性矩可近似地按各个单箱截面抗扭惯性矩之和计算。

常见下列近似公式用以计算箱梁截面抗扭惯性矩：

$$I_T = \frac{4I_x I_y}{I_x + I_y} \tag{2-4-30}$$

其中，$I_x$ 和 $I_y$ 表示截面绕水平和竖向主轴的抗弯惯性矩。用此式算得的 $I_T$ 值，除对圆管正确外，其他的误差都在 30%～40%，尤其对截面高度大的误差更大。对于扁平的箱形截面，可把式(2-4-30)算得的 $I_T$ 值除以 1.3；对于较厚的箱形截面，可把式(2-4-30)算得的 $I_T$ 值除以 1.4，则误差可减小到 10%左右。

3）薄壁矩形截面

在中小跨径的钢筋混凝土桥中，采用铰接空心板梁桥的截面形式是比较普遍的。这种空心板可以当作薄壁矩形闭合截面，如图 2-4-21 所示，和箱形截面相同，它也可把式(2-4-28)具体写成：

$$I_T = 4b^2 h^2 \frac{1}{\dfrac{2h}{t} + \dfrac{b}{t_1} + \dfrac{b}{t_2}} \tag{2-4-31}$$

**3. 厚壁闭合截面**

如孔室高度小于截面高度的 0.6 倍，而此时如仍然假定剪力和到扭转中心的距离成正比（图 2-4-22），则其扭转惯性矩的计算，可在薄壁截面的计算公式后面加一项实体矩形截面的抗扭惯性矩，即：

$$I_T = \frac{4A^2}{\oint \dfrac{ds}{t}} + Ct^3 b \tag{2-4-32}$$

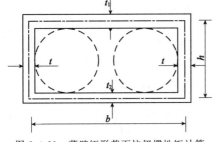

图 2-4-21 薄壁矩形截面抗扭惯性矩计算

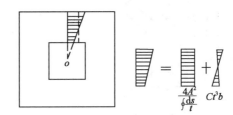

图 2-4-22 厚壁截面抗扭惯性矩计算

## 第二节 刚性横梁法

刚性横梁法是梁格法中的一个特例，即把梁桥视作由主梁和横梁组成的梁格系，荷载通过横梁由一片主梁传到其他主梁上去，同时主梁又对横梁起弹性支承的作用。根据试验观测结果和理论分析，在具有可靠横向联结的桥上，且在桥的宽跨比 $B/l$ 小于或接近于 0.5 的情况时（一般称为窄桥），车辆荷载作用下中间横梁的弹性挠曲变形同主梁的相比微不足道。也就是说，中间横梁像一片刚度无穷大的刚性梁一样保持直线形状，如图 2-4-23 所示。这种把横梁当作支承在各片主梁上的连续刚体来计算荷载横向分布系数的方法，称为"刚性横梁法"，亦称"偏心受压法"。按计算中是否考虑主梁的抗扭刚度，又可分

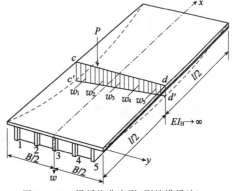

图 2-4-23 梁桥挠曲变形（刚性横梁法）

为"刚性横梁法"和"考虑主梁抗扭刚度的修正刚性横梁法"两种,下面分别予以介绍。

### 一、刚性横梁法

图 2-4-24 所示为一座由 4 片主梁组成的梁桥的跨中截面。各片主梁的抗弯刚度 $I_i$、主梁的间距 $a_i$ 都各不相等,集中荷载 $P$ 作用在离截面扭转中心 $o$ 的距离为 $e$ 处,下面分析荷载 $P$ 在各片主梁上的横向分布情况。

由于假定横梁是刚体,所以可以按刚体力学关于力的平移原理将荷载 $P$ 移到 $o$ 点,用一个作用在扭转中心 $o$ 上的竖向力 $P$ 和一个作用于刚体上的偏心力矩 $M=Pe$ 代替(图 2-4-24)。偏心荷载 $P$ 的作用应为 $P$ 和 $M$ 作用的叠加。

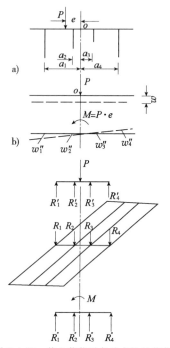

图 2-4-24　偏心荷载对各片主梁的荷载分布图

(1)在竖向荷载 $P$ 的作用下,由于作用力通过扭转中心,而且假定横梁是刚性的,因此横梁只作平行下挠,各片梁的挠度相等,即:

$$w'_1 = w'_2 = \cdots = w'_n \quad (2\text{-}4\text{-}33)$$

根据材料力学中简支梁跨中荷载与挠度的关系式:

$$w'_i = \frac{R'_i l^3}{48 I_i} \text{ 或 } R'_i = a I_i w'_i \quad (2\text{-}4\text{-}34)$$

式中:$a = \dfrac{48E}{l^3}$。

由静力平衡条件并代入式(2-4-34)得:

$$\sum_{i=1}^{n} R'_i = a w'_i \sum_{i=1}^{n} I_i = P$$

$$a w'_i = \frac{P}{\sum\limits_{i=1}^{n} I_i} \quad (2\text{-}4\text{-}35)$$

将上式代入式(2-4-34)即得:

$$R'_i = \frac{I_i}{\sum\limits_{i=1}^{n} I_i} \cdot P \quad (2\text{-}4\text{-}36)$$

(2)在偏心力矩 $M = P \cdot e$ 的作用下,横梁绕扭转中心 $o$ 转动一微小的角度 $\theta$,因此各片主梁产生的竖向挠度 $w''_i$ 可表示为:

$$w''_i = a_i \tan\theta \quad (2\text{-}4\text{-}37)$$

由式(2-4-34),主梁所受荷载与挠度的关系为:

$$R''_i = a I_i w''_i \quad (2\text{-}4\text{-}38)$$

将式(2-4-36)代入上式即得:

$$R''_i = a I_i a_i \tan\theta = \beta a_i I_i, \beta = a\tan\theta \quad (2\text{-}4\text{-}39)$$

从力矩的平衡条件可知:

$$\sum_{i=1}^{n} R''_i a_i = \beta \sum_{i=1}^{n} a_i^2 I_i = Pe \quad (2\text{-}4\text{-}40)$$

从式(2-4-39)得出 $\beta = \dfrac{R''_i}{a_i I_i}$。

将 $\beta$ 代入式(2-4-40)得:

$$\frac{\sum_{i=1}^{n} a_i^2 I_i}{a_i I_i} R_i'' = Pe$$

$$R_i'' = \frac{Pe a_i I_i}{\sum_{i=1}^{n} a_i^2 I_i} \tag{2-4-41}$$

(3)偏心荷载 $P$ 对各主梁产生的总的作用力,即各片主梁所分配到的荷载,等于上述两种情况的叠加,即:

$$R_i = R_i' + R_i'' = \frac{I_i}{\sum_{i=1}^{n} I_i} P + \frac{I_i a_i}{\sum_{i=1}^{n} I_i a_i^2} Pe \tag{2-4-42}$$

式(2-4-42)是在不等间距、不等刚度的结构中推导出来的,但大多数的梁桥还是做成等间距、等刚度的,从式(2-4-42)中很容易得到这种梁桥的主梁荷载分配表达式:

$$R_i = R_i' + R_i'' = \frac{P}{n} + \frac{Pe}{\sum_{i=1}^{n} a_i^2} \cdot a_i \tag{2-4-43}$$

图 2-4-25 表示 6 片等间距 $b_1$ 布置的主梁,刚度相等,用"刚性"横梁连成整体。当 $P$ 作用在左侧边梁,即 $e=2.5b_1$ 时,求分配给各片主梁的荷载。

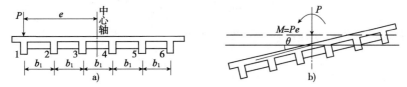

图 2-4-25 数例中的横截面

从图中可以看出: $a_1=a_6=2.5b_1$, $a_2=a_5=1.5b_1$, $a_3=a_4=0.5b_1$, $\sum_{i=1}^{6} a_i^2 = 2 \times (2.5^2 + 1.5^2 + 0.5^2) \times b_1^2 = 17.5 b_1^2$, $n=6$。代入式(2-4-43),得:

$$R_1 = \frac{P}{6} + \frac{P \times 2.5 b_1}{17.5 b_1^2} \times 2.5 b_1 = \left(\frac{1}{6} + \frac{5}{14}\right) P = (0.167 + 0.357) P = 0.524 P$$

$$R_2 = \left(\frac{1}{6} + \frac{3}{14}\right) P = (0.167 + 0.214) P = 0.381 P$$

$$R_3 = \left(\frac{1}{6} + \frac{1}{14}\right) P = (0.167 + 0.071) P = 0.238 P$$

$$R_4 = (0.167 - 0.071) P = 0.096 P$$

$$R_5 = (0.167 - 0.214) P = -0.047 P$$

$$R_6 = (0.167 - 0.357) P = -0.190 P$$

将每片主梁所分配到的荷载值,绘于其主梁之下,将各点纵标相连,这条连线称为荷载 $P$ 作用在左侧边梁时,各主梁的荷载分布曲线。很明显,这条荷载分布曲线肯定是直线;同时 $R_1+R_2+\cdots+R_6=P$,即主梁对横梁反力的代数和应与外荷载 $P$ 相等,常以此作为校核条件。

令式(2-4-43)中的 $P=1$,即单位集中荷载,则各主梁的反力为:

$$R_i = \frac{1}{n} \pm \frac{e a_i}{\sum_{i=1}^{n} a_i^2} \tag{2-4-44}$$

根据反力互等定理得: $P=1$ 作用在某一根主梁上时,各主梁的反力等于 $P=1$ 在这些主

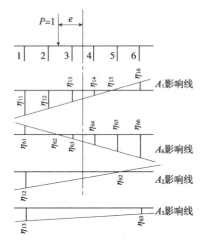

图 2-4-26 主梁横向分布影响线

梁上移动时该主梁反力的变化值,即该主梁的反力影响线坐标。因此,在式(2-4-44)中,如取 $e$ 值为左侧边梁到桥中心的距离,即 $P=1$ 作用在左侧边梁上,代入不同梁位的 $a_i$ 值,得到的反力 $R_i$,即为左侧边梁荷载横向分布影响线的坐标。如果结构左右对称,则两片边梁的荷载横向分布影响线也应该对称。同样,从反力互等定理出发,用边梁的影响线坐标就可得出其他各梁的荷载横向分布影响线,省去不少计算工作量。如图 2-4-26 所示,把 $\eta_{12}$ 标在 1 号梁的梁位上,$\eta_{62}$ 标在 6 号梁的梁位上,用直线相连,即得 2 号梁的荷载横向分布影响线,把 $\eta_{13}$ 标在 1 号梁的梁位上,$\eta_{63}$ 标在 6 号梁的梁位上用直线相连,即得 3 号梁的荷载横向分布影响线,其他各梁以此类推。应该指出,这种简化方法仅在影响线为直线时才成立。

如果将式(2-4-42)中的刚度 $I$ 换成微小面积 $\Delta F$,或将式(2-4-43)的左右两侧各除以微小面积 $\Delta F$,则得:

$$\frac{R_1}{\Delta F} = \frac{P}{n\Delta F} \pm \frac{Pe}{\Delta F \sum_{i=1}^{n} a_i^2} \cdot a_i$$

然后与材料力学偏心受压杆应力计算的公式:

$$\sigma_y = \frac{P}{F} \pm \frac{M}{I} \cdot y$$

进行比较,可以看出两者完全相似,即 $\frac{R_i}{\Delta F}$、$Pe$、$(n\Delta F)$、$\Delta F \sum_{i}^{n} a_i^2$ 及 $a_i$ 分别与应力 $\sigma_y$、弯矩 $M$、截面积 $F$、截面惯性矩 $I$ 以及设计应力的位置 $y$ 是对应相似的。产生这种相似性的原因,将留给读者自己去分析。因而,刚性横梁分布法在习惯上又叫作"偏心受压法"。

(4)按刚性横梁法求荷载横向分布系数。

有了主梁的荷载横向分布影响线,就可以在桥的横截面上布置最不利的车辆位置,计算主梁的最大影响量,即该主梁受荷载 $R_i$ 的最大值。

$$\max R_i = \frac{P}{2}(\eta_1 + \eta_2 + \cdots + \eta_n) = \frac{P}{2}\sum \eta_i = m_{cq}P \quad (2\text{-}4\text{-}45)$$

式中,$m_{cq} = \frac{1}{2}\sum \eta_i$,是在汽车荷载作用时,主梁 $i$ 的荷载横向分布系数。

按刚性横梁分布法求得的主梁横向影响线是直线,所以就没有必要按式(2-4-45)去求每个轮重下的影响线坐标 $\eta_i$,而只需要把所有轮重的合力 $R$ 求出来,再乘以合力作用位置下影响线纵标 $\overline{\eta}$ 即可。

图 2-4-27 表示桥梁横断面,6 片主梁,车道净宽 7m,两侧各有 1.50m 宽的人行道,人群荷载集度 $q_0 = 2.5 \text{kN/m}^2$,求 6 号边梁的荷载横向分布系数 $m_{cq}$(汽车荷载)和 $m_{cr}$(人群荷载)。

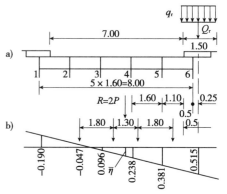

图 2-4-27 6 号梁荷载横向分布系数计算
(尺寸单位:m)

6号边梁的荷载横向分布影响线和1号边梁是对称的,见图2-4-26。现直接作出在桥梁横截面影响线,见图2-4-27b)。

①求 $m_{cq}$。

按照车辆横向排列的规定,两列汽车横向位置如图2-4-27b)所示。边轮距缘石不小于0.5m,因此,它距6号主梁梁肋的距离为 $\frac{1}{2} \times (5 \times 1.6 - 7.00) + 0.5 = 1.00 \text{(m)}$。四个轮压的合力 $R = 2P$,它的位置距边轮为 $1.80 + \frac{1}{2} \times 1.30 = 2.45 \text{(m)}$,即距6号主梁肋为3.45m,距4号主梁肋为0.25m,其合力 $R$ 的影响线纵标 $\bar{\eta}$,可用 $\eta_3$ 和 $\eta_4$ 之间的线性内插求得:

$$\bar{\eta} = 0.096 + (0.238 - 0.096) \times \frac{1.60 - 0.25}{1.60} = 0.096 + 0.142 \times \frac{1.35}{1.60} = 0.216$$

$$\max R_6 = 2P \times 0.216 = 0.432P = m_{cq}P$$

$$m_{cq} = 0.432$$

②求 $m_{cr}$。

人群荷载为均布,其合力距6号边梁为0.25m(外侧),合力下的影响线纵标 $\eta_r$ 经 $\eta_5$ 和 $\eta_6$ 外插,得:

$$\eta_r = 0.381 + 0.143 \times \frac{1.85}{1.60} = 0.546$$

沿桥长1.00m的人群荷载的合力 $q_0 \times 1.50 = 2.50 \times 1.50 = 3.75 \text{(kN/m)}$。

$$\max R_{6r} = 3.75 \times \eta_r = 3.75 \times m_{cr}$$

$$m_{cr} = 0.546$$

应当指出,对6号梁而言,单边人行道加载求得的 $m_{cr}$ 较两边加载的要大。

根据设计要求,常常需要对挂车、履带车荷载计算其荷载横向分布系数(分别以 $m_{cg}$、$m_{cl}$ 表示),其方法与求 $m_{cq}$ 和 $m_{cr}$ 相同,故不重复。

以上讨论的刚性横梁法概念明确,计算简捷,是工程设计中较常用的一种计算荷载横向分布系数的方法。然而,由于在推演中把横梁的刚度近似假定为无穷大,并且忽略了主梁的抗扭刚度,这就导致了边梁受力偏大的计算结果。为此,国内外学者曾提出用考虑主梁抗扭刚度的修正刚性横梁法。

## 二、考虑主梁抗扭刚度的修正刚性横梁法

已知用刚性横梁法计算荷载横向分布影响线竖标(以1号边梁为例)的公式为:

$$R_1 = \frac{I_1}{\sum I_i} \pm \frac{ea_1 I_1}{\sum a_i^2 I_i} \tag{2-4-46}$$

上式中,等号右边第一项是由中心荷载 $P=1$ 所引起,此时,各主梁只产生挠度而无转动(图2-4-25),显然它与主梁的抗扭无关。等号右边的第二项是由力偶矩 $M = 1 \cdot e$ 的作用引起各片主梁的竖向荷载,很明显,由于截面的转动,各片主梁不仅会产生竖向挠度,而且还必然同时引起扭转,可是在式(2-4-40)中没有计入主梁的抗扭作用。由此可见,要计入主梁的抗扭影响,只需对式(2-4-40)的第二项给予修正即可。

下面就研究在力偶矩 $M = 1 \cdot e$ 作用下桥梁的变形和受力情况。

如图2-4-28所示,还是取跨中截面来分析在 $M$ 作用下每片主梁除产生不相同的挠度 $w_i''$ 外,尚转动一个相同的 $\theta$ 角[图2-4-28b)]。各片主梁对横梁的反作用为竖向力 $R_i$ 和抗扭矩 $M_{Ti}$ [图2-4-28c)]。

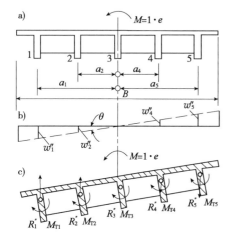

图 2-4-28 考虑主梁抗扭的计算图式

根据平衡条件:
$$\sum R''_i \cdot a_i + \sum M_{Ti} = 1 \cdot e \qquad (2\text{-}4\text{-}47)$$

由材料力学,简支梁跨中,截面扭矩与扭角以及竖向力与挠度的关系为:
$$\theta = \frac{lM_{Ti}}{4GI_{Ti}} \qquad w''_i = \frac{R''_i l^3}{48EI_i} \qquad (2\text{-}4\text{-}48)$$

而从几何关系(图 2-4-28):
$$\theta \approx \tan\theta = \frac{w''_i}{a_i} \qquad (2\text{-}4\text{-}49)$$

将式(2-4-48)代入式(2-4-49),则:
$$\theta = \frac{R''_i l^3}{48 a_i EI_i} \qquad (2\text{-}4\text{-}50)$$

再将式(2-4-50)代入 $\theta$ 与 $M_{Ti}$ 的关系式,得:
$$M_{Ti} = R''_i \frac{l^2 GI_{Ti}}{12 a_i EI_i} \qquad (2\text{-}4\text{-}51)$$

为了计算 1 号梁的荷载,根据几何的和刚度的比例关系,将 $R''_i$ 用 $R''_1$ 表示之,得:
$$\frac{R''_i}{a_i I_i} = \frac{R''_1}{a_1 I_1}$$

即:
$$R''_i = R''_1 \frac{a_i I_i}{a_1 I_1} \qquad (2\text{-}4\text{-}52)$$

再将式(2-4-51)和式(2-4-52)代入平衡条件式(2-4-47),则得:
$$\sum R''_1 \frac{a_i^2 I_i}{a_1 I_1} + \sum R''_1 \frac{a_i I_i}{a_1 I_1} \cdot \frac{l^2 GI_{Ti}}{12 a_i EI_i} = e$$

或
$$R''_1 \cdot \frac{1}{a_1 I_1} \left( \sum a_i^2 I_i + \frac{Gl^2}{12E} \sum I_{Ti} \right) = e$$

于是:
$$R''_1 = \frac{e a_1 I_1}{\sum a_i^2 I_i + \frac{Gl^2}{12E} \sum I_{Ti}} = \frac{e a_1 I_1}{\sum a_i^2 I_i} \left( \frac{1}{1 + \frac{Gl^2 \sum I_{Ti}}{12E \sum a_i^2 I_i}} \right) = \beta \frac{e a_1 I_1}{\sum a_i^2 I_i} \qquad (2\text{-}4\text{-}53)$$

最后,可得考虑主梁抗扭刚度后,1 号梁的荷载横向分布影响线竖标为:
$$R_1 = \frac{I_1}{\sum I_i} \pm \beta \frac{e a_1 I_1}{\sum a_i^2 I_i} \qquad (2\text{-}4\text{-}54)$$

式中系数:
$$\beta = \frac{1}{1 + \frac{Gl^2 \sum I_{Ti}}{12E \sum a_i^2 I_i}} < 1$$

称为抗扭修正系数。它与梁号无关,纯粹取决于结构的几何尺寸和材料特性。

上式即 1947 年 Schöttgen 提出的修正公式,实际上早在 1938 年 Leonhardt 就已经考虑到了主梁的抗扭修正。此后,1958 年横道英雄、1961 年 улипкий 等提出过修正公式。它们的共同特点是都把主梁处理为梁排,而主梁的抗扭影响以主梁自由扭转抗力矩的形式出现,用杆件结构力学的静力平衡方程与变形协调方程来推导修正公式。1962 年 Фаǐ、1963 年杨国先提出的抗扭修正是:把各片主梁分别认为是刚性薄壁杆或把整个梁排看作刚性薄壁杆件,而主梁的抗扭影响以薄壁杆件约束扭转的形式出现。另外,在 1963 年我国郑孝达和林元培也先后用比拟板的能量方法推导了修正公式,后者还计及了横梁的抗扭影响。但不管用什么方法修正,归根结底都是在横梁无限刚性的前提下来考虑主梁的抗扭影响。计算结果表明,这些修正公式只能改变主梁荷载横向分布影响线的斜率,而不能改变其线性性质。当主梁的片数增多,桥宽增加,横梁与主梁相对弯曲刚度比值降低,当横梁不再能看作是无限刚性时,这个修正公式所计算的结果仍然会带来较大的误差。

## 第三节 铰接板(梁)法

对于用现浇混凝土纵向企口缝连接的装配式板桥,以及仅在翼板间用焊接钢板或伸出交叉钢筋连接的无中间横隔梁的装配式桥,由于块件间横向具有一定的连接构造,但其连接刚性又很薄弱,这类结构的受力状态实际接近于数根并列而相互间横向铰接的狭长板(梁)。以此为基础,发展了横向铰接板(梁)理论来计算荷载的横向分布。

铰接板桥的受力特点可以用图 2-4-29 来说明。

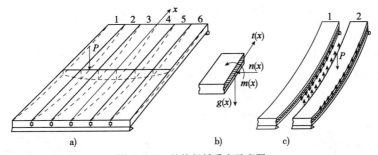

图 2-4-29 铰接板桥受力示意图

图 2-4-29a)示出一座用混凝土企口缝连接的装配式板桥承受荷载 $P$ 的变形图式。当 2 号板块上有荷载 $P$ 作用时,除了本身引起纵向挠曲外(板块本身的横向变形极微小,可略去不计),其他板块也会受力而发生相应的挠曲。显然,这是因为各板块之间通过结合缝所承受的内力在起传递荷载的作用。图 2-4-29b)表示出一般情况下结合缝下可能引起的内力为竖向剪力 $g(x)$、横向弯矩 $m(x)$、纵向剪力 $t(x)$ 和法向力 $n(x)$。然而,当桥上主要作用竖向车轮荷载时,纵向剪力和法向力同竖向剪力相比,影响极小;加之,在构造上,结合缝(企口缝)的高度不大、刚性甚弱,通常可视作近似铰接,则横向弯矩对传布荷载的影响极微,也可忽略。这样,为了简化计算,就可以假定竖向荷载作用下,结合缝内只传递竖向剪力 $g(x)$,如图 2-4-29c)所示,这就是横向铰接板(梁)计算理论的假定前提。

1. 铰接板桥的荷载横向分布

在正弦荷载 $P(x) = P\sin\dfrac{\pi x}{l}$ 作用下,各条铰缝内也产生正弦分布的铰接力 $g_i(x) = g_i\sin\dfrac{\pi x}{l}$,图 2-4-30b)中示出任意一条板梁的铰接力分布图形。鉴于荷载、铰接力和挠度三者的谐调性,对于研究各条板梁所分布荷载的相对规律来说,方便地取跨中单位长度的截割段来进行分析不失其一般性,此时各板条间铰接力可用正弦分布铰接力的峰值 $g_i$ 来表示。

图 2-4-30a)表示一座横向铰接板桥的横截面图。现在我们来研究单位正弦荷载作用在 2 号板梁轴线上时,荷载在各条板梁内的横向分布,计算图式如图 2-4-30b)所示。

一般说来,对于具有 $n$ 条板梁组成的桥梁,必然具有 $n-1$ 条铰缝。在板梁间沿铰缝切开,则每一铰缝内作用着一对大小相等、方向相反的正弦分布铰接力,因此,对于 $n$ 条板梁就有 $n-1$ 个欲求的未知铰接力峰值 $g_i$。如果求得了所有的 $g_i$,则根据力的平衡原理,可得分配到各板块的竖向荷载的峰值 $P_{i1}$,以图 2-4-31b)所示的 5 块板为例,即为:

$$\left.\begin{array}{ll} 1\text{号板} & P_{11} = 1 - g_1 \\ 2\text{号板} & P_{21} = g_1 - g_2 \\ 3\text{号板} & P_{31} = g_2 - g_3 \\ 4\text{号板} & P_{41} = g_3 - g_4 \\ 5\text{号板} & P_{51} = g_4 \end{array}\right\} \tag{2-4-55}$$

显然,对于具有 $n-1$ 个未知铰接力的超静定问题,总有 $n-1$ 条铰接缝,将每一铰接缝切开形成基本体系,利用两相邻板块在铰接缝处的竖向相对位移为零的变形协调条件,就可解出全部铰接力峰值。为此,对于图 2-4-31b)的基本体系,可以列出 4 个正则方程如下:

$$\left.\begin{array}{l} \delta_{11}g_1 + \delta_{12}g_2 + \delta_{13}g_3 + \delta_{14}g_4 + \delta_{1P} = 0 \\ \delta_{21}g_1 + \delta_{22}g_2 + \delta_{23}g_3 + \delta_{24}g_4 + \delta_{2P} = 0 \\ \delta_{31}g_1 + \delta_{32}g_2 + \delta_{33}g_3 + \delta_{34}g_4 + \delta_{3P} = 0 \\ \delta_{41}g_1 + \delta_{42}g_2 + \delta_{43}g_3 + \delta_{44}g_4 + \delta_{4P} = 0 \end{array}\right\} \tag{2-4-56}$$

式中:$\delta_{ik}$——铰接缝 $k$ 内作用单位正弦铰接力,在铰接缝 $i$ 处引起的竖向相对位移;

$\delta_{iP}$——外荷载 $P$ 在铰接缝 $i$ 处引起的竖向位移。

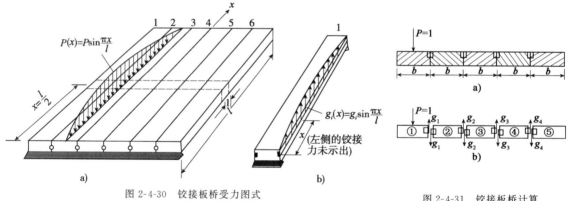

图 2-4-30 铰接板桥受力图式

图 2-4-31 铰接板桥计算

为了确定正则方程中的常系数 $\delta_{ik}$ 和 $\delta_{iP}$,我们来考察图 2-4-32a)所示任意板梁在左边铰接缝内作用单位正弦铰接力的典型情况。图 2-4-32b)为跨中单位长度截割段的示意图。对于横向近乎刚性的板块,偏心的单位正弦铰接力可以用一个中心作用的荷载和一个正弦分布的扭矩来代替,图 2-4-32c)中示出了作用在跨中段上相应峰值 $g_i=1$ 和 $m_t=\dfrac{b}{2}$。我们设上述中心作用荷载在板跨中央产生的挠度为 $w$,上述扭矩引起的跨中扭角为 $\varphi$,这样在板块左侧产生的总挠度为 $w+\dfrac{b}{2}\varphi$,在板块右侧则为 $w-\dfrac{b}{2}\varphi$。掌握了这一典型的变形规律,参照图 2-4-31b)的基本体系,就不难确定以 $w$ 和 $\varphi$ 表示的全部 $\delta_{ik}$ 和 $\delta_{iP}$。计算中应遵循下述符号:当 $\delta_{ik}$ 与 $g_i$ 的方向一致时取正号,也就是说,使某一铰接缝增大相对位移的挠度取正号,反之取负号。至此,依据图 2-4-31b)的基本体系,就可写出正则方程式(2-4-56)中的常系数为:

$$\delta_{11} = \delta_{22} = \delta_{33} = \delta_{44} = 2\left(w + \dfrac{b}{2}\varphi\right)$$

$$\delta_{12} = \delta_{23} = \delta_{34} = \delta_{21} = \delta_{32} = \delta_{43} = -\left(w - \frac{b}{2}\varphi\right)$$
$$\delta_{13} = \delta_{14} = \delta_{24} = \delta_{31} = \delta_{41} = \delta_{42} = 0$$
$$\delta_{1P} = -w$$
$$\delta_{2P} = \delta_{3P} = \delta_{4P} = 0$$

将上述的系数代入式(2-4-56),使全式除以 $w$,并设刚度参数 $\gamma = \dfrac{\frac{b}{2}\varphi}{w}$,则得正则方程的化简形式:

$$\left.\begin{array}{r}2(1+\gamma)g_1 - (1-\gamma)g_2 = 1 \\ -(1-\gamma)g_1 + 2(1+\gamma)g_2 - (1-\gamma)g_3 = 0 \\ -(1-\gamma)g_2 + 2(1+\gamma)g_3 - (1-\gamma)g_4 = 0 \\ -(1-\gamma)g_3 + 2(1+\gamma)g_4 = 0\end{array}\right\} \quad (2\text{-}4\text{-}57)$$

一般说来,$n$ 块板就有 $n-1$ 个联立方程,其主系数 $\dfrac{1}{w}\delta_{ii}$ 都是 $2(1+\gamma)$,副系数 $\dfrac{1}{w}\delta_{ik}$ ($k=i\pm1$) 都为 $-(1-\gamma)$,其余都为零。荷载项系数除了直接受荷的 1 号板块处为 $-1$ 以外,其余均为零。

由此可见,只要确定了刚度参数 $\gamma$、板块数量 $n$ 和荷载作用位置,就可解出所有 $n-1$ 个未知铰接力的峰值。有了 $g_i$ 就能按式(2-4-55)得到荷载作用下分配到各板块的竖向荷载峰值。

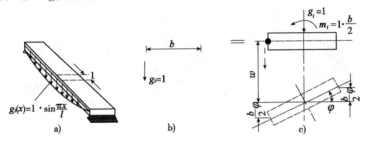

图 2-4-32 板梁的典型受力图式

2.铰接板桥的荷载横向影响线和横向分布系数

上面我们阐明了沿桥的横向只有一个荷载(用单位正弦荷载代替)作用下的荷载横向分布问题。为了计算横向可移动的一排车轮荷载对某根板梁的总影响,最方便的方法就是利用该板梁的荷载横向影响线来计算横向分布系数。下面将从荷载横向分布计算出发来绘制横向影响线。

图 2-4-33a)表示荷载作用在 1 号板梁上时,各块板梁的挠度和所分配的荷载图式。

对于弹性板梁,荷载与挠度呈正比关系,即:
$$P_{i1} = a_1 w_{i1}$$
同理
$$P_{1i} = a_2 w_{1i}$$

由变位互等定理 $w_{i1} = w_{1i}$,且每块板梁的截面相同(比例常数 $a_1 = a_2$),就得:
$$P_{1i} = P_{i1}$$

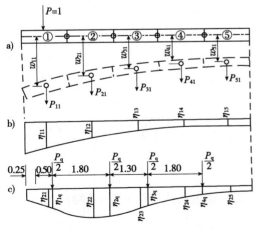

图 2-4-33 跨中荷载的横向影响线

上式表明,单位荷载作用在1号板梁轴线上时任一板梁所分配的荷载,就等于单位荷载作用于任意板梁轴线上时1号板梁所分配到的荷载,这就是1号板梁荷载横向影响线的竖标值,通常以 $\eta_{1i}$ 来表示。最后,利用式(2-4-55),就得1号板梁横向影响线的各竖标值为:

$$\left.\begin{aligned}\eta_{11} &= P_{11} = 1 - g_1 \\ \eta_{12} &= P_{21} = g_1 - g_2 \\ \eta_{13} &= P_{31} = g_2 - g_3 \\ \eta_{14} &= P_{41} = g_3 - g_4 \\ \eta_{15} &= P_{51} = g_4\end{aligned}\right\} \quad (2\text{-}4\text{-}58)$$

把各个 $\eta_{1i}$ 按比例描绘在相应板梁的轴线位置,用光滑的曲线(或近似地用折线)连接这些竖标点,就得1号板梁的横向影响线,如图2-4-33b)所示。同理,如将单位荷载作用在2号板梁轴线上,就可求得 $P_{i2}$,从而可得 $\eta_{2i}$,如图2-4-33c)所示。

在实际设计时,可以利用对于板块数目 $n=3\sim10$ 所编制的各号板的横向影响线竖标计算表格。

有了跨中荷载横向影响线,就可以计算各类荷载的跨中横向分布系数 $m_c$。

3. 刚度参数 $\gamma$ 值的计算

刚度参数为 $\gamma = \dfrac{b}{2}\varphi/w$,为了计算 $\gamma$,首先要确定偏心正弦荷载作用下,所产生的跨中竖向挠度 $w$ 和扭角 $\varphi$,见图2-4-34。

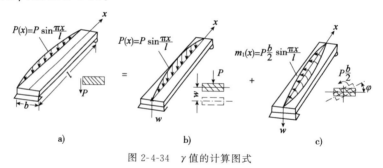

图 2-4-34 $\gamma$ 值的计算图式

根据式(2-4-17)和式(2-4-22)可得到跨中 $\left(x = \dfrac{l}{2}\right)$ 挠度和转角为:

$$w = \frac{Pl^4}{\pi^4 EI} \quad (2\text{-}4\text{-}59)$$

$$\varphi = \frac{Pbl^2}{2\pi^2 GI_T} \quad (2\text{-}4\text{-}60)$$

从而得可得到刚度参数 $\gamma$ 的计算式如下:

$$\gamma = \frac{b}{2}\frac{\varphi}{w} = \frac{b}{2}\frac{\dfrac{Pbl^2}{2\pi^2 GI_T}}{\dfrac{Pl^4}{\pi^4 EI}} = \frac{\pi^2 EI}{4GI_T}\left(\frac{b}{l}\right)^2 \approx 5.8\frac{I}{I_T}\left(\frac{b}{l}\right)^2 \quad (2\text{-}4\text{-}61)$$

式中,对于混凝土取用 $G=0.4E$。

可见,由偏心的正弦荷载算得的 $\gamma$ 值,与单位正弦荷载作用的计算结果是一样的。

4. 铰接T形梁桥的计算特点

小跨径的钢筋混凝土T形梁桥,为了便于预制施工,往往不设中间横隔梁,仅对翼板的板边作适当连接，或者仅由现浇的桥面板使各梁连接在一起。这种梁桥的横向连接刚度很弱，其受力特点就像横向铰接的结构。此外，对一座无横隔梁的组合式梁桥，其横向连接刚度可以近似作为横向铰接来计算。下面将阐明横向铰接 T 形梁桥与铰接板桥相比较，在计算荷载横向分布方面的不同特点。

图 2-4-35a)和 b)表示一座铰接 T 形梁桥在单位正弦荷载作用下沿跨中单位长度截割段的铰接力计算图式。如果将它们与前面铰接板桥计算图式[图 2-4-31a)和 b)]相比较，可以发现两者对于荷载横向分配的表达式(2-4-55)是完全一样的。唯一不同之点是利用式(2-4-56)的正则方程解铰接力 $g_i$ 时，在所有主系数 $\delta_{ii}$ 中除了考虑 $w$ 和 $\varphi$ 的影响外，还应计入 T 形梁翼板悬臂端的弹性挠度 $f$[图 2-4-35c)和 d)]。鉴于翼缘板边缘有单位正弦荷载作用时，翼板可视为在梁肋处固定的悬臂板，其板端挠度接近于正弦分布，即 $f(x) = f\sin\frac{\pi x}{l}$（$f$ 为挠度峰值），如图 2-4-35c)所示，则得：

$$f = \frac{d_1^3}{3EI_1} = \frac{4d_1^3}{Eh_1^3}$$

式中：$d_1$——翼板的悬出长度；

$h_1$——翼板厚度；对于变厚度的翼板，可近似地取距离梁肋 $\frac{d_1}{3}$ 处的板厚来计算，见图 2-4-34c)；

$I_1$——单位宽度翼板的抗弯惯性矩，$I_1 = \frac{h_1^3}{12}$。

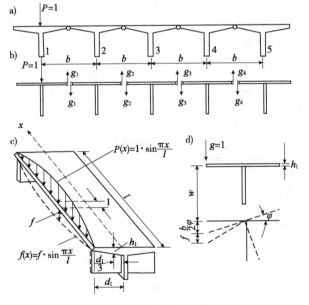

图 2-4-35 铰接 T 形梁桥计算图式

因此，对于铰接 T 形梁桥，正则方程式(2-4-57)中只有 $\delta_{ii}$ 应改为：

$$\delta_{11} = \delta_{22} = \delta_{33} = \cdots = 2\left(w + \frac{b}{2}\varphi + f\right) \tag{2-4-62}$$

如令 $\beta = \frac{f}{w}$，则：

$$\beta = \frac{\dfrac{4d_1^3}{Eh_1^3}}{\dfrac{l^4}{\pi^4 EI}} \approx 390 \frac{I}{l^4}\left(\frac{d_1}{h_1}\right)^3 \tag{2-4-63}$$

将改变后的 $\delta_{ii}$ 代入式(2-4-57),并经与铰接板的类似处理后,就得铰接 T 梁的正则方程:

$$\left.\begin{array}{l} 2(1+\gamma+\beta)g_1 - (1-\gamma)g_2 = 1 \\ -(1-\gamma)g_1 + 2(1+\gamma+\beta)g_2 - (1-\gamma)g_3 = 0 \\ -(1-\gamma)g_2 + 2(1+\gamma+\beta)g_3 - (1-\gamma)g_4 = 0 \\ -(1-\gamma)g_3 + 2(1+\gamma+\beta)g_4 = 0 \end{array}\right\} \tag{2-4-64}$$

由此可见,只要确定了刚度参数 $\gamma$ 和 $\beta$,就可像在铰接板桥中一样,解出所有未知铰接力的峰值,并利用 $\eta_{ki} = P_{ik}$ 的关系[参见式(2-4-58)]绘制荷载横向影响线。

值得指出的是,当悬臂不长(0.7~0.8m)和跨径 $l \geqslant 10$m 时,参数 $\gamma$ 一般比 $\beta$ 值显著要大 $[\beta/(1+\gamma) < 5\%]$,因而在不影响计算精确度的条件下,可忽略 $\beta$ 的影响而直接利用铰接板桥的计算用表,以简化铰接梁桥的计算。

在有必要计入 $\beta$ 的影响时,也可利用 $\beta=0$ 的 $\eta_{ii}$ 和 $\eta_{ik}$ 计算用表,按下式近似地计算计及 $\beta$ 值影响的荷载横向影响线坐标值 $\eta_{ii(\beta)}$ 和 $\eta_{ik(\beta)}$:

$$\left.\begin{array}{l} \eta_{ii(\beta)} = \eta_{ii} + \dfrac{\beta}{1+\gamma}(1-\eta_{ii}) \\ \eta_{ik(\beta)} = \eta_{ik} - \dfrac{\beta}{1+\gamma}\eta_{ik} \end{array}\right\} \tag{2-4-65}$$

**5. 铰接板桥举例**

图 2-4-36a)所示为跨径 $l = 12.60$m 的铰接空心板桥的横截面布置,桥面净空为净-7m 和 $2 \times 0.75$m 的人行道。全桥跨由 9 块预应力混凝土空心板组成,欲求 1、3 和 5 号板的公路—I 级车辆荷载和人群荷载作用的跨中荷载横向分布系数。

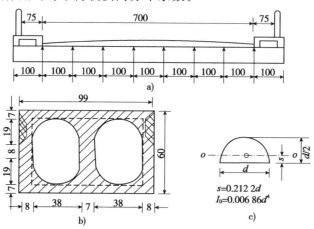

图 2-4-36 空心板横截面(尺寸单位:cm)

第一步:计算空心板截面的抗弯惯性矩 $I$。

本例空心板是上下对称截面,形心轴位于高度中央,故其抗弯惯性矩为[参见图 2-4-36c)所示半圆的几何性质]:

$$\begin{aligned} I &= \frac{99 \times 60^3}{12} - 2\frac{38 \times 8^3}{12} - 4\left[0.006\,86 \times 38^4 + \frac{1}{2} \cdot \frac{\pi \times 38^2}{4}\left(\frac{8}{2} + 0.212\,2 \times 38\right)^2\right] \\ &= 1\,782\,000 - 3\,423 - 4 \times 96\,828 = 1\,391 \times 10^3\,(\text{cm}^4) \end{aligned}$$

第二步：计算空心板截面的抗扭惯性矩 $I_T$。

本例空心板截面可近似简化成图 2-4-36b)中虚线所示的薄壁箱形截面来计算 $I_T$，按前面式(2-4-27)，则得：

$$I_T = \frac{4 \times (99-8)^2 (60-7)^2}{(99-8) \times \left(\frac{1}{7} + \frac{1}{7}\right) + \frac{2 \times (60-7)}{8}} = \frac{93\,045\,000}{26 + 13.25} = 2.37 \times 10^6 (\text{cm}^4)$$

第三步：计算刚度参数 $\gamma$ [式(2-4-61)]。

$$\gamma = 5.8 \frac{I}{I_T} \left(\frac{b}{l}\right)^2 = 5.8 \times \frac{1\,391 \times 10^3}{2\,370 \times 10^3} \left(\frac{100}{1\,260}\right)^2 = 0.021\,4$$

第四步：计算跨中荷载横向分布影响线。

利用铰板荷载横向分布影响线计算用表直线内插法求得 $\gamma = 0.021\,4$ 的影响线竖标值 $\eta_{1i}$、$\eta_{3i}$ 和 $\eta_{5i}$。计算结果见表 2-4-4（表中的数值为实际 $\eta_{ki}$ 的小数点后三位数字）。

表 2-4-4

| 板号 | $\gamma$ | 单位荷载作用位置($i$号板中心) | | | | | | | | | $\sum \eta_{ki}$ |
|---|---|---|---|---|---|---|---|---|---|---|---|
| | | 1 | 2 | 3 | 4 | 5 | 6 | 7 | 8 | 9 | |
| 1 | 0.02 | 236 | 194 | 147 | 113 | 088 | 070 | 057 | 049 | 046 | ≈1 000 |
| | 0.04 | 306 | 232 | 155 | 104 | 070 | 048 | 035 | 026 | 023 | ≈1 000 |
| | 0.021 4 | 241 | 197 | 148 | 112 | 087 | 068 | 055 | 047 | 044 | |
| 3 | 0.02 | 147 | 160 | 164 | 141 | 110 | 087 | 072 | 062 | 057 | ≈1 000 |
| | 0.04 | 155 | 181 | 195 | 159 | 108 | 074 | 053 | 040 | 035 | ≈1 000 |
| | 0.021 4 | 148 | 161 | 166 | 142 | 110 | 086 | 071 | 060 | 055 | |
| 5 | 0.02 | 088 | 095 | 110 | 134 | 148 | 134 | 110 | 095 | 088 | ≈1 000 |
| | 0.01 | 070 | 082 | 108 | 151 | 178 | 151 | 108 | 082 | 070 | ≈1 000 |
| | 0.021 4 | 087 | 094 | 110 | 135 | 150 | 135 | 110 | 094 | 087 | |

表中，$\eta_{1i}$、$\eta_{3i}$ 和 $\eta_{5i}$ 之值按一定比例尺绘于各号板的轴线下方，连接成光滑曲线后，就得1号、3号和5号板的荷载横向分布影响线，如图 2-4-37b)、c) 和 d) 所示。

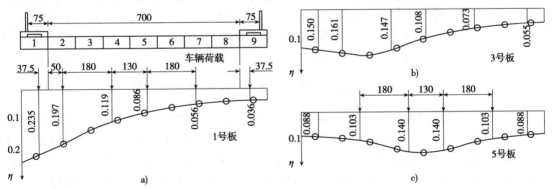

图 2-4-37　1号、3号和5号板的荷载横向分布影响线(尺寸单位:cm)

第五步：计算荷载横向分布系数。

按《公路桥涵设计通用规范》(JTG D60—2015)规定沿横向确定最不利荷载位置后，就可计算跨中荷载横向分布系数如下。

对于 1 号板：

车辆荷载 $\quad m_{cq} = \dfrac{1}{2} \times (0.197 + 0.119 + 0.086 + 0.056) = 0.229$

人群荷载 $\quad m_{cr} = 0.235 + 0.056 = 0.291$

对于 3 号板：

车辆荷载 $\quad m_{cq} = \dfrac{1}{2} \times (0.161 + 0.147 + 0.108 + 0.073) = 0.245$

人群荷载 $\quad m_{cr} = 0.150 + 0.055 = 0.205$

对于 5 号板：

车辆荷载 $\quad m_{cq} = \dfrac{1}{2} \times (0.103 + 0.140 + 0.140 + 0.103) = 0.243$

人群荷载 $\quad m_{cr} = 0.088 + 0.088 = 0.176$

综上所得，车辆荷载的横向分布系数的最大值为 $m_{cq} = 0.245$，人群荷载的最大值为 $m_{cr} = 0.279$。在设计中通常偏安全地取这些最大值来计算内力。

从图 2-4-37 所示各板的横向分布影响线可以看出，鉴于铰接空心板或实心板的抗扭能力比较大，故影响竖标值在横桥方向还是比较均匀的。再考虑到通常在桥宽方向较大范围内要布置好多个车轮荷载，这样又导致各号板的受力比较均匀，因此通过计算分析，还可以归纳成下述近似公式作为初估车辆荷载横向分布系数之用。

$$m_c = C \dfrac{k}{n}$$

式中：$n$——横截面内板的块数；

$k$——车辆荷载列数；

$C$——修正系数，一般取 $C = 1.15$。

6. 其他方法的说明

梁系法中还有一种方法称为刚接板（梁）法。此法不仅考虑图 2-4-29 中剖面的剪力传递，而且考虑弯矩传递，求解思路与铰接板法类似。刚接板（梁）法试图解决相邻板之间的连接可以近似看成整体板的情形，详细内容请参看《公路桥梁荷载横向分布计算》（李国豪，石洞，人民交通出版社）一书。国内工程实践中，对于多主梁的 T 梁桥或分离式箱梁桥较多使用梁格法；对于装配式空心板桥或实体板桥多采用铰接板法；对于宽桥（通常指桥的宽跨比 $B/l$ 大于 0.5 的情况），还常采用 Guyon-Massonner 提出的将梁桥模拟为正交各向异性板的板系法，这种方法的计算原理和具体应用可参看本书附录 II。

## 第四节　剪力荷载横向分布系数计算

以上讨论的荷载横向分布系数 $m_c$ 仅是对于主梁的跨中荷载横向分布而言，在计算主梁弯矩时，对跨中的荷载横向分布系数与跨中其他各点上的荷载横向分布系数是采用相同的值，这是实用方法基本原理的前提所决定的，因为变量分离的前提是精确内力影响面的图形在纵、横向各自有相似的特征。但剪力荷载横向分布的计算就不同，首先观察图 2-4-38 和图 2-4-39。

图 2-4-38 所示是跨中剪力影响面，图 2-4-39 所示是支点剪力影响面。显见，主梁剪力影响面图形的纵横向完全异形，无法作变量分离，也就不能得出一个简化的、在全跨单一的荷载横向分布系数，因而就必须寻求剪力的荷载横向分布的近似计算办法。由于在简支梁桥中剪力由支点截面控制，因此这里仅讨论支点截面剪力荷载横向分布计算。有关中间截面剪力的荷载横向分布近似计算，请读者参考相关文献。

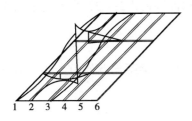
图 2-4-38　2号梁跨中剪力影响面

图 2-4-39　1号梁支点剪力影响面

从图 2-4-39 所示 1 号梁的精确支点剪力影响面中可见,在支点截面上的剪力分布和杠杆法的分布相近,而从跨内第一片横梁开始,到梁的另一端之间的剪力影响面,在纵横向可看做各自相似,所以,如果我们仍然采用全跨统一变量分离的方法绘制近似影响面,如图 2-4-40 所示,则将由于影响面峰值处的图形被歪曲而导致过大的误差。为此,我们可以作如下的近似处理,即在计算支点剪力时,其荷载横向分布系数在梁端采用按杠杆法计算得到的 $m'_c$,在跨内从第一片横梁则近似采用跨中的荷载横向分布系数 $m_c$,从梁端到第一片中横梁之间采用从 $m'_c$ 到 $m_c$ 的直线过渡形式,当仅有一片中横梁时,则取用距支点 1/4 跨径的一段,如图 2-4-41 所示。

图 2-4-40　被歪曲的支点剪力近似影响面

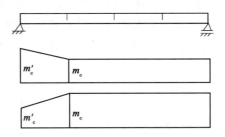
图 2-4-41　计算剪力时荷载横向分布系数沿跨长分布图

以往有的文献中提出,荷载横向分布系数沿跨度按图 2-4-42 所示的规律变化,这无论从影响面来看,或从力的传递来看,都是不合理的。首先,从图 2-4-39 所示的 1 号梁支点剪力影响面来看,在计算的支点截面处影响面坐标最大,而在另一端的影响面坐标值已很小,不可能仍然为杠杆分布。同时,从力的传递来看,当 1 号梁另一端作用荷载 $P$ 时,它要经过好几道横梁的分布才传到该支点上,它的分布应该比杠杆分布均匀得多。

现采用与前面刚性横梁法中同样横截面布置的钢筋混凝土梁桥,跨径 $l=19.5$m,求右边梁在汽车和人群荷载作用下剪力荷载横向分布系数沿跨长的分布图。

该桥为 6 梁式,主梁中距 $b_1=1.6$m,桥面宽 7.0m+2×1.5m,双车道,共设 5 道横梁(包括端横梁和中间横梁)。

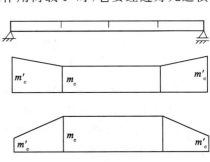
图 2-4-42　不合理的 $m_c$ 分布图

1. 求汽车荷载作用下的荷载横向分布系数分布图

(1)用杠杆法求支点处的荷载横向分布系数 $m'_{cq}$

右边梁用杠杆原理求得的荷载横向分布影响线如图 2-4-43 所示,按横向最不利位置加载得 $m_{cq}=0.188$。

(2)计算跨中截面荷载横向分布系数

由于 $B/l<0.5$,故可按刚性横梁法计算,这部分计算在图 2-4-27 的示例中已做过,$m_{cq}=0.432$。

(3)绘出横向分布系数沿跨长分布图

该桥共有 5 片横梁,等间距布置,于是可知第一片中横梁距支点处为 4.875m,则得汽车荷载作用下,右边梁的横向分布系数如图 2-4-43a)所示。

2.求人群荷载作用下的荷载横向分布系数分布图

(1)用杠杆法求支点截面的荷载横向分布系数 $m_{cr}$

人群荷载可用合力来等代,合力作用位置在人行道的中心线上,距离右边梁 0.25m,对应于右边梁荷载横向分布影响线上的坐标为(图 2-4-44):

$$\eta_r = \frac{1.85}{1.60} = 1.156$$

$\eta_r$ 即为横向分布系数,所以 $m'_{cr}=1.156$。

(2)计算跨中截面的荷载横向分布系数 $m_{cr}$

$m_{cr}$ 在前面示例中已经算得,$m_{cr}=0.546$。

(3)绘出横向分布系数沿跨长分布图

横向分布系数沿跨长分布如图 2-4-43b)所示。

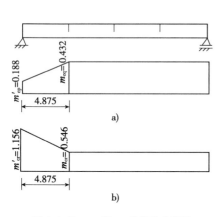

图 2-4-43 $m_q$ 和 $m_r$ 沿跨长分布图
(尺寸单位:m)

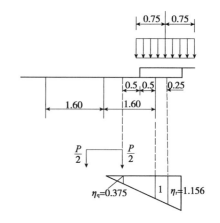

图 2-4-44 按杠杆原理法求边梁荷载横向分布系数
(尺寸单位:m)

有了 $m_c$ 分布图,如果要进一步求支点截面的最大剪力,则只需再作出支点截面的剪力影响线,然后沿跨长方向在两个图上对应加载,如图 2-4-45 所示。

在计算汽车荷载引起的支点剪力时,由于有两个线性函数的影响,求最大值就不那么简单;从理论上讲,可把剪力影响线 $\eta(x)$ 和 $m_c$ 变化图相乘,得 $S(x)=\eta(x)·m_c(x)$,然后求 $S(x)$ 的最大值,但这样做比较烦琐。由于它们都是连续的线性函数,故在极值附近的函数值是变化不大的,可以试算几个位置,比较后决定。

在计算人群荷载引起的支点剪力时,从图 2-4-45b)看出,$m_c$ 图有两个区段,在计算时也应按两个区段进行。为简单计起,把 $m_c$ 分为两部分:一是全跨按常系数 $m_{cr}=0.545$ 计算,二是 $l/4$ 跨段按 $m'_{cr}-m_{cr}=0.611$ 的三角形分布的系数计算,如图 2-4-45b)中虚线所示。

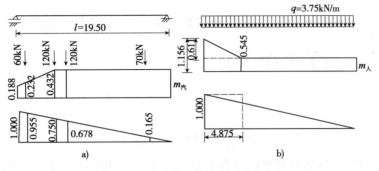

图 2-4-45 支点剪力计算(尺寸单位:m)

## 第五节 边梁和内梁刚度不等的荷载横向分布计算

在采用高设式人行道(即人行道面高出车行道面)的梁桥结构中,会遇到采用大边梁梁桥的设计方案(图 2-4-46);显然,这类桥梁的荷载横向分布和等截面主梁的荷载横向分布是有差别的,它的计算方法有好几种,可以仍然采用梁系的方法用力法解,但柔度矩阵的系数项中应根据不同的刚度进行调整,或利用等截面主梁的荷载横向分布影响线来做调整等。下面介绍的方法是把边梁的多余刚度看作一个"弹性支承",作为未知反力来考虑,只要把这两个未知反力解出来,则各片主梁的荷载横向分布可看作是等刚度梁在外荷载和这两个未知反力共同作用的结果。

在此只考虑边梁截面抗弯惯性矩的增大,而近似假设其抗扭惯性矩仍和内梁相同,以简化计算。这个假定对荷载横向分布系数 $m_c$ 的计算结果不会带来很大误差,而且是偏于安全的,因为边梁较大的抗扭惯性矩只会使荷载横向分布均匀一些。

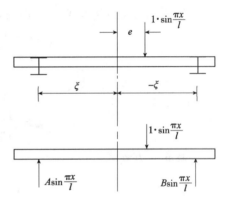

图 2-4-46 带有大边梁的截面示意图

假设边梁增大的这一部分抗弯刚度为 $(r-1)EI$,亦即"弹性支承"的刚度为 $(r-1)EI$,则在单位半波正弦荷载 $1 \cdot \sin\frac{\pi x}{l}$ 和弹性支承反力 $P_A$ 和 $P_B$ 的作用下,边梁的挠度为 $w_A$ 和 $w_B$。由于是正弦荷载的作用,因此,$P_A$、$P_B$、$w_A$ 和 $w_B$ 都呈正弦分布,即:

$$P_A = A\sin\frac{\pi x}{l}, P_B = B\sin\frac{\pi x}{l}$$

$$w_A = \bar{w}_A^* \sin\frac{\pi x}{l}, w_B = \bar{w}_B^* \sin\frac{\pi x}{l}$$

其中:

$$\left.\begin{array}{l}\bar{w}_A^* = 1 \cdot \bar{w}(\xi,e) - A\bar{w}(\xi,\xi) - B\bar{w}(\xi,-\xi) \\ \bar{w}_B^* = 1 \cdot \bar{w}(-\xi,e) - A\bar{w}(-\xi,\xi) - B\bar{w}(-\xi,-\xi)\end{array}\right\} \quad (2\text{-}4\text{-}66)$$

式中:$\bar{w}$——单位荷载作用下的挠度,括号内后者表示单位荷载的作用位置,前者表示产生挠度的位置。

在梁系中,由于单位正弦荷载 $1 \cdot \sin\frac{\pi x}{l}$ 和"弹性支承反力"$P_A$、$P_B$ 在两片边梁上产生的挠度,即为它们各自分配到边梁上的那一部分力所产生的挠度之和。

从前面正弦荷载的展开中已知道,半波正弦荷载 $P \cdot \sin \frac{\pi x}{l}$ 产生的挠度,也是一条半波正弦曲线 $w = \frac{P \cdot l^4}{\pi^4 EI} \cdot \sin \frac{\pi x}{l}$,因此:

$$\overline{w}_A^* = \frac{l^4}{\pi^4 EI}(1 \cdot \eta_{Ae} - A\eta_{AA} - B\eta_{AB})$$

$$\overline{w}_B^* = \frac{l^4}{\pi^4 EI}(1 \cdot \eta_{Be} - A\eta_{BA} - B\eta_{BB})$$

式中:$\eta$——单位荷载产生的荷载横向分布影响线竖标,其下标的后者表示荷载作用的位置,前者表示影响线竖标的位置,它们在《公路桥梁荷载横向分布计算》一书中都能查到。

就弹性支承而言,外力与挠度的关系是 $\frac{\partial^4 w}{\partial x^4} = \frac{P}{EI}$,因此:

$$\left.\begin{array}{l} P_A = A\sin\frac{\pi x}{l} = (r-1)EI\frac{\partial^4 w}{\partial x^4} = \frac{(r-1)\pi^4 EI}{l^4}\overline{w}_A^* \sin\frac{\pi x}{l} \\ P_B = B\sin\frac{\pi x}{l} = (r-1)EI\frac{\partial^4 w}{\partial x^4} = \frac{(r-1)\pi^4 EI}{l^4}\overline{w}_B^* \sin\frac{\pi x}{l} \end{array}\right\} \quad (2\text{-}4\text{-}67)$$

把式(2-4-66)代入式(2-4-67)得:

$$A = (r-1)(\eta_{Ae} - A\eta_{AA} - B\eta_{AB})$$
$$B = (r-1)(\eta_{Be} - A\eta_{BA} - B\eta_{BB})$$

令 $\Gamma = \frac{1}{r-1}$,则得:

$$\Gamma A = \eta_{Ae} - A\eta_{AA} - B\eta_{AB}$$
$$\Gamma B = \eta_{Be} - A\eta_{BA} - B\eta_{BB}$$

解联立方程式得:

$$\left.\begin{array}{l} A = \dfrac{\eta_{Ae}(\Gamma + \eta_{AA}) - \eta_{Be}\eta_{AB}}{(\Gamma + \eta_{AA})^2 - \eta_{AB}^2} \\ B = \dfrac{\eta_{Be}(\Gamma + \eta_{AA}) - \eta_{Ae}\eta_{AB}}{(\Gamma + \eta_{AA})^2 - \eta_{AB}^2} \end{array}\right\} \quad (2\text{-}4\text{-}68)$$

式中:$r$——边梁刚度和中梁刚度的比值,若为已知,就可求得 $\Gamma$ 值。

从《公路桥梁荷载横向分布计算》一书可查得 $\eta_{AA}$、$\eta_{AB}$、$\eta_{Ae}$ 和 $\eta_{Be}$,把这些代入式(2-4-68)中不难求出 $A$、$B$ 值,"弹性支承反力"$P_A$ 和 $P_B$ 也就得到了。于是带有大边梁的荷载横向分布影响线可将 $1 \cdot \sin\frac{\pi x}{l}$、$-A\sin\frac{\pi x}{l}$ 和 $-B\sin\frac{\pi x}{l}$ 的作用结果进行叠加,即为所求。在此应特别指出的是,在计算边梁梁位处的横向分布影响线竖标值时应把"弹性支承反力"本身考虑进去。

**示例**:图 2-4-47 是一个 5 梁式刚接 T 梁桥,边梁的高度为 2.50m,其余梁的高度为 1.30m,求 1 号边梁和 3 号中梁的荷载横向分布影响线(在此选用了边梁比内梁刚度大得多的例子,以充分表明增大边梁截面所产生的影响)。

内梁的截面抗弯惯性矩和抗扭惯性矩为:

$$I_{内} = 0.066\ 3\text{m}^4$$
$$I_{t内} = 0.002\ 9\text{m}^4$$

大边梁的截面抗弯惯性矩和抗扭惯性矩算得为:

$$I_{边} = 0.399\ 4\text{m}^4$$
$$I_{t边} = 0.000\ 6\text{m}^4$$

算例中近似假定边梁和内梁的抗扭刚度相等,仅考虑抗弯刚度的影响:

$$r = \frac{I_{边}}{I_{内}} = \frac{0.399\ 4}{0.066\ 3} = 6.02$$

从《公路桥梁荷载横向分布计算》一书中,按刚接梁法查得等截面主梁当刚度参数 $\Gamma = 0.001$ 和 $\gamma = 1.00$ 时,1号梁和3号梁的荷载横向分布影响线 $\eta_{ik}$ 的 1 000 倍值,列于表 2-4-5。

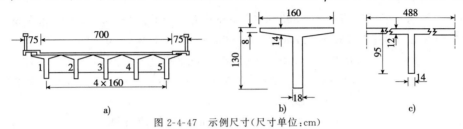

图 2-4-47 示例尺寸(尺寸单位:cm)

1. 求1号大边梁的荷载横向分布影响线

对照表 2-4-5,式(2-4-68)中的 $\eta_{AA} = \eta_{BB} = 0.563$,$\eta_{AB} = \eta_{BA} = -0.149$,而 $\eta_{Ae}$ 和 $\eta_{Be}$ 即为表 2-4-5 中所列的 1 号边梁的影响线坐标值。

$\eta_{ik}$ 的 1 000 倍值    表 2-4-5

| k / I | 1 | 2 | 3 | 4 | 5 |
|---|---|---|---|---|---|
| 1号边梁 | 563 | 374 | 192 | 19 | −149 |
| 8号中梁 | 192 | 203 | 209 | 203 | 192 |

同时,已知 $r = 6.02$,所以 $\Gamma = \frac{1}{r-1} = \frac{1}{5.02} = 0.199\ 2$。

式(2-4-68)中:
$$(\Gamma + \eta_{AA})^2 = 0.580\ 9$$
$$(\Gamma + \eta_{AA})^2 - \eta_{AB}^2 = 0.558\ 8$$

$A$、$B$ 值的计算结果列于表 2-4-6。

$A$、$B$ 值的计算结果    表 2-4-6

| 计算项 \ 梁号 | 1 | 2 | 3 | 4 | 5 |
|---|---|---|---|---|---|
| $\eta_{Ae}$ | 0.563 | 0.374 | 0.192 | 0.019 | −0.149 |
| $\eta_{Be}$ | −0.149 | 0.019 | 0.192 | 0.374 | 0.563 |
| $A$ | 0.545 6 | 0.393 9 | 0.250 8 | 0.119 5 | −0.053 |
| $B$ | −0.053 | 0.119 5 | 0.250 8 | 0.393 9 | 0.545 6 |

(1)单位荷载 $P = 1$ 作用在 1 号大边梁上时的荷载分配曲线坐标值计算

此时 $A = 0.545\ 6$,$B = -0.053$。
$$\eta_{11}^* = 0.545\ 6 + (1 - 0.545\ 6) \times 0.563 - (-0.053) \times (-0.149) = 0.793\ 5$$
$$\eta_{21}^* = (1 - 0.545\ 6) \times 0.374 - (-0.053) \times 0.019 = 0.170\ 9$$

$$\eta_{31}^* = (1-0.5456) \times 0.192 - (-0.053) \times 0.192 = 0.097$$
$$\eta_{41}^* = (1-0.5456) \times 0.019 - (-0.053) \times 0.374 = 0.0285$$
$$\eta_{51}^* = (1-0.5456) \times (-0.149) - (-0.053) \times 0.562 - 0.053 = -0.0909$$
$$\sum \eta_{ki}^* = 0.7935 + 0.1709 + 0.097 + 0.0285 - 0.0909 = 0.999 \approx 1.000$$

(2) 1 号大边梁荷载分布影响线坐标计算

此时 $A$、$B$ 随 $P=1$ 位置的变化而变化,其值如表 2-4-6 中所示。

$$\eta_{11}^* = 0.794$$
$$\eta_{12}^* = 0.3939 + 0.374 - 0.3939 \times 0.563 - 0.1195 \times (-0.149) = 0.563$$
$$\eta_{13}^* = 0.2508 + 0.192 - 0.2508 \times 0.563 - 0.2508 \times (-0.149) = 0.339$$
$$\eta_{14}^* = 0.1195 + 0.019 - 0.1195 \times 0.563 - 0.3939 \times (-0.149) = 0.130$$
$$\eta_{15}^* = 0.053 - 0.149 - (-0.053) \times 0.563 - 0.5456 \times (-0.149) = -0.091$$

2. 求 3 号中梁的荷载横向分布影响线

(1) 单位荷载 $P=1$ 作用在 3 号梁上的荷载分配曲线坐标值计算

此时 $A = B = 0.2508$。

$$\eta_{13}^* = 0.2508 + 0.192 - 0.2508 \times 0.563 - 0.2508 \times (-0.149) = 0.338$$
$$\eta_{23}^* = 0.203 - 0.2050 \times 0.374 - 0.2508 \times 0.019 = 0.104$$
$$\eta_{33}^* = 0.209 - 2 \times 0.2508 \times 0.192 = 0.113$$
$$\eta_{43}^* = \eta_{23}^* = 0.104$$
$$\eta_{53}^* = \eta_{13}^* = 0.338$$
$$\sum \eta_{ki}^* = 2 \times 0.338 + 2 \times 0.104 + 0.113 = 0.997 \approx 1.000$$

(2) 3 号中梁荷载分布影响线坐标计算

此时 $A$、$B$ 值随 $P=1$ 的位置变化而变化,其值如表 2-4-6 中所示。

$$\eta_{31}^* = (1-0.5456) \times 0.192 - (-0.053) \times 0.192 = 0.064$$
$$\eta_{32}^* = 0.203 - 0.3939 \times 0.192 - 0.1195 \times 0.192 = 0.104$$
$$\eta_{33}^* = 0.209 - 2 \times 0.2508 \times 0.192 = 0.113$$
$$\eta_{34}^* = \eta_{32}^* = 0.104$$
$$\eta_{35}^* = \eta_{31}^* = 0.064$$

把它们与等刚度梁的影响线坐标对比,其结果见图 2-4-48。

当然,这种方法的假定有一定的近似性,但是计算十分简便,同时可利用已有等刚度梁的计算表格,因此是一种值得推荐的方法。

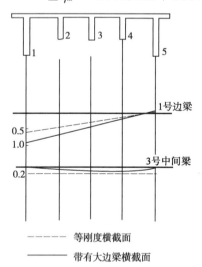

图 2-4-48 带有大边梁的边梁和中间梁的荷载横向分布影响线与等刚度梁的荷载横向分布影响线的对比

## 第六节 各种体系变截面梁桥的荷载横向分布计算

以上讨论的方法都是适用于等截面简支梁桥,而对于变截面简支梁桥、变截面的悬臂或连续梁桥荷载横向分布的计算方法则要复杂得多,因为它们的精确内力影响面的形状比较复杂,如按以上变量分离的思想去找寻一个近似的实用计算方法是烦琐的。由于截面变化规律和体系参数组合的实际情况各不相同,要结合具体情况做反复的计算,这在一般的桥梁实际设计计算中是难于采用的。为此,我们采用了将等截面简支梁桥的荷载横向分布方法近似地应用于变截面简支、悬臂、连续体系的建议,其基本出发点是:把这些结构体系的某一桥跨按等刚度原则变换为跨径相同的具有等截面的简支梁。所谓等刚度是指在跨中施加一个集中荷载或一个集中扭矩,则它们的跨中挠度或扭转角应分别彼此相等。这个方法便于使用,并已被模型试验的结果证实。下面将分别阐述变截面的简支梁桥、悬臂梁桥、连续梁桥和等截面等代简支梁桥之间的刚度换算问题。

### 一、变截面简支梁桥

大跨径的预应力混凝土简支梁桥,为了减轻自重,有时采用鱼腹式主梁。设其截面抗弯惯性矩按图 2-4-49 可近似用二次抛物线的规律变化,其表达如下:

$$\frac{I_c}{I_{(x)}} = 1 + (n-1)\left(1 - 2\frac{x}{l}\right)^2, n = \frac{I_c}{I_0} \tag{2-4-69}$$

式中:$I_c$——变截面简支梁跨中截面的抗弯惯性矩;

$I_0$——变截面简支梁支点截面的抗弯惯性矩。

按图 2-4-49,在跨中一个单位集中荷载 $P=1$ 作用下,变截面梁的跨中挠度为:

$$w_c = \frac{1}{E}\int_0^l \frac{1}{I_{(x)}} \cdot M_1^2 \mathrm{d}x$$

从图 2-4-49b)中可见:$M_1 = \frac{x}{2}(0 \leq x \leq l/2)$。

由于图形左右对称,故可用从 $0\sim l/2$ 积分的 2 倍求跨中挠度,于是:

$$w_c = \frac{1}{E}\int_0^l \frac{1}{I_{(x)}} \cdot M_1^2 \mathrm{d}x = \frac{2}{E}\int_0^{l/2} \frac{1}{I_c}\left[1+(n-1)\left(1-\frac{2x}{l}\right)^2\right] \cdot \left(\frac{x}{2}\right)^2 \mathrm{d}x$$

$$= \frac{l^3}{48EI_c}\left(\frac{n+9}{10}\right)$$

而等截面简支梁在跨中作用单位荷载 $P=1$ 时的跨中挠度为 $w_0 = \frac{l^3}{48EI}$。

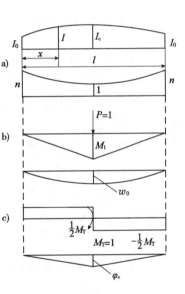

图 2-4-49 变截面简支梁计算图式

根据跨中挠度相等的原则,$w_c = w_0$,得到与变截面简支梁刚度相等的等代等截面梁的刚度 $I^*$ 应为:

$$I^* = \chi I_c, \chi = \frac{10}{9+n} \tag{2-4-70}$$

按图 2-4-49c),在一个集中单位外扭矩 $M_T = 1$ 作用于跨中时,变截面梁的跨中扭转角为:

$$\varphi_c = \frac{1}{G}\int_0^l \frac{1}{I_{T(x)}} \cdot M_{T1}^2 \mathrm{d}x$$

如图 2-4-49c)中所示:

$$M_{T1} = \frac{1}{2} \qquad \left(0 \leq x \leq \frac{l}{2}\right)$$

$$M_{T1} = -\frac{1}{2} \qquad \left(\frac{l}{2} < x \leq l\right)$$

假设截面的抗扭惯性矩同样符合以上二次抛物线的变化规律,即:

$$\frac{I_{Tc}}{I_T(x)} = 1 + (\tilde{n}-1)\left(1-\frac{2x}{l}\right)^2, \tilde{n} = \frac{I_{Tc}}{I_{T0}} \tag{2-4-71}$$

式中：$I_{Tc}$——变截面简支梁跨中截面的抗扭惯性矩；

$I_{T0}$——变截面简支梁支点截面的抗扭惯性矩。

$$\varphi_0 = \frac{1}{G}\int_0^l \frac{1}{I_T(x)}M_{T1}^2 dx = \frac{2}{G}\int_0^{l/2}\frac{1}{I_{Tc}}\left[1+(\tilde{n}-1)\left(1-\frac{2x}{l}\right)^2\right]\cdot\frac{1}{4}dx$$
$$= \frac{l^2}{4GI_{Tc}}\left(1+\frac{\tilde{n}-1}{3}\right)$$

而等截面简支梁，当跨中作用一单位集中扭矩 $M_T = 1$ 时的跨中扭转角应为 $\varphi_0 = \frac{l}{4GI_T}$。

根据跨中扭转角相等的原则，$\varphi_c = \varphi_0$，得到与变截面简支梁刚度相等的等代等截面梁的刚度为：

$$I_{Tc}^* = \tilde{\chi}I_{Tc}, \tilde{\chi} = \frac{3}{2+\tilde{n}} \tag{2-4-72}$$

有两点值得指出：①抗弯惯性矩换算系数$\chi$和抗扭惯性矩的换算系数$\tilde{\chi}$是不相同的；②以上公式不仅适用于 $n>1$、$\tilde{n}>1$ 的跨中截面高于两端的情况，也适用于 $n<1$、$\tilde{n}<1$ 的相反情况。

## 二、变截面悬臂梁桥

以常用的三跨对称悬臂梁桥为例(图 2-4-50)，这种桥的构造形式实际上可分为两种情况：第一种是锚梁和吊梁由于跨径差别很大，采用形式不同和刚度悬殊的截面，例如锚梁为大箱梁，吊梁为 T 梁或板。在这种情形下，荷载横向分布宜划分为三个不同的范围：锚跨 $l_1$、悬臂 $l_2$ 和吊孔 $l_3$。第二种情况是锚梁和吊梁的片数和截面形式都相同，刚度也差不多。这时荷载横向分布宜划分为边跨 $l_1$ 和中跨 $l = l_3 + 2l_2$。如果将吊孔当作两端简支梁桥来计算荷载横向分布并不恰当，因为其两端挠度即悬臂端挠度在沿桥宽方向可能偏离水平线很大。下面分别根据这两种情况来介绍求刚度换算系数的图式和计算结果。

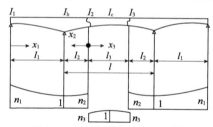

图 2-4-50 带吊梁的变截面悬臂梁的惯性矩变化规律

计算中近似取梁截面抗弯惯性矩(抗扭惯性矩)按下列的二次抛物线规律变化，式中符号如图 2-4-50 所示。

边跨：

$$\frac{I_b}{I(x_1)} = 1 + (n_1-1)\left(1-\frac{x_1}{l_1}\right)^2 \qquad \left(n_1 = \frac{I_b}{I_1}\right) \tag{2-4-73}$$

悬臂：

$$\frac{I_b}{I(x_2)} = 1 + (n_2-1)\left(1-\frac{x_2}{l_2}\right)^2 \qquad \left(n_2 = \frac{I_b}{I_2}\right) \tag{2-4-74}$$

吊梁：

$$\frac{I_b}{I(x_3)} = 1 + (n_3-1)\left(1-\frac{x_3}{l_3}\right)^2 \qquad \left(n_3 = \frac{I_b}{I_3}\right) \tag{2-4-75}$$

1. 锚梁和吊梁构造悬殊的情况

(1) 边跨，跨径为 $l_1$

按图 2-4-51，在边跨中央作用一单位集中荷载，其跨中挠度为：

$$w_c = \frac{1}{E}\int_0^l \frac{1}{I(x_1)} M_l^2 \mathrm{d}x_1$$

其中：

$$M_l = \frac{x_1}{2} \quad \left(0 \leqslant x_1 \leqslant \frac{l_1}{2}\right)$$

$$M_l = \frac{l_1 - x_1}{2} \quad \left(\frac{l_1}{2} < x_1 \leqslant l_1\right)$$

带吊梁的变截面悬臂梁的锚梁计算 2-4-51

$$w_c = \frac{1}{E}\int_0^{l_1/2} \frac{1}{I_b}\left[1+(n_1-1)\left(1-\frac{x_1}{l_1}\right)^2\right]\frac{x_1^2}{4}\mathrm{d}x_1 + \frac{1}{E}\int_{l_1/2}^{l_1} \frac{1}{I_b}\left[1+(n_1-1)\cdot\left(1-\frac{x_1}{l_1}\right)^2\right]\cdot\frac{(l_1-x_1)^2}{4}\mathrm{d}x_1 = \frac{l_1^3}{48EI_b}\cdot\frac{29+11n_1}{40}$$

而相应的等代同跨等截面简支梁，当跨中作用单位集中荷载时，其跨中挠度为：

$$w_0 = \frac{l_1^3}{48EI}$$

根据跨中跨径相等的原则，$w_c = w_0$，得等代梁的刚度为：

$$I_1^* = \chi_1 I_b, \chi_1 = \frac{40}{29+11n_1} \tag{2-4-76}$$

在一个集中外扭矩 $M_T$ 作用于边跨中央时（图 2-4-51），由于梁的截面变化不是以跨中为对称的，左右半跨梁截面所受扭矩 $M_l$ 和 $M_r$ 的绝对值是不相等的，需从左右半跨分别求得的跨中扭转角 $\varphi_c$ 相同这一条件来确定。由此求得在 $M_T$ 作用下扭转角 $\varphi_c$ 相等的常截面简支梁 $l_1$ 的抗扭惯性矩 $I_{T1}^*$ 为：

$$I_{T1}^* = \tilde{\chi}_1 I_{Tb}, \tilde{\chi}_1 = \frac{48(2+\tilde{n}_1)}{(5+7\tilde{n}_1)(11+\tilde{n}_1)} \tag{2-4-77}$$

上式读者可以自己推导。

（2）悬臂，跨径为 $2l_2$

将悬臂端看作等刚度简支梁的跨中央，所以后者的跨径取 $2l_2$。按图 2-4-52 和图 2-4-53 求得等代简支梁 $2l_2$ 的抗弯惯性矩和抗扭惯性矩为：

$$I_2^* = \chi_2 I_b, \chi_2 = \frac{5}{(9+n_1)\frac{l_1}{l_2}+(9+n_2)} \tag{2-4-78}$$

$$I_{T2}^* = \tilde{\chi}_2 I_{Tb}, \tilde{\chi}_2 = \frac{3}{2(2+\tilde{n}_2)} \tag{2-4-79}$$

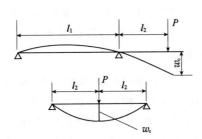

图 2-4-52 悬臂部分计算假定（在竖向力作用下）

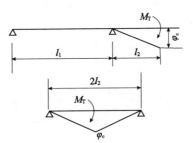

图 2-4-53 悬臂部分计算假定（在扭矩作用下）

(3)吊梁,跨径为 $l_3$

这种情况和图 2-4-49 所示的简支梁相似,只是跨中截面小于梁端截面,因而 $n<1$。参照式(2-4-70)和式(2-4-72):

$$I_3^* = \chi_3 I_c, \chi_3 = \frac{10}{9+n_3} \tag{2-4-80}$$

$$I_{T3}^* = \widetilde{\chi}_3 I_{T0}, \widetilde{\chi}_3 = \frac{3}{2+\widetilde{n}_3} \tag{2-4-81}$$

2. 锚梁和吊梁构造形式相同的情况

边跨的简支梁 $l_1$ 同前面一样,按式(2-4-76)和式(2-4-77)换算。

对于由悬臂和吊梁组成的整个中跨 $l=2l_2+l_3$,按图 2-4-54 和图 2-4-55 求得等刚度简支梁 $l$ 的抗弯惯性矩和抗扭惯性矩:

$$I^* = \chi I_3^*, \chi = \frac{1}{1+4\frac{I_3^*}{I_2^*}\left(\frac{l_2}{l_3}\right)^3}\left(\frac{l}{l_3}\right)^3 \tag{2-4-82}$$

$$I_T^* = \widetilde{\chi} I_{T3}^*, \widetilde{\chi} = \frac{1}{1+\frac{I_{T3}^*}{I_{T2}^*}\frac{l_2}{l_3}}\frac{l}{l_3} \tag{2-4-83}$$

其中, $I_2^*$、$I_3^*$、$I_{T2}^*$、$I_{T3}^*$ 见式(2-4-78)~式(2-4-81)。

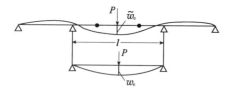

图 2-4-54 锚梁和吊梁构造形式相同时的
计算假定(竖向力作用下)

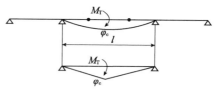

图 2-4-55 锚梁与吊梁构造相同时的计算
假定(扭矩作用下)

这里必须指出:以上的计算是以荷载跨的各主梁不同的变形(挠度)能依样传播到非荷载跨为依据的。当中间支承上横梁抗扭刚度与桥跨中间的差不多时,这个条件能够满足。但是如果中间支承上横梁的抗扭刚度很大,使非荷载跨各主梁的变形(挠度)趋于相同,那么,作用于中跨的荷载对于边跨的内力计算可作为均匀荷载分布于各主梁。同时,在以上求等代简支梁的抗弯惯性矩计算中,理应考虑邻跨主梁较大的钳制作用,但鉴于这个计算方法本身是近似的,所以从略。

对锚梁和吊梁为等截面的情况,则在以上的公式中其所属的 $n_i$ 和 $\widetilde{n}_i$ 等于 1。

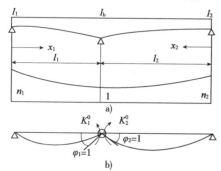

图 2-4-56 两跨连续梁等代刚度的计算图式

### 三、变截面连续梁桥

关于两跨、三跨的不等跨和变截面连续梁的等代简支梁,其抗弯惯性矩、抗扭惯性矩的计算公式如下所述。

1. 两跨连续梁

设图 2-4-56 表示的两跨连续梁的截面惯性矩变化规律,近似按式(2-4-73)和式(2-4-74)计算。

两跨连续梁为一次超静定结构,在求等代简支梁的刚度时,先要解出赘余力,然后再求左半跨或右半跨在单位集中荷载(单位扭矩)和赘余力共同作用下的跨中挠度 $w_c$(跨中扭转角 $\varphi_c$)。在推演过程中,应注意它们的抗弯惯性矩和抗扭惯性矩的变化规律,在此不作详细推导,只列出计算公式。

左跨等代简支梁的抗弯惯性矩为:

$$I_1^* = \chi_1 I_b, \chi_1 = \frac{40}{(29+11n_1)(1-v_1)} \tag{2-4-84}$$

其中:

$$v_1 = \frac{(95+25n_1)^2}{64(9+n_1)(29+11n_1)\left(1+\dfrac{K_1^0}{K_2^0}\right)} \tag{2-4-85}$$

$$K_1^0 = \frac{30}{9+n_1} \cdot \frac{I_b}{l_1}, K_2^0 = \frac{30}{9+n_2} \cdot \frac{I_b}{l_2} \tag{2-4-86}$$

$K_1^0$ 和 $K_2^0$ 表示左跨和右跨梁的抗弯刚度,即在中间支承端使梁端形成挠曲角 $\varphi=1$ 所需的端弯矩,见图 2-4-56。

将上列公式中 1 改为 2,$K_1^0$ 与 $K_2^0$ 互换,便得到右跨等刚度简支梁的换算公式。

对两边等跨和等截面的特殊情况,从上式得出:

$$K_1 = K_2 = \frac{3I}{l}, v_1 = v_2 = \frac{9}{32}$$

$$\chi_1 = \chi_2 = \frac{32}{23} = 1.391$$

左跨等代简支梁的抗扭惯性矩 $I_{t1}^*$ 的计算和图 2-4-50 的悬臂梁的边跨一样,按式(2-4-77)计算。

2. 三跨连续梁桥

设图 2-4-57 表示的对称三跨变截面连续梁桥,其截面惯性矩变化规律在边跨按式(2-4-73)计算,在中跨按式(2-4-69)和式(2-4-71)计算。

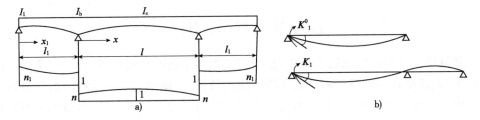

图 2-4-57 求三跨连续梁等代刚度的计算图式

(1)边跨的等代简支梁

$I_1^*$ 按式(2-4-84)~式(2-4-86)计算,只是其中的 $K_2^0$ 改为 $K$,它等于中跨和右跨一起的连续梁的抗弯刚度,如图 2-4-57b)所示。

$$K = \frac{1}{1-\mu}K^0, K^0 = \frac{15}{3+2n} \cdot \frac{I_c}{l} \tag{2-4-87}$$

$$\mu = \frac{4+n}{6+4n} \cdot \frac{1}{1+\dfrac{K^0}{K_1^0}} \tag{2-4-88}$$

其中,$K_1^0$ 见式(2-4-86),$K^0$ 是中跨单独的抗弯刚度,见图 2-4-57b)。

当边跨梁为等截面时,按式(2-4-84)、式(2-4-85)以 $K$ 代替 $K_2^0$ 得出:

$$I_1^* = \chi_1 I_1, \chi_1 = \frac{1}{1 - \dfrac{9}{16\left(1 + \dfrac{K^0}{K}\right)}} \tag{2-4-89}$$

在三等跨和相同的等截面的情形，$\chi_1 = \dfrac{10}{7} = 1.429$。

$I_{T1}^*$ 同样按式(2-4-77)计算。

(2) 中跨的等代简支梁

$$I^* = \chi I_c, \chi = \frac{10}{(9+n)(1-v)} \tag{2-4-90}$$

其中：

$$v = \frac{25(5+n)^2}{16(3+2n)(9+n)(1+\mu)\left(1 + \dfrac{K^0}{K_1^0}\right)} \tag{2-4-91}$$

$\mu$、$K^2$、$K_1^0$ 按式(2-4-88)、式(2-4-87)、式(2-4-86)计算。

在中跨为等截面的情形从上式得出：

$$\chi = \frac{1}{1 - \dfrac{3}{4\left(1 + \dfrac{2K^0}{3K_1^0}\right)}} \tag{2-4-92}$$

当 $K^0 = K_1^0$ 时，例如三等跨等截面，$\chi = \dfrac{20}{11} = 1.818$。

$I_T^*$ 和图 2-4-49 的简支梁一样，按式(2-4-72)计算。

通过以上换算，我们已把变截面的简支、悬臂、连续梁桥换算为等代简支梁，其刚度 $I^*$ 和 $I_T^*$ 可用以上给出的换算公式进行计算，这样就可应用各种等截面简支梁的荷载横向分布计算方法计算这些体系的 $m_c$ 值。

## 第七节　横　梁　计　算

在钢筋混凝土和预应力混凝土桥中，横梁对于加强结构的横向联系、保证结构的整体性有很大的作用，尤其是在车辆荷载和桥宽不断增大的情况下，横梁的正确受力分析和设计计算已成为整个设计中比较重要的一部分，为此我们对横梁的受力做了模型试验，得到了中间横梁跨中截面 $C$ 的弯矩影响面，如图 2-4-58 所示。

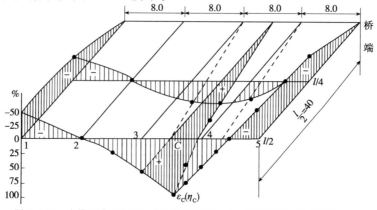

图 2-4-58　中横梁跨中截面 $C$ 的弯矩影响场 $\varepsilon_C(\eta_C)$ 实测结果(尺寸单位：cm)

在弯矩影响面中有几点值得注意：

(1)正影响面$+\eta_C$的横向宽度范围跨越两三个主梁间距，与刚性支承上多跨连续梁的跨中弯矩影响线完全不同。因此，不能把刚性支承连续梁上弯矩分布的概念用以说明中横梁的内力情况。它比较接近于弹性地基梁，把主梁设想为弹性地基。

(2)正影响面$+\eta_C$的横向宽度是沿桥跨基本上不变的。因此桥上同一行车辆的轮压都同在正影响面或负影响面上。

(3)影响面从跨中到桥端的衰减规律不仅$+\eta_C$和$-\eta_C$的不同，而且$+\eta_C$本身的衰减规律也是沿桥宽变化的，沿着通过截面$C$的纵线衰减比较快，在它两侧的纵线则比较缓慢，并且接近于按正弦曲线$\sin\frac{\pi x}{l}$衰减。

根据以上试验结果的分析，我们可以偏安全地用中横梁的设计来代表所有其他横梁的设计，只需求出中横梁的$Q$和$M$进行配筋和强度验算即可。

下面介绍两种计算中间横梁内力的方法，即刚性横梁法和梁系法。

## 一、按刚性横梁计算横梁内力

可将桥梁的中横梁近似地视做支承在多片弹性主梁上的多跨弹性支承连续梁，其计算图式如图2-4-59所示。鉴于各片主梁的荷载横向影响线（即弹性支反力影响线）已经求得，故连续梁的内力可以简单地用静力平衡条件来解。

对于具有多片内横梁的桥梁，由于位于跨中的横梁受力最大，通常只需计算跨中横梁的内力，其他横梁可偏安全地仿此设计。

1. 横梁内力影响线

如图2-4-59所示，当桥梁在跨中有单位荷载$P=1$作用时，各主梁所受的荷载将

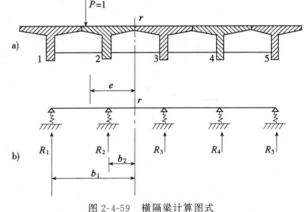

图2-4-59 横隔梁计算图式

为$R_1$、$R_2$、$R_3$、…、$R_n$，这也就是横梁的弹性支承反力。因此，由力的平衡条件就可写出横梁任意截面$R$的内力计算公式。

(1)荷载$P=1$作用于截面$r$的左侧时：

$$\left.\begin{aligned} M_r &= R_1 \cdot b_1 + R_2 \cdot b_2 - 1 \cdot e = \overset{左}{\sum} R_i b_i - e \\ Q_r &= R_1 + R_2 - 1 = \overset{左}{\sum} R_i - 1 \end{aligned}\right\} \quad (2\text{-}4\text{-}93)$$

(2)荷载$P=1$作用于截面$r$的右侧时：

$$\left.\begin{aligned} M_r &= R_1 \cdot b_1 + R_2 \cdot b_2 = \overset{左}{\sum} R_i b_i \\ Q_r &= R_1 + R_2 = \overset{左}{\sum} R_i \end{aligned}\right\} \quad (2\text{-}4\text{-}94)$$

式中：$M_r$、$Q_r$——横梁任意截面$r$的弯矩和剪力；

$e$——荷载$P=1$到所求截面的距离；

$b_i$——支承反力$R_i$至所求截面的距离；

$\overset{左}{\sum}$——涉及所求截面以左的全部支承反力的作用。

以上公式中对于确定的计算截面 $r$ 来说,所有的 $b_i$ 是已知的,而 $R_i$ 则随荷载 $P=1$ 的位置 $e$ 而变化。因此就可以直接利用已经求得的 $R_i$ 的横向影响线来绘制横梁的内力影响线。

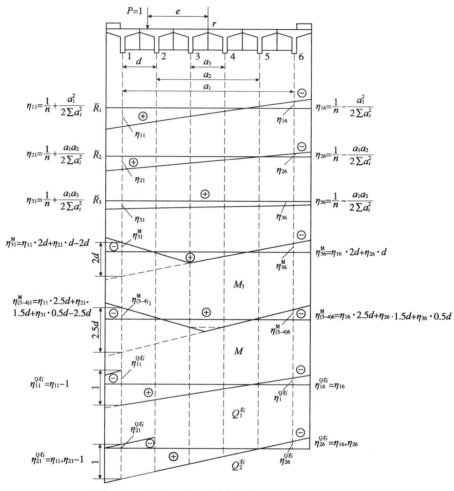

图 2-4-60 按偏心受压法计算的横梁的 $R$、$M$ 和 $Q$ 影响线

通常横梁的弯矩在靠近桥中线的截面较大,剪力则在靠近桥两侧边缘处的截面较大。所以,以图 2-4-59 为例,一般可以只求 3 号梁处和 2 号与 3 号主梁之间(对于装配式桥即横隔板接头处)截面的弯矩,以及 1 号主梁右侧和 2 号主梁右侧等截面的剪力。

图 2-4-60 表示按刚性横梁法计算的横梁支承反力 $R$、弯矩 $M$ 和剪力 $Q$ 的影响线。鉴于 $R_i$ 影响线呈直线规律变化,故绘制内力影响线时,只需要标出几个控制点的竖坐标值。尚须指出,对于非直接作用于横梁上的荷载,在计算内力时实际上应考虑间接传力的影响,例如图 2-4-60 中 $M_{3-4}$ 影响线在 3 号梁和 4 号梁之间区段应取虚线之值。但鉴于计算中主要荷载作用于横梁上,为了简化起见,仍可偏安全地忽略间接传力的影响。

也可以按修正的刚性横梁法来计算横梁内力影响线,计算方法同上,所不同的仅是反力 $R_i$ 影响线竖向坐标的计算公式不同。

2.作用在横梁上的计算荷载

有了横梁内力影响线,就可直接在其上加载来计算内力。但须注意,对于跨中一片横梁来说,除了直接作用在其上的轮重外,前后的轮重对它也有影响,在计算中可假设荷载在相邻横梁之间按杠杆原理法传布,如图 2-4-61 所示。因此,纵向一列汽车轮重分布给该横梁的计算荷载为:

$$P_{cq} = \frac{P_1}{2} \cdot y_1 + \frac{P_2}{2} \cdot y_2 + \frac{P_3}{2} \cdot y_3 = \frac{1}{2} \sum P_i y_i \quad (2\text{-}4\text{-}95)$$

式中:$P_i$——轴重,应注意,将加重车的重轴布置在欲计算的横梁上;

$y_i$——对于所计算的横梁按杠杆原理计算的纵向荷载影响线竖坐标。

人群:

$$p_{cr} = p_{cr} \cdot \Omega_r = p_{cr} \cdot l_a \text{(影响线上布满荷载)} \quad (2\text{-}4\text{-}96)$$

式中:$p_{cr}$——一侧人行道每延米的人群荷载;

$\Omega_r$——人群荷载范围的影响线面积;

$l_a$——横梁的间距。

## 二、按梁系法计算横梁内力

在前面介绍的按梁系法进行的荷载横向分布计算中,列出了以相邻主梁之间桥面板跨中的竖向剪力 $g_i$ 和弯矩 $M_k$ 为赘余力的力法方程。方程中的 $g_i$、$x_k = \frac{2}{b_1} \cdot M_k$ 和荷载 1 都是沿桥跨为正弦曲线 $\sin\frac{\pi x}{l}$ 的峰值。让单位正弦荷载 $1 \cdot \sin\frac{\pi x}{l}$ 作用于桥宽上的不同位置,解相应的力法方程便得出 $g_i$ 和 $x_k$。利用 $g_i$ 可求出主梁的荷载横向分布影响线。而 $x_k$ 直接就代表桥面桥跨中变矩 $M_k$ 沿桥宽的影响线竖坐标,仅需乘以 $\frac{1}{2}b_1$。在《公路桥梁荷载横向分布计算》[34]一书的附录中给出了刚接板、梁桥横向弯矩影响线($M\tilde{\eta}$)表,分四梁式、五梁式、六梁式三种;其中六梁式的表格可用于多于六片梁的横截面,表中的 $\tilde{\eta}_k$ 值实际上即是 $\chi_k$。

图 2-4-62 表示具有六片主梁的桥横断面上 C 点的弯矩影响线。

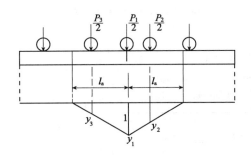
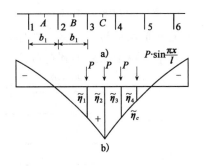

图 2-4-61 横梁上计算荷载的计算图式　　图 2-4-62 横梁 C 点上弯矩影响线

有了弯矩影响线,就可按常规方法加载求横梁中的最大弯矩:

$$\widetilde{M}_C(x) = \frac{1}{2}b_1 \cdot p(\bar{\eta}_1 + \bar{\eta}_2 + \cdots)\sin\frac{\pi x}{l} = \widetilde{M}_C \sin\frac{\pi x}{l} \quad (2\text{-}4\text{-}97)$$

式中:$p$——不同性质的荷载折算为正弦荷载的系数。

对于离左支点为 $a$ 处的集中荷载 $P$,则 $p = \frac{2P}{l}\sin\frac{\pi a}{l}$;对于局部均布于 $2\lambda$ 宽度的,且重心离支点为 $C$ 的荷载 $q$(图 2-4-63),则 $p = \frac{4q}{\pi}\sin\frac{\pi c}{l}\sin\frac{\pi\lambda}{l}$;对于沿桥跨均匀分布的荷载 $q$(如桥面铺装、栏杆、人行道等),则 $p = \frac{4q}{\pi}$。

在求刚接梁的力法方程时，曾把中横梁化成等刚度的桥面板。现在，把桥面板的弯矩 $\widetilde{M}_k$ 从横梁间距 $l_1$ 中到中的积分作为中横梁的弯矩 $M_k$，其中以中横梁的为最大：

$$\left.\begin{array}{ll} \text{一片中横梁} & M_k = \widetilde{M}_k \int_{l/4}^{3l/4} \sin\dfrac{\pi x}{l}\mathrm{d}x = 0.450 l\, \widetilde{M}_k \\[4pt] \text{三片中横梁} & M_k = \widetilde{M}_k \int_{3l/8}^{5l/8} \sin\dfrac{\pi x}{l}\mathrm{d}x = 0.244 l\, \widetilde{M}_k \\[4pt] \text{更多片中横梁} & M_k = l_1 \widetilde{M}_k \end{array}\right\} \quad (2\text{-}4\text{-}98)$$

其中，$\widetilde{M}_k$ 表示桥面板弯矩在桥孔中央的峰值，例如式(2-4-97)中的 $\widetilde{M}_C$。

应当指出，在以上的计算中，用沿桥跨连续分布的正弦荷载 $P\cdot\sin\dfrac{\pi x}{l}$ 来代替了实际上集中于小面积上的车辆轮压 $P$。不言而喻，这样求得的桥面板弯矩峰值，如式(2-4-97)中的 $\widetilde{M}_C$ 是和集中的轮压 $P$ 直接作用在桥面板跨中央 $C$ 产生的局部弯矩峰值有相当大的差别的，因而不能作为设计桥面板的依据。但是，我们通过按式(2-4-98)对桥面板的跨中弯矩进行积分来求中横梁跨中弯矩，却大大地消除了上述的误差。

**示例**：跨径 $l=19.50$m 的装配式钢筋混凝土简支梁桥横截面如图 2-4-64a)所示，用偏压法计算跨中横隔梁在车辆荷载作用下的弯矩 $M_{2\text{-}3}$ 和剪力 $Q^{\text{中}}$，1号梁横向影响线图 2-4-64b)中已给出。

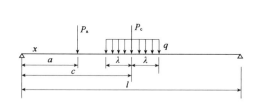

图 2-4-63 作用在桥上的不同荷载形式

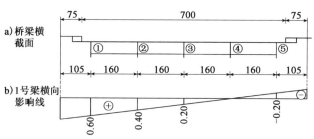

图 2-4-64 横向分布系数计算图示(尺寸单位：cm)

1. 确定作用在中横隔梁上的计算荷载

对于跨中横隔梁的最不利荷载位置如图 2-4-65 所示。

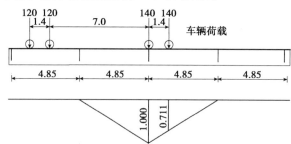

图 2-4-65 跨中横隔梁的受载图示(尺寸单位：m；轴重单位：kN)

纵向一行车轮对中横隔梁的计算荷载为：

车辆荷载

$$P_0 = \dfrac{1}{2}\sum P_i y_i = \dfrac{1}{2}\times(140\times 1 + 140\times 0.711) = 119.77(\text{kN})$$

2. 绘制中横隔梁的内力影响线

在图 2-4-64b)中已知1号梁的横向影响线竖坐标值为：

$$\eta_{11}=0.60,\ \eta_{21}=0.40,\ \eta_{31}=0.20,\ \eta_{51}=-0.20$$

由反力互等定理和梁的对称性,可以求得 3 号梁和 5 号梁的横向影响线坐标值分别为:
$$\eta_{13}=0.20, \eta_{23}=0.20, \eta_{15}=-0.20, \eta_{25}=0$$

(1)绘制弯矩影响线

对于 2 号和 3 号主梁之间截面的弯矩 $M_{2\text{-}3}$ 影响线可计算如下:

$P=1$ 作用在 1 号梁轴上时:
$$\begin{aligned}\eta^{M}_{(2-3)1} &= \eta_{11} \times 1.5d + \eta_{21} \times 0.5d - 1 \times 1.5d \\ &= 0.6 \times 1.5 \times 1.6 + 0.4 \times 0.5 \times 1.6 - 1.5 \times 1.6 = -0.64\end{aligned}$$

$P=1$ 作用在 3 号梁轴上时:
$$\begin{aligned}\eta^{M}_{(2-3)3} &= \eta_{13} \times 1.5d + \eta_{23} \times 0.5d \\ &= 0.20 \times 1.5 \times 1.6 + 0.20 \times 0.5 \times 1.6 = 0.64\end{aligned}$$

$P=1$ 作用在 5 号梁轴上时:
$$\eta^{M}_{(2-3)5} = \eta_{15} \times 1.5d + \eta_{25} \times 0.5d = (-0.20) \times 1.5 \times 1.6 + 0 \times 0.5 \times 1.6 = -0.48$$

有了此三个竖坐标值和已知影响线折点位置(所计算的截面位置),就可绘出 $M_{2\text{-}3}$ 影响线,如图 2-4-66 所示。

(2)绘制剪力影响线

对于 1 号主梁处截面的 $Q_1^{右}$ 影响线可计算如下:

$P=1$ 作用在计算截面以右时:$Q_1^{右}=R_1$,即 $\eta^{Q^{右}}_{1i} = \eta_{1i}$(就是 1 号梁荷载横向影响线)。

$P=1$ 作用在计算截面以左时:$Q_1^{右}=R_1-1$,即 $\eta^{Q^{右}}_{1i} = \eta_{1i} - 1$。

绘成的 $Q_1^{右}$ 影响线如图 2-4-66 所示。

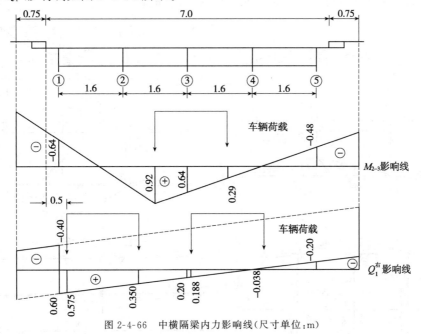

图 2-4-66 中横隔梁内力影响线(尺寸单位:m)

3. 截面内力计算

将求得的计算荷载 $P_0$ 在相应的影响线上按最不利荷载位置加载,对于汽车荷载并计入冲击影响,其中汽车荷载冲击力系数 $\mu$ 取为 0.3,则得:

弯矩 $M_{2\text{-}3}$:
$$M_{2\text{-}3} = (1+\mu)\xi P_0 \sum \eta = 1.3 \times 1.0 \times 119.77 \times (0.92 + 0.29) = 188.40 (\text{kN} \cdot \text{m})$$

剪力 $Q_1^{右}$:

$$Q_1^{\bar{n}} = (1+\mu)\xi P_0 \sum \eta = 1.3 \times 1.0 \times 119.77 \times (0.575 + 0.350 + 0.188 - 0.038) = 167.38(\text{kN})$$

在计算中,应该注意的是:对于汽车荷载应计入冲击作用,并按实际情况进行车道折减(示例中尚未计入);对于影响线具有正、负部分的内力,应该按相应的最不利荷载位置求出内力的最大值和最小值。

求得横梁内力后,就可按钢筋混凝土结构设计原理进行配筋和应力验算;对于横梁用焊接钢板接头连接的T形梁桥,应根据接头处的最大弯矩值来确定所需钢板尺寸和焊缝长度。

以上我们讨论了刚性横梁法中如何绘制横梁内力影响线的方法,也介绍了梁系法的横梁内力求解方法。应指出,这些方法都是建立在主梁荷载横向分布的基础上,乃借用了主梁荷载横向分布的概念去求解横梁内力。实际上,应从横梁内力影响面的形状出发,去寻求近似处理方法。Leonhardt曾在20世纪50年代应用梁格理论,研究分析了横梁内力影响面的形状和它的变化,见图2-4-67和图2-4-68。它表示了不同主梁、横梁片数,不同参数值 $Z[Z = \left(\dfrac{l}{2a}\right)^3 \dfrac{I_1}{I}$,式中,$I_1$ 为横梁抗弯惯性矩,$I$ 为主梁抗弯惯性矩,$l$ 为跨长,$a$ 为主梁间距]的横梁弯矩影响面的形状。可见,横梁弯矩影响面在纵向是相似的,因此引用等代力概念,直接在横梁弯矩影响面峰值处的横向影响线上加载是可行的。但是求横梁内力时,在影响面上的纵向加载区段是随着参数 $Z$ 的变化而变化的,如当 $Z \to \infty$ 时,即为刚性横梁。从图2-4-67和图2-4-68所示的横梁内力影响面中可见,前面所做的荷载在相邻横梁之间按杠杆原理法传播的假设是合理的,但计算值偏小。但是对于 $0 < Z < \infty$ 的梁桥中,如多梁式宽桥,计算横梁内力时其加载区段如何确定的问题尚需进一步分析研究,以求得合理的解决。

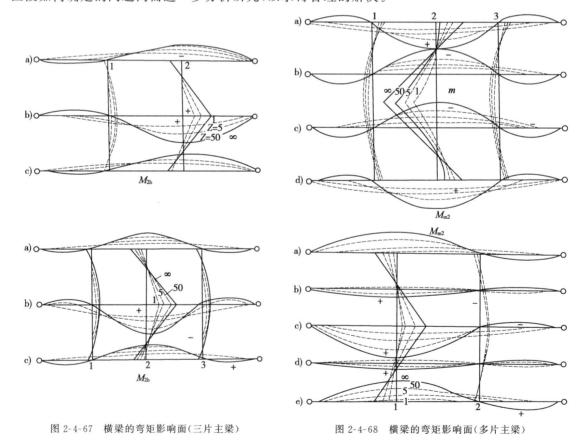

图 2-4-67 横梁的弯矩影响面(三片主梁)

图 2-4-68 横梁的弯矩影响面(多片主梁)

# 第五章 超静定预应力混凝土梁桥次内力计算

超静定预应力混凝土梁桥在各种内外因素的综合影响下,结构因受到强迫的挠曲变形或轴向伸缩变形,在多余约束处将产生约束力,从而引起结构附加内力,这部分附加内力一般统称为结构次内力(或称二次力)。外部因素有预加力、墩台基础沉降、温度变形等;内部因素有混凝土材料的徐变与收缩、结构布置与配筋形式等。本章以预应力混凝土连续梁为讨论对象,介绍分析结构次内力的基本原理和方法。这些理论对于任何超静定混凝土结构都是适用的。

## 第一节 预加力引起的次内力计算

首先分析一下预应力混凝土简支梁和连续梁在预加力作用下的区别。

预应力混凝土简支梁在预加力作用下将自由地产生挠曲变形,在支座上不产生次反力,也就不会引起梁内的次力矩,即预加力仅影响梁的内部应力。混凝土的压力线与预应力束筋重心线重合。预加力在梁的任意截面上产生的弯矩为:

$$M_N = N_y \cdot e \tag{2-5-1}$$

式中:$N_y$——梁内有效预加力值(假定预应力损失沿束筋为常值);

$e$——偏心距。

$M_N$的图形与束筋重心线和梁的重心轴之间包围的面积图相似,也称为总预矩图。

预应力混凝土连续梁,在预加力的作用下因有多余约束的存在,不可能自由挠曲,如图 2-5-1 所示,在多余约束处必然会产生次反力,从而在梁内产生次内力矩 $M'$,如图 2-5-1c)所示。为了平衡这部分力矩,混凝土压力线必然偏离束筋重心线,从而组成内抗力矩,其偏离值应为:

$$e' = \frac{M'}{N_y} \tag{2-5-2}$$

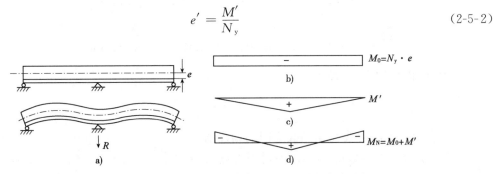

图 2-5-1 连续梁因预加力引起的挠曲变形,初预矩图及总预矩图

由于次力矩是由支座次反力产生的,因而任意两个相邻支座间的次力矩变化是线性的。假设在两相邻支座之间预加力 $N_y$ 为常数,则偏离值 $e'$ 与 $M'$ 成正比,也必然是线性变化。

连续梁内,预加力对梁产生的总预矩为:

$$M_N = M_0 + M' \tag{2-5-3}$$

式中:$M_0$——预加力的偏心作用在梁内产生的力矩,称为初预矩,$M_0 = N_y \cdot e$;

$M'$——预加力引起的次力矩。求解预加力次力矩,可用力法或等效荷载法。

## 一、用力法解预加力次力矩

用力法计算预应力次力矩,一般取支点弯矩作为赘余力,通过变形协调方程,求出赘余力,最后求出预应力次力矩和总预矩。

**1. 连续配筋**

(1) 直线配筋

如图 2-5-2 所示,预应力束筋有效预加力为 $N_y$,偏心距为 $e$,取简支梁为基本结构,取中间支点截面弯矩 $x_1$ 为赘余力。在预加力作用下,支座 $B$ 处的变形协调方程为:

$$\delta_{11} x_1 + \Delta_{1N} = 0 \tag{2-5-4}$$

由图 2-5-2c)、d),即可求得 $\delta_{11} = \dfrac{2l}{3EI}$,$\Delta_{1N} = -\dfrac{N_y e l}{EI}$,代入上式,即得:

$$x_1 = -\dfrac{\Delta_{1N}}{\delta_{11}} = \dfrac{3}{2} N_y e \tag{2-5-5}$$

预加力次力矩 $M'_1 = x_1 \overline{M}_1$,梁内各截面的总预矩为:

$$M_N = M_0 + M'_1 = -N_y e + \dfrac{3}{2} N_y e \overline{M}_1 = N_y \left( -e + \dfrac{3}{2} e \overline{M}_1 \right) \tag{2-5-6}$$

支点 $B$ 处 $\overline{M}_1 = 1$,得:$M_N^B = N_y \cdot e/2$;支点 $A$ 和 $C$ 处 $\overline{M}_1 = 0$,得:$M_N^A = M_N^C = -N_y e$;中间为线性变化,最后得总预矩图如图 2-5-2g) 所示。

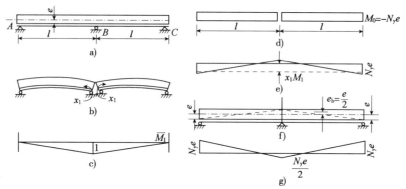

图 2-5-2 采用直线配筋的两跨连续梁的次力矩及总预矩

将 $M_N$ 除以预加力 $N_y$ 即得:

$$y = -e + \dfrac{3}{2} e \overline{M}_1 \tag{2-5-7}$$

式中:$y$——混凝土压力线和梁轴线之间的偏离值。

对于支点 $B$,$\overline{M}_1 = 1$,得 $y_B = e/2$;对于支点 $A$ 和 $C$,$\overline{M}_1 = 0$,得 $y_A = y_C = -e$。

图 2-5-2f) 中虚线表示压力线的位置。显然压力线和预应力束筋重力线不重合。

从式(2-5-7)可见,偏离值为初始偏离值 $e$ 和次力矩引起的偏离值 $e' = 3e\overline{M}_1/2$ 的代数和;压力线的位置仅和束筋的初始偏心距 $e$ 有关,即如果 $e$ 不变,则压力线形状不变。

(2) 曲线配筋

图 2-5-3 所示为采用曲线配筋(抛物线形)的两跨连续梁。预应力束筋两端都通过截面重心,在中支点处预应力束筋的偏心距为 $e$,在两跨中间,束筋的矢高分别为 $f_1$ 和 $f_2$。

取两跨简支梁作为基本结构,取支点 $B$ 的弯矩 $x_1$ 为赘余力,可写出支点 $B$ 处在预加力作用下的变形协调方程：

$$x_1 = -\frac{\Delta_{1N}}{\delta_{11}} \tag{2-5-8}$$

其中：$\delta_{11}=(l_1+l_2)/3EI$，$\Delta_{1N}=-\dfrac{N_y}{3EI}[f_1l_1+f_2l_2-e(l_1+l_2)]$，解得：

$$x_1 = N_y\left(\frac{f_1l_1+f_2l_2}{l_1+l_2}-e\right)$$

当 $f_1=f_2=f$ 时，则：

$$x_1 = N_y(f-e) \tag{2-5-9}$$

预加力在梁内各截面产生的总预矩为：

$$M_N = M_0 + M'_1 = M_0 + N_y(f-e)\overline{M}_1 \tag{2-5-10}$$

如图 2-5-3d)所示，在支点 $B$ 处，$M_N^B = N_y \cdot e + N_y(f-e) \times 1 = N_y \cdot f$，在支点 $A$ 和 $C$ 处，$M_N^A = M_N^C = 0$，压力线位置 $y = M_N/N_y$，如图 2-5-3e)中虚线所示。在支点 $B$ 处：$y_B = e+(f-e) = f$；在支点 $A$ 与 $C$ 处，$y_A = y_C = 0$。

与直线配筋的情况相同，其压力线与梁轴线之间的偏离值也应包括初始偏心矩 $e$ 和次力矩引起的偏离 $e'$ 两部分；此时，压力线形状仅和钢束在跨中垂度 $f$ 有关。

图 2-5-4 所示为束筋在梁端的偏心距不为零时的两跨连续梁的曲线配筋形式。束筋仍按抛物线形布置，束筋在梁端 $A$ 和 $C$ 的偏心距分别为 $e_A$ 和 $e_C$；在中间支点 $B$ 处的偏心距为 $e$；在每跨跨中的垂度分别为 $f_1$ 和 $f_2$。

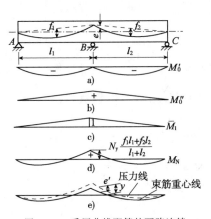

图 2-5-3 采用曲线配筋的两跨连续梁的次力矩及总预矩

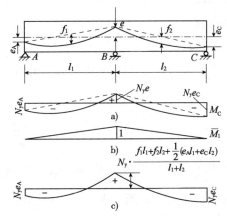

图 2-5-4 两端有偏心的曲线配筋形式在两跨连续梁内引起的次力矩及总预矩

仍然取两跨简支梁为基本结构，取支点 $B$ 处的弯矩 $x_1$ 为赘余力。

初预矩图比较复杂，可以把它分解为几个规则的图形，再分别和单位弯矩图 $M_1$ 图乘，求解出 $\Delta_{1N}$：

$$\Delta_{1N} = -\frac{N_y}{3EI}\left[l_1f_1+l_2f_2+\frac{1}{2}(l_1e_A+l_2e_C)-e(l_1+l_2)\right]$$

$$\delta_{11} = \frac{l_1+l_2}{3EI}$$

得：

$$x_1 = -\frac{\Delta_{1N}}{\delta_{11}} = N_y\left[\frac{(l_1f_1+l_2f_2)+\frac{1}{2}(l_1e_A+l_2e_C)}{l_1+l_2}-e\right] \tag{2-5-11}$$

如 $f_1=f_2=f$，$e_A=e_B=e_1$，则：

$$x_1 = N_y\left(f + \frac{e_1}{2} - e\right) \tag{2-5-12}$$

梁内任意截面上的总预矩为：

$$M_N = M_0 + x_1 \overline{M}_1 = M_0 + N_y\left(f + \frac{e_1}{2} - e\right) \cdot \overline{M}_1$$

支点 $B$ 上的总预矩：

$$M_N^B = M_0 + N_y\left(f + \frac{e_1}{2} - e\right) \cdot \overline{M}_1 = N_y e + N_y \cdot \left(f + \frac{e_1}{2}\right) - N_y e$$

$$= N_y\left(f + \frac{e_1}{2}\right) \tag{2-5-13}$$

压力线位置：

$$y = \frac{M_N}{N_y} = \frac{M_0}{N_y} + \left(f + \frac{e_1}{2} - e\right)\overline{M}_1$$

在支点 $B$ 处：

$$y_B = e + f + \frac{e_1}{2} - e = f + \frac{e_1}{2}$$

在支点 $A$ 和支点 $C$ 处：

$$y = e_1$$

可见，在有端部偏心的曲线配筋中，压力线的位置不仅与束筋在梁跨中的垂度 $f$ 有关，而且和束筋的端部偏心距 $e_1$ 有关。

2. 局部配筋

(1) 局部直线配筋

如图 2-5-5a)、b) 所示为预加力初预矩图与单位次弯矩图。

由此可得：$\delta_{11} = \frac{2l}{3EI}$，$\Delta_{1N} = \frac{2}{EI}\left(N_y e \times \frac{l}{4} \times \frac{7}{8}\right) = \frac{7N_y el}{16EI}$，解得赘余力：

$$x_1 = \frac{-\Delta_{1N}}{\delta_{11}} = -\frac{21}{32}N_y e$$

支点 $B$ 上的总预矩为：$M_N^B = N_y e - \frac{21}{32}N_y e = \frac{11}{32}N_y e$。

梁内各截面总预矩图如图 2-5-5c) 所示。

(2) 局部曲线配筋

图 2-5-6 表示两跨连续梁上局部曲线配筋（抛物线形）；图 2-5-6b)、c) 为预加力初预矩图与单位弯矩图 $\overline{M}_1$。

由此可得：

$$\delta_{11} = \frac{2l}{3EI}$$

$$\Delta_{1N} = \frac{2}{EI}\left[\frac{13}{48}N_y\left(e + \frac{h}{2}\right)l - \frac{3}{16}N_y hl\right] = \frac{N_y l}{48EI}(26e - 5h)$$

赘余力：

$$x_1 = \frac{-\Delta_{1N}}{\delta_{11}} = \frac{-N_y(26e - 5h)}{32}$$

支点 $B$ 上的总预矩为：

$$M_N^B = N_y e - \frac{N_y}{32}(26e - 5h) = \frac{N_y}{32}(6e + 5h)$$

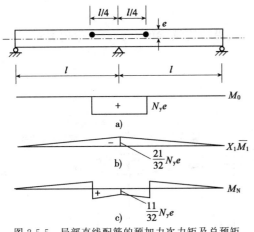

图 2-5-5 局部直线配筋的预加力次力矩及总预矩

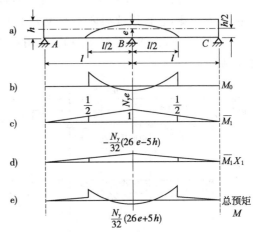

图 2-5-6 局部曲线配筋的预加力次力矩及总预矩

3. 多跨变截面连续梁预加力次力矩的计算

多跨连续梁各内支点截面弯矩,取为赘余力 $x_i$。根据预加力作用产生各支点截面的变形与由赘余力引起的相应变形之代数和为零,可建立力法的矩阵方程为:

$$\boldsymbol{FX} + \boldsymbol{D} = 0 \tag{2-5-14}$$

式中:$\boldsymbol{F}$——连续梁的常变位矩阵;

$\boldsymbol{D}$——载变位列矩阵。

从矩阵方程式(2-5-14),可解得内支座上的赘余力向量为 $\boldsymbol{X}$,则梁内各截面的总预矩可由下式求得:

$$M_N = M_0 + \sum M_i = M_0 + \boldsymbol{X}^T \overline{\boldsymbol{M}} \tag{2-5-15}$$

对于变截面连续梁,也可用力法求解次力矩。但是,变截面梁的重心轴和预应力束筋重心线形成的初预矩图形状比较复杂,在实际计算时,可将它分解成多个简单图形,分别计算次力矩,然后叠加来解决。

要强调的是预加力二次矩,即预加力引起的结构次内力在梁内的分布是线性的,这也是所有其他因素引起的结构次内力的共同特征。

## 二、等效荷载法求解预加力的总预矩

预应力混凝土结构,是一种预加力和混凝土压力相互作用并取得平衡的自锚体系。因此,分析预应力效应时,可把预应力束筋和混凝土视为相互独立的脱离体,把预加力对混凝土的作用以等效荷载的形式代替。只要求得不同配筋情况下的等效荷载,就可求出超静定梁由预加力产生的内力。应注意的是,用等效荷载法求得梁的内力中已经包括了预加力引起的次内力,因此求得的内力矩就是总预矩。

实际上,可以用初预矩图直接求等效荷载,即从初预矩图可推得剪力图,进而推得等效荷载图,如图 2-5-7 所示。

求等效荷载常有这样几种情况,见图 2-5-8。

(1)在力筋的端部,力筋作用在混凝土上的力 $N_y$ 可以分解为三个分量。

①轴向力:$N_y\cos\theta_1 = N_y$(其中:$\cos\theta_1 \approx 1$),作用在锚头的端部。

②竖向力:$N_y\sin\theta_1 = N_y\theta_1$(其中:$N_y\sin\theta_5 = N_y\theta_5$),作用在支座处,而且被直接紧靠支座的竖向反力平衡,它在连续梁内不产生力矩。

③力矩:$N_y\cos\theta_1 \cdot e = N_y \cdot e$,作用在梁的端部,它沿着连续梁的全长会产生内力矩,计算中必须考虑。

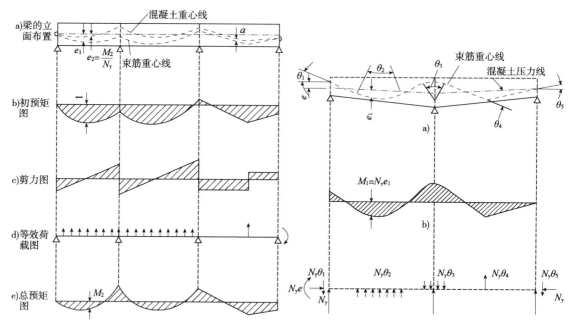

图 2-5-7　连续梁的等效荷载与总预矩　　　　图 2-5-8　预应力束筋引起的等效荷载和弯矩

(2)内部初预矩图沿梁的跨长呈折线形或曲线形,则混凝土上受到的等效竖向荷载分别为:

①当初预矩图为抛物线和圆弧线时(由于曲线平坦,假定抛物线和圆弧曲线产生的竖向荷载有同样效应),竖向力呈均布荷载,沿曲线长度施加在梁上,其总值 $W$ 可由曲线两端斜率的变化求得,在 $\theta_2$ 处的总竖向力为:

$$W = N_y\sin\theta_2 = N_y\theta_2$$

均布荷载集度 $w = \dfrac{W}{l}$($l$ 为曲线长度)。

②当初预矩图呈折线时,力可考虑集中在一点,例如在 $\theta_4$ 处:

$$N_y\sin\theta_4 = N_y\theta_4$$

(3)初预矩图在中间支座附近上呈折线或曲线形时,其等效荷载分别是:

①如果初预矩图在支座上呈曲线形,竖向力为均布荷载,如 $N_y\theta_3/l$。

②如果初预矩图在支座上呈折线形,则必定有集中荷载作用在这里。这个集中荷载直接被支座反力抵消,在梁内不产生力矩,不予考虑。

图 2-5-9 所示为一两跨连续梁,跨长 2×15.24m。预应力弯束的偏心距为:$e_1 = 61\text{mm}$,$e_2 = 244\text{mm}$,$e_3 = 122\text{mm}$,$e_4 = 274\text{mm}$,相应起弯角 $\theta_1 = 0.02\text{rad}$,$\theta_2 = 0.08\text{rad}$,$\theta_3 = 0.156\text{rad}$,$\theta_4 = 0.176\text{rad}$,$\theta_5 = 0.08\text{rad}$。

梁上各等效荷载(有效预加力 $N_y = 1\,112\text{kN}$)为:

$$N_y\theta_1=22.24(\text{kN}), N_y\theta_2=88.96(\text{kN})$$

$$N_y\theta_3=173.47(\text{kN}), q=\frac{N_y\theta_4}{l}=\frac{195.71}{15.24}=12.84(\text{kN/m})$$

$$N_y\theta_5=88.96(\text{kN}), N_ye_1=67.83(\text{kN}\cdot\text{m})$$

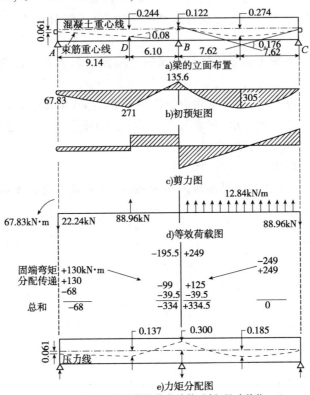

图 2-5-9　两跨连续梁等效荷载计算示例(尺寸单位:m)

图中直接应用力矩分配法,求解连续梁在等效荷载作用下的支点弯矩值。

根据所求得的连续梁的弯矩分布,亦即预加力作用下梁内的总预矩,就可直接绘出梁内预加力的压力线,它们的偏心距为:

$$e_{1N}=e_1=\frac{67.83}{1\ 112}=0.061(\text{m})$$

$$e_{3N}=\frac{333.5}{1\ 112}=0.300(\text{m})$$

$$e_{2N}=0.244-(0.300-0.122)\times\frac{3}{5}=0.137(\text{m})$$

$$e_{4N}=0.274-(0.300-0.122)\times\frac{1}{2}=0.185(\text{m})$$

由预加力引起的支点 $B$ 上的二次矩为:

$$M_1=M_N-M_0=333.5-135.58=197.92(\text{kN}\cdot\text{m})$$

在实际工程中,也可以考虑预应力束筋中因预应力损失值不同的非常值的预加力,根据不同的弯束线形求得更精确的等效荷载值。

### 三、线性转换与吻合束

#### 1. 线性转换

在前面预加力二次矩的讨论中已说明了以下两个问题：

(1)在超静定梁中，预加力产生的次力矩是线性的，由此而引起的混凝土压力线和束筋重心线的偏离也是线性的。

(2)在超静定梁中，混凝土压力线只与束筋的两端偏心距和束筋在跨内的形状有关，与束筋在中间支点上的偏心距无关。

由此可见，只要保持束筋在超静定梁中的两端位置不变，保持束筋在跨内的形状不变，而只改变束筋在中间支点上的偏心距，则梁内的混凝土压力线不变，亦即总预矩不变。这就是在超静定梁中预应力束筋的线性转换原则。

这也可以从以下示例中进一步得到证明。

如仍以图 2-5-3 所示两跨连续梁曲线配筋为例，将束筋重心线在支点 $B$ 处向下移动 $e/2$，即把偏心距减小到 $e/2$，令 $l_1=l_2=l$, $f_1=f_2=f$，则：

$$\Delta_{1N} = \frac{2N_y}{EI}\left(-\frac{2}{3}\times l \times f \times \frac{1}{2}+\frac{1}{2}\times l \times \frac{2}{3}\times \frac{e}{2}\right)$$

$$=-\frac{2lN_y}{3EI}\left(f-\frac{e}{2}\right)$$

$$\delta_{11}=\frac{2l}{3EI}$$

$$x_1=-\frac{\Delta_{1N}}{\delta_{11}}=\left(f-\frac{e}{2}\right)N_y$$

支点 $B$ 上的总预矩为：

$$M_N^B = M_0 + M'_1 = \frac{N_y e}{2}+\left(f-\frac{e}{2}\right)N_y = N_y f$$

与式(2-5-10)相比，显见两者总预矩相同。从计算过程中可以看到，当预应力束筋线性转换后，在支点 $B$ 所增加(或减少)初预矩值，也正是所求的预加力次力矩的减小(或增加)值，而且两者图形都是线性分布，因此正好抵消。

线性转换的概念对预应力混凝土超静定结构设计中预应力束筋的布置有很大益处，它允许在不改变结构内混凝土压力线位置的条件下调整力筋合力线的位置，以适应结构构造上的要求。

#### 2. 吻合束

如果我们将预应力束筋的重心线线性转换至压力线位置上(把由于次力矩引起的压力线和束筋重心线之间的偏离调整掉)，根据上述讨论，此时预加力的总预矩不变，而次力矩为零。

仍以上述曲线配筋的两跨连续梁为例，如果将支点 $B$ 处的束筋重心线移至偏心距为 $f$ 处，则 $\Delta_{1N}=-\frac{2N_y f l}{3EI}+\frac{2N_y f l}{3EI}=0$，即预加力在支点 $B$ 处不引起位移，因此次力矩为零。根据以上定义，可以推论：在多跨连续梁中吻合束的条件方程应为：

$$\Delta_{iN}=\int \frac{M_0 \overline{M}_i \mathrm{d}x}{EI}=0 \quad (i=1,2,\cdots,n) \tag{2-5-16}$$

式中：$M_0$——预加力在梁内产生的初预矩；

$\overline{M}_i$——多跨连续梁支点 $i$ 的赘余力(该支点预加力次力矩)为单位力时在基本结构上的

弯矩。

如将上式中的 $M_0$ 以 $M_p$ 置换,则式(2-5-16)变为:

$$\Delta_{iN} = \int \frac{M_P \overline{M}_i \mathrm{d}x}{EI} = 0 \quad (i=1,2,\cdots,n) \tag{2-5-17}$$

式中:$M_P$——多跨连续梁在外荷载(泛指任意外载形式)作用下所求得的连续梁的弯矩。

式(2-5-17)即为多跨连续梁(亦适用于任何超静定结构)检验荷载作用下所求弯矩图是否正确的判别式。它的物理意义是:在任意外荷载作用下,连续梁在赘余力 $x_i$ 的方向上不应该产生相对位移。

因而,比较式(2-5-16)与式(2-5-17),我们可以得出如下重要结论:按实际荷载作用下的弯矩图形的线形变化作为预应力束筋梁内的束形布置位置,即为吻合束线形。这就为我们设计连续梁内的预应力束筋的布置提供了极为方便的依据。虽然,在桥梁设计中,我们应按最大内力包络图去配束,而不是按一固定荷载形式下连续梁弯矩图去配束,但这一重要结论依然为我们提供了配束的正确方向。

另外,应该指出的是吻合束仅使分析和计算方便,但在设计中没有必要一定采用吻合索。一个好的束筋重心线位置,应取决于能够产生一条为我们所希望的压力线,以满足实际使用的要求。

3. 次力矩的调整

从以上分析可知,在超静定梁中,预加力的次力矩是由多余约束的次反力产生的,但当束筋布置在吻合束位置(图 2-5-10)时不产生次反力,即此时束筋和混凝土间的相互作用是处于自身平衡状态。

图 2-5-11 所示为三跨连续梁,预加力相应的等效荷载如图 2-5-11a)所示,可求得连续梁在等效荷载作用下的支座反力 $R_i$ 恰好与作用在支座上的等效荷载数值相等,方向相反,即意味着次力矩等于零;如果两者数值有差别,这个差值就是次反力,由次反力产生的力矩就是次力矩。

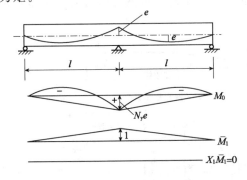

图 2-5-10 两跨连续梁吻合索位置示例

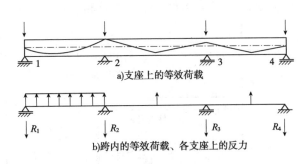

图 2-5-11 等效荷载图

因此,可利用连续梁的反力影响线,通过调整次反力的数值来达到调整梁内次力矩的目的。在图 2-5-12 中,为了调整向上的支反力 $R_B$,最有效的措施是在支点 $B$ 附近加大束筋的曲率半径,以产生向上的等效荷载,获得预期的目的。

$$x_B = \int w y_B \mathrm{d}x \tag{2-5-18}$$

式中:$w$——支座 $B$ 处调整前等效荷载和调整后等效荷载的差值,在此应是两个均布荷载度的差值;

$y_B$——反力影响线坐标。

但在调整力筋的具体位置时,应考虑力筋的位置主要是由截面强度、使用应力及构造等条件控制的,因此在发生最大正弯矩的跨中截面和发生最大负弯矩的支点截面上,力筋位置最好不要有大的变动。一般调整力筋轴线的最大移动值宜设在跨径 $l/4$ 附近,此时力筋位置的改变对结构的强度条件和应力条件影响最小。

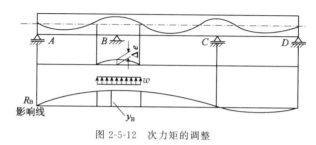

图 2-5-12 次力矩的调整

## 第二节 预应力混凝土连续梁由徐变、收缩引起的次内力计算

### 一、徐变、收缩理论

混凝土徐变和收缩是它作为黏滞弹性体的两种与时间有关的变形性质。

图 2-5-13 表示混凝土柱体加载和卸载整个过程中的变形性质。

(1)柱体未承载前,混凝土就产生随时间增长的收缩应变 $\varepsilon_s$[图 2-5-13d]。

(2)当加载(混凝土加载龄期为 $\tau_0$)时,混凝柱体 $t=\tau_0$ 时产生瞬时弹性应变 $\varepsilon_e=\sigma_b/E_b$[图 2-5-13b]。

(3)在荷载的长期(持续)作用下,混凝土柱体随时间增加产生附加应变 $\varepsilon_c$,称为徐变应变。

(4)荷载在 $t=t_1$ 时卸去,混凝土柱体除了瞬时恢复弹性应变外,还随时间恢复了一部分附加应变。这部分可恢复的徐变应变称为滞后弹性应变 $\varepsilon_v$。残留的不可恢复的附加应变部分为屈服应变 $\varepsilon_f$。$\varepsilon_v+\varepsilon_f$ 为徐变应变的总和[图 2-5-13e]。

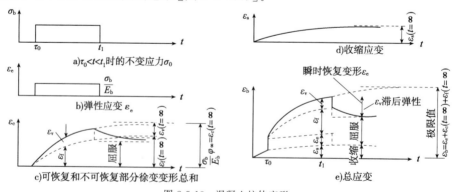

图 2-5-13 混凝土柱体变形

混凝土徐变主要与应力的性质和大小加载时的混凝土的龄期及荷载的持续时间有密切的关系。混凝土的徐变、收缩还与混凝土的组成材料及其配合比,周围环境的温度、湿度,构件截面形式与混凝养护条件,以及混凝土的龄期都有关系。

一般来说,混凝土徐变和收缩对结构的变形、结构的内力分布和结构内截面(在组合截面情况下)的应力分布会产生影响,这些影响可归纳为:

(1)结构在受压区的徐变和收缩会增大挠度(如梁、板)。

(2)徐变会增大偏压柱的弯曲,由此增大初始偏心,降低其承载能力。

(3)预应力混凝土构件中,徐变和收缩会导致预应力的损失。

(4)如果结构构件截面为组合截面(不同材料组合的截面如钢筋混凝土组合截面),徐变将导致截面上应力重分布。

(5)对于超静定结构,混凝土徐变将导致结构内力重分布,即引起结构的徐变次内力。

(6)混凝土收缩会使较厚构件(或在结构的截面形状突变处)的表面开裂。这种表面裂缝是因为收缩总在构件表面开始,但受到内部的阻碍引起收缩应力而产生的。

本节主要叙述混凝土徐变、收缩引起结构变形与次内力的计算原理。在桥梁结构中,混凝土的使用应力一般不超过其极限强度的40%~50%。从试验中观察到,当混凝土棱柱体在持续应力不大于$0.5R_a$(混凝土棱柱强度)时,徐变变形表现出与初始弹性变形成比例的线性关系。因此,我们以徐变线性理论为基础讨论结构徐变变形与次内力计算方法(当应力超过这个界限,它们之间的关系变为非线性的,即徐变非线性理论)。这样,在整个使用荷载应力范围内,可引入徐变特性系数$\varphi$(以后简称徐变系数),建立徐变应变的关系式:

$$\varepsilon_c = \frac{\Delta l_c}{l} = \frac{\Delta l_c}{\Delta l_e} \cdot \frac{\Delta l_e}{l} = \varphi \varepsilon_e \qquad (2\text{-}5\text{-}19)$$

即:

$$\varphi = \frac{\varepsilon_c}{\varepsilon_e}$$

式中:$\varepsilon_e$——混凝土徐变应变$\varepsilon_c$开始时,在荷载作用下混凝土的瞬时弹性应变值。

图2-5-13即表示了在不变应力作用下徐变应变的规律。$\tau$为加载龄期,$\varepsilon_c$(如考虑滞后弹性效应为$\varepsilon_v + \varepsilon_f$)为任意时刻时的徐变应变。当时间$t = \infty$时,极限徐变应变为$\varepsilon_k(t=\infty)$,而相应的极限徐变系数为$\varphi_k(t=\infty)$,试验表明,在长期荷载作用下,加载初期徐变应变增长较快,后期增长减慢,几年以后就基本停止增长。结构的徐变变形的累计总值可达到同样应力下弹性变形的1.5~3.0倍或更大。

### 二、混凝土徐变系数和收缩应变量的计算

混凝土徐变系数和收缩量的计算,各国规范都有规定,主要是经验公式。英国桥梁规范BS 5400(1978年)对徐变系数和收缩量的计算规定,仍采用1970年欧洲混凝土委员会(CEB)和国际预应力混凝土协会(FIP)向第六届国际预应力混凝土会议提出的建议公式。这些公式已考虑了影响徐变和收缩的主要因素,如空气相对湿度、水泥品种、混凝土成分、加载龄期和构件厚度等。但在规定中没有反映徐变变形中可恢复部分的影响(即滞后弹性性质)。联邦德国预应力混凝土设计与施工规范《DIN-4227》(1979年版)中对于不配筋混凝土徐变系数的计算考虑了滞后弹性的影响。1973年,CEB-FIP的建议草案亦改为采用滞后弹性变形与残留屈服的徐塑变形相加的徐变系数表达式。1978年发表了CEB-FIP国际标准规范(MODEL CODE),又在该草案的基础上增加了一项表示加载初期不可恢复的变形$\beta_a(\tau)$。我国制定的《公路钢筋混凝土及预应力混凝土桥涵设计规范》(JTG D62—2004)中,对徐变系数与收缩量计算采用了此建议。这四种表达式分别介绍如下。

1. 1970年CEB-FIP建议公式

徐变系数按下列公式计算:

$$\varphi(t,\tau) = k_c k_d k_b k_e k_t \qquad (2\text{-}5\text{-}20)$$

式中:$k_c$——取决于环境条件的参数;

$k_d$——取决于加载时混凝土硬化程度的参数；

$k_b$——取决于混凝土配合比的参数；

$k_e$——取决于构件理论厚度的参数；

$k_t$——随加载后的时间($t-\tau$)而变化的系数。

收缩应变量按下式计算：

$$\varepsilon_{st} = \varepsilon_c k_b k_s k_\mu k_t \tag{2-5-21}$$

式中：$k_b$、$k_t$——同前定义；

$\varepsilon_c$——取决于环境条件的参数；

$k_s$——取决于构件理论厚度的参数；

$k_\mu$——取决构件截面的含筋率$\mu$的系数。

这些系数都可从相应的规范、文献中查得。

2. 联邦德国规范《DIN-4227》(1979年版)

徐变系数由滞后弹性部分与徐塑屈服部分组成，从$\tau$到$t$的时间内，对于不变的应力，$\varphi(t,\tau)$用下列公式计算：

$$\varphi(t,\tau) = 0.4 \cdot k_v(t-\tau) + \varphi_0 [k_f(t) - k_f(\tau)] \tag{2-5-22}$$

式中：$t$、$\tau$——计算徐变系数的混凝土有效龄期和混凝土加载有效龄期；

$k_v$——滞后弹性部分量值的系数，取决于加载持续有效时间($t-\tau$)；

$\varphi_0$——基本屈服系数，取决于相对湿度和构件所处的环境；

$k_f$——屈服的时间曲线系数，取决于构件理论厚度、水泥品种和加载有效龄期。

收缩应变量$\varepsilon_{st}$则按下列公式计算：

$$\varepsilon_{st} = \varepsilon_{s0}[k_s(t) - k_s(\tau)] \tag{2-5-23}$$

式中：$\varepsilon_{s0}$——基本收缩量，取决于构件所处环境；

$k_s$——取决于构件理论厚度的收缩时间曲线系数。

这些系数都可从联邦德国规范《DIN 4227》(1979年版)中查得。

3. 1978年国际预应力协会(FIP)关于混凝土徐变系数及收缩应变计算的建议公式

徐变系数的计算公式为：

$$\varphi(t,\tau) = \beta_a(\tau) + \varphi_d \beta_d(t-\tau) + \varphi_f [\beta_f(t) - \beta_f(\tau)] \tag{2-5-24}$$

计算公式中后两项的定义与联邦德国规范的规定基本相同，第一项即为加载初期不可恢复的变形部分，可表示如下：

$$\beta_a(\tau) = 0.8\left[1 - \frac{f_c(\tau)}{f_{c\infty}}\right] \tag{2-5-25}$$

式中：$\dfrac{f_c(\tau)}{f_{c\infty}}$——混凝土龄期为$\tau$时的强度与最终强度之比。

收缩应变量的计算公式为：

$$\varepsilon_s(t,\tau) = \varepsilon_{s0}[\beta_s(t) - \beta_s(\tau)] \tag{2-5-26}$$

$$\varepsilon_{s0} = \varepsilon_{s1}\varepsilon_{s2}$$

式中：$\varepsilon_{s1}$——取决于环境条件；

$\varepsilon_{s2}$——取决于理论厚度；

$\beta_s$——取决于混凝土龄期及理论厚度的系数。

这些系数现可从我国现行的《公路钢筋混凝土及预应力混凝土桥涵设计规范》(JTG D62—2004)中查得。

**4.《公路钢筋混凝土及预应力混凝土桥涵设计规范》(JTG D62—2004)的计算公式**

徐变系数的计算公式为：
$$\varphi(t,t_0) = \varphi_0 \beta_c(t-t_0)$$

式中：$t$、$t_0$——计算考虑时刻和加载时刻的混凝土龄期；

　　$\beta_c$——加载后徐变随时间发展的系数；

　　$\varphi_0$——名义徐变系数，其表达式为：
$$\varphi_0 = \varphi_{RH} \beta(f_{cm}) \beta(t_0)$$

　　$\varphi_{RH}$——与环境年平均相对湿度和构件尺寸有关的系数；

　　$\beta(f_{cm})$——与混凝土强度等级相关的系数；

　　$\beta(t_0)$——与加载龄期有关的系数，具体计算方法可从《公路钢筋混凝土及预应力混凝土桥涵设计规范》(JTG D62—2004)中查得。

收缩应变的计算公式为：
$$\varepsilon_{cs}(t,t_s) = \varepsilon_{cso} \beta_s(t-t_s)$$

式中：$t$、$t_s$——计算考虑时刻和收缩开始时刻的混凝土龄期；

　　$\beta_s$——收缩随时间发展的系数；

　　$\varepsilon_{cso}$——名义收缩系数，其表达式为：
$$\varepsilon_{cso} = \varepsilon_s(f_{cm}) \beta_{RH}$$

　　$\varepsilon_s(f_{cm})$——与水泥种类和混凝土强度等级相关的系数；

　　$\beta_{RH}$——与环境年平均相对湿度有关的系数，具体计算方法可从《公路钢筋混凝土及预应力混凝土桥涵设计规范》(JTG D62—2004)中查得。

### 三、徐变理论及徐变系数的数学模式

徐变系数的四种表达式，都只适用于不变的应力条件下，徐变变形以式(2-5-19)计算，即：
$$\varepsilon_c = \varphi_t \varepsilon_e$$

弹性变形与徐变变形总和则为：
$$\varepsilon_b = \varepsilon_e + \varepsilon_c = \varepsilon_e(1+\varphi_t) = \frac{\sigma}{E}(1+\varphi_t) \tag{2-5-27}$$

在实际工程问题中，遇到许多超静定结构。结构在长期荷载作用下，因混凝土徐变产生的变形受到约束而引起次内力，混凝土截面的初始应力则随时间而变化，这些随时间变化的应力又产生应变。因而，在这种情况下，必须观察在任意时刻 $t$ 时，应力变化所引起的应变增量，即弹性应变增量和徐变应变增量：

$$d\varepsilon_b = d\sigma(\tau) \frac{1}{E}[1+\varphi(t,\tau)] \tag{2-5-28}$$

从开始加载时龄期 $\tau_0$ 到观察时刻 $t$，由不断变化的应力[具有应力梯度 $d\sigma(\tau) = \frac{\partial \sigma(\tau)}{\partial \tau}d\tau$，见图 2-5-14]所产生的应变的总和：

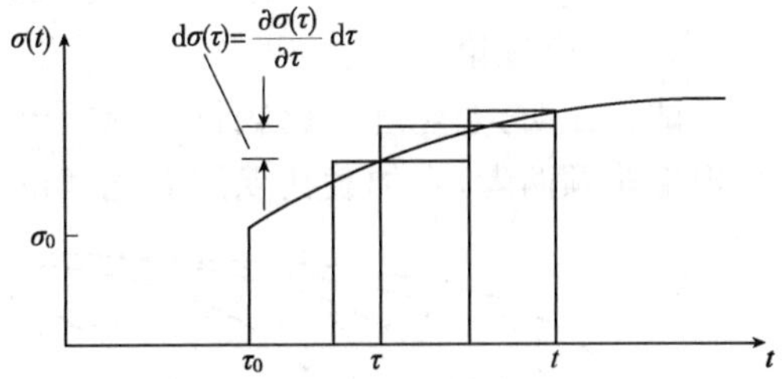

图 2-5-14 应力梯度

$$\varepsilon_b(t) = \frac{\sigma(\tau_0)}{E}[1+\varphi(t,\tau_0)] + \int_{\tau_0}^{t} \frac{\partial \sigma(\tau)}{\partial \tau} \cdot \frac{1}{E}[1+\varphi(t,\tau)]d\tau \tag{2-5-29}$$

在实际工程结构中，结构各部件可能是同一加载龄期的，也可能具有不同加载龄期的，因此必须研究徐变系数与加载龄期的关系及在时间变量下的变化规律，为了计算结构徐变变形

或徐变次内力,就需要选择适当的徐变系数的数学模式。

1. 加载龄期与 $\varphi(t,\tau)$ 的关系

一般文献中都提及三种理论,即老化理论、先天理论(继效理论)及混合理论(弹性徐变理论)。

(1) 老化理论

老化理论的基本假定是:不同加载龄期 $\tau$ 的混凝土徐变曲线在任意时刻 $t(t>\tau)$ 徐变增长率都相同。这就引出下列结论:

① 当确定加载龄期 $\tau_0$ 的混凝土徐变基本曲线后,可通过它在坐标上垂直平移获得不同加载龄期 $\tau(\tau_1,\tau_2,\cdots)$ 的混凝土徐变曲线。

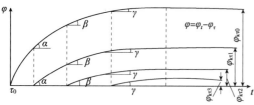

图 2-5-15 按老化理论表示同一混凝土在不同加载龄期的徐变曲线

② 从图 2-5-15 可见,混凝土随着加载龄期的增大,徐变系数的增长率将不断减小,当加载龄期增大至一定值(如 3～5 年)后,徐变终极值 $\varphi_{k\tau}$ 趋近于零,亦即认为混凝土将不再发生徐变。

③ 根据基本假定,在任意时刻 $t$,不同加载龄期的徐变曲线在该点上具有相同的斜率(即增长率)。

④ 任意加载龄期 $\tau$ 的混凝土在 $t$ 时的徐变系数计算公式为:

$$\varphi_{t,\tau} = \varphi_{t,\tau_0} - \varphi_{\tau,\tau_0} \tag{2-5-30}$$

式中:$\varphi_{t,\tau_0}$——混凝土加载龄期从 $\tau_0$ 时至 $t(t>\tau)$ 时的徐变系数;

$\varphi_{\tau,\tau_0}$——混凝土加载龄期从 $\tau_0$ 时至 $\tau$ 时的徐变系数。

(2) 先天理论

先天理论的基本假定是:不同加载龄期的混凝土徐变增长规律都是一样的,这就得到以下结论:

① 当确定加载龄期 $\tau_0$ 的混凝土徐变曲线后,可通过它在坐标上水平平移获得不同加载龄期 $\tau(\tau_1,\tau_2,\cdots)$ 的混凝土徐变曲线。

② 从图 2-5-16 可见,混凝土的徐变终极值不因加载龄期不同而异,而是一个常值。

③ 不同加载龄期 $\tau$ 的混凝土在相同的加载持续时间所求得的徐变系数相等,并在该点上有相同的徐变增长率。

④ 任意加载龄期 $\tau$ 的混凝土在 $t$ 时的徐变系数计算公式为:

$$\varphi(t,\tau) = \varphi_0(t-\tau)$$

式中:$\varphi_0(t-\tau)$——徐变基本曲线上,加载持续为 $t-\tau$ 时的徐变系数。

(3) 混合理论

试验证明:老化理论比较符合混凝土初期加载情况,先天理论比较符合后期加载情况。混合理论兼顾两者,在加载初期用老化理论,后期用先天理论,见图 2-5-17。

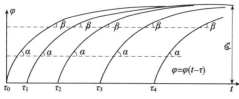

图 2-5-16 按先天理论表示同一混凝土在不同加载龄期时的徐变曲线

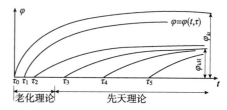

图 2-5-17 按混合理论表示的同一混凝土在不同加载龄期时的徐变曲线

任意加载龄期 $\tau$ 的混凝土,在 $t$ 时的徐变系数计算式可一般表示为:

$$\varphi_{t,\tau} = \varphi(t,\tau) \tag{2-5-31}$$

2. 徐变系数的数学模式

徐变系数的数学模式,即反映徐变系数随时间变化规律的数学函数式,或简称徐变曲线函数式。上述不同理论都表明,只要确立徐变基本曲线的函数式,任意加载龄期 $\tau$ 在任意观察时刻 $t(t>\tau)$ 的混凝土徐变系数即可求得。

早在 20 世纪 30 年代末,狄辛格(Dischinger)就提出了一个比较简单的函数式来表示徐变基本曲线:

$$\varphi_{t,0} = \varphi_{k0}(1 - e^{-\beta t}) \tag{2-5-32}$$

式中:$\varphi_{t,0}$——加载龄期 $\tau=0$(混凝土开始硬化时)的混凝土在 $t(t>\tau)$ 时的徐变系数;

$\varphi_{k0}$——徐变终极值,即加载龄期 $\tau=0$ 的混凝土在 $t=\infty$ 时的徐变系数;

$\beta$——表示徐变增长速度系数。

狄辛格公式用于老化理论,则对加载龄期 $\tau$ 时的混凝土在 $t$ 时刻的徐变系数为:

$$\varphi_{t,\tau} = \varphi_{t,0} - \varphi_{\tau,0} = \varphi_{k0}(1-e^{-\beta t}) - \varphi_{k0}(1-e^{-\beta \tau}) = \varphi_{k0}(e^{-\beta \tau} - e^{-\beta t}) \tag{2-5-33}$$

亦可表示为:

$$\varphi_{t,\tau} = \varphi_{k0} e^{-\beta \tau}[1 - e^{-\beta(t-\tau)}] = \varphi_{k\tau}[1 - e^{-\beta(t-\tau)}] \tag{2-5-34}$$

式中:$\varphi_{k\tau}$——加载龄期 $\tau$ 时的混凝土徐变终极值。

若用于先天理论,则徐变系数为:

$$\varphi_{t,\tau} = \varphi_{k0}[1 - e^{-\beta(t-\tau)}]$$

狄辛格函数式极为简单,用此徐变曲线函数式来求解结构徐变次内力分析的方法,即称为狄辛格方法。

狄辛格方法主要应用老化理论,先天理论因缺乏实测资料引证,很少应用。随着人们对徐变的认识不断深化和大跨径预应力混凝土桥梁不断涌现所获得的实测资料,往往发现其分析结果偏大。特别是近 20 年来节段施工方法的发展,混凝土梁段的加载龄期 $\tau$ 不是过去的 1~2 个月,而是几天。如何反映早期加载混凝土徐变迅速发展的情况,已成为迫切要解决的问题。在联邦德国规范 DIN-4227 和 CEB-FIP 标准规范中,都逐步反映这一问题,前者考虑了滞后弹性的影响,后者增加了一项初始变形来反映早期加载时较大的徐变系数。但由此形成徐变系数计算图表很多,有时很难寻求适当的数学模式来表达它的变化规律。所以,目前在预应力混凝土超静定结构因混凝土徐变、收缩而产生次内力的计算方法中,应用最广泛的仍是狄辛格方法,在徐变系数考虑了滞后弹性效应后,可采用换算弹性模量法或扩展的狄辛格方法。

**四、结构的混凝土徐变变形计算**

由混凝土徐变引起的结构徐变变形或结构次内力计算,因客观因素的复杂性,靠手工精确分析是十分困难的,因此,一般采用下列基本假定:

(1)不考虑结构内配筋的影响。把结构当作是素混凝土的,这对预应力混凝土结构含筋率较小的情况下还是适合的,但对不同材料或相同材料(弹性模量相差较大)组成的复合结构是不适合的。

(2)混凝土的弹性模量假定为常值,尽管试验证明混凝土的弹性模量随时间变化而变化,一般可增加 10%~15%,但考虑徐变系数的计算值中部分包括了这一因素,可取常值计算。

(3)采用徐变线性理论,即徐变应变与应力成正比关系的假定,由此,"力的独立作用原理"

和"应力与应变的叠加原理"等均在计算中适用。

1. 应力不变条件下结构的徐变变形计算

所谓应力不变条件是指在计算时间历程($t-\tau$)内,结构内任意点上的应力为常值,如果结构混凝土龄期为$\tau$,则结构内任意点在$t$时刻的总应变计算公式为:

$$\varepsilon(x,y) = \frac{\sigma(x,y)}{E}[1+\varphi(t,\tau)] \tag{2-5-35}$$

应用"虚功原理",结构在外荷载$P$作用下,经$t-\tau$时刻后,$k$点的总变形(弹性变形与徐变变形之和)计算公式为:

$$\Delta_{kP} = \int_l \int_F \varepsilon(x,y) \cdot \overline{\sigma}(x,y) \cdot dF dx \tag{2-5-36}$$

计算中只考虑弯矩项,以单位荷载作用在$k$(图2-5-18)点所引起的结构内任意点虚应力计算公式代入,并积分即得:

$$\Delta_{kP} = \int_l \frac{M_P(x)\overline{M}_k(x)}{EI(x)}dx + \int_l \frac{M_P(x)\overline{M}_k(x)}{EI(x)}dx\varphi(t,\tau) \tag{2-5-37}$$

式中:$M_P(x)$——外荷载$P$作用下引起的结构内弯矩;

$\overline{M}_k(x)$——单位力作用在$k$点上引起的结构内弯矩。

式中前项即为结构在外荷载$P$作用下的弹性变形积分式,以熟知的结构力学符号表示,为$\delta_{kP}$,则上式可简化为:

$$\Delta_{kP} = \delta_{kP} + \delta_{kP}^{\varphi} = \delta_{kP} + \delta_{kP}\varphi(t,\tau) \tag{2-5-38}$$

后项即为结构徐变变形计算式。在实际工程中,因各种不同施工方法以及施工荷载的复杂性,具体计算时要繁杂得多。如采用悬臂施工方法施工的连续梁桥中,在计算悬臂施工过程中的结构徐变变形时,既要考虑施工阶段各种外荷载条件,又要考虑各梁段逐节施工时混凝土加载龄期的差异。因此,在计算中必须根据不同施工阶段的荷载条件,考虑混凝土龄期差异对悬臂结构分段计算$\delta_{kP}$与$\varphi(t,\tau)$,然后再相乘累加求得结构的徐变变形$\delta_{kP}^{\varphi}$或总变形$\Delta_{kP}$,即:

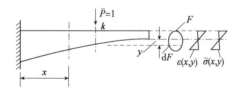

图2-5-18 结构因混凝土徐变引起的变形计算

$$\Delta_{kP} = \sum_i \delta_{kP}^{(i)}[1+\varphi_i(t,\tau)] \tag{2-5-39}$$

式中,脚标$i$表示不同加载龄期的梁段编号。

2. 应力变化条件下结构的徐变变形计算

在超静定结构中,混凝土徐变将引起结构的次内力,随着时间的推进,结构中的应力是不断变化的。因而,结构在经历$t-\tau_0$时刻,结构的徐变变形实际上不再与弹性变形保持线性关系。在应力变化条件下,从$t$时刻的混凝土总应变关系式(2-5-29)中可以清楚地得到这一结论。显然,此式的后项积分是很难实现的,为了解决这一困难,许多学者,如Trost、Zerna、Bažant等提出了"松弛系数法"和"换算弹性模量法"。

引入时效系数$\rho(t,\tau_0)$:

$$\rho(t,\tau_0) = \frac{\int_{\tau_0}^t \frac{\partial\sigma(\tau)}{\partial\tau} \cdot \varphi(t,\tau)d\tau}{[\sigma(t)-\sigma(\tau_0)] \cdot \varphi(t,\tau_0)} \tag{2-5-40}$$

式中: $\sigma(t)$——$t$时刻的应力;

$\sigma(\tau_0)$——加载龄期 $\tau_0$ 的初始应力；

$[\sigma(t)-\sigma(\tau_0)]$——混凝土徐变引起的应力变化部分。

式(2-5-29)即可简化为：

$$\varepsilon_b(t) = \frac{\sigma(\tau_0)}{E}[1+\varphi(t,\tau_0)] + \frac{\sigma(t)-\sigma(\tau_0)}{E}[1+\rho(t,\tau_0)\varphi(t,\tau_0)] \qquad (2\text{-}5\text{-}41)$$

Bazant 假定徐变引起的应力松弛规律为 $\sigma(t,\tau_0)=\sigma_0 R(t,\tau_0)$，得出时效系数为：

$$\rho(t,\tau_0) = \frac{1}{1-R(t,\tau_0)} - \frac{1}{\varphi(t,\tau_0)} \qquad (2\text{-}5\text{-}42)$$

松弛系数 $R(t,\tau_0)$ 根据实验研究提供了曲线用表，但不便于电算。为此，我国学者金成棣提出了以老化理论为基础的、近似的应力松弛规律，$\sigma(t,\tau_0)=\sigma_0 e^{-\varphi(t,\tau_0)}$，上式即可简化为：

$$\rho(t,\tau_0) = \frac{1}{1-e^{-\varphi(t,\tau_0)}} - \frac{1}{\varphi(t,\tau_0)} \qquad (2\text{-}5\text{-}43)$$

再引入折算系数 $\gamma(t,\tau_0)=1/[1+\rho(t,\tau_0)\varphi(t,\tau_0)]$，则式(2-5-41)进一步简化为：

$$\varepsilon_b(t) = \frac{\sigma(\tau_0)}{E}[1+\varphi(t,\tau_0)] + \frac{\sigma(t)-\sigma(\tau_0)}{E_\varphi} \qquad (2\text{-}5\text{-}44)$$

式中：$E_\varphi = \gamma(t,\tau_0)E$。

上式即为在变化应力条件下，$t$ 时刻结构内混凝土徐变的总应变计算公式。同样，可应用虚功原理求得结构因混凝土徐变的总变形计算公式：

$$\Delta_{kP} = \int_l \frac{M_0 \overline{M}_k}{EI}[1+\varphi(t,\tau)]dx + \int_l \frac{M(t)\overline{M}_k}{E_\varphi I}dx \qquad (2\text{-}5\text{-}45)$$

式中，$M(t)$ 为结构徐变次内力，计算式前项为结构在加载龄期 $\tau_0$ 时初始力引起的总变形（弹性变形与徐变变形之和），后项是结构徐变次内力引起的总变形。

在预应力混凝土超静定桥梁结构中，因各施工阶段不断转换体系，混凝土各梁段的加载龄期又不同，荷载条件复杂，在计算结构变形时必须应用叠加原理逐一计算再予累加，同时必须注意，对每一梁段要分别计算不同的 $\varphi(t,\tau)$ 与 $E_\varphi$。

### 五、结构因混凝土徐变引起的次内力计算

预应力混凝土超静定结构，混凝土徐变变形受到结构多余约束的制约，因而导致结构徐变的次内力。下面以连续梁为对象，介绍结构徐变次内力的计算方法。

1. 狄辛格方法

混凝土徐变采用老化理论，徐变系数变化规律采用狄辛格公式，即 $\varphi_t=(1-e^{-\beta t})\varphi_k$，不考虑徐变的滞后弹性效应。

图 2-5-19 所示为一两跨连续梁在第二施工阶段时的计算图式。第一施工阶段先架设梁段①；经若干时间后又架设梁段②；梁段①、②连接后，即由一静定单悬臂梁转换为两跨连续梁。在任意时刻，结构在外载作用下，因混凝土徐变将产生次内力。令梁段①混凝土加载龄期为 $\tau_1$，梁段②加载龄期为 $\tau_2$（$\tau_2 < \tau_1$）。狄辛格方法乃建立在时间增量 $d\tau$ 内建立增量变形

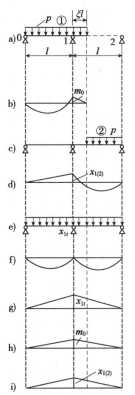

图 2-5-19 混凝土加载龄期不同时，两跨连续梁徐变次内力计算图式

协调微分方程求解结构徐变次内力。

(1) 时间增量 d$t$ 内变形增量 d$\Delta$ 的计算

式(2-5-28)表示在 d$t$ 时间增量内，混凝土总应变（弹性应变与徐变应变之和）的增量 d$\varepsilon_t$，将其展开为：

$$d\varepsilon_t = \frac{d\sigma_t}{E} + \frac{\sigma_t}{E} d\varphi(t,\tau) \tag{2-5-46}$$

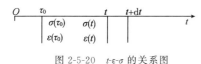

图 2-5-20 $t$-$\varepsilon$-$\sigma$ 的关系图

上式的物理意义是：在 d$t$ 时间增量内，总应变增量等于应力增量 d$\sigma_t$ 引起的弹性应变增量与应力状态 $\sigma_t$ 引起的徐变应变增量之和。式中 $\sigma_t$ 可分解为 $\tau_0$ 时刻的初始应力值 $\sigma(\tau_0)$ 与徐变引起的应力变化量 $\sigma_c(t)$，见图 2-5-20。结构变形（只考虑弯矩项）可应用虚功原理求得：

$$d\Delta_{kP} = \int_l \frac{dM(t) \cdot \overline{M}_k}{EI} dx + \int_l \frac{M_0 \cdot \overline{M}_k}{EI} dx \cdot d\varphi(t,\tau) + \int_l \frac{M(t) \cdot \overline{M}_k}{EI} dx \cdot d\varphi(t,\tau) \tag{2-5-47}$$

上式第一项为在时间增量内，内力增量（即徐变次内力的增量）的结构弹性变形，后两项为在 $t$ 时刻内力状态$[M_0 + M(t)]$的结构徐变变形增量。

(2) 增量变形协调微分方程

如图 2-5-19e) 所示，取简支梁为基本结构，结构因混凝土徐变引起支座 1 上的赘余力以 $X_{1t}$ 表示。可应用上式建立时间增量 d$t$ 内在支座上的增量变形协调条件方程：

$$d\Delta_{kP} = 0 \quad (k=1) \tag{2-5-48}$$

在此简例中，上式中各内力可表达为：$dM(t) = dX_{1t}\overline{M}_1$，$M(t) = X_{1t}\overline{M}_1$，$\overline{M}_1$ 为赘余力 $X_{1t}=1$ 在基本结构上引起的内力。

$M_0$ 为梁段②与梁段①连成连续梁时，在结构内的初始内力状态，见图 2-5-19b)、d)。根据叠加原理，可用图 f)、h)、i)表示，即 $M_0 = X_{10}\overline{M}_1 + M_P$，$X_{10}$ 为支座 1 上的初始力，此例中为 $m_0 + x_{1(2)}$，$m_0$ 为梁段①在支座 1 上的悬臂弯矩，$x_{1(2)}$ 为梁段②与梁段①连成连续梁时，由梁段②的外载（在此，只考虑恒载 $p$）引起支座 1 上的弹性弯矩，$M_P$ 为外载在基本结构上产生的内力。

考虑①、②梁段的混凝土加载龄期的不同，计算变形增量时要分段积分，则上式可简写为：

$$d\Delta_{1P} = dx_{1t} \cdot \delta_{11} + x_{10} d\varphi(t,\tau_2) \left[ \delta_{11}^{(1)} \frac{d\varphi(t,\tau_1)}{d\varphi(t,\tau_2)} + \delta_{11}^{(2)} \right] + d\varphi(t,\tau_2) \left[ \delta_{1P}^{(1)} \frac{d\varphi(t,\tau_1)}{d\varphi(t,\tau_2)} + \delta_{1P}^{(2)} \right] +$$
$$x_{1t} d\varphi(t,\tau_2) \left[ \delta_{11}^{(1)} \frac{d\varphi(t,\tau_1)}{d\varphi(t,\tau_2)} + \delta_{11}^{(2)} \right] = 0 \tag{2-5-49}$$

式中：$\delta_{11} = \int_0^{2l} \frac{\overline{M}_1^2 dx}{EI}$；

$\delta_{11}^{(1)} = \int_0^{l+\xi l} \frac{\overline{M}_1^2 dx}{EI}$；

$\delta_{11}^{(2)} = \int_{l+\xi l}^{2l} \frac{\overline{M}_1^2 dx}{EI}$；

$\delta_{1P}^{(1)} = \int_0^{l+\xi l} \frac{M_P \overline{M}_1 dx}{EI}$；

$\delta_{1P}^{(2)} = \int_{l+\xi l}^{2l} \frac{M_P \overline{M}_1 dx}{EI}$。

如图 2-5-21a) 所示，老化理论的一个特征，即各加载龄期不同的徐变规律曲线，在任意 $t'$ 时刻的增长率是相同的，与加载龄期无关，即 $\frac{d\varphi(t'_1,\tau)}{dt} = \varphi_k \cdot \beta \cdot e^{-\beta t'}$。在工程实践中，各梁段加载龄期虽然不同,但加载时间历程相同,见图 2-5-21b),将各不同加载龄期的徐变规律曲线移至同一原点[在此,以梁段②的 $\varphi(t,\tau_2)$ 为基准],则梁段①加载时间历程为 $t=t'+\tau_1$,梁段②为 $t=t'$[图 2-5-21c)],得:

$$\frac{\mathrm{d}\varphi(t,\tau_1)}{\mathrm{d}\varphi(t,\tau_2)} = \frac{\varphi_k\beta\mathrm{e}^{-(t'+\tau_1)}}{\varphi_k\beta\mathrm{e}^{-\beta t'}} = \mathrm{e}^{-\beta\tau_1} \tag{2-5-50}$$

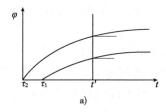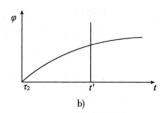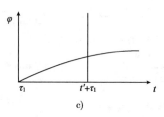

图 2-5-21 徐变规律曲线间的关系

因而,在式(2-5-49)中括号内的常变位与载变位计算式可表达为:

$$\left.\begin{array}{l}\delta_{11}^* = \delta_{11}^{(1)}\mathrm{e}^{-\beta\tau_1} + \delta_{11}^{(2)} \\ \delta_{1P}^* = \delta_{1P}^{(1)}\mathrm{e}^{-\beta\tau_1} + \delta_{1P}^{(2)}\end{array}\right\} \tag{2-5-51}$$

式中,$\delta_{11}^*$、$\delta_{1P}^*$ 区别于弹性体系上计算的常变位 $\delta_{11}$、载变位 $\delta_{1P}$,称之为结构徐变体系上的常变位与载变位,它反映了各梁段混凝土加载龄期不同的影响,$\mathrm{e}^{-\beta\tau_i}(i=1,2,\cdots)$ 即是考虑不同加载龄期的修正系数。

式(2-5-49)可更简洁地表达为:

$$[\delta_{11}^*(x_{1t}+x_{10})+\delta_{1P}^*]\mathrm{d}\varphi_t + \delta_{11}\mathrm{d}x_{1t} = 0 \tag{2-5-52}$$

此一阶微分方程组的初始条件为 $t=\tau_0$ 时,$x_{1t}=0$,其解为:

$$x_{1t} = (x_1^* - x_{10})\left[1 - \mathrm{e}^{\frac{\delta_{11}^*}{\delta_{11}}(\varphi_t-\varphi_{\tau_0})}\right] \tag{2-5-53}$$

式中,$x_1^* = -\delta_{1P}^*/\delta_{11}^*$ 为结构徐变体系的稳定力。

$\delta_{11}^*$ 的计算值越小,相当于结构被"强化"了,此时结构徐变次内力越小。因而,提高混凝土加载龄期,或在结构中增加不会徐变的部件,或者增大截面上的含筋率等,都能使结构徐变次内力减小。如果能调整结构的初始力亦可达到同样效果。

当结构各梁段的加载龄期相同时,则 $\delta_{11}^* = \delta_{11}$,$\delta_{1P}^* = \delta_{1P}$,徐变体系即为弹性体系。此时,结构徐变次内力的解为:

$$x_{1t} = (x_1 - x_{10})[1 - \mathrm{e}^{-(\varphi_t-\varphi_{\tau_0})}] \tag{2-5-54}$$

显然,如果结构不是分段施工,而是一次落架,则 $x_{10}=x_1$,$x_{1t}=0$。混凝土徐变只导致结构变形的增加,并不引起次内力。

从式(2-5-53)与式(2-5-54)可见,若 $x_{10}=0$,则在加载龄期相同的条件下,结构徐变次内力的终极值逐步趋近弹性体系的稳定力 $x_1$,在加载龄期不相同的条件下,结构徐变次内力则逐步趋近徐变体系的稳定力 $x_1^*$。

我国公路钢筋混凝土及预应力混凝土桥涵设计规范建议的连续梁考虑徐变后的内力计算公式为:

$$M_{gt} = M_{1g} + (M_{2g} - M_{1g})[1 - \mathrm{e}^{-(\varphi_t-\varphi_\tau)}] \tag{2-5-55}$$

式中:$M_{gt}$——在恒载作用下,考虑徐变影响,连续梁任意截面在 $t$ 时的实际弯矩;

$M_{1g}$——基本结构(或称先期结构)在恒载作用下的弹性弯矩;

$M_{2g}$——连续梁(或称体系转换的后期结构)在恒载作用下的弹性弯矩。

如图 2-5-22 所示,它是简支梁(先期结构)转换为连续梁(后期结构)的计算内力图。比较式(2-5-54),此时,支座 1 上的初始内力值 $X_{10}=0$,而 $X_1$ 可表示为 $(M_{2g}-M_{1g})$,则连续梁在 $t$ 时的实际内力(任意截面上)为:

$$M_{gt} = M_{1g} + X_{1t}\overline{M}_1 = M_{1g} + (M_{2g}-M_{1g})[1-e^{-(\varphi_i-\varphi_\tau)}] \quad (2\text{-}5\text{-}56)$$

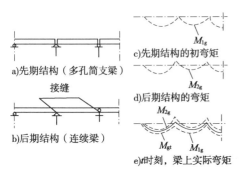

图 2-5-22 简支梁转换为连续梁的计算内力图

必须指出,规范上公式只适用于加载龄期相同由简支变连续情况下的连续梁徐变内力计算。如果是由悬臂转换为连续梁,则在 $M_{1g}$ 的计算项内必须考虑支座上的初始内力值 $X_{10}$。

以上只讨论了在恒载下的结构徐变次内力计算,预应力混凝土连续梁还要计算预加力所引起的徐变次内力,同样可使用上述公式,所不同的仅是外载形式变化,可相应改变外载项的有关计算部分。预加力不同于恒载,它随着时间也是变化的。对于预加力的变化,在计算徐变次内力时,规范中引用了一个平均有效系数 $C$。

$$C = \frac{P_e}{P_p} \quad (2\text{-}5\text{-}57)$$

式中:$P_e$——徐变损失后预应力钢筋的平均拉力;

$P_p$——徐变损失前(瞬时损失后)预应力钢筋的平均拉力。

预应力混凝土连续梁结构,在恒载与预加力作用下,考虑徐变影响,结构任意截面的最终弯矩(龄期相同条件下)为:

$$M_t = M_{gt} + M_{Nt} = M_{1g} + X_{1gt}\overline{M}_1 + M_{1N} + X_{1Nt}\overline{M}_1 C \quad (2\text{-}5\text{-}58)$$

式中: $M_t$——连续梁在徐变完成后的最终弯矩;

$M_{1g}$、$M_{1N}$——恒载、预加力在先期结构上的初弯矩;

$X_{1gt}$、$X_{1Nt}$——恒载、预加力引起的徐变次内力。

式(2-5-52)可以扩大到计算多次超静定结构的徐变次内力计算,可由相应的矩阵方程来表达:

$$[\boldsymbol{F}^*(\boldsymbol{x}_{it}+\boldsymbol{x}_{i0})+\boldsymbol{D}^*]d\varphi_t + \boldsymbol{F}d\boldsymbol{x}_{it} = 0 \quad (2\text{-}5\text{-}59)$$

式中:$\boldsymbol{F}^*$——结构徐变体系的常变位矩阵(或称柔度矩阵):

$$\boldsymbol{F}^* = \begin{bmatrix} \delta_{11}^* & \delta_{12}^* & \cdots & \delta_{1n}^* \\ \vdots & \vdots & & \vdots \\ \delta_{n1}^* & \delta_{n2}^* & \cdots & \delta_{nn}^* \end{bmatrix}$$

$\boldsymbol{D}^*$——徐变体系载变位列阵,$\boldsymbol{D}^* = [\delta_{1p}^* \quad \delta_{2p}^* \quad \cdots \quad \delta_{np}^*]^T$;

$\boldsymbol{x}_{it}$——赘余力列阵,$\boldsymbol{x}_{it} = [x_{1t} \quad x_{2t} \quad \cdots \quad x_{nt}]^T$;

$\boldsymbol{x}_{i0}$——初始力列阵,$\boldsymbol{x}_{i0} = [x_{10} \quad x_{20} \quad \cdots \quad x_{n0}]^T$。

$$\delta_{ij}^* = \sum_i \int \frac{\overline{M}_i \overline{M}_j e^{-\beta \tau_i}}{EI}dx = \sum_i \int \frac{\overline{M}_i \overline{M}_j}{E_e I}dx$$

式中:$E_e$——折算弹性模量,$E_e = E/e^{-\beta \tau_i}$。

式(2-5-59)实质上是微分方程组,其特解为:

$$\overline{\boldsymbol{x}}_{it} = -\boldsymbol{F}^{*-1}\boldsymbol{D}^* - \boldsymbol{x}_{i0} \quad (2\text{-}5\text{-}60)$$

齐次微分方程组的通解为:

$$\widetilde{\boldsymbol{x}}_{it} = \boldsymbol{C}_{im}[e^{-\lambda_m \varphi_t}]^T \quad (2\text{-}5\text{-}61)$$

式中:$\boldsymbol{C}_{im}$——特征向量阵;

$\lambda_m$——特征值。

每一特征值对应一组特征向量 $C_{im}$，可应用下列特征方程求解特征值。特征方程为：

$$\begin{vmatrix} \delta_{11}^* - \lambda_m \delta_{11} & \delta_{12}^* - \lambda_m \delta_{12} & \cdots & \delta_{1n}^* - \lambda_m \delta_{1n} \\ \vdots & \vdots & & \vdots \\ \delta_{n1}^* - \lambda_m \delta_{n1} & \delta_{n2}^* - \lambda_m \delta_{n2} & \cdots & \delta_{m}^* - \lambda_m \delta_{m} \end{vmatrix} = 0 \qquad (2\text{-}5\text{-}62)$$

求解特征值后，代回上式，可求得相应特征向量的比值，再与初始条件 $(t=0, x_{it}=0)$ 联解求得 $C_{im}$ 值，最后，结构徐变次内力的全解为：

$$x_{it} = \bar{x}_{it} + \tilde{x}_{it} = -F^{*-1}D^* - x_{i0} + C_{im}[\mathrm{e}^{-\lambda_m \varphi_t}]^{\mathrm{T}} \qquad (2\text{-}5\text{-}63)$$

#### 2. 扩展狄辛格方法

狄辛格方法不考虑徐变的滞后弹性影响。考虑此项影响的修正方法即扩展狄辛格方法。假定徐变的滞后弹性应变同弹性急变一样在加载初始时刻瞬时完成，即以图 2-5-23 中虚线所示的近似曲线表示徐变规律，并在式(2-5-22)中近似取 $k_v(t-\tau) \approx 1$（假定荷载持续时间>180d）。由此，徐变系数 $\varphi(t,\tau) = 0.4 + \varphi(t,\tau)$，式(2-5-52)的修正式为：

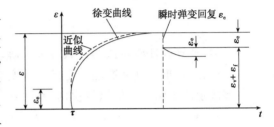

图 2-5-23 混凝土变形与时间的关系

$$[\delta_{11}^*(x_{1t} + x_{10}) + \delta_{1p}^*]\mathrm{d}\varphi_t + 1.4\delta_{11}\mathrm{d}x_{1t} = 0 \qquad (2\text{-}5\text{-}64)$$

根据初始条件 $\varphi_t = 0, x_{1t_0} = \dfrac{0.4}{1.4}(x_1^* - x_{10})$，结构徐变次内力的解为：

$$x_{1t} = (x_1^* - x_{10})\left(1 - \dfrac{\mathrm{e}^{-\frac{\delta_{11}^*}{\delta_{11}} \cdot \frac{\varphi_t}{1.4}}}{1.4}\right) \qquad (2\text{-}5\text{-}65)$$

上式同样可以推广到多次超静定结构徐变次内力求解，其相应矩阵方程为：

$$[\boldsymbol{F}^*(\boldsymbol{x}_{it} + \boldsymbol{x}_{i0}) + \boldsymbol{D}^*]\mathrm{d}\varphi_t + 1.4\boldsymbol{F}\mathrm{d}\boldsymbol{x}_{it} = 0 \qquad (2\text{-}5\text{-}66)$$

扩展狄辛格方法，可用于施工各阶段持续时间较长的结构中求解徐变次内力。对于采用悬臂施工方法，或逐跨建造方法的结构，因各施工阶段间隔时间短，一般在 7~15d，此法就不甚适用。

#### 3. 换算弹性模量法

换算弹性模量法，在引入时效系数 $\rho(t,\tau)$ 后，能直接计算在应力变化条件下的结构在 $t$ 时刻的总变形。这就可能直接建立超静定结构在 $t$ 时刻的变形协调条件方程(力法方程)，求解结构次内力。

仍以图 2-5-19 所示的两跨连续梁为例，考虑各梁段加载龄期不同，参见式(2-5-45)，可分段计算在 $t$ 时刻结构的各项变形，其计算如下：

基本结构仍为简支梁，支座 1 上赘余力 $x_{1t}$。

在 $\tau_0$ 至 $t$ 时刻内，结构外荷载与初始力在弹性体系的赘余力方向上引起的徐变变形为：

$$\Delta_{1\mathrm{P}}^{\oplus} = \int_0^{l+\xi l} \dfrac{(X_{10}\overline{M}_1 + M_\mathrm{P})\overline{M}_1}{EI}\mathrm{d}x\varphi(t_1,\tau_1) + \int_{l+\xi l}^{2l} \dfrac{(X_{10}\overline{M}_1 + M_\mathrm{P})\overline{M}_1}{EI}\mathrm{d}x\varphi(t_1,\tau_2)$$

$$(2\text{-}5\text{-}67)$$

在 $\tau_0$ 至 $t$ 时刻内，赘余力 $x_{1t} = 1$ 在徐变体系的赘余力方向上引起的总变形为：

$$\delta_{11}^{\oplus} = \int_0^{l+\xi l} \dfrac{\overline{M}_1^2 \mathrm{d}x}{E_{\varphi 1}I} + \int_{l+\xi l}^{2l} \dfrac{\overline{M}_1^2 \mathrm{d}x}{E_{\varphi 2}I} \qquad (2\text{-}5\text{-}68)$$

式中：$E_{\varphi 1} = \gamma(t_1, \tau_1) E$；

$E_{\varphi 2} = \gamma(t, \tau_2) E$；

$\gamma(t_1, \tau_i) = \dfrac{1}{1 + \rho(t, \tau_i)\varphi(t, \tau_i)}$；

$\xi(t, \tau_1) = \dfrac{1}{1 - e^{-\varphi(t, \tau_i)}} - \dfrac{1}{\varphi(t, \tau_i)}$。

结构在 $t$ 时刻，赘余力方向上的变形协调条件方程为：

$$\delta_{11}^{\oplus} x_{1t} + \Delta_{1P}^{\oplus} = 0 \tag{2-5-69}$$

结构徐变次内力的解为：

$$x_{1t} = -\dfrac{\Delta_{1P}^{\oplus}}{\delta_{11}^{\oplus}} \tag{2-5-70}$$

显然，换算弹性模量法的代数方程求解，比狄辛格方法的微分方程求解方便简易。

同样，此法推广到多次超静定结构徐变次内力求解，亦极简易。

多次超静定结构求解徐变次内力的矩阵方程为：

$$\boldsymbol{F}^{\oplus} X_{kt} + \boldsymbol{D}^{\oplus} = 0 \tag{2-5-71}$$

式中：$\boldsymbol{F}^{\oplus}$——徐变体系的常变位矩阵：

$$\boldsymbol{F}^{\oplus} = \begin{bmatrix} \delta_{11}^{\oplus} & \delta_{12}^{\oplus} & \cdots & \delta_{1n}^{\oplus} \\ \vdots & \vdots & & \vdots \\ \delta_{n1}^{\oplus} & \delta_{n2}^{\oplus} & \cdots & \delta_{nn}^{\oplus} \end{bmatrix}$$

$\boldsymbol{D}^{\oplus}$——弹性体系的徐变载变位列阵：

$$\boldsymbol{D}^{\oplus} = \begin{bmatrix} \Delta_{1P}^{\oplus} & \Delta_{2P}^{\oplus} & \cdots & \Delta_{nP}^{\oplus} \end{bmatrix}^{T}$$

结构徐变次内力解为：

$$X_{kt} = -\boldsymbol{F}^{\oplus -1} \boldsymbol{D}^{\oplus} \tag{2-5-72}$$

以上各种计算方法，除了扩展狄辛格方法考虑了滞后弹性项的影响外，其余均未考虑。目前，桥梁规范中考虑了徐变系数计算式中的不可恢复变形 $\beta_a(\tau)$ 一项的影响。显然，如考虑 $\beta_a(\tau)$ 项的影响，在扩展狄辛格方法中的微分方程表达式及换算弹性模量法中，其中的时效系数 $\rho(t_1, \tau)$ 与折算系数 $\gamma(t_1, \tau)$ 都要做相应修正。

近年来，由于预应力混凝土桥梁节段施工方法的广泛使用，使建造周期越来越短。因而，早期混凝土徐变对结构的影响引起了各国学者的重视。在联邦德国规范 DIN-4227 中，使用了包括滞后弹性效应的徐变系数，而 CEB-FIP 在 1978 年建议的国际标准规范中，又引入一项表示加载初期不可恢复变形 $\beta_a(\tau)$，实际上这是增大了结构早期加载的徐变系数，而使结构徐变次内力在早期加载时的计算值偏大，而对徐变结构次内力的终极值的影响较小，一般偏小。

以上讨论的结构徐变次内力计算，外因是持续作用的外载，内因是混凝土徐变。而非荷载形式的客观因素，也将引起结构徐变次内力，如混凝土收缩、墩台基础沉降。这些形式的"强迫位移"受到结构多余约束的阻碍，首先引起结构的弹性内力，而结构在这部分持续内力作用下，因混凝土徐变引起结构次内力，所以，以前所讨论的结构徐变次内力计算方法与公式，只要做适当的修改，基本上都适用。

### 六、结构因混凝土收缩引起的次内力计算

混凝土收缩是随时间变化的，它的增长速度受到空气湿度等条件的影响。为了简化计算，

一般均假定收缩的变化规律相似于徐变变化规律,即:

$$\varepsilon_s(t) = \frac{\varepsilon_s(\infty)\varphi(t,\tau)}{\varphi(\infty,\tau)} \tag{2-5-73}$$

式中:$\varepsilon_s(t)$——任意时刻 $t$ 的收缩应变;

$\varepsilon_s(\infty)$——收缩应变在 $t=\infty$ 时的终极值。

仍以前述两跨连续梁为例,如采用狄辛格方法,则在时间增量 $dt$ 内,计入混凝土收缩后混凝土总应变的增量 $d\varepsilon_b$ 的算式(2-5-46)可改写为:

$$d\varepsilon_b(t) = \frac{d\sigma_t}{E} + \frac{\sigma_t}{E}d\varphi(t,\tau) + d\varepsilon_s(t) \tag{2-5-74}$$

则增量变形协调的微分方程式可写为:

$$[\delta_{11}^* x_{1t} + \frac{\delta_{10,s}}{\varphi(\infty,\tau)}]d\varphi_t + \delta_{11}dx_{1t} = 0 \tag{2-5-75}$$

式中:$\delta_{10,s}$——混凝土收缩在结构赘余力方向产生的变形。

如采用换算弹性模量法,在 $t$ 时刻混凝土总应变 $\varepsilon_b(t)$ 的计算式(2-5-29)可改写为:

$$\varepsilon_b(t) = \frac{\sigma(\tau_0)}{E}[1+\varphi(t,\tau_0)] + \int_{\tau_0}^{t}\frac{\partial\sigma(\tau)}{\partial\tau}\frac{1}{E}[1+\varphi(t,\tau)]d\tau + \varepsilon_s(t) \tag{2-5-76}$$

其力法方程可表达为:

$$\delta_{11}^{\oplus}(x_{1t} + \overline{x}_{1s}) + \delta_s(t) = 0 \tag{2-5-77}$$

式中:$\overline{x}_{1s}$——收缩在 $t$ 时刻变形值引起结构赘余力方向上的弹性内力。

求解过程略。

需要注意的是:在分析混凝土收缩引起的结构次内力时,基本结构的常变位、载变位计算中必须考虑轴力项。对于一般的超静定连续梁,因收缩变形并不受到强大约束,可只计算结构的收缩位移量,而忽略结构次内力的计算。但对于墩梁连固的连续—刚构体系,就应考虑收缩引起的结构的次内力。

## 第三节 预应力混凝土连续梁因基础沉降引起的次内力计算

连续梁墩台基础的沉降与地基土壤的物理力学特性有关,一般随时间而递增,要经过相当长的时间才接近沉降终极值。为简化分析,同样假定沉降变化规律相似于徐变变化规律,其基本表达式为:

$$\Delta_d(t) = \frac{\Delta_d(\infty)\varphi(t,\tau)}{\varphi(\infty,\tau)} \tag{2-5-78}$$

式中:$\Delta_d(t)$——$t$ 时刻的墩台基础沉降值;

$\Delta_d(\infty)$——$t=\infty$ 时刻的墩台基础沉降终极值。

因墩台沉降的增长速度与地基土壤有关,式(2-5-78)就应改写为:

$$\Delta_d(t) = \Delta_d(\infty)[1-e^{-p(t-\tau)}] \tag{2-5-79}$$

式中:$p$——墩台沉降增长速度,$p$ 值应根据实地土壤的试验资料决定,一般可取:

$p=36$,砂质与砂质土,接近瞬时沉降;

$p=4\sim14$,亚砂土与亚砂质黏土;

$p=1$,黏土。

根据换算弹性模量法,以两跨连续梁为例,因墩台基础沉降而引起结构次内力的求解方程为:

$$\delta_{11}^{\oplus} x_{1t} + \delta_{11}^{d} x_{1d} + \Delta_{dp} + x_{10}\Delta_{1p}^{\oplus} = 0 \tag{2-5-80}$$

式中:$\Delta_{dp}$——墩台基础在 $t$ 时刻的沉降值引起基本结构赘余力方向的载变位;

$x_{1d}$——墩台基础在 $t$ 时刻的沉降值引起基本结构赘余力方向的弹性内力;

$\delta_{11}^{d}$——弹性内力 $x_{1d}=1$ 在赘余力方向上引起的徐变变形。

如果墩台基础沉降随时间增加的规律与徐变变化规律相似,则 $\delta_{11}^{\oplus} = \delta_{11}^{d}$,而 $t=0$ 时,$x_{10}=0$,则式(2-5-80)简化为:

$$\delta_{11}^{\oplus}(x_{1t} + x_{1d}) + \Delta_{dp} = 0 \tag{2-5-81}$$

如果墩台基础沉降瞬时完成,则 $p=\infty$,$x_{10}=x_{1d}$,$x_{1d}$ 为基础瞬时沉降量在赘余力方向引起的弹性内力,$\delta_{11}^{d} = \delta_{11}$,而 $\delta_{11} \cdot x_{1d} + \Delta_{dp} = 0$,式(2-5-80)就简化为:

$$\delta_{11}^{\oplus} x_{1t} + x_{1d}\Delta_{1p}^{\oplus} = 0 \tag{2-5-82}$$

式中:$x_{1d}\Delta_{1p}^{\oplus}$——墩台基础沉降引起的弹性内力至 $t$ 时刻在赘余力方向引起的徐变变形。

根据计算分析表明,墩台基础沉降在赘余力方向产生的弹性内力,因混凝土徐变随时间的增加而逐渐松弛。松弛的程度正比于墩台基础沉降增长速度。如基础沉降是瞬时完成($p \to \infty$),由此产生的弹性内力经长时间后基本松弛了,只剩下 10%～20% 的原值。所以,在预应力混凝土连续梁中,采用支座瞬时位移进行人工调整内力没有多大的效果。因而,在实际中常采用在连续梁(已转换为最终体系)上施加压重或平衡重来调整结构的内力分布,此时混凝土徐变基本上不引起结构次内力。

## 第四节 温度应力计算

### 一、温度对结构的影响

桥梁结构是暴露在大气中的结构物,结构受力将受到温度的影响。温度影响一般包括两部分:年温差影响与局部温差影响。

年温差影响,指气温随季节发生周期性变化时对结构物所引起的作用。一般假定温度在构件内均值变化;对无水平约束的结构如简支梁、连续梁等,年温差只引起结构的均匀伸缩,并不导致结构内温度次内力(或温度应力);对结构的均匀伸缩受到约束时,年温差将引起结构内温度次内力,如拱式结构、框架结构及部分斜拉桥结构,如图 2-5-24 所示。

局部温差影响,一般指日照温差或混凝土水化热等影响。混凝土水化热引起结构内的温度变化,问题较为复杂,但可在施工中用温度控制方法予以调节。目前在各国规范中,桥梁温度应力计算一般不包括此项影响,在此亦不予讨论。日照温差对结构的影响,因日辐射强度、桥梁方位、日照时间、地理位置、地形地貌等随机因素,使结构表面、内部温差因对流、热辐射和热传导方式形成瞬时的不均匀分布,称为结构的温度

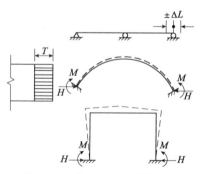

图 2-5-24 年温差对不同结构的影响

场。显然,要计算日照温差对结构的效应,温度场的确定是关键问题。严格地说,桥梁结构属三维热传导问题,结构内任一点的温度 $T_i$ 是结构三维方向及时间 $t$ 的函数,$T_i=f(x,y,z,t)$,考虑桥梁是一个狭长的结构物,又忽略某些局部区域三维传导性质(如梁端、箱梁角隅区域等),可以认为,桥梁在沿长度方向,温度变化是一致的,从而三维热传导问题可以简化为分别以桥梁横向或竖向(沿梁截面高度)的一维传导状态分析。这样,温度场的确定简化为沿桥梁横向或沿桥梁竖向(即截面高度方向)的温度梯度形式的确定。公路上的混凝土桥梁,由于设置人行道,一般是桥面板直接受日照,而腹板因悬臂的遮阴,两侧温差变化不大,因此对梁式结构只考虑沿截面高度方向的日照温差的影响。在铁路上,因梁窄,梁的腹板直接受日照,导致两侧腹板日照温差,除了考虑竖向的日照温差影响外,还要考虑横向的影响。各国桥梁规范对梁式结构沿梁高方向的温度梯度有各种不同形式的规定,如图 2-5-25 所示。

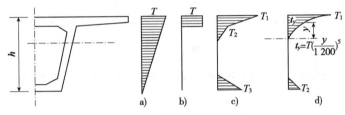

图 2-5-25 不同的温度梯度形式

图中列举出的各种形式,可归纳为线性变化和非线性变化两种。

1. 线性变化

线性变化如图 2-5-25a)所示。在这种温差变化情况下,梁式结构将产生挠曲变形,而且梁在变形后仍然服从平截面假定。因此,在静定梁式结构中,线性变化的温度梯度只引起结构的位移而不产生温度次内力,而在超静定梁式结构中,它不但引起结构的位移,而且因多余约束的存在,从而产生结构内温度次内力,见图 2-5-26。

2. 非线性变化

在图 2-5-25 中,除 a)以外都属于非线性温度梯度形式。在此类非线性温差分布的情况下,即使是静定梁式结构,梁在挠曲变形时,因梁要服从平截面假定,截面上的纵向纤维因温差的伸缩将受到约束,从而产生纵向约束应力,这部分在截面上自相平衡的约束应力称为温度自应力 $\sigma_s^0$,同时,还应考虑多余约束阻止结构挠曲产生的温度次内力引起的温度次应力 $\sigma_s'$。总的温度应力为 $\sigma_t=\sigma_s^0+\sigma_s'$。

温度应力对预应力混凝土桥梁的危害在近 30 年来越来越受到重视并得到深入研究。理论分析和试验研究均已证明,在大跨预应力混凝土箱形梁桥中,特别是超静定结构体系(例如连续梁中,温度应力可以达到甚至超出活载应力),已被认为是预应力混凝土桥梁产生裂缝的主要原因。20 世纪 60 年代,在新西兰和澳大利亚,都曾存在预应力混凝土箱梁桥因温度应力严重损害的例子。

以下将以预应力混凝土连续梁为例,介绍非线性温度梯度引起梁内温度应力的计算方法。连续梁内的温度应力 $\sigma_t=\sigma_s^0+\sigma_s'$,$\sigma_s^0$ 为解除多余约束,在基本结构上因非线性温度变化引起的温度自应力,$\sigma_s'$ 为超静定连续梁温度次内力引起的温度次应力。

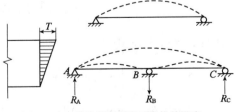

图 2-5-26 线性温度梯度对结构的影响

## 二、基本结构上温度自应力的计算

设温度梯度沿梁高按任意曲线 $T(y)$ 分布（图 2-5-27），取一单元梁段，当纵向纤维之间不受约束，能自由伸缩时，沿梁高各点的自由变形为：

$$\varepsilon_T(y) = \alpha T(y) \tag{2-5-83}$$

式中：$\alpha$——材料的线膨胀系数。

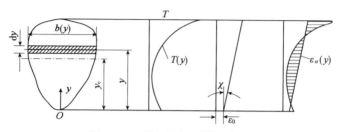

图 2-5-27　温度自应力计算示意图

但因梁的变形必须服从平面假定，所以截面实际变形后，应在图 2-5-27 所示的直线位置，即：

$$\varepsilon_a(y) = \varepsilon_0 + \chi y \tag{2-5-84}$$

式中：$\varepsilon_0$——$y=0$ 处的变形值；

$\chi$——单元梁段挠曲变形后的曲率。

图 2-5-27 中阴影部分的应变，是由纵向纤维之间的约束产生的，称为温度自应变：

$$\varepsilon_\sigma(y) = \varepsilon_T(y) - \varepsilon_a(y) = \alpha T(y) - (\varepsilon_0 + \chi y) \tag{2-5-85}$$

由 $\varepsilon_\sigma(y)$ 产生的应力称为温度自应力，其值为：

$$\sigma_s^0(y) = E\varepsilon_\sigma(y) = E[\alpha T(y) - (\varepsilon_0 + \chi y)] \tag{2-5-86}$$

式(2-5-86)中 $\varepsilon_0$ 和 $\chi$ 一旦被确定，就可方便地计算温度自应变和温度自应力。由于在单元梁段上无外荷载作用，因此，自应力在截面上是自平衡状态的，可利用截面上应力总和为零和对截面重心轴的力矩为零的条件，求出 $\varepsilon_0$ 与 $\chi$ 值。

$$\left.\begin{aligned}
N &= E\int_h \varepsilon_\sigma(y)b(y)\mathrm{d}y \\
&= E\int_h [\alpha T(y) - (\varepsilon_0 + \chi y)] \cdot b(y)\mathrm{d}y \\
&= E[\alpha\int_h T(y)b(y)\mathrm{d}y - \varepsilon_0 A - S\chi] = 0 \\
M &= E\int_h \varepsilon_\sigma(y)b(y)(y - y_c)\mathrm{d}y \\
&= E\int_h [\alpha T(y) - (\varepsilon_0 + \chi y)]b(y)(y - y_c)\mathrm{d}y \\
&= E[\alpha\int_h T(y)b(y)(y - y_c)\mathrm{d}y - \chi I] = 0
\end{aligned}\right\} \tag{2-5-87}$$

式中：$A = \int_h b(y)\mathrm{d}y$；

$S = Ay_c = \int_h yb(y)\mathrm{d}y$；

$I = \int_h b(y)y(y - y_c)\mathrm{d}y$。

从式(2-5-87)可解得：

$$\left.\begin{aligned}\varepsilon_0 &= \frac{\alpha}{A}\int_h T(y)b(y)\mathrm{d}y - y_c\chi \\ \chi &= \frac{\alpha}{I}\int_h T(y)b(y)(y-y_c)\mathrm{d}y\end{aligned}\right\} \tag{2-5-88}$$

将 $\varepsilon_0$ 与 $\chi$ 代入式(2-5-86)，即可求得温度自应力 $\sigma_s^0(y)$。

### 三、连续梁温度次内力及温度次应力计算

用式(2-5-88)求得的 $\chi$ 值，实际上就是自由梁单元在非线性温度梯度变化时产生的挠曲变形的曲率。在连续梁中，这部分变形会引起次内力，可用力法求解。

以两跨连续梁为例，取简支梁为基本结构，可列出力法方程为：

$$\delta_{11}x_{1T} + \Delta_{1T} = 0 \tag{2-5-89}$$

式中：$\delta_{11}$——$x_{1T}=1$ 时在赘余力方向上引起的变形；

$\Delta_{1T}$——温度变化在赘余力方向上引起的变形，如图2-5-28中所示 $\Delta_{1T}$ 为中间支座上截面的相对转角。

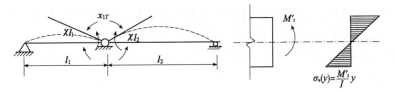

图 2-5-28 连续梁在温差作用下的挠曲变形

$\Delta_{1T} = -\frac{1}{2}\chi l_1 - \frac{1}{2}\chi l_2 = -\frac{1}{2}\chi(l_1+l_2)$，把它们代入式(2-5-89)，即解得 $x_{1T}$，梁上作用的温度次内力矩为 $M_t = x_{1T}M_1$。

温度次应力为：

$$\sigma'_s = \frac{M'_t y}{I} \tag{2-5-90}$$

综合考虑温度自应力和温度次力矩得连续梁内总的温度应力为：

$$\sigma_s(y) = E[\alpha T(y) - (\varepsilon_0 + \chi y)] + \frac{M'_t}{I}\cdot y \tag{2-5-91}$$

从以上分析可知：温度梯度曲线与温度附加力的计算有很大的关系，如果温度梯度曲线选用不当，即使增大温度设计值，亦不能保证结构的抗裂性。这是由于温度自应力会导致在任意截面上的温度应力达到一定数值，有可能增加腹板的主拉应力，恶化斜截面的抗裂性。因此，通过大量的研究与分析，找出符合我国实际情况的温度梯度曲线是十分必要的。

### 四、我国公路桥梁设计规范中温度应力计算公式

我国《公路桥涵设计通用规范》(JTG D60—2015)将桥梁结构处于自然环境中所受的温度作用分为两种，即均匀温度作用和梯度温度作用。

对于桥梁结构因均匀温度作用引起的外加变形或约束变形的计算，《公路桥涵设计通用规范》(JTG D60—2015)指出应从受到约束时的结构温度开始，考虑最高和最低有效温度的作用效应。在缺乏实际调查资料的情况下，《公路桥涵设计通用规范》(JTG D60—2015)给出了公

路混凝土和钢结构的最高和最低有效温度标准值。

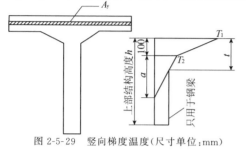

图 2-5-29 竖向梯度温度（尺寸单位：mm）

《公路桥涵设计通用规范》(JTG D60—2015)规定，计算桥梁结构由于梯度温度引起的效应时，可采用如图 2-5-29 所示的竖向温度曲线，其桥面板表面的最高温度 $T_1$ 规定见表 2-5-1 所示。图中，对混凝土结构，当梁高 $h<400\text{mm}$ 时，$a=h-100(\text{mm})$；梁高 $h\geq 400\text{mm}$ 时，$a=300\text{mm}$。对带混凝土桥面板的钢结构，$a=300\text{mm}$，图中 $t$ 为混凝土桥面板的厚度（mm）。

竖向日照正温差计算的温度基数                                     表 2-5-1

| 结 构 类 型 | $T_1$(℃) | $T_2$(℃) |
|---|---|---|
| 混凝土铺装 | 25 | 6.7 |
| 50mm 厚沥青混凝土铺装层 | 20 | 6.7 |
| 100mm 厚沥青混凝土铺装层 | 14 | 5.5 |

对于混凝土上部结构和带混凝土桥面板的钢结构的竖向日照反温差为正温差乘以 $-0.5$；计算圬工拱圈考虑徐变影响引起的温差作用效应时，计算温差效应应乘以 0.7 的折减系数。

我国《公路钢筋混凝土及预应力混凝土桥涵设计规范》(JTG D62—2004)中给出了温差作用效应的计算公式。

对于简支梁而言，温差作用引起的内力为：

$$N_t = \sum A_y t_y \alpha_c E_c \tag{2-5-92}$$

$$M_t^0 = -\sum A_y t_y \alpha_c E_c e_y \tag{2-5-93}$$

由此可求得正温差应力为：

$$\sigma_t = -\frac{N_t}{A_0} + \frac{M_t^0}{I_0}y + t_y \alpha_c E_c \tag{2-5-94}$$

式中：$A_y$——截面内的单元面积；

$t_y$——单元面积 $A_y$ 内温差梯度平均值，均以正值代入；

$\alpha_c$——混凝土线膨胀系数，按《公路桥涵设计通用规范》(JTG D60—2015)的规定取用；

$E_c$——混凝土弹性模量；

$y$——计算应力点至换算截面重心轴的距离，重心轴以上取正值，以下取负值；

$e_y$——单元面积 $A_y$ 重心至换算截面重心轴的距离，重心轴以上取正值，以下取负值；

$A_0$、$I_0$——换算截面面积和惯性矩。

对于反温差应力的计算，规范规定将上述三式中的 $t_y$ 取负值，并按式(2-5-94)计算。

对于连续梁温差应力的计算，《公路钢筋混凝土及预应力混凝土桥涵设计规范》(JTG D62—2004)规定应计入温度作用次弯矩 $M'_t$，此时相应正温差应力的计算公式为：

$$\sigma_t = -\frac{N_t}{A_0} + \frac{M_t^0 + M'_t}{I_0}y + t_y \alpha_c E_c$$

根据铁道部科学研究院西南所对箱梁温度应力的研究成果，我国《铁路桥涵钢筋混凝土和预应力混凝土结构设计规范》(TB 10002.3—2005)给出了如下温度梯度计算公式：

$$T(y) = T_0 \cdot e^{-ay} \tag{2-5-95}$$

式中：$T_0$——温度标准设计值，根据梁上有无道砟桥面、太阳日照总辐射强度、日照温度和计算方向等各项因素而定。

我国《公路桥涵设计通用规范》(JTG D60—2004)曾就梯度温度问题，对新西兰、英国 BS 5400、美国 AASHTO 规范、国内铁路规范和公路原规范的温度梯度曲线进行了实桥应力计算比较，结果表明，新西兰和我国铁路规范中梯度温度作用产生的效应最大，公路原规范最小，英国 BS 5400 和美国 AASHTO 规范居中。图 2-5-30 所示为新西兰规范规定的温度梯度曲线，图 2-5-31 所示为英国规范 BS 5400 的相应规定。

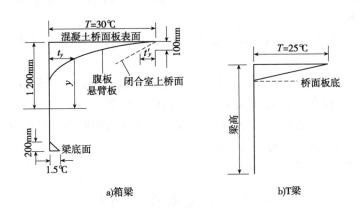

图 2-5-30　新西兰规范中温度梯度的规范

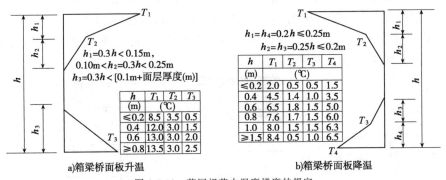

图 2-5-31　英国规范中温度梯度的规定

应该指出，对箱形截面，横向作为闭合框架，因顶板温度变化，将引起横向框架温度约束应力，在箱壁较薄的结构中亦应加以考虑。

在公路上，预应力混凝土连续—刚构体系，因高墩受日照影响，应同上部箱梁作为整体结构共同考虑日照温差温度应力。

除日照温差影响外，还存在晚间骤冷、寒流降温等影响，后两者温差变化较缓慢，英国规范 BS 5400 中曾对此降温时的温度梯度形式做出了不同规定（参见图 2-5-31）。

# 第六章 箱梁分析

箱形截面具有良好的结构性能,因而在现代各种桥梁中得到广泛应用。在中等、大跨预应力混凝土桥梁中,采用的箱梁是指薄壁箱形截面的梁。其主要优点是:

(1)截面抗扭刚度大,结构在施工与使用过程中都具有良好的稳定性。

(2)顶板和底板都具有较大的混凝土面积,能有效地抵抗正负弯矩,并满足配筋的要求,适应具有正负弯矩的结构,如连续梁、拱桥、刚架桥、斜拉桥等,也更适应于主要承受负弯矩的悬臂梁、T形刚构等桥型。

(3)适应现代化施工方法的要求,如悬臂施工法、顶推法等,这些施工方法要求截面必须具备较厚的底板。

(4)承重结构与传力结构相结合,使各部件共同受力,达到经济效果,同时截面效率高,并适合预应力混凝土结构空间布束,更加收到良好的经济效果。

(5)对于宽桥,由于抗扭刚度大,跨中无须设置横隔板就能获得满意的荷载横向分布。

(6)适合于修建曲线桥,具有较大适应性。

(7)能很好适应布置管线等公共设施。

## 第一节 箱梁截面受力特性

作用在箱形梁上的重要荷载是恒载与活载。恒载通常是对称作用的,活载可以是对称作用,也可以是非对称偏心作用,必须分别加以考虑。偏心荷载作用,使箱形梁既产生对称弯曲,又产生扭转。因此,作用于箱形梁的外力可综合表达为偏心荷载来进行结构分析。

图 2-6-1 所示,一箱梁在偏心荷载作用下的变形与位移,可分成四种基本状态:纵向弯曲、横向弯曲、扭转及扭转变形(即畸变)。

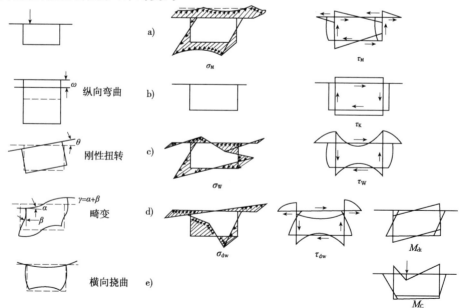

图 2-6-1 箱形梁在偏心荷载作用下的变形状态及截面应力图

箱梁在偏心荷载作用下，因弯扭作用在横截面上将产生纵向正应力和剪应力，因横向弯曲和扭转变形将在箱梁各板中产生横向弯曲应力与剪应力。

纵向弯曲产生竖向变位 $\omega$，因而在横截面上引起纵向正应力 $\sigma_M$ 及剪应力 $\tau_M$，见图 2-6-1a)。图中虚线所示应力分布乃按初等梁理论计算所得，这对于肋距不大的箱梁无疑是正确的；但对于肋距较大的箱形梁，由于翼板中剪力滞后的影响，其应力分布将是不均匀的，即近肋处翼板中产生应力高峰，而远肋板处则产生应力低谷，如图 2-6-1a)中实线所示应力图。这种现象称为"剪力滞效应"。对于肋距较大的宽箱梁，这种应力高峰可达到相当大比例，必须引起重视。

箱形梁的扭转（这里指刚性扭转，即受扭时箱形的周边不变形）变形主要特征是扭转角 $\theta$。箱形梁受扭时分自由扭转与约束扭转。所谓自由扭转，即箱形梁受扭时，截面各纤维的纵向变形是自由的，杆件端面虽出现凹凸，但纵向纤维无伸长缩短，自由翘曲，因而不产生纵向正应力，只产生自由扭转剪应力 $\tau_K$ [图 2-6-1b)]。而当受扭时纵向纤维变形不自由，受到拉伸或压缩，截面不能自由翘曲，则为约束扭转。约束扭转在截面上产生翘曲正应力 $\sigma_W$ 和约束扭转剪应力 $\tau_W$ [图 2-6-1c)]。产生约束扭转的原因有：支承条件的约束，如固端支承约束纵向纤维变形；受扭时截面形状及其沿梁纵向的变化，使截面各点纤维变形不协调也将产生约束扭转，如等厚壁的矩形箱梁、变截面梁等，即使不受支承约束，也将产生约束扭转。

畸变（即受扭时截面周边变形）的主要变形特征是畸变角 $\gamma$。薄壁宽箱的矩形截面受扭变形后，无法保持截面的投影仍为矩形。畸变产生翘曲正应力 $\sigma_{dW}$ 和畸变剪应力 $\tau_{dW}$，同时由于畸变而引起箱形截面各板横向弯曲，在板内产生横向弯曲应力 $\sigma_{dt}$ [图 2-6-1d)]。

箱形梁承受偏心荷载作用，除了按弯扭杆件进行整体分析外，还应考虑局部荷载的影响。车辆荷载作用于顶板，除直接受荷载部分产生横向弯曲外，由于整个截面形成超静定结构，因而引起其他各部分产生横向弯曲，如图 2-6-1e)所示。箱梁的横向弯曲，可以按图 2-6-2a)所示计算图式进行计算。图示单箱梁可作为超静定框架解析各板内的横向弯曲应力 $\sigma_c$，其弯矩图如图 2-6-2b)所示。

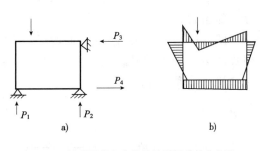

图 2-6-2 箱形梁横向弯曲的计算图式与内力图

因而，综合箱梁在偏心荷载作用下，四种基本变形与位移状态引起的应力状态为：
在横截面上

$$\left.\begin{array}{ll}\text{纵向正应力} & \sigma_{(Z)}=\sigma_M+\sigma_W+\sigma_{dW} \\ \text{剪应力} & \tau=\tau_M+\tau_K+\tau_W+\tau_{dW}\end{array}\right\} \quad (2\text{-}6\text{-}1)$$

在箱梁各板内即纵截面上

$$\text{横向弯曲应力} \quad \sigma_{(S)}=\sigma_c+\sigma_{dt} \quad (2\text{-}6\text{-}2)$$

在预应力混凝土桥梁中，跨径越大，恒载占总荷载的比值越大。因而，一般说在箱梁内对称挠曲的纵向弯曲应力是主要的，而偏心荷载引起的扭转应力是次要的。如果箱壁较厚并沿梁的纵向布置一定数量横隔板而限制箱梁的扭转变形，则畸变应力也不大。横向弯曲应力状态下，特别在箱壁厚度较薄的情况下，验算桥面板（箱梁顶板）与腹板、底板的构造配筋是需要注意的。此外，在跨径比较小的情况下，箱梁对称挠曲引起的顶、底板（或称上、下翼板）中的剪力滞效应，在设计时也应予以注意。

下面将分别按各种变形状态分析箱形截面的应力状态，并扼要介绍计算方法。

## 第二节 箱梁对称挠曲时的弯曲应力

### 一、弯曲正应力

箱梁在对称挠曲时,仍认为服从平截面假定原则,梁截面上某点的应力与距中性轴的距离成正比。因此,箱梁的弯曲正应力为:

$$\sigma_M = \frac{My}{I_x} \tag{2-6-3}$$

应指出,如同 T 梁或 I 梁一样,箱梁顶、底板中的弯曲正应力,是通过顶、底板与腹板相接处的受剪面传递的,因而在顶、底板上的应力分布也是不均匀的,这一不均匀分布现象由剪力滞效应引起,将在后面讨论。

### 二、弯曲剪应力

一般梁理论中,弯曲剪应力计算公式为:

$$\tau_x = \frac{Q_y}{bI_x}\int_0^s y\mathrm{d}A = \frac{Q_y S_x}{bI_x} \tag{2-6-4}$$

式中,$b$ 是计算剪应力处的梁宽,$S_x = \int_0^s y\mathrm{d}A$ 是由截面的自由表面(剪应力等于零处)积分至所求剪应力处的面积矩(或静矩)。但在箱梁截面中无法预先确定剪应力零点,所以不能直接应用上式计算弯曲剪应力,这是一个内部超静定问题,必须应用补充的变形协调条件才能求解。

图 2-6-3a)所示箱梁,在截面的任一点切开。假设一未知剪力流 $q_1$,对已切开的截面可利用式(2-6-4)计算箱梁截面上各点的剪力流 $q_0$。由剪力流 $q_0$ 与 $q_1$ 的作用,在截面切开处的相对剪切变形为零,即:

$$\oint_s \gamma \mathrm{d}s = 0 \tag{2-6-5}$$

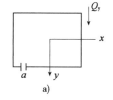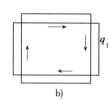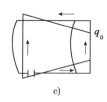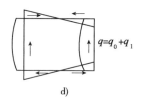

图 2-6-3 单箱截面上弯曲剪应力分析

此处 $\mathrm{d}s$ 是沿截面周边量取的微分长度,符号 $\oint_s$ 表示沿周边积分一圈,剪应变为:

$$\gamma = \frac{\tau_M}{G} = \frac{q}{tG} \tag{2-6-6}$$

而剪力流

$$q = q_0 + q_1 \tag{2-6-7}$$

将式(2-6-6)与式(2-6-7)代入式(2-6-5),则得:

$$\int_s \frac{q_0 + q_1}{t}\mathrm{d}s = 0 \tag{2-6-8}$$

而 $q_0 = \dfrac{Q_y S_{x0}}{I_x}$,代入上式得:

$$\oint_s \frac{Q_y S_{x0}}{t I_x} ds + \oint_s q_1 \frac{ds}{t} = 0$$

$$q_1 = \frac{-\dfrac{Q_y}{I_x} \oint_s S_{x0} \dfrac{ds}{t}}{\oint_s \dfrac{ds}{t}} \qquad (2\text{-}6\text{-}9)$$

于是,箱梁的弯曲剪应力为:

$$\tau_M = \frac{q}{t} = \frac{1}{t}(q_0 + q_1) = \frac{Q_y}{t I_x} S_{xb} \qquad (2\text{-}6\text{-}10)$$

式中,$S_{xb} = S_{x0} - \overline{q}_1$,$\overline{q}_1$ 为 $Q_y/I_x = 1$ 时的超静定剪力流。可见,单箱梁的弯曲剪应力的计算公式在形式上与式(2-6-4)相似,唯静矩计算方法不同。实质上,$S_{xb}$ 静矩计算式包含着确定剪应力零点位置的计算,它的物理含义与 $S_{x0}$ 并没有什么区别。

如是单箱多室截面,则应将每个室都切开(图 2-6-4),按每个箱室分别建立变形协调方程,联立解出各室的超静定未知剪力流 $q_i$,其一般式为:

$$\oint_i \frac{q_{0i}}{t} ds + q_i \oint_i \frac{ds}{t} - \left( q_{i-1} \int_{i-1,i} \frac{ds}{t} + q_{i+1} \int_{i,i+1} \frac{ds}{t} \right) = 0 \qquad (2\text{-}6\text{-}11)$$

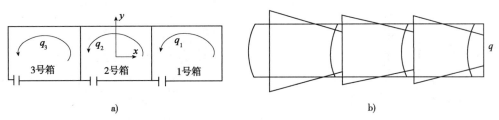

图 2-6-4 单箱多室截面上弯曲剪应力分析

图 2-6-4 的单箱三室截面,可写出如下方程:

$$\left. \begin{array}{l} \oint_1 \dfrac{q_{01}}{t} ds + q_1 \oint_1 \dfrac{ds}{t} - q_2 \int_{1,2} \dfrac{ds}{t} = 0 \\[6pt] \oint_2 \dfrac{q_{02}}{t} ds + q_2 \oint_2 \dfrac{ds}{t} - \left[ q_1 \int_{1,2} \dfrac{ds}{t} + q_3 \int_{2,3} \dfrac{ds}{t} \right] = 0 \\[6pt] \oint_3 \dfrac{q_{03}}{t} ds + q_3 \oint_3 \dfrac{ds}{t} - q_2 \int_{2,3} \dfrac{ds}{t} = 0 \end{array} \right\} \qquad (2\text{-}6\text{-}12)$$

从联立方程中解出超静定未知剪力流 $q_1$、$q_2$ 和 $q_3$,用上述同样步骤即可解出各箱室壁上的弯曲剪应力 $\tau_M$。

## 第三节 箱梁的剪力滞效应

早在 1924 年卡曼(T. V. Karman)对宽翼缘的 T 梁探讨了翼缘有效分布宽度问题,就涉及了剪力滞效应的研究。如图 2-6-5 所示,T 梁受弯曲时,在翼缘的纵向边缘上(在梁肋切开处)存在着板平面内的横向力和剪力流;翼缘在横向力与偏心的边缘剪力流作用下,将产生剪切扭转变形,再也不可能与梁肋一样服从平面理论的假定。剪切扭转变形随翼缘在平面内的形状与沿纵向边缘剪力流的分布有关。一般已知,狭窄翼缘的剪切扭转变形不大,其受力性能接近于简单梁理论的假定,而宽翼缘因这部分变形的存在,而使远离梁肋的翼缘不参与承弯工作,也即受压翼缘上的压应力随着离梁肋的距离增加而减小,这个现象就称为"剪力滞后",简称剪力滞效应。为了使简单梁理论(即平面假定)能用于 T 梁的分析(包括 I 梁),一般采取"翼缘有效分布宽度"的方法处理。我国公路桥梁规范中规定为 $12t+b_p+2c$ 或 $L/3$ 或 $b$，取最小值，式中，$L$ 为简支梁计算跨径，$b_p$ 为肋宽，$c$ 为加腋长度，$b$ 为主梁间距，$t$ 为翼板厚度（不计承托）。

箱梁在对称荷载作用下的弯曲也同样存在这种剪力滞现象。特别是大跨径预应力混凝土桥梁中所采用的宽箱梁（腹板间距较大的单箱单室的箱梁）。剪力滞效应较为明显。这种现象也是由于箱梁上下翼板的剪切扭转变形使翼板远离箱肋板处的纵向位移滞后于肋板边缘处，因此，在翼板内的弯曲应力呈曲线分布。梁的简单弯曲理论固已不适用于宽箱梁的翼板受力分析，而 T 梁翼缘有效分布宽度的计算方法也不能直接应用。因此，必须研究宽箱梁的剪力滞效应，寻求符合实际情况的计算方法。

### 一、矩形箱梁剪力滞解析

图 2-6-6 所示是对称带悬臂板的单箱单室箱形截面的预应力混凝土箱梁桥的常用截面。对于这种矩形箱梁，早在 1946 年 E. Reissner 就给出了近似解，他应用变分法的最小势能原理分析剪力滞效应。

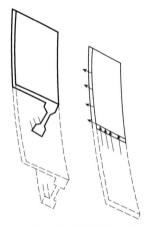
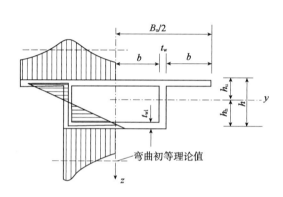

图 2-6-5　梁翼缘上的力　　　　图 2-6-6　对称带悬臂板的单箱单室箱形截面的弯曲应力分布（考虑剪力滞效应）

宽箱梁在对称挠曲时，因翼板不能符合简单梁平面假定，应用一个广义位移 $\omega(x)$，即梁的挠度来描述箱梁的挠曲变形已经不够。在应用最小势能原理分析箱梁的挠曲时，引入两个广义位移，即梁的竖向挠度 $\omega(x)$ 与纵向位移 $u(x,y)$，且假定翼板内的纵向位移沿横向按二次抛物线分布，国内有关文献[33]中，对此假定以三次抛物线作修正，得：

$$\left.\begin{array}{l}\omega=\omega(x)\\ u(x,y)=h_i\left[\dfrac{d\omega}{dx}+\left(1-\dfrac{y^3}{b^3}\right)u(x)\right]\end{array}\right\} \quad (2\text{-}6\text{-}13)$$

式中：$u(x)$——翼板最大纵向位移差函数；

$b$——1/2 翼板净跨；

$h_i$——竖向 $z$ 坐标（板厚，或梁高）。

根据最小势能原理，即有：

$$\delta\Pi=\delta(\overline{V}-\overline{W})=0 \quad (2\text{-}6\text{-}14)$$

式中：$\overline{V}$——体系的应变能；

$\overline{W}$——外力功。

梁受弯曲时的外力势能 $\overline{W}=-\int M(x)\dfrac{d^2\omega}{dx^2}dx$，梁的应变能为梁腹板部分与上、下翼板部分的应变能之和。梁腹板部分仍采用简单梁理论计算其弯曲应变能,对上、下翼板按板的受力状态计算应变能,并认为板的竖向纤维无挤压,$\varepsilon_z=0$,板平面外剪切变形 $\gamma_{xz}$ 与 $\gamma_{yz}$ 及横向应变 $\varepsilon_y$ 均可略去不计,即:

梁腹板部分应变能为

$$\overline{V}_\omega = \frac{1}{2}\int EI_\omega \left(\frac{d^2\omega}{dx^2}\right)^2 dx$$

梁上、下翼板应变能为

$$\left. \begin{aligned}
\overline{V}_{su} &= \frac{1}{2}\iint t_u (E\varepsilon_{xu}^2 + G\gamma_u^2) dx dy \\
\overline{V}_{sb} &= \frac{1}{2}\iint t_b (E\varepsilon_{xb}^2 + G\gamma_b^2) dx dy \\
\varepsilon_{xu} &= \frac{\partial u_u(x,y)}{\partial x} = -h_u\left[\omega'' + \left(1-\frac{y^3}{b^3}\right)u'\right] \\
\gamma_u &= \frac{\partial u_u(x,y)}{\partial y} = \frac{3y^2}{b^3}h_u \cdot u \\
\varepsilon_{xb} &= \frac{\partial u_b(x,y)}{\partial x} = h_b\left[\omega'' + \left(1-\frac{y^3}{b^3}\right)u'\right] \\
\gamma_b &= \frac{\partial u_b(x,y)}{\partial y} = \frac{3y^2}{b^3}h_b \cdot u
\end{aligned} \right\} \quad (2\text{-}6\text{-}15)$$

式中:$E$——弹性模量;

$G$——剪切模量;

$t_u$、$t_b$——上、下翼板的厚度;

$I_\omega$——梁腹部分惯性矩。

由变分法可得剪力滞效应求解的基本微分方程(包括变分所要求的边界条件),即:

$$\left. \begin{aligned} u'' - k^2 u &= \frac{7nQ(x)}{6EI} \\ \text{边界条件} \quad \left[\frac{4M_f}{3EI_s} - \frac{7nM(x)}{6EI}\right]_{x_1}^{x_2} &= 0 \end{aligned} \right\} \quad (2\text{-}6\text{-}16)$$

式中:$n = \dfrac{1}{1-\dfrac{7}{8}\dfrac{I_s}{I}}$;

$k = \dfrac{1}{b}\sqrt{\dfrac{14Gn}{5E}}$;

$M_f = \dfrac{3}{4}EI_s u'$。

箱梁惯性矩:

$$I = I_\omega + I_s$$

翼板惯性矩:

$$I_s = I_{su} + I_{sb}$$

$M_f$ 为由于剪力滞效应产生的附加弯矩,它是纵向最大位移差值 $u(x)$ 的一阶导数的函数,且与翼板的弯曲刚度成正比关系。因而,箱梁考虑剪力滞效应的挠曲微分方程变为:

$$\overline{\omega}'' = -\frac{1}{EI}[M(x) + M_f] \quad (2\text{-}6\text{-}17)$$

而考虑剪力滞效应的翼板中应力为:

$$\sigma_x = Eh_i\left[\frac{M(x)}{EI} - \left(1 - \frac{y^3}{b^3} - \frac{3I_s}{4I}\right)u'\right] \tag{2-6-18}$$

根据求解剪力滞效应的基本微分方程和箱梁结构体系的不同边界条件,可以求得简支梁、悬臂梁、连续梁的剪力滞效应。应指出,对超静定结构,可采用叠加法求解,如图 2-6-7 所示的连续梁,可应用简支梁的解析结果,把图示两跨连续梁由三种简支梁的受力状态的解析结果叠加,求解出连续梁的剪力滞效应。

为了更简便地描述与讨论箱梁剪力滞效应的影响,可引入剪力滞系数 λ:

$$\lambda = \frac{\text{考虑剪力滞效应所求得的翼板正应力 } \sigma}{\text{按简单梁理论所求得的翼板正应力 } \bar{\sigma}}$$

箱梁翼板与腹板交角处的剪力滞系数为 $\lambda^e = \sigma^e/\bar{\sigma}$。当 $\lambda^e \geqslant 1$ 时,为正剪力滞;如 $\lambda^e < 1$,则为负剪力滞(图 2-6-8)。

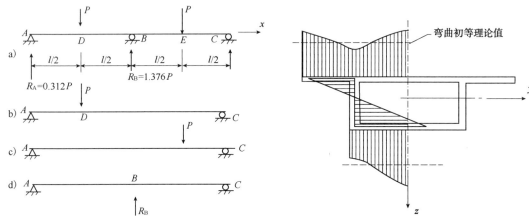

图 2-6-7 两等跨连续梁叠加法求解剪力滞效应的计算图式　图 2-6-8 受负剪力滞影响的典型弯曲应力分布

表 2-6-1 所示为矩形箱梁(简支、悬臂)在集中荷载或均布荷载下剪力滞效应的解析结果。

**矩形箱梁在集中荷载或均布荷载下剪力滞效应的解析结果**　　表 2-6-1

| 荷载与体系 | $\sigma_x$ 与 $\lambda$ |
|---|---|
| 简支梁集中荷载 P 在距 A 端 a 处 | AC 段: $\sigma_x = \frac{h_i}{I}\left\{M(x) - \frac{7nP}{6k}\left(1 - \frac{y^3}{b^3} - \frac{3I_s}{4I}\right) \cdot \left[\frac{\mathrm{sh}k(l-a)}{\mathrm{sh}kl} \cdot \mathrm{sh}kx\right]\right\}$<br>CB 段: $\sigma_x = \frac{h_i}{I}\left[M(x) - \frac{7nP}{6k}\left(1 - \frac{y^3}{b^3} - \frac{3I_s}{4I}\right) \cdot (\mathrm{sh}ka \cdot \mathrm{ch}kx - \mathrm{sh}ka \cdot \mathrm{cth}kl \cdot \mathrm{sh}kx)\right]$<br>若 $a=b$ 跨中截面,$\lambda = 1 - \frac{7n}{3kl}\left(1 - \frac{y^3}{b^3} - \frac{3I_s}{4I}\right) \cdot \mathrm{th}\frac{kl}{2}$ |
| 简支梁均布荷载 q | $\sigma_x = \mp\frac{h_i}{I}\left[M(x) - \frac{7nq}{6k^2}\left(1 - \frac{y^3}{b^3} - \frac{3I_s}{4I}\right)\left(1 - \mathrm{ch}kx + \frac{\mathrm{ch}kl-1}{\mathrm{sh}kl} \cdot \mathrm{sh}kx\right)\right]$<br>跨中截面,$\lambda = 1 - \frac{28n}{3(kl)^2}\left(1 - \frac{y^3}{b^3} - \frac{3I_s}{4I}\right)\left(1 - \mathrm{ch}\frac{l}{2} + \frac{\mathrm{ch}kl-1}{2\mathrm{ch}\frac{kl}{2}}\right)$ |
| 悬臂梁自由端集中荷载 P | $\sigma_x = \mp\frac{h_i}{I}\left[M(x) - \frac{7nP}{6k}\left(1 - \frac{y^3}{b^3} - \frac{3I_s}{4I}\right)\frac{\mathrm{sh}kx}{\mathrm{ch}kl}\right]$<br>固端截面,$\lambda = 1 - \left(1 - \frac{y^3}{b^3} - \frac{3I_s}{4I}\right) \cdot \frac{7n\mathrm{th}kl}{6kl}$ |
| 悬臂梁均布荷载 q | $\sigma_x = \frac{h_i}{Tn}\left\{M(x) - \frac{7nq}{6k^2}\left(1 - \frac{y^3}{b^3} - \frac{3}{4}\frac{I_s}{I}\right)\left[1 - \frac{\mathrm{ch}k(l-x) + kl\mathrm{sh}kx}{\mathrm{ch}kl}\right]\right\}$<br>固端截面,$\lambda = 1 + \frac{7n}{3(kl)^2}\left(1 - \frac{y^3}{b^3} - \frac{3I_s}{4I}\right) \cdot \left(1 - \frac{1}{\mathrm{ch}kl} - kl\,\mathrm{th}kl\right)$<br>固端截面翼板与腹板交角处剪力滞系数:<br>$\lambda_e = 1 + \frac{7I_s n}{4l(kl)^2}[\mathrm{ch}kl - 1 + (kl - \mathrm{sh}kl)\mathrm{th}kl]$ |

## 二、剪力滞效应分析与讨论

1. 横向效应

图 2-6-9～图 2-6-11 绘出了简支梁、连续梁受集中荷载,或均布荷载时的剪滞系数 λ 沿箱梁截面上、下翼板上的分布情况,它显示出剪力滞的影响。工程设计者从这一现象中可对箱形梁的弯曲应力分布有一个较清楚的认识,以便在设计中考虑这一因素,使预应力钢筋布置得更合理。

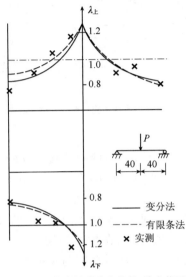

图 2-6-9 简支梁受集中荷载(跨中截面)

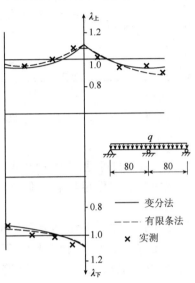

图 2-6-10 连续梁受均布荷载(跨中截面)

2. 纵向效应

图 2-6-12 表示简支梁在不同位置受集中力时的剪力滞纵向效应,可见集中力作用下剪力滞纵向影响区很窄,而且变化剧烈,荷载作用点趋近支点,剪力滞影响增大。

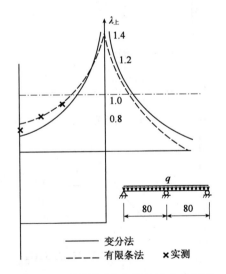

图 2-6-11 连续梁受均布荷载(内支点截面)

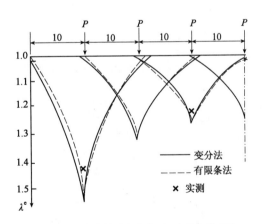

图 2-6-12 简支梁受集中力时 $\lambda^e$ 在纵向的变化

图 2-6-13 是简支梁受均布荷载的情形,$\lambda^e$ 在纵向的变化可以看成是无限个集中力作用效应的叠加,越靠近支点的截面 $\lambda^e$ 越大。

图 2-6-14 是连续梁受均布荷载的情形，$\lambda^e$ 在纵向正弯矩区里的变化，如同简支梁的情况，但其值要比相应同跨径的简支梁大；在负弯矩区则变化剧烈，并出现负剪力滞效应的现象，这与悬臂梁情况相似(图 2-6-8)。

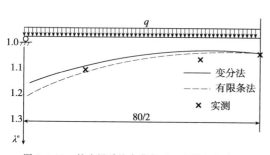

图 2-6-13 简支梁受均布荷载时 $\lambda^e$ 在纵向的变化

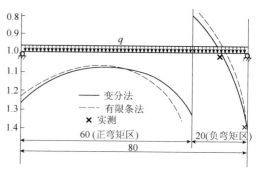

图 2-6-14 连续梁受均布荷载时 $\lambda^e$ 在纵向的变化

**3. 参数影响**

从式(2-6-16)可见，当结构约束条件与荷载形式确定后，剪力滞效应随 $n$、$kl$ 变化。而参数 $n$ 是箱翼板总惯性矩与梁总惯性矩的比值($I_s/I$)，参数 $kl$ 是箱的跨宽比($L/2b$)的函数(当 $n$ 为一定值时)。

图 2-6-15～图 2-6-18 表示了不同结构、不同荷载形式时 $\lambda^e$ 与 $I_s/I$ 或 $L/2b$ 的关系，显见，箱梁跨宽比越小或 $I_s/I$ 比值越大，剪力滞影响越严重。实际上，在桥梁结构中 $I_s/I$ 的变化幅度不是很大(一般在 0.7～0.8)，而跨宽比的变化幅度较大。因而，在短与宽的箱梁桥中，对剪力滞效应要加以注意。

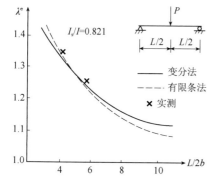

图 2-6-15 剪力滞效应随宽跨比变化(跨中截面)

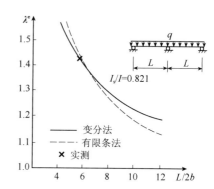

图 2-6-16 剪力滞效应随宽跨比变化(内支点截面)

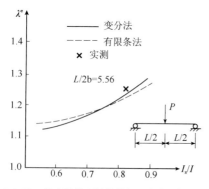

图 2-6-17 剪力滞效应随惯性矩比变化(跨中截面)

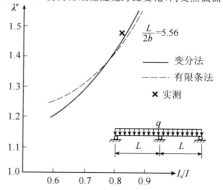

图 2-6-18 剪力滞效应随惯性矩比变化(内支点截面)

图 2-6-19 表示一悬臂梁受均布荷载时，$I_s/I=0.75$，跨宽比分别为 3、4、5 所对应的翼板中附加弯矩 $M_f$ 沿跨长的分布情况。可见，当箱梁的跨宽比越小时，不仅在固定端附近受剪力滞影响严重，而且在负剪力滞区域受负剪力滞的影响也较严重。

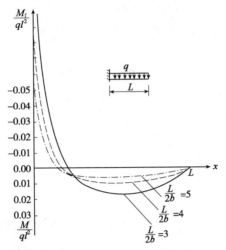

图 2-6-19　不同宽跨比的悬臂梁 $M_f$ 沿跨长的分布曲线

编者认为：在城市预应力混凝土的宽箱梁桥设计中，应注意到在箱梁中的剪力滞效应。

## 第四节　箱梁自由扭转应力

等截面箱梁在无纵向约束，仅受扭矩作用，截面可自由凸凹时的扭转称为自由扭转，也即圣·维南(St. Venat)扭转。箱梁截面因板壁厚度较大，或具有加腋的角隅使截面在扭转时保持截面周边不变形，自由扭转即是一无纵向约束的刚性转动，可以认为，在扭矩作用下只引起扭转剪应力，而不引起纵向正应力，梁在纵向有位移而没有变形。

图 2-6-20 所示单箱梁在外扭矩 $M_K$ 作用下，剪力流 $q=\tau_x t$ 沿箱壁是等值的，建立内外扭矩平衡方程，即得：

$$M_K = \oint_s q\rho ds = q\oint_s \rho ds = q\Omega \quad (2\text{-}6\text{-}19)$$

或

$$\tau = \frac{M_K}{\Omega t} \quad (2\text{-}6\text{-}20)$$

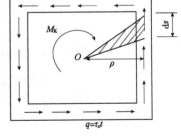

图 2-6-20　单箱梁自由扭转

式中：$\Omega$——箱梁薄壁中线所围面积的 2 倍；
　　　$\rho$——截面扭转中心至箱壁任一点的切线垂直距离。

图 2-6-21 中，假设 $z$ 为梁轴方向，$u$ 为纵向位移，$v$ 为箱周边切线方向位移，则可得剪切变形计算式为：

$$\gamma = \frac{\tau}{G} = \frac{\partial u}{\partial s} + \frac{\partial v}{\partial z},\ v = \rho\theta(z) \quad (2\text{-}6\text{-}21)$$

式中：$\theta(z)$——截面扭转角。

由式(2-6-21)积分可得纵向位移计算式：

$$u(z) = u_0(z) + \int_0^s \frac{\tau}{G} ds - \theta'(z)\int_0^s \rho ds \quad (2\text{-}6\text{-}22)$$

式中：$u_0(z)$——积分常数，为初始位移值。

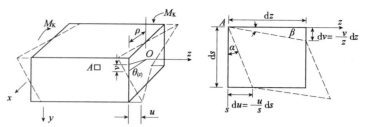

图 2-6-21 单箱梁自由扭转的截面凸凹

引用封闭条件,对上式积分一周,由于始点纵向位移与终点位移 $u$ 是相同的,则:

$$\oint_s \frac{\tau}{G} ds = \theta'(z) \oint_s \rho ds \tag{2-6-23}$$

将式(2-6-20)代入式(2-6-23)得:

$$\theta'(z) = \frac{M_K}{GJ_d} \tag{2-6-24}$$

式中,抗扭刚度 $GJ_d = G\Omega^2 \big/ \oint \frac{ds}{t}$,说明箱梁在自由扭转时,扭率 $\theta'$ 为常数。

引用式(2-6-20)和式(2-6-24)的关系,代入式(2-6-22),纵向位移计算式可简化如下:

$$u(z) = u_0(z) - \theta'(z)\bar{\omega}$$

式中:$\bar{\omega} = \int_0^s \rho ds - \frac{\Omega \int_0^s \frac{ds}{t}}{\oint \frac{ds}{t}}$,称为广义扇性坐标。

至此,箱梁自由扭转时的应力、变形和位移都可求解。

如为单箱多室截面,则可根据式(2-6-23),考虑箱壁中相邻箱室剪力流所引起的剪切变形,则可对每室写出各自的方程,其一般形式为:

$$q_i \oint_i \frac{ds}{t} - \left( q_{i-1} \int_{i-1,i} \frac{ds}{t} + q_{i+1} \int_{i,i+1} \frac{ds}{t} \right) = G\theta' \Omega_i \tag{2-6-25}$$

式中:$q_i$——第 $i$ 箱室的剪力流,$\tau_i = \frac{q_i}{t_i}$;

$\Omega_i$——第 $i$ 箱室周边中线所围面积的 2 倍。

而内外扭矩平衡方程为:

$$\sum \Omega_i q_i = M_K \tag{2-6-26}$$

解上述联立方程,即可求得 $q_1$、$q_2$ 和 $q_3$,而各箱梁壁处的自由扭转剪应力 $\tau_i = \frac{q_i}{t_i}$ 也可求出,在所求得 $\theta'(z)$ 的关系式中,令 $\theta'(z)=1$ 时所需的 $M_K$ 值,即为该箱梁的抗扭刚度。

## 第五节 箱梁约束扭转应力

当箱梁端部有强大横隔板,扭转时截面自由凸凹受到约束,使纵向纤维受到拉伸或压缩,从而产生约束扭转正应力与约束扭转剪应力。此正应力在断面上的分布不是均匀的,这就引起了杆件弯曲并伴随有弯曲剪应力流。这样,箱梁在约束扭转时除了有自由扭转的剪应力外,还有因弯曲而产生剪应力。在箱梁截面比较扁平或狭长,或在变截面箱梁中,都有这种应力状态存在。

这里只简要介绍箱梁截面约束扭转的实用理论,它建立在以下假设基础上。

(1)箱梁扭转时,周边假设不变形,切线方向位移为:
$$v = \rho\theta(z), \frac{\partial v}{\partial z} = \rho\theta'(z)$$

(2)箱壁上的剪应力与正应力均沿壁厚方向均匀分布。

(3)约束扭转时沿梁纵轴方向的纵向位移(即截面的凸凹)假设同自由扭转时纵向位移的关系式存在相似规律变化,即:
$$u(z) = u_0(z) - \beta'(z)\bar{\omega} \tag{2-6-27}$$

式中:$u_0(z)$——初始纵向位移,为一积分常数;

$\beta'(z)$——截面凸凹程度的某个函数;

$\bar{\omega}$——扭转函数。

## 一、约束扭转正应力

由式(2-6-27),易知纵向应变与正应力为:
$$\left.\begin{array}{l}\varepsilon_\omega(z) = -\beta'(z)\bar{\omega}\\ \sigma_\omega(z) = -E\beta''(z)\bar{\omega}\end{array}\right\} \tag{2-6-28}$$

由此可见,截面上的约束扭转正应力分布和广义扇性坐标 $\bar{\omega}$ 成正比。为确定截面计算扇性坐标的极点(也即扭转中心)和起始点,可应用截面上的合力平衡条件(因只有外扭矩 $M_K$ 的作用)为:$\sum N = \oint \sigma_\omega t\,\mathrm{d}s = 0, \sum M_x = \oint \sigma_\omega yt\,\mathrm{d}s = 0, \sum M_y = \oint \sigma_\omega xt\,\mathrm{d}s = 0$,也即使扇性静力矩 $S_\omega = \int_F \bar{\omega}\,\mathrm{d}F = 0$,扇性惯性积 $\int_F \bar{\omega}x\,\mathrm{d}F = 0$,$\int_F \bar{\omega}y\,\mathrm{d}F = 0$。

如令 $J_{\bar{\omega}}$ 为主扇性惯性矩,$B_\omega(z)$ 为约束扭转双力矩,即:
$$\left.\begin{array}{l}J_{\bar{\omega}} = \oint_F \bar{\omega}^2\,\mathrm{d}F\\ B_\omega(z) = \int_F \sigma_\omega\bar{\omega}\,\mathrm{d}F = -EJ_{\bar{\omega}}\beta''(z)\end{array}\right\} \tag{2-6-29}$$

则式(2-6-28)的正应力计算式可表示为:
$$\sigma_\omega(z) = \frac{B_\omega(z)\bar{\omega}}{J_{\bar{\omega}}} \tag{2-6-30}$$

这一形式与一般梁的弯曲正应力计算式 $\sigma = \dfrac{MZ}{I}$ 相似。

## 二、约束扭转剪应力

参见图 2-6-21,取箱壁上 $A$ 点的微分单元 $\mathrm{d}s \cdot \mathrm{d}z$,根据力的平衡得到方程式(图 2-6-22):
$$\frac{\partial\sigma_\omega}{\partial z} + \frac{\partial\tau_\omega}{\partial s} = 0 \tag{2-6-31}$$

将式(2-6-28)代入上式,并积分得:
$$\tau_\omega = \tau_0 + \int_0^s E\bar{\omega}\beta'''(z)\,\mathrm{d}s \tag{2-6-32}$$

根据内外力矩平衡条件 $M_K = \oint \tau_\omega t\rho\,\mathrm{d}s$,可确定初始剪应力值 $\tau_0$(积分常数)为:

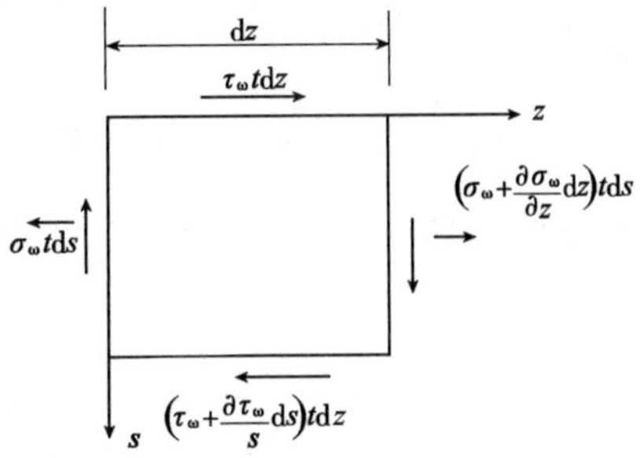

图 2-6-22 微单元上的应力关系

$$\tau_0 = \frac{M_K}{\Omega t} - \frac{E\beta'''(z)}{\Omega t}\oint S_{\bar{\omega}}\rho ds \tag{2-6-33}$$

式中：$S_{\bar{\omega}} = \int_0^s \bar{\omega} t ds$，为扇性静矩。

将式(2-6-33)代入式(2-6-32)即可得约束扭转时的剪应力：

$$\tau_\omega = \frac{M_K}{\Omega t} + E\beta'''(z)\frac{\overline{S_{\bar{\omega}}}}{t} \tag{2-6-34}$$

式中：$\overline{S_{\bar{\omega}}} = S_{\bar{\omega}} - \dfrac{\oint S_{\bar{\omega}}\rho ds}{\Omega}$。

从式(2-6-34)可见，约束扭转时截面上的剪应力为两项剪应力之和。第一项是自由扭转剪应力 $\tau_n = \dfrac{M_K}{\Omega t}$；第二项是由于约束扭转正应力沿纵向的变化而引起的剪应力，其计算式为：

$$\tau_{\bar{\omega}} = E\beta'''(z)\frac{\overline{S_{\bar{\omega}}}}{t} \tag{2-6-35}$$

或可表示为：

$$\tau_{\bar{\omega}} = -\frac{B_\omega'(z)\overline{S_{\bar{\omega}}}}{J_{\bar{\omega}} t} \tag{2-6-36}$$

此式在形式上与一般梁的弯曲剪应力公式 $\tau_y = \dfrac{Q_y S_x}{J_x b}$ 相似。

显见，为确定约束扭转正应力及剪应力，都必须确定扭转函数 $\beta(z)$。为此，根据假设得到的剪应变公式(2-6-21)，再应用内外扭矩平衡方程，可得到微分方程：

$$\frac{M_K}{GJ_\rho} = \theta'(z) - \beta'(z)\mu \tag{2-6-37}$$

式中：$J_\rho$——截面极惯性矩，$J_\rho = \oint \rho^2 t ds$；

$\mu$——截面约束系数(或称翘曲系数)，$\mu = 1 - \dfrac{J_d}{J_\rho}$。

截面约束系数 $\mu$ 反映了截面受约束的程度。对圆形截面，$J_d = J_\rho$，因此 $\mu = 0$，式(2-6-37)为自由扭转方程，即圆形截面只作自由扭转。事实上，任何正多角形等厚度闭口断面对其中的扭转时都不发生翘曲。对箱形截面，箱梁的高宽比较大时，$J_d$ 与 $J_\rho$ 差别也越大，$\mu$ 值就大，截面上约束扭转应力也相应要大一些。

又引用封闭条件，即对式(2-6-21)中代入 $\tau_\omega$ 的关系式，沿周边积分一圈，利用 $u(z) = u_0(z)$ 的条件，可导得另一微分方程：

$$EJ_{\bar{\omega}}\beta''''(z) - GJ_d\theta'(z) = -m \tag{2-6-38}$$

式中：$m = \dfrac{dM_K}{dz}$。

式(2-6-37)与式(2-6-38)是一组联立微分方程组，可以解出 $\beta(z)$ 与 $\theta(z)$。如在外扭矩 $M_K$ 是 $z$ 的二次函数的条件下，式(2-6-37)对 $z$ 微分三次，可得 $\beta'''(z) = \dfrac{1}{\mu}\theta'''(z)$，代入式(2-6-38)得：

$$\frac{1}{\mu}EJ_{\bar{\omega}}\theta''''(z) - GJ_d\theta'(z) = -m \tag{2-6-39}$$

或写成：

$$\theta''''(z) - K^2 \theta''(z) = -\frac{\mu \overline{m}}{EJ_{\overline{\omega}}} \quad (2\text{-}6\text{-}40)$$

式中：$K^2$——约束扭转的弯扭特性系数，$K^2 = \mu \dfrac{GJ_d}{EJ_{\overline{\omega}}}$。

此四阶微分方程的全解是：

$$\theta(z) = C_1 + C_2 z + C_3 \mathrm{ch}kz + C_4 \mathrm{sh}kz + \frac{\mu \overline{m}}{2K^2 EJ_{\overline{\omega}}} z^2 \quad (2\text{-}6\text{-}41)$$

函数 $\theta(z)$ 的各阶导数也可求出。积分常数 $C_1$、$C_2$、$C_3$、$C_4$ 的值，可根据箱梁边界条件确定，如：

固端　　$\theta = 0$（无扭转）；$\beta' = 0$（截面无翘曲）；

铰端　　$\theta = 0$（无扭转）；$B_i = 0$（可自由翘曲）；

自由端　$B_i = 0$（可自由翘曲）；$\beta''' = 0$（无约束剪切）。

显然，$\beta(z)$ 也可随之而解，约束扭转正应力与剪应力都可解出。

如箱梁为变截面梁，可以把梁分成阶段常截面梁求解，或用差分法求解。

应该指出，在一般应用于预应力混凝土桥梁中的对称箱形截面中，由偏载引起的约束扭转正应力占活载弯曲正应力的 15% 左右。在大跨径预应力混凝土桥梁中，恒载引起的弯曲正应力占总正应力的 70% 以上，因而它在总应力中所占比值较小，在一般的设计中可不予考虑。但是如果采用不对称的箱形截面，如单边挑出较长悬臂板的箱梁，此项应力所占比值就可能增加较大，在设计中应予以重视。

## 第六节　箱梁的畸变应力

前面假定了箱梁在扭转时截面周边保持不变形。根据截面的几何特性和边界约束条件又分为自由扭转和约束扭转，在箱壁较厚或横隔板较密时，这个假定是接近实际情况的，在设计中就不必考虑扭转变形（即畸变）所引起的应力状态。但在箱壁较薄，横隔板较稀时，截面就不能满足周边不变形的假设，在反对称荷载作用下，截面不但扭转而且要发生畸变，从而产生畸变翘曲正应力 $\sigma_{d\omega}$ 和剪应力 $\tau_{d\omega}$，箱壁上也将引起横向弯曲应力 $\sigma_{dt}$（图 2-6-23）。图 2-6-24 为无中间横隔板的单箱简支梁，跨径为 30m、50m 和 70m，箱壁厚度与梁高之比为 0.1 时，约束扭转正应力和畸变翘曲正应力之和，与活载或恒、活载引起的弯曲正应力的比值情况。可见，单纯从与活载相比，比值可达相当大，但随跨径的增大，结构恒载正应力的增加，它与恒、活载正应力的比值就相应减小至 10% 以内。根据资料分析，对混凝土箱梁，截面畸变是产生翘曲正应力的主要原因。

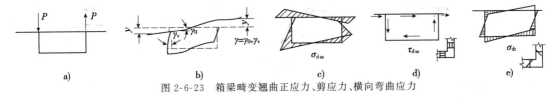

图 2-6-23　箱梁畸变翘曲正应力、剪应力、横向弯曲应力

畸变应力分析有多种方法，解析法有广义坐标法、弹性地基梁比拟法等，数值法有有限元法、有限条法等。以下介绍弹性地基梁比拟法分析箱梁畸变应力。

### 一、弹性地基梁比拟法（BEF 相似法）基本原理

根据变分法的最小势能原理，可推导出箱梁截面畸变角 $\gamma$ 的微分方程，如不考虑剪切变形的应变能，体系的总势能为：

$$\Pi = \overline{V}_m + \overline{V}_d - \overline{W}_P \tag{2-6-42}$$

式中：$\overline{V}_m$——箱梁周壁横向弯曲应变能；

$\overline{V}_d$——箱梁截面翘曲应变能；

$\overline{W}_P$——反对称荷载的荷载势能。

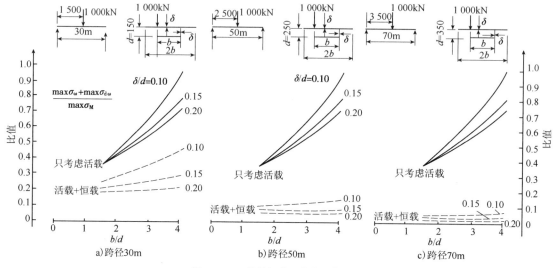

图 2-6-24 箱梁翘曲正应力比值曲线

根据最小势能原理，在外力作用下结构处于平衡状态时，当有任何虚位移时，体系的总势能的变分为零，即 $\delta\Pi = \delta(\overline{V} - \overline{W}) = 0$。如选择梁畸变角（图 2-6-25）为参变数，$\overline{V}_m$、$\overline{V}_d$、$\overline{W}_P$ 都可以用 $\gamma$ 表示，经演化可得：

$$\gamma'''' + 4\lambda^4 \gamma = \frac{V_{da}}{EJ_{d\omega}} \tag{2-6-43}$$

$$\lambda = \sqrt[4]{\frac{EI_R}{4EJ_{d\omega}}}$$

式中：$EI_R$——箱梁框架刚度；

$EJ_{d\omega}$——截面畸变的翘曲刚度；

$V_{da}$——畸变荷载。

要注意，作用在箱梁上的反对称荷载并不就是畸变荷载。

式（2-6-43）与受横向荷载的弹性地基梁的微分方程相似。弹性地基梁的弹性微分方程为：

$$y'''' + 4\lambda_s^4 y = \frac{q}{EI} \tag{2-6-44}$$

$$\lambda_s = \sqrt[4]{\frac{k}{4EI}}$$

式中：$k$——地基系数。

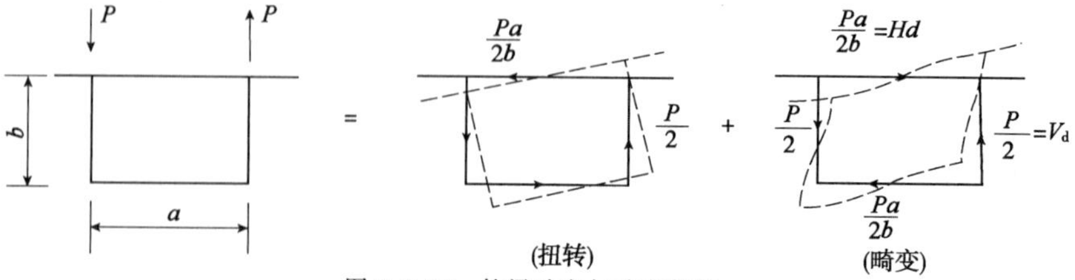

图 2-6-25 箱梁畸变与畸变荷载

受横向荷载的弹性地基梁与受畸变荷载的箱梁之间,在微分方程中各物理量的相似关系如表 2-6-2 所示。

弹性地基梁与受畸荷载箱梁各物理量之间相似关系　　　　表 2-6-2

| 弹性地基梁 | 截面畸变的箱梁 |
|---|---|
| 梁的抗弯刚度 $EI(\text{N}\cdot\text{m}^2)$ | 截面畸变时的翘曲刚度 $EI_{d\omega}(\text{N}\cdot\text{m}^4)$ |
| 地基系数 $k(\text{N}/\text{m}^2)$ | 箱梁截面的框架刚度 $EI_R(\text{N})$ |
| 横向荷载 $q(\text{N}/\text{m})$ | 畸变荷载(均布) $V_{da}(\text{N})$ |
| 挠度 $y(\text{m})$ | 畸变角 $\gamma(\text{rad})$ |
| 弯矩 $M(\text{N}\cdot\text{m})$ | 畸变双力矩 $B_{d\omega}(\text{N}\cdot\text{m}^2)$ |
| 剪力 $Q(\text{N})$ | 畸变双力矩的一阶导数 $B'_{d\omega}(\text{N}\cdot\text{m})$ |

要注意,截面畸变角微分方程的边界条件系指对截面畸变及翘曲的约束,而不是指对整个截面的支承。箱梁的横隔板(或对角撑)相应于弹性地基梁的中间支座。一个剪力刚性,但可以自由翘曲的隔板,相应于一个简支支座;一个剪力柔性,但可自由翘曲的隔板,相应于一个弹性支座;一个既是剪力刚性又是翘曲刚性的横隔板,相应于一个固端支座(图 2-6-26)。

上述微分方程可采用弹性地基梁相同的方法求解,如初参数法。若 $\lambda l\geqslant 4$ 时,则箱梁跨中区域相似于两边为无限长的弹性地基梁作用,两端部区域则相似于一边为无限长的弹簧地基梁作用;$\lambda l<4$ 时,则按有限长的弹性地基梁解。求得截面畸变角后,计算畸变应力。

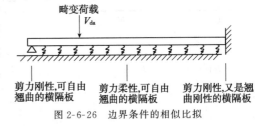

图 2-6-26　边界条件的相似比拟

畸变产生的翘曲正应力为:

$$\sigma_{d\omega} = \frac{B_{d\omega}\hat{\omega}}{I_{d\omega}} \tag{2-6-45}$$

相应的剪应力为:

$$\tau_{d\omega} = -\frac{B'_{d\omega}}{tI_{d\omega}}S_{d\omega} \tag{2-6-46}$$

横向弯曲力矩为(图 2-6-27):

$$\left.\begin{array}{l} m_{SA} = \dfrac{EI_R\gamma}{2(1+\eta_m)} \\ m_{SB} = -\eta_m m_{SA} \\ \sigma_{dt} = \dfrac{m_{SA}(\text{或 } m_{SB})}{W} \\ S_{d\omega} = S_{\hat{\omega}} - \dfrac{\oint S_{\hat{\omega}}\mathrm{d}\hat{\omega}}{\Omega} \\ S_{\hat{\omega}} = \int\hat{\omega}\mathrm{d}F \end{array}\right\} \tag{2-6-47}$$

式中:$\hat{\omega}$——截面畸变翘曲率(图 2-6-27);

$I_{d\omega}$——截面畸变翘曲惯性矩;

$\eta_m$——框架参数;

$W$——箱壁板的截面模量。

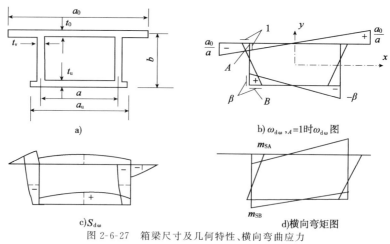

a) b) $\omega_{d\omega}$, $_A=1$时$\omega_{d\omega}$图

c) $S_{d\omega}$  d) 横向弯矩图

图 2-6-27 箱梁尺寸及几何特性、横向弯曲应力

单箱截面的畸变截面几何特性见表 2-6-3，图 2-6-27c)中各点的 $\dfrac{S_{d\omega}}{|\hat{\omega}|}$ 值如表 2-6-4 所示。

**单箱截面的畸变截面几何特性**  表 2-6-3

| 项 目 | 顶 板 | 底 板 | 腹 板 | 单 位 |
|---|---|---|---|---|
| 箱壁面积 | $A_0 = a_0 t_0$ | $A_u = a_u t_u$ | $A_v = b t_v$ | $m^2$ |
| 箱壁各板刚度 | $D_0 = \dfrac{E t_0^3}{12(1-\mu^2)}$ | $D_u = \dfrac{E t_u^3}{12(1-\mu^2)}$ | $D_v = \dfrac{E t_v^3}{12(1-\mu^2)}$ | $N \cdot m^2/m$ |
| 截面参数 | $\alpha_0 = \left(\dfrac{a_0}{a}\right)^3 \dfrac{a t_0}{b t_v}$ | $\alpha_u = \left(\dfrac{a_u}{a}\right)^3 \dfrac{a t_u}{b t_v}$ | | |
| | $\beta = \dfrac{3+\alpha_0}{3+\alpha_u}$ | | | |
| 框架参数 | $\eta_1 = 1 + \dfrac{2 + \dfrac{a}{b} + 3\dfrac{D_0+D_u}{D_v}}{\dfrac{D_0+D_u}{D_v} + 6\dfrac{b}{a}\cdot\dfrac{D_0+D_u}{D_v}}$ | | $\eta_m = \dfrac{3 + \dfrac{a}{b}\dfrac{D_v}{D_0}}{3 + \dfrac{a}{b}\dfrac{D_v}{D_u}}$ | |
| 框架刚度 | $EI_R = \dfrac{24 D_v}{\eta_1 b}$ | | | $N \cdot m^2/m$ |
| 单位翘曲($A$ 点) | $|\hat{\omega}| = \dfrac{ab}{4(1+\beta)}$ | | | $m^2$ |
| 翘曲惯性矩 | $I_{d\omega} = \dfrac{a^2 b^2}{48} b t_v \dfrac{3 + 2(\alpha_0 + \alpha_u) + \alpha_0 \alpha_u}{6 + (\alpha_0 + \alpha_u)}$ | | | $m^6$ |

**图 2-6-27c)中各点的 $S_{d\omega}/|\hat{\omega}|$ 值**  表 2-6-4

| | | | |
|---|---|---|---|
| 1 | $\dfrac{\dfrac{a_0}{a} A_0}{4} + (5-4\beta)\dfrac{A_v}{12} - \beta \dfrac{A_u}{12}$ | 5 | $(5-4\beta)\dfrac{A_v}{12} - \beta \dfrac{A_u}{12}$ |
| 2 | $\dfrac{\left(\dfrac{a_0}{a}\right)^2 - 1}{4 \dfrac{a_0}{a}} A_0 + (5-4\beta)\dfrac{A_v}{12} - \beta \dfrac{A_u}{12}$ | 6 | $(1-5\beta)\dfrac{A_v}{24} - \beta \dfrac{A_u}{12}$ |
| 3 | $\left(\dfrac{a_0}{a} - 1\right) A_0 \Big/ 4\dfrac{a_0}{a}$ | 7,8 | $-(1-2\beta)\dfrac{A_v}{12} - \beta\dfrac{A_u}{12}$ |
| 4 | $\left(\dfrac{a_0}{a} - 1\right)\left[3\left(\dfrac{a_0}{a_u}\right) + 1\right] A_0 \Big/ 16 \dfrac{a_0}{a}$ | 9 | $\beta \dfrac{A_u}{4} - (1-2\beta)\dfrac{A_v}{12} - \beta\dfrac{A_u}{12}$ |

## 二、应用影响线计算畸变值

对于无限长梁（$\lambda l \geqslant 4$），跨中截面作用一畸变荷载，该截面处的畸变双力矩和畸变角相应于无限长弹性地基梁在相应荷载作用下的弯矩和挠度，其曲线如图 2-6-28 所示。可直接布载（注意是畸变荷载）计算。因为图中曲线即可看作荷载作用点截面的 $B_{d\omega}$ 与 $\gamma$ 的影响线。

对于有限长梁（$\lambda l < 4$），根据不同的边界条件，在图 2-6-29 中也给出了 $B_{d\omega}$ 与 $\gamma$ 的影响线，而其中计算参数 $\phi_1$、$\phi_2$、$\phi_3$、$\psi_1$、$\psi_2$、$\psi_3$，可从图 2-6-30～图 2-6-35 中查用。实际计算时，先计算箱梁截面各项几何特性与参数，然后确定在反对称荷载作用下的畸变荷载。利用上述 $B_{d\omega}$ 与 $\gamma$ 影响线求出 $B_{d\omega}$ 与 $\gamma$ 值，畸变应力就可得到了。

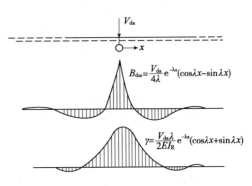

图 2-6-28 无限长弹性地基梁比拟的 $B_{d\omega}$ 与 $\gamma$ 影响线

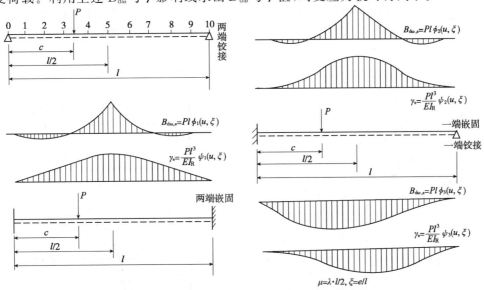

图 2-6-29 有限长弹性地基梁比拟的 $B_{d\omega}$ 与 $\gamma$ 影响线

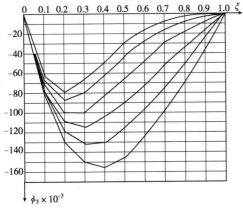

图 2-6-30 $\phi_3$ 曲线图［一端嵌固、一端铰接梁，嵌固端畸变双力矩系数 $\phi_3(u, \xi)$］

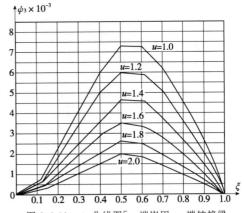

图 2-6-31 $\psi_s$ 曲线图［一端嵌固、一端铰接梁，跨中畸变角系数 $\psi_3(u, \xi)$］

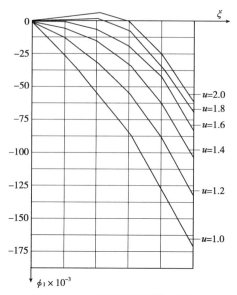

图 2-6-32 $\phi_1$ 曲线图 [两端简支梁跨中畸变双力矩系数 $\phi_1(u,\xi)$]

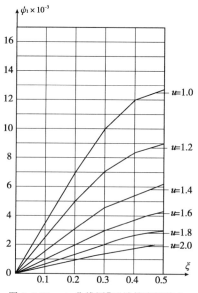

图 2-6-33 $\psi_1$ 曲线图 [两端简支梁跨中畸变角系数 $\psi_1(u,\xi)$]

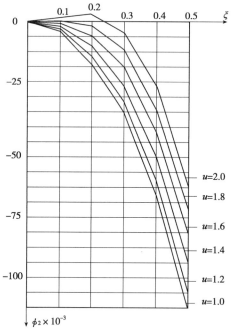

图 2-6-34 $\phi_2$ 曲线图 [两端嵌固梁跨中畸变双力矩系数 $\phi_2(u,\xi)$]

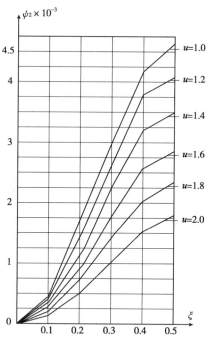

图 2-6-35 $\psi_2$ 曲线图 [两端嵌固梁跨中畸变角系数 $\psi_2(u,\xi)$]

# 第七章 支座与墩台计算

## 第一节 支座的设计计算

### 一、支座受力特点与结构变形要求分析

1. 支座受力特点

作用在支座上的竖向力有结构自重的反力、活荷载的支点反力及其影响力。在计算汽车荷载支座反力时,应计入冲击影响力。当支座可能出现上拔力时,应分别计算支座的最大竖向力和最大上拔力。

正交直线桥梁的支座,一般仅需计入纵向水平力。斜桥和弯桥的支座,还需要考虑由于汽车荷载的离心力或其他原因如风力等产生的横向水平力。

汽车荷载产生的制动力,应按照公路桥涵设计规范要求,根据车道数确定。刚性墩台各种支座传递的制动力,按规范中的规定采用。其中,规定每个活动支座传递的制动力不得大于其摩阻力;当采用厚度相等的板式橡胶支座时,制动力可平均分配至各支座。对于简支梁桥,当采用柔性排架墩时,制动力可按其刚度分配;设有板式橡胶支座的柱式墩台,可考虑联合作用。在计算支座水平力时,汽车荷载产生的制动力不应与支座的摩阻力同时考虑。其他水平力的计算按规范有关条文采用。

地震地区桥梁支座的外力计算,应根据设计的地震烈度,按《公路桥梁抗震设计细则》(JTG/T B02-01—2008)的规定进行计算和组合。

2. 结构变形要求

支座的作用不仅在于作为桥梁上部结构的支承点、集中传力点,而且它也应在结构图式许可的条件下,具有适应结构运营过程中必要变形的功能。例如,对于简支梁与连续梁,由于温度变形而集中产生在支座处的水平位移,以及在车辆荷载作用下支点处的转动变形等,都是结构图式所许可的变形。因此,必须根据结构的特点,选配既满足承载能力也适应变形要求的合适支座。

### 二、板式橡胶支座的设计计算

在没有特殊要求的情况下,桥梁支座设计过程,实际上是一个成品支座选配的过程,并不需要进行具体设计计算,尤其是常用的板式橡胶支座。因此,在此介绍板式橡胶支座设计计算的目的,主要是通过学习设计计算方法进一步了解如何为实际桥梁选配合适的支座。

1. 支座尺寸确定

根据橡胶支座和支承垫石混凝土的压应力不超过它们相应容许承压应力的要求,确定支座平面面积 $A$。在一般情况下,面积 $A$ 由橡胶支座控制设计:

$$\sigma = \frac{N_{max}}{A} \leqslant [\sigma] \tag{2-7-1}$$

式中:$N_{max}$——运营阶段由桥上全部恒载与活载(包括冲击力)所产生的最大支点反力;

$A$——橡胶支座平面面积,矩形支座为 $a \times b$,圆形支座为 $\pi d^2/4$;

[σ]——橡胶支座的平均容许压应力,当支座形状系数 $S>8$ 时,$[\sigma]=10\text{MPa}$;当 $5\leqslant S \leqslant 8$ 时,$[\sigma]=7\sim 9\text{MPa}$,$S$ 的计算见本篇第一章。

确定支座厚度 $h$ 必须先求橡胶片的总厚度 $\sum t$,它是由梁产生纵向位移时,支座的受剪状态决定的,即由剪切变形来换取线位移。但桥梁设计规范规定,橡胶片的总厚度 $\sum t$ 不应大于支座顺桥向边长的 0.2 倍。

梁式桥的主梁由温度变化等因素在支座处产生的纵向水平位移 $\Delta$,依靠全部橡胶片的剪切变形来实现,则 $\sum t$ 与 $\Delta$ 之间有下列关系,见图 2-7-1。

$$\tan\gamma = \frac{\Delta}{\sum t} \leqslant [\tan\gamma]$$

即

$$\sum t \geqslant \frac{\Delta}{[\tan\gamma]} \tag{2-7-2}$$

式中:$[\tan\gamma]$——橡胶片容许剪切角的正切,可取用 $0.5\sim 0.7$,不计活载制动力时用 0.5;计及活载制动力时取用 0.7,则上式可写成:

$$\sum t \geqslant 2\Delta_D \tag{2-7-3a}$$

$$\sum t \geqslant 1.43(\Delta_D + \Delta_L) \tag{2-7-3b}$$

式中:$\Delta_D$——由上部结构温度变化、桥面纵坡等因素,引起支座顶面相对于底面的水平位移,当跨径为 $l$ 的简支梁桥两端采用等厚橡胶支座时,因温度变化,每个支座承担的水平位移 $\Delta_D$ 可取简支梁纵向温变变形的一半,即:

$$\Delta_D = 0.5\alpha\Delta tl$$

$\Delta_L$——由制动力引起在支座顶面相对于底面的水平位移,可按下式计算:

$$\Delta_L = \frac{H_T\sum t}{2GA}$$

式中:$H_T$——活载制动力在一个支座上的水平力;

$G$——橡胶的剪切模量,在无试验资料时,$G$ 值可采用 1.1MPa;

$A$——橡胶支座的面积。

橡胶片的总厚度 $\sum t$ 确定后,再加上加劲薄钢板的总厚度,即所需橡胶支座的厚度 $h$。

**2. 支座偏转与平均压缩变形验算**

主梁受荷挠曲时,梁端将产生转动角为 $\theta$(图 2-7-2),但不允许其与支座间产生脱空现象。梁端转动时,支座就受到一个偏心竖向力 $N$ 的作用,表面将产生不均匀的压缩变形,一端为 $\Delta s_1$,另一端为 $\Delta s_2$,其平均压缩变形 $\Delta s = 0.5(\Delta s_1 + \Delta s_2)$,可根据下式计算:

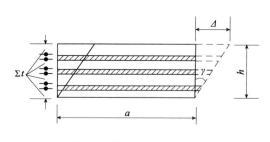

图 2-7-1 橡胶支座的剪切变形

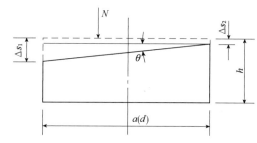

图 2-7-2 橡胶支座的偏转变形

$$\Delta s = \frac{N\sum t}{EA} \tag{2-7-4}$$

式中:$E$——橡胶支座的抗压弹性模量。当无试验数据时,根据《公路钢筋混凝土及预应力混凝土桥涵设计规范》(JTG D62—2004)，其值与支座形状系数有关，按下式计算：

$$E = 5.4G_e S^2$$

矩形支座 
$$S = \frac{l_{0a} l_{0b}}{2t_{es}(l_{0a} + l_{0b})}$$

圆形支座 
$$S = \frac{d_0}{4t_{es}}$$

$G_e$——支座剪切模量；

$S$——支座形状系数；

$l_{0a}$——矩形支座加劲钢板短边尺寸；

$l_{0b}$——矩形支座加劲钢板长边尺寸；

$d_0$——圆形支座钢板直径；

$t_{es}$——支座中间层单层橡胶厚度。

支座形状系数应在 $5 \leqslant S \leqslant 12$ 范围内取用。

若梁端转角 $\theta$ 已知，或按《材料力学》中公式，则有：

$$\theta a = \Delta s_1 - \Delta s_2$$

其中，$a$(或 $d$) 为主梁跨径方向的支座尺寸，又因

$$\Delta s = 0.5(\Delta s_1 + \Delta s_2)$$

故 
$$\Delta s_2 = \Delta s - 0.5\theta a \tag{2-7-5}$$

当 $\Delta s_2 < 0$ 时，表示支座与梁底产生了部分脱空，支座是局部承压。因此设计时必须保证 $\Delta s_2 \geqslant 0$。

《公路钢筋混凝土及预应力混凝土桥涵设计规范》(JTG D62—2004)规定，橡胶支座的最大平均压缩变形 $\Delta s$ 不应大于支座橡胶总厚 $\sum t$ 的 0.07 倍。

**3. 支座抗滑性验算**

橡胶支座一般直接搁置在墩台与梁底之间，在它受到梁体传来的水平力后，应保证支座不滑动，亦即支座与混凝土之间要有足够大的摩阻力来抵抗水平力，故应满足下式：

无活载作用时 
$$\mu N_D \geqslant 1.4 GA \frac{\Delta_D}{\sum t} \tag{2-7-6a}$$

有活载作用时 
$$\mu(N_D + N_{Pmin}) \geqslant 1.4 GA \frac{\Delta_D}{\sum t} + H_T \tag{2-7-6b}$$

式中：$N_D$——在上部结构重力作用下的支座反力；

$N_{Pmin}$——与计算制动力相应的汽车活载产生的最小支座反力；

$\mu$——橡胶支座与混凝土表面的摩阻系数采用0.3，与钢板的摩阻系数采用0.2；

$H_T$——活载制动力分在一个支座上的水平力；

$GA\dfrac{\Delta_D}{\sum t}$——由温度变化等因素分在一个支座上的水平力。

**4. 成品板式橡胶支座的选配**

成品的板式橡胶支座早已形成系列，故在一般情况下，没有必要自行设计支座，只需根据标准成品支座的目录，选配合适的产品。

我国部颁成品板式橡胶支座代号表示方法，由这样几项代码组成：名称、形式、规格及胶种。如 GJZ300×400×47(CR)，表示公路桥梁矩形、平面尺寸为 300mm×400mm、厚度为 47mm 的氯丁橡胶支座；又如 GYZF4300×54(NR)，表示公路桥梁圆形、直径为 300mm、厚度

为54mm、带聚四氟乙烯滑板的天然橡胶支座。另外,除常用支座外,还有一些特制支座,如同济大学桥梁工程系研制的球冠支座、抗震支座等。

下面用一个示例来说明如何选配成品板式橡胶支座。

某桥为五梁式双车道简支梁桥,标准跨径 $L=20\text{m}$,计算跨径 $l=19.5\text{m}$,梁肋宽度180mm,汽车荷载等级为公路—Ⅰ级。上部结构恒载反力 $N_D=160\text{kN}$,汽车荷载(不计冲击力)的最大反力 $N_q=128\text{kN}$,人群荷载的最大反力为 $N_r=4.6\text{kN}$,汽车与人群荷载引起的最大跨中挠度为17.4mm,主梁计算温度差 $\Delta t=35℃$。根据《公路钢筋混凝土及预应力混凝土桥涵设计规范》(JTG D62—2004),试为该桥选配成品矩形橡胶支座。

1)选择支座平面尺寸

计算时最大支座反力为 $N=N_D+N_q+N_r=160+128+4.6=292.6(\text{kN})$。

考虑到梁肋宽度为180mm,故从产品目录中初选GJZ180×200×h系列支座。该支座容许承载力360kN,将短边180mm取为横桥向,与梁肋平齐,纵桥向即为长边200mm。

根据《公路钢筋混凝土及预应力混凝土桥涵设计规范》(JTG D62—2004)的规定,支座使用阶段的平均压应力限值 $\sigma_c=10.0\text{MPa}$,采用GJZ180×200×h系列支座时,支座的压应力值为:

$$\sigma_j=\frac{N}{A}=\frac{292.6\text{kN}}{18\times20\text{cm}^2}=0.813\text{kN/cm}^2=8.13\text{MPa}<\sigma_c=10.0\text{MPa}$$

因此可以选用此支座。

2)基本参数计算

根据《公路钢筋混凝土及预应力混凝土桥涵设计规范》(JTG D62—2004),可计算得到支座的形状系数 $S$ 为:

$$S=\frac{l_{0a}l_{0b}}{2t_{es}(l_{0a}+l_{0b})}$$

式中,$l_{0a}$ 为矩形支座加劲钢板短边尺寸,考虑到1cm厚的橡胶边缘,$l_{0a}=20-1=19(\text{cm})$,同理,矩形支座加劲钢板长边尺寸 $l_{0b}=18-1=17(\text{cm})$,支座中间层单层橡胶厚度 $t_{es}$ 取为0.5cm,由此可计算得到支座形状系数 $S=8.97$,满足规范要求。

在常温下,橡胶支座的剪变模量 $G_e=1.0\text{MPa}$,由此根据规范可计算得到橡胶支座的抗压弹性模量为:

$$E=5.4G_eS^2=5.4\times1.0\times8.97^2=434.5(\text{MPa})$$

3)支座厚度确定

根据《公路钢筋混凝土及预应力混凝土桥涵设计规范》(JTG D62—2004),板式橡胶支座的橡胶层总厚度应从剪切变形和受压稳定两个方面进行考虑。

根据《公路桥涵设计通用规范》(JTG D60—2015)中的规定,对混凝土结构的线膨胀系数取 $10^{-5}/℃$。考虑到主梁的计算温差为35℃,伸缩变形为两端支座均摊,则每一支座承担的水平位移:

$$\Delta_D=0.5a\Delta tl'=0.5\times10^{-5}\times35\times(19.5+0.18)\times10^3=0.344(\text{cm})$$

汽车荷载制动力也会引起水平位移,因此对橡胶支座剪切变形要求的考虑也需要计入制动力的影响因素。《公路桥涵设计通用规范》(JTG D60—2015)中规定,汽车制动力按照车道荷载标准值在加载长度上计算的总重力的10%计算,且公路—Ⅰ级汽车荷载的制动力标准值不小于165kN。本桥计算跨径为 $l=19.5\text{m}$,则一车道的荷载总重为 $10.5\times19.5+2\times(19.5+130)=503.75(\text{kN})$,荷载总重的10%显然小于165kN,由此可取制动力为165kN。五根梁共10个支座，则每个支座所承受的水平制动力为 $H_T=16.5\text{kN}$。

由此可得，橡胶支座橡胶层总厚度 $t_e$ 应满足：

(1)不计汽车制动力时：
$$t_e \geqslant 2\Delta_l = 2\Delta_D = 2 \times 0.344 = 0.688(\text{cm})$$

(2)计入汽车制动力时：
$$t_e \geqslant \frac{\Delta_D}{0.7 - \frac{H_T}{2GA}} = \frac{0.344}{0.7 - \frac{16.5 \times 10^3}{2 \times 1.0 \times 200 \times 180}} = 0.731(\text{cm})$$

(3)受压稳定要求 $\frac{l_a}{10} \leqslant t_e \leqslant \frac{l_a}{5}$，其中 $l_a$ 为矩形支座短边尺寸，则有 $1.8\text{cm} \leqslant \Sigma t \leqslant 3.6\text{cm}$。

选用四层钢板、五层橡胶组成橡胶支座。上下层橡胶片厚度为 0.25cm，中间层厚度为 0.5cm，薄钢板厚度为 0.2cm，则：

橡胶片的总厚度为 $t_e = 3 \times 0.5 + 2 \times 0.25 = 2(\text{cm})$。

支座总厚度为 $h = t_e + 4 \times 0.2 = 2.8(\text{cm})$，符合规范要求。

4)支座偏转验算

板式橡胶支座竖向平均压缩变形为：

$$\delta_{c,m} = \frac{R_{ck} t_e}{A_e}\left(\frac{1}{E_e} + \frac{1}{E_b}\right) = \frac{(160 + 128 \times 1.3 + 4.6) \times 10^3 \times 0.02}{0.17 \times 0.19} \times \left(\frac{10^{-6}}{434.5} + \frac{10^{-6}}{2\,000}\right)\text{m}$$
$$= 5.74 \times 10^{-2}\text{cm}$$

由梁的挠度与梁端转角的关系得：

$$f = \frac{5}{384}\frac{ql^4}{EI} = \frac{5l}{16}\left(\frac{ql^3}{24EI}\right) = \frac{5l}{16}\theta$$

$$\theta = \frac{16f}{5l}$$

再设恒载作用下，梁端初始转角 $\theta = 0$，汽车与人群的跨中最大挠度 $f = 17.4\text{mm}$，则：

$$\theta = \frac{16 \times 17.4}{5 \times 19.5 \times 10^3} = 0.002\,85(\text{rad})$$

根据《公路钢筋混凝土及预应力混凝土桥涵设计规范》(JTG D62—2004)，板式橡胶支座竖向平均压缩变形需满足以下条件：

$$\theta \frac{l_a}{2} \leqslant \delta_{c,m} \leqslant 0.07 t_e$$

其中，$\theta \frac{l_a}{2} = 0.002\,85 \times \frac{18}{2}\text{cm} = 2.6 \times 10^{-2}\text{cm} < \delta_{c,m} = 5.74 \times 10^{-2}\text{cm}$。

$0.07 t_e = 0.07 \times 2\text{cm} = 0.14\text{cm} > \delta_{c,m} = 5.74 \times 10^{-2}\text{cm}$，所以符合规范要求。

5)支座抗滑稳定性验算

根据《公路钢筋混凝土及预应力混凝土桥涵设计规范》(JTG D62—2004)规定，板式橡胶支座抗滑稳定性应符合下列规定。

不计汽车制动力时：

$$\mu R_{Gk} \geqslant 1.4 G_e A_g \frac{\Delta_l}{t_e}$$

计入汽车制动力时：

$$\mu R_{ck} \geqslant 1.4 G_e A_g \frac{\Delta_l}{t_e} + F_{bk}$$

式中：$R_{Gk}$——由结构自重引起的支座反力标准值；

$R_{ck}$——由结构自重标准值和 0.5 倍汽车荷载标准值（计入冲击系数）引起的支座反力；

$F_{bk}$——由汽车荷载引起的制动力标准值；

$A_g$——支座平面毛面积；

$\mu$——支座与混凝土表面的摩阻系数，取为 0.3。

（1）不计汽车制动力时

$$\mu R_{Gk} = 0.3 \times 160 \text{kN} = 48 \text{kN}$$

$$1.4 G_e A_g \frac{\Delta_l}{t_e} = 1.4 \times 1.0 \times 10^6 \times 0.18 \times 0.20 \times \frac{0.344}{2} \text{N} = 8.67 \text{kN} < \mu R_{Gk} = 48 \text{kN}$$

（2）计入汽车制动力时

$$\mu R_{ck} = 0.3 \times (160 + 0.5 \times 1.3 \times 128) \text{kN} = 73.0 \text{kN}$$

$$1.4 G_e A_g \frac{\Delta_l}{t_e} + F_{bk} = (8.67 + 16.5) \text{kN} = 25.2 \text{kN} < \mu R_{ck} = 73.0 \text{kN}$$

均满足规范要求，支座不会发生相对滑动，最后决定取用 GJZ180×200×28 板式橡胶支座。

### 三、盆式橡胶支座设计计算

盆式橡胶支座的设计计算内容和其构造形式有关。通常需要进行以下设计计算：确定聚四氟乙烯板和氯丁橡胶板的尺寸、圆钢盆和盆塞的设计计算、上下支座垫石的验算、钢盆顶板偏转的控制、紧箍圈、防水圈的设计，以及螺栓连接和焊接缝的计算等。

由于在实际工程设计中，设计人员主要根据盆式橡胶支座产品目录选配适合具体桥梁的支座，极少需要进行从确定基本尺寸开始的设计计算。因此，下面将主要对盆式橡胶支座的设计原则、计算假定等方面的内容作一介绍。

1. 基本尺寸确定方法

1）聚四氟乙烯板尺寸

在恒载与活载产生的最大支点反力 $N$ 作用下，根据聚四氟乙烯板的容许承压应力 $[\sigma_1]$，可得到最小直径 $D_1$：

$$D_1 = \sqrt{\frac{4N}{\pi [\sigma_1]}} \tag{2-7-7}$$

聚四氟乙烯板的厚度，一般可取 $h_1 = \left(\frac{1}{80} \sim \frac{1}{40}\right) D_1$。直径越大取值越小，大直径板选取的比值还可再小些，通常 $h_1 = 4 \sim 8 \text{mm}$，外露量 $3 \sim 4 \text{mm}$。

2）氯丁橡胶板尺寸

在上述 $N$ 的作用下，根据钢盆内橡胶板的容许承压应力 $[\sigma_2]$，可得到最小直径 $D_2$：

$$D_2 = \sqrt{\frac{4N}{\pi [\sigma_2]}} \tag{2-7-8}$$

氯丁橡胶板的厚度可取 $h_2 = \left(\frac{1}{18} \sim \frac{1}{10}\right) D_2$。

3）底盆式构造的钢盆和盆塞尺寸

这种盆式橡胶支座的底部为圆钢盆，上加盆塞，它们之间嵌入橡胶板。圆钢盆的计算图式见图 2-7-3。

（1）钢盆内径

钢盆内径 $D_3$ 由橡胶板直径决定，为使橡胶板置入盆内紧贴密合，钢盆内径一般取 $D_3 =$

$D_2$,或减小 0.5～1.0mm。

(2) 盆壁厚度

在最大支点反力 $N$ 作用下，盆壁将受到环向拉力 $P$ 作用，则在忽略盆底约束情况下，对于材料容许应力 $[\sigma_3]$ 的最小盆壁厚度为：

$$h_3 = \frac{P}{h[\sigma_3]} \tag{2-7-9}$$

$$P = \frac{q_1 \overline{D} h_2}{2}, q_1 = \frac{N}{\pi D_1^2/4}$$

式中：$h$——盆壁高度，初估为 $h=1.5h_2$；

$\overline{D}$——初估盆壁平均直径。

在初估盆壁厚度时，同时按厚壁圆筒公式验算钢壁顶面的切向应力：

$$\sigma_\tau = \frac{q_1}{\frac{b^2}{a^2}-1}\left(1+\frac{b^2}{r^2}\right)\frac{h_2}{h} \leqslant [\sigma_3] \tag{2-7-10}$$

式中：$a$——钢盆内半径，即 $D_3/2$；

$b$——钢盆外半径；

$r$——计算应力点到钢盆圆心的距离；

其余符号意义同前。

(3) 盆底厚度

在忽略橡胶板对盆壁内侧压力及盆壁环向拉力作用的条件下，近似以盆底受弯强要求作为估算依据，即：

$$\sigma = \frac{6M}{D_4 h_4^2} \leqslant [\sigma_3] \tag{2-7-11}$$

式中：$h_4$——待定盆底厚；

$D_4$——盆底直径；

$M$——盆底中央截面弯矩，由橡胶板底压力及盆底压力计算而得（图 2-7-3）。

(4) 盆塞厚度

盆塞可以近似按其悬臂板受力的强度要求确定所需的厚度 $\delta_1$，见图 2-7-4。但是，由于构造要求，设计选用的钢盆厚度较大，盆塞材料的强度不足，故仅作为一项验算内容。

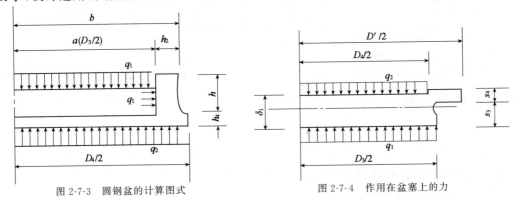

图 2-7-3 圆钢盆的计算图式　　　图 2-7-4 作用在盆塞上的力

4) 下盆塞上盆环式构造的盆塞与盆环尺寸

这种盆式橡胶支座的盆塞是一块圆形钢板，其与下支座板焊接或用平头螺栓及嵌槽方式连接，见图 2-7-5。

(1) 盆塞厚度

决定盆塞厚度的条件之一，是它应满足上部结构在支点处转动的要求，亦即不影响盆环的转动，故通常厚度不小于20mm，并做成上大下小，以使上部结构转动自如。除上述构造要求外，盆塞厚度还必须满足受力要求。根据图2-7-6计算图式，确定作用在盆塞中心截面的外力：

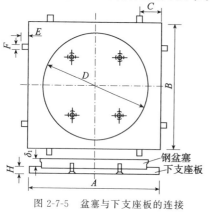

图 2-7-5　盆塞与下支座板的连接

$$N' = \frac{N}{2}(f_1 + f_2)$$
$$M' = \frac{N}{2}(f_1 - f_2)\frac{\delta_1}{2}$$
(2-7-12)

式中：$N$——支座反力；
$f_1$——氯丁橡胶与钢板的摩擦系数，取用 0.4；
$f_2$——盆塞与底板之间的摩擦系数，取用 $0.1 \sim 0.2$；
$\delta_1$——盆塞厚度。

再用偏心受力应力计算公式验算应力：

$$\sigma = \frac{N'}{A} \pm \frac{M'}{W} \leqslant [\sigma]$$
(2-7-13)

(2) 盆塞与下支座板连接螺栓面积

按照图 2-7-7 计算图式，作用在接触面上的外力：

$$H = Nf_3$$
$$M = He$$
(2-7-14)

式中：$f_3$——不锈钢板与聚四氟乙烯板的摩擦系数；
$e$——摩阻力的作用面至盆塞底面的距离。

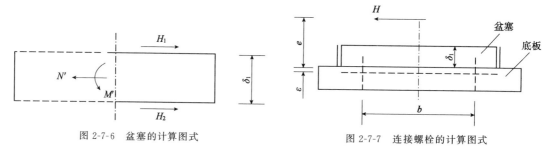

图 2-7-6　盆塞的计算图式　　　　图 2-7-7　连接螺栓的计算图式

所需连接螺栓面积：

$$A = \frac{M}{[\sigma]b}$$
(2-7-15)

式中：$[\sigma]$——螺栓材料的容许拉、压应力；
$b$——螺栓的间距。

(3) 盆环尺寸

钢盆环的构造见图2-7-8。盆环的内径比橡胶板的直径小0.5～1mm，盆环壁的切向应力可参照式(2-7-9)验算。环壁的径向应力，当盆环与橡胶板等高时：

$$\sigma = \frac{\frac{R^2}{r^2}+1}{\frac{R^2}{r^2}-1}[\sigma]_{橡} \leqslant [\sigma] \qquad (2\text{-}7\text{-}16)$$

式中：$R$——盆环的外径；

$r$——盆环的内径；

$[\sigma]_{橡}$——橡胶板的容许压应力。

盆环顶板的厚度 $\delta_2$ 可参照式(2-7-12)、式(2-7-13)进行验算，顶板厚度一般取用壁厚的 3/5～3/4。联邦德国的规范规定，顶板的厚度不小于直径的 1/150，且不小于 12mm。

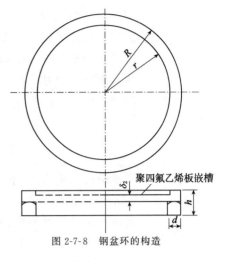

图 2-7-8 钢盆环的构造

5）上支座板尺寸

（1）上支座板平面尺寸

需要设置上支座板的盆式橡胶支座，其平面尺寸主要取决于支座的最大位移量、盆环的直径和螺栓连接位置所需要尺寸的总和。直线桥梁上、下支座板的顺桥向长度主要取决于前两项，横桥向宽度需要考虑连接螺栓的位置。

上支座板与梁底接触面为矩形，而镶嵌不锈钢板与聚四氟乙烯板的接触面为圆形，在方盘上可设置螺栓孔与梁连接。

（2）上支座板厚度

上支座板可采用等厚与不等厚的板，不等厚板是在矩形的部分主要起连接作用，受力较小，可选取薄些。上支座板的厚度可采用材料力学的公式计算，如式(2-7-11)，并考虑上支座板与聚四氟乙烯板位置对中和发生偏移两种情况进行应力验算。当发生偏移时，可按式(2-7-13)进行验算，其中的弯矩项，还要考虑滑动摩擦力产生的部分。

以上的计算方法是比较粗略的，但是偏安全的。从试验和有限元分析的结论可知，支座板的受力中间大、边缘小，在板上除产生支承压力外，还有环向应力和径向应力。

2. 支座偏转验算

盆式橡胶支座中，要求在梁偏转时顶板与橡胶板的接触面不能出现脱空现象，即不允许出现局部承压的状态，则：

$$\sigma = \frac{N}{A} - \frac{M}{W} \geqslant 0$$

与板式橡胶支座的偏转验算一样，要求 $\Delta s_2 \geqslant 0$。

$$\Delta s_2 = \frac{Nh_2}{AE_2} - \frac{D\theta}{2} \qquad (2\text{-}7\text{-}17)$$

式中：$A$——与钢盆环或中间钢板接触的橡胶板面积；

$h_2$——橡胶板厚度；

$E_2$——有侧向约束的橡胶板弹性模量，其值可取用 530MPa；

$D$——与钢盆环或中间钢板接触的橡胶板直径。

3. 支承混凝土局部承压验算

盆式橡胶支座反力大，支承垫石要设钢筋，应按配置间接钢筋的钢筋混凝土构件进行局部承压强度验算：

$$N_c \leqslant 0.9(\eta_s \beta f_{cd} + k\rho_v \beta_{cor} f_{sd})A_{ln} \qquad (2\text{-}7\text{-}18)$$

式中：$N_c$——局部承压时的纵向力，取各种组合下计算支座反力的最大值；

$\eta_s$——混凝土局部承压修正系数，混凝土强度等级为 C50 及以下，取 $\eta_s=1.0$；混凝土强度等级为 C50～C80，取 $\eta_s=1.0$～0.76；中间按直线插入取值；

$f_{cd}$——垫石混凝土的轴心抗压设计强度；

$\beta$——混凝土局部承压强度提高系数，按下式计算，

$$\beta = \sqrt{\frac{A_b}{A_l}}$$

$k$——间接钢筋影响系数，按《公路钢筋混凝土及预应力混凝土桥涵设计规范》(JTG D62—2004)中第 5.3.2 条取用；

$A_b$——局部承压时的计算底面积，按《公路钢筋混凝土及预应力混凝土桥涵设计规范》(JTG D62—2004)中图 5.7.1 确定；

$A_l$、$A_{ln}$——局部承压面积，取用盆环或盆塞的接触面按 45°角分布在梁底或支座垫石面上的面积；

$\rho_v$——间接钢筋的体积含筋率，当采用方格钢筋网时，按《公路钢筋混凝土及预应力混凝土桥涵设计规范》(JTG D62—2004)中式(5.7.2-3)计算；当采用螺旋式配筋时，按式(5.7.2-4)计算；

$\beta_{cor}$——配置间接钢筋时局部抗压承载力提高系数，按下式计算：

$$\beta_{cor} = \sqrt{\frac{A_{cor}}{A_l}}$$

$A_{cor}$——在钢筋网或螺旋形配筋表面范围内的混凝土核芯面积，$A_{cor}>A_b$ 时，应取 $A_{cor}=A_b$；

$f_{sd}$——间接钢筋抗拉设计强度。

4. 成品盆式橡胶支座的选配

1) 成品盆式橡胶支座的系列

成品盆式橡胶支座的主要系列有 GPZ、TPZ-1 等。其中，GPZ 表示由我国中交公路规划设计院有限公司设计的系列盆式橡胶支座；TPZ-1 则表示我国铁道部科学研究院设计的系列盆式橡胶支座。另外，还有其他科研院所设计的类同系列的盆式橡胶支座。这些系列支座，适用于各类桥梁及具类似受力与变形特性的工程结构，并非有明确的公路、铁路或其他工程结构之分。各种系列的盆式橡胶支座吨位一般从 1 000kN 起至 50 000kN，最多分为近 40 个级，并以 DX、SX、GD 分别表示单向、双向活动支座及固定支座，而 GDZ 则为抗震型固定支座的代号。

2) 成品盆式橡胶支座的地区适用性

成品盆式橡胶支座的适用地区应考虑温度和地震两个因素，以确定适配常温型或耐寒型支座和采用何种震型支座或抗震措施。

3) 各种类型成品盆式橡胶支座的合理选配

盆式橡胶支座能否适用于所设计的桥梁，当然首先考虑的是其容许转角及水平能承受的推力能否满足要求。一般来说，GPZ、TPZ-1 等系列的支座对这两个要求均能满足。若转角和水平推力超出容许范围，则需要改变支座的设计。转角特大时，可采用球形支座。

关于在桥梁设计中支座如何合理选用问题，即究竟选用何种类型的支座，则需根据桥梁结构图式的要求决定。当然，在一般情况下，固定端选用固定支座，活动端选用活动支座。但若横桥向伸缩值不容忽视的时候，结构图式的固定端就不能单一采用 GD 类型的支座。这是由

于现代桥梁的桥面越来越宽,超过 20m 已屡见不鲜,这时由温度等因素引起的横桥向伸、缩量便不可忽略了,有的可达到中等跨径桥梁纵向的伸缩量。为保证梁不发生纵向位移,又能满足多梁式宽桥的横桥向位移,这时可将单方向活动支座转过 90°横置梁下(图 2-7-9),使其在顺桥向起固定支座的作用下,而横桥向则起活动支座的作用。

活动支座一般是指任意方向均可活动的支座。对于只允许在一个方向活动的支座的选用则应慎重,要考虑桥梁横向的温度伸缩,只有在单梁或梁数少且横向温度伸缩值很小的情况下才宜采用。

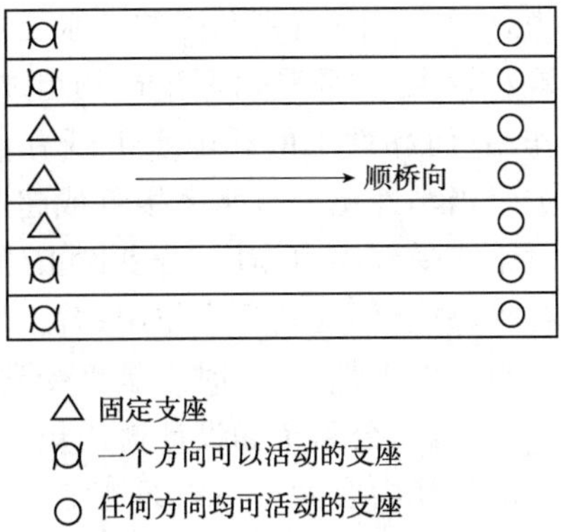

图 2-7-9 支座平面布置

△ 固定支座
⋈ 一个方向可以活动的支座
○ 任何方向均可活动的支座

一般来说,一片 T 梁的支点宜设一个支座,一个箱梁的支点宜设两个支座。当超过此数时,则应考虑如何调整多支座的均衡受力的措施。

4) 成品盆式橡胶支座承载能力的合理选择

支座承载力大小的选择,应根据桥梁恒载、活载的支点反力之和及墩台上设置的支座数目来计算。合适的支座一般为:最大反力不超过支座容许承载力的 5%,最小反力不低于容许承载力的 80%。规定最小反力的目的是保证支座具有良好的滑移性能,因为聚四氟乙烯板的摩擦系数与压力成反比,如果低于规定的数值,则摩擦系数将会增大。支座选配时,一般不必过多担心支座的安全储备,比如计算得到一个支座的最大反力为 4 100kN,最小反力为 3 700kN,那就选用承载力为 4 000kN 的支座,这是因为 4 000kN 支座的容许支反力变化范围是 3 200~4 200kN,不要从更安全的角度考虑加大支座的承载力而选用 5 000kN 的支座。因为 5 000kN 支座最低合适的承载力是 4 000kN,而最小支反力 3 700kN 已小于此值,故不适宜选用。虽然我们规定最大反力不超过容许承载力的 5%,但支座实际的安全系数一般在 5 以上。

## 第二节 桥梁墩台的计算

### 一、作用在桥梁墩台上的作用及组合

作用在桥梁墩台上的永久作用有结构重力、土的重力和土侧压力、预加力(组合式桥墩)、混凝土收缩及徐变作用、水的浮力以及基础变位作用;可变作用有汽车荷载、汽车冲击力、汽车离心力、汽车引起的侧向土压力、人群荷载、汽车制动力、流水压力、冰压力和支座摩阻力,在超静定结构中尚需考虑温度变化的影响力;偶然作用有地震作用、船舶或漂流物的撞击作用以及汽车撞击作用;另外,在某些特殊河道,存在涌潮等现象,则除上述作用外,还须考虑涌潮等间隙性作用对结构产生的影响因素。在这些作用中,有永久存在的作用,也有可能作用的、偶然作用的作用,还有在所设计的墩台中不可能发生的作用。因此,在墩台设计计算过程中,应根据墩台的受力与工作阶段,给出可能同时出现的作用组合,以确定出最不利的受力状态。

1. 作用的计算

(1) 恒载和水的浮力

桥梁上部结构恒载传至墩台的计算值,由桥梁支座反力计算确定。对于墩台在水下和土中部分自重的计算方法,要根据地基土的性质加以考虑。

水下土的浮力计算是一个至今尚未完全解决的问题,其关键在于土的孔隙中能否传递静水压力。在土力学中,土中孔隙水主要分为自由水与结合水两大类。自由水能够传递静水压

力,而结合水(特别是强结合水及弱结合水的内层)是不能传递静水压力的。由于砂性土的土颗粒较大,主要是由原生矿物组成,故孔隙水主要是自由水,所以水下的砂性土肯定受到浮力作用;而黏性土的孔隙水中既有自由水又有结合水,它们各自所占的比例又与土的含水率有关。当黏性土的含水率接近或超过液限时,土处于流动状态,土孔隙中主要是自由水,所以这时土能受到浮力作用;若黏性土的含水率小于塑限时,土处于固体状态,这时土孔隙主要是结合水,故土不受到浮力作用;若土的含水率在液限与塑限之间,土处于塑性状态,土孔隙中结合水与自由水都有,这时土是否受到浮力作用就很难确定,一般都按不利状态考虑。

根据《公路桥涵设计通用规范》(JTG D60—2015),在考虑水的浮力时,对不同的土质和不同的计算内容做了不同的规定:

①基础底面位于透水性地基上的桥梁墩台,当验算稳定时,应考虑设计水位的浮力;当验算地基应力时,可仅考虑低水位的浮力,或不考虑水的浮力。

②基础嵌入不透水性地基的桥梁墩台不考虑水的浮力。

③作用在桩基承台底面的浮力,应考虑全部底面积。对于桩嵌入不透水地基并灌注混凝土封闭者,不应考虑桩的浮力,在计算承台底面浮力时应扣除桩的截面面积。

④当不能确定地基是否透水时,应以透水或不透水两种情况与其他作用组合,取其不利者。

水对水下墩台或土的固体颗粒的浮力作用,可用墩台圬工的浮重度或土的浮重度来反映。圬工的浮重度等于圬工重度减去水的重度,土的浮重度可以根据土质资料得到不同的物理指标,如按天然重度、天然含水率、比重或饱和重度等计算。

(2)侧向土压力

土体对结构物产生的侧向土压力有主动土压力、被动土压力和静止土压力的区别。桥台土压力计算时,采用哪种土压力,应根据桥台位移及压力传播方式而定。梁式桥台承受的水平压力主要是台后滑动土体(及滑动土体上的荷载)所产生的侧压力,它使桥台发生向河心的移动。因此,梁桥桥台的侧土压力,一般按主动土压力计算。当桥台刚度很大,不可能产生微量移动,滑动土体不可能形成时,可按静止土压力计算。

《公路桥涵设计通用规范》(JTG D60—2015)中规定,在计算倾覆和滑动稳定时,墩、台、挡土墙前侧底面以下不受冲刷部分土的侧压力可按静土压力计算,静土压力的标准值可按下列公式计算:

$$\left. \begin{array}{l} e_{\mathrm{j}} = \xi \gamma h \\ \xi = 1 - \sin\varphi \\ E_{\mathrm{j}} = \dfrac{1}{2} \xi \gamma H^{2} \end{array} \right\} \qquad (2\text{-}7\text{-}19)$$

式中:$e_{\mathrm{j}}$——任一高度 $h$ 的静土压力强度($kN/m^2$);

$\xi$——压实土的静土压力系数;

$\gamma$——土的重度($kN/m^3$);

$\varphi$——土的内摩擦角(°);

$h$——填土顶面至任一点的高度(m);

$H$——填土顶面至基底高度(m);

$E_{\mathrm{j}}$——高度 $H$ 范围内单位宽度的静土压力标准值(kN/m)。

《公路桥涵设计通用规范》(JTG D60—2015)中的主动土压力计算采用库仑土压力公式,一般根据实例分析,认为按库仑土压力公式求得的主动土压力 $E$ 值比较接近实际。若土质分层有变化,或水位影响各层计算数据时,应做分层计算。在计算土压力时,可如图 2-7-10 按下列公式进行计算。

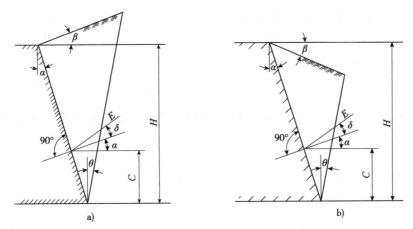

图 2-7-10 主动土压力图

①当土层特性无变化且无汽车荷载时,作用在桥台、挡土墙前后的主动土压力标准值可按下式计算:

$$E = \frac{1}{2}B\mu\gamma H^2$$

$$\mu = \frac{\cos^2(\varphi-\alpha)}{\cos^2\alpha\cos(\alpha+\delta)\left[1+\sqrt{\frac{\sin(\varphi+\delta)\sin(\varphi-\beta)}{\cos(\alpha+\delta)\cos(\alpha-\beta)}}\right]^2} \qquad (2\text{-}7\text{-}20)$$

式中:$E$——主动土压力标准值(kN);
$\gamma$——土的重度(kN/m³);
$B$——桥台的计算宽度或挡土墙的计算长度(m);
$H$——计算土层高度(m);
$\beta$——填土表面与水平面的夹角,当计算台后或墙后的主动土压力时,$\beta$ 按图 2-7-10a) 取正值;当计算台前或墙前主动土压力时,$\beta$ 按图 2-7-10b)取负值;
$\alpha$——桥台或挡土墙背与竖直面的夹角,俯墙背时为正值,反之为负值;
$\delta$——台背或墙背与填土间的摩擦角,可取 $\delta = \varphi/2$。

主动土压力的着力点自计算土层底面算起,$C = H/3$。

②当土层特性无变化但有汽车荷载作用时,用在桥台、挡土墙前后的主动土压力标准值在 $\beta=0°$ 可按下式计算:

$$E = \frac{1}{2}B\mu\gamma H(H+2h) \qquad (2\text{-}7\text{-}21)$$

式中:$h$——汽车荷载的等代均布土层厚度(m)。

主动土压力的着力点自计算土层底面算起,$C = \frac{H}{3} \times \frac{H+3h}{H+2h}$。

③当 $\beta=0°$ 时,破坏棱体破裂面与竖直线间夹角 $\theta$ 的正切值可按下式计算:

$$\tan\theta = -\tan\omega + \sqrt{(\cot\varphi+\tan\omega)(\tan\omega-\tan\alpha)}$$

式中:$\omega = \alpha+\delta+\varphi$。

当无实测资料时,土的重度应按照《公路桥涵设计通用规范》(JTG D60—2015)中相应规定选取,内摩擦角应按现行的《公路桥涵地基与基础设计规范》(JTG D63—2007)中相关规定选取。

④承受土侧压力的柱式墩台,作用在柱上的土压力计算宽度,按下列规定采用(图 2-7-11)。

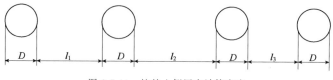

图 2-7-11 柱的土侧压力计算宽度

当桩间净距 $l_i$ 大于或等于柱的直径或宽度 $D$ 时,作用在每根柱上的土压力计算宽度按下式计算:

$$b = \frac{nD + \sum_{i=1}^{n-1} l_i}{n} \quad (2-7-22)$$

式中:$n$——柱的数量。

当桩间净距 $l_i$ 小于柱的直径或宽度 $D$ 时,应根据柱的直径或宽度来考虑柱间空隙的折减。当 $D \leqslant 1.0$ m 时,作用在每一柱上的土压力计算宽度按下式计算:

$$b = \frac{D(2n-1)}{n}$$

当 $D > 1.0$ m 时,作用在每一柱上的土压力计算宽度按下式计算:

$$b = \frac{n(D+1)-1}{n}$$

(3)汽车荷载冲击力

钢桥、钢筋混凝土及预应力混凝土桥、圬工拱桥等上部构造和钢支座、板式橡胶支座、盆式橡胶支座及钢筋混凝土柱式桥墩,应计算汽车的冲击作用,但对于填料厚度(包括路面厚度)等于或大于 0.5m 的拱桥、涵洞及重力式墩台,冲击力的作用衰减很快,因此,验算时可不计冲击影响。冲击力的计算按《公路桥涵设计通用规范》(JTG D60—2015)进行。

(4)汽车荷载的制动力

汽车荷载的制动力是桥梁墩台承受的主要纵向水平力之一,当汽车荷载在桥上制动或减速时,在车轮与桥面之间产生相互作用力,此时桥面受到方向与车辆行进方向相同的力,即称制动力,制动力可按《公路桥涵设计通用规范》(JTG D60—2015)中有关规定计算。在计算梁式桥墩台时,制动力可移至支座中心(铰或滚轴中心)或滑动支座、橡胶支座、摆动支座的底座面上。

(5)流水压力及冰压力

①流水压力

作用在桥墩上的流水压力,可按《公路桥涵设计通用规范》(JTG D60—2015)的有关规定计算。流水压力的合力作用点,假定在设计水位以下 0.3 倍水深处。

位于涌潮河段的桥墩台,应考虑因涌潮潮差产生的水压力和涌潮对桥墩的拍击力。由于涌潮现象机理十分复杂,在设计计算前须对涌潮在桥位出现的规律及对结构物的作用力大小和计算图式进行研究分析。

②冰压力

严寒地区位于有冰棱河流或水库中的桥梁墩台,应根据当地冰棱的具体情况及墩台形状计算冰压力。冰压力有竖向和水平向作用力,主要是水平向作用力。竖向力是由冰层水位升降而对桥梁墩台产生的作用；水平向作用力包括因风和水流作用于大面积冰层而产生的静压力、冰堆整体推移产生的静压力、河流流冰产生的动压力等。

(6)船只或漂流物的撞击力

船只或漂流物的撞击力，虽是桥梁墩台的偶然荷载，但是对桥墩结构的危害性很大，对于通航河道或有漂流物河流中的墩台，设计时应考虑船只或漂流物的撞击力。

漂流物的撞击力，在无实际资料时可按下式估算：

$$P = \frac{Wv}{gT} \qquad (2\text{-}7\text{-}23)$$

式中：$W$——漂流物的重量(kN)，可根据实际调查确定；
　　　$v$——水的流速(m/s)；
　　　$T$——撞击时间(s)，在无实际资料时可用1s；
　　　$g$——重力加速度，9.81m/s²。

《公路桥涵设计通用规范》(JTG D60—2015)中规定船舶的撞击作用设计值宜按专题研究确定，四至七级内河航道当缺实际调查资料时，船舶撞击作用的设计值可按表2-7-1取值。

内河船舶撞击作用设计值　　　　　　表2-7-1

| 内河航道等级 | 船舶吨级 DWT(t) | 横桥向撞击作用(kN) | 顺桥向撞击作用(kN) |
|---|---|---|---|
| 四 | 500 | 550 | 450 |
| 五 | 300 | 400 | 350 |
| 六 | 100 | 250 | 200 |
| 七 | 50 | 150 | 125 |

内河船舶的撞击作用点，假定为计算通航水位线以上2m的桥墩宽度或长度的中点。当设有与墩、台分开的防撞击的防护构造时，可不计船只撞击力；对于四、五、六、七级航道内的钢筋混凝土桩墩，顺桥向撞击力按表2-7-1所列数值的50%计算。

(7)地震力

在地震区建造的桥梁，地震力是一项十分重要和危害性大的偶然荷载，在墩台设计计算时要进行抗震验算和必要的防护构造措施设计。

桥梁下部结构在地震时可能会出现的震害有：受到地震力后，墩台和基础截面强度延性和稳定性不够，以致发生结构开裂、折断、位移而引起落梁；地基土液化使墩台下沉、位移、倾斜，桥梁损坏；引道、岸坡滑移下沉致使墩台损坏，危及上部结构等。因此，深入研究地震力对桥梁下部结构的作用力、作用方式，在结构设计和地基处理方面进行抗震验算是不可缺少的，桥梁的抗震设计计算和设防可参照《公路桥梁抗震设计细则》(JTG/T B02-01—2008)有关规定进行。

2.作用效用组合

根据《公路桥涵设计通用规范》(JTG D60—2015)中对作用组合效应的相关规定，在桥梁墩台设计过程中，应考虑墩台上可能同时出现的作用，按承载能力极限状态和正常使用极限状态进行作用效应组合，取其最不利效应组合进行设计：

(1)只对可能在墩台上同时出现的作用进行效应组合，并分别针对纵向、横向和竖向的最不利作用效应进行组合。

(2)当可变作用的出现对墩台的受力产生有利影响时,该作用不参与组合。

(3)实际不可能同时出现的作用或同时参与组合的概率很小的作用,按表 2-7-2 规定不考虑其作用效应的组合。

可变作用不同时组合表　　　　表 2-7-2

| 编号 | 作用名称 | 不与该作用同时参与组合的作用编号 |
|---|---|---|
| 12 | 汽车制动力 | 16,17,18,20 |
| 16 | 流水压力 | 12,17,18 |
| 17 | 冰压力 | 12,16,18 |
| 18 | 波浪力 | 12,16,17 |
| 20 | 支座摩阻力 | 12 |

注:作用号与《公路桥涵设计通用规范》(JTG D60—2015)中编号一致

(4)施工阶段作用效应的组合,应按照计算需要及墩台所处的具体条件而定,桥梁结构上的施工人员和施工机具设备应作为临时荷载加以考虑。

(5)多个偶然作用不同时参与组合。

桥梁墩台计算时,预先很难确定哪一种作用组合最不利。通常需要对各种可能的作用进行组合计算,满足各种不同的要求。在墩台的计算中,尚需考虑按顺桥向(与行车的方向平行)和横桥向分别进行,故在作用组合时也需按纵向及横向分别计算。

在所有作用中,车辆荷载的变动对作用组合起着支配作用。桥墩计算中,一般需验算墩身截面的强度、荷载在墩身截面上合力的偏心距及桥墩的稳定性等。因此,需根据不同的验算内容选择各种可能的最不利作用组合。例如将车辆荷载纵向布置在相邻的两孔桥跨上,并且将重轴布置在计算桥墩处,这时可得到作用在桥墩上最大的汽车竖向作用,但偏心较小,见图 2-7-12a);当车辆荷载只在一孔桥跨上布置时,同时有其他水平作用,如风力、船撞力、水流压力或冰压力等作用在墩身上,这时竖向作用较小,而水平作用引起的弯矩大,可能使墩身截面产生很大的合力偏心距,或者此时桥墩的稳定性也是最不利的,见图 2-7-12b)。在横向计算时,桥跨上的汽车作用可能是一列靠边行驶,这时产生最大横向偏心距;也可能是多列满载,使竖向力较大而横向偏心较小,见图 2-7-13。在桥梁上部结构施工中,因梁体安装工序不同或混凝土浇筑时不同时平衡进行,桥墩承受较小的竖向力和较大的弯矩,造成墩身截面强度由施工作用控制设计。

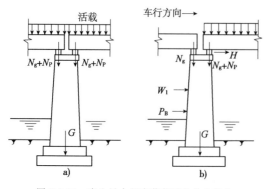

图 2-7-12　产生最大竖向荷载时的外力组合

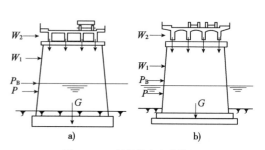

图 2-7-13　桥梁横向布载情况

桥台的荷载组合方法和桥墩相似,也须针对验算项目及验算截面的位置按公路桥涵设计规范进行可能的荷载组合。

由于活载可以布置在桥跨结构上,也可布置在台后,在确定荷载最不利组合时,下列几种加载情况可做参考(图 2-7-14):

(1)在桥跨结构上布置车辆荷载,温度下降,制动力(向桥孔方向),并考虑台后土侧压力(考虑最大弯矩组合)。

(2)在台后破坏棱体上布置车辆荷载,温度下降,并考虑台后土侧压力(考虑最大水平力与最大反向弯矩组合)。

(3)在桥跨结构上和台后破坏棱体上都布置车辆荷载(当桥台尺寸较大时,还要考虑在桥跨结构上、台后破坏棱体上和桥台上同时都布置活载的情况),温度下降,制动力(向桥孔方向),并考虑台后土侧压力(考虑最大竖向力组合)。

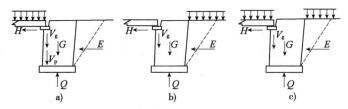

图 2-7-14 作用在梁桥桥台上的荷载

## 二、桥梁墩台的计算与验算

一般重力式梁桥墩台的验算包括强度验算、偏心距验算和稳定性验算等;对于高度超过 20m 的重力式实体墩台、各种空心墩和桩,尤其是柱式轻型墩台,尚需要计算及验算墩台的弹性位移。

梁桥墩台在验算时需经历这些步骤:拟定各部分尺寸;根据可能出现的荷载和外力进行最不利的荷载组合;选取验算截面和验算内容;计算各截面的内力,进行配筋和验算。

1. 重力式墩台的验算

1)截面强度验算

重力式墩台主要采用圬工材料建造,一般为偏心受压构件,根据《公路圬工桥涵设计规范》(JTG D61—2005),其设计过程采用以概率理论为基础的极限状态设计方法,采用分项系数的设计表达式进行计算。在不利荷载组合作用下,验算墩台各控制截面作用效应的设计值(内力)应小于或等于结构抗力效应的设计值,以方程表示为:

$$\gamma_0 S \leqslant R(f_d, a_d) \tag{2-7-24}$$

式中:$\gamma_0$——结构重要性系数,根据《公路桥涵设计通用规范》(JTG D60—2015)中 4.1.5 条和《公路圬工桥涵设计规范》(JTG D61—2005)中 4.0.4 条确定取值;

$S$——作用效应组合设计值,按《公路桥涵设计通用规范》(JTG D60—2015)的规定计算;

$R(\cdot)$——构件承载力设计值函数;

$f_d$——材料强度设计值;

$a_d$——几何参数设计值,可采用几何参数标准值 $a_k$,即设计文件规定值。

墩台截面的强度验算包括下列各项内容。

(1)选取验算截面

桥梁墩台强度验算截面,通常选取墩台身的基础顶面与墩台身截面突变处。采用悬臂式墩台帽的墩身,除对墩台帽进行验算外,应对墩台帽交界处墩身截面进行验算。当桥墩、台较高时,由于竖向力及弯矩随着距墩台顶面距离的加大而都在加大,故最危险截面不一定在墩台身底部,需沿墩台身每隔2~3m选取一个验算截面。

(2)验算截面的内力计算

按照各种组合,分别计算各验算截面的竖向力、水平力和弯矩,得到$\sum N$、$\sum H$及$\sum M$,并按下式计算各种组合的竖向力设计值:

$$N_j = \gamma_0 \sum N_d \qquad (2\text{-}7\text{-}25)$$

式中:$N_j$——各种组合中最不利的设计荷载效应(竖向力);

$N_d$——各种组合中按不同荷载算得的竖向力设计值;

其余符号意义同前。

(3)砌体构件受压承载力计算

对砌体(包括砌体与混凝土组合)受压构件,根据《公路圬工桥涵设计规范》(JTG D61—2005),当构件受压偏心距在表2-7-3规定的限值范围内时,其承载力应按下列公式计算:

$$N_j \leqslant \varphi A f_{cd} \qquad (2\text{-}7\text{-}26)$$

式中:$A$——构件截面面积,对于组合截面按强度比换算,即$A = A_0 + \eta_1 A_1 + \eta_2 A_2 + \cdots$,其中$A_0$为标准层截面面积,$A_1$、$A_2$、$\cdots$为其他层截面面积,$\eta_1 = f_{c1d}/f_{c0d}$、$\eta_2 = f_{c2d}/f_{c0d}$、$\cdots$,$f_{c0d}$为标准层轴心抗压强度设计值,$f_{c1d}$、$f_{c2d}$、$\cdots$为其他层的轴心抗压强度设计值;

$f_{cd}$——砌体或混凝土轴心抗压强度设计值,应按《公路圬工桥涵设计规范》(JTG D61—2005)第3.3.2条、第3.3.3条及第3.3.4条的规定采用;对组合截面应采用标准层轴心抗压强度设计值;

$\varphi$——构件轴向力的偏心距$e$和长细比$\beta$对受压构件承载力的影响系数,按下式计算:

$$\varphi = \frac{\varphi_x \varphi_y}{\varphi_x + \varphi_y - \varphi_x \varphi_y} \qquad (2\text{-}7\text{-}27)$$

其中$\varphi_x$、$\varphi_y$分别为$x$方向和$y$方向偏心受压构件承载力影响系数,具体计算可按《公路圬工桥涵设计规范》(JTG D61—2005)第4.0.6条和第4.0.7条计算。通过引入墩台长细比$\beta$的影响,$\varphi$的计算过程反映了偏心受压构件的纵向挠曲对构件承载力的影响,因此无须再特别验算墩台的纵向挠曲稳定性。

受压构件偏心距限值    表2-7-3

| 作用组合 | 偏心距限值$e$ | 作用组合 | 偏心距限值$e$ |
|---|---|---|---|
| 基本组合 | $\leqslant 0.6s$ | 偶然组合 | $\leqslant 0.7s$ |

注:1.混凝土结构单向偏心的受拉一边或双向偏心的各受拉边,当设有不小于截面面积0.05%的纵向钢筋时,表内规定值可增加$0.1s$。

2.表中$s$值为截面或换算截面重心轴至偏心方向截面边缘的距离(图2-7-15)。

(4)混凝土构件受压承载力计算

根据《公路圬工桥涵设计规范》(JTG D61—2005),混凝土偏心受压构件,在表2-7-3规定的受压偏心距限值范围内,当按受压承载力计算时,假定混凝土横截面受压区的法向应力图形为矩形,其应力取混凝土抗压强度设计值。此时,根据截面轴向力作用点与受压区法向应力的合理作用点相重合的原则,即可确定截面受压区面积,分单向偏心受压和双向偏心受压两种情况可分别得到受压承载力公式,具体公式见《公路圬工桥涵设计规范》(JTG D61—2005)第4.0.8条。

(5)截面偏心距验算

桥墩承受偏心受压荷载时,各验算截面在各种组合的偏心距 $e_0$ 均不应超过表2-7-3中的限值。如果超过时,可按下式确定构件承载力:

单向偏心 $\quad \gamma_0 N_d \leqslant \varphi \dfrac{A f_{tmd}}{\dfrac{Ae}{W} - 1}$ (2-7-28)

双向偏心 $\quad \gamma_0 N_d \leqslant \varphi \dfrac{A f_{tmd}}{\dfrac{Ae_x}{W_x} + \dfrac{Ae_y}{W_y} - 1}$ (2-7-29)

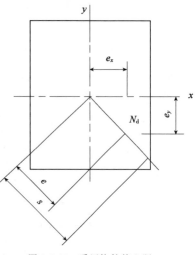

图 2-7-15 受压构件偏心距

式中: $N_d$ ——轴向力设计值;

$A$ ——构件截面面积,对于组合截面应按弹性模量比换算为换算截面面积;

$W$ ——单向偏心时,构件受拉边缘的弹性抵抗矩,对于组合截面应按弹性模量比换算为换算截面弹性抵抗矩;

$W_x$、$W_y$ ——双向偏心时,构件 $x$ 方向受拉边缘绕 $y$ 轴的截面弹性抵抗矩和构件 $y$ 方向受拉边缘绕 $x$ 轴的截面弹性抵抗矩,对于组合截面应按弹性模量比换算为换算截面弹性抵抗矩;

$f_{tmd}$ ——构件受拉边层的弯曲抗拉强度设计值,按《公路圬工桥涵设计规范》(JTG D61—2005)表3.3.2、表3.3.3-4和表3.3.4-3采用;

$e$ ——单向偏心时,轴向力偏心距;

$e_x$、$e_y$ ——双向偏心时,轴向力在 $x$ 方向和 $y$ 方向的偏心距;

$\varphi$ ——砌体偏心受压构件承载力影响系数或混凝土轴心受压构件弯曲系数,分别见《公路圬工桥涵设计规范》(JTG D61—2005)第4.0.6条和第4.0.8条。

2)墩台整体稳定验算

(1)抗倾覆稳定验算

扩大基础的墩台需以最不利组合,并考虑水的浮力验算,墩台的抗倾覆稳定性验算可按下式进行:

$$K_1 = \dfrac{M_{稳}}{M_{倾}} \geqslant K_{01}$$ (2-7-30)

式中:$K_1$ ——抗倾覆稳定安全系数;

$M_{稳}$ ——稳定力矩,如图2-7-16所示,其稳定力矩:$M_{稳} = s \sum P_i$;

$\sum P_i$ ——作用在墩台上的竖向力组合;

$s$ ——墩台基础底面重心至偏心方向外缘(A)的距离;

$M_{倾}$ ——倾覆力矩,当车辆荷载布置在台后破坏棱体时产生的最大倾覆力矩,则 $M_{倾} = \sum P_i e_i + \sum H_i h_i$;

$e_i$ ——各竖向力到底面重心的距离;

$h_i$ ——各水平力到基础底面的力臂;

$H_i$——作用在墩台上的水平力;

$K_{01}$——抗倾覆稳定系数,具体取值见表 2-7-4。

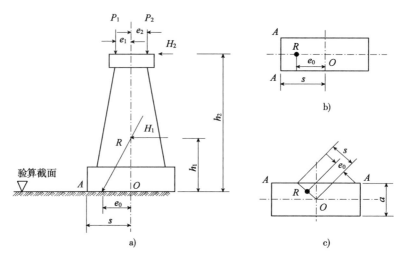

图 2-7-16　重力式桥台的抗倾覆稳定验算

**抗倾覆和抗滑动稳定系数 $K_{01}$、$K_{02}$**　　　　　　表 2-7-4

| 作用组合 | | 验算项目 | 稳定系数值 |
|---|---|---|---|
| 使用阶段 | 永久作用(不计混凝土收缩及徐变、浮力)和汽车、人群的标准效应组合 | 抗倾覆($K_{01}$) | 1.5 |
| | | 抗滑动($K_{02}$) | 1.3 |
| | 各种作用(不包括地震作用)的标准效应组合 | 抗倾覆($K_{01}$) | 1.3 |
| | | 抗滑动($K_{02}$) | 1.2 |
| 施工阶段作用的标准效应组合 | | 抗倾覆($K_{01}$) | 1.2 |
| | | 抗滑动($K_{02}$) | |

桥墩抗倾覆验算时,一般只考虑桥墩在顺桥方向的稳定性。

(2)抗滑移稳定验算

墩、台的抗滑移稳定验算,可按下式进行:

$$K_2 = \frac{\mu \sum P_i + \sum H_{iP}}{\sum H_{ia}} \geqslant K_{02} \qquad (2\text{-}7\text{-}31)$$

式中:$\mu$——基础底面与地基土之间的摩擦系数,通过试验确定;当无实际资料时,参照表2-7-5;

$\sum P_i$——竖向力总和;

$\sum H_{iP}$——抗滑稳定水平力总和;

$\sum H_{ia}$——滑动水平力总和;

$K_{02}$——抗滑移稳定系数,具体取值见表 2-7-4。

**基底摩阻系数 $\mu$**　　　　　　表 2-7-5

| 地基土分类 | $\mu$ | 地基土分类 | $\mu$ |
|---|---|---|---|
| 黏土(流塑～坚硬)、粉土 | 0.25 | 软岩(极软岩～较软岩) | 0.40～0.60 |
| 砂土(粉砂～砾砂) | 0.30～0.40 | 硬岩(较硬岩～坚硬岩) | 0.60～0.70 |
| 碎石土(松散～密实) | 0.40～0.50 | | |

需要注意的是，$\sum H_{iP}$ 和 $\sum H_{ia}$ 分别为两个相对方向的各自水平力总和，其中绝对值较大者为滑动力 $\sum H_{ia}$，较小者为抗滑动稳定力，$\mu \sum P_i$ 为抗滑动稳定力。

在墩台抗倾覆、抗滑移稳定性验算时，应分别按最高设计水位和最低水位的不同浮力进行组合。

值得注意的是，对于斜交角较大的斜桥桥台，其稳定性比正交桥弱。由于土压力作用的方向与桥轴方向不一致，也使斜桥桥台的稳定和强度计算比较复杂，为了简化计算并有足够的安全储备，认为桥台背后与台背垂直方向的土压力沿横桥方向均匀分布。这样，土压力的合力中心与桥轴中心产生偏心，使斜桥桥台可能发生旋转和倾斜，故应予以验算。

3）墩台顶水平位移计算

（1）水平位移的规定

对于高度超过 20m 的重力式墩台及轻型墩台，应验算顶端水平方向的弹性位移，并使其符合规定要求。墩台顶面水平位移的容许极限值为：

$$\Delta_y \leqslant 0.5\sqrt{L} \tag{2-7-32}$$

式中：$L$——相邻墩台间的最小跨径（m），跨径小于 25m 时仍以 25m 计算；

$\Delta_y$——墩台顶水平位移值（mm），它的数值应包括墩台水平方向的弹性位移和由于地基不均匀沉降而产生的水平位移值的总和；地基不均匀沉降所产生的水平位移值，可通过计算不均匀沉降引起的倾斜角求得。

（2）水平弹性位移的计算

计算时可认为墩台身相当于一个固定在基础顶面的悬臂梁，不考虑上部结构对墩、台顶位移的约束作用，而引起水平弹性位移的荷载为制动力、风力及偏心的竖向支反力等。由于将墩台视为固定在基础顶面的悬臂梁，完全忽略了上部结构对墩台顶的约束作用，所以计算结果是偏大的。

重力式墩台帽一般可不进行验算，支座垫石下的局部承压应力与支座计算的有关内容相同。采用悬臂式帽的重力式墩台，悬臂墩台帽需配受力钢筋，悬臂部分按悬臂梁计算。有关施工时的特殊受力，可按实际情况验算。

2. 桩柱式墩台的计算

1）盖梁计算

（1）计算图式

桩柱式墩台通常为钢筋混凝土结构。在构造上，桩柱的钢筋伸入盖梁内，与盖梁的钢筋绑扎成整体，因此盖梁与桩柱刚结呈刚架结构。双柱式墩台，当盖梁与桩柱的线刚度之比大于 5 时，为简化计算可以忽略节点不均衡弯矩的分配及传递，对双柱式墩台盖梁可按简支梁计算，多柱式墩台盖梁可按连续梁计算；当线刚度比小于 5 时，或桥墩承受较大横向力时，盖梁应作为横向刚架的一部分予以验算。盖梁计算跨径与梁高之比 $l/h$，当对简支梁有 $l/h \leqslant 2.0$，对连续梁有 $l/h \leqslant 2.5$ 时，应按深梁计算；当对简支梁有 $2.0 < l/h \leqslant 5.0$，对连续梁 $2.5 < l/h \leqslant 5.0$ 时，应根据《公路钢筋混凝土及预应力混凝土桥涵设计规范》（JTG D62—2004）中第 8.2 节计算；当对简支梁和连续梁有 $l/h > 5.0$ 时，应根据《公路钢筋混凝土及预应力混凝土桥涵设计规范》（JTG D62—2004）中第 5~7 章，按钢筋混凝土一般构件计算。

（2）外力计算

作用在盖梁上的外力主要考虑上部结构恒载支反力、盖梁自重及活载。最不利活载加载，首先可根据所计算盖梁处上部结构支反力影响线确定活载最大支反力，其次是根据盖梁内力影响线决定活载最不利横向布置。对于活载的横向分布计算,当活载对称布置时,采用杠杆法计算;当活载非对称分布时,按刚性横梁法计算。

盖梁在施工过程中,荷载的不对称性很大,各截面将产生较大的内力,因此应根据当时的架桥施工方案,确定最不利荷载工况。构件吊装时,视具体情况,构件重力应乘以动力系数1.2或0.85。

在桥梁纵向上,需计算桥墩所受的水平力,具体需要在作用效应中进行组合的作用包括汽车制动力、温度作用、支座摩阻力和地震作用。

(3)内力计算

公路桥梁桩柱式墩台的盖梁通常采用双悬臂式,计算时控制截面选取在支点和跨中截面。为了得到活载最不利横向布置,可先作出控制截面的内力影响线,活载通过上部结构的支点间接传递至盖梁顶面,然后通过活载横向布置,就能得到活载最不利横向布置系数,并根据最大活载支反力便能获得最不利活载内力。在盖梁内力计算时,可考虑桩柱支承宽度对削减负弯矩尖峰的影响。桥墩台沿纵向的水平力及当盖梁在沿桥纵向设置两排支座时,上部结构活载的偏心力对盖梁将产生扭矩,应予以考虑。

桥台的盖梁计算,一般可不考虑背墙与盖梁的共同受力,此时背墙仅起挡土墙作用。必要时也可考虑背墙与盖梁的共同受力,盖梁按L形截面计算。桥台耳墙视为单悬臂固端梁,水平方向承受土压力及活载水平压力。

(4)配筋验算

盖梁的配筋验算方法与钢筋混凝土梁配筋类同,根据弯矩包络图配置受弯钢筋,根据剪力包络图配置斜筋和箍筋。在配筋时,还应计算各控制截面扭矩所需要的箍筋及纵向钢筋。

2)墩台桩柱的计算

(1)外力计算

桥墩桩柱的恒载有上部结构的恒载反力、盖梁的重量以及桩柱的自重;桩柱承受的活载按设计荷载进行不利加载计算,最后经恒载、活载等组合,可求得最不利的荷载。桥墩的水平力有支座摩阻力和汽车制动力等。

桥台桩柱(包括双片墙式台身)除上述各力之外还有台后土压力、活载引起的水平土压力及溜坡的主动土压力等。土压力的计算宽度及溜坡主动土压力的计算方法见本节前面和《公路桥涵设计通用规范》(JTG D60—2015)、《公路桥涵地基与基础设计规范》(JTG D63—2007)的有关规定。

(2)内力计算

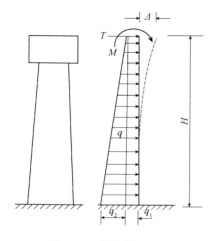

图2-7-17 桥墩弹性水平位移

桩柱式墩台的基础,应按桩基础计算有关内容,如计算桩的内力和桩的承载力等。对于单柱式墩,计算弯矩应考虑纵、横两个方向弯矩的组合:

$$M = \sqrt{M_x^2 + M_y^2}$$

计算墙式台身内力时,应按盖梁底面、墙身中部、墙身底面、承台底面等分别进行内力计算。

(3)配筋验算

在最不利的内力组合之后,按钢筋混凝土偏心受压构件,先配筋再作验算。

3)墩台顶部位移计算

在不考虑桩基变位影响时,等截面桥墩,由于墩顶承受弯矩$M$、水平力$T$及沿墩高梯形分布的水平荷载(图2-7-17)

所引起的墩顶位移可按下式计算：

$$\Delta = \frac{1}{EI}\left(\frac{1}{2}MH^2 + \frac{1}{3}TH^3 + \frac{1}{8}q_1H^4 + \frac{1}{30}q_2H^4\right) \tag{2-7-33}$$

式中：$M$——作用在墩顶的弯矩（MPa）（包括制动力和恒、活载偏心等引起的弯矩）；

$T$——作用在墩顶的水平力（kN）；

$q_1$——由于风力等沿墩高均匀分布的水平外力（kN/m）；

$q_2$——由于风力和其他水平外力沿墩高呈三角形分布的水平荷载（墩顶为零，基础顶面为 $q_2$）（kN/m）；

$I、E$——桥墩截面材料的截面惯性矩（m⁴）、抗压弹性模量（MPa）；

$H$——桥墩高度。

对于变截面桥墩顶水平位移，近似计算公式为：

$$\Delta = \frac{1}{EI}\left[MH^2\left(\frac{1}{2}+\frac{K}{3}\right) + TH^3\left(\frac{1}{3}+\frac{K}{6}\right) + q_1H^4\left(\frac{1}{8}+\frac{K}{24}\right) + q_2H^4\left(\frac{1}{30}+\frac{K}{144}\right)\right] \tag{2-7-34}$$

$$K = \frac{I - I_{\frac{1}{2}}}{I_{\frac{1}{2}}}$$

式中：$I$——桥墩底面截面惯性矩；

$I_{\frac{1}{2}}$——桥墩墩高 1/2 处截面惯性矩；

其余符号意义同式（2-7-33）。

计入桩基变位（水平位移 $\Delta_0$、转角 $\varphi_0$），则桥墩顶总的水平位移为：

$$\Delta_{总} = \Delta_0 + \varphi_0 H + \Delta \tag{2-7-35}$$

3. 柔性墩的计算要点

在采用变形较小的支座时，可将钢筋混凝土柔性排架桩墩、梁和刚性墩台组成的一联或多跨连续桥梁结构简化为铰接框架体系，在纵向水平力作用下，一联的各柔性墩顶具有相同的水平位移。为了简化计算，可把双固定支座布置的柔性墩视为下端固接，上端有水平约束的铰接支承的超静定梁，如图 2-7-18a) 所示。当已知柔性墩的顶端桥跨结构作用的竖向力 $N$ 和墩顶弯矩 $M$，墩顶位移 $\Delta_1$ 可预先求出，将墩顶水平反力作为多余未知力求解，即可计算下端固接点和墩身的弯矩、剪力，根据各墩最不利的组合内力进行桩墩的配筋和验算。

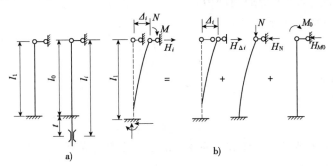

图 2-7-18 柔性墩结构计算图式

1) 基本假定

(1) 在墩顶弯矩不大的前提下，柔性墩顶水平力可采用叠加原理进行计算，计算图式见图 2-7-18b)。其中，第一图式是计算由于水平位移产生的墩顶水平力，产生水平位移的外力包括制动力、梁的温度变化力以及在竖向活载作用下因梁长度变化而产生的水平力等各种组合；第二图式是计算由于墩顶产生了水平位移,在竖向力作用下引起墩内弯矩而产生的水平反力;第三图式为在墩顶弯矩作用下而产生的水平反力。此外,在必要时还应包括墩身受到风力产生的水平反力。在水平力的计算时,梁身混凝土收缩、徐变等次要因素一般可忽略不计。

(2)假定上部结构与桩柱顶不发生相对位移,制动力按各墩抗水平位移的刚度分配。桩柱式柔性墩,墩柱下端固接在基础或承台顶面,其抗水平位移的刚度为(等截面刚度):

$$K_i = \frac{3EI}{l_i^3} = \frac{1}{\delta_i} \tag{2-7-36}$$

式中:$\delta_i$——单位水平力作用在柔性墩顶面时,该处的水平位移;

$l_i$——墩柱下端固接处至墩顶的高度,计算方法见式(2-7-44)说明;

$I$——墩柱横截面对形心轴的惯性矩;

$K_i$——第 $i$ 墩柱抗水平位移的刚度。

当为桩柱式排架墩时:

$$K_i = \frac{1}{\delta_i} \tag{2-7-37}$$

此时,$\delta_i$ 计算应考虑桩侧土的弹性抗力因素,可参照基础计算部分。

(3)计算土压力时,如设有实体刚性墩台,则全部由有关的刚性墩台承受,如均为柔性墩,则岸墩承受的土压力由对岸的土抗力平衡,其余柔性墩不计其影响。

(4)水平力组合时,桩柱顶的制动力、水平土压力(当边排架向河心偏移时)及竖向偏载产生的水平力的代数和不允许大于支座摩阻力。当前三者与温度变化产生水平力的总和大于支座摩阻力时,按摩阻力计算。

2)墩顶水平位移的计算

(1)柔性墩(台)顶制动力及其水平位移计算

墩顶制动力:

$$f_{iz} = \frac{K_i}{\sum K_i} F \tag{2-7-38}$$

式中:$f_{iz}$——作用在第 $i$ 墩(台)顶的制动力;

$K_i$——第 $i$ 墩(台)的抗水平位移刚度;

$F$——全桥(或一联)承受的制动力。

由制动力产生的墩顶水平位移:

$$\Delta_z = \frac{f_{iz}}{K_i} \tag{2-7-39}$$

(2)梁的温度变形

梁的温度变形:

$$\Delta_t = \alpha t \sum L_i \tag{2-7-40}$$

式中:$\alpha$——桥跨结构材料线膨胀或收缩系数,混凝土及钢筋混凝土取用 0.000 01;

$t$——温度升降范围;

$\sum L_i$——所计算的柔性墩,按照支座布置情况应承担温度力的桥跨长度,$L_i$ 为桥梁跨径。

(3)在竖向活载作用下梁长度的变化

当桥跨结构跨径较大时,在竖向活载作用下梁下缘伸长而影响柔性墩的位移 $\Delta_s$ 也应予考虑,此时由梁的挠度 $\delta_s$ 近似得到梁的挠曲半径:

$$R = \frac{L_i^2}{8\delta_s} \tag{2-7-41}$$

然后按梁的挠曲(中心角为 $L_i/R$)可计算梁的下缘伸长值。

计算 $\Delta_s$ 值时，考虑需按几跨梁计算，应根据所计算桥墩在一联中的位置、支座布置情况及验算时活载布置的位置而定。小跨径桥梁的 $\Delta_s$ 可忽略不计。

柔性墩顶发生的水平位移综合为：

$$\Delta_i = \Delta_z + \Delta_t + \Delta_s \tag{2-7-42}$$

3) 墩顶水平力计算

(1) 水平位移产生的水平力[图 2-7-19a]：

$$H_{\Delta i} = \Delta_i K_i \tag{2-7-43a}$$

对于等截面桩墩

$$H_{\Delta i} = \frac{3EI\Delta_i}{l_i^3} \tag{2-7-43b}$$

(2) 由于墩顶产生了水平位移 $\Delta_i$，竖向力 $N$ 将在墩内引起弯矩而在墩顶产生水平反力，见图 2-7-19b)。

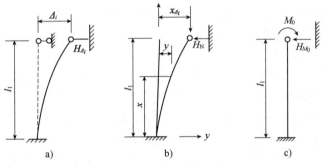

图 2-7-19 墩顶水平力的计算图式

竖向力 $N$ 包括上部结构恒载及活载反力，墩身自重忽略不计，近似取柔性墩身变形曲线为二次抛物线，则：

$$y = \frac{x^2}{l_i^2}\Delta_i \tag{2-7-44}$$

式中：$l_i$——第 $i$ 号桩柱墩高度，$l_i$ 应为地面或冲刷线以上的桩柱长度 $l_0$ 与桩在地基土内的挠曲长度 $t$ 之和，即 $l_i = l_0 + t$；$t$ 的确定应考虑土的侧向抗力作用，此处可近似地根据地基土质取 $2m \sim h_1/2$，$h_1$ 为排架桩的入土深度。

以一跨梁(水平链杆)与柔性墩组成的一个一次超静定结构，取水平链杆轴力为多余未知力，于是：

$$H_N = \frac{-\int_0^{l_1} \frac{1}{EI} N(\Delta_i - y)(l_1 - x)\mathrm{d}x}{\int_0^{l_1} \frac{1}{EI}(l_1 - x)^2 \mathrm{d}x} = \frac{-\frac{5}{12}\frac{1}{EI}N\Delta_i l_i^2}{\frac{1}{3EI}l_i^3}$$

即

$$H_N = -\frac{5}{4}\frac{N\Delta_i}{l_i} \tag{2-7-45}$$

(3) 由于墩顶弯矩而产生的水平反力[图 2-7-19c]：

$$H_{M_0} = -\frac{1.5 M_0}{l_i} \tag{2-7-46}$$

作用在一个墩顶的各项水平力经计算后,可进行最不利荷载组合,平均分配给墩中各桩柱顶,桩柱按顶端作用的水平力、竖向力和弯矩验算各截面强度和稳定性。排架桩应考虑桩侧土的弹性抗力,按桩基础的弹性地基梁法进行内力计算和截面强度、稳定、承载能力等验算。

柔性排架桩墩在横桥向是一个多跨刚架,但因横桥向水平荷载不大,一般不控制设计。

4. 空心墩的计算特点

空心墩是空间板壳结构,受力与实体墩有所不同。因此,除一般重力墩的计算内容外,还要对一些特别项目进行验算。

1) 空心墩的强度和稳定验算

在强度验算中,按钢筋混凝土偏心受压构件验算混凝土、钢筋的强度及整体稳定性。此外,还应考虑在温度变化时,墩壁内、外温差和太阳直接辐射作用下的温度应力,以及空心墩与顶帽及基础连接处由于边界干扰而产生的局部应力。此局部应力包括局部的纵向(墩轴方向)应力和环向应力,可用薄壳公式计算。

2) 墩顶位移计算

在验算墩顶位移时,应计入温差产生的位移值。空心墩墩顶位移,应包括由于外力如离心力、制动力、偏心作用的竖向力等引起的水平位移;日照作用下,由于向阳面与背阳面温差引起的位移和由于地基不均匀沉降产生的墩顶位移。

3) 墩壁局部稳定验算

空心墩的局部稳定与桥墩壁厚及其是否设置横隔板有关。对圆柱形、圆锥形和矩形空心墩混凝土的模型试验和理论分析的结果说明:空心墩的局部稳定可按板壳空间结构模型进行分析,而且局部失稳均在弹塑性范围内发生。同时,又根据薄板、薄壳稳定理论,圆柱和矩形薄板在偏心受压、横弯和纯弯荷载作用下,局部失稳时的临界应力均比中心受压的临界应力稍高。因此,可以近似地取中心受压的弹塑性临界应力。理论分析和试验结果表明:为保证墩壁的局部稳定,最小壁厚应满足:对圆形墩 $t \geqslant (1/15 \sim 1/10)R$($R$ 为圆形墩的中面半径);矩形墩 $t \geqslant (1/15 \sim 1/10)b$($b$ 为矩形墩的长边宽度)。

4) 温度应力计算

日照作用下,钢筋混凝土桥墩向阳壁的表面温度因太阳光辐射而急剧升高,背阳面温度随着气温变化而缓慢变化,两者间产生较大的温差;当向阳壁表面温度达到最高温度时,由于钢筋混凝土热传导性能很差,形成箱形桥墩内外壁表面温差;在北方地区的骤然降温等情况下,在桥墩中将因温度变化产生相当大的温度应力,在某种情况下,可与恒、活载产生的应力属同一数量级。为此,对空心墩须进行温度应力的计算,温度沿截面的分布以向阳面为基线,随距离的增大而迅速减小,并按指数函数规律变化。计算中还需考虑桥墩受上部结构及基础的约束作用。

5) 空心墩帽计算

空心墩帽是周边支承的厚板,除满足构造要求外,还应通过计算确定墩帽高度。如果墩帽的刚度不够,它的弯曲变形将会对空心墩壁产生附加弯矩,并使空心墩颈口处压弯破坏。因此,一般应从刚度来确定墩帽高度。

6) 考虑振动,验算墩身的自振周期

空心高墩应特别注意风力和地震力的作用,应考虑风振的影响计算其自振周期,空心高墩自振周期的计算方法,可参考《结构力学》有关部分,把高墩视为悬臂梁来考虑。

# 第八章 斜弯桥计算简介

随着交通运输事业的发展,尤其是高速公路、城市立交和高架道路的日益增多,斜桥和弯桥得到了越来越广泛的应用。但是,斜弯桥的设计计算比直线正桥复杂,其计算方法也有待于进一步的研究。

## 第一节 整体斜板桥的受力特点和构造

整体斜板桥是小跨径斜桥常用的结构形式,它的模板简单,建筑高度小,力的传递路线也较短。弹性斜交板分析理论比正交板理论复杂得多,用它来计算在实际使用荷载作用下斜板桥的内力和变形是不方便的。迄今为止,国内外许多学者曾对斜板从不同的观点出发做过理论和实验研究,提出了一些实用计算方法。特别是计算机技术的发展,已经提供了大量的用以计算斜板的辅助手段和方法,例如计算影响面的有限元程序和影响面加载程序等。对于从事设计和施工的工程技术人员,为了正确运用这些实用方法进行计算和配筋,必须在参考和分析研究成果的基础上,正确理解和把握斜板在荷载作用下的实际工作性能。

### 一、影响斜板桥受力的因素

1. 斜交角 $\varphi$

斜交角有两种表示:一种是桥梁轴线与支承边垂线的夹角 $\varphi$(图 2-8-1),另一种是桥梁轴线和支承线的夹角。前者越大,表示斜交的程度越大,后者则相反。

斜交角大小直接关系到斜桥的受力特性,$\varphi$ 越大,斜桥的特点越明显。经过分析研究,我国《公路钢筋混凝土及预应力混凝土桥涵设计规范》(JTG D62—2004)规定:当 $\varphi \leqslant 15°$ 时,可以按正交桥进行计算,计算跨径为:当 $l_\varphi/b \leqslant 1.3$ 时,按两支承轴线间垂直距离的正跨径计算;当 $l_\varphi/b > 1.3$ 时,按顺桥向纵轴线的斜跨径计算。

2. 宽跨比 $b/l$

设 $b$ 为垂直桥轴线方向的桥宽,$l$ 为垂直于支承线的跨径。宽跨比越大,斜板相对宽度越大,斜桥的特点越明显;宽跨比较小的斜桥,其跨中受力行为接近于正桥,只是在支承线附近断面才显示出斜桥的特性。

3. 支承形式

支座个数的多少,支承形式的变化,包括横桥向是否可以转动或移动、是否采用弹性支承,对斜板的内力分布有明显的影响。

### 二、斜板桥的受力特点

(1)简支斜板的纵向主弯矩比跨径为斜跨长 $l_\varphi$(图 2-8-1)、宽度为 $b$ 的矩形板要小,并随斜交角 $\varphi$ 的增大而减小。图 2-8-2 显示了简支斜板在均布荷载作用下的弯矩与矩形板的弯矩的比值随 $\varphi$ 的变化规律。

(2)斜板的荷载,一般有向支承边的最短距离传递分配的趋势。宽跨比较小的情况下,主弯矩方向朝支承边的垂直方向偏转;宽跨比较大的情况下,板中央的主弯矩几乎垂直于支承边,边缘的主弯矩平行于自由边(图 2-8-3)。

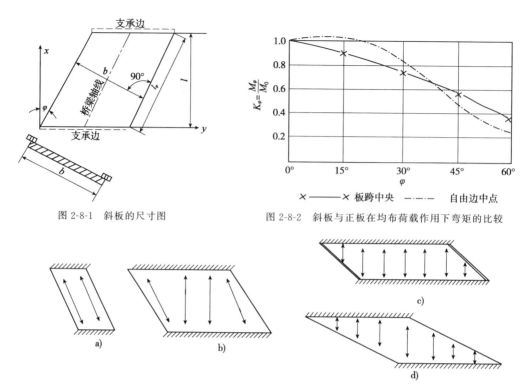

图 2-8-1 斜板的尺寸图

图 2-8-2 斜板与正板在均布荷载作用下弯矩的比较

图 2-8-3 斜板中的主弯矩方向

(3)纵向最大弯矩的位置,随 $\varphi$ 角的增大从跨中向钝角部位移动。图 2-8-4 中板面上的实线表示 $\varphi=50°$ 时的最大弯矩位置,图中还示意出 $\varphi$ 为 30° 和 70° 时的相应位置。

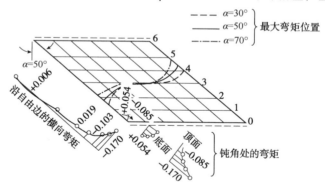

图 2-8-4 均布荷载下最大弯矩位置的变动和钝角处弯矩分布

(4)斜板中除了斜跨径方向的主弯矩外,在钝角部位的角平分线垂直方向上,将产生接近于跨中弯矩值的相当大的负弯矩(图 2-8-4),且其值随 $\varphi$ 的增大而增加,但分布范围较小,并迅速削减。

(5)斜板的最大纵向弯矩虽比相应的正板小,可是横向弯矩却比正板大得多,尤其是跨中部分的横向弯矩。横向弯矩的增加量大致上可以认为等于纵向弯矩的减少量。

(6)斜板在支承边上的反力很不均匀。钝角角隅处的反力可能比正板大数倍,而锐角处的反力却有所减小,甚至出现负反力。对于正板,支座的个数越多,每个支座分得的反力就越小;但对于斜板,支座的个数越多,反力却越集中于钝角。根据理论和实验研究发现,采用弹性支承可以使斜板的支承反力分布趋于均匀,且钝角上缘的负弯矩也有所减少。

(7)斜板的受力行为可以用图 2-8-5 所示的以 $ABCD$ 为支点的 Z 字形连续梁来比拟:跨中

点 $E$ 处的弯矩,大致在 $BC$ 方向上最大;在钝角点 $B$ 和 $C$ 处产生较大的负弯矩和支点反力;在锐角点 $A$ 和 $D$ 处产生相当于连续梁边支承处的较小的反力;在支承线 $AB$ 和 $CD$ 上增加支座,对支承边的横向弯矩有较大影响,而对跨中点 $E$ 处的弯矩影响不大。

(8)斜板的扭矩分布很复杂,板边存在较大的扭矩,抗扭刚度对扭矩的影响与正桥有很大区别。图 2-8-6 为均布荷载作用于 $\varphi = 45°$ 的斜板上时的扭矩图。

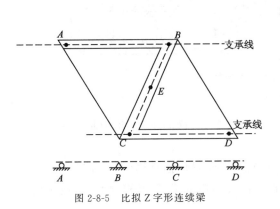
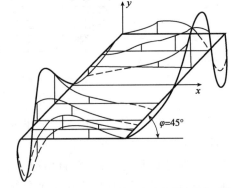

图 2-8-5 比拟 Z 字形连续梁　　图 2-8-6 斜交角为 45°的简支斜板在满布均布荷载下的扭矩图

### 三、斜板桥的钢筋布置及构造特点

熟悉了斜板的受力性能后,就不难配置斜板桥的钢筋。

当 $l_\varphi \leqslant 1.3b$ 时,桥梁宽度较大。纵向钢筋,板中央垂直于支承边布置,边缘平行于自由边布置;横向钢筋平行于支承边布置。常见的钢筋布置方式有两种:一种是渐变布置,见图 2-8-7a),另一种是重叠布置,见图 2-8-7b)。斜交角较小时($\varphi < 30°$),纵向钢筋可以完全平行于自由边布置,见图 2-8-7c),斜交角较大时($\varphi > 30°$),可以完全垂直于支承边布置,见图 2-8-7d)。

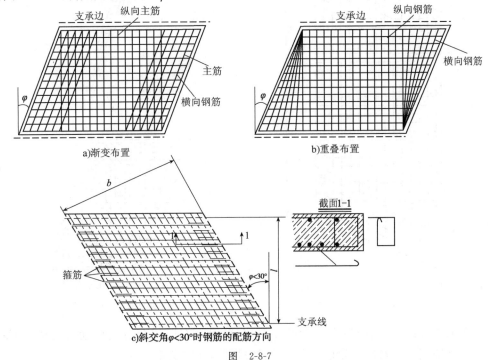

图 2-8-7

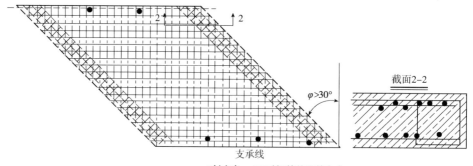

d)斜交角$\varphi>30°$时钢筋的配筋方向

图 2-8-7 斜板桥的钢筋布置

当$l_\varphi>1.3b$时,为窄斜板桥。纵向钢筋平行于自由边布置;横向钢筋,跨中垂直于自由边布置,两端平行于支承边布置,如图 2-8-8 所示。

为抵抗自由边的扭矩,可在距自由边 1 倍板厚的范围内设置加强箍筋(图 2-8-7)。

在钝角顶面$l_\varphi/5$范围内,应在角平分线的垂直方向设置抵抗负弯矩的钢筋,单位宽度内钢筋数量$A_{g1}$可按下式计算:

$$A_{g1} = KA_g \tag{2-8-1}$$

式中:$A_g$——每米桥宽的主钢筋数量;

$K$——与$\varphi$有关的系数,按表 2-8-1 取值。

为承担很大的支反力,应在钝角底面平行于角平分线方向上设置附加钢筋(图 2-8-9)。

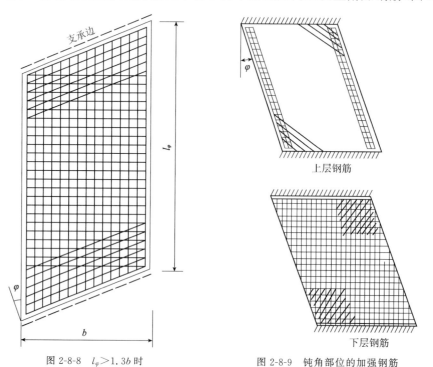

图 2-8-8 $l_\varphi>1.3b$时

图 2-8-9 钝角部位的加强钢筋

最后必须注意的是:斜板桥在运营过程中,在平面内有向锐角方向转动的趋势,如果板的支座没有充分锚固住,应加强锐角处桥台顶部的耳墙,使它免遭挤裂。

| 与 $\varphi$ 有关的 $K$ 值 | | | 表 2-8-1 |
|---|---|---|---|
| $\varphi$ | $K$ | $\varphi$ | $K$ |
| 0°~15° | 0.6 | 30°~45° | 1.0 |
| 15°~30° | 0.8 | | |

## 第二节 整体式斜板桥的设计计算

目前，整体式斜板的计算方法基本上是根据对各向同性斜板的分析而获得的。用于求解斜交板的挠曲微分方程的边界条件和支承条件相当复杂，方程的求解多用差分法。理论上，采用有限元法可以计算任意形状的斜板。国内外很多学者利用差分法、有限元法和模型试验对斜板进行了大量的分析，提供了多种实用计算方法和相应的数表，使工程设计计算大大简化，同时又具有一定的精度。本节简单介绍一些国内外简支斜板桥的实用计算方法。

利用平面梁格模拟斜板，使有限元程序的计算工作量减小很多，是目前斜弯桥设计中常用的电算方法。但是，到现在为止，斜桥计算程序还不是很完善。如何正确使用梁格程序，参见第五节"平面弯桥的设计计算"。

### 一、均布荷载作用下的内力

这里介绍尼尔森(Nielsen)提出的计算均布荷载作用下斜板主弯矩的近似方法。对于图 2-8-10 所示的斜板桥，根据斜板差分法分析结果，两个正交方向上单位板宽上的主弯矩 $M_1$ 和 $M_2$ 可按下式计算：

$$M_1 = K_1 q l^2 \tag{2-8-2}$$
$$M_2 = K_2 q l^2 \tag{2-8-3}$$

式中：$q$——斜板在单位面积上的荷载集度；

$l$——斜板的斜跨径长度；

$K_1$、$K_2$——$M_1$、$M_2$ 方向的弯矩系数，由斜交角 $\varphi$ 和 $b/l$ 查表 2-8-2 计算。

主弯矩 $M_1$ 的方向角 $\gamma$ 随斜交角 $\varphi$ 的变化而异，它可以从图 2-8-11 中相应的图表查得。钝角部分的 $M_1$，其方向用 $\gamma = 90° - \dfrac{\varphi}{2}$ 来表示。

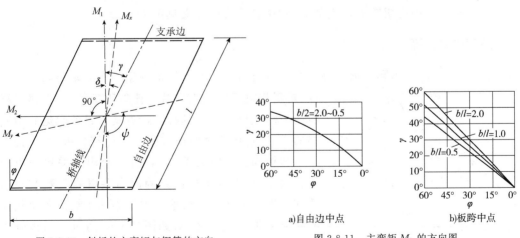

图 2-8-10 斜板的主弯矩与钢筋的方向
$M_1$、$M_2$-主弯矩方向；$M_x$、$M_y$-钢筋方向

图 2-8-11 主弯矩 $M_1$ 的方向图
a)自由边中点  b)板跨中点

$M_1$、$M_2$ 方向的弯矩系数值　　　　　表 2-8-2

| 位置 | $b/l$ | 弯矩系数 | 斜交角 $\varphi$ | | | | |
|---|---|---|---|---|---|---|---|
| | | | 0° | 15° | 30° | 45° | 60° |
| 板跨中央 | 0.5 | $K_1$ | 0.125 | 0.118 | 0.096 | 0.068 | 0.040 |
| | | $K_2$ | 0 | −0.003 | −0.011 | −0.015 | −0.009 |
| | 1.0 | $K_1$ | 0.125 | 0.118 | 0.095 | 0.067 | 0.039 |
| | | $K_2$ | 0 | −0.002 | −0.004 | −0.006 | −0.003 |
| | 2.0 | $K_1$ | 0.125 | 0.117 | 0.094 | 0.065 | 0.036 |
| | | $K_2$ | 0 | 0 | −0.001 | −0.001 | −0.001 |
| 自由边中央 | 0.5～2.0 | $K_1$ | 0.125 | 0.118 | 0.095 | 0.067 | 0.035 |
| | | $K_2$ | 0 | −0.006 | −0.018 | −0.024 | −0.019 |
| 钝角部分 | 0.5 | $K_1$ | 0.016 | 0.029 | 0.034 | 0.028 | 0.018 |
| | | $K_2$ | −0.016 | −0.049 | −0.101 | −0.159 | −0.249 |
| | 1.0 | $K_1$ | 0.031 | 0.040 | 0.040 | 0.031 | 0.019 |
| | | $K_2$ | −0.031 | −0.067 | −0.120 | −0.173 | −0.250 |
| | 2.0 | $K_1$ | 0.063 | 0.063 | 0.053 | 0.038 | 0.021 |
| | | $K_2$ | −0.063 | −0.105 | −0.160 | −0.214 | −0.268 |

在钢筋混凝土板中，最好使钢筋方向与主弯矩方向相一致；否则，须按下式求出钢筋方向的弯矩 $M_x$ 和 $M_y$，并用此弯矩进行设计。

$$M_x = \frac{1}{\sin\psi}\{M_1\cos\delta\sin(\psi-\delta) + M_2\cos^2(\psi-\delta) + [M_1\sin\delta\cos\delta - M_2\cos\delta\cos(\psi-\delta)]\}$$

(2-8-4a)

$$M_y = \frac{1}{\sin\psi}\{M_1\sin^2\delta + M_2\cos\delta\sin(\psi-\delta) + [M_1\sin\delta\sin(\psi-\delta) - M_2\sin(\psi-\delta)\cos(\psi-\delta)]\}$$

(2-8-4b)

当 $\psi = 90°$，即将纵横向钢筋配置成直角时：

$$M_x = M_1\cos^2\delta + M_2\sin^2\delta + (M_1 - M_2)\sin\delta\cos\delta \quad (2\text{-}8\text{-}5\text{a})$$

$$M_y = M_1\sin^2\delta + M_2\cos^2\delta + (M_1 - M_2)\sin\delta\cos\delta \quad (2\text{-}8\text{-}5\text{b})$$

上式中，括号内项为扭矩的影响部分，式中各符号的意义见图 2-8-10。

## 二、活载内力计算

活载内力计算可以用影响面加载的方法进行，但是，由于规范规定的车列轴重布置的复杂性，对斜桥进行影响面加载是比较困难的，探索斜板桥活载内力简化计算方法具有实际意义。目前常见的做法较多的是：通过模型试验或有限元法计算分析，寻找关键截面上斜板和正板内力差别的规律，求出有关斜交角的修正系数，然后把按正板计算的内力乘以修正系数得到斜桥的内力。下面介绍根据我国公路—Ⅰ级汽车荷载编制的简支斜板计算表格，对如图 2-8-12 所示的斜板桥计算步骤如下：

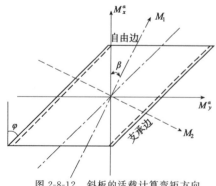

图 2-8-12　斜板的活载计算弯矩方向

（1）以斜跨长作为正桥跨径进行板的内力分析，求出

跨中弯矩的最大值 $M_y^0$。

(2) 根据斜交角 $\varphi$ 与活载类型从表 2-8-3 中查出内力折减系数 $K_y$、$K_x$ 及 $K_{xy}$，并按下式计算斜板板跨中央和自由边中点的斜向弯矩 $M_y^\alpha$、$M_x^\alpha$ 及 $M_{xy}^\alpha$。

$$M_y^\alpha = K_y \times M_y^0 \quad (2\text{-}8\text{-}6)$$

$$M_x^\alpha = K_x \times M_y^0 \quad (2\text{-}8\text{-}7)$$

$$M_{xy}^\alpha = K_{xy} \times M_y^0 \quad (2\text{-}8\text{-}8)$$

(3) 斜板主弯矩可由斜弯矩、横向弯矩及扭矩合成而得：

$$M_{1,2} = \frac{M_x^\alpha + M_y^\alpha}{2} \pm \sqrt{\left(\frac{M_x^\alpha - M_y^\alpha}{2}\right)^2 + (M_{xy}^\alpha)^2} \quad (2\text{-}8\text{-}9)$$

主弯矩的方向角由下式确定：

$$\tan 2\beta = \frac{-2M_{xy}^\alpha}{M_x^\alpha - M_y^\alpha} \quad (2\text{-}8\text{-}10)$$

(4) 求得主弯矩后可按式 (2-8-4) 或式 (2-8-5) 计算钢筋方向的弯矩，以便和恒载叠加后进行配筋设计。

**基于公路—Ⅰ级汽车荷载的斜板桥实用计算表格**　　　　表 2-8-3

| 位置 | 自由边中点 | | | 板跨中央 | | |
|---|---|---|---|---|---|---|
| 角度 | $K_y$ | $K_x$ | $K_{xy}$ | $K_y$ | $K_x$ | $K_{xy}$ |
| 0° | 1.014 | 0.027 | 0.065 | 1.000 | 0.430 | 0.025 |
| 15° | 0.961 | 0.018 | 0.140 | 0.966 | 0.441 | 0.040 |
| 20° | 0.920 | 0.027 | 0.184 | 0.937 | 0.439 | 0.040 |
| 30° | 0.805 | 0.057 | 0.251 | 0.859 | 0.432 | 0.039 |
| 40° | 0.652 | 0.097 | 0.280 | 0.756 | 0.422 | 0.032 |
| 45° | 0.564 | 0.118 | 0.276 | 0.697 | 0.410 | 0.027 |
| 50° | 0.470 | 0.133 | 0.259 | 0.635 | 0.392 | 0.021 |
| 60° | 0.287 | 0.143 | 0.193 | 0.501 | 0.328 | 0.012 |

# 第三节　斜梁桥的受力特点与实用计算方法

这里，斜梁桥指由多根纵梁及横梁组成的斜格子梁桥，横梁与纵梁可以斜交，也可以正交（图 2-8-13）。

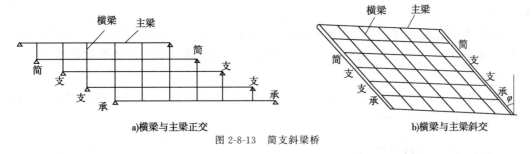

a) 横梁与主梁正交　　　　b) 横梁与主梁斜交

图 2-8-13　简支斜梁桥

## 一、斜梁桥的受力特点

对于由纵梁与横梁组成的斜梁桥，虽然形成格子形的离散结构，但是在梁距不很大，且设

一定数量衡量的情况下,斜梁桥仍然显示出与斜板类似的受力特点,主要表现为:

(1)随着斜交角的增大,斜梁桥的纵梁弯矩减小,而横梁的弯矩则增大;弯矩的减少,边梁比中梁明显,在均布荷载作用下比在集中荷载作用下明显。

(2)正交横梁斜梁桥的横向分布性能比斜交横梁斜梁桥好,并且横向刚度越大,横向分布性能越好。

(3)在对称荷载作用下,同一根主梁上的弯矩不对称,弯矩峰值向钝角方向靠拢,边梁尤其明显。

(4)横梁和桥面的刚度越大,斜交的影响就越大,斜桥的特征就越明显。

### 二、斜梁桥计算方法综述

和斜板桥一样,斜梁桥的精确计算也是比较复杂的。到目前为止,仍没有一个可供实用计算的比较合宜的简化方法。利用电子计算机,采用梁格法或其他有限元法可以模拟计算任意形状的斜梁桥,该方法成功应用的关键是如何正确划分单元和计算梁格的截面特性(参见第五节"平面弯桥的设计计算"),目前的主要困难是如何计算活载最不利内力。但是,对桥梁设计师或桥梁工程师来讲,还是希望有一个行之有效的实用方法进行估算,并用以判断电算结果的正确性。

像正交桥那样,采用单梁计算主梁内力,然后通过横向分布系数考虑活载的偏载作用,仍然是思路简单、清晰的方法之一。但是,必须指出的是,斜梁桥很难满足影响面纵横向各截面分别相似的要求,因此,该方法的近似比正交大。和正交梁桥一样,斜梁桥的横向分布计算理论也可分为板理论和梁理论。

仿照正桥的正交异性板法来分析斜梁桥的横向分配有一定的困难,因为各向异性斜板的挠曲微分方程目前尚无解析解,在试验基础上推导出的理论公式,也未达到实用阶段。目前的做法是:利用差分法求解各向异性斜板,或通过模型试验求得斜板的影响面,然后把斜板与正板进行比较,将正桥的"G-M"法成果加以修正后在斜桥上应用。该方法的计算思路及相应的数表见附录Ⅲ。

国内学者通过有限元法对正交和斜交铰接板在活载作用下的反应进行了分析对比,提出了横向铰接斜梁(板)桥的实用计算方法,并编制了数表。

梁理论或称梁排(梁筏)理论,主要还是根据 Leonhardt-Homberg 的研究成果加以推广,但要进一步考虑梁的抗扭刚度。然而,计算有扭的梁排仍是相当复杂的,要能付之运用,还需要做不少工作。

国内学者经过理论推导,将正桥横向分布的刚性横梁法和刚接梁法移植到了斜梁桥上。刚性横梁法的推导过程类似于平面弯桥的刚性横梁法,可参照本章第五节的有关内容。

在本节中拟简单地介绍斜交铰接斜板法和斜梁格法,作为对斜梁桥计算的概念性叙述,进一步的内容可参阅有关文献。

### 三、按结构力学方法求解单斜梁

按杆系结构力学方法,把斜梁桥模拟成如图 2-8-14 所示具有斜向支承的单斜梁,计算斜桥的内力及应力,计算简单明了,也能粗略地反映斜桥的受力特性。但是,该方法较难反映斜桥横向的受力性能及支承附近截面的受力性能。

1. 简支斜梁

图 2-8-14 所示的简支单斜梁，由于支承斜角的影响，具有弯扭耦合的特性，因此是超静定结构，需要通过力法或位移法来求解。在集中力 $P$ 和集中扭矩 $T$ 作用下，截面 $x_Z$ 的内力如下。

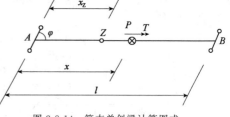

图 2-8-14　简支单斜梁计算图式

$0 \leqslant x_Z \leqslant x$ 时：

$$\left.\begin{aligned}Q_x &= P\frac{l-x}{l} - \frac{T}{l} \cdot \cot\varphi \\ T_x &= -P\frac{l-x}{l}D \cdot x \cdot \tan\varphi + T\left[1 - D\left(1 + \frac{2kx}{l} \cdot \tan^2\varphi\right)\right] \\ M_x &= P\frac{l-x}{l}(x_Z - Dx) + \frac{T}{l}[l - x_Z - D(l + 2kx \cdot \tan^2\varphi)] \cdot \cot\varphi\end{aligned}\right\} \quad (2\text{-}8\text{-}11\text{a})$$

$x \leqslant x_Z \leqslant l$ 时：

$$\left.\begin{aligned}Q_x &= -P\frac{x}{l} - \frac{T}{l} \cdot \cot\varphi \\ T_x &= -P\frac{l-x}{l}D \cdot x \cdot \tan\varphi - TD\left(1 + \frac{2kx}{l}\tan^2\varphi\right) \\ M_x &= P\frac{x}{l}[l - x_Z - D(l-x)] + \frac{T}{l}[l - x_Z - D(l + 2kx \cdot \tan^2\varphi)]\cot\varphi\end{aligned}\right\} \quad (2\text{-}8\text{-}11\text{b})$$

$$D = \frac{1}{2(1 + k \cdot \tan^2\varphi)} \quad (2\text{-}8\text{-}12)$$

$$k = \frac{EI}{GI_d}$$

式中：$E$、$G$——弹性模量和剪切弹性模量；
$I$、$I_d$——抗弯惯性矩和抗扭惯性矩。

2. 内力影响线

在上述公式中，令集中荷载 $P=1$，并沿梁纵向移动，即可得到斜梁的内力影响线。从剪力公式可以看出，单斜梁的剪力影响线与正交支承梁相同。图 2-8-15 中显示了跨径为 20m 的单斜梁跨中截面的弯矩和扭矩影响线。从图中可以看出：

(1) 弯矩影响线值随斜角 $\varphi$ 的减小（斜交程度增大）而减小，并随 $k$ 的减小而减小。

(2) 扭矩影响线值随斜角 $\varphi$ 的减小（斜交程度增大）而增大，并随 $k$ 的增大而减小。

3. 连续单斜梁

常见的连续单斜梁有两种形式：全抗扭支承和中间点铰支承，见图 2-8-16a) 和 c)。

对于前者，可以将中间支点截开，取截面扭矩为赘余力，以多个简支斜梁为基本体系，采用力法来求解，见图 2-8-16b)。

对于后者，可以以中间支点的竖向反力为赘余力，用以连续梁跨径之和为跨径的简支斜梁为基本体系来求解，见图 2-8-16d)。

经比较，两者在竖向荷载作用下剪力和弯矩相差不大，由于采用中间点铰支承时抗扭跨径大,所以扭矩比全抗扭支承大。在扭矩荷载作用下,采用中间点铰支承,各项内力均比全抗扭支承大得多。

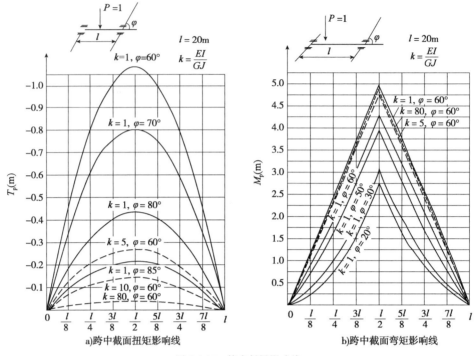

图 2-8-15 简支斜梁影响线

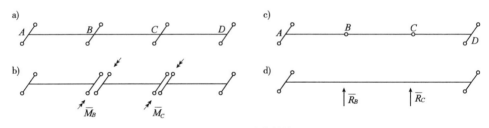

图 2-8-16 连续斜梁

## 四、横向铰接斜梁(板)桥的实用计算法

梁系理论中的铰接板理论计算横向分布系数概念清晰、计算简单,在正交铰接板简支梁桥中已经被成功地应用[32]。因为斜交铰接板不满足荷载比、挠度比及内力比均相等的条件,所以直接将铰接板法应用在斜向铰接板中有一定困难。国内学者用有限元法对不同斜交角的横向铰接斜板桥进行了计算分析后发现,铰接斜板的弯矩无论在车列荷载还是在单位集中荷载作用下,均随斜交角的增大而减小;而主梁的剪力,无论在支点截面还是在跨中截面,均随斜交角的增大而增大。

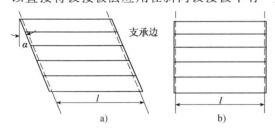

图 2-8-17 斜交与正交铰接板

通过斜交铰接板和正交铰接板(图 2-8-17)在车列最不利荷载作用下的弯矩对比,可以拟合

出斜角折减系数：

$$k_\alpha = \frac{M_i^\alpha}{M_i^0} \tag{2-8-13}$$

式中：$M_i^\alpha$——斜桥中第 $i$ 号梁的设计弯矩；

$M_i^0$——相应正桥中第 $i$ 号梁的设计弯矩。

如果采用设计弯矩进行对比，由于车列位置的影响，较难进行折减参数 $k_\alpha$ 的拟合。通过分析发现，实际车列中，除作用在计算截面的重轮外，其他位置处的车轮折减系数更小。因此，采用单个集中荷载的斜交折减系数来代替实际车列荷载的折减系数，会使计算结果偏大，但这对于设计是偏安全的。这样，$k_\alpha$ 将只与斜交角 $\varphi$、主梁片数、梁位及弯扭参数 $\gamma$ 有关。

$$\gamma = 5.8 \times \frac{I}{J} \times \left(\frac{b}{l}\right)^2 \tag{2-8-14}$$

式中：$l$——梁的斜向计算跨径；

$b$——一片梁的宽度；

$I$——一片梁的竖向抗弯惯性矩；

$J$——一片梁的抗扭惯性矩。

折减系数 $k_\alpha$ 已列在《横向铰接斜梁（板）桥的实用计算法》一书中。斜铰接板桥的具体计算步骤如下。

1. 弯矩计算

(1) 先不计斜角，应用铰接梁法，计算对应正桥的设计弯矩 $M_i^0$。

(2) 考虑斜角的影响，查相应梁数、相应弯扭参数 $\gamma$、相应梁号、相应斜交角的折减系数 $k_\alpha$。

(3) 斜桥中的跨中设计弯矩 $M_i^\alpha = k_\alpha M_i^0$。

2. 支点剪力的计算——混合横向分配影响线法

(1) 先不计斜角，按铰接梁法计算对应正桥的横向分布影响线[图 2-8-18b)]。

(2) 将上述影响线在计算梁位处的纵标值，按杠杆原理进行修正，得到支点断面混合横向分配影响线[图 2-8-18c)]。

(3) 分别对(1)、(2)步所得横向影响线进行加载，得到跨中和支点断面的横向分布系数 $m_中$ 和 $m_支$，按图 2-8-18d)中的距离确定横向分布系数的过度值。

(4) 按与正桥相同的方法，在乘以横向分布系数后的剪力影响线上加载，计算支点截面的剪力。

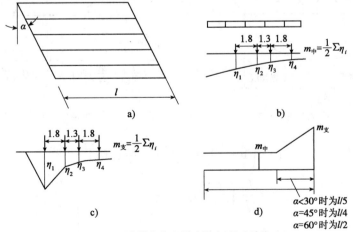

图 2-8-18 混合横向分配影响线法（尺寸单位：m）

## 3. 跨中剪力计算

经计算分析，随斜角增大，跨中截面剪力有所增大，但是一般并不控制设计。因此，可以近似地按正桥计算后，乘以系数：

$$\psi = 1 + \frac{\varphi}{60°} \qquad (2\text{-}8\text{-}15)$$

## 4. 设计计算时的其他要点

(1) 斜梁中最大弯矩向钝角方向偏移，而配筋通常仍然是对称的，为了考虑峰值弯矩的偏离，可以偏安全地在跨中梁两侧各 $l/8$ 范围内均按最大弯矩考虑（图 2-8-19）。

(2) 对于小跨径斜桥，其他截面弯矩仍可按二次抛物线内插；对于重要桥梁，还需作进一步的分析。

(3) 剪力包络图可近似地采取支点值与跨中值的直线连接图形。

经过分析，本方法的计算结果，比按斜桥实际车列荷载的精确分析结果偏大约 15%。

### 五、斜梁格法

梁格法将桥面比拟成由纵梁与横梁组成的梁格。Leonhardt-Homberg 梁格法的基本思路是，在并列斜交主梁中间插入一根与主梁垂直的分配横梁，将此作为梁排来求出荷载分配系数 $k_{ik}$，再由 $k_{ik}$ 算出截面的内力。这是不考虑主梁抗扭刚度的刚性横梁法的更为普遍的情况。

#### 1. 横向分配系数的计算公式

主梁间距相等，在中梁的中点设置一根横梁，忽略各梁的抗扭刚度，此时的荷载分配系数为：

(1) 三根主梁时，计算图式如图 2-8-20 所示。

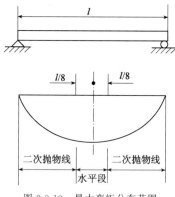

图 2-8-19 最大弯矩分布范围

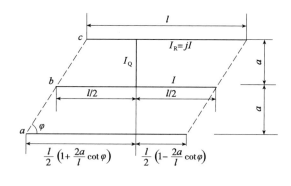

图 2-8-20 三根主梁的计算图式

$$\left. \begin{aligned} &\alpha = \left(1 + \frac{2a}{l}\cot\varphi\right)^2 \left(1 - \frac{2a}{l}\cot\varphi\right)^2 \\ &Z = \frac{I_Q}{I}\left(\frac{l}{2a}\right)^3, \quad j = \frac{I_R}{I} \\ &N_1 = (\alpha + 2j)Z + 2j \end{aligned} \right\} \qquad (2\text{-}8\text{-}16)$$

$$\left.\begin{aligned}k_{aa} &= \frac{j+jZ}{N_1} + \frac{1}{2}, k_{ba} = \frac{\alpha Z}{N_1} = k_{bc} \\ k_{ca} &= \frac{j+jZ}{N_1} - \frac{1}{2} = k_{ac} \\ k_{bb} &= \frac{2j+\alpha Z}{N_1}, k_{ab} = \frac{jZ}{N_1} = k_{cb}\end{aligned}\right\} \quad (2\text{-}8\text{-}17)$$

$k_{ik}$ 为荷载 $P=1$ 作用在梁格系上第 $k$ 号梁的交叉点处时,梁格点 $i$ 的反力影响系数,即第 $i$ 号梁分配到的荷载。

(2)四根主梁时,计算图式如图 2-8-21 所示。

$$\left.\begin{aligned}\alpha &= \left(1+\frac{3a}{l}\cot\varphi\right)^2\left(1-\frac{3a}{l}\cot\varphi\right)^2 \\ \beta &= \left(1+\frac{a}{l}\cot\varphi\right)^2\left(1-\frac{a}{l}\cot\varphi\right)^2 \\ N_1 &= \frac{10j}{Z} + 2j\beta + 2\alpha \\ N_2 &= \frac{6j}{Z} + 18j\beta + 2\alpha\end{aligned}\right\} \quad (2\text{-}8\text{-}18)$$

$$\left.\begin{aligned}k_{aa} &= 1 - \frac{\alpha}{N_1} - \frac{\alpha}{N_2}, k_{ba} = \frac{\alpha}{N_1} + \frac{3\alpha}{N_2} \\ k_{da} &= -\frac{\alpha}{N_1} + \frac{\alpha}{N_2} = k_{ad}, k_{ca} = \frac{\alpha}{N_1} - \frac{3\alpha}{N_2} = k_{bd} \\ k_{ab} &= \frac{j\beta}{N_1} + \frac{3j\beta}{N_2}, k_{bb} = 1 - \frac{j\beta}{N_1} - \frac{9j\beta}{N_2} \\ k_{db} &= \frac{j\beta}{N_1} - \frac{3j\beta}{N_2} = k_{ac}, k_{cb} = \frac{-j\beta}{N_1} + \frac{9j\beta}{N_2} = k_{bc}\end{aligned}\right\} \quad (2\text{-}8\text{-}19)$$

(3)五根主梁时,计算图式如图 2-8-22 所示。

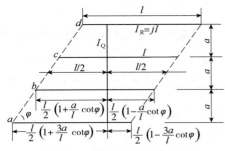

图 2-8-21 四根主梁的计算图式

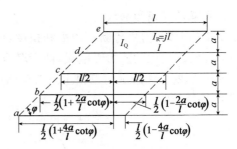

图 2-8-22 五根主梁的计算图式

$$\left.\begin{aligned}\alpha &= \left(1+\frac{4a}{l}\cot\varphi\right)^2\left(1-\frac{4a}{l}\cot\varphi\right)^2 \\ \beta &= \left(1+\frac{2a}{l}\cot\varphi\right)^2\left(1-\frac{2a}{l}\cot\varphi\right)^2 \\ N_1 &= \frac{14j}{Z} + (32j\beta + 32j + 4\alpha) + [4j\beta + (4+2\beta)\alpha]Z \\ N_2 &= \frac{8j}{Z} + 8j\beta + 2\alpha\end{aligned}\right\} \quad (2\text{-}8\text{-}20)$$

$$k_{aa} = 1 - \frac{\alpha(2+2Z+\beta Z)}{N_1} - \frac{\alpha}{N_2} \tag{2-8-21a}$$

$$k_{ba} = \frac{\alpha(5+2Z)}{N_1} + \frac{2\alpha}{N_2} \tag{2-8-21b}$$

$$k_{ea} = -\frac{\alpha(2+2Z+\beta Z)}{N_1} + \frac{\alpha}{N_2} = k_{ae} \tag{2-8-21c}$$

$$k_{da} = \frac{\alpha(5+2Z)}{N_1} - \frac{2\alpha}{N_2} = k_{be} \tag{2-8-21d}$$

$$k_{ca} = \frac{2\alpha(-3+\beta Z)}{N_1} = k_{ce} \tag{2-8-21e}$$

$$k_{ab} = \frac{5j\beta + 2j\beta Z}{N_1} + \frac{2j\beta}{N_2} \tag{2-8-21f}$$

$$k_{bb} = 1 - \frac{16j\beta + (2j\beta + \alpha\beta)Z}{N_1} - \frac{4j\beta}{N_2} \tag{2-8-21g}$$

$$k_{eb} = \frac{5j\beta + 2j\beta Z}{N_1} - \frac{2j\beta}{N_2} = k_{ad} \tag{2-8-21h}$$

$$k_{db} = -\frac{16j\beta + (2j\beta + \alpha\beta)Z}{N_1} + \frac{4j\beta}{N_2} = k_{bd} \tag{2-8-21i}$$

$$k_{cb} = \frac{22j\beta + 2\alpha\beta Z}{N_1} = k_{cd} \tag{2-8-21j}$$

$$k_{ac} = \frac{-6j + 2j\beta Z}{N_1} = k_{ec} \tag{2-8-21k}$$

$$k_{cc} = 1 - \frac{32j + (4j\beta + 4\alpha)Z}{N_1} \tag{2-8-21l}$$

$$k_{bc} = \frac{22j + 2\alpha Z}{N_1} = k_{dc} \tag{2-8-21m}$$

斜梁桥的横向分配系数 $k_{ik}$ 与正桥的不同,由于横梁安装位置的不同,$k_{ik}j_k = k_{ki}j_i$ 不一定成立,应予注意。再有,$\sum k_{ia} = \sum k_{ib} = \sum k_{ic} = 1$,该式与正桥一样,可用于验算。

2. 主梁的弯矩影响线

主梁的弯矩、剪力等断面内力和挠度,可以作为没有横梁的简支梁和在横梁格点处弹性支承的不等跨连续梁的反力影响线,两者联合求解。

现用图 2-8-23 所示的三根主梁斜梁格中 $a$ 主梁上 $x$ 点的弯矩影响线的求解来加以说明。

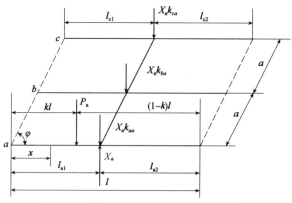

图 2-8-23 三根主梁时弯矩影响线的计算

$P_a=1$ 作用于 $a$ 主梁的 $kl$ 点时，$a$ 梁 $x$ 点的弯矩，作为计算跨径为 $l$ 的简支梁计算，$kl>x$ 时为 $(1-k)x$，$kl<x$ 时为 $k(l-x)$。

计算跨径为 $l_{a1}$ 和 $l_{a2}$ 的连续梁，设 $P_a=1$ 引起的中间支点反力为 $X_a$，因梁格点为弹性支承，所以 $X_a$ 还需被分配，梁格点上的实际反力为 $X_a(1-k_{aa})$。该反力在 $x$ 点产生的弯矩，当 $0\leqslant x\leqslant l_{a1}$ 时，为 $-X_a(1-k_{aa})\dfrac{l_{a2}}{l}x$，当 $l_{a1}\leqslant x\leqslant l$ 时，为 $-X_a(1-k_{aa})\dfrac{l_{a1}}{l}(l-x)$。

将上述弯矩叠加后就得到 $P_a=1$ 作用在弹性支承主梁上时，$x$ 点的弯矩影响线值。

当 $0\leqslant x\leqslant l_{a1}$ 时：

$$M_{aa}=\begin{cases}(1-k)x\\ k(l-x)\end{cases}-X_a(1-k_{aa})\dfrac{l_{a2}}{l}x \qquad(2\text{-}8\text{-}22\text{a})$$

当 $l_{a1}\leqslant x\leqslant l$ 时：

$$M_{aa}=\begin{cases}(1-k)x\\ k(l-x)\end{cases}-X_a(1-k_{aa})\dfrac{l_{a1}}{l}(l-x) \qquad(2\text{-}8\text{-}22\text{b})$$

此时，在 $b$、$c$ 梁上，只在梁格点处作用有 $X_a k_{ba}$、$X_a k_{ca}$ 的力。同样，若 $P_a=1$ 作用在 $b$、$c$ 梁上，则只通过荷载的横向分配传至 $a$ 梁格点处，所以荷载在 $b$、$c$ 梁上时，$a$ 梁 $x$ 点的弯矩影响线值为：

当 $0\leqslant x\leqslant l_{a1}$ 时，

荷载在 $b$ 梁 $\qquad M_{ab}=X_b k_{ab}\dfrac{l_{a2}}{l}x \qquad(2\text{-}8\text{-}23)$

荷载在 $c$ 梁 $\qquad M_{ac}=X_c k_{ac}\dfrac{l_{a2}}{l}x \qquad(2\text{-}8\text{-}24)$

当 $l_{a1}\leqslant x\leqslant l$ 时，

荷载在 $b$ 梁 $\qquad M_{ab}=X_b k_{ab}\dfrac{l_{a1}}{l}(l-x) \qquad(2\text{-}8\text{-}25)$

荷载在 $c$ 梁 $\qquad M_{ac}=X_c k_{ac}\dfrac{l_{a1}}{l}(l-x) \qquad(2\text{-}8\text{-}26)$

这样，可以画出梁格上任何点的弯矩影响面。同样，也可以计算剪力、挠度的影响面。

现在，剩下的问题是求解 $P=1$ 作用在两跨连续梁上时，中间支点处的反力。对如图 2-8-24 所示的两跨连续梁，其支点反力 $X_B$ 为：

$$X_B=P\left[k'+\dfrac{k'(1-k'^2)l_1}{2l_2}\right] \qquad(2\text{-}8\text{-}27)$$

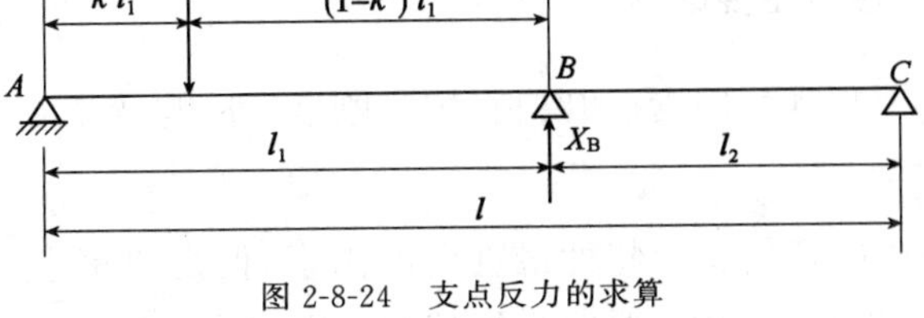

图 2-8-24 支点反力的求算

### 3. 横梁的弯矩影响线

由于横向分配系数 $k_{ik}$ 实际上就是梁格点的反力影响线，所以也可以用 $k_{ik}$ 来求横梁的弯矩影响线。

如图 2-8-25 所示，在四根主梁结构横梁上的 $a$ 梁格点处作用有 $P=1$ 的力，此时横梁 $y$ 点的弯矩为：

$$M_{ya} = \eta_{ya} = (k_{aa}-1)a + k_{ba}b \qquad (2\text{-}8\text{-}28)$$

同样，在 $b$ 梁格点处作用有 $P=1$ 的力时，有：

$$M_{yb} = \eta_{yb} = k_{ab}a + (k_{bb}-1)b \qquad (2\text{-}8\text{-}29)$$

当 $P=1$ 不作用在梁格点上时，可以足够精确地用 $P=1$ 作用在各梁格点上的值的内插或外插值来计算。

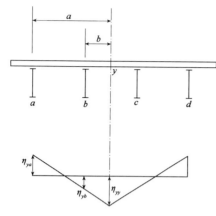

图 2-8-25　横梁弯矩影响线的求算

## 第四节　平面弯桥的受力特点和构造

了解弯桥的受力特点对正确进行弯桥简化分析很重要，同时也能判断数值分析结果的正确性。

### 一、弯桥的受力特点

（1）弯桥最主要的受力特点是，梁截面在发生竖向弯曲时，由于曲率的影响，必然产生扭转，而这种扭转作用又将导致梁的挠曲变形，这被称之为"弯—扭"耦合作用，这一作用使弯桥具有以下各项受力特点。

（2）由于弯扭耦合，弯桥的变形比同样跨径直线桥要大，外边缘的挠度大于内边缘的挠度，而且曲率半径越小、桥越宽，这一趋势越明显。

（3）弯桥即使在对称荷载作用下也会产生较大的扭转，通常会使外梁超载、内梁卸载，内外梁产生应力差别。

（4）弯桥的支点反力与直线桥相比，有曲线外侧变大、内侧变小的倾向，内侧甚至产生负反力。当曲率半径小、恒载较小时，在设计上应注意控制内侧支点的负反力，必要时应在构造上采取相应的措施，设置拉压支座，同时应防止外侧支座超载。

（5）弯桥的中横梁，除具有直线桥中的功能外，还是保持全桥稳定的重要构件，与直线桥相比，其刚度一般较大。

（6）弯桥中预应力效应对支反力的分配有较大影响，计算支座反力时必须考虑预应力效应的影响。

### 二、影响弯桥受力特性的主要因素

除了影响直线桥受力特性的因素（如跨长、抗弯刚度）外，与弯桥有关的主要因素如下。

1. 圆心角 $\varphi_0$

主梁的弯曲程度是影响弯桥受力特性最重要的因素，但是曲率半径并不能全面地反映弯曲程度。曲率半径相同时，跨径越大，弯曲程度越大。能全面反映主梁弯曲程度的参数是圆心角，它是跨长与半径的比值，反映了与跨径有关的相对弯曲关系。如果桥梁跨长一定，主梁圆心角的大小就代表了梁的曲率，圆心角越大，曲率半径就越小，所显示的弯桥的受力特点就越明

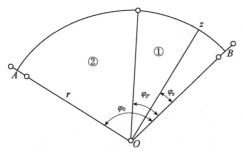

图 2-8-26 集中荷载 $P$ 作用下的变形计算

显。如图 2-8-26 所示的简支超静定曲梁,其跨中挠度影响线为:

$$\eta_{CP}^W = W\left(\varphi_z = \frac{\varphi_0}{2}, P = 1, \varphi_P\right) = \frac{r^3}{EI}(c_{10} + kc_{11})$$

(2-8-30)

式中:$c_{10}$、$c_{11}$ —— 与圆心角 $\varphi_0$、单位力作用位置 $\varphi_P$ 有关的系数,$c_{10}$ 与扭转无关,$c_{11}$ 与扭转有关;

$k$ —— 弯扭刚度比,$k = \dfrac{EI}{GI_d}$。

图 2-8-27 是 $c_{10}$、$c_{11}$ 与 $\varphi_0$ 的关系曲线。从图中可以看出:当圆心角 $\varphi_0$ 较小($\varphi_0 \leqslant 30°$)时,$c_{11}$ 极小,也即当 $\varphi_0 \leqslant 30°$ 时,可以忽略扭转对挠度的影响。实际上,当 $\varphi_0 \leqslant 50°$ 时,弯梁的纵向弯矩可以足够精确地用跨径为 $l = r \cdot \varphi_0$ 的直线梁来计算。

图 2-8-28 是三跨连续弯梁在 $P = 1$ 作用下的内力影响线,从图中可以看出,在 $P = 1$ 作用下,弯矩和剪力影响线的形状和直桥相似,且圆心角 $\varphi_0$ 较小时数值也较接近,但是扭矩比直桥大得多;随着 $\varphi_0$ 的增大,各项内力均增大,说明在相同跨径下,弯桥的内力要比直桥大。

2. 桥梁宽度与曲率半径之比

偏心布置在桥面上的汽车荷载将产生扭矩,由于弯扭耦合作用又将产生弯矩。图 2-8-29 所示是三跨连续弯梁在 $T = 1$ 作用下的内力影响线。从图中可以看出,除剪力影响线外,弯矩影响线比直桥大得多,说明偏心荷载对弯桥的内力有较大影响,因此在进行弯桥计算时,除考虑 $\varphi_0$ 外,还应充分考虑桥梁宽度的因素。加拿大安大略省公路桥梁设计规范 OHBDC 中,采用 $L^2/bR < 1.0$ 作为判别是否可以按直线桥计算弯桥的条件,式中,$L$ 为桥梁轴线弧长,$R$ 为桥梁中线半径,$b$ 为桥梁的半宽。

当桥宽较大、曲率半径较小时,还应注意曲梁内外弧长相差较大,因此,外侧恒载比内侧大得多,即使是对称截面,恒载也会产生向曲线外侧翻转的均布力矩。

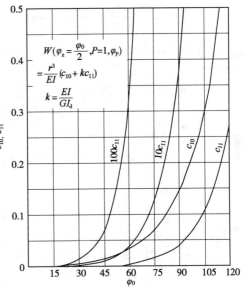

图 2-8-27 跨中截面挠度与 $\varphi_0$ 的关系曲线

3. 弯扭刚度比 $k = EI/(GI_d)$

在弯桥中主梁的弯扭刚度比对结构的受力和变形状态有直接的关系,图 2-8-27 示出了在集中荷载 $P = 1$ 作用下简支超静定曲梁的跨中挠度系数。$k = 1、10、100$ 时的三条曲线 $c_{11}$、$10c_{11}$、$100c_{11}$,随 $k$ 值增大,由于曲率因素而导致扭转变形显著增大。因此,对于弯桥,在抗弯刚度 $EI$ 满足要求的前提下,宜尽量增大截面抗扭刚度 $GI_d$,以减小扭转引起的变形,所以在曲线桥梁中宜采用抗扭惯性矩较大的箱形断面。

4. 扇性惯性矩 $EI_\omega$

严格地说,曲梁除圆形或正方形的截面外,变形后截面不能保持为平面,在结构分析中应考虑薄壁效应,但对于混凝土结构,薄壁效应并不明显,且一般箱形梁的形状接近于正方形,如

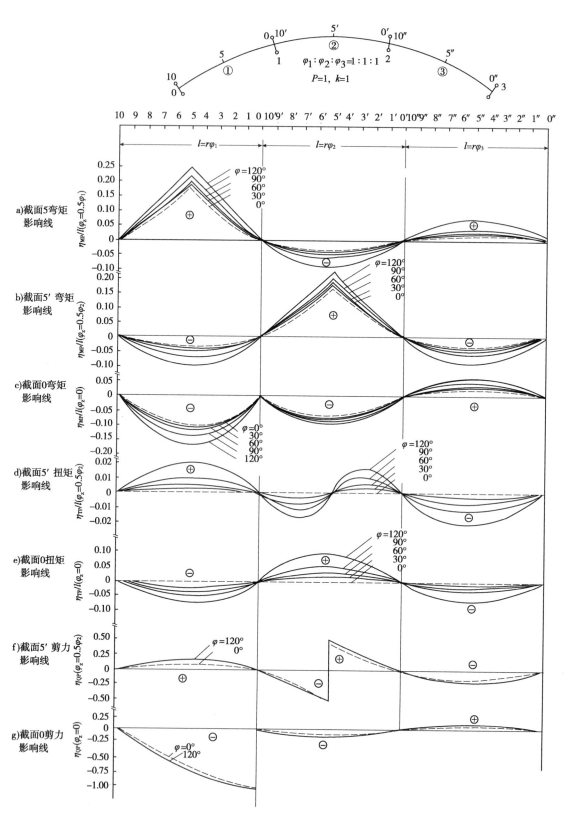

图 2-8-28 三跨连续曲线梁在 $P=1$ 作用下的内力影响线

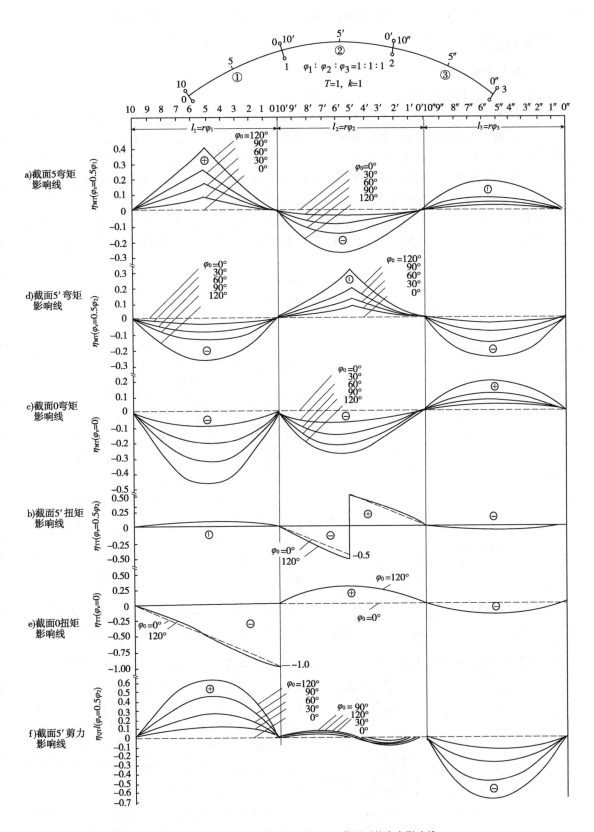

图 2-8-29 三跨连续曲线梁在 $T=1$ 作用下的内力影响线

果 $k = L\sqrt{GI_d/(EI_\omega)} \geqslant 30$，则横截面的翘曲变形不大，可以不考虑薄壁效应。

### 三、弯桥的支承布置形式

**1. 竖向支承布置**

由于弯桥的平面形状，可以采用多种支承布置形式。

对于单跨弯桥，也可以采用多种形式，一种为简支静定结构，另一种为简支超静定曲梁（图 2-8-30），还可以采用两端均完全箝固的支承形式。图 2-8-31 显示了圆心角为 90°的单跨梁，在均布荷载 $q$ 作用下的扭矩 $M_T(\varphi)$，其支承条件为：a)纵向弯曲无嵌固；b)纵向弯曲单侧嵌固；c)纵向弯曲双侧嵌固。从图中可以看出，约束条件 a)下的扭矩远大于 b)和 c)，说明改变支承条件是调整结构内力的有效方法之一。本例中仅对弯曲进行了约束，由于弯扭耦合作用，支承断面的扭矩却减小了很多。静定形式的简支弯桥在实际中是不可取的，因为不抗扭的梁端将产生扭转变形，这给设置伸缩缝带来困难。采用何种支承形式，应根据具体设计条件而定。

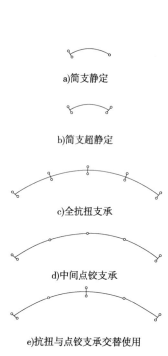

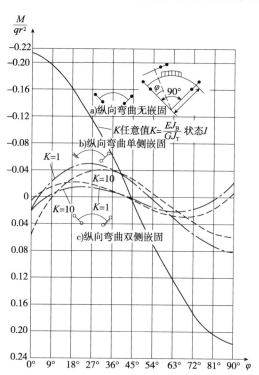

图 2-8-30　弯桥的支承布置形式

图 2-8-31　圆心角为 90°之单跨梁在均布荷载 $q$ 作用下的扭矩 $M_T(\varphi)$

对于连续弯桥，从理论上讲，所有支承均可以采用点铰支承，但是在荷载作用下，梁端将产生扭转变形，从而在梁端与桥台背墙间产生上下相对变形，这将导致伸缩缝破坏，为了保证伸缩缝正常工作，一般在两端的桥台设置能抵抗外扭矩的抗扭支座，中间支承可以采用抗扭支承，或点铰支承，或交替使用两种支承形式[图 2-8-30c)、d)、e)]。

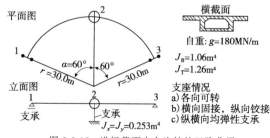

图 2-8-32　进行截面内力比较的双跨曲梁，中间支承采用三种不同形式

如图 2-8-32 所示的双跨连续梁，每跨的圆心角为 60°，中间支承采用三种不同的形式：

a)各向可转动的球铰支座;b)横向刚接,纵向铰接;c)纵横向均为弹性固接。其在均布荷载和集中荷载作用下的内力比较见图 2-8-33 和图 2-8-34。从图中可以看出:三种支承形式对弯矩的影响很小,对扭矩的分布和峰值影响也不大,主要对支承附近断面的扭矩有一些影响。因此,对于连续弯桥,特别是在曲率半径较小的情况下,中间桥墩可以采用独柱墩。这样,在不大量增加上部结构造价的情况下,节省了下部结构的造价。

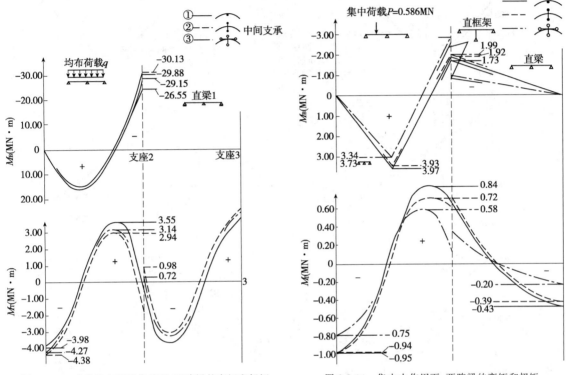

图 2-8-33  半边均布荷载作用下,两跨梁的弯矩和扭矩

图 2-8-34  集中力作用下,两跨梁的弯矩和扭矩

图 2-8-35 中显示了三跨连续弯梁(跨径为 3×30m)在不同支承方式、不同曲率半径时,在恒载作用下的弯矩图、剪力图和扭矩图。从图中可以看出,当圆心角 $\varphi=20°\sim60°$ 时,其控制断面弯矩的影响只有 1.1%~1.2%,剪力的影响更小,但是支承方式对扭矩的影响却较大;$\varphi=60°$ 时,在支点 $T_a$ 和跨间扭矩最大点 $T_b$ 截面的影响分别为 7.3%和 12.6%。同时,曲率半径的变化对扭矩的影响也较大,当 $\varphi$ 从 20°变化到 60°时,不管哪种支承方式,扭矩都要成倍地增加。

由于连续弯桥中间支承采用独柱墩,不但可以节省工程造价,还可以改善桥下视野,因此在城市立交的匝道中被广泛采用。但是,在曲率半径较大时,中间采用独柱墩虽然与采用双柱墩的弯矩与剪力差别不大,但扭矩是有明显区别的。曲率半径较大时,弯扭耦合作用减小,如果中间均设独柱墩,活载偏心所产生的扭矩大部分传递到相邻孔,所有中间孔的扭矩最终累积到梁端的抗扭支承上。图 2-8-36 显示了均布力矩作用在直梁与弯梁上的扭矩图的对比,曲率半径越小,传递到端支承的扭矩越小。而匝道桥的宽度一般较小,端支座的间距不大,较大的扭矩将使某一侧的端支座产生上拔力,如没有特殊措施,将使支座脱空,同时,靠近端支承的梁体也要承受较大的扭矩。因此,在曲率半径较大时,不宜设计中间独柱墩的多跨连续梁,尤其是在较宽的直桥上不应设置多跨中间独柱墩。

在独柱墩较高的情况下,可以采用"墩—梁"固接的构造,充分利用桥墩的柔性来适应上部结构的变形要求,省去价格昂贵的支座,同时简化了墩梁连接处的施工,从而获得较好的经济

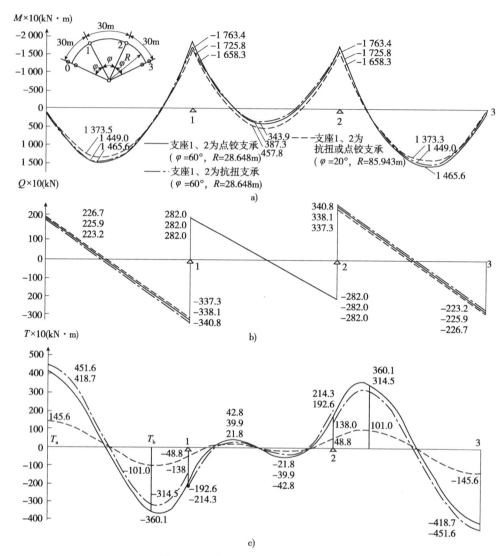

图 2-8-35 支承方式改变后的内力比较

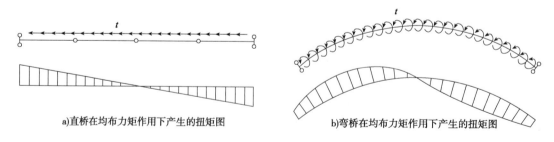

a) 直桥在均布力矩作用下产生的扭矩图　　b) 弯桥在均布力矩作用下产生的扭矩图

图 2-8-36 均布力矩作用在直桥、弯桥上的扭矩图的对比

效益。但是在设计墩—梁固接桥梁时必须考虑上部结构对桥墩受力的影响,保证桥墩有足够的强度。

在中间独柱墩点铰支承连续弯梁中,上部结构的扭矩不能通过这些点铰支承传递到基础中去,但是如果给予中间点铰支承以横向偏心,就可以达到调整扭矩分布的目的。这可以从

图 2-8-37 看出,由于中间支座的偏心,支承反力在截面上就会产生附加集中力矩 $\Delta T_k = e_{ck}X_k$ ,中间支点偏心的组合就可以在曲梁上作用一组扭矩,从而调整扭矩的分布。经过推导分析,在偏心距相对于曲率半径较小时( $e_c/R < 0.04$ ),因支座偏心而产生的附加力矩 $\Delta T_k$ 与偏心距 $e_{ck}$ 大致呈线性关系:

$$\Delta T_k \approx C_1 \left( \frac{e_{ck}}{R} \right) \quad (2\text{-}8\text{-}31)$$

式中:$C_1$——与结构形状、荷载种类、第 $k$ 个支承所在位置有关的系数。

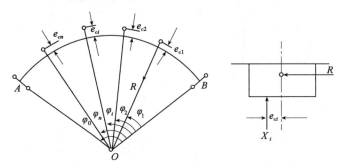

图 2-8-37 偏心点铰支承

支座偏心调整只能调整整跨扭矩图的分布,对某一梁跨的扭矩峰值差影响很小。因为,对于直桥,某一支座偏心引起的扭矩图是直线形的[图 2-8-38a)],它对相邻桥跨扭矩只起平移作用;对于弯桥,虽然由于弯扭耦合,支座偏心引起的扭矩图是曲线形的[图 2-8-38b)],但每跨的圆心角不大时,每跨内由于弯扭耦合作用引起的扭矩差值并不大,因此,支座偏心调整对某一梁跨的扭矩峰值差影响很小。

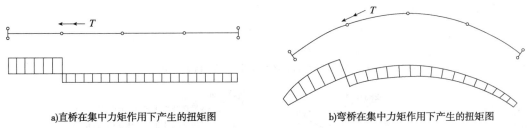

a)直桥在集中力矩作用下产生的扭矩图　　b)弯桥在集中力矩作用下产生的扭矩图

图 2-8-38 集中力矩作用在直桥、弯桥上的扭矩图的对比

图 2-8-39 所示为某曲线连续梁桥,中间支承均采用独柱支承,其中 2、3、4 号墩支承向曲线外侧偏移了 0.6m,支座偏移使扭矩分布明显趋于均匀,端支点控制断面扭矩减小了 21%。支承偏心使每一跨内的扭矩图作了平移,但每跨内扭矩峰值差基本不变,全桥扭矩的均匀对于配筋设计是有利的。

图 2-8-40 所示为上海南浦大桥浦东引桥的两组连续弯桥的扭矩图,跨径分别为 28.096m+42m+23.5m 和 23.918m+30m+42m+23.5m,曲率半径为 $R = 90$ m。考虑活载扭矩包络图的分布与恒载接近,在设计中间支座偏心时只考虑了恒载的作用,使计算工作简单可行。从图中可以看出,虽然最大跨的扭矩峰值减小不多,但其他桥跨的扭矩有明显的减小。

2. 水平约束的布置

弯桥的平面内变形可以分为两种性质:由温度变化和混凝土收缩所引起的变形属于弧段膨胀或缩短性质[图 2-8-41a)],变形后圆心角不变,曲率半径由 $r_0 \to r$;由预加力和混凝土徐变引起的属于切向变形[图 2-8-41b)],其曲率半径不变,圆心角由 $\varphi_0 \to \varphi$。后者没有横桥向的变形,与通常的支座和伸缩缝布置不矛盾;但是温度变化和收缩在各活动支座处引起纵桥向和横桥向的变形,给伸缩缝的活动带来困难。

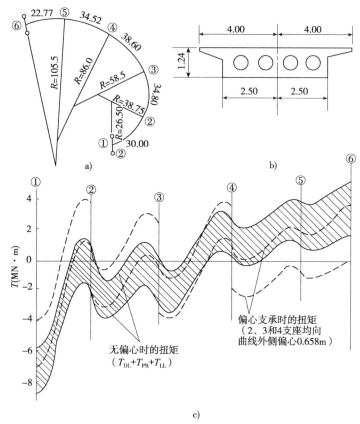

图 2-8-39 曲线梁桥扭矩包络图(尺寸单位:m)
$T_{DL}$-恒载扭矩;$T_{PR}$-预应力扭矩;$T_{LL}$-活载扭矩

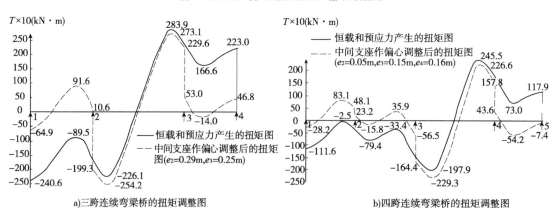

图 2-8-40 上海南浦大桥浦东引桥的两组连续弯桥的扭矩图

为了限制横向变形,桥墩台将承受很大的横向水平力,必然增加下部结构的造价,同时主梁也要承担一定的横向弯矩。如果所有中间桥墩均设置多向活动支座(图 2-8-42),而在活动端仅限制径向位移,允许发生切向位移和平面扭转,经计算分析,径向约束力可显著减小,同时下部结构承担的横桥向弯矩也大大降低,而活动端的平面旋转角极小,对于如图 2-8-40 所示的上海南浦大桥浦东引桥曲梁只有－0.013 3°～0.017 6°,这对于使用橡胶型伸缩缝不会有困难。

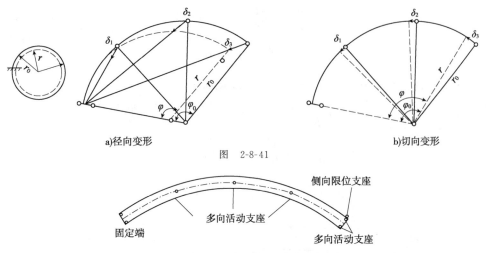

图 2-8-41

图 2-8-42 南浦大桥浦东引桥连续曲梁支承布置

保证弯桥的纵向自由伸缩变形非常重要,因为一旦纵向伸缩被限制,弯桥将类似于平面内的拱桥,产生很大的水平推力,同时产生较大的侧向水平位移,造成桥梁损坏。因此,必须在设计中预留足够的伸缩缝变形量及支座允许变形量,在施工和使用过程中保证伸缩缝及支座的正常工作。

## 第五节 平面弯桥的设计计算

弯桥力学分析计算方法很多,但是目前常见的方法主要有两类:

一类是把弯桥模拟成一根单曲梁,采用纯扭转或约束扭转理论计算,横截面内力分析采用横向分布理论。这种方法力学概念清晰,计算简单,与直线桥的分析方法类似,但是该方法对于变截面、变半径弯桥的分析有较大困难,且弯桥横向分布理论还有很大的局限性。

另一类是数值计算方法,如有限元、有限条法等,单元形式主要有梁单元、板单元等。目前设计计算较多采用梁格法,梁格单元可以采用直梁单元或曲梁单元。该方法计算工作量较小,也能较准确地模拟实际结构,且计算结果为截面内力,比较适合于目前的截面设计理论。采用板单元或有限条等方法可以较精确地模拟结构的受力行为,但是计算工作量大,且计算结果大多为应力,比较适合于结构的研究分析。

### 一、平面曲梁的变形微分方程

图 2-8-43 所示弧段为流动坐标系 $xyz$ 中的曲梁微段,$z$ 轴沿曲梁的切线方向,$x$ 轴沿半径方向,$y$ 轴向下。微段上作用有任意分布力 $q_x$、$q_y$、$q_z$ 和任意分布力矩 $m_x$、$m_y$、$m_z$,截面上有六个方向的内力,即轴力 $N$、剪力 $Q_x$ 和 $Q_y$、弯矩 $M_x$ 和 $M_y$ 以及扭矩 $T$。利用三个力和三个力矩方向内外力平衡,可以推导出曲梁的静力平衡微分方程如下:

$$\frac{\partial M_y}{\partial z} + Q_x + m_y = 0 \tag{2-8-32}$$

$$\frac{\partial Q_x}{\partial z} + \frac{N}{R} + q_x = 0 \tag{2-8-33}$$

$$\frac{\partial N}{\partial z} - \frac{Q_x}{R} + q_z = 0 \tag{2-8-34}$$

$$\frac{\partial M_x}{\partial z} + \frac{T}{R} - Q_y + m_x = 0 \tag{2-8-35}$$

$$\frac{\partial T}{\partial z} - \frac{M_x}{R} + m_z = 0 \tag{2-8-36}$$

$$\frac{\partial Q_y}{\partial z} + q_y = 0 \tag{2-8-37}$$

上述六个平衡方程消去 $N$、$Q_x$ 和 $Q_y$ 后可以化简为：

$$\frac{\partial^3 M_y}{\partial z^3} + \frac{1}{R^2}\frac{\partial M_y}{\partial z} = \frac{\partial q_x}{\partial z} - \frac{\partial^2 m_y}{\partial z^2} - \frac{q_z}{R} - \frac{m_y}{R^2} \tag{2-8-38}$$

$$\frac{\partial^2 M_x}{\partial z^2} + \frac{1}{R}\frac{\partial T}{\partial z} = -q_y - \frac{\partial m_x}{\partial z} \tag{2-8-39}$$

$$\frac{\partial T}{\partial z} - \frac{M_x}{R} = -m_z \tag{2-8-40}$$

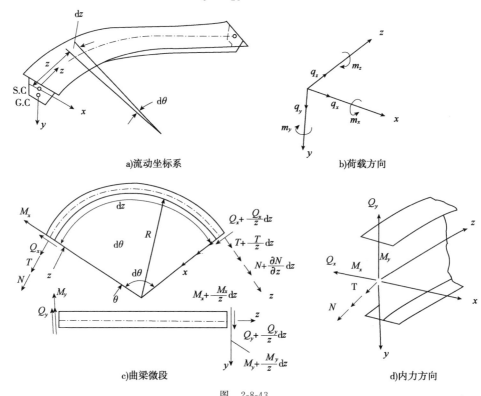

图 2-8-43

曲梁轴线上任意点在 $xyz$ 方向的位移分别为 $u$、$v$、$w$，梁的扭角为 $\phi$（图 2-8-44）。曲梁的几何方程为：

$$k_y = \frac{\mathrm{d}^2 u}{\mathrm{d}z^2} + \frac{u}{R^2} \tag{2-8-41}$$

$$k_x = \frac{\mathrm{d}^2 v}{\mathrm{d}z^2} - \frac{\phi}{R} \tag{2-8-42}$$

$$k_z = \frac{\mathrm{d}\phi}{\mathrm{d}z} + \frac{1}{R}\frac{\mathrm{d}v}{\mathrm{d}z} \tag{2-8-43}$$

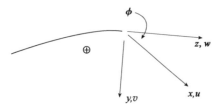

图 2-8-44 曲梁的位移与扭角

式中：$k_y$、$k_x$ ——绕 $x$、$y$ 轴的曲率；
　　　$k_z$ ——绕 $z$ 轴的扭转曲率。

对于弹性材料，考虑截面内力与应变之间的关系，并将式(2-8-41)～式(2-8-43)代入得：

$$M_y = EI_y k_y = EI_y \left( \frac{d^2 u}{dz^2} + \frac{u}{R^2} \right) \tag{2-8-44}$$

$$M_x = -EI_x k_x = -EI_x \left( \frac{d^2 v}{dz^2} - \frac{\phi}{R} \right) \tag{2-8-45}$$

$$T = -EI_\omega \frac{d^2 k_z}{dz^2} + GI_d k_z$$

$$= -EI_\omega \left( \frac{d^3 \phi}{dz^3} + \frac{1}{R} \frac{d^3 v}{dz^3} \right) + GI_d \left( \frac{d\phi}{dz} + \frac{1}{R} \frac{dv}{dz} \right) \tag{2-8-46}$$

式中：$E$、$G$ ——弹性模量和剪切模量；
　　　$I_y$、$I_x$ ——绕 $x$、$y$ 轴的抗弯惯性矩；
　　　$I_d$ ——绕 $z$ 轴的扭转惯性矩；
　　　$I_\omega$ ——截面的扇性惯性矩。

将式(2-8-44)～式(2-8-46)代入式(2-8-38)～式(2-8-40)，即可得描述曲梁位移、扭角与外荷载关系的基本微分方程，即符拉索夫方程：

$$EI_y \left( u^V + \frac{2}{R^2} u''' + \frac{1}{R^4} u' \right) = \frac{\partial q_x}{\partial z} - \frac{\partial^2 m_y}{\partial z^2} - \frac{q_z}{R} - \frac{m_y}{R^2} \tag{2-8-47}$$

$$\frac{EI_\omega}{R} v^{IV} - \frac{EI_x + GI_d}{R} v'' + EI_\omega \phi^{IV} - GI_d \phi'' + \frac{EI_x}{R^2} \phi = m_z \tag{2-8-48}$$

$$\left( EI_x + \frac{EI_\omega}{R^2} \right) v^{IV} - \frac{GI_d}{R^2} v'' + \frac{EI_\omega}{R} \phi^{IV} - \frac{EI_x + GI_d}{R} \phi'' = q_y + \frac{\partial m_x}{\partial z} \tag{2-8-49}$$

符拉索夫方程的意义在于它从理论上揭示了曲梁平面弯曲变形、竖向挠曲变形和扭转之间的关系。曲梁的平面弯曲变形 $u$ 可以由式(2-8-47)独立求出，而竖向挠度 $v$ 和扭转角 $\phi$ 必须由式(2-8-48)和式(2-8-49)联立求解，说明曲梁竖向弯曲和扭转是耦合的。因此，在平面内荷载作用下的曲梁可以按照拱的理论进行单独分析，而把分析重点放在出平面的荷载上。对于实际结构，上述微分方程的求解很难，符拉索夫方程直接应用于弯桥设计分析有一定的困难。

**二、结构力学方法求解圆弧形单曲梁**

按照杆件系统的结构力学方法是计算单根曲梁最早采用的方法。根据变形后截面是否保持平面可分为单纯扭转和约束扭转理论两种。理论计算和试验结果证实，在钢筋混凝土弯箱梁桥中，截面翘曲的影响不超过 5%～10%，故一般可按单纯扭转理论来分析。

1. 简支静定曲梁的内力

简支静定曲梁的内力可以由静力平衡求得。对如图 2-8-45 所示曲梁，截面 $\varphi_z$ 在均布荷载 $p$ 和均布扭矩 $t$ 作用下的内力为：

$$M_z^0(p+t) = (pr+t) r \sin\varphi_z \left( \tan \frac{\varphi_0}{2} - \tan \frac{\varphi_z}{2} \right) \tag{2-8-50a}$$

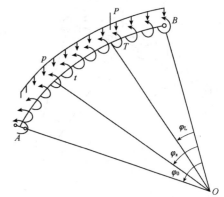

图 2-8-45　简支静定曲梁

$$T_z^0(p+t) = (pr+t)r\sin\varphi_z\left(1+\tan\frac{\varphi_0}{2}\tan\frac{\varphi_z}{2}\right) - pr^2\varphi_z \tag{2-8-50b}$$

$$Q_z^0(p+t) = -(pr+t)\tan\frac{\varphi_0}{2} + pr\varphi_z \tag{2-8-50c}$$

截面 $\varphi_z$ 在集中荷载 $P$ 和集中扭矩 $T$ 作用下的内力如下。

当 $0 \leqslant \varphi_z \leqslant \varphi_L$ 时：

$$M_z^0(P+T) = (Pr+T)\frac{\sin(\varphi_0-\varphi_L)}{\sin\varphi_0}\sin\varphi_z \tag{2-8-51a}$$

$$T_z^0(P+T) = (Pr+T)\frac{\sin(\varphi_0-\varphi_L)}{\sin\varphi_0}(1-\cos\varphi_z) \tag{2-8-51b}$$

$$Q_z^0(P+T) = -(Pr+T)\frac{\sin(\varphi_0-\varphi_L)}{r\sin\varphi_0} \tag{2-8-51c}$$

当 $\varphi_L \leqslant \varphi_z \leqslant \varphi_0$ 时：

$$M_z^0(P+T) = (Pr+T)\frac{\sin(\varphi_0-\varphi_z)}{\sin\varphi_0}\sin\varphi_L \tag{2-8-51d}$$

$$T_z^0(P+T) = (Pr+T)\frac{\sin(\varphi_0-\varphi_L)+\cos(\varphi_0-\varphi_z)\sin\varphi_L}{\sin\varphi_0} - Pr \tag{2-8-51e}$$

$$Q_z^0(P+T) = -(Pr+T)\frac{\sin(\varphi_0-\varphi_L)}{r\sin\varphi_0} + P \tag{2-8-51f}$$

**2. 简支超静定曲梁内力**

简支超静定曲梁为一次超静定结构，以简支静定曲梁为基本结构采用力法求解。图 2-8-46 所示曲梁，截面 $\varphi_z$ 在均布荷载 $p$ 和均布扭矩 $t$ 作用下的内力为：

$$M_z(p+t) = (pr+t)r\sin\varphi_z\left(\tan\frac{\varphi_0}{2}-\tan\frac{\varphi_z}{2}\right) \tag{2-8-52a}$$

$$T_z(p+t) = (pr+t)r\left(\sin\varphi_z - \tan\frac{\varphi_0}{2}\cos\varphi_z\right) - pr^2\left(\varphi_z - \frac{\varphi_0}{2}\right) \tag{2-8-52b}$$

$$Q_z(p+t) = pr\left(\varphi_z - \frac{\varphi_0}{2}\right) \tag{2-8-52c}$$

其支反力为：

$$M_A(p+t) = M_B(p+t) = 0 \tag{2-8-53a}$$

$$T_A(p+t) = -T_B(p+t) = pr^2\left(\tan\frac{\varphi_0}{2}-\frac{\varphi_0}{2}\right) + tr\cdot\tan\frac{\varphi_0}{2} \tag{2-8-53b}$$

$$Q_A(p+t) = Q_B(p+t) = pr\frac{\varphi_0}{2} \tag{2-8-53c}$$

通过公式的计算分析可得：

(1) 当 $\varphi_0 < 30°$ 时，曲梁的弯矩比相应跨长的直梁弯矩增大不到 $2.8\%$。

(2) 当 $\varphi_0 > 90°$ 时，曲率对弯矩有明显的影响。

(3) 当 $\varphi_0 = 180°$ 时，弯矩和扭矩均趋于无穷大，结构失稳。

(4) 支座反力和剪力与直梁完全相同。

截面 $\varphi_z$ 在集中荷载 $P$ 和集中扭矩 $T$ 作用下的内力

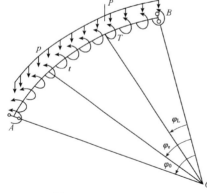

图 2-8-46 简支超静定曲梁

如下。

当 $0 \leqslant \varphi_z \leqslant \varphi_L$ 时：

$$M_z(P+T) = (Pr+T)\frac{\sin(\varphi_0-\varphi_L)}{\sin\varphi_0}\sin\varphi_z \tag{2-8-54a}$$

$$T_z(P+T) = -(Pr+T)\frac{\sin(\varphi_0-\varphi_L)\cos\varphi_z}{\sin\varphi_0} + Pr\left(1-\frac{\varphi_L}{\varphi_0}\right) \tag{2-8-54b}$$

$$Q_z(P+T) = -P\left(1-\frac{\varphi_L}{\varphi_0}\right) \tag{2-8-54c}$$

当 $\varphi_L \leqslant \varphi_z \leqslant \varphi_0$ 时：

$$M_z(P+T) = (Pr+T)\frac{\sin(\varphi_0-\varphi_z)}{\sin\varphi_0}\sin\varphi_L \tag{2-8-55a}$$

$$T_z(P+T) = (Pr+T)\frac{\cos(\varphi_0-\varphi_z)\sin\varphi_L}{\sin\varphi_0} - Pr\frac{\varphi_L}{\varphi_0} \tag{2-8-55b}$$

$$Q_z(P+T) = P\frac{\varphi_L}{\varphi_0} \tag{2-8-55c}$$

3. 简支超静定曲梁的变形

在均布荷载 $p$ 作用下跨中截面的挠度为：

$$w = \frac{pr^4}{EI}\left[(1+2k)\left(1-\sec\frac{\varphi_0}{2}\right) + \frac{k\varphi_0^2}{8} + \frac{1+k}{4}\varphi_0\left(1+\tan^2\frac{\varphi_0}{2}\right)\sin\frac{\varphi_0}{2}\right] \tag{2-8-56}$$

集中荷载 $P$ 作用在跨中时跨中截面的挠度为：

$$w = \frac{Pr^3}{2EI}\left[\frac{1+k}{4}(\varphi_0-\sin\varphi_0)\sec^2\frac{\varphi_0}{2} + \frac{k\varphi_0}{2} - k\cdot\tan\frac{\varphi_0}{2}\right] \tag{2-8-57}$$

上述公式如果令 $r=l/\varphi_0$，$\varphi_0 \to 0$，即可求得跨径为 $l$ 的简支直梁的跨中挠度公式。

4. 连续曲梁的分析

连续曲梁的分析较多采用力法，一般取简支超静定曲梁作为基本结构。对于中间抗扭支承，取中间支点处弯矩 $M_i$ 作为赘余力，而对于中间点铰支承，取支点反力 $R_i$ 为赘余力（图 2-8-47），利用各赘余力方向的变形协调条件求出所有赘余力，从而可以求得任意形状连续曲梁的内力和变形。以上所有计算都可以直接利用简支超静定曲梁内力和变形公式。如果所有中间支承均是抗扭支承，则力法方程具有类似于直桥的三弯矩方程的形式。

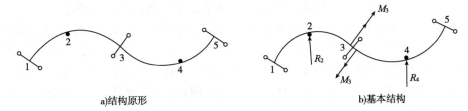

a) 结构原形　　　　　　　　　b) 基本结构

图 2-8-47　连续弯梁的解析图式

用结构力学方法分析曲梁仅适用于跨内等半径和等截面的情况，对于变曲率和变截面曲梁很难推导出结构力学解析解。

### 三、平面弯桥的荷载横向分布计算

在直线桥梁中，横向分布理论是分析桥梁荷载横向分配的有效方法。理论分析和试验结果证实,弯桥控制截面的控制内力与变形的精确影响面一般在纵、横方向均具有各自相似的变化规律,因此可以仿照直线桥的做法,采用横向分布方法进行弯桥设计计算。由于弯扭耦合作用,严格来说,弯桥的内力及位移横向分布与荷载的横向分布是不同的,但目前的计算方法仍沿用了荷载横向分布的概念。

由于弯扭耦合作用,无法采用分别对弯、扭求解,而后叠加的方法,更不能忽略主梁的抗扭作用,否则会导致太大的误差。因此在计算弯桥横向分布时,不仅要考虑竖向力横向分布,而且应同时考虑扭矩横向分布。

目前,梁格、梁系和比拟正交异性板等三类横向分布理论在弯桥上均有应用,这里仅介绍梁格理论的特例刚性横梁法。

对如图 2-8-48 所示的简支弯桥,曲率半径为 $r_i$,圆心角为 $\theta_0$,因此,各梁的计算跨径为 $l_i = r_i \cdot \theta_0$。

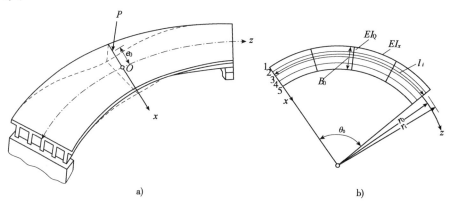

图 2-8-48 弯梁桥的荷载和变形图式

并列式直线梁桥中主梁和横梁相对刚度比值为:

$$\alpha = \frac{I_Q}{I_x}\left(\frac{l}{B_0}\right)^3 \tag{2-8-58}$$

式中:$I_x$、$l$——主梁的抗弯惯性矩和计算跨径;

$I_Q$、$B_0$——横梁的抗弯惯性矩和长度。

相对刚度比 $\alpha$ 的力学定义为:

$$\alpha = \frac{\text{主梁跨中作用单位集中荷载时的跨中挠度}}{\text{长度为 } B_0 \text{ 的横梁跨中作用单位集中荷载时的跨中挠度}}$$

对于直线梁桥,如果横梁的抗弯刚度相当大时,可假设 $EI_Q = \infty$,即视横梁为不变形的刚性梁,这对于长宽比较大的桥梁(通常 $l/B > 2$,$B$ 为桥梁承重结构的宽度)能充分反映梁的工作情况。对于弯桥不仅具有相同的性质,而且弯桥由于存在弯扭耦合作用,由竖向荷载引起的主梁挠度比相应的直桥大,$\alpha$ 值可达直桥的 100 倍。因此,对于弯桥,刚性横梁假定的适用范围要比直桥大得多。

取弯桥内任意横梁为脱离体,建立如图 2-8-49a)所示的坐标,有集中力 $P$ 作用在距坐标原点 $O$ 任意距离 $e_0$ 处,则将产生如图 2-8-49b)所示的位移与转角,各主梁对它的反作用为竖向力 $R_i$ 和力矩 $T_i$。由于弯扭耦合,即使 $P$ 作用于弯桥截面重心线上,截面也要产生扭转,但是,可以设想截面上总有一点 $D$,当集中力作用于此点时,截面只沿着力的方向作平移,某些文献称之为转动中心。将 $P$ 分解为作用于 $D$ 点的力 $P$ 和扭矩 $Pe$,则横梁的位移也可以分解为竖向平移和纯转动两种状态,如图 2-8-49c)、d)所示。$R_i$ 和 $T_i$ 可分解为:

$$R_i = R'_i + R''_i \tag{2-8-59a}$$
$$T_i = T'_i + T''_i \tag{2-8-59b}$$

式中：$R_i$、$T_i$——竖向荷载 $P$ 作用下，主梁 $i$ 分配到的竖向荷载和扭矩；

$R'_i$、$T'_i$——$P$ 作用于 $D$ 点时，主梁 $i$ 分配到的竖向荷载和扭矩；

$R''_i$、$T''_i$——$Pe$ 作用于 $D$ 点时，主梁 $i$ 分配到的竖向荷载和扭矩。

任意主梁 $i$ 的挠度 $v_i$ 和扭角 $\varphi_i$ 可表示为：

$$v_i = R_i C_{vRi} + T_i C_{vTi} \tag{2-8-60a}$$
$$\varphi_i = R_i C_{\varphi Ri} + T_i C_{\varphi Ti} \tag{2-8-60b}$$

式中：$C_{vRi}$、$C_{\varphi Ri}$——$P=1$ 作用于 $i$ 主梁某点上时在该点所引起的挠度和扭角；

$C_{vTi}$、$C_{\varphi Ti}$——$T=1$ 作用于 $i$ 主梁某点上时在该点所引起的挠度和扭角。

以上单位荷载作用下的位移均可由简支超静定曲梁的位移公式求得，它们是圆心角 $\theta_0$、曲率半径 $r_i$、主梁刚度特性以及单位荷载作用点位置的函数。根据位移互等定理有 $C_{vTi} = C_{\varphi Ri}$。

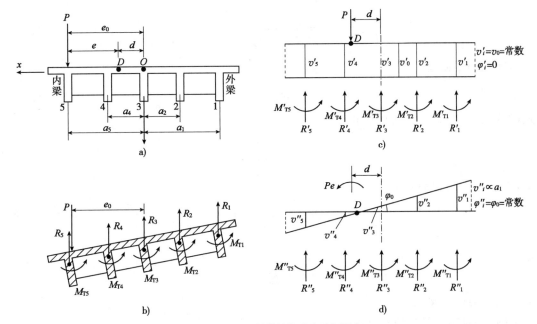

图 2-8-49 弯梁桥横梁的受力平衡图式

### 1. 竖向平移的平衡

由图 2-8-49c)可知，竖向平移时有：

$$v'_i = R'_i \cdot C_{vRi} + T'_i \cdot C_{vTi} = v_0 = 常数 \tag{2-8-61a}$$
$$\varphi'_i = R'_i \cdot C_{\varphi Ri} + T'_i \cdot C_{\varphi Ti} = 0 \tag{2-8-61b}$$

将上两式联立求解可得：

$$R'_i = v_0 \frac{C_{\varphi Ti}}{C_{vRi}C_{\varphi Ti} - C_{\varphi Ri}^2} \tag{2-8-62a}$$

$$T'_i = -v_0 \frac{C_{vTi}}{C_{vRi}C_{\varphi Ti} - C_{\varphi Ri}^2} \tag{2-8-62b}$$

令：

$$\lambda_{ai} = \frac{C_{\varphi Ti}}{C_{vRi}C_{\varphi Ti} - C_{\varphi Ri}^2} \tag{2-8-63a}$$

$$\lambda_{bi} = \frac{C_{vTi}}{C_{vRi}C_{\varphi Ti} - C_{\varphi Ri}^2} = \frac{C_{\varphi Ri}}{C_{vRi}C_{\varphi Ti} - C_{\varphi Ri}^2} \tag{2-8-63b}$$

$$\lambda_{ci} = \frac{C_{vRi}}{C_{vRi}C_{\varphi Ti} - C_{\varphi Ri}^2} \tag{2-8-63c}$$

式中：$\lambda_{ai}$——主梁 $i$ 上某点产生单位挠度所需的竖向集中荷载值；

$\lambda_{bi}$——主梁 $i$ 上某点产生单位挠度（或扭角）所需的集中扭矩（或竖向集中荷载）值；

$\lambda_{ci}$——主梁 $i$ 上某点产生单位扭角所需的集中扭矩值。

由 $D$ 点的力矩平衡可得：

$$\sum_{i=1}^{n} T'_i - \sum_{i=1}^{n} R'_i(a_i - d) = 0 \tag{2-8-64}$$

式中：$a_i$——主梁 $i$ 至坐标原点 $O$ 的距离；

$d$——$D$ 点至坐标原点 $O$ 的距离。

将式（2-8-62a）和式（2-8-62b）代入上式，可以解得：

$$d = \frac{\sum_{i=1}^{n}\lambda_{ai}a_i + \sum_{i=1}^{n}\lambda_{bi}}{\sum_{i=1}^{n}\lambda_{ai}} \tag{2-8-65}$$

由竖向力平衡得：

$$\sum_{i=1}^{n} R'_i = P \tag{2-8-66}$$

将式（2-8-62a）代入上式，可以解得：

$$v_0 = \frac{P}{\sum_{i=1}^{n}\lambda_{ai}} \tag{2-8-67}$$

于是，$R'_i$、$T'_i$ 可以表示为：

$$R'_i = \frac{\lambda_{ai}}{\sum_{i=1}^{n}\lambda_{ai}} \cdot P \tag{2-8-68a}$$

$$T'_i = \frac{-\lambda_{bi}}{\sum_{i=1}^{n}\lambda_{ai}} \cdot P \tag{2-8-68b}$$

**2. 纯转动的平衡**

由图 2-8-49d）可知，纯转动时有：

$$v''_i = R''_i C_{vRi} + T''_i C_{vTi} = -\varphi_0(a_i - d) \tag{2-8-69a}$$

$$\varphi''_i = R''_i C_{\varphi Ri} + T''_i C_{\varphi Ti} = \varphi_0 \tag{2-8-69b}$$

将上两式联立求解可得：

$$R''_i = \frac{-(a_i-d)C_{\varphi Ti} - C_{vTi}}{C_{vRi}C_{\varphi Ti} - C_{\varphi Ri}^2}\varphi_0 = [-(a_i-d)\lambda_{ai} - \lambda_{bi}]\varphi_0 \tag{2-8-70a}$$

$$T''_i = \frac{C_{vRi} + (a_i-d)C_{\varphi Ri}}{C_{vRi}C_{\varphi Ti} - C_{\varphi Ri}^2}\varphi_0 = [\lambda_{ci} + (a_i-d)\lambda_{bi}]\varphi_0 \tag{2-8-70b}$$

由 $D$ 点的力矩平衡可得：

$$\sum_{i=1}^{n} T''_i - \sum_{i=1}^{n} R''_i(a_i - d) = -pe \tag{2-8-71}$$

将式（2-8-70a）和式（2-8-70b）代入上式，可以解得：

$$\varphi_0 = \frac{-Pe}{\sum_{i=1}^{n}(a_i-d)^2\lambda_{ai} + 2\sum_{i=1}^{n}(a_i-d)\lambda_{bi} + \sum_{i=1}^{n}\lambda_{ci}} \tag{2-8-72}$$

于是，$R''_i$、$T''_i$ 可以表示为：

$$R''_i = \frac{(a_i-d)\lambda_{ai}+\lambda_{bi}}{\sum\limits_{i=1}^{n}(a_i-d)^2\lambda_{ai}+2\sum\limits_{i=1}^{n}(a_i-d)\lambda_{bi}+\sum\limits_{i=1}^{n}\lambda_{ci}}Pe \tag{2-8-73a}$$

$$T''_i = \frac{-\lambda_{ci}-(a_i-d)\lambda_{bi}}{\sum\limits_{i=1}^{n}(a_i-d)^2\lambda_{ai}+2\sum\limits_{i=1}^{n}(a_i-d)\lambda_{bi}+\sum\limits_{i=1}^{n}\lambda_{ci}}Pe \tag{2-8-73b}$$

式中：$e=e_0-d$。

3. 荷载横向分布计算公式

将式(2-8-68)和式(2-8-73)代入式(2-8-59)，经整理后得：

$$R_i = \frac{\lambda_{ai}}{\alpha}P+\frac{h_{1i}}{\beta}Pe \tag{2-8-74a}$$

$$T_i = \frac{-\lambda_{bi}}{\alpha}P+\frac{h_{2i}}{\beta}Pe \tag{2-8-74b}$$

式中：

$$\alpha = \sum_{i=1}^{n}\lambda_{ai} \tag{2-8-75a}$$

$$\beta = \sum_{i=1}^{n}(a_i-d)^2\lambda_{ai}+2\sum_{i=1}^{n}(a_i-d)\lambda_{bi}+\sum_{i=1}^{n}\lambda_{ci} \tag{2-8-75b}$$

$$h_{1i} = (a_i-d)\lambda_{ai}+\lambda_{bi} \tag{2-8-75c}$$

$$h_{2i} = -\lambda_{ci}-(a_i-d)\lambda_{bi} \tag{2-8-75d}$$

上式中，令 $P=1$，并随 $e$ 的变化在不同的主梁上作用，即可求得第 $i$ 根主梁的横向分布影响线。

可以证明：如果计算点取在跨中断面，令 $\theta_0 \to 0$，$r_i=l_i/\theta_0$，上式即可简化为直线桥考虑主梁抗扭刚度的刚性横梁法横向分布影响线计算公式。

4. 刚度系数的计算

由于弯桥的挠度及扭角计算公式比较复杂，上述横向分布计算公式的计算是很烦琐的，为计算方便，跨中截面的刚度系数 $\lambda_{ai}$、$\lambda_{bi}$、$\lambda_{ci}$ 已编制成计算图表，经过变化可得：

$$\left.\begin{array}{l}\lambda_{ai}=A_i\cdot\dfrac{EI_i}{l_i^3}\\[6pt]\lambda_{bi}=B_i\cdot\dfrac{EI_i}{l_i^2}\\[6pt]\lambda_{ci}=C_i\cdot\dfrac{GI_{di}}{l_i}\end{array}\right\} \tag{2-8-76}$$

式中系数 $A_i$、$B_i$、$C_i$ 只与 $\theta_0$ 和 $k_i=EI_i/GI_{di}$ 有关，图 2-8-50 点绘了 $k_i=1$、$k_i=10$ 和 $k_i=100$ 的 $A_i$、$B_i$、$C_i$ 曲线。

### 四、曲线梁格法分析弯桥

在空间分析方法中，梁格法是目前斜弯桥设计计算中常用的方法。它不仅适用于由主梁和横梁组成的格子梁桥，也适用于板式、肋板式及箱梁桥。其实质是用一个等效的梁格来代替桥梁上部结构(图 2-8-51)，用矩阵位移法求解，因此不但可以进行纵桥向受力分析，也可以进行横桥向受力分析。梁格法不但可用于弯桥，也可应用于斜桥的计算。

梁格法在弯桥分析中的应用已经有较多的研究及相应的计算程序，有的采用考虑翘曲作用的梁格理论，而大多数不考虑翘曲作用；有的采用曲杆梁格单元，也有的采用直梁格单元，把弯桥用折线来模拟。对于混凝土桥的工程设计,忽略翘曲影响可以满足精度要求。当梁格划分得足够细时(纵桥向每跨 8 个梁格以上),采用直梁单元的折线形梁格精度并不比曲杆梁格低,而直梁单元的计算工作量要小得多。

对于曲线梁格程序,一般纵向梁格采用曲杆单元,而横向梁格采用直杆单元。曲杆单元和直杆单元的单元刚度矩阵在很多文献中均有介绍,曲杆单元刚度矩阵的显式较难获得,这里介绍一种由柔度矩阵间接计算单元刚度矩阵的方法。

1. 单元刚度矩阵

对如图 2-8-52 所示的曲杆单元,每端有三个自由度,节点位移列阵为:

$$\boldsymbol{\delta} = \{\boldsymbol{\delta}_1, \boldsymbol{\delta}_2\}^T = \{w_1, \theta_1, \phi_1, w_2, \theta_2, \phi_2\}^T \tag{2-8-77}$$

式中:$\boldsymbol{\delta}_1$、$\boldsymbol{\delta}_2$——左右节点的位移向量;

$w$、$\theta$、$\phi$——节点的竖向位移、弯曲转角和扭转角。

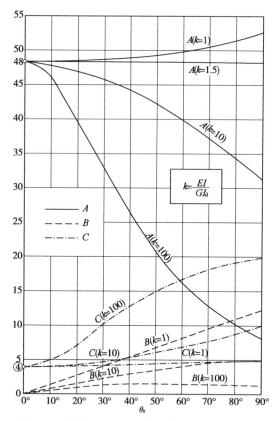

图 2-8-50 计算 $\lambda_{ai}$、$\lambda_{bi}$、$\lambda_{ci}$ 用的系数 $A_i$、$B_i$ 和 $C_i$ 曲线

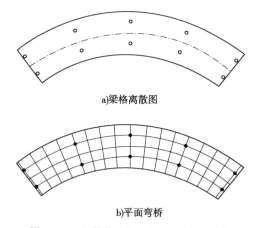

a) 梁格离散图

b) 平面弯桥

图 2-8-51 用等效的集格代替桥梁上部结构

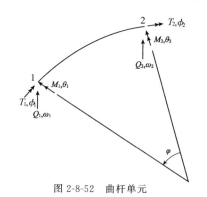

图 2-8-52 曲杆单元

单元杆端力列阵为:

$$\boldsymbol{F} = \{\boldsymbol{F}_1, \boldsymbol{F}_2\}^T = \{Q_1, M_1, T_1, Q_2, M_2, T_2\}^T \tag{2-8-78}$$

式中:$\boldsymbol{F}_1$、$\boldsymbol{F}_2$——单元左右端杆端力向量;

$Q$、$M$、$T$——杆端的竖向剪力、弯矩和扭矩。

当单元发生节点位移 $\delta$ 时,单元杆端力可表示为:

$$F = \begin{Bmatrix} F_1 \\ F_2 \end{Bmatrix} = \begin{Bmatrix} k_{11} & k_{12} \\ k_{21} & k_{22} \end{Bmatrix} \begin{Bmatrix} \delta_1 \\ \delta_2 \end{Bmatrix} = K_e \delta \quad (2\text{-}8\text{-}79)$$

式中：$K_e$——单元刚度矩阵，其中各元素可按如下方法通过柔度矩阵求得。

当左端发生位移 $\delta_1$ 时，将左端的约束用杆端力 $F_1^1$ 来代替，根据卡氏定理或虚功原理很容易建立左端节点位移 $\delta_1$ 与 $F_1^1$ 的关系：

$$\delta_1 = f \cdot F_1^1 \quad (2\text{-}8\text{-}80)$$

式中：$f = \begin{pmatrix} f_{11} & f_{12} & f_{13} \\ f_{21} & f_{22} & f_{23} \\ f_{31} & f_{32} & f_{33} \end{pmatrix}$，为单元左端的柔度矩阵，各柔度系数表达式可由卡氏定理或虚功原理确定，均可在有关文献中查到。

因此，左端杆端力可表达为：

$$F_1^1 = f^{-1} \cdot \delta_1 \quad (2\text{-}8\text{-}81a)$$

由此得：

$$k_{11} = f^{-1} \quad (2\text{-}8\text{-}81b)$$

由单元的内力平衡，可将单元右端杆端力 $F_2^1$ 用左端杆端力表示，即：

$$F_2^1 = D \cdot F_1^1 = D \cdot f^{-1} \cdot \delta_1 \quad (2\text{-}8\text{-}82a)$$

式中：$D$——杆端力转换矩阵。

由此得：

$$k_{21} = D \cdot f^{-1} \quad (2\text{-}8\text{-}82b)$$

当右端发生位移 $\delta_2$ 时，根据相对位置关系，相当于在左端发生位移 $\delta'_1 = -D' \cdot \delta_2$，$D'$ 为节点位移转换矩阵，此时单元两端的杆端力为：

$$F_1^2 = f^{-1} \cdot \delta'_1 = -f^{-1} D' \cdot \delta_2 \quad (2\text{-}8\text{-}83a)$$

$$F_2^2 = D \cdot f^{-1} \cdot \delta'_1 = -D \cdot f^{-1} \cdot D' \cdot \delta_2 \quad (2\text{-}8\text{-}83b)$$

由此得：

$$k_{12} = -f^{-1} D' \quad (2\text{-}8\text{-}84a)$$

$$k_{22} = -D \cdot f^{-1} \cdot D' \quad (2\text{-}8\text{-}84b)$$

2. 单元等效节点荷载列阵

对于如图 2-8-53 所示的曲梁单元，内部作用荷载 $P = \{Q, q, T, t, M, m\}^T$，设单元等效节点荷载为：

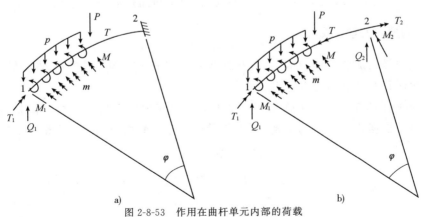

图 2-8-53 作用在曲杆单元内部的荷载

$$R = \{R_1, R_2\}^T = \{Q_1, M_1, T_1, Q_2, M_2, T_2\}^T \quad (2\text{-}8\text{-}85)$$

如图 2-8-53a)所示,解开左端约束,在单元内部荷载与等效节点荷载作用下,左端的位移可表示为:

$$\boldsymbol{\delta}_1 = \boldsymbol{f} \cdot \boldsymbol{R}_1 + \boldsymbol{f}^P \cdot \boldsymbol{P} \quad (2\text{-}8\text{-}86)$$

式中:$\boldsymbol{f}^P = \begin{pmatrix} f^P_{11} & f^P_{12} & f^P_{13} & f^P_{14} & f^P_{15} & f^P_{16} \\ f^P_{21} & f^P_{22} & f^P_{23} & f^P_{24} & f^P_{25} & f^P_{26} \\ f^P_{31} & f^P_{32} & f^P_{33} & f^P_{34} & f^P_{35} & f^P_{36} \end{pmatrix}$,为单元内部荷载 $\boldsymbol{P} = \{Q, q, T, t, M, m\}^T$ 产生的 $\boldsymbol{\delta}_1$ 方向上的位移矩阵,各位移系数表达式可由卡氏定理或虚功原理确定,均可在有关文献中查到。

单元处于平衡状态时,$\boldsymbol{\delta}_1 = 0$,由此可得左端等效节点荷载为:

$$\boldsymbol{R}_1 = \boldsymbol{f}^{-1} \boldsymbol{f}^P \cdot \boldsymbol{P} \quad (2\text{-}8\text{-}87a)$$

如图 2-8-53b)所示,根据单元内力平衡,可得右端节点等效荷载为:

$$\boldsymbol{R}_2 = \boldsymbol{D} \cdot \boldsymbol{R}_1 + \boldsymbol{D}^P \cdot \boldsymbol{P} = \boldsymbol{D} \boldsymbol{f}^{-1} \boldsymbol{f}^P \cdot \boldsymbol{P} + \boldsymbol{D}^P \cdot \boldsymbol{P} \quad (2\text{-}8\text{-}87b)$$

式中:$\boldsymbol{D}^P$ ——$\boldsymbol{P} = \{Q, q, T, t, M, m\}^T$ 作用在图 8-2-53a)所示悬臂梁上时产生的右端反力。

3. 梁格划分及截面特性计算

采用梁格法时,直接关系到计算精度的问题是如何划分梁格及计算各构件的截面常数。梁格划分的一般原则如下:

(1)梁格的纵、横向构件应与原构件梁肋(或腹板)的中心线相重合,通常沿切向和径向设置。

(2)每跨至少分成 4~6 段,一般应分成 8 段以上,以保证有足够的精度。

(3)连续弯梁的中间支承附近因内力变化较剧烈,故一般应加密网格。

(4)横向和纵向构件的间距必须接近,以使荷载分布较敏感。

(5)为配合悬臂部分的荷载计算,有时应在悬臂端部设置纵向构件(图 2-8-54)。

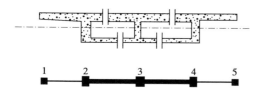

图 2-8-54 箱形截面典型梁格划分图式

对于多肋式桥梁,梁格法的计算模型与实际结构较接近,每个肋梁的截面特性可以直接按截面形状计算。但是对于箱形截面,梁格法的计算模型与实际结构有一定差距,目前,梁格构件的截面特性计算常采用相关文献所介绍的柔性梁格方法,经过分析比较证明,该方法对于弯矩和剪力的计算是比较准确的,但是对扭矩有一定差距。

**五、弯桥的预应力索配置**

施加预应力是增加桥梁跨越能力、提高结构刚度和减小结构尺寸的有效方法。

1. 曲梁中的预应力初内力及等效荷载

图 2-8-55 所示的曲梁微段上作用有六个方向的预应力等效均布荷载,每端的截面上有六个方向的内力。根据微段上力的平衡,可得曲梁在预加力荷载作用下的平衡微分方程:

$$V'_N + W_N R = 0 \quad (2\text{-}8\text{-}88a)$$

$$-M'_M + T - V_N R + Q_M R = 0 \quad (2\text{-}8\text{-}88b)$$

$$-T' - M_M + Q_L R = 0 \quad (2\text{-}8\text{-}88c)$$

$$V'_M - N - W_M R = 0 \qquad (2\text{-}8\text{-}88\mathrm{d})$$

$$N' + V_M + W_L R = 0 \qquad (2\text{-}8\text{-}88\mathrm{e})$$

$$M'_N - V_M R + Q_N R = 0 \qquad (2\text{-}8\text{-}88\mathrm{f})$$

式中：$M$、$N$、$V$、$T$——端部截面的弯矩、轴向力、剪力和扭矩，其导数指对 $\theta$ 的导数；

$W$、$Q$——预加力等效均布力和均布扭矩；

脚标 $L$、$M$、$N$——曲梁的切向、径向和竖直向。

经过几何转换，端部截面上预加力合力 $F$ 在竖向、径向和切向的分力分别为 $Fz'_s$、$-Fh'_s$ 和 $F(R+H)\theta'_s$，如图 2-8-56 所示。其中：$z'_s = \mathrm{d}z/\mathrm{d}s$，$h'_s = \mathrm{d}h/\mathrm{d}s$，$\theta'_s = \mathrm{d}\theta/\mathrm{d}s$；$\mathrm{d}s$ 为预应力索弧长微段，通常情况下 $\mathrm{d}s \approx (R+h)\mathrm{d}\theta$。根据截面上内外力平衡可得曲线梁预应力初内力为：

$$V_N = \frac{-Fz'}{R+h} \qquad (2\text{-}8\text{-}89\mathrm{a})$$

$$M_M = Fz \qquad (2\text{-}8\text{-}89\mathrm{b})$$

$$T = \frac{F(z'h - h'z)}{R+h} \qquad (2\text{-}8\text{-}89\mathrm{c})$$

$$N = -F \qquad (2\text{-}8\text{-}89\mathrm{d})$$

$$V_M = \frac{-Fh'}{R+h} \qquad (2\text{-}8\text{-}89\mathrm{e})$$

$$M_N = -Fh \qquad (2\text{-}8\text{-}89\mathrm{f})$$

如果预应力束在横截面上左右对称，则有 $h = h' = 0$，因而初扭矩 $T$ 等于 0。这可以想象为先对一根直梁施加预应力，然后再将它弯曲成曲梁，梁内不会产生扭矩。

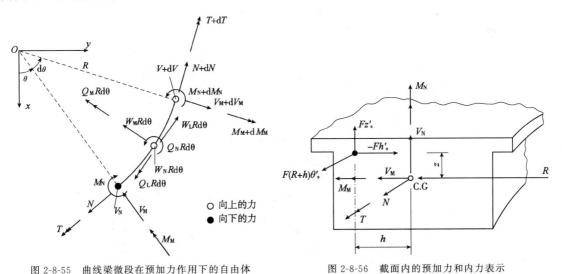

图 2-8-55 曲线梁微段在预加力作用下的自由体　　图 2-8-56 截面内的预加力和内力表示

把上述初内力代入平衡微分方程，经整理后可得曲梁预应力等效荷载为：

$$W_N = \frac{Fz''}{R(R+h)} \qquad (2\text{-}8\text{-}90\mathrm{a})$$

$$W_M = \frac{F}{R} - \frac{Fh''}{R(R+h)} \qquad (2\text{-}8\text{-}90\mathrm{b})$$

$$W_{L} = \frac{Fh'}{R(R+h)} \tag{2-8-90c}$$

$$Q_{N} = \frac{Fhh'}{R(R+h)} \tag{2-8-90d}$$

$$Q_{M} = \frac{Fh'z}{R(R+h)} \tag{2-8-90e}$$

$$Q_{L} = \frac{Fz}{R} + \frac{F(z''h - h''z)}{R(R+h)} \tag{2-8-90f}$$

**2. 弯桥预应力索的配置**

对于弯桥,除了利用预应力抵抗弯矩外,显然也希望利用预应力抵消外荷载产生的扭矩。理论上,可采用下列几种方法来利用预应力抵消扭矩:①内外侧腹板采用不同线形的预应力筋[图 2-8-57a)];②内外腹板上预应力筋线形对称,但张拉力不同[图 2-8-57b)];③在顶底板中布置弯曲方向相反的预应力筋[图 2-8-57c)]。但是,有些措施将降低预应力的抗弯效应,因此,是否采用预应力来抵消扭矩要从实际情况出发。

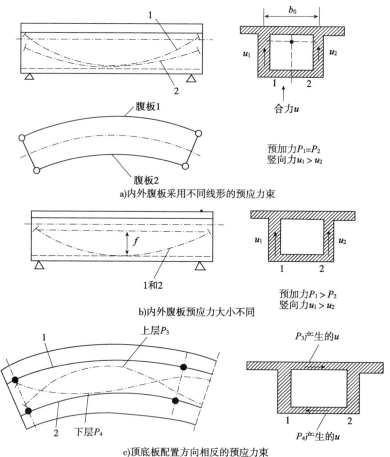

图 2-8-57 抵抗外扭矩的预应力束配置

弯桥中由于弯扭耦合作用,不存在与外荷载完全吻合的预应力束,"线性变换"原理也不再适用。目前弯桥设计中常见的做法是:

(1)确定外荷载引起的弯矩、扭矩和剪力。

(2)按照抵抗弯矩的要求计算所需预应力钢筋的数量和线形。

(3)移动抗弯预应力钢筋,尽量抵消外扭矩。

(4)计算剩余扭矩和剩余剪力,必要时配置专门的抗扭和抗剪预应力筋或普通钢筋。

(5)全桥预应力效应校核。

弯桥的预应力效应计算过程较复杂,一般要采用计算机程序进行。

3. 空间曲线预应力索的摩阻损失计算

由于平面曲率的存在,弯桥中预应力钢筋的预应力摩阻损失要比直桥大,较长的钢束可能会超过10%。对于具有空间曲线形的预应力束,其摩阻损失计算仍可采用平面曲线预应力束的计算公式,但是张拉端至计算点之间的曲线包角 $\mu$ 必须用空间包角 $\beta$ 来代替,而空间包角的计算是很复杂的。经过研究比较,近似用下式计算 $\beta$ 可取得较好的精度:

$$\beta = \sqrt{\theta_H^2 + \theta_V^2} \tag{2-8-91}$$

式中:$\theta_H$ ——空间曲线在水平面上的投影包角;

$\theta_V$ ——空间曲线在竖向圆柱面展开面上的投影包角。

4. 预应力索的侧向防崩

由于水平曲率的影响,在曲梁上施加预应力,预应力束将产生指向曲线内侧的水平荷载:

$$W_M = \frac{F}{R} - \frac{Fh''}{R(R+h)} \tag{2-8-92}$$

曲率半径越小、索力越大,所产生的水平力越大。如果预应力束在腹板中布置不当,就有可能将腹板崩裂。

为防止腹板崩裂,可近似地将上述水平荷载作用在嵌固于顶底板之间的腹板上进行强度验算(图 2-8-58)。当曲线内侧的保护层较小时,应沿预应力束设置防崩钢筋(图 2-8-59)。在构造上应尽可能地将预应力束布置在腹板的外侧(图 2-8-60),合理地设置一定数量的横隔板,以增加腹板横向刚度。为防止出现过大的水平力,在弯桥的腹板中应避免采用大吨位的预应力索。

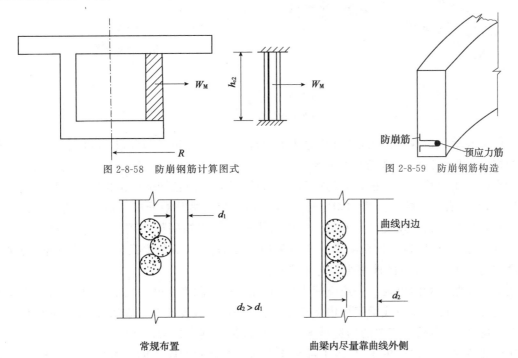

图 2-8-58 防崩钢筋计算图式

图 2-8-59 防崩钢筋构造

常规布置　　曲梁内尽量靠曲线外侧

图 2-8-60 预应力束的布置

## 第六节 预应力连续弯桥构造示例

大曲率弯桥大部分位于立交桥的匝道上,这里介绍一座位于山西省平顺县的公路弯桥,其设计荷载为汽车—20、挂车—100,采用全预应力结构。

本桥上部结构采用三跨 28.0m＋35.0m＋28.0m 等截面预应力混凝土单箱单室连续曲线梁,中轴线处梁高为 2.5m,桥梁宽度为净—9m＋2×0.5m,箱梁全长为 91.5m;桥上纵坡为零,横坡为 4%。桥梁中轴线的曲率半径 $R=90.0$m,采用顶推法施工。图 2-8-61 为该桥的总体布置图。

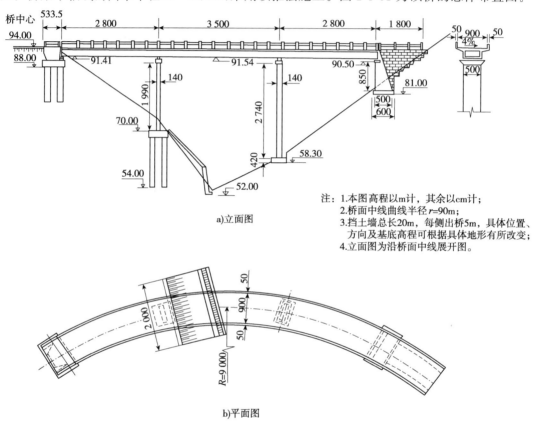

图 2-8-61 总体布置图

曲线梁在垂直荷载作用下,同时产生弯矩和扭矩,且两者相互耦合,致使在通常条件下,曲线梁的挠曲变形要比同一跨径的直梁要大。因此,在选择主梁截面形式时,应具有较大的抗扭刚度。本桥采用单箱单室截面,不仅具有较大的抗扭刚度,而且能适应顶推施工中弯矩变号的受力特点,并兼有良好的施工横向稳定性。图 2-8-62 为箱梁跨中处横截面图。曲线梁桥中的横隔梁起着增强主梁抗畸变刚度和加强梁内曲线预应力束锚固等作用。为此,本桥除在支承处设置外,每跨间均增设三道横隔梁。本桥采用长度为 21.0m 的变高度曲线钢导梁,与箱梁的刚度比为 1/14,中轴线的曲率半径与主梁相同。

预应力在曲线梁内可视为一组空间力系,它在结构中除产生平面内的内力外,还将产生平面外的内力。预应力在曲线梁腹板内侧产生的径向力作用,设计时不容忽视,除了从钢束合理布局上考虑外,还应采取相关的构造措施,以防止张拉时钢束自梁体崩出。

连续梁桥采用顶推法施工,导致上部结构在施工与运营两阶段的内力状态差别很大,各自要求配置的预应力束有较大差异。本桥配束系先按顶推过程的最大弯矩组合配束，然后按运营阶段最不利荷载组合予以调整。考虑顶推阶段的预应力束，在箱梁的部分区域对运营阶段的受力不利，所以在顶推阶段配置了部分临时束，将梁体顶推就位后予以放松，以满足两阶段的受力要求。顶推阶段总钢束数为258束，其中临时束为84束，截面上最多的配束数为82束；运营阶段总钢束数为190束，截面上最多的配束数为92束。顶推就位后，放松临时束，再张拉16束后期永久束（其中8束为通长束）。配置通长束既可满足运营阶段的受力要求，又可增强曲线箱梁的整体性。钢束为24φ5高强碳素钢丝组成。

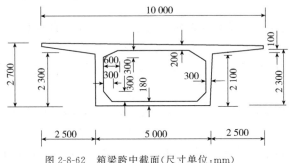

图 2-8-62　箱梁跨中截面（尺寸单位：mm）

本桥桥址处沟宽谷深，故采用顶推法施工。本桥箱梁全长为91.8m，为单箱单室梁体，全部位于中轴线半径为90m的圆曲线内，是国内首次应用顶推法施工的小半径曲线梁桥。梁体分成11个梁段浇筑，采用双千斤顶单点顶推、双拉杆拖拉式方案施工，即由两个600kN的双拉杆液压千斤顶作为纵向拖拉的动力装置，千斤顶安置在桥台垫石两侧，当一段梁体预制完毕，将拉杆的一端锚固在千斤顶上，另一端锚固在与梁体固接在一起的拉锚器上，当千斤顶活塞杆向前伸出时，双拉杆以拖拉方式牵引梁体前移。为了控制曲线梁前移的方向，在临时墩、桥台与主墩的两侧设置导向装置。在顶推过程中，梁轴线位置用经纬仪控制，当出现偏移时，用导向装置纠正。

曲线梁与直梁顶推施工的不同点在于：

(1) 曲线梁顶推时内外弧两侧前进的距离不同。
(2) 导向装置的设置应比直梁强劲，且数量要增多。
(3) 中轴线观测难以在梁体行进中进行，需缩短推进行程，增加观测次数。
(4) 应注意曲线梁的预应力筋张拉后，对曲线梁曲率产生的影响。
(5) 顶梁安放支座应使各千斤顶支点始终保持在同一水平面上，当曲线梁的梁体稍有偏斜，便会引起某一支点的支反力大大超过计算值，因此，应加大顶梁千斤顶的储备量。
(6) 宜采用柔性拉杆，以适应梁体曲率较大或者拉锚器在腹板上的固定位置距顶推千斤顶的距离较远，所造成的拉杆方向变化较大，从而引起千斤顶底座阻碍拉杆前进的状况。

预应力混凝土曲线连续箱梁桥在国内已建造了很多，但采用平面内顶推法施工的曲线连续梁在国内是第一次，就该桥的曲线半径 $R=90.0$ m而言，国外用顶推法建成的曲线桥中尚未见到报道。

## 第七节　异形桥梁的构造特点和设计原则

在高速公路立交及城市高架道路的分叉区段，不可避免地会出现一些异形桥梁。常见的异形桥梁主要有：变宽度桥、两端支承边斜角不等的直斜桥及弯斜桥、支承边呈折线形的多边形斜桥等（图 2-8-63）。

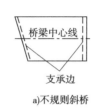  

a)不规则斜桥　　　　　b)斜弯桥　　　　　c)多边支承桥梁

图 2-8-63　异形梁桥

异形桥梁的受力复杂,尚无成熟的简化计算方法,因此通常是整个设计中较难处理的部分。在设计中可参照下列原则:

(1)在结构布置设计中,尽量使异形结构部分相对独立,使其复杂的受力行为对规则结构影响较小。

(2)通过计算或试验分析使结构的主梁或主筋布置方向尽量与主弯矩方向一致。

(3)在支承边应设置与支承线方向平行的横梁或横隔板。

(4)异形桥梁的支承反力在同一支承边不均匀,支座的布置应充分考虑可能出现的支承反力不均匀性,避免出现支座超载或脱空现象。

异形桥梁的受力分析较为复杂,传统的解析分析方法很难胜任。对于形状变异不大的桥梁可以近似地按照相应的规则桥梁计算;对于复杂形状的异形桥梁,随着计算机的普及以及力学分析程序的进步,目前已有多种有限元方法可以对异形桥梁进行数值分析,如再辅以模型试验分析,可以得到足够精确的结果。但是,车列活载内力最大值的计算还有待进一步研究。

# 第九章 混凝土梁式桥实例简介

## 第一节 预应力混凝土简支梁桥

### 一、概述

徐浦大桥浦西引桥位于龙吴路与浦莘路地段上,见图 2-9-1。

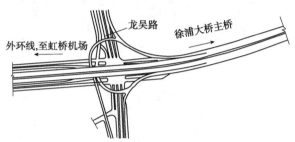

图 2-9-1 徐浦大桥浦西引桥

引桥分主引桥和匝道两个部分。主引桥沿主桥轴线向西延伸与外环线连接,桥轴线与外环线的路线转角为 19°26′53.4″,在该转点设置半径 2 000m、长度 678.87m 的平曲线。由于主桥不设中央分隔带,而外环线主线设有宽 6m 的中央分隔带,所以主引桥在桩号 K1+118.4m 处开始向西逐步分叉成两个单向四车道的双幅桥,落地后即与外环线的标准横断面衔接。

浦西引桥设计荷载为汽车—超 20 级,挂车—120,特挂—300(载重 3 000kN,限制在主引桥中心线左右各 3m 范围内行驶);主引桥双向八车道 33.95m,单向四车道 18.5m;匝道:上行双车道 11m,下行双车道 9m,单车道 8m,桥面纵坡 3.5%;立交净空高度,在跨越辅道处大于 4.5m,在跨越匝道处大于 5.0m,在跨越非机动车道处大于 2.5m。

### 二、上部结构

遵照适用、经济、简洁、快速施工的设计原则,从上海地区软土地基的特点出发,通过技术、经济、美观等方面的比较,引桥结构采用简支体系桥面连续。这种结构体系不仅能很好地适应墩台基础的不均匀沉降,而且由于上部结构可以采用预制拼装方法,可与下部结构施工平行作业,同时在施工期间基本不影响龙吴路的原有交通。

在跨度选择上,考虑主引桥与主桥相接的桥墩高达 38m,应选较大的跨度,除了跨越龙吴路的一跨和跨越匝道前一跨有特殊要求[跨径 45m(桥墩中距)与 36m]外,其余 T 梁跨均为 38.4m,见图 2-9-2,板梁跨均为 21m。

匝道 T 梁跨与主引桥 T 梁选用相应的跨径,接近地面的匝道采用跨径 21m 的板梁。龙吴路地下管线密布,分跨布置以避开原有管线为原则。定向曲线匝道跨越龙吴路时,其中一只桥墩设在龙吴路中央分隔带上,两侧离开原有地下管线安全距离各设置一只桥墩,以此确定匝道的标准跨径为 25.58m,其他跨径大多为 24.8m。

所有 T 梁均采用 2.3m 的统一梁高,主梁间距在 2.3～2.6m 以内。预制 T 梁宽度均为 1.6m,预制梁之间的翼板和横隔板待 T 梁架设后再现浇,以加强横断面的整体性。桥面变宽

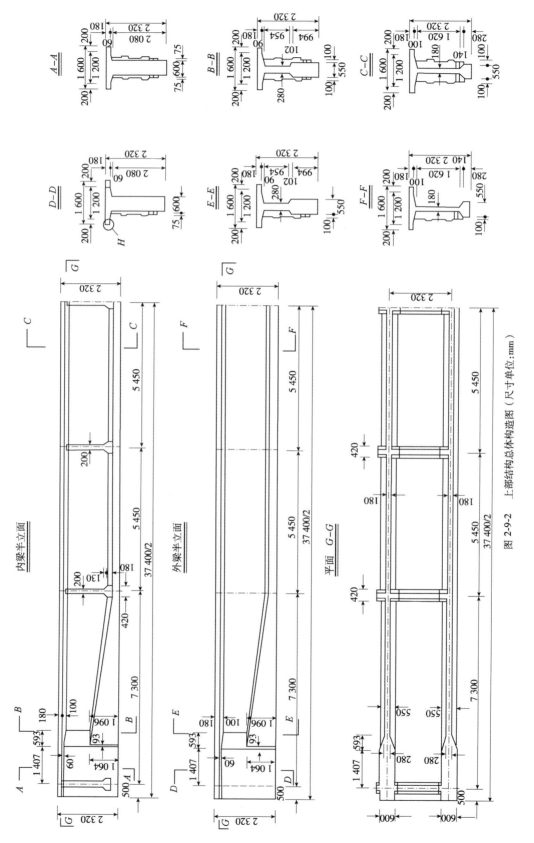

图 2-9-2 上部结构总体构造图（尺寸单位：mm）

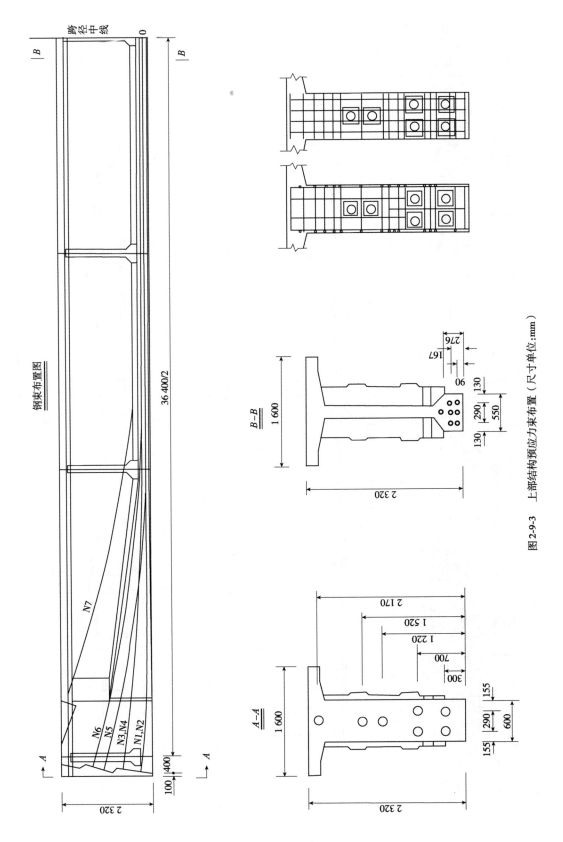

图 2-9-3　上部结构预应力束布置（尺寸单位：mm）

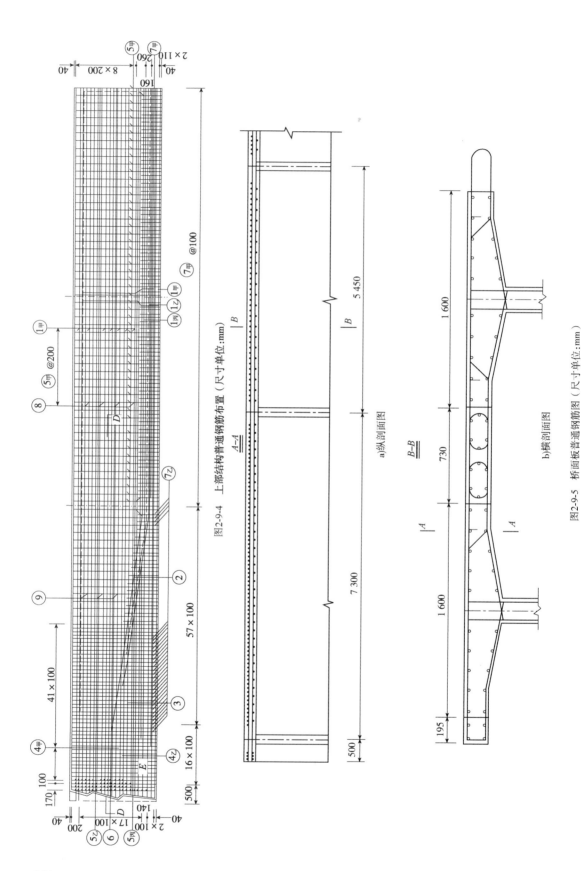

图 2-9-4 上部结构普通钢筋布置（尺寸单位：mm）

图 2-9-5 桥面板普通钢筋图（尺寸单位：mm）

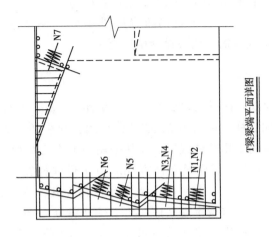
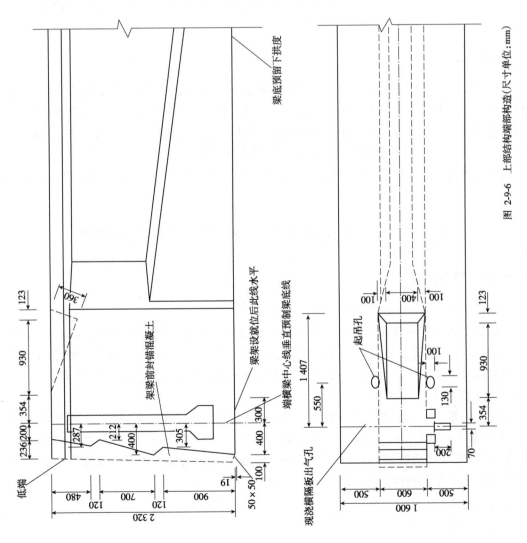

图 2-9-6 上部结构端部构造（尺寸单位：mm）

度的 T 梁桥跨,主梁按扇形布置。T 梁采用低松弛高强度钢绞线、OVM 锚后张预应力体系。空心板高度 0.9m,板宽 1.0m,采用 φ15.24 钢绞线先张法。

T 梁预应力筋布置见图 2-9-3。普通钢筋布置见图 2-9-4～图 2-9-6。徐浦大桥西引桥使用的 T 梁构造形式和配筋形式在简支梁桥设计中广泛采用。

### 三、下部结构

主引桥八车道标准段为双立柱桥墩,见图 2-9-7。中距 20.3m,桥面变宽段采用三立柱和四立柱。在四车道标准段,采用大挑臂盖梁的单柱式桥墩,所有匝道均采用单柱式墩。立柱采用矩形空心截面,主引桥立柱横桥向宽 4m,双车道匝道立柱宽 3m,单车道立柱宽 2m,而顺桥向的宽度在 2.8～1.2m 范围内按墩高作规律变化。立柱四角作 1/4 凹圆弧削角,主引桥、匝道立柱削角半径分别为 40cm 和 25cm。

桥墩盖梁均采用倒 T 形断面,见图 2-9-7。其顶面按照桥面横坡的高差设置盖梁坡度。主引桥盖梁由于挑臂过长而采用预应力结构,匝道盖梁采用钢筋混凝土结构。采用倒 T 形断面盖梁,需要设置两道伸缩缝。

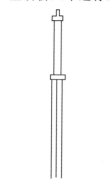

图 2-9-7 下部结构一般构造

### 四、施工工艺

墩、台基桩采用常规打桩机具打入钢筋混凝土方桩,破桩头后理直钢筋浇入承台混凝土。采用常规施工的钻孔桩。墩柱高度 10m 以下采用立模施工,较高的墩柱采用升模施工,吊罐式泵送混凝土。盖梁施工时,先吊装预制的钢筋骨架于标准钢模内,浇筑混凝土,标准钢模可支托在满堂支架上或用万能构件制作夹于墩身的支托结构。

后张法 T 梁采用常规方法现场预制,采用汽车吊机架设。安装就位后浇筑中间连接混凝土。

## 第二节 预应力混凝土 T 形刚构和连续刚构桥

### 一、重庆长江大桥

1. 概述

重庆长江大桥是一座位于重庆市中心区跨越长江的城市桥梁。桥址区域地质属上侏罗系重庆统,河床砂卵石覆盖层下为砂岩、页岩互层。江心有一个砂砾洲,称为珊瑚坝,枯水时将江水分割为南北两个河道。桥位上下游河道弯曲不大,江心砂洲稳定,按桥位处百年一遇的洪水流量设计流速,水位涨落变幅 30m 以上。

该桥是一座带挂梁的预应力混凝土 T 形刚构桥,最大跨径 174m。根据交通规划,行车道宽 15m,两侧人行道各 3m。桥梁的设计荷载按汽车—20 级计算,挂车—100 级及载重 147t 的平板车验算,人群荷载按 350kg/m² 设计。在桥梁的设计中,考虑了船只的撞击力和地震力,大桥区域经鉴定为基本烈度六级,设计时按七级验算。

2. 构造要点

1)桥跨布置

桥梁全长,共 8 跨。在桥跨布置时除满足通航净空要求外,从结构上应使每个 T 构的悬臂长度相等,全桥挂梁等长。本桥组成主孔的两个 T 构的悬臂长度为 69.5m,标准孔 T 构的悬臂长度为 51.5m,挂梁的计算跨径取用 35m,见图 2-9-8 所示。

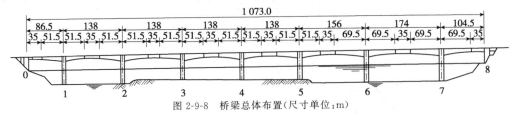

图 2-9-8　桥梁总体布置(尺寸单位:m)

主梁采用变截面,174m 主跨的根部梁高为 11m,138m 跨的根部梁高为 8m,牛腿支承处的梁高均采用 3.2m,桥梁的高跨比为 1/17～1/16。梁底变化曲线选用三次抛物线,使梁的根部附近梁高变化陡些,跨中部分梁高变化平坦些,这样使得截面变化符合主梁的受力要求,并能节省材料。

挂梁的计算跨径 35m,全长为 35.9m。内梁用等截面,梁高取用 3m。挂梁的外梁为在牛腿处与 T 构配合,梁高从跨中的 3m 变化到支点截面为 3.185m。

2)纵横截面布置

T 构横截面全宽 21m 采用双箱单室,箱宽 5.48m,箱梁间顶板长 4.84m,外侧悬臂板 1.6m,人行道悬臂长度 1.0m。174m T 构的底板采用变厚度,为了加强箱梁的整体性和横向刚度,在距根部 6.65m 范围内将两箱间底板连通,连通部分的底板厚度取用 0.8m。箱梁的腹板为满足承受剪应力和主拉应力的要求,便于布筋和方便施工,其厚度采用分段变化,顶板厚度取用 0.34m 和 0.27m 两种,其细节尺寸见图 2-9-9。

在主梁根部桥墩外壁的位置和牛腿处设置横隔梁。174m T 构的悬臂长度 69.5m,在离根部 28m 位置上增加了一道中横隔梁,以增加箱梁的横向刚度和减小箱梁畸变。

挂梁采用后张法预应力混凝土 T 形梁,考虑挂梁与箱梁腹板对齐,在横截面上布置四片,梁中距为 5.07m+5.16m+5.07m,挂梁除在两端牛腿处设置横隔梁外,梁的中部还有五道中横梁,间距 5.8m,由于起重能力限制在 120t 以内,预制梁采用短翼缘,宽 1.3m,同时为尽量减小挂梁尺寸和桥面重量,在桥面构造上,取消三角垫层,桥面横坡由挂梁的支承高度调整,桥面铺装层平均厚度 0.07m,它与桥面板的现浇部分同时浇筑。

3)预应力体系

T 构采用三向预应力体系,纵向预应力筋采用 24$\phi$5 高强钢丝组成的钢束,锚头采用钢制锥形锚具,纵向钢束分有直束、竖弯束和平竖弯束,布置在箱梁的顶板和腹板内。T 构各控制截面所需钢束数量通过计算确定,其中 174m T 构的每个单箱根部截面配置 320 束,138m T 构根部截面配置 272 束,纵向钢束的配置见图 2-9-10。

在布置钢束时,竖向最小净距 40mm,横向最小净距 50mm,同时横向按不等距排列,使每组钢束之间留有较大的空间,便于浇筑混凝土。钢束排列对称,在锚固截面上布置均匀。在设置孔道时预留了备用孔,以便在必要时补充。

横向预应力束也是由 24$\phi$5 高强钢丝组成,布置在箱梁顶板上,钢束依照顶板的受力状况布置成弯索,束距 0.75m。采用横向预应力对改善桥面板的受力、减小结构尺寸、加强横向刚度作用很大,特别对于宽箱梁、长悬臂的截面效果更佳。

竖向预应力可提供预剪力,布置在箱梁薄腹板中提高了截面抵抗剪应力和主拉应力的能力,本桥的竖向预应力采用 25MnSi$\phi$28 冷拉粗钢筋,间距为 0.70m,张拉端备有螺纹,使用螺

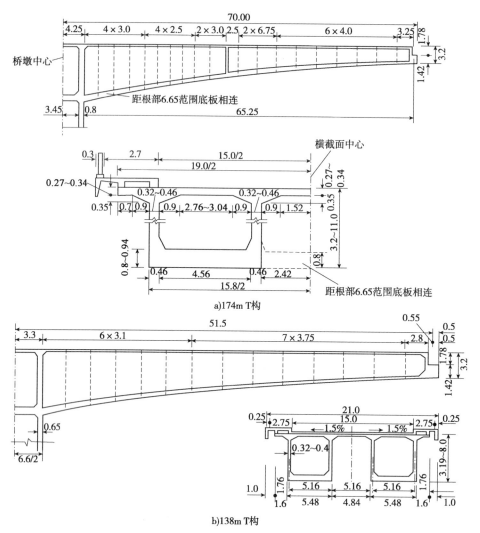

a) 174m T构

b) 138m T构

图 2-9-9 T构结构尺寸图(尺寸单位:m)

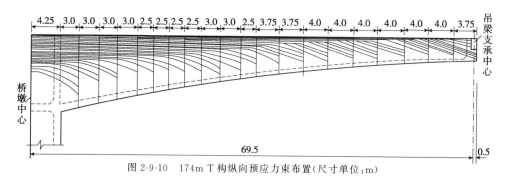

图 2-9-10 174m T构纵向预应力束布置(尺寸单位:m)

母锚固。T构中所有预应力束和预应力筋的孔道均采用预埋铁皮套管成形。

挂梁按三向预应力设计,纵向和横向束均为 24φ5 高强钢丝,钢制锥形锚具,纵向钢束每梁 20 束,其中 12 束锚在梁端,另外 8 束在现浇桥面混凝土后锚固在梁顶上。横向预应力束布置在 T 梁翼缘和横梁底部,翼缘板的横向预应力束按 0.5m 间距排列。靠近牛腿部位,每端设置 6 根直径 28mm 的预应力粗钢筋,以抵抗该处较大的主拉应力。挂梁预应力孔道成形也采用

50mm 铁皮套管。

4)桥梁下部结构

桥位处的基岩为砂、页岩互层,质软强度低,要求基础有一定的嵌岩深度,河床覆盖层 0.5～11m 不等,江中砂砾洲珊瑚坝的覆盖层为 15～22m,河道一般冲刷深度 6.2m,局部冲刷深度 5.89～8.86m。根据桥位的地形、地质和水文条件,采取了三种不同形式的基础。1、5、7 号为明挖基础,2、3、4 号基础位于珊瑚坝上,采用圆形混凝土沉井基础,沉井直径 21～22.4m,高 9～10m。6 号墩基础位于深水区,采用双壁钢围堰大型钻孔灌注柱桩基础。双壁钢围堰外径为 23.4m,双壁间距 1.2m,钢围堰高度 19.44m,顶面高出施工水位 2m,围堰内布置直径 2.6m 钻孔灌注桩 12 根,嵌入基岩 10.12～11.69m,承台是在围堰封底钻孔桩施工完成后浇筑,承台厚 6.5m。主孔 6 号墩构造见图 2-9-11 所示。

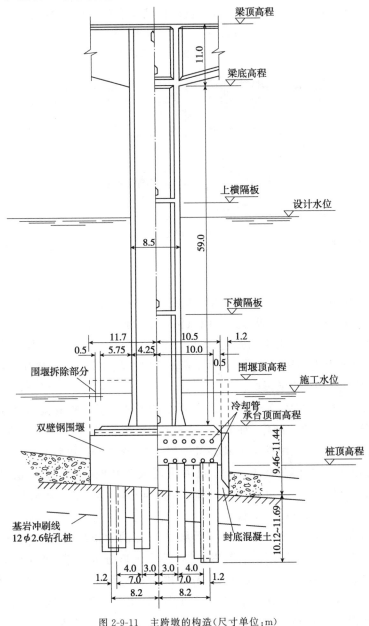

图 2-9-11 主跨墩的构造(尺寸单位:m)

桥墩均采用钢筋混凝土空心薄壁结构，边跨墩截面为19.0m×6.6m。6号、7号主墩截面为20m×8.5m，墩高51～62m不等，墩身采用等截面。因为墩身与承台的刚度差别较大，为了改善墩底截面与承台连接处的受力状态，从承台顶面向上3m范围内两侧墩壁各扩大0.5m成喇叭形。在整个墩身高度内，设置两道水平隔板，板厚0.5m。

5) 支座与伸缩缝

T形刚构桥在T构支承挂梁的牛腿处需设置支座，本桥上部结构传给每个支座的竖向力为206t，根据支座的建筑高度、用钢量和施工养护条件等各方面因素比较，选用盆式橡胶支座。盆底直径400mm、建筑高度95mm、安装质量0.072 6t，水平位移量及转动角均满足设计要求。伸缩缝设置在T构牛腿和挂梁之间，对于大跨径T形刚构，不仅需要有较大的水平伸缩缝，还要求能满足悬臂端竖直位移的变化和动荷载对伸缩缝的冲击影响。本桥采用由钢板和橡胶管组合的预应力弹性伸缩缝，它由衔接梁、伸缩体和活动横梁组成，见图2-9-12。钢板、橡胶组合伸缩缝的最大伸缩量为80mm。

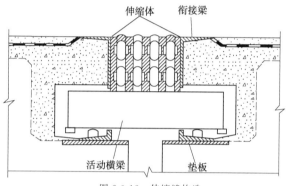

图2-9-12 伸缩缝构造

3. 施工技术

1) 基础施工

1号墩的基础靠近岸区，采用土筑围堰明挖施工。围堰高2.5m，使用双层草袋堆筑，中间填夯黏土，堰内采用排水开挖，基岩部分采用风钻打眼，分层爆破，吊机运送出渣。5号墩的基础位于河漫滩地段，枯水季节距主河道边缘10～40m，覆盖层10.57m，基岩为泥岩和砂质泥岩。施工时首先用推土机和铲运机挖5m深，再用反铲开挖基坑，基岩部分采用在5m范围内一次爆破成型的施工方法，效果很好。

2、3、4号墩的覆盖层厚12.5～21.4m，主要是卵石夹砂层，采用圆形钢筋混凝土沉井施工。2号及3号墩沉井分两节制作，每节高4～6m，4号墩沉井分三节制作，每节高3～3.6m。为了减少沉井的下沉高度，先用挖土机械将覆盖层挖掉3～10m，然后制作沉井。沉井刃脚的支垫分别采用混凝土、砖胎模和枕木支垫。沉井采用人工开挖，吊机出渣，沉井下沉平稳。沉井渗水较小，基本达到干施工。沉井在封刃脚时出现涌砂、渗水，采用补水办法，以平衡内外水压力，并用水下清基和浇注水下混凝土封底。

6号墩位于主河道，施工较复杂，该处覆盖层3～5m的砂卵互层，施工时水深18～21m，最大流速2.5m/s。双壁钢围堰用钢板和型钢组焊、整个围堰分为4节，平面环向对称等分为八块，每个单元的最大质量在10.6t左右，第一节在拼装船上组拼，根据河床岩面做成高低刃脚，高差1.9m。第一节浮运就位后起吊下水，并不断增高；第二、三、四节吸泥下沉，落架在基岩后进行清基，浇水下混凝土封底。为了便于钻孔，在封底前按桩位安装12根直径为2.9m的钢护筒。钻孔采用冲击钻和牙轮钻机,在钻孔桩混凝土浇筑完成后进行基础承台混凝土施工,由于承台混凝土数量大,为避免温度裂缝还采用了冷却水管散热降温措施。

2) 墩身和0号块施工

墩身底部3段为变截面,采用一般支架模板现浇混凝土施工,以上部分均为等截面,采用滑动模板分段浇筑施工。滑动模板由施工平台、模板系统和液压提升设备几部分组成。其中,液压提升系统采用HQ-35珠式千斤顶,根据平台荷载及构造需要,布置102～132台千斤顶,滑模由千斤顶顶升提升架带动模板、工作平台随提升井架一起升高。千斤顶的反力由设在墩壁内的承力杆承担。

正常滑升时,混凝土分层浇筑,每层厚0.2～0.25m,每浇筑四层混凝土可出模,出模强度为$1～3kg/m^2$,一昼夜可滑升3.0m左右。实践证明:这种施工方法能保证施工质量,混凝土表面平整、垂直偏差小,工期短,节省材料和劳力,每班130名施工人员浇筑混凝土60～70$m^3$。每个墩施工周期为15～20d。

0号块的施工有三种方法。1～5号墩的0号块采用立模现浇施工,托架作为施工平台,分四段浇筑完成。6号墩的0号块高11m,采用直滑模板施工,即0号块仍按桥墩滑模方法连续直滑现浇竖墙,底板四周预留竖向施工缝,并采取措施加强底板与墙体的整体性。7号墩的0号块采用空滑方法施工,当滑模进入0号块底板位置后向上空滑,在浇筑底板混凝土后,再进行墙体滑模施工。采用空滑时,模板脱空1.8m,承力杆的自由长度为3.48m,需要采取措施予以加强。经三种不同施工方法的比较,以直滑施工为佳,它不需要木料,施工周期短,施工方便。

3) T构悬浇施工

T构采用分箱分段悬臂浇筑施工。174m T构悬臂长为69.5m,分为20个节段,138m T构分14个节段,每一节质量不超过180t。两个单箱分别悬浇施工,箱间用0.5m现浇带相连,再用横向预应力将两箱组成整体截面。1号块主要采用托架现浇施工,在托架上立内外模,整体浇筑。

悬臂浇筑采用挂篮施工,1～6号墩采用斜拉式挂篮,墩采用桁架式挂篮。斜拉式挂篮由悬吊系统、斜拉组合梁和行走锚固系统组成,斜拉挂篮具有刚度大、用钢量少、占据空间小、使用方便等优点。本桥T构混凝土设计强度等级为C40,要求3d强度不低于C30,每节段施工周期约为130h。

在T构悬浇施工中,成功地使用了箱梁内滑模板,使内模沿腹板向上滑升,直到箱梁顶板。内滑模板包括内模架、顶板、内模板、下承托模板和提升系统,见图2-9-13。内模板高1.2～1.3m,提升系统通过纵横梁固定在挂篮主梁上,随挂篮一起移动。腹板采用分层浇筑,每层0.3m,每班以12h计能滑升4～5m。使用箱梁内滑模板施工,特别用在薄腹板的高大截面以及钢筋和管道密集的箱梁,能够提高工效,减轻施工荷载,缩短工期,改善劳动强度和提高施工质量。

4) 挂梁的预制与架设

挂梁在桥位现场预制,分层浇筑混凝土,后张法施加预应力。挂梁间的桥面板,也在T构箱梁上预制,板厚0.25m,每块质量达10t左右。

挂梁采用拼装式预应力斜拉架桥机架设,纵向落位后用滚筒横移就位。在挂梁架设过程中,每个T构箱梁的另一端牛腿处需要加平衡重,使T构的最大不平衡弯矩不超过容许值。挂梁就位后现浇横隔梁,并用扒杆机安装预制桥面板,现浇接头和面层混凝土,最后第二次张拉纵向预应力钢束,张拉横向、竖向预应力筋,并完成压浆和封锚,每孔挂梁的施工周期约为11d。

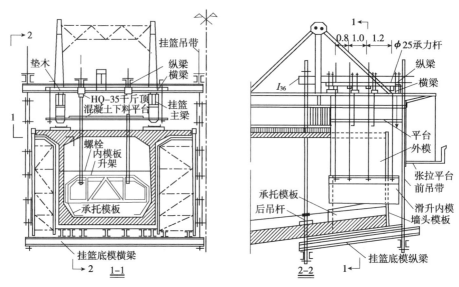

图 2-9-13　箱梁内活动模板的构造(尺寸单位:m)

4.设计计算要点

1)桥梁基础

6号墩是深水基础,工程量大,施工期间中途渡洪。在设计中制订了多种方案,经过比较,选定双壁钢围堰钻孔灌注桩的设计方案。墩基础设计考虑了两种状态,在基岩冲刷前按低桩承台设计,基层冲刷后按高桩承台设计,以高桩承台作为控制设计。设计时考虑了主要荷载、单孔满布人群荷载、单孔挂梁破坏三种组合的应力验算,同时还考虑在船撞力作用时的高桩承台计算。

2)墩身计算

由于墩身较高,T构悬臂长,在墩身设计中要进行墩身各截面的强度验算,计算船只撞击力对墩身的整体作用和对墩壁的局部作用。设计中考虑顺桥向船只撞击力5 000kN,横桥向3 000kN,并采用不同方法进行电算和手算。此外,还计算了墩身的整体稳定、墩壁的局部稳定、墩顶的水平位移和转角。

3)上部结构

带挂梁的T形刚构体系是静定结构,设计时按全预应力考虑。由于大跨径桥梁恒载产生的内力占总内力的80%~86%,活载超载影响小。钢束用量主要受弹性阶段控制。

箱梁的横截面应力分析,采用了空间计算和按平面假定进行计算,计算结果比较相近,因此采用平面假定的方法进行T构箱梁截面计算是可行的。但对悬臂根部截面,由于空间作用,存在一定程度的剪滞影响和深梁作用。箱梁截面在偏载作用下,产生畸变和翘曲应力,本桥通过计算,自重荷载是主要的,偏心活载占设计荷载的比值约15%。

墩顶块是T构传力的关键部位,本桥在设计中进行了空间受力分析,计算结果表明墩顶块的受力比较复杂,要根据受力性质和大小确定其构造和配筋。由于在墩顶和在箱梁不同部位开设人孔或管线孔,将使孔洞边缘的应力增加2~5倍,也可能使桥面应力符号改变,因此必须在孔洞周围加强配筋,并应考虑设孔位置选在应力较小的部位。但开孔影响属于局部,对整体计算影响不大。本桥还对牛腿部位的内力状态进行了分析。

正确地确定T构端部的预拱度,对桥梁的成型和运营影响很大。在计算中徐变预拱度影响较大,且与悬臂长度的平方成正比。本桥施工前进行了混凝土徐变试验,在桥梁施工中利用实测挠度值修正了混凝土的徐变特征值,计算结果比较符合实际。

5. 评述

重庆长江大桥是 20 世纪 70 年代在我国具有代表性的一座城市公路桥。大桥的建成取得了相当大的经济效益,仅从节省交通运输费用计算,不到 5 年就能收回全部建桥投资,同时在社会效益和环境效益方面也有显著的收效。

大桥在设计和施工中,吸收了许多国内外当时的先进经验,使结构设计合理,节省材料,快速施工,保证使用质量,它为今后建造大跨径桥梁提供了有益的经验。

本桥上部结构的材料用量指标：混凝土 $1.04m^3/m^2$,预应力筋 $56.4kg/m^2$,普通钢筋 $85kg/m^2$,钢材 $20kg/m^2$。

20 世纪 80 年代以后,预应力夹片群锚体系和高强低松弛钢绞线有很大发展。由于夹片锚的张拉预应力远大于弗氏锚,可以大大减少配索的数量,从而使箱梁断面面积可以减小,重量减轻,使预应力混凝土箱梁桥可以向更大跨径方向发展。

## 二、云南红河大桥

1. 概况

红河大桥位于云南省元江县城西北,是国道 213 线元江—磨黑高速公路上的一座特大型桥梁,于 2003 年 5 月竣工。

大桥为跨径 58m+182m+265m+194m+70m 的 5 跨预应力混凝土连续钢构桥,桥梁总长 801m(图 2-9-14)。平面第一跨中的 56.66m 位于半径 800m、转角 14°51′25″的缓和曲线内,其余各跨均位于直线上。

图 2-9-14 红河大桥全景

桥位地处亚热带季风地区,日温差变化大,雨量充沛,年平均气温 16.5～21.5℃。元江无通航要求,水位不控制设计。

设计速度为 60km/h,六车道桥梁宽度 22.5m,设计基本风速 22m/s,地震按Ⅶ度设防。

2. 桥梁结构

1) 桥梁总体布置

红河大桥跨越 V 形深谷,谷深 170 多米,采用主跨为 265m 的 5 跨预应力混凝土连续刚构桥(图 2-9-15)。本桥基岩为微风化板岩,桥台和 1、4 号边墩采用扩大基础,2、3 号墩采用群桩基础(承台下设 20 根直径 2m 钻孔桩)。

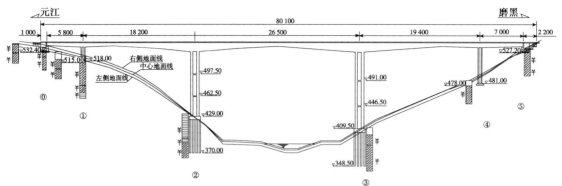

图 2-9-15　大桥桥型布置(尺寸单位:cm;高程单位:m)

2)箱梁构造

箱梁采用直腹板单箱单室结构(图 2-9-16),结构轻巧,美观。2、3 号主墩单"T"箱梁梁高按 1.5 次抛物线变化,其余主梁梁高采用 2 次抛物线。底板厚度均采用 2 次抛物线变化。箱梁腹板厚采用 40cm、50cm、60cm 按梯度变化,在边跨端和主梁零号块稍有加厚。本桥 2、3 号墩顶梁高 14.5m,高跨比 1/18.3;锚头厚 130cm,腹板厚 60cm,跨中腹板厚 40cm;箱梁顶板横向悬臂长 5.5m。在次边跨和中跨合龙段位置各设置两道厚 40cm 的横隔板。

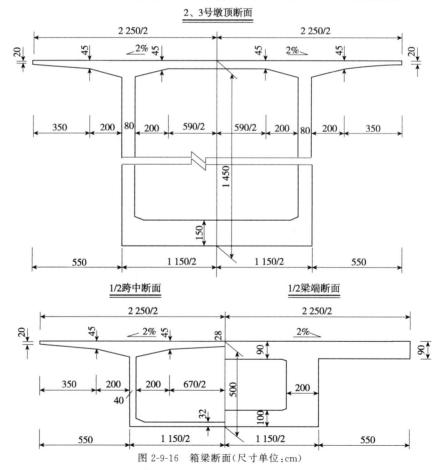

图 2-9-16　箱梁断面(尺寸单位:cm)

3）桥墩

主墩采用双柱式薄壁墩身，墩身外轮廓为矩形，墩身横桥向宽度与箱底宽同为11.5m。桥台采用重力式墩台（图2-9-17）。

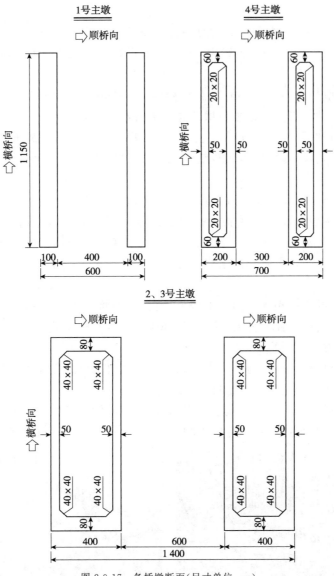

图 2-9-17　各桥墩断面（尺寸单位：cm）

4）箱梁预应力束布置

箱梁为三向预应力混凝土结构。本桥预应力束设置的特点是纵向预应力只有顶板束、中跨底板束、边跨底板束，并设置平弯，唯边跨底板束在梁端一定范围内设置竖弯。

纵向预应力采用真空辅助压浆工艺。为防止箱梁张拉纵向预应力引起悬臂端部拉应力过大而出现顺桥向裂缝，在距箱梁悬臂端部1.5m处增加单根钢绞线，在每个块件纵向预应力张拉到50％时张拉该钢绞线采用单孔可张拉连接器，在下一块件浇筑前以连接器接长。

5）主梁施工和施工控制

箱梁采用悬臂浇筑施工，先合龙边跨（边跨合龙前后对梁端加卸载，改善边墩的受力情况），再合龙两个次边跨（二、四跨），最后合龙中跨。次边跨及中跨合龙前分别对主梁施加了

2 000kN 和 3 000kN 的顶推力。对全桥各施工阶段实施了监控,最终合龙时,主梁梁体应力、高程与设计值吻合良好。

3. 主要技术特点和创新

1）大、高、长

主跨 265m,主跨长度居当时国内已建成的连续刚构第二位,2、3 号主墩均超过 100m,其中,3 号墩高达 121.5m,为当时混凝土连续刚构桥型桥墩最高者。连续长度为 769m(图 2-9-18)。

2）墩身内力调整

4 个桥墩,3 号墩最高为 121.5m,1 号墩最矮为 21.85m,矮墩分配到的温度水平力和制动力较大,采取以下两种施工方法改善桥墩的这种受力不均匀状态:

(1)边跨合龙前加载,合龙后卸载。当悬臂浇筑完成后,在悬臂端施加了 1 000kN 的压重,然后浇筑边跨合龙段,张拉边跨底板钢束,最后拆除等重压重,这种办法可有效改善 1 号墩的墩顶轴力,使两墩墩顶轴力相差较小。

(2)次边跨、中跨合龙前对主梁进行顶推。在次边跨合龙前,对主梁施加 2 000kN 的顶推力,焊接劲性骨架,然后次边跨合龙将顶推力永久保存在主梁里,最后张拉次边跨底板钢束。在中跨合龙前,对主梁施加 3 000kN 的顶推力,中跨合龙。这样,对改善 1 号桥墩的墩顶弯矩效果显著,而且有助于防止主跨梁的下挠。

3）构造特点

(1)跨中合龙段设置横隔板。由于中跨跨径较大,中跨跨中底板钢束较多,纵向预应力沿底板曲线布置,对底板产生径向分力,跨中设置横隔板,由于横隔板的强大作用,在距离跨中一定范围内径向力将被横隔板平衡,改善了底板受力。

(2)设置径向力平衡钢筋。为防止由于底板受到纵向钢束的径向力而产生劈裂,在底板内设置径向力平衡钢筋,使底板上下缘整体受力。

(3)高墩设置横隔板。2、3 号桥墩高度均在 100m(2 号墩高度 102.8m,3 号墩高 121.5m)以上,为了增加桥墩的稳定性,在两片墩中间沿墩高等间距设置了两道横隔板(图 2-9-19)。

图 2-9-18　桥墩高度相差较大

图 2-9-19　高墩设置

### 三、虎门大桥辅助航道桥

1. 概述

广深珠高速公路虎门大桥工程位于广东省珠江三角洲中部,跨越珠江干流狮子洋出海航道。桥的东引道在东莞市虎门镇与广深高速公路相连,桥的西引道在番禺市南沙镇坦尾与广珠高速公路相接。该桥是珠江三角洲陆路交通的联系枢纽,是沟通广东东西两翼公路网的咽喉通道。大桥工程组成见图 2-9-20。

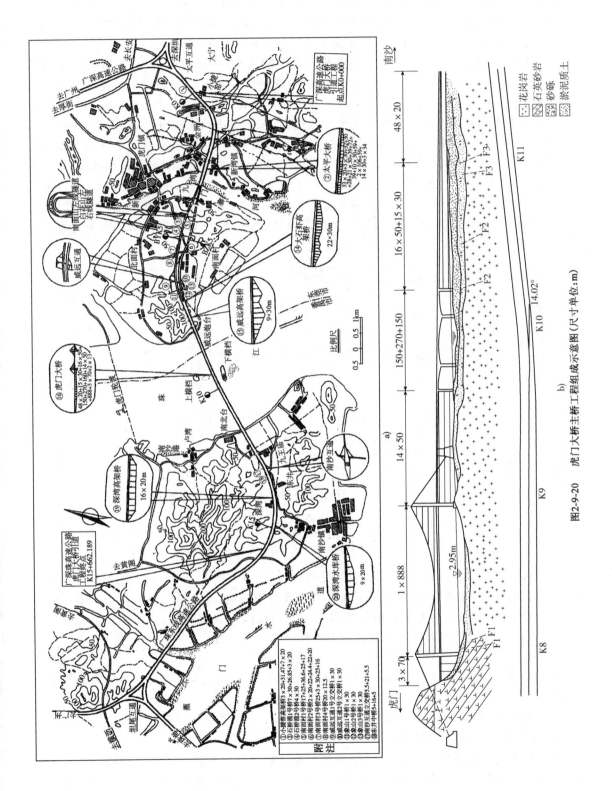

图2-9-20 虎门大桥主桥工程组成示意图（尺寸单位：m）

虎门大桥工程由跨越珠江口水面的虎门大桥及其东、西两岸引道和配套工程组成。全线设6个车道。路线全长15.762km,其中虎门大桥长4 606m,由跨越主航道的主跨888m的悬索桥、跨越辅航道的主跨270m的预应力混凝土连续刚构桥和东、中、西引桥组成。

跨越辅航道的主跨270m的预应力混凝土连续刚构桥(下称辅航道桥)设计行车速度为120km/h。设计荷载为汽车—超20级,验算荷载为挂车—120。6个车道,设有中央分隔带、路缘带和紧急停车带。桥面净宽30m。桥面纵坡3‰,横坡2%,通航宽160m,高40m,地震按7度设防。

辅航道桥桥型布置见图2-9-21。在平面构造上,采用上下行两座独立桥,主要理由是:第一,采用上下行桥,每桥宽15m,可以采用单室箱断面;而采用整桥,全宽31m,采用单室箱截面有困难,可能不得不采用双室箱截面,边跨需设置三个支座,支座顶面很难保持相同高程,受力不很明确。第二,采用上下行桥,挂篮的数量要增加1倍,但挂篮的承重量相对较小,可以采用较长的节段,施工快,有利于使长悬臂施工避开台风季节,并且由于采用单室箱,模板较简单;而采用双箱(整桥),挂篮数量虽少,但承重大,节段短,施工慢,模板也较复杂。由于路线平面线形的要求,桥梁位于$R=7\,000$m的平曲线上。

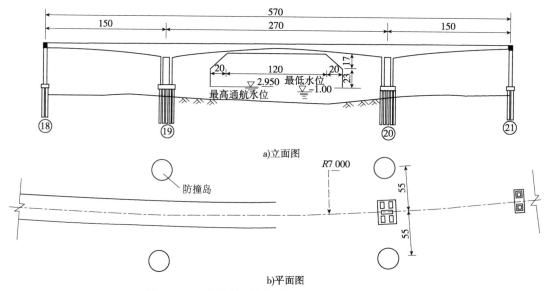

图2-9-21 虎门大桥辅航道桥桥型布置图(尺寸单位:m)

虎门大桥位于珠江出海口,每年都会经受热带风暴,风力较大。为了确保刚构桥在长悬臂施工状态下的安全,在设计上,采取了下面两条抗风结构措施:将上下行桥的两个主墩承台用系梁连成整体;在墩顶处将上下行桥的零号块用箱外横隔板连成整体,设4道外横隔板。这样,大大提高了抗风能力,并减小了悬臂施工的振幅。

2. 上部结构

虎门辅航道桥上部结构为变截面箱梁,图2-9-22和图2-9-23为上部结构的横断面和纵剖面构造图。

辅航道桥主梁在根部(0号块位置)高度为14.8m,在跨中位置高度为5.0m。桥面宽15.0m,箱宽7.0m,顶板悬臂宽度4.0m。

在虎门大桥辅航道桥的设计中,十分重视主梁的轻型化。设计者主要通过使用较高强度等级的混凝土(C55)以及采用大吨位预应力体系(6-22型大吨位预应力锚具)。表9-2-1是虎门大桥辅航道桥与澳大利亚门道桥主梁重要技术参数的比较。虽然虎门大桥辅航道桥比澳大利亚门道桥跨径大10m,但梁高却是虎门大桥辅航道桥的小。

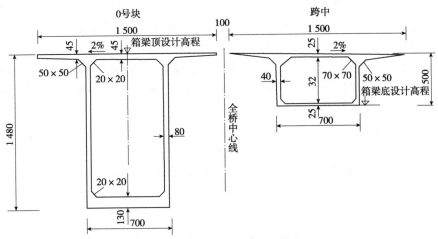

图 2-9-22 上部结构横断面图(尺寸单位:cm)

虎门大桥辅航道桥与澳大利亚门道桥主梁重要技术参数比较　　表 9-2-1

| 桥　　名 | 跨径(m) | 根部高度(m) | 根部/高跨比 | 跨中高度(m) | 跨中/高跨比 |
|---|---|---|---|---|---|
| 虎门大桥辅航道桥 | 270 | 14.8 | 1/18.2 | 5 | 1/54 |
| 澳大利亚门道桥 | 260 | 15.68 | 1/16.6 | 5.2 | 1/50 |

当采用大吨位预应力锚具时,箱梁板件的尺寸由受力控制,而不是由布索控制。此时提高混凝土强度对顶、底板的轻型化效果特别显著。

虎门大桥辅航道桥设计的另一个独特之处是预应力索的配索方式——取消弯束的纵向配索方式,如图 2-9-24 所示。

在广东洛溪大桥以前,国外连续刚构和连续梁的配索方案完全是根据钢筋混凝土结构的配筋原理设置的,没有考虑预应力混凝土结构与钢筋混凝土结构的巨大差异。对连续梁而言,采用了顶板索、底板索、下弯索和弯起索,对连续刚构又增加了连续索,如图 2-9-25a)所示。洛溪大桥设计时,考虑上述配索方案的缺陷,取消了弯起索,而下弯索只象征性地设置了极少部分,如图 2-9-25b)所示。经过洛溪大桥的实践并经认真分析研究之后,在云南 156m 的连续梁桥设计咨询中,提出了只采用顶板索、底板索,仅在边跨端部由于受力的特殊要求设置了部分弯起索的配索方案。之后又将这一配索方案应用到跨径 70m、80m、106m、120m、140m、190m、206m、270m 等不同跨径的连续刚构桥的设计中,见图 2-9-25c)。

此种配索方案显著的优点是:腹板长度的 90% 内均无纵向预应力管道,从而给腹板混凝土的浇筑带来了极大的方便,深受施工部门的欢迎;由于钢绞线设置在结构的最大受力部位,充分发挥了钢绞线的作用,从而可节约纵向预应力钢材 20%~30%,带来了显著的经济效益。

新型配索方式的主要依据如下:

(1)预应力连续梁和连续刚构由于设置了强大的纵向预应力和竖向预应力,其竖直截面的抗剪能力应由三部分组成,即:

$$\tau = \tau_\alpha + 0.2\sigma_x + 0.4\sigma_y \tag{2-9-1}$$

式中:$\tau_\alpha$——混凝土本身的抗剪能力;

$\sigma_x$——纵向预应力产生的正压力;

$\sigma_y$——竖向预应力产生的竖向应力。

对任何一座预应力混凝土梁式桥,仅计 $\tau_a$ 和 $0.2\sigma_x$ 就可完全满足竖直截面的抗剪要求。预应力混凝土连续梁和连续刚构桥在考虑最不利荷载组合后,如果按全预应力设计,则为小偏心受压构件。从桥梁结构整体而言,主梁是一个以受弯为主的梁式结构,但加上强大的纵向预应力之后,主梁实际成为一个小偏心受压构件而不是受弯构件,在此情况下,我们仅考虑纵向预应力在竖直截面产生摩阻力就可满足竖直截面的抗剪要求,因此没有必要设置下弯索。由于没有考虑预应力结构本身的受力特点,使得下弯索的设置既不科学又带来极大的浪费。

(2)弯起索的设置是为了考虑腹板的主拉应力,由于弯起索在顺桥方向的间距为一个梁高,而且预应力的扩散角度按德国规范为 26°(图 2-9-26)。

由图可见,相邻弯起索之间出现了阴影部分所示的弯起索预应力空白区,其高度为 $h = 0.39H$,当梁高为 2.5~15m 时,空白区高度 $h=0.98$~5.8m,这就是说,弯起索对控制腹板高度 $0.39H$ 范围内的主拉应力不起作用。

其实,我们可以通过竖向预应力和纵向预应力两者组合来控制腹板的主拉应力。由于竖向预应力按 26°扩散传递,则由图 9-2-26b)知其预应力空白区(图中阴影部分所示),其高度仅为 0.51~0.72m。此高度一般均在顶板承托范围内,不是腹板主拉应力的控制区。

根据主拉应力的计算公式:

$$\sigma_l = \frac{\sigma_x + \sigma_y}{2} - \sqrt{\left(\frac{\sigma_x - \sigma_y}{2}\right)^2 + \tau^2}$$

可以得到:

$$\sigma_x \sigma_y > \tau^2 \quad (\sigma_l > 0) \tag{2-9-2}$$

$$\sigma_x \sigma_y = \tau^2 \quad (\sigma_l = 0) \tag{2-9-3}$$

$$\sigma_x \sigma_y < \tau^2 \quad (\sigma_l < 0) \tag{2-9-4}$$

因此,可将 $\sigma_x \sigma_y$ 的乘积,与 $\tau^2$ 相比,作为是否出现主拉应力的判别条件。当满足式(2-9-1)时,腹板只出现主压应力而无主拉应力;当满足式(2-9-2)时,主拉应力为 0;当满足式(2-9-3)时有主拉应力,但其值的大小可通过调整 $\sigma_x \sigma_y$ 的乘积来主动控制,达到我们的预期值。

于是,另一个构思就自然产生出来,即取消下弯索、弯起索,适当调整顶、底板索和竖向预应力筋,将 $\sigma_x \sigma_y$ 的乘积进行调整,从而将腹板的主拉应力控制到预期的值,这样不仅减少了预应力钢材用量,而且使腹板的主拉应力得到了全面有效控制。连续索实际是顶、底板索加弯起索的综合,因此也可取消。

取消下弯索、弯起索后,配索时应充分注意以下三个问题:

(1)设计规范规定的允许主拉应力是正确的,但它的前提是计算的主拉应力与结构实际的主拉应力一致。对分段现浇或分段预制拼装并分段施加预应力的连续刚构,其结构实际产生的主拉应力要比计算的主拉应力偏大。因为现有电算程序的基本假定与这种结构的实际受力条件不完全一致,因此控制主拉应力时应充分考虑这种差异。

(2)应充分考虑边跨端部受力的特殊性,配索时该部位应布设必要的弯起索。

(3)应充分考虑竖向预应力由于顶锚的人工操作所带来的预应力损失。

3.下部结构

主墩与基础构造及过渡墩与基础构造见图 2-9-27。

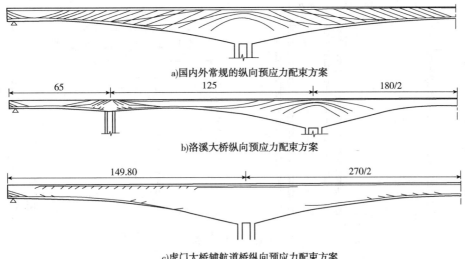

图 2-9-25 虎门大桥辅航道桥主梁配束方式(尺寸单位:m)

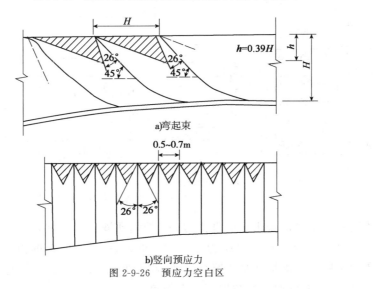

图 2-9-26 预应力空白区

辅航道桥主墩全幅桥采用 32 根直径为 2m 的钻孔灌注桩群桩基础,由于弱风化岩强度较高,钻孔灌注桩的终孔深度以弱风化岩控制,按嵌岩桩设计,桩长 41.5m。钻孔桩的桩距为 2 倍设计桩径。主墩处水深达 20m 以上,但水位变化较小,设计时将承台底放置在最低水位线以上,为承台采用简便易行的套箱施工法创造了有利条件。承台厚度为 4m。

由于按上下行分离桥设计,两幅桥墩身中距达 16m,因此采用分离式基础。为增加基础的抗扭能力,两分离基础承台间设置了两个比较强大的横系梁。承台底放置在最低水位线以上,为防止水位较低时,钻孔桩露出水面而影响桥梁美观,在承台四周设置了 2m 深的围裙。钻孔灌注桩采用 C30 水下混凝土,承台采用 C35 混凝土。

主墩墩高约 35m,两幅桥墩身采用分离式结构,单幅桥纵桥向为两片墩身,中距为 9m。每片厚度为 3m,横桥向宽度取与箱梁底同宽 7m,采用单箱单室截面;横桥向壁的厚度取与箱梁零号块横隔板同厚 50cm,且与箱梁横隔板对齐;纵桥向壁的厚度也为 50cm。

为保证荷载传递顺畅,在墩身底内侧设置 150cm×20cm 的倒角。墩身采用 C50 钢筋混凝土。

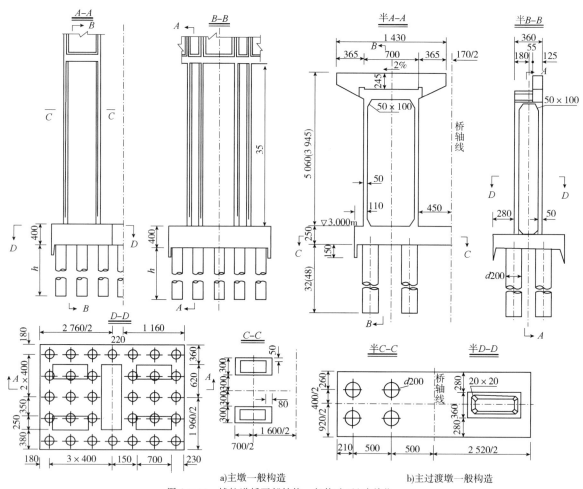

图 2-9-27 辅航道桥下部结构一般构造(尺寸单位:cm)

辅航道桥过渡墩全幅桥采用8根直径为2m的钻孔灌注桩基础,由于地层变化较大,设计桩长为32～48m不等。钻孔桩的桩距为2倍设计桩径,在纵桥向根据构造要求进行了适当调整。设计时考虑采用扇形支架浇筑边跨合龙段,将两幅桥承台连成一体且适当放大了承台在纵桥向宽度,为扇形支架预留支撑位置。承台厚度为2.5m。

4. 施工工艺

上部构造采用上下平行的两个单独桥方案,单桥宽15m,为单室箱。在墩顶(0号块)处以横向贯通的横隔板将两单桥连为整体,以提高上部构造的施工稳定性。

上部构造用挂篮悬浇施工,箱梁纵向分成31个梁段:10段长3m,7段长4m,14段长5m。先边跨合龙,再中跨合龙。采用55MPa混凝土,为三向预应力结构。

1) 箱梁0号块施工

箱梁0号块为两个分离式箱,长12.0m,高14.8m,设4道箱内隔板,为加强悬臂施工时箱梁及墩柱的抗风能力,两箱之间用4道箱外隔板相连。箱外隔板长9.0m,宽0.5m,高14.5m。两个墩柱之间托架用9排贝雷梁,两端埋入墩身;两个箱之间设4排贝雷梁托架;外侧翼板部分,设2排贝雷梁,由预埋型钢支承。为了便于拆除0号块底板贝雷梁,在0号块底板处用钢管设有两排预留孔。贝雷托架承受0号块第一次浇筑混凝土的荷载,第二次浇筑混凝土的荷载由第一次浇筑的混凝土和贝雷托架共同承受。

0号块分3次浇筑泵送混凝土。第一次,底板及倒角以上部分,高3.0m,混凝土体积为388m³,两个箱和外隔墙同时浇筑,两套拌和楼施工;厚1.3m的底板分三层浇筑,每层厚40～50cm。第二次,腹板部分,高6.0m,混凝土体积为468m³,两个箱和外隔墙同时浇筑,两套拌和楼同时施工,分三层浇筑;浇筑第一层混凝土时,人必须进入底部振捣,以保证质量。第三次,腹板及顶板部分,高5.8m混凝土体积为566m³,浇筑工艺与第二次相同。由于顶板面层面积大,必须用平板振动器振捣。

2）连续刚构箱梁施工

连续刚构箱梁共分31个梁段悬臂施工,梁段长分别为3.0m、4.0m、5.0m,梁段混凝土59.2～95.2m³。箱梁施工梁段数量多,悬臂施工时间长。施工采用鹰式轻型挂篮,如图9-2-28所示。挂篮采用桁架结构、分步滚动行走机构、整体模板和能通过精轧螺纹钢筋传力的高程调整系统,结构简便,节省材料,受力明确,自重轻且刚度大,移动灵活,抗风能力特别是横向抵抗台风的能力强。

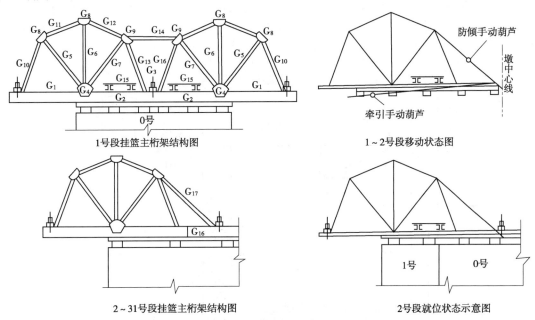

图 2-9-28　辅航道桥鹰式轻型挂篮拼装及施工示意图

3）箱梁预应力施工工艺

连续刚构箱梁为三向预应力结构。纵向预应力钢束采用ASTMA416-87a270级钢绞线,钢绞线直径$\phi$15.24mm,极限强度1860MPa,每个箱段布置2～4束VSL6-22EC钢束,部分箱梁增加2束VSL6-12EC钢束。

纵向预应力钢束最大长度268m,张拉预应力控制吨位分别为4297kN和2344kN。波纹管内径分别为115mm和85mm。横向预应力钢束采用$\phi$15.24mm钢绞线,为三孔扁锚,锚具为BM15-3型,预应力管道为镀锌双波扁管,内径为65mm×22mm。单根控制张拉力196kN。横向预应力钢束在箱梁顶板上每米设一束,单向张拉。为调整横向预应力的均匀性,张拉端和锚固端需交错布置。

竖向预应力采用$\phi$32mm精轧螺纹钢筋,极限强度为1080MPa,张拉控制力540kN。竖向预应力钢筋定尺长12m,而设计预应力筋最长为14.7m,需用连接器接长。预应力管道为双波波纹管,预应力筋需使用连接器的管径为70mm,其余为50mm。考虑连续刚构桥预应力钢束长度大,预应力吨位较大,为确保大桥预应力顺利施工,减少施工意外,纵向预应力锚具使用质量可靠的 VSL 锚具,$\phi 32mm$ 精轧螺纹钢筋采用进口材料。

各梁段三向预应力张拉顺序为:先纵向,后横向,最后竖向。横向预应力张拉,两单桥分别由靠近墩的一端依次张拉。纵向预应力张拉,一个腹板只有一个钢束时,单桥断面的张拉不分前后,依次张拉;一个腹板有 2 个或 2 个以上钢束,则考虑单桥截面对称张拉。顶板、底板都有预应力张拉钢束时,张拉顺序是先顶板后底板,先长束后短束。竖向预应力张拉,单桥两腹板对称依次从靠近墩的一端张拉。

4) 现浇段及合龙段施工

虎门大桥辅航道桥 270m 连续刚构上部构造最大悬臂长 134m,边跨有 14m 长的现浇段,重 520t,边跨和中跨均有 2m 的合龙段,单箱重 60t,见图 2-9-29。合龙的顺序是先边跨,后中跨。

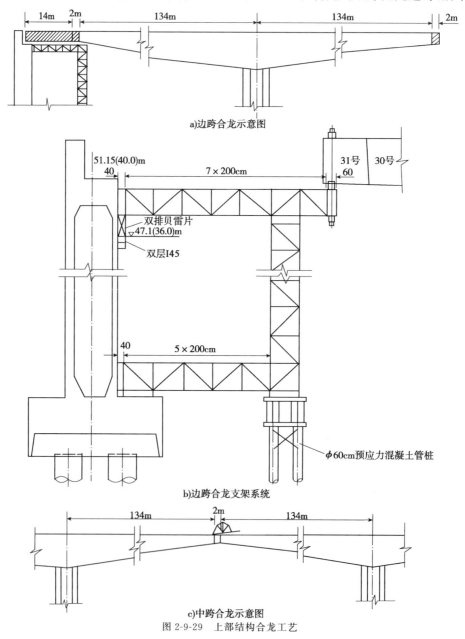

图 2-9-29 上部结构合龙工艺

现浇段箱梁施工方案,采用临时墩,做落地支架,上设承重梁。承重梁安装完成后,在其上安装模板、钢筋,先浇筑主桥边墩墩顶1、2梁段混凝土,待刚构箱梁悬浇完成后,承重梁一端用 $\phi$32mm 精轧螺纹钢与箱梁悬臂端锚固,使箱梁悬臂端承受现浇段施工的部分垂直力和大部分水平力。在此基础上,进行其余现浇段和合龙段混凝土的施工。

根据广东省中心气象台提供的气象资料,确定边跨合龙温度为 22℃,是合龙期间较常出现的气温,自然降温合龙,在一段较长时间内气温变化幅度不大,对混凝土的应力是有利的。

边跨合龙工序是:搭设边跨合龙段的现浇落地支架→将合龙段两端梁底板与落地支架固结起来,使悬臂端部与落地支架具有相同变形→在合龙段两端各加30t 配重→在最佳合龙温度时浇筑合龙段混凝土,在浇筑的同时逐级卸除两端配重→混凝土达到设计强度后解除固接设施→张拉边跨底板束,完成体系转换。

中跨合龙温度选择在温差较小的阴天进行,合龙温度为 24℃,并且选择当天温度较低的时刻。中跨合龙工序是:安装合龙用挂篮,利用悬臂现浇的鹰式挂篮进行合龙→安装水平刚性连接骨架,骨架设计为可抗水平拉压力→合龙段两端各配压重30t→在适宜的合龙时间、温度,现浇合龙段混凝土,同时逐级卸除压重,每级5t→合龙段混凝土达到设计强度后,按顺序张拉中跨底板束预应力→拆除挂篮。

合龙段施工需注意以下事项:

(1)选取在较低气温下浇筑合龙段混凝土,使合龙段混凝土与梁体连接良好。

(2)箱梁合龙段混凝土施工前,应在合龙段两端设置配重,配重量与合龙段混凝土自重相等。在浇筑合龙段混凝土时,逐步卸除配重,使合龙段两端不产生相对变位。

(3)在箱梁悬臂施工和现浇段施工时,采取措施调整箱梁施工高程,使箱梁合龙高差控制在设计允许范围内。

虎门大桥辅航道桥基础施工采用固定平台方案。

## 第三节 预应力混凝土连续梁

### 一、南京第二长江大桥北汊桥主桥

1.概述

南京是国家干线公路主枢纽之一,四条国道和一条国道主干线在南京跨越长江。

南京长江第二大桥北起宁扬公路雍庄桥附近,经大厂区新华路、大纬路后,跨越长江北汊副航道,穿越八卦洲,跨越长江南汊主航道,南接东杨坊互通式立交,与312国道和绕城公路相连。全线长约21km,工程项目包括:北岸引线、北汊大桥、八卦洲引线、南汊大桥及南岸引线五部分,见图2-9-30。其中,北汊大桥的桥型见图2-9-31。

北汊桥全长 2 172m(不含桥头引道),桥面设 2.957% 的双向纵坡,竖曲线顶点位于主桥中心,竖曲线半径为 16 000m。

2.上部结构

1)上部结构基本特征

主桥上部为 90m+3×165m+90m 五跨变截面 PC 连续梁桥,由上、下行分离的两个单箱单室箱形断面组成,箱梁根部梁高 8.8m,跨中梁高 3.0m,从1号块到跨中按二次抛物线变化,采用三向预应力体系。主梁的横断面和纵断面构造见图2-9-32和图2-9-33。D-D 为跨中断面。

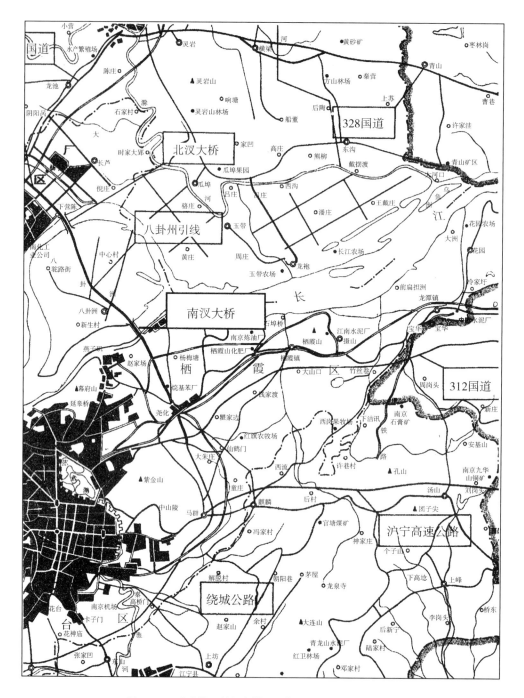

图 2-9-30 南京第二长江大桥地理位置及工程项目示意图

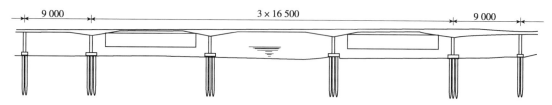

图 2-9-31 南京第二长江大桥北汊桥主桥桥型图(尺寸单位:cm)

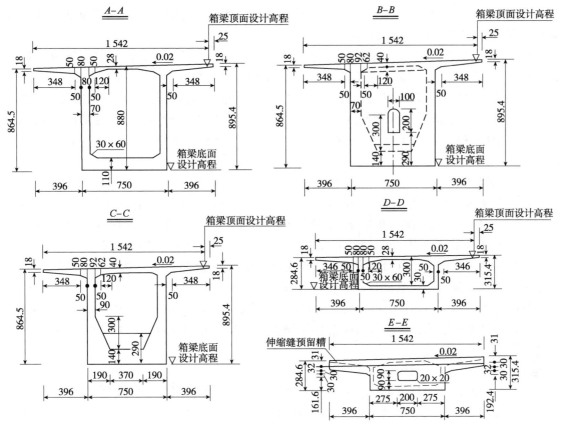

图 2-9-32 南京第二长江大桥北汊桥主桥主梁横断面图(尺寸单位:cm)

2) 主桥箱梁构造

主桥上部为 90m+3×165m+90m 五跨 PC 变截面连续箱梁,位于半径 $R=16\,000$m 的竖曲线上,见图 2-9-34。桥宽 32.0m,PC 箱梁由上、下行分离的两个单箱单室箱形截面组成,箱梁根部梁高 8.8m,跨中梁高 3.0m,箱梁顶板宽 15.42m,底板宽 7.5m,翼缘板悬臂长为 3.96m,箱梁梁高从距墩中心 3.0m 处到跨中按二次抛物线变化,除墩顶 0 号块两端设厚度 0.8m 的横隔板及边跨端部设厚 2.0m 的横隔板外,其余部位均不设横隔板。箱梁采用纵、横、竖三向预应力体系。为改善 0 号块受力,在 0 号块横隔板及矮横梁中设置了横向预应力钢筋。

0 号块距墩中心 3.0m 范围内箱梁顶、底板厚度分别为 0.40m 和 1.40m,腹板厚度为 0.90m,在 0 号块中心底板处设高度为 1.50m 的矮横梁;距 0 号块中心 3.0m 处至跨中箱梁顶板厚为 0.28m,底板厚度从 1.10~0.30m 按二次抛物线变化,腹板厚 13 号块件以前为 0.70m,14 号块件以后为 0.40m,13、14 号块件范围内由 0.70m 按直线变化到 0.40m。

3) 上部结构预应力体系

主桥纵向预应力采用 $27\phi^j15.24$、$25\phi^j15.24$、$19\phi^j15.24$ 和 $12\phi^j15.24$ 四种规格的钢绞线。0VM 锚固体系,其锚下张拉控制应力为 $\sigma_k=0.75R_y^b$,设计张拉力分别为 5 273.1kN、4 882.5kN、3 710.7kN、2 343.6kN(锚口摩阻损失和千斤顶的内摩阻由试验确定)。纵向预应力在箱梁根部几个梁段布设腹板下弯束,其余梁段布设顶板束和底板束。顶板束采用 $27\phi^j15.24$ 的钢绞线,顶板下弯束采用 $25\phi^j15.24$,中跨、次中跨底板束为 $19\phi^j15.24$,边跨底板束为 $19\phi^j15.24$ 和 $12\phi^j15.24$,中跨、次中跨合龙束为 $19\phi^j15.24$,边跨合龙束 1 和边跨合龙束 2 为 $27\phi^j15.24$。

预应力布索形式见图 2-9-34。C-C 为次边跨跨中断面。

箱梁顶板横向预应力采用 $4\phi^j15.24$ 钢绞线，BM-4 型扁锚，以 75cm 的间距布设，交替单端张拉锚固，设计张拉力为 781.21kN。

箱梁竖向预应力、0号块横隔板及矮横梁的横向预应力采用 $\phi^L 32mm$ 精轧螺纹粗钢筋，设计张拉力为 542.7kN。竖向预应力筋以 50cm 等间距布置，在近支点 38.5m 范围内每侧腹板按双肢配置，其余梁段按单肢配置，为方便施工，竖向预应力可兼做悬臂施工时挂篮的后锚点。

所有预应力管道均采用镀锌钢波纹管成型。预应力损失计算中，孔道偏差系数 $K=0.001$，管道摩擦系数 $\mu=0.20$，一端锚具回缩 $\Delta=6mm$，混凝土徐变系数 $\phi=2.1$，收缩应变 $\varepsilon=2.1\times10^{-4}$，钢束松弛率 7%。

4）墩、梁临时固接

在每个主墩上设置两排 62.2cm 高、100cm 宽、750cm 长的 C40 爆炸混凝土临时支座和 $2\times30\phi^L32$ 的精轧螺纹预应力粗钢筋，墩身预应力粗钢筋张拉后，用连接器接长粗钢筋至 0 号块箱梁顶面进行张拉锚固，将悬臂箱梁临时锚固在墩顶上，形成墩梁临时固接。

墩梁临时固接按一个 T 上箱梁的自重及最不利的不平衡荷载产生的弯矩来控制设计，临时支座的承压计算不考虑盆式橡胶支座及墩旁托架参与受力。

临时支座的拆除，设计考虑是在浇筑 C40 爆炸混凝土临时支座时预留炮孔，放松箱梁 0 号块临时锚固预应力粗钢筋后，用静态控制爆破方法破碎临时支座，以达到解除临时支座的目的。

3. 下部结构

南京二桥北汊桥主桥下部结构一般构造和基础平面布置见图 2-9-35 和图 2-9-36。

主墩采用钢筋混凝土薄壁空心墩，高桩承台群桩基础，墩身外形尺寸为 6m×7.5m。为抵抗船舶撞击的局部应力，主墩壁厚在底部予以加厚。承台厚 3.50m，半幅桥基按主跨 165m 时为 $8\phi260cm$，主跨 180m 时为 $8\phi270cm$，桩长分别为 66~69m 和 62.5~67m。过渡段为薄壁空心墩，$4\phi250cm$ 钻孔桩基础。

4. 施工要点

主桥连续箱梁两半幅分别独立采用挂篮悬臂现浇法施工，各单 T 箱梁除 0 号块外分为 23 对梁段，对称平衡悬臂逐段浇筑施工。箱梁纵向分段长度为 5×2.5m+5×3.0m+5×3.5m+8×4.0m，0 号块长 8.0m，中跨、次中跨合龙段长度均为 3.0m，边跨合龙段长度为 2.0m，边跨现浇段长度为 6.72m。悬臂浇筑梁段最大质量为 156.2t，挂篮自重按 80t 考虑。

箱梁 0 号及 1 号块在墩旁托架上立模浇筑施工，其余梁段采用设置临时支座并张拉预应力粗钢筋使 0 号块与墩身临时固接后，各单 T 用挂篮悬臂对称、平衡浇筑施工直至各单 T 最大悬臂，浇筑合龙段，解除墩梁临时固接，完成体系转换，成为五跨连续梁。

箱梁梁段混凝土除 0 号块可分两次浇筑外，其余梁段应一次浇筑完成。分两次浇筑的梁段第一次浇筑时应浇至腹板高度至少 1.50m 以上。

梁段混凝土强度达到设计强度的 85% 时，进行该梁段预应力钢束张拉。预应力钢束张拉过程中，严格按设计张拉顺序、张拉控制应力及工艺进行。

施加预应力采用张拉吨位和钢束引伸量双控。当预应力钢束张拉吨位达设计吨位时，实际引伸量不得低于理论引伸量的 5%，也不应大于理论引伸量的 10%；否则，应停下检查，分析原因，采取相应措施处理后方可继续张拉。

钢束张拉时，应尽量避免滑丝、断丝现象。当出现滑丝、断丝时，其滑丝、断丝总数量不得大于该断面总数的 1%，每一钢束的滑丝、断丝数量不得多于一根；否则，应换束重新张拉。

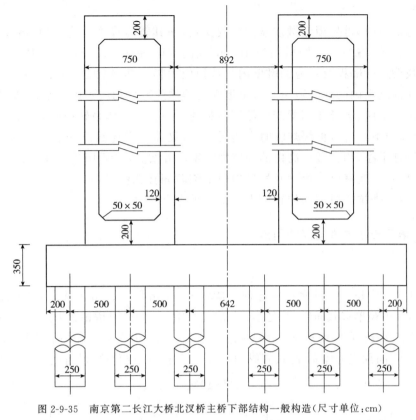

图 2-9-35 南京第二长江大桥北汊桥主桥下部结构一般构造(尺寸单位:cm)

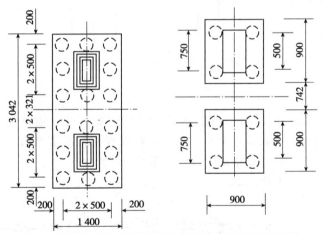

图 2-9-36 南京第二长江大桥北汊桥主桥桩基础平面图(尺寸单位:cm)

主桥箱梁按先边跨,再次中跨,最后中跨的顺序进行合龙段施工及拆除相应的临时支座,完成体系转换,形成五跨连续梁。合龙段采用劲性骨架和合龙预应力钢束合龙,视实际控制情况在悬臂端加压水箱,在合龙当天气温最低时,在尽可能短的时间内,采用平衡施工法浇筑合龙段混凝土。合龙段混凝土达到设计强度的85%后进行合龙段预应力钢束张拉。中跨合龙及体系转换在20℃常温下进行。

靠近过渡墩的边跨6.72m现浇段采用支架浇筑。合龙段采用吊架施工。

边跨合龙段浇筑完成,合龙段混凝土达到设计强度的85%后,进行边跨箱梁底板钢束的张拉。为便于主、引桥上部结构平行施工,边跨箱梁底板钢束在过渡墩处采用固定端锚具,在箱内一端张拉。

箱梁悬臂浇筑时,首先锁定墩顶盆式橡胶支座,使其暂时成为固定支座,各主墩均需采用临时墩梁固接措施,在每个主墩墩顶设 100cm 宽的 C40 爆炸混凝土临时支座,以利于体系转换。在 0 号块两道横隔板及对应的墩壁内张拉预应力粗钢筋,以抵抗施工中可能出现的不平衡弯矩。爆炸混凝土内的炮眼数量及每个炮眼内的炸药数量均应予以控制,并应先进行试验,严防爆炸对永久支座、墩身和箱梁产生任何不利的影响。进行体系转换时,先释放箱梁内预应力粗钢筋(管道内不压浆),再爆炸临时支座混凝土,梁体自重传给已安装的永久支座,将爆炸后的混凝土清理干净,割去墩顶高出的预应力粗钢筋并磨光,最后用砂浆抹平并解除活动支座的临时锁定,体系转换完成。箱梁 0 号块内墩梁临时固接张拉的预应力粗钢筋在释放预应力后可取出,墩身内张拉的粗钢筋的预应力为结构预应力,不释放。

### 二、南京第二长江大桥北汊桥引桥

1. 概述

南京长江第二大桥北汊桥北引桥上部结构为 16×30m+5×50m 等截面 PC 连续箱梁,由上、下行分离的两个单箱单室截面组成,见图 2-9-37。其中 5×50m 引桥箱梁采用 50 号混凝土,梁高 2.5m,顶板宽 15.42m,底板宽 6.5m,翼缘板悬臂长 3.96m。顶板厚 25cm,跨中底板厚 20cm,跨中腹板厚 35cm。双向预应力体系,除设置纵向预应力筋外,在桥面板内设有横向预应力筋。

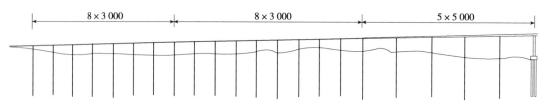

图 2-9-37　南京第二长江大桥北汊桥北引桥一般构造(尺寸单位:cm)

2. 上部结构

引桥 30m、40m、50m 预应力混凝土连续箱梁采用等截面的双幅单箱单室断面,其梁高分别为 1.5m、2.0m、2.5m。半幅顶板全宽 15.42m,斜腹板使箱底更窄,以利减轻自重和下部构造工程量。引桥上部结构断面尺寸及构造详见图 2-9-38。

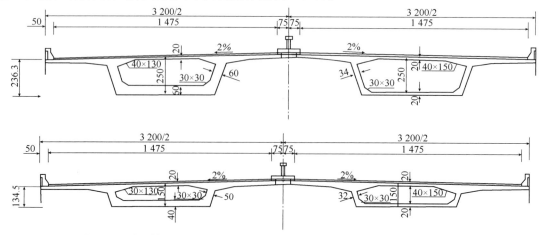

图 2-9-38　南京第二长江大桥北汊桥北引桥上部结构构造及断面尺寸(尺寸单位:cm)

3.下部结构

引桥下部构造:对 50m 跨径连续箱梁为薄壁空心墩,2φ2.0m 钻孔桩基础、承台厚 2.0m;对 40m 连续箱梁为双柱门式墩,2φ180cm 钻孔桩基础;对 30m 连续箱梁为双柱门式墩,柱径 1.4m,桩径 1.5m。对各种跨径 T 梁引桥均采用双柱式墩和钻孔桩基础,其柱、桩径随跨径不同而异,见图 2-9-39。

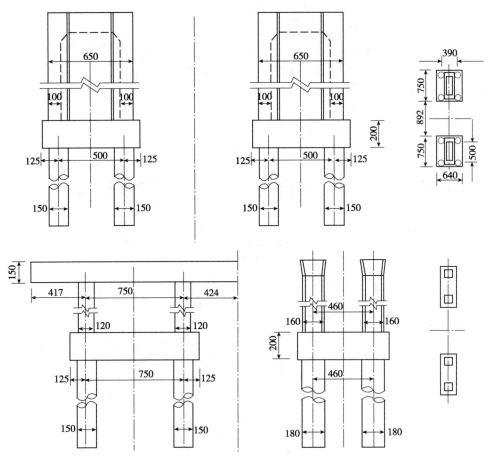

图 2-9-39 南京长江第二大桥北汊桥北引桥基础构造(尺寸单位:cm)

4.施工工艺

南京长江第二大桥北汊桥北引桥上部结构施工的特色之处是采用了滑移模架系统施工技术。

南京长江第二大桥北汊桥北引桥梁除第一跨外均在长江河道范围内,且墩身较高,在 20m 以上,采用传统的满堂支架施工难度很大。另外,由于 50m 跨引桥如不按期完成,将直接影响北汊桥主桥边跨的合龙。为保证按期高质量地完成施工任务,采用了较先进的滑移模架系统进行上部箱梁的施工。

滑移模架法施工是将机械化的支架和模板支撑(悬吊)在长度大于两跨、前端作导梁用的承载梁上,然后在桥跨内进行现浇施工,待预应力张拉后脱模,并将整孔模架移至下一孔,如此逐孔推进至全桥施工完毕。

1)滑模主要构造(部件)

滑模主要构造(部件)包括:主梁、鼻梁、牛腿与滑移小车、横梁及外模板、内模板及内模小车、液压装置等,如图 2-9-40 所示。

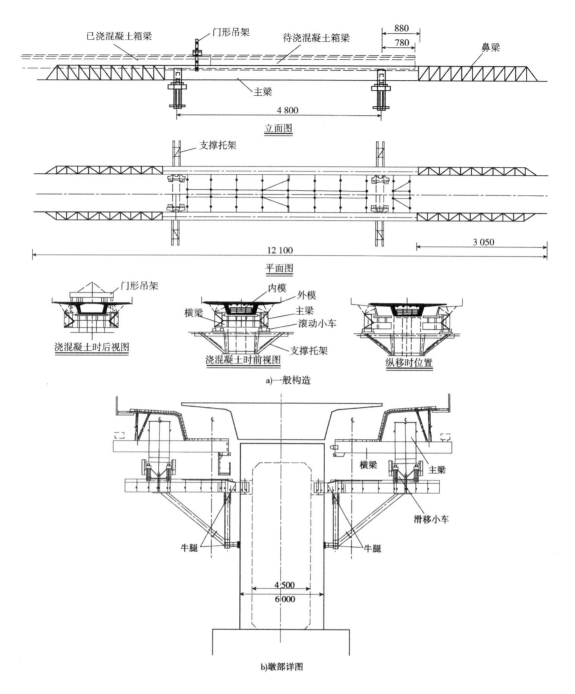

图 2-9-40 滑移模架系统主要构造(尺寸单位:cm)

纵向主梁有两片,每片长 64.8m,是由钢板焊制的箱形结构,用于承受自重、内外模和浇筑梁段混凝土的自重。在主梁腹板下方装设有前移作业所需用的轨道。鼻梁与主梁的前后两端连接,其外部尺寸(长、宽)与主梁相同。每端鼻梁长 30.5m,是由型钢焊制的桁架结构,系统纵移时起引导作用并承受部分自重荷载。牛腿为钢板焊制的箱形结构。模架滑移需要至少三套牛腿,每套(两只)牛腿插进墩柱内,并用 8~10 根 $\phi32mm$ 精轧螺纹钢筋对拉,用于支撑整个滑移模架。牛腿上部装有滑移小车,是整个模架的移动装置,模架的纵、横向移动均通过固定于牛腿及滑车上的千斤顶来实现。横梁是由型钢制成的左右相对应的两段结构,中间用销连接,两端连接(支撑)在主梁上。外模板为钢模,固定在横梁上。用主梁内的螺旋千斤顶调节横梁来完成底模高程的调整。内模板由顶模板和侧模板组成,每侧的侧模板做成 3 段铰接结构,以便拆模。拆模小车上装有水平和垂直动作拆模液压系统,配有电动或液压驱动行走装置。

南京第二长江大桥北汊桥引桥施工采用的滑移模架系统配有从奥地利 VCE 公司引进的完善的多套液压系统,用于完成牛腿间张拉、调节横梁(模板)、主梁纵、横移等工作。

2)滑移模架的三种施工状态

如图 2-9-41 所示,使用滑移模架施工多孔连续梁分为三种不同的施工状态。第一种状态是施工起始孔,主梁支撑在前后四个牛腿上,浇筑长度为 50m+7.5m;第二种状态是施工中间孔,每次浇筑 48m,主梁前部支撑在两个牛腿上,后部用吊杆悬吊在已浇筑梁的悬臂端上(吊点距悬臂端 1m);第三种状态是施工结束孔,浇筑长度 42.5m,主梁支撑方式与第二种状态相同。

3)简要施工过程

(1)滑移模架组拼、安装:加工成型的模架各部件运至现场后,在平整坚实的场地上组拼。滑移模架的安装顺序为牛腿—滑车—主梁—横梁—箱梁外模板。

(2)箱梁钢筋及预应力筋施工。

(3)内模就位。

(4)浇筑箱梁混凝土。

(5)当混凝土强度达到设计强度的 85% 以上时,张拉预应力筋。

(6)模架与箱梁进行分离,滑模纵移主梁至下一工作面。

(7)预应力束孔道压浆。

南京第二长江大桥北汊桥引桥施工进度的一般安排见表 2-9-2。

南京第二长江大桥北汊桥引桥施工进度的一般安排　　　　表 2-9-2

| 项目＼日 | 1 | 2 | 3 | 4 | 5 | 6 | 7 | 8 | 9 | 10 | 11 |
|---|---|---|---|---|---|---|---|---|---|---|---|
| 底、侧模板 | → |  |  |  |  |  |  |  |  |  |  |
| 底、腹板钢筋 |  | → |  |  |  |  |  |  |  |  |  |
| 内模 |  |  | → |  |  |  |  |  |  |  |  |
| 顶板钢筋 |  |  |  | → |  |  |  |  |  |  |  |
| 混凝土浇筑 |  |  |  |  |  | → |  |  |  |  |  |
| 混凝土养生至张拉强度 |  |  |  |  |  |  | → |  |  |  |  |
| 预应力张拉 |  |  |  |  |  |  |  |  |  | → |  |
| 落架、模架前移 |  |  |  |  |  |  |  |  |  |  | → |

4)滑移模架逐孔施工时预拱度的设置

与满堂支架施工相比,使用滑移模架施工时预拱度的设置因施工方法不同、滑移模架自身的特点等原因而相对较为复杂。其影响因素主要包括:主梁产生的挠度、悬臂端吊杆产生的变形、支撑牛腿的下沉、预应力张拉产生的变形、后浇筑各跨的影响、二期恒载产生的挠度等。

使用滑移模架施工时的预拱度相当复杂但也相当重要,因此要在施工前充分考虑各种因素,精确地设置预拱度,使箱梁完成后及长期使用后与原设计高程相符,保证行车平顺及线形顺畅。跨中和悬臂端的预拱度的控制非常重要,直接影响桥梁的线形和行车的平顺。使用滑移模架施工除在每一施工阶段分析出精确的预拱度外,还需配合完善的测量,才能正确无误地

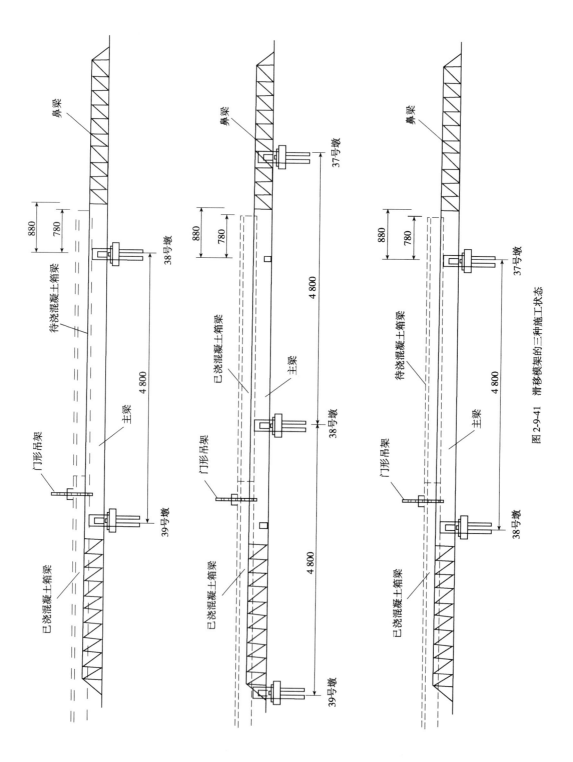

图 2-9-41 滑移模架的三种施工状态

将预拱量反映于施工阶段并根据实测结果及时调整,使整个桥梁按原设计完成。

在地质与地形条件复杂的桥梁工程场地,采用满堂支架施工,地基处理是个较大的问题,将直接影响工程造价。表2-9-3即是在上述情况下采用不同施工方法的技术、经济对比。

**不同施工方法的技术、经济对比(南引桥)**　　　　　表2-9-3

| 比 较 项 目 | 满 堂 支 架 | 钢 管 桩 支 架 | 滑 移 模 架 |
|---|---|---|---|
| 总数量 | 2×48+8m | 2×48+8m | 56m(1套) |
| 钢材总数量 | 1 500t | 1 664t | 733t |
| 地基处理 | 10×20=200万元 | 0 | 0 |
| 每孔工日数 | 2 000工日 | 2 000工日 | 810工日 |
| 试压 | 需15万元 | 可以不 | 不需 |
| 合计总投入 | 1 150万元 | 1 030万元 | 700多万元 |
| 回收率 | 80% | 85% | 100% |
| 每跨需时 | 15d | 15d | 9d |
| 是否受地质影响 | 严重受影响 | 受影响 | 不受影响 |

可见,在地质与地形条件复杂的桥梁工程场地,滑移模架施工方法确有其优越性。但对于具体的工程项目,何种施工方法合理,需要具体问题具体分析,不能一概而论。

# 第三篇　混凝土刚架桥

## 第一章　刚架桥的主要类型及构造特点

　　桥跨结构（主梁）和墩台（支柱）整体相连的桥梁叫作刚架桥。由于两者之间是刚性连接，在竖向荷载作用下，将在主梁端部产生负弯矩，因而减少了跨中的正弯矩，跨中截面尺寸也相应得以减小，故刚架桥的主梁高度可以较梁桥为小。因此，刚架桥通常适用于需要较大的桥下净空和建筑高度受到限制的，如立交桥、高架桥等。

　　刚架桥在竖向荷载作用下，支柱除承受压力外，还承受弯矩。刚架桥在竖向荷载作用下，将产生水平推力。为此，必须要有良好的地基条件，或用较深的基础和用特殊的构造措施来抵抗推力的作用。

　　刚架桥大多做成超静定的结构形式，故在混凝土收缩、温度变化、墩台不均匀沉陷和预施应力等因素的影响和作用下，会产生附加内力（次内力）。在施工过程中，当结构体系发生转换时，徐变也会引起附加内力。有时，这些内力可占整个内力的相当大的比例。

　　刚架桥的主要优点是：外形尺寸小，桥下净空大，桥下视野开阔，混凝土用量少。但钢筋的用量较大，基础的造价也较高。

### 第一节　结构类型

　　刚架桥可以是单跨或多跨的。

　　单跨刚架桥的支柱可以做成直柱式[叫作直腿刚架或门形刚架，图3-1-1a)、b)、c)]或斜柱式[叫作斜腿刚架，图3-1-1d)、e)]。

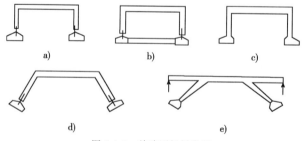

图3-1-1　单跨刚架桥类型

　　单跨的刚架桥一般要产生较大的水平反力。为了抵抗水平反力，可用拉杆连接两根支柱的底端[图3-1-1b)]，或做成封闭式刚架。门形刚架也可两端带有悬臂[图3-1-2b)]，这样可减小水平反力，改善基础的受力状态，而且也有利于和路基的连接，不过却增加了主梁的长度。

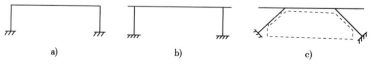

图3-1-2　单跨刚架桥的桥式

斜腿刚架桥的压力线和拱桥相近,故其所受的弯矩比门形刚架要小,主梁跨径缩短了,但支承反力却有所增加,而且斜柱的长度也较大。因此,当桥下净空要求为梯形时,采用斜腿刚架是有利的,它可用较小的主梁跨度来跨越深谷或同其他线路立交[图 3-1-2c)]。因此,斜腿刚架适用于跨线桥或谷地桥,它不仅造型轻巧美观,施工也较拱桥简单。例如,1997 年建成的南非新古里茨桥,两岸岩壁陡峭,跨越深谷达 70m 左右。

为减小斜腿肩部的负弯矩峰值,可将支柱做成 V 形墩形式,如图 3-1-3 所示。

图 3-1-3　V 形墩身的刚架桥

为了减小跨中的正弯矩和挠度,并有利于采用悬臂法施工,也可做成两端带斜拉杆的形式,如图 3-1-4 所示,施工时可在端部压重,如德国柏林的 Dischinger 桥。

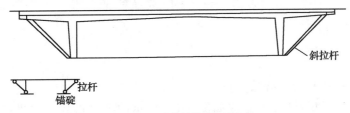

图 3-1-4　两端带斜拉杆的刚架桥

多跨刚架(构)桥,可以做成非连续式和连续式两类。

大跨径预应力刚构桥梁截面均为箱形,为吸收足够的负弯矩,尽可能减小跨中正弯矩的配索量,箱梁断面尺寸拟定基本同连续梁桥。跨中梁高:$\left(\frac{1}{60} - \frac{1}{50}\right)l$,支点梁高:$\left(\frac{1}{20} - \frac{1}{19}\right)l$,$l$ 为跨长。

连续刚构是墩梁固接的结构,对温度变化、混凝土收缩徐变、行车制动力等因素产生的次内力敏感,通常选择抗压刚度较大、抗推刚度较小的双薄壁式柔性墩。因此,设计墩身尺寸应对连续刚构的抗推刚度进行分析比较后确定。

立柱厚度约 $\left(\frac{1}{80} - \frac{1}{70}\right)l$,个别可达 $\frac{1}{100}l$,但与墩身高度也有一定关系。表 3-1-1 是国内几座连续刚构桥的主要构造尺寸。

**国内几座连续刚构桥的主要构造尺寸**　　表 3-1-1

| 桥　名 | 体　系 | 跨　径（m） | 箱　高（m） | | 墩身类型 | 立柱间距（m） | 立柱厚度（m） |
| --- | --- | --- | --- | --- | --- | --- | --- |
| | | | 跨中 | 墩顶 | | | |
| 三门峡黄河公路大桥 | 预应力混凝土连续刚构 | 105+4×160+105 | 3.0 ($\frac{l}{53.3}$) | 8.0 ($\frac{l}{20}$) | 双薄壁墩 | 8.0 ($\frac{l}{20}$) | 1.6 ($\frac{l}{100}$) |
| 黄石长江公路大桥 | 预应力混凝土连续刚构 | 162.5+3×245+162.5 | 4.1 ($\frac{l}{60}$) | 13.0 ($\frac{l}{18.8}$) | 双薄壁墩 | 10.0 ($\frac{l}{24.5}$) | 3.0 ($\frac{l}{82}$) |
| 攀枝花金沙江铁路桥 | 预应力混凝土连续刚构 | 100+168+100 | 4.5 ($\frac{l}{37.3}$) | 10.5 ($\frac{l}{16}$) | 双薄壁墩 | 9.6 ($\frac{l}{17.5}$) | 2.4 ($\frac{l}{70}$) |

续上表

| 桥 名 | 体 系 | 跨径（m） | 箱高（m） | | 墩身类型 | 立柱间距（m） | 立柱厚度（m） |
|---|---|---|---|---|---|---|---|
| | | | 跨中 | 墩顶 | | | |
| 喜旧溪连续刚构铁路桥 | 预应力混凝土连续刚构 | 56＋88＋56 | 3.3 ($\frac{l}{27}$) | 5.8 ($\frac{l}{15}$) | 双薄壁墩 | 8.0 ($\frac{l}{11}$) | 1.5 ($\frac{l}{59}$) |
| 广东金马大桥（方案） | 预应力混凝土连续刚构＋连续梁 | 75＋4×135＋75（连续刚构） | 2.5 ($\frac{l}{54}$) | 7.0 ($\frac{l}{19}$) | 单肢薄壁墩 | — | 2.5 ($\frac{l}{54}$) |

# 第二节 构 造 特 点

## 一、一般构造

刚架桥的桥面构造和梁式桥相同。

主梁截面形式与梁桥略同，可做成如图 3-1-5 所示的各种形式。主梁在纵方向的变化可做成等截面、等高变截面和变高度三种。变高度主梁的底缘形状可以是曲线形、折线形、曲线加直线形等，这主要应根据主梁内力的分布情况，按等强度原则选定。在下缘转折处，为保证底板的刚度，一般均宜设置横隔墙（详见节点构造一节）。

支柱有薄壁式和立柱式，如图 3-1-6 所示。立柱式中又可分为多柱和单柱。多柱式的柱顶通常都用横梁相连，形成横向框架，以承受侧向作用力。当立柱较高时，尚应在其中部用横撑将各柱连接起来。支柱的横截面可以做成实体矩形、I 字形或箱形等。对于单柱式，其截面要与主梁截面相配合，腹板要尽可能与主梁腹板布置一致，以利传力。

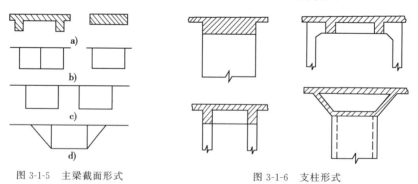

图 3-1-5 主梁截面形式　　图 3-1-6 支柱形式

## 二、单跨刚构的节点构造

单跨刚构桥的节点系指立柱（或斜支撑腿）与主梁相连接的部位，又称角隅节点。该节点必须具有强大的刚性，以保证主梁和立柱的可靠连接。角隅节点和主梁（或立柱）相连接的截面受有很大的负弯矩，因此节点内缘的混凝土会产生很高的压应力，而节点外缘的拉力则由钢筋承担，于是压力和拉力形成一对巨大的对角压力，对隅节点产生不利的劈裂作用（图 3-1-7）。

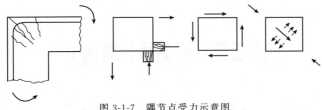

图 3-1-7 隅节点受力示意图

当主梁和立柱都是箱形截面时,隅节点可做成图 3-1-8 所示的三种形式:a)式仅在箱形截面内设置斜隔板;斜隔板抵抗对角压力最为有效,传力直接,施工简单,但 a)式中主筋的布置不如b)式和 c)式方便。b)式设有竖隔板和平隔板,其传力间接,受力情况较差,但构造和施工较简单。c)式兼有竖隔板、平隔板和斜隔板,节点刚强,布置主筋也较方便,但施工很麻烦。采用 a)式时,斜隔板应有足够的厚度。有时,为了使隅节点有强大的刚性,并简化施工,也可将它做成实体。

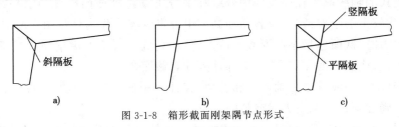

图 3-1-8 箱形截面刚架隅节点形式

斜腿刚架桥的斜支柱与主梁相交的节点,根据截面形式的不同,可以做成图 3-1-9 所示的两种形式。图 3-1-10 示出后一种形式的预应力钢筋布置。

关于隅节点的配筋,当采用普通钢筋混凝土时,一定要有足够的连续钢筋绕过隅节点外缘(图 3-1-11);否则,外缘混凝土由于受拉会产生裂缝。对于受力较大的节点,在对角力的方向要设置受压钢筋,在和对角力相垂直的方向要设置防劈钢筋。如果是预应力混凝土刚架桥,与隅节点相邻截面的预应力钢筋宜贯穿隅节点,并在隅角内交叉后锚固在梁顶和端头上。预应力钢筋锚头下面的局部应力区段内尚应设置箍筋或钢筋网,用以承受局部拉应力。对于加设梗腋的隅节点,要设置与梗腋外缘相平行的钢筋。

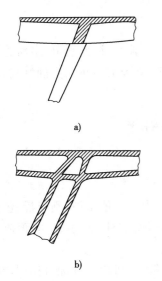

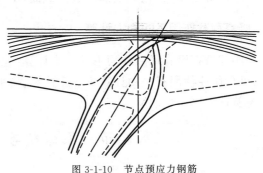

图 3-1-10 节点预应力钢筋

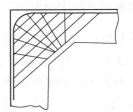

图 3-1-9 斜支柱与主梁相交的节点形式

图 3-1-11 隅节点普通钢筋的设置

# 第二章 刚架桥计算简介

## 第一节 刚架桥的计算原则

### 一、基本原则和假定

目前,超静定体系桥梁的内力,仍按在运营荷载作用下,结构为弹性的假定进行计算,然后用算得的内力进行截面强度的验算。计算刚架桥内力时,可遵循以下原则和假定:

(1)计算图式的轴线取支柱厚度的中分线和平分主梁跨中截面高度的水平线。对于截面高度或厚度变化较大的刚架桥,则以各截面高度中分点的连线作为计算图式的理论轴线。

(2)计算内力时,截面包括全部混凝土截面(包括受拉区),不考虑钢筋。对于 T 形和箱形截面,不论其顶板、底板厚度如何,均应全部计入计算截面。

(3)计算变位时,一般可略去轴向力和剪力,仅计弯矩的影响。但在计算张拉力作用所产生的次内力时,则必须计入轴向力对变位的影响。

(4)当采用变截面的主梁和支柱时,如果在同一构件中最大截面惯性矩超过最小截面惯性矩的两倍时,则应考虑此项变化的影响。

(5)当刚架奠基于压缩性甚小的土壤中时,支柱底端可认为是固定的。若刚架奠基于中等坚实的土壤时,则仅在下列情况下,支柱底端可认为是固定的,即由于基础有足够大的尺寸,致使基础底面一边的土压应力与另一边之比不大于 3 倍时。

(6)关于混凝土的弹性模量 $E_h$,根据现行规范规定,截面刚度按 $0.8E_h I$ 计,其中惯性矩 $I$ 的计算规定如下:

①对于静定结构,不计混凝土受拉区,计入钢筋。
②对于超静定结构,包括全部混凝土截面,不计钢筋。

### 二、竖直荷载作用下的内力计算

有关刚架桥在竖直荷载作用下的内力计算(包括变截面门式刚架、斜腿刚架、多跨连续刚架等)均可参阅或使用有关的计算机程序计算,按平面结构分析,必要时也可按空间结构计算,在此不再赘述。

## 第二节 刚架桥各项次内力计算

### 一、预应力作用所产生次内力的计算

对于超静定刚架桥,预应力的作用将引起次反力,产生次内力。一般来说,刚架桥(包括连续刚构)中主梁所受预应力较大,构件也较长,产生较大次内力,而支柱(柔性墩)的预应力较小,因此全桥的次内力主要受主梁的预应力影响。

预加力引起的次内力计算同第二篇第五章所述。用力法求解时,可以由预加力作用产生各去赘截面处的变形与由赘余力引起的相应变形之代数和为零的条件所建立的力法矩阵方程式:

$$FX + D = 0 \tag{3-2-1}$$

式中：$F$——刚构的常变位矩阵，即：

$$F = \begin{bmatrix} \delta_{11} & \delta_{12} & \cdots & \delta_{1n} \\ \vdots & & & \vdots \\ \delta_{n1} & \delta_{n2} & \cdots & \delta_{nn} \end{bmatrix} \tag{3-2-2}$$

$D$——载变形列矩阵。

据矩阵方程(3-2-1)，可求得各去赘截面上的赘余力 $X$，则刚构内各截面的总预矩为：

$$M_N = M_0 + \sum M = M_0 + \sum_{i=1}^{n} X_i \overline{M}_i \tag{3-2-3}$$

式中各符号意义见第二篇第五章。

## 二、混凝土收缩所产生次内力的计算

混凝土收缩相对变形的变化规律为：

$$\varepsilon_{st} = \varepsilon_{sk}(1 - e^{-pt}) \tag{3-2-4}$$

式中：$\varepsilon_{sk}$——混凝土收缩变形的终极值；

$p$——表示收缩随时间增长速度的系数；

$t$——从混凝土硬化时到计算收缩变形时的时间，习惯上称为龄期。

对于拼装式的桥梁，拼装构件往往在硬化后很久才拼装、合龙成桥梁，有一部分收缩变形在合龙前已经发生，这部分收缩变形可以扣除。设桥梁合龙时混凝土的龄期为 $\tau$，则此时已发生的收缩变形为：

$$\varepsilon_{s\tau} = \varepsilon_{sk}(1 - e^{-p\tau}) \tag{3-2-5}$$

因此在合龙后混凝土龄期为 $t$ 时所产生的收缩变形为：

$$\varepsilon_s = \varepsilon_{st} - \varepsilon_{s\tau} = \varepsilon_{sk}[1 - e^{-p(t-\tau)}] \tag{3-2-6}$$

如果在桥梁中，各组成构件在合龙时的龄期不同，则应分别进行计算，或近似用平均值计算。

对于预应力混凝土桥，可按温度降低 15～20℃ 来计算收缩变形所产生的次内力，也就是说，计算的收缩率的终极值为：

$$\varepsilon_{sk} = at = 15 \times 10^{-5} \sim 20 \times 10^{-5}$$

超静定的刚架桥，混凝土的收缩将在其中产生次内力。

这部分次内力的计算同式(3-2-1)，但式中的 $D$ 应改为因混凝土收缩所产生的变位矩阵。

## 三、混凝土徐变所产生次内力的计算

在超静定结构中，只有当体系发生转换时，混凝土徐变才引起内力的变化，这种内力变化叫作徐变所产生的次内力。刚架桥，特别是多跨连续刚构，在建成时，要完成多次体系转换，因此，这部分徐变次内力应分几步计算。

刚架桥的徐变次内力计算原理同本书的第二篇第五章。

如图 3-2-1 所示的门形刚架，设主梁为整体预制，架设到支柱上，然后再把梁柱接头整体化，体系因而发生了转换，由于自重应力所产生的徐变将引起刚架内力的重分布。

选用图 3-2-2 为基本体系；$M_a$ 为任意时刻 $t$ 时，由于徐变所引起的端部弯矩；$\tau$ 为梁柱整体化时，混凝土的龄期。在任意时刻，在 $dt$ 时间内，由于徐变产生的徐变转角的增量为：$(\theta_0^e + M_a \bar{\theta}_{ab}^e) d\varphi_t$。

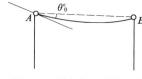

图 3-2-1　刚架施工时的变形　　　　图 3-2-2　计算时的基本体系

由于端弯矩增量 $dM$ 所产生的转角为 $dM_a \cdot \bar{\theta}_{ab}^e$，主梁端截面总的转角为：

$$(\theta_0^e + M_a \bar{\theta}_{ab}^e) d\varphi_t + \bar{\theta}_{ab}^e dM_a$$

同样，支柱顶截面的转角（柱端 $M_c$ 与梁端 $M_a$ 相等，但方向相反）为：

$$-(M_a \bar{\theta}_{ac}^e d\varphi_t + \bar{\theta}_{ac}^e dM_a)$$

根据变形协调条件，主梁与支柱的夹角不变，上列两个端截面转角应相等。

$$(\theta_0^e + M_a \bar{\theta}_{ab}^e) d\varphi_t + \bar{\theta}_{ab}^e dM_a = -(M_a \bar{\theta}_{ac}^e d\varphi_t + \bar{\theta}_{ac}^e dM_a) \tag{3-2-7}$$

即得：

$$\frac{dM_a}{d\varphi_t} + M_a + \frac{\theta_0^e}{\bar{\theta}_{ab}^e + \bar{\theta}_{ac}^e} = 0$$

故通解为：

$$M_a = C e^{-\varphi_t} - \frac{\theta_0^e}{\bar{\theta}_{ab}^e + \bar{\theta}_{ac}^e}$$

利用初始条件：$\varphi_t = \varphi_\tau$ 时，$M_a = 0$，得：

$$C = \frac{\theta_0^e}{\bar{\theta}_{ab}^e + \bar{\theta}_{ac}^e} e^{\varphi_\tau}$$

代入整理得：

$$M_a = -\frac{\theta_0^e}{\bar{\theta}_{ab}^e + \bar{\theta}_{ac}^e} [1 - e^{-(\varphi_t - \varphi_\tau)}] \tag{3-2-8}$$

式中：$\theta_0^e$——刚架主梁安装就位后的梁端弹性转角；

　　　$\bar{\theta}_{ab}^e$——主梁两端作用单位力矩时所产生的梁端转角；

　　　$\bar{\theta}_{ac}^e$——柱顶作用单位力矩所产生的柱顶端转角。

从上式可见，如果支柱很柔细，近似简支梁，好像体系没有转换一样，此时 $\bar{\theta}_{ac}^e$ 很大，分式趋于很小，徐变引起的次力矩很小；反之，如果支柱很刚劲，$\bar{\theta}_{ac}^e$ 趋于零，此情况趋于两端固定主梁。

倘若主梁和支柱系预应力混凝土构件，在梁柱整体化之前，已经张拉一部分钢筋，由于预应力产生的梁端和柱顶端弹性转角分别为 $\theta_{yab}^e$ 和 $\theta_{yac}^e$，则式（3-2-7）和式（3-2-8）中尚应增加相应的项 $\theta_{yab}^e d\varphi_t$ 和 $\theta_{yac}^e d\varphi_t$。

式（3-2-8）中第一项显然就是梁柱整体化之前施加的持久荷载作用到体系转换后的刚架（梁柱整体化之后）上，在节点处所产生的弯矩，因此式（3-2-8）可写成

$$M_a = M_a^0 [1 - e^{-(\varphi_t - \varphi_\tau)}] \tag{3-2-9}$$

当计算徐变终极时的次内力时，式中 $\varphi_t$ 改用 $\varphi_k$，即徐变特征的终极值。此时 $M_a$ 趋于 $M_a^0$。

以上所述是由于在梁柱整体化之前发生的梁端转角，在整体化之后产生的徐变影响所引

起的二次力矩。除此之外,还有由于在主梁至整体化之前的缩短,在整体化之后产生的徐变影响所引起的次内力。以上述的门式刚架为例,主梁的缩短仅仅是由于作用在简支主梁上的预应力所引起的。设此缩短为 $\Delta$,取简支的刚架体系为基本体系,支承水平反力为未知力。假设 $R$ 为在任意时刻 $t$ 时由于徐变所引起的水平反力,$\tau$ 为梁柱整体化时混凝土的龄期,则有:

$$R = R^0 [1 - e^{-(\varphi_t - \varphi_\tau)}] \tag{3-2-10}$$

式中:$R^0$——刚构整体化(合龙)之前的预加力作用到合龙之后的结构中,在刚构支承处所引起的反力。

由此产生的主梁梁端弯矩为:

$$M_a^1 = RH = HR^0 [1 - e^{-(\varphi_t - \varphi_\tau)}] \tag{3-2-11}$$

因此,由于徐变所产生的主梁梁端弯矩应为式(3-2-16)和式(3-2-21)两式所求弯矩之和,即:

$$\begin{aligned} M_a &= M^0 [1 - e^{-(\varphi_t - \varphi_\tau)}] + HR^0 [1 - e^{-(\varphi_t - \varphi_\tau)}] \\ &= (M^0 + HR^0)[1 - e^{-(\varphi_t - \varphi_\tau)}] \end{aligned} \tag{3-2-12}$$

上式中,第一项即为把梁柱整体化之前的荷载(包括持久荷载和预应力)作用到整体化之后的刚架上所引起的主梁梁端弯矩值(即所谓的一次落架内力值)。因此,随着时间的推移,弯矩 $M_a$ 将慢慢增大趋近于 $M_a = M^0 + HR^0$。这当然符合一般徐变内力的发展规律。

**四、温度变化所产生次内力的计算**

温度变化对结构的影响是复杂的。首先,温度变化本身呈某种周期性的变化,不同的材料、不同尺寸的构件、不同部位的构件对温度变化的反应不同;其次,温度变化影响往往伴随着混凝土的收缩和徐变,两者互相联系。

温度变化对结构内力的影响可分为两种情况:一是均匀的温度变化,即全结构温度变化相同,这种温度变化会使超静定刚架产生变形而造成温度内力(次内力),如图 3-2-3 所示;二是不均匀的温度变化,即结构不同部位或不同构件的温度变化不同,在结构内产生了温度差,因而使结构产生变形,例如梁顶与梁底的温差使梁受弯,箱形截面内外温差使板受弯等,这种变形在超静定结构中会产生次内力。

均匀的温度变化幅度应以结构合龙时的温度为初始值,计算分最高计算温度和最低计算温度两种,即温度变化有升温和降温两种情况。

当合龙温度较高时,降温引起的次内力较大,其影响与混凝土收缩的影响相同,两者叠加,将产生较大的次内力。因此,一般不宜在高温和温度变化较大时进行合龙,这是超静定结构施工的一般原则。

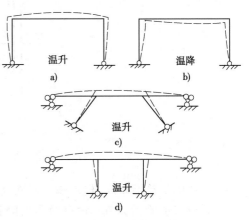

图 3-2-3 温度变化所产生的变形

温度变化在超静定刚架桥中引起的内力,其计算方法与收缩所产生的内力计算相同。按升温和降温分别计算后,根据最不利情况予以组合。

# 第三章 构造示例及施工

## 第一节 法国博诺姆桥

图 3-3-1 所示是法国莫尔比昂省跨越布拉韦河的博诺姆桥,1974 年建成通车。桥式为斜腿刚构,两斜柱支承铰的间距为 186.26m,该桥是迄今为止最大跨径的预应力混凝土斜腿刚架桥。

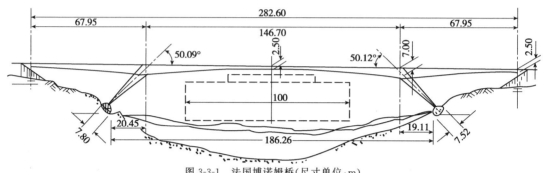

图 3-3-1　法国博诺姆桥(尺寸单位:m)

主梁两端支承间距离为 282.60m,其间中跨为 146.70m,两个边跨各为 67.95m。边跨长约为中跨的一半。自支承铰算起,桥高 23m 多,斜柱长达 25.82m。

主梁截面为单箱单室,如图 3-3-2 所示。中跨跨中梁高 2.50m,柱顶处梁高为 7.00m,两者之比为 1∶2.8,跨中梁高仅为主梁中跨长度的 1/58.7,截面其他尺寸详见图 3-3-1。

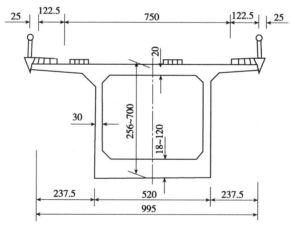

图 3-3-2　主梁截面(尺寸单位:m)

斜柱也是箱形截面,柱顶端正截面高 5.40m,近支承铰处减为 2m 左右。

斜柱与主梁相交节点设有两块斜隔板,如图 3-3-3 所示,它们与主梁的底板组成三角形的桁式节点。斜隔板中都有预应力钢筋,其中一部分预应力钢筋是由斜柱延伸而来的,一部分是另外加设的短钢筋,如图 3-3-4 所示。

由于主梁主要承受负弯矩,预应力钢筋大都设在顶部。如图 3-3-4 所示,绝大部分预应力钢筋穿越节点的顶部,然后根据受力和悬臂施工的要求锚于两边的主梁底部。只有少数设在主梁底部,弯起后锚于梁的端部。支柱的预应力钢筋设在顶板或底板内。

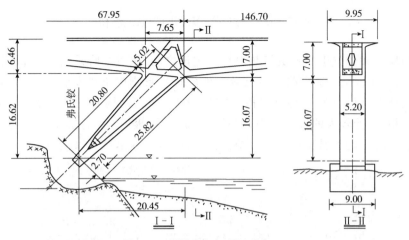

图 3-3-3 斜柱和节点(尺寸单位:m)

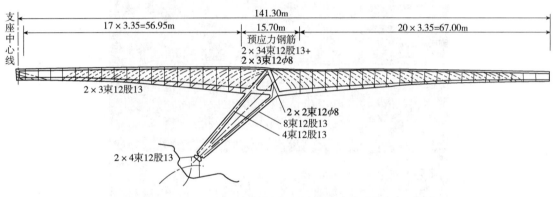

图 3-3-4 预应力钢筋图

铰支承块和基础之间设有调整装置。图 3-3-5 所示为扁千斤顶的布置。

该桥的主梁采用双悬臂平衡法施工。首先在临时支架上分阶段灌筑斜支柱混凝土,其次再灌筑柱顶的一段主梁(图 3-3-6),然后在该段主梁上安装挂篮,分段悬臂灌筑主梁混凝土。待合龙后拆除临时支架。

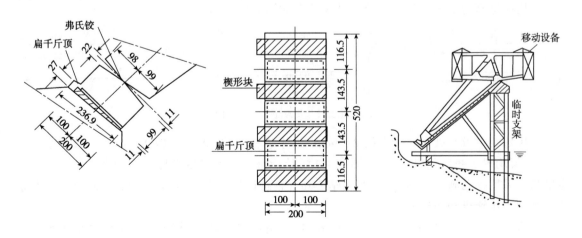

图 3-3-5 扁千斤顶位置图(尺寸单位:cm)　　　　图 3-3-6 施工示意图

## 第二节　广州琶洲珠江大桥

广州琶洲珠江大桥位于广州员村热电厂和琶洲之间,主桥主跨采用160mV形刚构连续组合箱梁桥,全桥长1 205m,是目前世界上最大跨径的V形刚构梁式大桥之一,也是当今国内同类桥梁中首座特大跨径V形刚构梁式桥,见图3-3-7。该桥结构兼有拱和梁的特点,斜腿与跨中形成拱的作用,承受较大的轴向压力,但只分担较小的弯矩。由于是超静定结构,还须考虑预应力、混凝土收缩徐变、温度等因素对结构内力的影响,并尽量予以减小。

图3-3-7　广州琶洲珠江大桥全景与夜景

### 一、结构特点及施工

主桥长570m,为V形刚构连续组合箱梁,桥跨组合为70m+135m+160m+135m+70m。V形刚构桥墩高为20m。该桥主要尺寸及构造如图3-3-8所示。

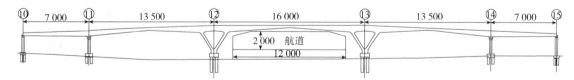

图3-3-8　主要尺寸及构造图(尺寸单位:cm)

大桥每个主墩基础为8根直径$\phi$280cm桩,平均桩长约40m。均为低桩承台,按支承桩设计,持力层均置于微风化岩层上,如图3-3-9所示。由于覆盖层较厚且有不透水层,潮差不大,主墩基础采用挖孔施工,用直径3.1m、厚14mm钢护筒振动下放至不透水层,然后开挖。其余桥墩基础采用钻机和冲机成孔。

大桥主要承台尺寸为13m×10m×4m,左右幅桥独立,属低桩承台。承台面低于平均低潮位,承台底位于河床以下1m。采用钢板桩围堰施工。

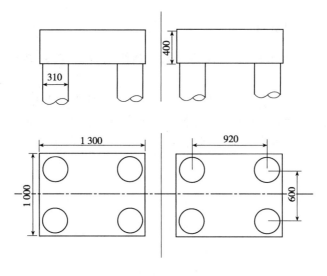

图 3-3-9 主墩基础(尺寸单位:cm)

大桥主墩为 V 形墩,是由两个斜肢、一段梁组成的三角形结构。V 形支撑为钢筋混凝土结构,两肢夹角约为 65.9°。撑体厚度为 2.3m,采用双箱单室箱形截面,为普通钢筋混凝土空心箱形结构,内含由型钢组成的劲性骨架,施工荷载由劲性骨架承受,结构如图 3-3-10 所示。V 形墩结构轻巧,是亮点,同时也是施工的难点。V 形墩主梁箱梁顶、底板厚度均为 60cm,腹板厚度为 60cm、40cm;每个箱内空腔尺寸为 110cm×320cm。为避免刚度产生过大的突变,斜肢顶、底部各设有一定长度的实体传力过渡段。V 形墩的施工主要分为三个阶段,即 V 撑首节、第二节及末节施工。墩顶托顶梁长 33m,单箱单室结构。两端为实心段,其下与 V 撑固接。中间为单箱室箱梁,长 23m。托顶梁采用钢结构护筒支架施工,施工中注意支架受力均匀,对称施工。

主梁在 V 形支撑斜腿与主梁固结处梁高为 7.0m,V 形支撑上部托顶梁跨中梁高为 6.0m,梁顶位于 4% 纵坡上(竖曲线半径 4 500m),梁体下缘合龙段和边跨 13.88m 现浇段为直线,托顶梁梁底为半径 65.718m 的圆曲线,其余部位梁体下缘曲线线形为二次抛物线。

箱梁顶宽 15.0m,底宽 8.0m,如图 3-3-11 所示,全桥合龙段长为 2m。箱梁采用挂篮悬浇施工。全桥一共有 16 套挂篮,其中 V 形墩采用 8 套三角挂篮。

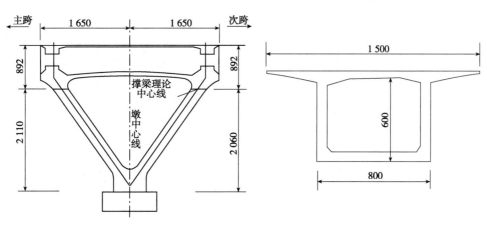

图 3-3-10 V 形支撑结构(尺寸单位:cm)　　　图 3-3-11 箱梁(尺寸单位:cm)

## 二、主要技术特点及创新点

(1)主桥上部构造形式采用V形支撑刚构—连续组合梁方案,结构新颖美观,总体布局合理。

(2)主墩为V形墩,是由两个斜肢和一段横梁组成。斜肢为普通钢筋混凝土空心箱形结构,内含型钢组成的劲性骨架,承受施工荷载。V形墩结构轻巧,为大桥的亮点和施工难点。

(3)悬浇用的三角挂篮具有自重轻,装、拆简便,施工方便的特点。

# 附录

## 附录 I　桥梁初步设计及方案比较

在桥梁规划设计可行性研究基础上,经过讨论、审查并根据国家建设计划的安排,遂可确定一座桥梁工程的建设项目,并编制计划任务书。建设单位可采用招标方式进行桥梁工程的初步设计。在初步设计阶段,设计承担者为了获得经济、适用和美观的桥梁设计方案,需要运用丰富的桥梁建筑理论和实践知识,对拟定的各种桥梁方案从使用、经济、构造、施工及美观方面做深入细致分析与研究,并根据桥址实际情况对各种方案进行综合比较,科学地做出最佳设计方案。

### 一、拟定可行的桥型结构

编制初步设计方案,通常是从桥梁分孔和拟定桥型结构开始的。根据本书所述分孔原则就可拟定一系列各具特点、可行的桥型结构。在桥型结构拟定过程中,除了河宽、航道等因素外,还应考虑建桥资金、技术可能性以及日后桥梁的维护管理等具体问题。同时,设计的思路应宽广,避免遗漏可行的桥型和布置方案。

在设计图纸的表现上,应在绘就的桥址河床断面图上,按大致同一比例套上道路纵断面及桥下设计净空,对每一桥型作出必要的立面、平面、侧面布置。同时,需在河床断面图上绘出桥址地质分层立面图或钻孔柱状图,以便于下部结构的布置。

在经过综合分析与判断之后,剔除一些在技术、经济上明显相形见绌的桥型结构方案,并从中选出几个构思好、各具优点但难判定孰优孰差的桥型结构,作为进一步详细研究而进行比较的方案。

### 二、编制方案

在作为初步设计的桥型结构确定之后,首先应对每一方案拟定出主要构造尺寸,绘制总图、主要构造图,再以规范的要求为依据,进行结构构件的分析和设计,然后绘出初步设计阶段所要求的主要受力构件的钢筋、预应力钢束布置图,最后计算出主要工程数量。

为了便于选定最佳方案,每一方案宜具备如下技术经济指标及有关设计内容的评价:主要材料(钢、木、水泥)用量、劳动力(包括专业技术工种)数量、工期、养护条件、运营条件、有无困难工程、是否需特种机具,以及桥型与环境美观等,并编制全桥造价概算(分上、下部结构列出)。

附图 I-1 是上海奉浦大桥工程可行性研究中所编制的比较方案。奉浦大桥的主要设计技术标准为:荷载汽—超 20,挂—120,人群荷载为 $4kN/m^2$;主桥桥面宽 18.6m;主航道通航净空 $28m \times 60m$(高×宽),两副航道通航净空 $18m \times 105m$;结构抗震按 7 度设防。此桥共编制了预应力混凝土连续梁、连续刚构、T形刚构、钢桁架开启桥等五个方案,每一方案均列出了钢、混凝土的材料用量和造价指标等。

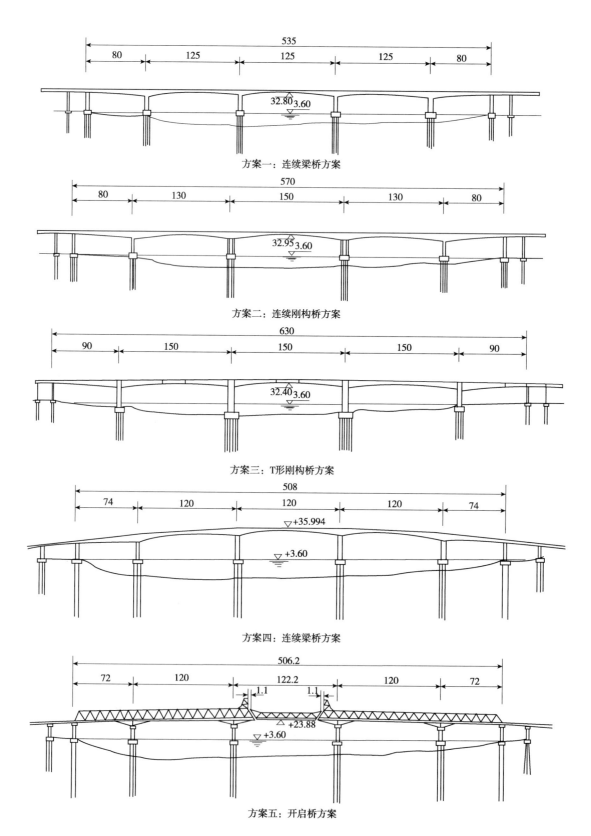

附图 I-1　主桥桥型方案(尺寸单位:m;高程单位:m)

### 三、技术经济比较的最优方案的确定

设计方案的评价和比较,是要全面考虑上述各项指标,综合分析每一方案的优缺点,最后选定一个符合当前条件的、最佳的推荐方案。有时,占优势的方案还应吸取其他方案的优点进一步加以改善,如果改动较多时,甚至最后中选的方案可能是集聚各方案长处的另一新方案。

一般说来,造价低、材料省、劳动力少和桥型美观的方案应是优秀方案,但实际上并不尽然,因为有时当其他技术因素或使用要求上升为设计的主要矛盾时,就不得不放弃较为经济的方案。所以在比较时必须从任务书提出的要求、所给的原始资料以及施工等条件中,找出所面临问题的关键所在,分清主次,才能探索出适合于各具体情况的最佳方案。

上海奉浦大桥主桥结构,通过对连续梁等桥型方案在技术、经济、工期等方面的综合比较(附表Ⅰ-1),得出预应力混凝土连续梁桥具有整体性能好、结构刚度大、变形小的优点。特别是主梁变形挠曲线平缓,桥面接缝少,有利行车。预应力混凝土连续梁桥设计、施工经验较成熟,施工质量和工期能够控制,养护工作量最小。因此,最后主桥结构的推荐方案为85.15m+3×125m+85.15m的五跨预应力混凝土连续梁。

**上海奉浦大桥桥型方案比较表** 附表Ⅰ-1

| 方案编号 | | 一 | 二 | 三 | 四 | 五 |
|---|---|---|---|---|---|---|
| 桥型 | | 预应力混凝土连续梁 | 预应力混凝土连续刚构 | 预应力混凝土T形刚构 | 预应力混凝土连续梁 | 钢桁架开启桥 |
| 跨径布置(m) | | 80+125+125+125+80=535 | 80+130+150+130+80=570 | 90+150+150+150+90=630 | 74+120+120+120+74=508 | 72.6+120+122.2+120+72.6=507.4 |
| 通航净空高度(m) | | 28 | 28 | 28 | 28 | 28(开启孔)<br>15(固定孔) |
| 桥梁宽度(m) | | 1. 四车道17.50<br>2. 两车道11.50 | 1. 四车道17.50<br>2. 两车道11.50 | 1. 四车道17.50<br>2. 两车道11.50 | 1. 四车道17.50<br>2. 两车道11.50 | 16.40(四车道),两侧人行道各宽1.0 |
| 支点截面最大梁高(m) | | 7.0 | 3.5 | 3.5 | 6.8 | 16(含加劲腿高6m) |
| 中孔跨中梁高(m) | | 3.0 | 3.0 | 2.0(挂梁) | 3.4 | 8(开启孔)<br>10(固定孔) |
| 梁高与跨径比 | 支点 | 1/17.86 | 1/17.65 | 1/17.65 | 1/17.65 | |
| | 跨中 | 1/41.67 | 1/50 | 1/75 | 1/35.92 | |
| 主桥桥墩形式与施工方法 | | 高桩承台、采用钢套箱方法施工 | 高桩承台、采用钢套箱方法施工 | 桩基承台、基础采用双壁钢围堰方法施工 | 高桩承台、采用钢套箱方法施工 | 高桩承台、采用钢套箱方法施工 |
| 主桥上部结构施工方法 | | 悬臂浇筑 | 悬臂浇筑 | 悬臂浇筑 | 悬臂浇筑 | 工厂制造,工地悬臂安装 |

续上表

| 方案编号 | 一 | 二 | 三 | 四 | 五 |
|---|---|---|---|---|---|
| 混凝土数量($m^3$)<br>(四车道/两车道) | 41 596/31 607 | 42 715/32 103 | 47 809/30 469 | 50 235/36 219 | 24 489/无 |
| 钢材用量(t)<br>(四车道/两车道) | 6 213/4 483 | 6 286/4 413 | 5 958/4 032 | 5 520/3 882 | 4 260(钢梁)<br>2 202(其他钢材) |
| 全桥造价(万元)<br>(四车道/两车道) | 9 309.75/7 749.47 | 9 380.08/7 818.62 | 8 879.89/6 616.42 | 9 932.05/1 674.54 | 9 496.16/无 |

在方案比较中除了绘制方案比较图外,还应编写方案比较说明书。其中应阐明编制方案的主要原则、拟定桥型结构和从中选出比较方案的理由、方案比较的综合评述、对于推荐方案的详细说明等。有关为拟定结构主要尺寸所做的各种计算资料,以及为估算三材指标和造价等所依据的文件名称(如概算定额、各种费率标准等),均应作为附件载入。

# 附录 Ⅱ 比拟正交异性板法

前面介绍的几种计算荷载横向分布系数的方法,都有一个共同的特点,就是把全桥视作一系列并排放置的主梁所构成的梁格或梁系结构来进行力学分析。各种方法的不同之处,在于根据各种不同桥梁结构的具体特点,对横向结构的连接刚性作了不同假设。对于由主梁、连续的桥面板和多横隔梁所组成的梁桥,当其宽度与其跨度之比值较大时,将其比拟简化为一块矩形的平板,作为弹性薄板按古典弹性理论来进行分析,即所谓"比拟正交异性板法"或称"G-M 法"。

为了使读者能领会"比拟正交异性板法"的基本概念,并掌握其实用计算图表的具体应用,本小节内将在各向同性板挠曲微分方程的基础上,引出比拟正交异性板的挠曲微分方程,阐明桥梁结构近似比拟成板的途径,最后再讨论应用图表的原理和实用计算方法。

## 一、弹性板的挠曲面微分方程

在均质弹性薄板的古典理论中,对于附图Ⅱ-1 所示的正交均质弹性薄板,我们知道有下述关系。

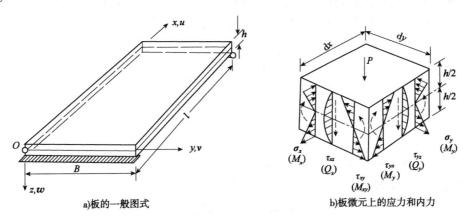

a) 板的一般图式  b) 板微元上的应力和内力

附图Ⅱ-1 弹性薄板计算图式

应力与应变:

$$\left.\begin{array}{l} \sigma_x = \dfrac{E}{1-v^2}(\varepsilon_x + v\varepsilon_y) \\[4pt] \sigma_y = \dfrac{E}{1-v^2}(\varepsilon_y + v\varepsilon_x) \\[4pt] \tau_{xy} = G\gamma_{xy} = \dfrac{E}{2(1+v)}\gamma_{xy} \end{array}\right\} \quad (附Ⅱ-1)$$

应变与位移:

$$\left.\begin{array}{l} \varepsilon_x = -z\dfrac{\partial^2 w}{\partial x^2} \\[4pt] \varepsilon_y = -z\dfrac{\partial^2 w}{\partial y^2} \\[4pt] \gamma_{xy} = -2z\dfrac{\partial^2 w}{\partial x \partial y} \end{array}\right\} \quad (附Ⅱ-2)$$

内力与位移：

$$M_x = -D\left(\frac{\partial^2 w}{\partial x^2} + \upsilon\frac{\partial^2 w}{\partial y^2}\right)$$
$$M_y = -D\left(\frac{\partial^2 w}{\partial y^2} + \upsilon\frac{\partial^2 w}{\partial x^2}\right)$$
$$M_{xy} = -(1-\upsilon)D\frac{\partial^2 w}{\partial x \partial y}$$

（附Ⅱ-3）

式中：$D = \dfrac{Eh^3}{12(1-\upsilon^2)}$，为板的单宽抗弯刚度。

内力与荷载的平衡关系：

$$\frac{\partial^2 M_x}{\partial x^2} + 2\frac{\partial^2 M_{xy}}{\partial x \partial y} + \frac{\partial^2 M_y}{\partial y^2} = -p \quad \text{（附Ⅱ-4）}$$

将式（附Ⅱ-3）代入式（附Ⅱ-4）后，就得熟知的正交均质弹性板的挠曲微分方程：

$$\frac{\partial^4 w}{\partial x^4} + 2\frac{\partial^4 w}{\partial x^2 \partial y^2} + \frac{\partial^4 w}{\partial y^4} = \frac{p}{D} \quad \text{（附Ⅱ-5）}$$

有了正交均质弹性板的理论基础，就不难推导出正交异性板的挠曲微分方程。

一般所指的正交异性板，其特点是结构材料在 $x$ 和 $y$ 两个方向的弹性性质不同，如以弹性性质的对称面作为坐标面，于是应力与应变关系为：

$$\varepsilon_x = \frac{1}{E_x}(\sigma_x - \upsilon_x \sigma_y)$$
$$\varepsilon_y = \frac{1}{E_y}(\sigma_y - \upsilon_y \sigma_x)$$
$$\gamma_{xy} = \frac{\tau_{xy}}{G}$$

（附Ⅱ-6a）

式中：$E_x$、$E_y$——材料沿 $x$、$y$ 方向的弹性模量。

式（附Ⅱ-6a）也可写成：

$$\sigma_x = E'_x \varepsilon_x + E'' \varepsilon_y$$
$$\sigma_y = E'_y \varepsilon_y + E'' \varepsilon_x$$
$$\tau_{xy} = G\gamma_{xy}$$

（附Ⅱ-6b）

上式中的常量为：

$$E'_x = \frac{E_x}{1-\upsilon_x \upsilon_y}, \quad E'_y = \frac{E_y}{1-\upsilon_x \upsilon_y}, \quad E'' = \frac{\upsilon_x E_y}{1-\upsilon_x \upsilon_y} = \frac{\upsilon_y E_x}{1-\upsilon_x \upsilon_y}$$

于是，像均质板理论中一样，将式（附Ⅱ-2）代入式（附Ⅱ-6b），并将所得的应力式代入内力计算式[参见附图Ⅱ-1b]，即得：

$$M_x = \int_{-\frac{h}{2}}^{+\frac{h}{2}} \sigma_x z \,\mathrm{d}z = -\left(D_x \frac{\partial^2 w}{\partial x^2} + D_1 \frac{\partial^2 w}{\partial y^2}\right)$$
$$M_y = \int_{-\frac{h}{2}}^{+\frac{h}{2}} \sigma_y z \,\mathrm{d}z = -\left(D_y \frac{\partial^2 w}{\partial y^2} + D_1 \frac{\partial^2 w}{\partial x^2}\right)$$
$$M_{xy} = \int_{-\frac{h}{2}}^{+\frac{h}{2}} \tau_{xy} z \,\mathrm{d}z = -D_{xy} \frac{\partial^2 w}{\partial x \partial y}$$

（附Ⅱ-7）

式中:$D_x$、$D_y$——$x$ 和 $y$ 方向的单宽抗弯刚度,$D_x = \dfrac{E'_x h^3}{12}$,$D_y = \dfrac{E'_y h^3}{12}$;

$D_{xy}$——单宽抗扭刚度,$D_{xy} = \dfrac{G h^3}{6}$;

$D_1$——单宽相关抗弯刚度,$D_1 = \dfrac{E'' h^3}{12}$。

将式(附Ⅱ-7)作相应微分后代入平衡方程式(附Ⅱ-4),经整理后可得:

$$D_x \frac{\partial^4 w}{\partial x^4} + 2H \frac{\partial^4 w}{\partial x^2 \partial y^2} + D_y \frac{\partial^4 w}{\partial y^4} = p(x, y) \tag{附Ⅱ-8}$$

式中:$H = D_1 + D_{xy}$。

方程(附Ⅱ-8)即为正交各向(材料)异性板的挠曲面微分方程。式中如设 $E_x = E_y = E$ 和 $v_x = v_y = v$,就可得到各向同性板的方程(附Ⅱ-5)。

下面我们要进一步阐明:对于具有多根纵向主梁和横向横隔梁的梁桥,如何比拟成正交各向异性板来分析其挠曲问题。

## 二、比拟正交异性板挠曲微分方程

附图Ⅱ-2a)是实际桥跨结构纵横向的构造图式,纵向主梁的中心距离为 $b$,每片主梁的截面抗弯惯性矩和抗扭惯性矩分别为 $I_x$ 和 $I_{Tx}$;横隔梁的中心距离为 $a$,其截面抗弯惯性矩和抗扭惯性矩为 $I_y$ 和 $I_{Ty}$。如果梁肋间距 $a$ 和 $b$ 相应地与桥跨结构的宽度或长度相比是相当小的,并且桥面板与桥肋之间具有完善的结合,我们就可设想将主梁的截面惯性矩 $I_x$ 和 $I_{Tx}$ 平均分摊于宽度 $b$,将横隔梁的截面惯性矩 $I_y$ 和 $I_{Ty}$ 平均分摊于宽度 $a$,这样就把实际的纵横梁格系比拟成了一块假想的平板,如附图Ⅱ-2b)所示。图中将沿 $x$ 方向的板厚表示成虚线,这说明所比拟的板在 $x$ 和 $y$ 两个方向的换算厚度是不相同的。此时,比拟板在纵向和横向每米宽度的截面抗弯惯性矩和抗扭惯性矩相应为:

$$J_x = \frac{I_x}{b}, \quad J_{Tx} = \frac{I_{Tx}}{b}$$

以及

$$J_y = \frac{I_y}{a}, \quad J_{Ty} = \frac{I_{Ty}}{a}$$

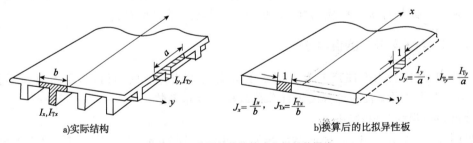

a)实际结构      b)换算后的比拟异性板

附图Ⅱ-2   实际结构换算成比拟板的图式

对于钢筋混凝土或预应力混凝土梁式结构,为了简化理论分析,可近似地忽略混凝土的泊松比 $v$ 的影响。这样便得到一块在 $x$ 和 $y$ 两个正交方向的截面单宽刚度为 $EJ_x$、$GJ_{Tx}$ 和 $EJ_y$、$GJ_{Ty}$ 的比拟正交异性板。仿照式(附Ⅱ-7)并注意到 $E_x = E_y = E$ 和 $v_x = v_y = 0$,则:

$$\left.\begin{array}{l} M_x = -EJ_x \dfrac{\partial^2 w}{\partial x^2}, \quad M_y = -EJ_y \dfrac{\partial^2 w}{\partial y^2} \\[2mm] M_{xy} = -GJ_{Tx} = \dfrac{\partial^2 w}{\partial x \partial y}, \quad M_{yx} = -GJ_{Ty} \dfrac{\partial^2 w}{\partial x \partial y} \end{array}\right\} \tag{附Ⅱ-9}$$

把上列关系代入板微元的平衡方程式(附Ⅱ-4)中,便得到比拟正交(构造)异性板的挠曲微分方程:

$$EJ_x \frac{\partial^4 w}{\partial x^4} + G(J_{Tx} + J_{Ty}) \frac{\partial^4 w}{\partial x^2 \partial y^2} + EJ_y \frac{\partial^4 w}{\partial y^4} = p(x,y) \quad (\text{附Ⅱ-10a})$$

上式可改写成如下的形式:

$$EJ_x \frac{\partial^4 w}{\partial x^4} + 2\alpha E \sqrt{J_x J_y} \frac{\partial^4 w}{\partial x^2 \partial y^2} + EJ_y \frac{\partial^4 w}{\partial y^4} = p(x,y) \quad (\text{附Ⅱ-10b})$$

式中:

$$\alpha = \frac{G(J_{Tx} + J_{Ty})}{2E \sqrt{J_x J_y}}$$

如设 $D_x = EJ_x$、$D_y = EJ_y$ 和 $H = \alpha E \sqrt{J_x J_y}$,上式就可写成:

$$D_x \frac{\partial^4 w}{\partial x^4} + 2H \frac{\partial^4 w}{\partial x^2 \partial y^2} + D_y \frac{\partial^4 w}{\partial y^4} = p(x,y)$$

这样就得到与正交各向(材料)异性板的式(附Ⅱ-8)在形式上完全一致的挠曲微分方程,它是一个四阶非齐次的偏微分方程,解得荷载作用下任意点的挠度值 $w$ 后,就可得到相应的内力值。

由此可见,任何纵横梁格系结构比拟成的异性板,可以完全仿照真正的材料异性板来求解,只是方程中的刚度常数不同罢了。这就是"比拟正交异性板"的真实意义。同时必须指出,由于梁格系的梁肋并非对称于板的中面布置,故此法所得的解也是近似的。

式(附Ⅱ-10b)中的常数 $\alpha$ 称为扭弯参数,它表示比拟板两个方向的单宽抗扭刚度代数平均值与单宽抗弯刚度几何平均值之比。对于常用的 T 形梁或 I 字形梁,$\alpha$ 在 0～1 之间变化。

1946 年法国的居翁(Guyon)引用正交异性板的理论解决了无扭梁格($\alpha = 0$)的荷载横向分布计算问题。1950 年麦桑纳特(Massonnet)又在保留参数 $\alpha$ 的情况下使居翁的理论得到了推广,因此,人们就习惯地把这两个方法合称为"G-M 法"。

不难看出,当 $\alpha = 1$ 时,且两个方向的单宽抗弯刚度相同($J_x = J_y$)时,式(附Ⅱ-10b)又简化成各向同性板的式(附Ⅱ-5)。

关于比拟正交异性板挠曲面控制方程式(附Ⅱ-10b)的详细求解这里不作介绍,读者可参阅有关著述。下面将详细介绍应用"G-M 法"计算图表的原理和方法。

### 三、应用图表计算荷载的横向分布

在设计中,直接利用弹性挠曲面方程来求解简支梁的各点内力值,将是繁复而累赘费时的。"G-M 法"可利用编就的计算图表计算荷载横向分布系数。

1. 荷载横向影响线的绘制

设附图Ⅱ-3a)表示一块纵、横向截面单宽惯性矩分别为 $J_x$、$J_{Tx}$ 和 $J_y$、$J_{Ty}$ 的简支比拟板。当板上在任意横向位置 $k$ 作用单位正弦荷载 $p(x) = 1 \cdot \sin \frac{\pi x}{l}$ 时,板在跨中就产生弹性挠曲,如图中 $o'$-$e'$ 线所示。

为了分析方便,我们将全板按不同位置分作许多纵向板条①、②、③、④、…、ⓝ,并且以单位板宽(简称板条)来考虑。于是,在 $k$ 处有单位正弦荷载作用下,任一板条沿 $x$ 方向的挠度将为:

$$w_i(x) = w_i \sin \frac{\pi x}{l}$$

式中：$w_i$——与荷载峰值 1 相对应的第 $i$ 根板条的挠度峰值。

如果我们来研究各板条在跨中$\left(即\ x=\dfrac{1}{2}\right)$的挠度和受力关系，则可得荷载和挠度分布图形，如附图Ⅱ-3b)和 c)所示。图中 $\eta_{1k}$、$\eta_{2k}$、$\eta_{3k}$、$\cdots$、$\eta_{nk}$ 表示 $k$ 点有单位荷载作用下各板条所分担的荷载。

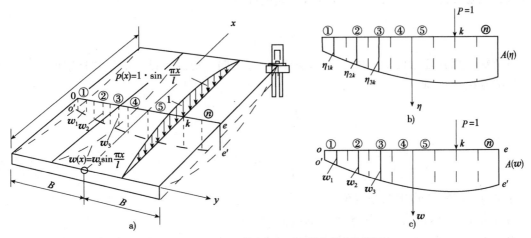

附图Ⅱ-3　比拟板的横向挠度 $w$ 和横向影响线竖标 $\eta$

根据荷载与挠度的正比关系，显然有：

$$\eta_{1k}=Cw_1$$
$$\eta_{2k}=Cw_2$$
$$\eta_{3k}=Cw_3$$
$$\cdots$$
$$\eta_{nk}=Cw_n$$

式中：$C$——与跨径和截面刚度相关的常数。

将等号左边所有的 $\eta_{jk}$ 相加并乘以板条宽度，再由平衡条件可得：

$$(\eta_{1k}+\eta_{2k}+\eta_{3k}+\cdots+\eta_{nk})\cdot 1=\sum_{i=1}^{n}\eta_i\cdot 1=A(\eta)\cdot 1$$

同样地，将等号右边所有的 $Cw_i$ 相加并乘以板条宽度，可得：

$$(Cw_1+Cw_2+Cw_3+\cdots+Cw_n)\cdot 1=C\cdot\sum_{i=1}^{n}w_i\cdot 1=CA(w)$$

式中：$A(\eta)$、$A(w)$——跨中荷载横向分布图形的面积[附图Ⅱ-3b)、c)]。

上述两式应相等，由此可得：

$$C=\frac{1}{A(w)}$$

显然，在荷载 $p(x)=1\cdot\sin\dfrac{\pi x}{l}$ 作用下的挠度图面积，也可以用每一板条承受等分荷载 $\dfrac{1}{n}\cdot\sin\dfrac{\pi x}{l}$ 时的平均挠度 $\overline{w}$ 来表示，则：

$$A(w)=2B\cdot\overline{w}$$

式中：$B$——桥宽的一半。

因此得到：

$$C = \frac{1}{2B\overline{w}}$$

这样,当 $P=1$ 作用在跨中截面 $k$ 点时,任一板条所分配的荷载峰值可写成:

$$\eta_{ik} = Cw_{ik} = \frac{w_{ik}}{2B\overline{w}}$$

根据变位互等定理和反力互等定理,上式也可写成:

$$\eta_{ki} = \frac{w_{ki}}{2B\overline{w}}$$

将荷载作用在任意位置 $i$ 时,$k$ 点的挠度值 $w_{ki}$ 与同一荷载下设想的平均挠度值 $\overline{w}$ 之比定义为影响系数 $K_{ki}$,即:

$$K_{ki} = \frac{w_{ki}}{\overline{w}}$$

代入上式就得:

$$\eta_{ki} = \frac{K_{ki}}{2B} \tag{附Ⅱ-11}$$

这里 $\eta_{ki}$ 为 $P=1$ 作用在任意位置 $i$ 时分配至 $k$ 点的荷载;显然,这就是对于 $k$ 点的荷载横向影响线的坐标值,它就等于影响系数 $K_{ki}$ 除以桥宽 $2B$。

由求解 $w_{ki}$ 不难看出,$K_{ki}$ 是欲计算的板条位置 $k$、荷载位置 $i$、扭弯参数 $\alpha$ 以及纵、横向截面抗弯刚度之比 $\theta$(见下)的函数。居翁和麦桑纳特已根据理论分析编制了 $K_0 = f(\alpha=0, \theta, k, i)$ 和 $K_1 = f(\alpha=1, \theta, k, i)$ 的曲线图表(见本附录第五小节)[1]。对于一般从肋式结构所比拟成的正交各向异性板来说,$\alpha$ 的变化范围在 $0 \sim 1$ 之间,$K_\alpha$ 可足够精确地由下式内插求得:

$$K_\alpha = K_0 + (K_1 - K_0)\sqrt{\alpha}$$

参数 $\theta$ 和 $\alpha$ 为:

$$\theta = \frac{B}{l} \cdot \sqrt[4]{\frac{J_x}{J_y}}, \alpha = \frac{G(J_{Tx} + J_{Ty})}{2E\sqrt{J_x \cdot J_y}}$$

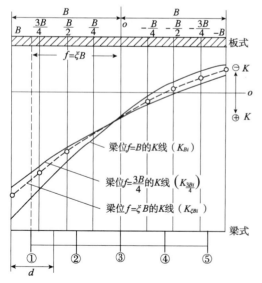

附图Ⅱ-4 梁位 $f = \xi B$ 的 $K$ 值计算

这里需要说明,附录Ⅱ中 $K_0$ 和 $K_1$ 的图表是将桥的全宽分为8等分共9个点的位置来计算的,以桥宽中间点为0,向左(或向右)依次为正的(或负的)$\frac{1}{4}B$、$\frac{1}{2}B$、$\frac{3}{4}B$ 和 $B$,如附图Ⅱ-4所示。如果需求的主梁位置不是正好在这9个点上,例如欲求附图Ⅱ-4中1号梁(梁位 $f = \xi B$)处的 $K$ 值时,则要根据相邻两个点的 $K_{Bi}$ 和 $K_{\frac{3B}{4}i}$ 值(由图表查得)进行内插,最后求得的 $K_{\xi Bi}$ 如图中虚线所示。尚需指出的是,$K$ 值是可以互换的,即 $K_{ki} = K_{ik}$,适当利用这一关系,还可缩减查表计算的工作量。

至此,我们说明了对于比拟板上某点位置(或某一板条)的横向影响线几个坐标值的计算方法。

---

[1] 直接利用 $K_1$ 曲线可以对钢筋混凝土板桥作较精确的计算,此时 $\theta = \frac{B}{l}$。

显然,如果我们要针对中距为 $b$ 的某一主梁 $k$ 求算其影响线坐标值,则只要首先求出对于轴线位置 $k$ 处的各点影响线坐标,再将这些坐标值各乘以 $b$ 就可以了,也即:

$$R_{ki} = \eta_{ki} \cdot b = \frac{K_{ki}}{2B} \cdot b$$

式中:$R_{ki}$——对于某片主梁的荷载横向影响线坐标。

考虑全桥宽共有 $n$ 片主梁,即 $b = \frac{2B}{n}$,则可得:

$$R_{ki} = \frac{K_{ki}}{2B} \cdot \frac{2B}{n} = \frac{K_{ki}}{n} \tag{附Ⅱ-12}$$

由此可见,对于横截面对称布置的梁桥,只要将影响系数 $K$ 除以梁数 $n$,就可绘出对于一片主梁的荷载横向影响线,如附图Ⅱ-5c)所示。

有了荷载横向影响线,就可用一般方法来计算某一主梁的荷载横向分布系数。要注意,用比拟板法求得的荷载横向分布系数也是对于位于跨中的荷载而言的。

尚须指出的是,如果我们细察附录Ⅱ中 $K_0$ 和 $K_1$ 的曲线就可发现,当弯曲刚度参数 $\theta < 0.3$ 时,曲线沿 $K$ 轴方向的间隔基本上相等,也就是说,当 $\theta < 0.3$ 时,横断面的挠曲线接近于直线。这就与"刚性横梁法"中假定横向刚度无穷大的结果趋于一致。因此,为了计算方便,可以认为:$\theta \leqslant 0.3$ 时属于窄桥,$\theta > 0.3$ 时系宽桥,这样规定所发生的误差在 5% 左右,最大不超过 10%。可见,用 $\theta$ 值来考虑窄桥与宽桥的界限,要比简单地由宽跨比来考虑更加合理。

2. 关于 $K$ 值的校核

为了简捷地校验查表、内插等的正确性,尚可对所得的各个 $K$ 值进行快速检查。

附图Ⅱ-6 表示比拟板跨中横截面在 $P=1$ 作用下[附图Ⅱ-6中a)]和将 $P=1$ 均分作用于 $1 \sim 9$ 点上[附图Ⅱ-6中b)]的挠曲图形,很明显,后者产生平均挠度 $\overline{w}$。

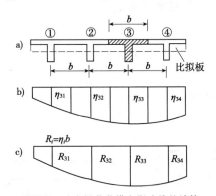

附图Ⅱ-5 主梁荷载横向影响线的计算

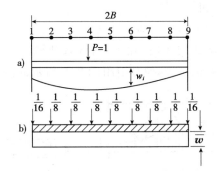

附图Ⅱ-6 跨中截面的挠曲图式

根据功的互等定理,有:

$$1 \cdot \overline{w} = \frac{1}{8} \sum_{i=2}^{8} w_i + \frac{1}{16}(w_1 + w_9)$$

则得:

$$\sum_{i=2}^{8} \frac{w_i}{\overline{w}} + \frac{1}{2}\left(\frac{w_1}{\overline{w}} + \frac{w_9}{\overline{w}}\right) = 8$$

或

$$\sum_{i=2}^{8} K_i + \frac{1}{2}(K_1 + K_9) = 8 \tag{附Ⅱ-13}$$

式(附Ⅱ-13)就可用来校核所计算 $K$ 值的准确性。

3. 关于截面抗弯和抗扭刚度的计算

在利用"G-M"法的图表计算荷载横向影响线坐标时,需要预先算出参数 $\theta$ 和 $\alpha$,因此,就要计算纵、横向的单宽惯性矩值(参见附图Ⅱ-2):

$$J_x = \frac{I_x}{b}, \quad J_{Tx} = \frac{I_{Tx}}{b}$$

以及

$$J_y = \frac{I_y}{a}, \quad J_{Ty} = \frac{I_{Ty}}{a}$$

(1) 抗弯惯性矩

对于纵向主梁的抗弯惯性矩 $I_x$,就按翼板宽为 $b$ 的 T 形截面用一般方法计算,这里不必赘述。

对于横隔梁的抗弯惯性矩 $I_y$,由于肋的间距较大,受弯时翼板宽度为 $a$ 的 T 形梁不再符合平截面假设,也就是说,翼板内的压应力沿宽度 $a$ 的分布很不均匀,如附图Ⅱ-7所示。为了较精确地考虑这一因素,通常引入所谓受压翼板有效宽度的概念。每侧翼板有效宽度的值,就相当于把实际应力图形换算成以最大应力 $\sigma_{max}$ 为基准的矩形图形的长度 $\lambda$,见附图Ⅱ-7。根据理论分析结果,$\lambda$ 值可按 $c/l$ 之比值由表附表Ⅱ-1计算。

与 $c/l$ 值对应的 $\lambda/c$ 的值　　　　　　　　　附表Ⅱ-1

| $c/l$ | 0.05 | 0.10 | 0.15 | 0.20 | 0.25 | 0.30 | 0.35 | 0.40 | 0.45 | 0.50 |
|---|---|---|---|---|---|---|---|---|---|---|
| $\lambda/c$ | 0.983 | 0.936 | 0.867 | 0.789 | 0.710 | 0.635 | 0.568 | 0.509 | 0.459 | 0.416 |

注:$l$ 为横梁的长度,可取两片边主梁的中心距计算。

知道 $\lambda$ 值后,就可按翼板宽度为 $(2\lambda+\delta)$ 的 T 形截面来计算 $I_y$ 值。

(2) 抗扭惯性矩

纵向和横向单宽惯性矩 $J_{Tx}$ 和 $J_{Ty}$,可分成梁肋和翼板两部分来计算。梁肋部分的抗扭惯性矩按前面式(2-4-22)和表2-4-3来计算。

对于翼板部分,应分清附图Ⅱ-8所示的两种情况。

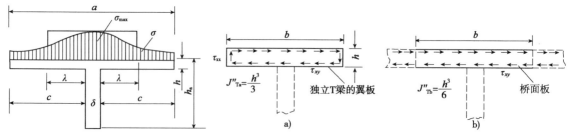

附图Ⅱ-7　沿桥横向翼板内的应力分布　　　附图Ⅱ-8　翼板抗扭惯性矩计算图式

附图Ⅱ-8a)表示独立的宽扁矩形截面($b$ 比 $h$ 大得多),按一般公式可知其抗扭惯性矩为:

$$J''_T = \frac{I''_T}{b} = \frac{1}{b} \cdot \frac{1}{3}bh^3 = \frac{h^3}{3}$$

对于附图Ⅱ-8b)所示连续的桥面板来说,情况就不同。根据弹性薄板的分析,从式(附Ⅱ-3)和式(附Ⅱ-9)则有:

$$GJ_T = (1-\upsilon)D$$

将 $G=\dfrac{E}{2(1+v)}$ 和 $D\dfrac{Eh^3}{12(1-v^2)}$ 代入上式,可得:

$$J''_T=\dfrac{h^3}{6}$$

由此可见,连续桥面板的单宽抗扭惯性矩只有独立宽扁板者的一半。这一点可以这样来解释:独立板沿短边的剪力 $\tau_{xz}$ 也参与抗扭作用,而连续板的单宽部分则不出现此种剪应力(附图Ⅱ-8)。

这样,对于连续桥面板的整体式梁桥以及对于翼缘板刚性联结的装配式梁桥,在应用"G-M"法时,扭弯参数 $\alpha$ 所需的纵横向截面单宽抗扭惯性矩之和,可由下式求得:

$$J_{Tx}+J_{Ty}=\dfrac{1}{3}h^3+\dfrac{1}{b}I'_{Tx}+\dfrac{1}{a}I'_{Ty} \qquad (附Ⅱ-14)$$

式中:$h$——桥面板的厚度;
$I'_{Tx}$、$I'_{Ty}$——主梁肋和内横梁肋的截面抗扭惯性矩。

### 四、比拟板法计算示例

一座五梁装配式钢筋混凝土简支梁桥的主梁和横隔梁截面,如附图Ⅱ-9 所示,计算跨径 $l=19.50\text{m}$,主梁翼缘板刚性连接。求各主梁对于汽车荷载和人群荷载的横向分布系数。

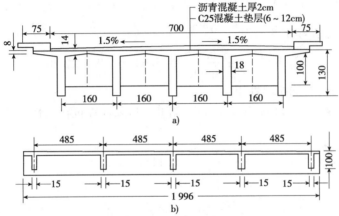

a)

b)

附图Ⅱ-9 计算举例的主梁和横隔梁简图(尺寸单位:cm)

1. 计算几何特性

(1)主梁抗弯惯性矩

$$I_x=0.066\,26\text{m}^4$$

主梁的比拟单宽抗弯惯性矩:

$$J_x=\dfrac{I_x}{b}=\dfrac{0.066\,26}{1.60}=0.041\,41(\text{m}^4/\text{m})$$

(2)横隔梁抗弯惯性矩

每片中横隔梁的尺寸,如附图Ⅱ-10 所示。

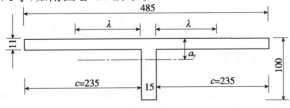

附图Ⅱ-10 横隔梁截面图(尺寸单位:cm)

按附表Ⅱ-1确定翼板的有效作用宽度$\lambda$。

横隔梁的长度取为两片边梁的轴线距离,即:

$$l' = 4 \times b = 4 \times 1.60 = 6.40 (\text{m})$$
$$c/l' = 2.35/6.40 = 0.368$$

查附表Ⅱ-1得:

$$c/l' = 0.368 \text{ 时}, \lambda/c = 0.547$$

得:

$$\lambda = 0.547 \times 2.35 = 1.28 (\text{m})$$

求横隔梁截面重心位置$a_y$:

$$a_y = \frac{2 \times 1.28 \times 0.11 \times \frac{0.11}{2} + 0.15 \times 1.00 \times \frac{1.00}{2}}{2 \times 1.28 \times 0.11 + 0.15 \times 1.00} = 0.21(\text{m})$$

故横隔梁抗弯惯性矩为:

$$I_y = \frac{1}{12} \times 2 \times 1.28 \times 0.11^3 + 2 \times 1.28 \times 0.11 \times \left(0.21 - \frac{0.11}{2}\right)^2 +$$
$$\frac{1}{12} \times 0.15 \times 1.00^3 + 0.15 \times 1.00 \times \left(\frac{1.00}{2} - 0.21\right)^2 = 0.0322(\text{m}^4)$$

横隔梁比拟单宽抗弯惯性矩为:

$$J_y = \frac{I_y}{a} = \frac{0.0322}{4.85} = 6.64 \times 10^{-3} (\text{m}^4/\text{m})$$

(3) 主梁和横隔梁的抗扭惯性矩

对于T梁翼板刚性连接的情况,应由式(附Ⅱ-14)来计算抗扭惯性矩。

对于主梁梁肋:

主梁翼板的平均厚度$h_1 = \frac{0.08 + 0.14}{2} = 0.11(\text{m})$,$t/b = 0.18/(1.30-0.11) = 0.151$,由表2-4-3查得$c = 0.300$,则

$$I'_{Tx} = cbt^3 = 0.300 \times (1.30 - 0.11) \times 0.18^3 = 2.08 \times 10^{-3}(\text{m}^4)$$

对于横隔梁梁肋:

$t/b = 0.15/(1.00 - 0.11) = 0.167$,查得$c = 0.295$,则

$$I'_{Ty} = 0.295 \times (1.00 - 0.11) \times 0.15^3 = 8.861 \times 10^{-4}(\text{m}^4)$$

最后得:

$$J_{Tx} + J_{Ty} = \frac{1}{3}h_1^3 + \frac{1}{b}I'_{Tx} + \frac{1}{a}I'_{Ty}$$
$$= \frac{1}{3} \times 0.11^3 + \frac{2.08 \times 10^{-3}}{1.60} + \frac{8.86 \times 10^{-4}}{4.85}$$
$$= 19.28 \times 10^{-4}(\text{m}^4/\text{m})$$

2. 计算参数$\theta$和$\alpha$

$$\theta = \frac{B}{l}\sqrt[4]{\frac{J_x}{J_y}} = \frac{4.00}{19.50} \times \sqrt[4]{\frac{0.04141}{0.00664}} = 0.324$$

式中,$B$为桥梁承重结构的半宽,即$B = \frac{5 \times 1.60}{2} = 4.00(\text{m})$。

根据《公路钢筋混凝土及预应力混凝土桥涵设计规范》(JTG D62—2004)中第3.1.6条规定,混凝土的剪变模量$G$的取值按相应弹性模量的0.4倍采用。

$$\alpha = \frac{G(J_{Tx}+J_{Ty})}{2E\sqrt{J_x \cdot J_y}} = \frac{0.4E \times 19.28 \times 10^{-4}}{2E\sqrt{0.041\,41 \times 0.006\,64}} = 0.023\,25$$

则 $\sqrt{\alpha} = \sqrt{0.023\,25} = 0.152\,5$。

3. 计算各主梁横向影响线坐标

已知 $\theta=0.324$，从附录Ⅱ"G-M 法"计算图表可查得影响系数 $K_1$ 和 $K_0$ 的值。如附表Ⅱ-2 所示。

**影响系数 $K_1$、$K_0$ 的值**　　　　　　　　　　　　　　　　　　　附表Ⅱ-2

| 影响系数 | 梁位 | 荷载位置 | | | | | | | | | 校核 |
|---|---|---|---|---|---|---|---|---|---|---|---|
| | | $B$ | $3/4B$ | $B/2$ | $B/4$ | 0 | $-B/4$ | $-B/2$ | $-3/4B$ | $-B$ | |
| $K_1$ | 0 | 0.94 | 0.97 | 1.00 | 1.03 | 1.05 | 1.03 | 1.00 | 0.97 | 0.94 | 7.99 |
| | $B/4$ | 1.05 | 1.06 | 1.07 | 1.07 | 1.02 | 0.97 | 0.93 | 0.87 | 0.83 | 7.93 |
| | $B/2$ | 1.22 | 1.18 | 1.14 | 1.07 | 1.00 | 0.93 | 0.87 | 0.80 | 0.75 | 7.98 |
| | $3/4B$ | 1.41 | 1.31 | 1.20 | 1.07 | 0.97 | 0.87 | 0.79 | 0.72 | 0.67 | 7.97 |
| | $B$ | 1.65 | 1.42 | 1.24 | 1.07 | 0.93 | 0.84 | 0.74 | 0.68 | 0.60 | 8.04 |
| $K_0$ | 0 | 0.83 | 0.91 | 0.99 | 1.08 | 1.13 | 1.08 | 0.99 | 0.91 | 0.83 | 7.92 |
| | $B/4$ | 1.66 | 1.51 | 1.35 | 1.23 | 1.06 | 0.88 | 0.63 | 0.39 | 0.18 | 7.97 |
| | $B/2$ | 2.46 | 2.10 | 1.73 | 1.38 | 0.98 | 0.64 | 0.23 | $-0.17$ | $-0.55$ | 7.85 |
| | $3/4B$ | 3.32 | 2.73 | 2.10 | 1.51 | 0.94 | 0.40 | $-0.16$ | $-0.62$ | $-1.13$ | 8.00 |
| | $B$ | 4.10 | 3.40 | 2.44 | 1.64 | 0.83 | 0.18 | $-0.54$ | $-1.14$ | $-1.77$ | 7.98 |

注：校核栏按式(附Ⅱ-13)进行。

用内插法求实际梁位处的 $K_1$ 和 $K_0$ 值，实际梁位与表列梁位的关系见附图Ⅱ-11。因此，对于①号梁：

$$K' = K_{\frac{3}{4}B} + (K_B - K_{\frac{3}{4}B}) \times \frac{20}{100} = 0.2K_B + 0.8K_{\frac{3}{4}B}$$

对于②号梁：

$$K' = K_{\frac{1}{4}B} + (K_{\frac{1}{2}B} - K_{\frac{1}{4}B}) \times \frac{60}{100} = 0.6K_{\frac{1}{2}B} + 0.4K_{\frac{1}{4}B}$$

对于③号梁：

$$K' = K_0 \text{（这里 } K_0 \text{ 是指表列梁位在 0 点的 } K \text{ 值）}$$

现将①、②和③号梁的横向影响线坐标值列表计算于附表Ⅱ-3。

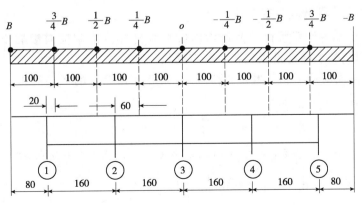

附图Ⅱ-11　梁位关系图(尺寸单位：cm)

①、②和③号梁的横向影响或坐标值　　　　　　　　　　　　附表Ⅱ-3

| 梁号 | 算式 | 荷载位置 | | | | | | | | |
|---|---|---|---|---|---|---|---|---|---|---|
| | | $B$ | $\frac{3}{4}B$ | $\frac{1}{2}B$ | $\frac{3}{4}B$ | $0$ | $-\frac{1}{4}B$ | $-\frac{1}{2}B$ | $-\frac{3}{4}B$ | $-B$ |
| 1 | $K'_1=0.2K_{1B}+0.8K_{1\frac{3}{4}B}$ | 1.458 | 1.332 | 1.208 | 1.070 | 0.962 | 0.864 | 0.780 | 0.712 | 0.656 |
| | $K'_0=0.2K_{0B}+0.8K_{0\frac{3}{4}B}$ | 3.476 | 2.864 | 2.168 | 1.536 | 0.918 | 0.356 | −0.236 | −0.724 | −1.258 |
| | $K'_1-K'_0$ | −2.018 | −1.532 | −0.960 | −0.466 | 0.044 | 0.508 | 1.016 | 1.436 | 1.914 |
| | $(K'_1-K'_0)\sqrt{\alpha}$ | −0.308 | −0.234 | −0.146 | −0.071 | 0.007 | 0.077 | 0.155 | 0.219 | 0.292 |
| | $K_a=K'_0+(K'_1-K'_0)\sqrt{\alpha}$ | 3.168 | 2.630 | 2.022 | 1.465 | 0.925 | 0.433 | −0.081 | −0.505 | −0.966 |
| | $\eta_{1i}=\dfrac{K_a}{5}$ | 0.634 | 0.526 | 0.404 | 0.293 | 0.185 | 0.087 | −0.016 | −0.101 | −0.193 |
| 2 | $K'_1=0.6K_{1\frac{1}{2}B}+0.4K_{1\frac{1}{4}B}$ | 1.152 | 1.132 | 1.112 | 1.070 | 1.008 | 0.946 | 0.894 | 0.828 | 0.782 |
| | $K'_0=0.6K_{0\frac{1}{2}B}+0.4K_{0\frac{1}{4}B}$ | 2.140 | 1.864 | 1.578 | 1.320 | 1.012 | 0.736 | 0.390 | 0.054 | −0.258 |
| | $K'_1-K'_0$ | −0.988 | −0.732 | −0.466 | −0.250 | −0.004 | 0.210 | 0.504 | 0.774 | 1.040 |
| | $(K'_1-K'_0)\sqrt{\alpha}$ | −0.151 | −0.112 | −0.071 | −0.038 | −0.001 | 0.032 | 0.077 | 0.118 | 0.159 |
| | $K_a=K'_0+(K'_1-K'_0)\sqrt{\alpha}$ | 1.989 | 1.752 | 1.507 | 1.282 | 1.011 | 0.768 | 0.467 | 0.172 | −0.099 |
| | $\eta_{2i}=\dfrac{K_a}{5}$ | 0.398 | 0.350 | 0.301 | 0.256 | 0.202 | 0.154 | 0.093 | 0.034 | −0.020 |
| 3 | $K'_1=K_{10}$ | 0.940 | 0.970 | 1.000 | 1.030 | 1.050 | 1.030 | 1.000 | 0.970 | 0.940 |
| | $K'_0=K_{00}$ | 0.830 | 0.910 | 0.990 | 1.080 | 1.130 | 1.080 | 0.990 | 0.910 | 0.830 |
| | $K'_1-K'_0$ | 0.110 | 0.060 | 0.010 | −0.050 | −0.080 | −0.050 | 0.010 | 0.060 | 0.110 |
| | $(K'_1-K'_0)\sqrt{\alpha}$ | 0.017 | 0.009 | 0.002 | −0.008 | −0.012 | −0.008 | 0.002 | 0.009 | 0.017 |
| | $K_a=K'+(K'_1-K'_0)\sqrt{\alpha}$ | 0.847 | 0.919 | 0.992 | 1.072 | 1.118 | 1.072 | 0.992 | 0.919 | 0.847 |
| | $\eta_{3i}=\dfrac{K_a}{5}$ | 0.169 | 0.184 | 0.198 | 0.214 | 0.224 | 0.214 | 0.198 | 0.184 | 0.169 |

4．计算各梁的荷载横向分布系数

首先用附表Ⅱ-3中计算所得的荷载横向影响线坐标值绘制横向影响线图，如附图Ⅱ-12所示（图中带小圈点的坐标都是表列各荷载点的数值）。

在影响线上按横向最不利位置布置荷载后，就可按相对应的影响线坐标值求得主梁的荷载横向分布系数。

对于1号梁：

车辆荷载　　$m_{cq}=\dfrac{1}{2}\Sigma\eta=\dfrac{1}{2}\times(0.526+0.315+0.175-0.005)$

　　　　　　　　$=0.506(0.524)[0.538]$

人群荷载　　$m_{cr}=\eta_r=0.620(0.636)[0.684]$

圆括弧内给出了考虑抗扭作用的修正偏心压力法的计算数据,方括弧内是偏心压力法的计算结果,以资比较。

对于2号梁:

车辆荷载 $m_{cq} = \frac{1}{2} \times (0.350 + 0.266 + 0.198 + 0.095) = 0.454$

人群荷载 $m_{cr} = 0.391$

对于3号梁:

车辆荷载 $m_{cq} = \frac{1}{2} \times (0.192 + 0.218 + 0.218 + 0.192) = 0.410$

人群荷载 $m_{cr} = 0.171$

"G-M法"尤其适用于密排主梁上多横梁的梁式结构。此法在欧洲各国广泛应用,但其计算荷载横向分布系数时,因图表中的板位与实际结构的梁位不一致,要进行多次内插,计算就不及梁系数法简捷。

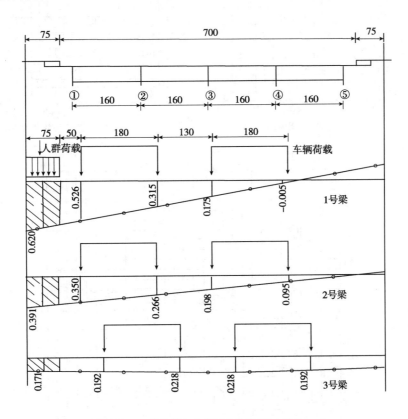

附图Ⅱ-12 荷载横向分布系数计算(尺寸单位:cm)

## 五、"G-M法" $K_0$、$K_1$、$\mu_0$、$\mu_1$ 值的计算用图（附图Ⅱ-13～附图Ⅱ-25）

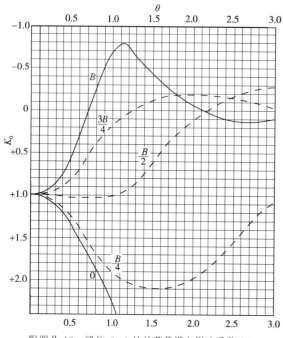

附图Ⅱ-13　梁位 $f=0$ 处的荷载横向影响系数 $K_0$

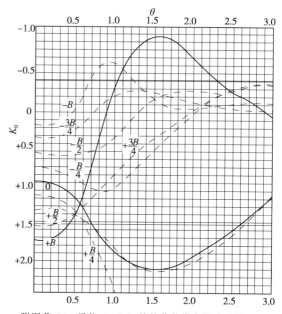

附图Ⅱ-14　梁位 $f=B/4$ 处的荷载横向影响系数 $K_0$

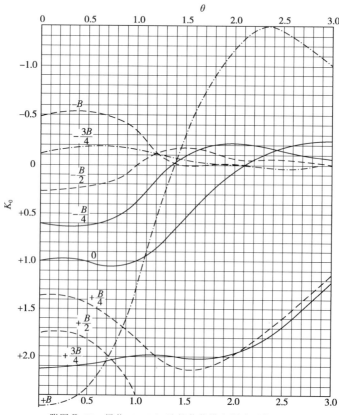

附图Ⅱ-15　梁位 $f=B/2$ 处的荷载横向影响系数 $K_0$

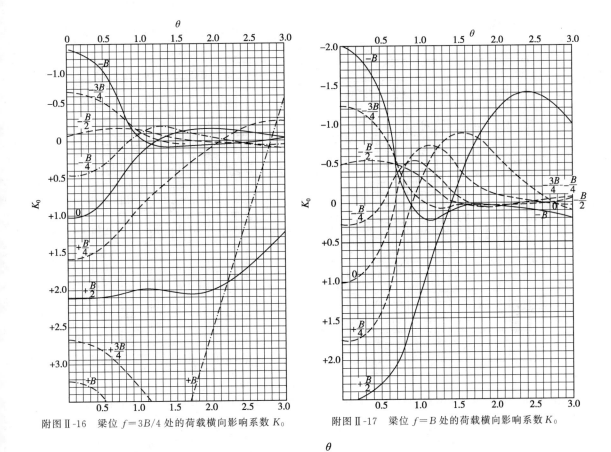

附图Ⅱ-16 梁位 $f=3B/4$ 处的荷载横向影响系数 $K_0$

附图Ⅱ-17 梁位 $f=B$ 处的荷载横向影响系数 $K_0$

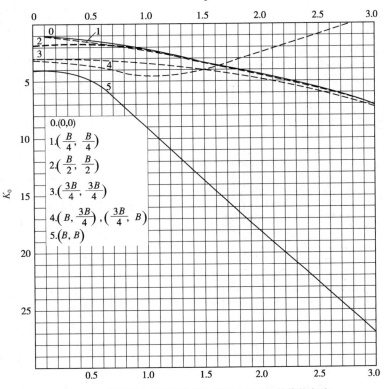

附图Ⅱ-18 不同梁位处的荷载横向影响系数 $K_0$（数值较大时）

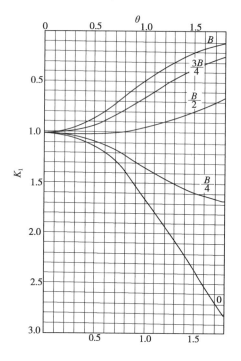

附图 Ⅱ-19 梁位 $f=0$ 处的荷载横向影响系数 $K_1$

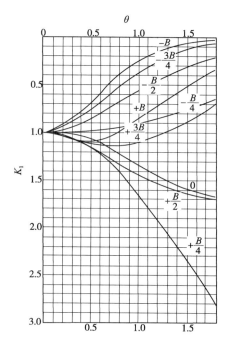

附图 Ⅱ-20 梁位 $f=B/4$ 处的荷载横向影响系数 $K_1$

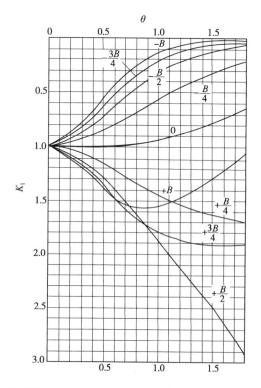

附图 Ⅱ-21 梁位 $f=B/2$ 处的荷载横向影响系数 $K_1$

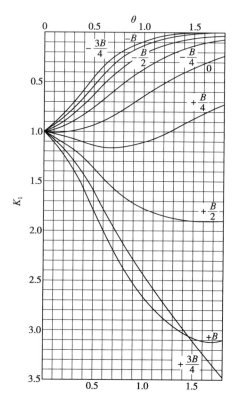

附图 Ⅱ-22 梁位 $k=3B/4$ 处的荷载横向影响系数 $K_1$

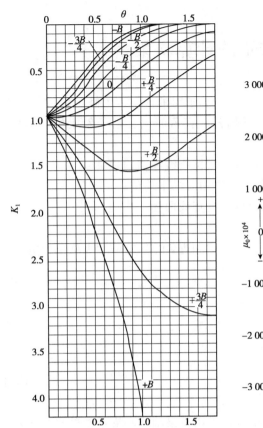

附图Ⅱ-23 梁位 $f=B$ 处的荷载横向影响系数 $K_1$

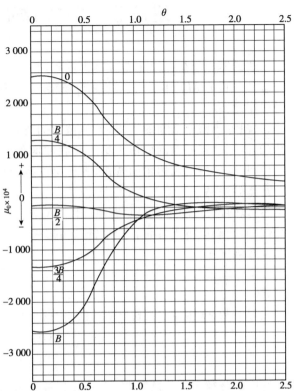

附图Ⅱ-24 截面位置 $f=0$ 处的横向弯矩系数 $\mu_0(v=0.15)$

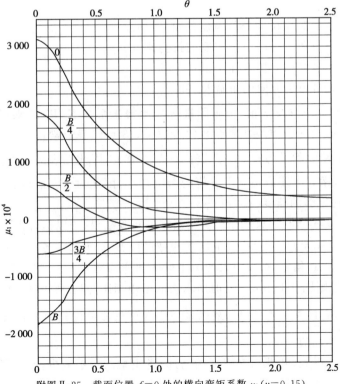

附图Ⅱ-25 截面位置 $f=0$ 处的横向弯矩系数 $\mu_1(v=0.15)$

# 附录Ⅲ  G-M修正法计算斜梁桥

该法的基本思想是以正桥计算为基础,将由正桥计算求得的 $M$ 值,用修正系数进行修正,从而得到斜桥的 $M$。本法可以应用于横梁与主梁配置成直角的正交格子斜梁桥。运用本方法时应注意:

(1)只计算跨中截面的弯矩,其他截面的弯矩按二次抛物线在跨内内插;
(2)本法修正系数的取值为集中荷载和均布荷载作用时的平均值;
(3)只计算中梁和边梁的弯矩,其他梁的弯矩可以按直线内插。

具体做法是:

(1)以斜跨长为正桥的计算跨径,用"G-M法"计算中梁和边梁的弯矩 $M$ 以及横梁弯矩 $M_c$。
(2)假定斜梁桥为各向异性平行四边形板,可算出:

抗弯刚度比:

$$\sqrt{\alpha} = \sqrt[4]{\frac{J_y}{J_x}} \tag{附Ⅲ-1}$$

扭弯参数 $\kappa$(相当于正桥"G-M法"中的 $\alpha$):

$$\kappa = \frac{G(J_{Tx} + J_{Ty})}{2E\sqrt{J_x \cdot J_y}} \tag{附Ⅲ-2}$$

宽度与跨径之比 $\frac{b}{a}$ 及参数 $\beta = \frac{b}{a}\sqrt{\alpha}$ 和斜交角 $\varphi$(这里用桥梁轴线和支承线的夹角表示)。

$$\beta = \frac{b}{a}\sqrt{\alpha} \tag{附Ⅲ-3}$$

式中:$J_x$、$J_y$——纵桥向和横桥向单位宽度的抗弯刚度;

$J_{Tx}$、$J_{Ty}$——纵桥向和横桥向单位宽度的抗扭刚度;

$E$、$G$——弹性模量和剪切弹性模量;

$a$、$b$——垂直自由边方向的桥宽及斜跨长。

(3)根据以上的 $\sqrt{\alpha}$、$\kappa$、$\beta$ 及 $\varphi$ 值,由附图Ⅲ-1算出修正系数 $K$,用 $K$ 乘以正桥的 $M$ 值即可得到斜梁桥的弯矩值。图中的差分节点 8 代表边梁,18 点代表中梁。

附图Ⅲ-1中的 $K$ 值除了与 $\sqrt{\alpha}$、$\kappa$ 有关外,还与 $\beta$ 有关,因此图表的绘制是比较复杂的。图中 $\beta$ 值的间距很大,幸好大多数情况下 $\beta$ 值的影响较小,因此对于 $\sqrt{\alpha}$、$\kappa$ 与 $\beta$ 的中间值,均采用内插值,$K$ 仍可得到足够的精度。

另外,直接根据具有五根纵梁的正交斜梁格模型实验结果,可以拟合出计算 $K$ 值的图表(附图Ⅲ-2),该表以 $\sqrt{\alpha}$、$\varphi$ 和 $b/L$ 为参数,这里:$b$ 为纵梁的间距,$L$ 为斜跨长。与根据半理论半经验公式得到的图表(附图Ⅲ-1)相比,本表中未考虑主梁的扭弯参数 $\kappa$。一般情况下,如果把按本图所求得的斜桥弯矩与按附图Ⅲ-1中 $\kappa=0$ 时所求得的弯矩相比,前者所得各主梁的弯矩较均匀。

(4)用按正桥求得的横梁弯矩 $M_c$ 乘以系数 $\frac{1}{K}$ 即可近似地得到斜梁桥横梁的弯矩,这里 $K$ 值为中梁和边梁的平均值。

这样做是因为考虑到,随着斜交程度的增加,各主梁的弯矩减少,而横梁的弯矩增加,大致上主梁弯矩减少的比例与横梁弯矩增加的比例相近。

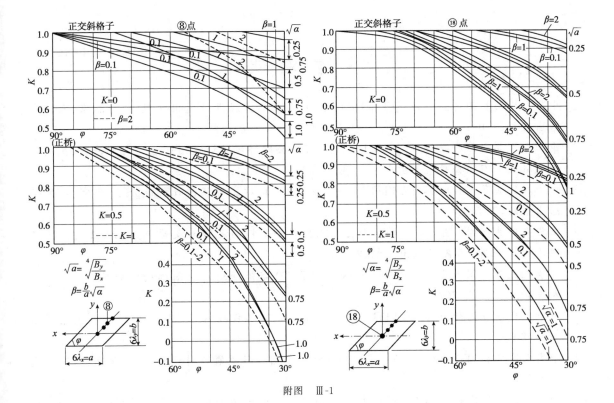

附图 Ⅲ-1

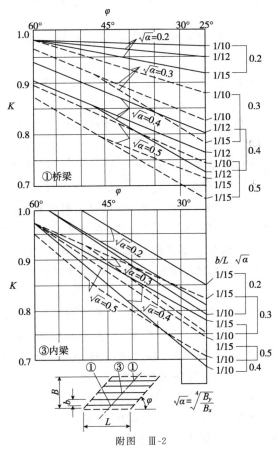

附图 Ⅲ-2

# 参考文献

[1] 中华人民共和国行业标准.JTG D60—2004　公路桥涵设计通用规范[S].北京:人民交通出版社,2004.

[2] 中华人民共和国行业标准.JTG D60—2015　公路桥涵设计通用规范[S].北京:人民交通出版社股份有限公司,2015.

[3] 中华人民共和国行业标准.JTG D61—2005　公路圬工桥涵设计规范[S].北京:人民交通出版社,2005.

[4] 中华人民共和国行业标准.JTG D62—2004　公路钢筋混凝土及预应力混凝土桥涵设计规范[S].北京:人民交通出版社,2004.

[5] 中华人民共和国行业标准.JTG D63—2007　公路桥涵地基与基础设计规范[S].北京:人民交通出版社,2007.

[6] 中华人民共和国行业标准.JTG B01—2003　公路工程技术标准[S].北京:人民交通出版社,2003.

[7] 中华人民共和国行业标准.JTJ 004—1989　公路工程抗震设计规范[S].北京:人民交通出版社,1989.

[8] 中华人民共和国行业标准.JTG D81—2006　公路交通安全设施设计规范[S].北京:人民交通出版社,2006.

[9] 中华人民共和国行业标准.JTG F71—2006　公路交通安全设施施工技术规范[S].北京:人民交通出版社,2006.

[10] 中华人民共和国行业标准.JTG/T F50—2011　公路桥涵施工技术规范[S].北京:人民交通出版社,2011.

[11] 中华人民共和国行业标准.CJJ 77—1998　城市桥梁设计荷载标准[S].北京:中国建筑工业出版社,1998.

[12] 上海市建设委员会科学技术委员会.桥梁工程[M].上海:上海科学技术出版社,1999.

[13] 万明坤,程庆国,项海帆,等.桥梁漫笔[M].北京:中国铁道出版社,1997.

[14] 中国科学技术咨询服务中心预应力技术专家组,中国科学技术咨询服务中心预应力技术联络网.预应力工程实例应用手册[M].北京:中国建筑工业出版社,1996.

[15] 中国路桥集团第一公路工程局.公路桥涵施工手册[M].北京:人民交通出版社,1999.

[16] 金吉寅,冯郁芬,郭临义.公路桥涵设计手册　桥梁附属构造与支座[M].北京:人民交通出版社,1991.

[17] 黄绳武.桥梁施工及组织管理[M].北京:人民交通出版社,1999.

[18] 范立础.预应力混凝土连续梁桥[M].北京:人民交通出版社,1987.

[19] 江祖铭,王崇礼.公路桥涵设计手册　墩台与基础[M].北京:人民交通出版社,1997.

[20] 李扬海,程潮洋,鲍卫刚,等.公路桥梁伸缩装置[M].北京:人民交通出版社,1998.

[21] 刘万桢.城市桥梁施工[M].北京:中国建筑工业出版社,1992.

[22] 马尔立.公路桥梁墩台设计与施工[M].北京:人民交通出版社,1998.

[23] 金荣庄,尹相忠.城市工程质量通痛及防治[M].北京:中国建筑工业出版社,1998.

[24] 张士铎,邓小华,王文州. 箱形薄壁梁剪力滞效应[M]. 北京:人民交通出版社,1998.
[25] 郭金琼. 箱形梁设计理论[M]. 北京:人民交通出版社,1991.
[26] 范立础. 桥梁抗震[M]. 上海:同济大学出版社,1997.
[27] 杜国华,毛昌时,司徒妙龄. 桥梁结构分析[M]. 上海:同济大学出版社,1994.
[28] 贺拴海,谢仁物. 公路桥梁荷载横向分布计算方法[M]. 北京:人民交通出版社,1999.
[29] 牛和恩. 虎门大桥工程[M]. 北京:人民交通出版社,1998.
[30] 吕志涛. 现代土木工程的新进展[M]. 南京:东南大学出版社,1998.
[31] TROITSKY M S. Planning and design of bridges[M]. John Wiley&Sons,INC,1994.
[32] 中国土木工程学会. 中国土木工程学会第九届年会论文集 工程安全与耐久性[C]. 北京:中国水利水电出版社,2000.
[33] 席振坤. 横向铰接斜梁(板)桥实用计算方法[M]. 北京:人民交通出版社,1990.
[34] 刘效尧,徐岳. 公路桥涵设计手册 梁桥[M]. 2版. 北京:人民交通出版社,2011.
[35] 同济大学桥梁教研室. 公路桥梁荷载横向分布计算[M]. 北京:人民交通出版社,1977.
[36] 张士铎. 桥梁设计理论——荷载横向分布、弯桥、有效宽度及剪力滞[M]. 北京:人民交通出版社,1984.
[37] Leonhardt F. 桥梁建筑艺术与造型[M]. 北京:人民交通出版社,1988.
[38] 中华人民共和国行业标准. JTG D50—2006 公路沥青路面设计规范[S]. 北京:人民交通出版社,2006.
[39] 95预应力混凝土连续梁和刚构桥学术会议论文集[C]. 上海:同济大学出版社,1995.
[40] 汉勃利 E C. 桥梁上部构造性能[M]. 郭文辉,译. 北京:人民交通出版社,1982.

# 人民交通出版社股份有限公司 公路教育出版中心
## 土木工程/道路桥梁与渡河工程类本科及以上教材

### 一、专业基础课
1. 材料力学(郭应征) …… 25元
2. 理论力学(周志红) …… 29元
3. 理论力学(上册)(李银山) …… 52元
4. 理论力学(下册)(李银山) …… 50元
4. 工程力学(郭应征) …… 29元
5. 结构力学(肖永刚) …… 32元
6. 材料力学(上册)(李银山) …… 49元
7. 材料力学(下册)(李银山) …… 45元
8. 材料力学(石晶) …… 42元
9. 材料力学(少学时)(张新占) …… 36元
10. 弹性力学(孔德森) …… 20元
11. 水力学(第二版)(王亚玲) …… 25元
12. 土质学与土力学(第五版)(钱建固) …… 35元
13. 岩体力学(晏长根) …… 38元
14. 土木工程制图(第三版)(林国华) …… 39元
15. 土木工程制图习题集(第三版)(林国华) …… 22元
16. 土木工程制图(第二版)(丁建梅) …… 42元
17. 土木工程制图习题集(第二版)(丁建梅) …… 19元
18. ◆土木工程计算机绘图基础(第二版)(袁果) …… 45元
19. ▲道路工程制图(第五版)(谢步瀛) …… 46元
20. ▲道路工程制图习题集(第五版)(袁果) …… 28元
21. 交通土建工程制图(第二版)(和丕壮) …… 38元
22. 交通土建工程制图习题集(第二版)(和丕壮) …… 17元
23. 工程制图(龚伟) …… 38元
24. 工程制图习题集(龚伟) …… 28元
25. 现代土木工程(第二版)(付宏渊) …… 59元
26. 土木工程概论(项海帆) …… 32元
27. 道路概论(第二版)(孙家驷) …… 20元
28. 桥梁工程概论(第三版)(罗娜) …… 32元
29. 道路与桥梁工程概论(第二版)(黄晓明) …… 40元
30. 道路与桥梁工程概论(第二版)(苏志忠) …… 49元
31. 公路工程地质(第四版)(窦明健) …… 30元
32. 工程测量(胡伍生) …… 25元
33. 交通土木工程测量(第四版)(张坤宜) …… 48元
34. ◆测量学(第四版)(许娅娅) …… 45元
35. 测量学(姬玉华) …… 34元
36. 测量学实验及应用(孙国芳) …… 19元
37. 现代测量学(王腾军) …… 55元
38. ◆道路工程材料(第五版)(李立寒) …… 45元
39. ◆道路工程材料(第二版)(申爱琴) …… 48元
40. ◆基础工程(第四版)(王晓谋) …… 37元
41. 基础工程(丁剑霆) …… 40元
42. ◆基础工程设计原理(袁聚云) …… 36元
43. 桥梁墩台与基础工程(第二版)(盛洪飞) …… 49元
44. ▲结构设计原理(第三版)(叶见曙) …… 59元
45. ◆Principle of Structural Design(结构设计原理)(第二版)(张建仁) …… 60元
46. ◆预应力混凝土结构设计原理(第二版)(李国平) …… 30元
47. 专业英语(第三版)(李嘉) …… 39元
48. 土木工程材料(孙凌) …… 48元
49. 道路与桥梁设计概论(程国柱) …… 42元
50. 道路建筑材料(第二版)(黄维蓉) …… 49元
51. 钢结构设计原理(任青阳) …… 48元

### 二、专业核心课
1. ◆路基路面工程(第五版)(黄晓明) …… 65元
2. 路基路面工程(何兆益) …… 45元
3. ◆▲路基工程(第二版)(凌建明) …… 25元
4. ◆道路勘测设计(第四版)(许金良) …… 49元
5. ◆道路勘测设计(第三版)(孙家驷) …… 52元
6. 道路勘测设计(裴玉龙) …… 38元
7. ◆公路施工组织及概预算(第三版)(王首绪) …… 32元
8. 公路施工组织与概预算(靳卫东) …… 45元
9. 公路施工组织与管理(赖少武) …… 36元
10. 公路工程施工组织学(第二版)(姚玉玲) …… 38元
11. 公路施工组织与管理(吕国仁) …… 45元
12. ◆桥梁工程(第二版)(姚玲森) …… 62元
13. 桥梁工程(土木、交通工程)(第四版)(邵旭东) …… 65元
14. ◆桥梁工程(上册)(第三版)(范立础) …… 54元
15. ◆桥梁工程(下册)(第三版)(顾安邦) …… 49元
16. 桥梁工程(第三版)(陈宝春) …… 49元
17. 桥梁工程(刘龄嘉) …… 69元
18. ◆桥涵水文(第五版)(高冬光) …… 35元
19. 水力学与桥涵水文(第二版)(叶镇国) …… 46元
20. ◆公路小桥涵勘测设计(第五版)(孙家驷) …… 35元
21. ◆现代钢桥(上)(吴冲) …… 34元
22. ◆钢桥(第二版)(徐君兰) …… 45元
23. 钢桥(吉伯海) …… 53元
24. ▲桥梁施工及组织管理(上)(第三版)(魏红一) …… 45元
25. ▲桥梁施工及组织管理(下)(第二版)(邬晓光) …… 39元
26. ◆隧道工程(第二版)(上)(王毅才) …… 65元
27. 公路工程施工技术(第二版)(盛可鉴) …… 38元
28. 桥梁施工(第二版)(徐伟) …… 49元
29. ▲隧道工程(丁文其) …… 55元
30. ◆桥梁工程控制(向中富) …… 38元
31. 桥梁结构电算(周水兴) …… 35元
32. 桥梁结构电算(第二版)(石志源) …… 35元
33. 土木工程施工(王丽荣) …… 58元
34. 桥梁墩台与基础工程(盛洪飞) …… 49元

### 三、专业选修课
1. 土木规划学(石京) …… 38元
2. ◆道路工程(第二版)(严作人) …… 46元
3. 道路工程(第三版)(凌天清) …… 42元
4. ◆高速公路(第三版)(方守恩) …… 34元

注：◆教育部普通高等教育"十一五"、"十二五"国家级规划教材
▲建设部土建学科专业"十一五"规划教材

5. 高速公路设计(赵一飞) ………………… 38元
6. 城市道路设计(第二版)(吴瑞麟) ……… 26元
7. 公路施工技术与管理(第二版)(魏建明) … 40元
8. ◆公路养护与管理(第二版)(侯相琛) …… 45元
9. 路基支挡工程(陈忠达) ………………… 42元
10. 路面养护管理与维修技术(刘朝晖) …… 42元
11. 路面养护管理系统(武建民) …………… 22元
12. 公路计算机辅助设计(符锌砂) ………… 30元
13. 测绘工程基础(李芹芳) ………………… 36元
14. 现代道路交通检测原理及应用(孙ındex云) … 38元
15. 道路与桥梁检测技术(第二版)(胡昌斌) … 40元
16. 软土环境工程地质学(唐益群) ………… 35元
17. 地质灾害及其防治(简文彬) …………… 28元
18. ◆环境经济学(第二版)(董小林) ……… 40元
19. 桥梁钢—混凝土组合结构设计原理
    (黄侨) ………………………………… 26元
20. ◆桥梁建筑美学(第二版)(盛洪飞) …… 24元
21. 桥梁抗震(第三版)(叶爱君) …………… 26元
22. 钢管混凝土(胡曙光) …………………… 38元
23. ◆浮桥工程(王建平) …………………… 36元
24. 隧道结构力学计算(第二版)(夏永旭) … 34元
25. 公路隧道运营管理(吕康成) …………… 28元
26. 隧道与地下工程灾害防护(张庆贺) …… 45元
27. 公路隧道机电工程(赵忠杰) …………… 40元
28. 公路隧道设计CAD(王亚琼) …………… 40元
29. 地下空间利用概论(叶飞) ……………… 30元
30. 建设工程监理概论(张爽) ……………… 35元
31. 建筑设备工程(刘丽娜) ………………… 39元
32. 机场规划与设计(谈至明) ……………… 35元
33. 公路工程定额原理与估价(第二版)
    (石勇民) ……………………………… 39.5元
34. Theory and Method for Finite Element Analysis
    of Bridge Structures(刘扬) …………… 28元
35. 公路机械化养护技术(丛卓红) ………… 30元
36. 舟艇原理与强度(程建生) ……………… 34元

**四、实践环节教材及教参教辅**
1. 土木工程试验(张建仁) ………………… 38元
2. 土工试验指导书(袁聚云) ……………… 16元
3. 桥梁结构试验(第二版)(章关永) ……… 30元
4. 桥梁计算示例丛书—桥梁地基与基础(第二版)
    (赵明华) ……………………………… 18元
5. 桥梁计算示例丛书—混凝土简支梁(板)桥
    (第三版)(易建国) …………………… 26元
6. 桥梁计算示例丛书—连续梁桥(邹毅松) … 20元
7. 桥梁计算示例丛书—钢管混凝土拱桥
    (孙潮) ………………………………… 32元
8. 结构设计原理计算示例(叶见曙) ……… 40元
9. 土力学复习与习题(钱建固) …………… 35元
10. 土力学与基础工程习题集(张宏) ……… 20元
11. 道路工程毕业设计指南(应荣华) ……… 34元
12. 桥梁工程毕业设计指南(向中富) ……… 35元
13. 道路勘测设计实习指导手册(谢晓莉) … 15元

14. 桥梁工程综合习题精解(汪莲) ………… 30元

**五、研究生教材**
1. 路面设计原理与方法(第三版)(黄晓明) … 68元
2. 道面设计原理(翁兴中) ………………… 45元
3. 沥青与沥青混合料(郝培文) …………… 35元
4. 水泥与水泥混凝土(申爱琴) …………… 30元
5. 现代无机道路工程材料(梁乃兴) ……… 42元
6. 现代加筋土理论与技术(雷胜友) ……… 24元
7. 高等桥梁结构理论(第二版)(项海帆) … 70元
8. 桥梁概念设计(项海帆) ………………… 68元
9. 桥梁结构体系(肖汝诚) ………………… 78元
10. 工程结构数值分析方法(夏永旭) ……… 27元
11. 结构动力学讲义(第二版)(周智辉) …… 38元

**六、应用型本科教材**
1. 结构力学(第二版)(万德臣) …………… 30元
2. 结构力学学习指导(于克萍) …………… 22元
3. 结构设计原理(黄平明) ………………… 47元
4. 结构设计原理学习指导(安静波) ……… 35元
5. 结构设计原理计算示例(赵志蒙) ……… 40元
6. 工程力学(喻小明) ……………………… 55元
7. 土质学与土力学(赵明阶) ……………… 30元
8. 水力学与桥涵水文(王丽荣) …………… 27元
9. 道路工程制图(谭海洋) ………………… 28元
10. 道路工程制图习题集(谭海洋) ………… 24元
11. 土木工程材料(张爱勤) ………………… 39元
12. 道路建筑材料(伍必庆) ………………… 37元
13. 路桥工程专业英语(赵永平) …………… 44元
14. 工程测量(朱爱民) ……………………… 30元
15. 道路工程(资建民) ……………………… 30元
16. 路基路面工程(陈忠达) ………………… 46元
17. 道路勘测设计(张维全) ………………… 32元
18. 基础工程(刘辉) ………………………… 26元
19. 桥梁工程(第二版)(刘龄嘉) …………… 49元
20. 工程招投标与合同管理(第二版)
    (刘燕) ………………………………… 39元
21. 道路工程CAD(第二版)(杨宏志) ……… 35元
22. 工程项目管理(李佳升) ………………… 32元
23. 公路施工技术(杨渡军) ………………… 64元
24. 公路工程试验检测(第二版)(乔志琴) … 55元
25. 工程结构检测技术(刘培文) …………… 52元
26. 公路工程经济(周福田) ………………… 22元
27. 公路工程监理(朱爱民) ………………… 33元
28. 公路工程机械化施工技术(第二版)
    (徐永杰) ……………………………… 32元
29. 城市道路工程(徐亮) …………………… 29元
30. 公路养护技术与管理(武鹤) …………… 58元
31. 公路工程预算与工程量清单计价(第二版)
    (雷书华) ……………………………… 40元
32. 基础工程(第二版)(赵晖) ……………… 32元
33. 测量学(张龙) …………………………… 39元

教材详细信息,请查阅"中国交通书城"(www.jtbook.com.cn)
咨询电话:(010)85285865,85285984

| 道路工程课群教学研讨QQ群(教师) | 328662128 | 桥梁工程课群教学研讨QQ群(教师) | 138253421 |
| 交通工程课群教学研讨QQ群(教师) | 185830343 | 交通专业学生讨论QQ群 | 345360030 |